**UBIRATAN ROSA
DEOCLECIANO TORRIERI GUIMARÃES**

MINIDICIONÁRIO
RIDEEL

ESPANHOL
PORTUGUÊS
ESPANHOL

COORDENAÇÃO:

UBIRATAN ROSA
(Espanhol-Português)

DEOCLECIANO TORRIERI GUIMARÃES
(Português-Espanhol)

MINIDICIONÁRIO
RIDEEL

ESPANHOL
PORTUGUÊS
ESPANHOL

2ª Edição

Expediente

PRESIDENTE E EDITOR	Italo Amadio
DIRETORA EDITORIAL	Katia Fernandes Amadio
ASSISTENTE EDITORIAL	Edna Emiko Nomura
REVISÃO E ATUALIZAÇÃO	Miguel Facchini
ELABORAÇÃO DO ENCARTE	Miguel Facchini
EDIÇÃO DE ARTE	Hulda Melo
DIAGRAMAÇÃO DO ENCARTE	Tânia Balsini
DIAGRAMAÇÃO	Eduardo E. Rodrigues
	Fabiana Martins de Souza
IMPRESSÃO	Leograf Gráfica e Editora Ltda.

Dados Internacionais de Catalogação na Publicação (CIP)
(Câmara Brasileira do Livro, SP, Brasil)

Minidicionário Rideel espanhol - português - espanhol / coordenação
(espanhol - português) Ubiratan Rosa; (português - espanhol)
Deocleciano Torrieri Guimarães. — São Paulo : Rideel, 2003.

1. Espanhol - Dicionários - Português 2. Português - Dicionários
- Espanhol I. Rosa, Ubiratan, 1927- II. Guimarães, Deocleciano Torrieri.

00-2947

CDD - 463.69
-469.36

Índices para catálogo sistemático:
1. Espanhol : Dicionários : Português 463.69
2. Espanhol : Português : Dicionários 463.69
3. Português : Dicionários : Espanhol 469.36
4. Português : Espanhol : Dicionários 469.36

ISBN: 978-85-339-0573-3

© Copyright - Todos os direitos reservados à

www.rideel.com.br
sac@rideel.com.br

Proibida qualquer reprodução, seja mecânica
ou eletrônica, total ou parcial, sem prévia
permissão por escrito do editor.

9 11 10 8
1108

APRESENTAÇÃO

Mais do que nunca, a língua espanhola se faz presente no Brasil, principalmente com a criação do Mercosul.

O *Minidicionário Rideel Espanhol-português-espanhol*, é ideal para os principiantes no estudo da língua espanhola, reunindo os termos de uso mais freqüente nos dois idiomas e, por isso, seus significados são dados pela ordenação do uso costumeiro das palavras, mesmo que exista um vocábulo de grafia idêntica nas duas línguas.

É importante prestar atenção à classe morfológica dos verbetes, principalmente no caso dos substantivos, pois muitas palavras de gênero masculino no português são de gênero feminino no espanhol e vice-versa.

Embora a língua espanhola possua um alfabeto próprio, com o acréscimo de três fonemas: *ch, ll, ñ,* adotamos neste minidicionário o alfabeto internacional, portanto, tais fonemas estarão inclusos nas letras *c, l* e *n*, respectivamente, com a ressalva de que o *ñ* sempre estará após o *n*.

E, para completar, no início do volume, o leitor encontrará um encarte colorido muito útil com as sutilezas da língua, o alfabeto espanhol, correspondência entre fonemas e letras, regras da divisão silábica, sinais ortográficos, expressões e frases feitas de uso corrente.

O Editor.

.... Espanhol
Português ....

a *s.f.* primeira letra do alfabeto espanhol; A, a.

a *prep.* até; com; de; por; sobre a; para.

a.bad *s.m.* abade.

a.ba.de.jo *s.m. Ictiol.* badejo.

a.ba.den.go *adj.* relativo a abade.

a.ba.de.sa *s.f.* abadessa.

a.ba.ja.de.ro *s.m.* ladeira, declive.

a.ba.ja.mien.to *s.m.* abaixamento; humilhação; descrédito.

a.ba.jo *adv.* abaixo; em posição inferior; para baixo; embaixo.

a.ba.lan.zar *v.t.* pesar.

a.ba.lan.zar.se *v.r.* atirar-se, lançar-se.

a.bal.do.nar *v.t.* aviltar, ofender.

a.ba.li.zar *v.t.* balizar, demarcar.

a.ba.llar *v.t.* e *v.i.* abalar, abater, baixar.

a.ba.lles.tar *v.t. Mar.* içar; esticar (um cabo).

a.ba.lo.rio *s.m.* bugiganga, miçanga.

a.ba.nar *v.t.* abanar, refrescar.

a.ban.de.ra.do *s.m.* porta-bandeira.

a.ban.de.rar *v.t.* embandeirar.

a.ban.do.nar *v.t.* abandonar, desistir.

a.ban.do.no *s.m.* abandono, desânimo.

a.ba.ni.car *v.t.* abanar.

a.ba.ni.co o **a.ba.ni.llo** *s.m.* leque.

a.ba.no *s.m.* abano, ventarola, leque.

a.ba.ra.ta.mien.to *s.m.* barateamento.

a.ba.ra.tar *v.t.* baratear.

a.bar.car *v.t.* abarcar, abranger.

a.ba.rra.jar *v.t.* atropelar; esbarrar.

a.ba.rran.ca.de.ro *s.m.* lamaçal; obstáculo.

a.ba.rran.car *v.i.* e *v.r.* embarrancar; cair em barranco; atolar.

a.ba.rrar *v.t.* sacudir.

a.ba.rre.de.ra *s.f.* vassoura.

a.ba.rro.tar *v.t.* abarrotar, tornar repleto.

a.bas.tan.te *adv.* bastante, suficiente.

a.bas.te.cer *v.t.* abastecer, suprir.

a.bas.te.ci.mien.to *s.m.* abastecimento; fornecimento.

a.bas.to *s.m.* provisão de mantimento.

a.ba.tí *s.m. Arg.* milho.

a.ba.ti.de.ro *s.m.* canal de esgoto.

a.ba.ti.do *p.p.* de abatir; *adj.* vil, desprezível.

a.ba.ti.mien.to *s.m.* abatimento; desânimo; prostração.

a.ba.tir *v.t.* abater; rebaixar; humilhar.

ab.di.ca.ción *s.f.* abdicação; renúncia.

ab.di.car *v.t.* abdicar, renunciar.

ab.do.men *s.m. Anat.* abdome.

ab.do.mi.nal *adj.* abdominal, ventral.

ab.duc.tor *s.m.* /adj. *Anat.* adutor.

a.be.ce.da.rio *s.m.* abecedário, alfabeto.

a.be.ja *s.f. Zool.* abelha.

a.be.jón *s.m. Zool.* abelhão, zangão.

a.be.jo.rro *s.m.* besouro.

a.ben.tal *s.m.* avental.

a.be.rra.ción *s.f.* aberração.

a.ber.tu.ra *s.f.* abertura, passagem.

a.bier.to *adj.* aberto; sincero; franco.

a.bi.ga.rrar *v.t.* dar a uma coisa várias cores; misturar.

a.bis.mar *v.t.* abismar, espantar; deprimir.

a.bis.mo *s.m.* abismo, precipício.

ab.ju.rar *v.t.* abjurar, renunciar.

a.blan.da.bre.vas *s.m. Fig.* pessoa incompetente.

a.blan.dar *v.t.* e *v.r.* abrandar; amolecer; suavizar; moderar.

a.blu.ción *s.f.* ablução.

ab.ne.ga.ción *s.f.* abnegação; desinteresse; renúncia.

a.bo.ba.do *adj.* abobado, pasmado, embasbacado.

a.bo.bra *s.f.* abóbora.

a.bo.ce.ta.do *adj.* esboçado, esboço.

a.bo.ci.nar *v.t.* dar forma de buzina; *v.i. Fam.* afocinhar; cair de cara ao chão.

a.bo.fe.te.ar *v.t.* esbofetear.

a.bo.ga.cí.a *s.f.* advocacia.

a.bo.ga.do *s.m.* advogado; defensor.

a.bo.gar *v.t.* advogar.

a.bo.li.ción *s.f.* abolição; extinção.

a.bo.lir *v.t.* abolir, anular.

a.bo.lla.du.ra *s.f.* amassadura; amolgadura; contusão.

a.bo.llar *v.t.* amassar; amolgar; contundir.

a.bo.llón *v.t.* galo devido a contusão.

a.bom.bar *v.t.* bojar; abaular.

a.bo.mi.nar *v.t.* odiar, detestar, sentir nojo.

a.bo.na.do *p.p. de abonar; adj.* abonado; assinante; *s.m.* e *s.f.* assinante.

a.bo.nar *v.t.* subscrever, assinar; adubar.

a.bo.no *s.m.* abono; adubo.

a.bor.dar *s.m. Mar.* abordar, abalroar.

a.bo.rre.cer *v.t.* aborrecer, abominar, odiar.

a.bo.rre.ci.mien.to *s.m.* aborrecimento; enfado.

a.bo.rre.ga.do *adj.* nublado

a.bor.tar *v.t.* abortar, fracassar.

a.bor.to *s.m.* aborto; monstro.

a.bor.tón *s.m.* prematuro (animal ou planta que nasceu antes do tempo).

a.bo.ta.gar.se *v.r.* inchar (o corpo).

a.bo.to.na.dor *s.m.* e *s.f.* abotoador; abotoadeira.

a.bo.to.nar *v.t.* e *v.i.* abotoar; soltar botões (a planta).

a.bra.sar *v.i.* e *v.r.* queimar-se; *Fig.* inflamar-se de sentimento.

a.bra.sión *s.f. Med.* abrasão; rasura.

a.bra.za.de.ra *s.f.* braçadeira; grampo.

a.bra.zar *v.t. Fig.* abraçar; cingir; aceitar.

a.bra.zo *s.m.* abraço.

a.bre.la.tas *s.m.* abridor de latas.

a.bre.var *v.t.* abrevar; dar de beber ao gado.

a.bre.via.ción *s.f.* abreviação.

a.bre.viar *v.t.* abreviar, encurtar.

a.bre.via.tu.ra *s.f.* abreviatura.

a.bri.dor *s.m.* abridor de latas ou garrafas.

a.bri.gar *v.t.* abrigar, recolher.

a.bri.go *s.m.* abrigo, refúgio; agasalho.

a.bril *s.m.* abril.

a.bri.llan.tar *v.t.* abrilhantar; dar brilho; realce.

a.brir *v.t.* abrir; escancarar; *v.r. Fig.* abrir-se; tornar-se comunicativo; desabafar; abrir o jogo.

a.bro.cha.dor *s.m.* abotoador; prendedor.

a.bro.char *v.t.* prender com broche.

a.bro.jín *s.m.* búzio; buzina.

a.bro.jo *s.m. Bot.* abrolho.

a.bron.car *v.t.* aborrecer; desgostar.

a.bru.mar *v.t.* incomodar; vexar; molestar.

a.brup.to *adj.* abrupto; rude; áspero.

abs.ce.so *s.m. Med.* abscesso; tumor.

abs.ci.as *s.f.* abscissa.

ab.sin.tio *s.m.* absinto.

ab.so.lu.ción *s.f.* absolvição.

ab.so.lu.to *adj.* absoluto.

ab.sol.ve.de.ras *s.f. pl. Fam.* facilidade em absolver.

ab.sol.ver *v.t.* absolver.

ab.sor.ber *v.t.* absorver; chupar; atrair; *v.r. Fig.* concentrar-se; absorver-se.

ab.sor.ción *s.f.* absorção.

ab.sor.to *adj.* absorto, pasmado.

abs.te.mio *adj.* abstêmio.

abs.ten.ción *s.f.* abstenção.

abs.te.ner.se *v.r.* abster-se; privar-se.

abs.ti.nen.cia *s.f.* abstinência.

abs.trac.ción *s.f.* abstração; alheamento do espírito.

abs.trac.to *adj.* abstrato.

abs.tra.er *v.t.* abstrair; separar.

abs.tra.er.se *v.r.* distrair-se; alhear-se.

abs.tru.so *adj.* abstruso, esquisito.

ab.suel.to *p.p. irreg. de abstraer; adj.* absolto; absolvido.

ab.sur.do *adj.* absurdo.

a.bu.bi.lla *s.f. Zool.* poupa (pássaro); *Fig.* vaia; apupo.

a.bu.che.ar *v.i.* vaiar.

a.bu.che.o *s.m.* vaia.

a.bue.la *s.f.* avó.

a.bue.lo *s.m.* avô; *Fig.* homem idoso.

a.bue.los *s.m. pl.* avós; antepassados.

a.bu.lia *s.f.* abulia, falta de vontade.

a.bul.tar *v.t.* avultar; engrossar; aumentar.

a.bun.dan.cia *s.f.* abundância.

a.bun.dar *v.i.* abundar.

a.bu.rri.do *p.p. de aburrir; adj.* cansado.

a.bu.rri.mien.to *s.m.* cansaço; tédio.

a.bu.rrir *v.t.* aborrecer; cansar.

a.bu.sar *v.i.* abusar.

a.bu.sión *s.f.* absurdo; contrasenso; engano; superstição; agouro.

a.bu.so *s.m.* abuso.

ab.yec.to *adj.* abjeto, imundo; vil, desprezível.

a.cá *adv.* cá, aqui.

a.ca.ba.do *p.p. de acabar; adj.* acabado; findo; *s.m.* acabamento.

a.ca.ba.mien.to *s.m.* fim; termo.

a.ca.bar *v.t.* acabar, findar.

a.ca.che.te.ar *v.t.* esbofetear.

a.ca.de.mia *s.f.* academia.

a.ca.dé.mi.co *adj.* acadêmico.

a.ca.e.cer *v.i.* acontecer, suceder.

a.ca.llar *v.t.* calar, silenciar; acalmar; aplacar.

a.ca.lo.rar *v.t.* acalorar, inflamar, aquecer.

a.cam.par *v.i.* acampar.

a.ca.na.lar *v.t.* estriar.

a.can.ti.la.do *adj.* alcantilado; escarpado.

a.can.to.nar *v.t. Mil.* acantonar.

a.ca.pa.rar *v.t.* açambarcar; monopolizar.

a.ca.pi.zar.se *v.r. Fam.* atracar-se (em briga).

a.ca.po.na.do *adj.* efeminado.

a.ca.ra.me.lar *v.t.* banhar em caramelo.

a.ca.ri.ciar *v.t.* acariciar, acarinhar.

a.ca.rre.ar *v.t.* acarretar; ocasionar.

a.ca.rre.o *s.m.* transporte; condução; carreto.

a.car.to.nar.se *v.r.* encarquilhar; emagrecer.

a.ca.so *s.m.* acaso, sorte, fortuna, destino, chance, azar.

a.ca.tar *v.t.* acatar, obedecer.

a.ca.ta.rrar.se *v.r.* encatarroar-se; constipar-se; resfriar-se; endefluxar-se.

a.cau.da.la.do *p.p. de acaudalar; adj.* abastado; muito rico.

a.cau.da.lar *v.t.* adquirir; ganhar; capitalizar.

ac.ce.der *v.i.* aceder; aquiescer; consentir; acessar; *acceder a un archivo Inform.* acessar um arquivo armazenado no computador.

ac.ce.si.ble *adj.* acessível; *Fig.* tratável.

ac.cé.sit *s.m.* prêmio de segundos lugares, em torneios.

ac.ce.so *s.m.* acesso; chegada; *Med.* acesso.

ac.ce.so.rio *s.m.* acessório.

ac.ci.den.ta.do *adj.* acidentado (terreno); *Fig.* agitado, atribulado; *Amér.* vítima de acidente.

ac.ci.den.tal *adj.* acidental.

ac.ci.den.te *s.m.* acidente.

ac.ción *s.f.* ação; movimento; modo de atuar; energia; combate.

ac.cio.nar *v.i.* acionar, gesticular.

ac.cio.nis.ta *s.m. e s.f.* acionista.

a.ce.bi.be *s.m.* passa de uva.

a.ce.chan.za *s.f.* espionagem.

a.ce.char *v.t.* espreitar; vigiar.

a.ce.cho *s.m.* espreita; *al acecho* à espreita.

a.ce.dar *v.t.* azedar; desgostar.

a.ce.dí.a *s.f.* azia; azedume; acidez.

a.ce.do *adj.* azedo; ácido.

a.cé.fa.lo *adj.* acéfalo, sem cabeça; desgovernado.

a.cei.tar *v.t.* azeitar; lubrificar; untar.

a.cei.te *s.m.* azeite, óleo de oliva.

a.cei.to.so *adj.* oleoso; untuoso.

a.cei.tu.na *s.m.* azeitona.

a.cei.tu.na.do *adj.* azeitonado, da cor da azeitona.

a.ce.le.ra.ción *s.f.* aceleração; rapidez.

a.ce.le.rar *v.t.* acelerar, apressar.

a.ce.le.rón *s.m.* acelerada.

a.cel.ga *s.f. Bot.* acelga.

a.cen.drar *v.t.* acendrar, acrisolar, purificar, limpar com cinzas.

a.cen.to *s.m. Gram.* acento.

a.cen.tua.ción *s.f.* acentuação.

a.cen.tuar *v.t.* acentuar; frisar; *v.r. Fig.* aumentar; intensificar-se.

a.cep.ción *s.f.* acepção; significação.

a.ce.pi.llar *v.t.* acepilhar; aplainar.

a.cep.ta.ción *s.f.* aceitação; aprovação; *Com.* aceite.

a.cep.tar *v.t.* aceitar; admitir; aprovar; *Com.* avalizar um título.

a.cep.to *adj.* aceito; admitido.

a.ce.quia *s.f.* açude; aqueduto, canal, regueira.

a.ce.ra *s.f.* passeio; calçada; parte lateral da rua reservada para pedestres.

a.ce.ra.do *adj.* acerado, duro como aço.

a.cer.bo *adj.* acerbo; *Fig.* duro; cruel.

a.cer.ca (de) *adv.* sobre, a respeito de, cerca de.

a.cer.car *v.t.* aproximar; acercar; *v.r.* acercar-se de, aproximar-se.

a.ce.ri.co *s.m.* almofada pequena; alfineteira.

a.ce.ro *s.m.* aço; *Fig.* arma branca.

a.cer.tar *v.t.* acertar; igualar; adivinhar.

a.cer.ti.jo *s.m.* enigma; adivinhação; quebra-cabeça.

a.cer.vo *s.m.* acervo; montão; cúmulo; herança que não se pode dividir.

a.cé.ti.co *adj.* acético.

a.ce.to.na *s.f. Quím.* acetona.

a.ce.tre *adj.* acéter; balde pequeno.

a.cha.car *v.t.* atribuir; imputar; *Fam.* roubar.

a.cha.que *s.m.* achaque; ligeira indisposição; *Fam.* chilique.

a.cha.ta.mien.to *s.m.* achatamento.

a.cha.tar *v.t.* achatar; aplanar; *v.r.* acovardar-se, assustar-se.

a.chi.car *v.t.* diminuir; reduzir o tamanho; *Mar.* extrair a água de um barco; *v.r. Fig.* intimidar-se; assustar-se.

a.chi.cha.rrar *v.t.* torrar; *Fig.* molestar.

a.chi.co.ria *s.f. Bot.* chicória.

a.chis.par *v.t.* embriagar-se um pouco; ficar alegre pela bebida.

a.cho.car *v.t.* chocar; embater.

a.chu.char *v.t.* açular; *Fam.* abraçar com força; espremer; esmagar.

a.chu.la.do *adj. Fam.* chulo; grosseiro; desavergonhado.

a.chu.ra *s.m. Arg.* miúdos de carne.

a.cia.go *adj.* aziago; de mau agouro.

a.cí.bar *s.m. Bot.* aloés; *Fig.* desgosto; amargura.

a.ci.ca.lar *v.t.* polir; enfeitar.

a.ci.ca.te *s.m.* espora de uma ponta; *Fig.* incentivo, estímulo.

a.ci.dez *s.f.* acidez, azedume.

a.ci.dia *s.f.* preguiça; frouxidão.

á.ci.do *adj.* ácido; azedo; *s.m. Quím.* ácido.

a.cier.to *s.m.* acerto; perícia.

á.ci.mo *adj.* ázimo, asmo, sem fermento.

a.cla.ma.ción *s.f.* aclamação.

a.cla.mar *v.t.* aclamar, aplaudir.

a.cla.ra.ción *s.f.* esclarecimento.

a.cla.rar *v.t.* clarear; enxaguar (roupa); esclarecer, explicar; *v.r.* compreender; explicar-se.

a.cli.ma.tar *v.t.* aclimatar, acostumar; *v.r.* habituar-se; adaptar-se.

a.clo.car *v.i.* chocar (a galinha).

a.clue.car.se *v.r.* chocar.

a.co.bar.dar *v.t.* acobardar, acovardar.

a.co.bar.dar.se *v.r.* amedrontar-se, intimidar-se.

a.co.char.se *v.r.* acachapar-se; agachar-se; abaixar-se.

a.co.dar.se *v.r.* apoiar-se nos cotovelos.

a.co.ge.dor *adj.* acolhedor; aquele que acolhe.

a.co.ger *v.t.* acolher; receber; admitir; agasalhar.

a.co.ger.se *v.r.* refugiar-se, proteger-se.

a.co.gi.da *s.f.* acolhimento; *Fig.* refúgio.

a.col.cha.do *s.m.* estofamento, acolchoado.

a.col.char *v.t.* acolchoar.

a.có.li.to *s.m.* acólito, o que ajuda à missa.

a.co.me.ter *v.t.* acometer, atacar.

a.co.me.ti.da *s.f.* acometida, ataque, investida.

a.co.mo.da.ción *s.f.* acomodação; arrumação.

a.co.mo.da.do *adj.* adequado; arrumado; abastado, que não tem problema de dinheiro.

a.co.mo.da.dor *adj.* acomodador, que acomoda; *s.m.* pessoa que indica os lugares nos cinemas.

a.co.mo.dar *v.t.* arrumar; ajustar; adaptar; *v.r.* acomodar-se; arrumar-se; conformar-se; adaptar-se.

a.co.mo.do *s.m.* ocupação; emprego; cargo.

a.com.pa.ña.mien.to *s.m.* acompanhamento, comitiva, cortejo, séquito.

a.com.pa.ñar *v.t.* acompanhar; seguir; *v.r.* ser da mesma opinião.

a.com.pa.sa.do *adj.* compassado; medido; lento.

a.com.ple.ja.do *adj.* complexado.

a.con.char.se *v.r.* aconchegar-se; aproximar-se.

a.con.di.cio.nar *v.t.* arrumar, acondicionar, dispor.

a.con.go.jar *v.t.* e *v.r.* afligir; atormentar; oprimir; angustiar.

a.con.se.jar *v.t.* aconselhar; convencer.

a.con.te.cer *v.i.* acontecer, suceder, ocorrer.

a.con.te.ci.mien.to *s.m.* acontecimento.

a.co.piar *v.t.* juntar; reunir; agrupar.

a.co.pio *s.m.* grande quantidade; pilha; estoque, provisão.

a.co.pla.mien.to *s.m.* ligação, união; ensamblagem.

a.co.plar *v.t.* ajuntar, unir, aproximar.

a.co.plar.se *v.r. Fam.* juntar-se, acomodar-se.

a.co.qui.nar.se *v.r.* ficar com medo; acovardar-se; retrair-se.

a.co.ra.za.do *p.p. de acorazar; adj.* encouraçado; blindado.

a.cor.cha.do *adj.* esponjoso; fofo; poroso.

a.cor.da.da *s.f.* ordem de um tribunal.

a.cor.dar *v.t.* acordar, concordar; *v.r.* lembrar-se; recordar-se.

a.cor.de *adj.* acorde; conforme, concorde.

a.cor.de.ón *s.m.* acordeão, sanfona.

a.cor.do.nar *v.t.* acordoar; encordoar.

a.co.rra.la.mien.to *s.m.* encurralamento.

a.co.rra.lar *v.t.* encurralar; *Fig.* intimidar; acobardar; deixar confuso.

a.cor.tar *v.t.* encolher; abreviar; reduzir.

a.cor.var *v.t.* encurvar; curvar.

a.co.sar *v.t.* acossar; perseguir; *Fig.* fatigar; importunar.

a.cos.ta.do *adj.* deitado.

a.cos.tar *v.t.* deitar; estender-se na cama ou no chão; *v.r.* deitar-se; ir dormir.

a.cos.tum.brar *v.t.* acostumar, habituar; *v.i.* ter o costume de.

a.co.ta.ción *s.f.* anotação; nota.

a.co.tar *v.t.* demarcar; escolher; aceitar; testemunhar.

a.co.tar.se *v.r.* pôr-se a salvo.

a.cre *adj.* acre, azedo, ácido.

a.cre.cen.tar *v.t.* acrescentar; adicionar; aumentar.

a.cre.cer *v.t.* acrescer; juntar; aumentar.

a.cre.di.tar *v.t.* credenciar; habilitar; *Com.* creditar; levar a crédito; abonar.

a.cre.e.dor *adj.* credor.

a.cri.bi.llar *v.t.* crivar; ferir; *Fam.* molestar.

a.crí.li.co *s.m.* acrílico.

a.crio.llar.se *v.r. Amér.* acaboclar-se; habituar-se à vida nativa.

a.cri.so.lar *v.t.* acrisolar, purificar.

a.cri.tud *s.f.* acritude, acridez.

a.cro.ba.cia *s.f.* acrobacia.

a.cró.ba.ta *s.m.* e *s.f.* acrobata.

a.crós.ti.co *adj.* acróstico.

ac.ta *s.f.* ata.

ac.ti.tud *s.f.* atitude; norma; *Fig.* propósito.

ac.ti.var *v.t.* ativar.

ac.ti.vi.dad *s.f.* atividade; diligência.

ac.ti.vo *adj.* ativo; vivo; militante.

ac.to *s.m.* ato; ação; cerimônia; *Teat.* ato.

ac.tor *s.m.* ator; personagem (*fem.* actriz); *For.* autor (*fem.* actora).

ac.tua.ción *s.f.* atuação.

ac.tual *adj.* atual.

ac.tua.li.dad *s.f.* atualidade; oportunidade.

ac.tua.li.zar *v.t.* atualizar; realizar; *Inform.* atualizar, completar ou substituir com dados mais recentes um programa ou arquivo.

ac.tuar *v.i.* agir; *Teat.* atuar, desempenhar um papel.

a.cua.re.la *s.f.* aquarela.

a.cua.rio *s.m.* aquário; signo do Zodíaco.

a.cuá.ti.co *adj.* aquático.

a.cu.chi.llar *v.t.* acutilar, esfaquear.

a.cu.cia *s.f.* pressa; diligência; desejo.

a.cu.ciar *v.t.* diligenciar; apressar.

a.cu.cio.so *adj.* solícito; prestimoso.

a.cu.cli.llar.se *v.r.* acocorar-se.

a.cu.dir *v.i.* vir, chegar; acudir, ir em socorro; apelar, pedir ajuda; freqüentar.

a.cue.duc.to *s.m.* aqueduto.

a.cuer.do *s.m.* acordo; combinação; convenção.

a.cui.tar *v.t.* afligir, magoar.

a.cu.lar *v.t.* encostar por detrás; *Fam.* encurralar; acuar.

a.cu.llá *adv.* acolá; lá.

a.cu.mu.la.ción *s.f.* acumulação; amontoamento.

a.cu.mu.lar *v.t.* acumular; amontoar; reunir.

a.cu.nar *v.t.* embalar o berço.

a.cu.ñar *v.t.* cunhar moedas.

a.cuo.so *adj.* aquoso.

a.cu.rru.car.se *v.r.* acocorar-se; agachar-se.

a.cu.rru.llar *v.t. Mar.* recolher o velame.

a.cu.sa.ción *s.f.* acusação.

a.cu.sar *v.t.* acusar, denunciar; notificar o recebimento.

a.cu.se *s.m.* notificação; aviso.

a.cús.ti.ca *s.f.* acústica.

a.cús.ti.co *adj.* relativo à acústica.

a.dán *s.m. Fig.* pessoa desleixada.

a.dap.ta.ción *s.f.* adaptação.

a.dap.tar *v.t.* adaptar, adequar, ajustar.

a.dap.tar.se *v.r.* amoldar-se.

a.dar.var *v.t.* pasmar; estontear; aturdir.

a.de.cua.do *p.p. de adecuar*; *adj.* adequado; apropriado.

a.de.cuar *v.t.* adequar; ajustar; apropriar.

a.de.ha.la *s.f.* propina; gorjeta.

a.de.he.sar *v.t.* tornar uma terra própria para pastagens.

a.de.lan.ta.do *p.p. de adelantar*; *adj.* adiantado; *Fig.* intrometido; atrevido.

a.de.lan.tar *v.t.* adiantar; antecipar; ultrapassar; avançar; abonar.

a.de.lan.te *adv.* adiante; para a frente.

a.de.lan.to *s.m.* adiantamento (de dinheiro); progresso.

a.del.ga.zar *v.t.* adelgaçar; emagrecer.

a.de.mán *s.m.* gesto, movimento, trejeito.

a.de.mar *v.t. Min.* escorar, especar.

a.de.más *adv.* além de, além disso; demais.

a.den.tro *adv.* adentro, para dentro.

a.dep.to *adj.* adepto, partidário.

a.de.re.zar *v.t.* temperar; adereçar, enfeitar.

a.de.re.zo *s.m.* tempero; adereço, enfeite.

a.deu.dar *v.t.* dever; endividar; contrair dívidas; *Com.* debitar.

a.deu.do *s.m.* direito alfandegário; dívida.

ad.he.ren.cia *s.f.* aderência; *Fig.* conexão; parentesco.

ad.he.rir *v.i.* aderir; *Fig.* convir num ditame; abraçar um partido.

ad.he.sión *s.f.* adesão.

ad.he.si.vo *s.m.* e *adj.* adesivo.

a.di.ción *s.f.* adição; soma.

a.dic.to *adj. Med.* dependente de drogas; adepto; adicto, adjunto.

a.dies.tra.mien.to *s.m.* adestramento; treinamento.

a.dies.trar *v.t.* adestrar; habilitar.

a.di.ne.ra.do *adj.* endinheirado.

a.diós *interj.* adeus! boa viagem! *s.m.* adeus, despedida.

a.di.po.so *adj. Anat.* adiposo, gordo.

a.di.ta.men.to *s.m.* adendo.

a.di.vas *s.f. pl. Vet.* inflamação da garganta (em animais).

a.di.vi.nar *v.t.* adivinhar; predizer; decifrar; atinar.

a.di.vi.no *s.m.* adivinho; adivinhador.

a.d.je.ti.vo *s.m. Gram.* adjetivo.

ad.ju.di.car *v.t.* adjudicar; dar por sentença; apropriar-se.

ad.jun.tar *v.t.* juntar, ajuntar; anexar; ligar, unir.

ad.jun.to *adj.* adjunto; *s.m. Gram* adjunto, complemento.

ad.mi.nis.tra.ción *s.f.* administração; gerência de negócios.

ad.mi.nis.trar *v.t.* administrar; dirigir; ministrar.

ad.mi.ra.ción *s.f.* admiração.

ad.mi.rar *v.t.* admirar; *v.r.* admirar-se; assombrar-se.

ad.mi.sión *s.f.* admissão; ato de admitir.

ad.mi.tir *v.t.* admitir.

ad.mo.ni.ción *s.f.* admonição; admoestação.

a.do.bar *v.t.* temperar; adubar; fertilizar.

a.do.ba.si.llas *s.m.* consertador de cadeiras.

a.do.be *s.m.* adobe.

a.do.bí.o *s.m.* parte dianteira do forno.

a.do.bo *s.m.* tempero; calda para temperar e conservar; adubação.

a.do.ce.na.do *p.p. de adocenar*; *adj.* vulgar; de escasso mérito.

a.do.ce.nar *v.t.* dividir por dúzias.

a.do.le.cen.te *adj.* doente; enfermo.

a.do.le.cer *v.i.* adoecer; enfermar; ter uma doença.

a.do.les.cen.cia *s.f.* adolescência.

a.do.les.cen.te *adj.* adolescente.

a.don.de *adv.* aonde; onde.

a.don.de.quie.ra *adv.* em qualquer parte.

a.dop.ción *s.f.* adoção.

a.dop.ta.dor *adj.* adotante; que adota.

a.dop.tar *v.t.* adotar.

a.dop.ti.vo *adj.* adotivo; que se adotou; relativo à adoção.

a.do.quín *s.m.* laje; paralelepípedo.

a.do.qui.nar *v.t.* lajear; calcetar.

a.do.ra.ble *adj.* adorável; digno de adoração.

a.do.ra.ción *s.f.* adoração.

a.dor.me.cer *v.t.* adormecer.

a.dor.me.ci.mien.to *s.m.* adormecimento; ato de adormecer; entorpecimento.

a.dor.nar *v.t.* adornar, enfeitar.

a.dor.no *s.m.* adorno, enfeite.

a.do.sar *v.t.* pôr uma coisa contígua a outra.

ad.qui.rir *v.t.* adquirir, obter.

ad.qui.si.ción *s.f.* aquisição, adquirição.

a.dre.de *adv.* adrede, de propósito.

ads.cri.bir *v.t.* inscrever; atribuir; adscrever.

a.dua.na *s.f.* aduana, alfândega.

a.dua.ne.ro *adj.* alfandegário; aduaneiro.

a.duc.ción *s.f. Anat.* adução.

a.du.cir *v.t.* aduzir; trazer; expor.

a.due.ñar.se *v.r.* assenhorear-se.

a.du.lar *v.t.* adular, bajular.

a.du.lón *adj.* adulador; lisonjeador.

a.dul.te.ra.ble *adj.* adulterável.

a.dul.te.ra.ción *s.f.* adulteração; ato de adulterar.

a.dul.te.rar *v.i.* adulterar, falsificar.

a.dul.te.rio *s.m.* adultério.

a.dúl.te.ro *adj.* adúltero.

a.dul.to *adj.* adulto.

a.dul.zar *v.t.* adoçar, tornar doce; abrandar; atenuar.

a.dus.to *adj.* adusto; *Fig.* árido; melancólico.

ad.ve.ne.di.zo *s.m.* e *adj.* estrangeiro; forasteiro; adventício; novo-rico; cabotino, esnobe.

ad.ve.ni.mien.to *s.m.* advento; chegada.

ad.ve.nir *v.i.* advir; chegar depois; suceder.
ad.ver.bio *s.m. Gram.* advérbio.
ad.ver.sa.rio *s.m.* adversário.
ad.ver.si.dad *s.f.* adversidade; infelicidade; má-sorte.
ad.ver.so *adj.* adverso, contrário.
ad.ver.ten.cia *s.f.* advertência.
ad.ver.tir *v.t.* advertir.
ad.vien.to *s.m.* advento, vinda, chegada.
ad.ya.cen.cia *s.f.* adjacência; proximidade.
ad.ya.cen.te *adj.* adjacente; próximo.
ad.yu.van.te *adj.* adjuvante.
a.e.char *v.t.* limpar; peneirar trigo.
a.é.re.o *adj.* aéreo.
a.e.ró.dro.mo *s.m.* aeródromo.
a.e.ro.li.to *s.m.* aerólito.
a.e.ro.náu.ti.ca *s.f.* aeronáutica.
a.e.ro.na.ve *s.f.* aeronave.
a.e.ro.pla.no *s.m.* aeroplano, avião.
a.e.ro.puer.to *s.m.* aeroporto.
a.e.rós.ta.to *s.m.* aeróstato.
a.fa.bi.li.dad *s.f.* afabilidade; facilidade e agrado no trato.
a.fa.ble *adj.* afável; benévolo; delicado no trato.
a.fa.ma.do *adj.* afamado, célebre, famoso.
a.fán *s.m.* afã; ânsia; aflição.
a.fa.nar.se *v.r.* afanar-se, esforçar-se.
a.fa.no.so *adj.* afanoso, trabalhoso.
a.fe.ar *v.t.* afear, tornar feio.
a.fec.ción *s.f.* afeição; carinho; *Med.* afecção; doença.
a.fec.ta.ción *s.f.* afetação; amaneiramento; pedantismo.
a.fec.tar *v.t.* afetar.

a.fec.to *adj.* afeto.
a.fei.tar *v.t.* barbear.
a.fei.te *s.m.* enfeite; adorno; ornamento; cosmético.
a.fel.pa.do *adj.* aveludado.
a.fe.mi.na.do *adj.* efeminado; amaricado; adamado; mulherengo.
a.fe.mi.nar *v.t.* efeminar; enfraquecer; degenerar.
a.fé.re.sis *s.f. Gram.* aférese.
a.fe.rrar *v.t.* segurar; agarrar.
a.fian.zar *v.t.* afiançar; abonar.
a.fi.ción *s.f.* afeição; inclinação por uma coisa ou pessoa.
a.fi.cio.na.do *p.p. de aficionar; adj.* afeiçoado; amador; amante (de letras e artes).
a.fi.cio.nar *v.t.* afeiçoar.
a.fi.jo *adj. Gram.* afixo.
a.fi.la.de.ra *adj.* pedra de amolar.
a.fi.la.dor *adj.* afiador, amolador.
a.fi.la.mien.to *s.m.* afinamento do rosto, do nariz ou dos dedos.
a.fi.lar *v.t.* afiar, amolar, dar gume a.
a.fi.lia.ción *s.f.* afiliação; agregação.
a.fi.lia.do *adj.* filiado, membro, associado.
a.fi.liar *v.t.* filiar, tornar membro.
a.fi.li.gra.nar *v.t.* filigranar, pulir; aformosear.
a.fín *adj.* próximo; parente; semelhante; afim.
a.fi.na.ción *s.f.* afinação; tempero de instrumentos.
a.fi.nar *v.t.* afinar; apurar; retocar.
a.fi.ni.dad *s.f.* afinidade; conformidade.
a.fir.ma.ción *s.f.* afirmação; asseveração.
a.fir.mar *v.t.* afirmar; assegurar.

a.fir.ma.ti.vo *adj.* afirmativo; que afirma, ou confirma.
a.flic.ción *s.f.* aflição; agonia; angústia.
a.flic.ti.vo *adj.* aflitivo.
a.fli.gir *v.t.* afligir; *v.r.* afligir-se; angustiar-se.
a.flo.jar *v.t.* afrouxar; desapertar; retardar o movimento.
a.flo.rar *v.i.* aflorar; *v.t.* ato de peneirar a farinha.
a.fluen.cia *s.f.* afluência.
a.fluen.te *adj.* afluente.
a.fluir *v.i* afluir.
a.fon.dar *v.t.* afundar.
a.fo.ris.mo *s.m.* aforismo, sentença moral.
a.fo.ro *s.m.* avaliação.
a.fo.rrar *v.t.* forrar; forrar-se; comer e beber bem.
a.for.tu.na.da.men.te *adv.* felizmente.
a.for.tu.na.do *adj.* afortunado.
a.fren.ta *s.f.* afronta; ultraje; violência.
a.fren.tar *v.t.* afrontar; ultrajar.
a.fri.ca.do *adj.* fricativo.
a.fri.ca.no *adj.* e *s.m.* africano.
a.fro.di.sía.co *adj.* afrodisíaco.
a.fron.tar *v.t.* afrontar; enfrentar.
a.fue.ra *adv.* fora; arredores; *s.f. pl.* fora; arredores.
a.fu.fa *s.m. Fam.* fuga, escapatória.
a.fu.far *v.i. Fam.* fugir; escapar.
a.ga.cha.da *s.f. Fam.* armadilha; astúcia.
a.ga.char *v.i* e *v.r. Fam.* agachar-se; abaixar-se.
a.ga.lla *s.f.* galha; mormo; guelra; brânquia.
a.ga.rra.da *s.m. Fam.* alteração; briga.
a.ga.rra.de.ro *s.m.* pegadouro, cabo; *Fig.* amparo; proteção.

a.ga.rra.do *adj.* agarrado; perso; *s.m.* avarento.

a.ga.rra.far *v.t. Fam.* agarrar com força.

a.ga.rrar.se *v.r.* grudar-se; aferrar-se; implicar.

a.ga.sa.jar *v.t.* tratar com deferência; hospedar; presentear.

a.ga.sa.jo *s.m.* deferência; presente.

a.ga.za.par *v.t. Fig.* agarrar; pegar alguém.

a.gen.cia *s.f.* agência.

a.gen.ciar *v.t.* agenciar, negociar.

a.gen.te *adj.* agente.

á.gil *adj.* ágil.

a.gi.li.dad *s.f.* agilidade; desembaraço.

a.gi.li.tar o **a.gi.li.zar** *v.t.* tornar ágil.

a.gio.ta.je *s.m.* agiotagem; usura.

a.gio.tis.ta *s.m.* e *s.f.* agiota; usurário.

a.gi.ta.ción *s.f.* agitação.

a.gi.ta.dor *s.m.* e *adj.* agitador.

a.gi.tar *v.t.* agitar, instigar.

a.glo.me.rar *v.t.* aglomerar.

a.glo.me.ra.ción *s.f.* aglomeração.

a.glu.ti.na.ción *s.f.* aglutinação.

a.go.biar *v.t.* vergar o corpo sob peso ou carga.

a.gol.par.se *v.r.* grupar-se; juntar-se.

a.go.ní.a *s.f.* agonia.

a.go.ni.zan.te *adj.* agonizante, moribundo.

a.go.ni.zar *v.i.* agonizar.

a.go.rar *v.t.* agourar; predizer; antever.

a.go.re.ro *adj.* agoureiro; áugure; agourento.

a.gos.tar *v.t.* agostar-se; murchar.

a.gos.to *s.m.* agosto; colheita, ceifa.

a.go.ta.mien.to *s.m.* esgotamento; depauperamento; extenuação.

a.go.tar *v.t.* esgotar; exaurir; esvaziar; consumir.

a.gra.cia.do *p.p. de agraciar*; *adj.* agraciado; vencedor.

a.gra.ciar *v.t.* agraciar; tornar engraçado.

a.gra.da.ble *adj.* agradável; que agrada; aprazível.

a.gra.dar *v.i.* agradar.

a.gra.de.cer *v.t.* agradecer.

a.gra.de.ci.do *p.p. de agradecer*; *adj.* agradecido, grato.

a.gra.de.ci.mien.to *s.m.* agradecimento, gratidão, reconhecimento.

a.gran.da.mien.to *s.m.* engrandecimento; aumento.

a.gran.dar *v.t.* engrandecer; elevar em dignidade.

a.gra.va.mien.to *s.m.* agravamento, agravação.

a.gra.var *v.t.* agravar; piorar.

a.gra.viar *v.t.* insultar; agravar; oprimir; molestar.

a.gra.vio *s.m.* insulto; agravo, injúria, ofensa.

a.gre.dir *v.t.* agredir; atacar; insultar.

a.gre.ga.do *p.p. de agregar*, *adj.* agregado; aliado.

a.gre.gar *v.t.* agregar, juntar.

a.gre.mia.ción *s.f.* agremiação; associação.

a.gre.sión *s.f.* agressão; ferimento; pancada.

a.gre.si.vo *adj.* agressivo; que envolve ou denota agressão.

a.gre.sor *adj.* agressor; o que agride.

a.griar *v.t.* azedar; irritar.

a.grí.co.la *adj.* agrícola.

a.gri.cul.tu.ra *s.f.* agricultura.

a.gri.dul.ce *adj.* agridoce, agro e doce.

a.grie.tar *v.t.* gretar; abrir fenda ou greta; fender.

a.grio *adj.* agro, acre, azedo.

a.grión *s.m.* agrião.

a.gri.sa.do *adj.* acinzentado; grisalho.

a.gro.no.mí.a *s.f.* agronomia.

a.gro.pe.cua.ria *s.f.* agropecuária.

a.gru.pa.ción *s.f.* o **a.gru.pa.mien.to** *s.m.* agrupamento; reunião.

a.gru.par *v.t.* agrupar, juntar.

a.gua *s.f.* água; *pl.* urina.

a.gua.ca.te *s.m.* abacate; abacateiro.

a.gua.ce.ro *s.m.* aguaceiro; chuva repentina e de pouca duração.

a.gua.char *s.m.* charco; água estagnada.

a.gua.char *v.t.* alagar.

a.gua.de.ro *s.m.* bebedouro.

a.gua.fies.tas *s.m.* e *s.f.* desmancha-prazeres.

a.gua.ma.nil *s.m.* bacia e jarro para lavar as mãos.

a.gua.ma.ri.na *s.f.* água-marinha.

a.guan.tar *v.t.* agüentar; suster; manter; sustentar.

a.guan.te *s.m.* tolerância, sofrimento.

a.guar *v.t.* aguar, regar; estragar (um prazer).

a.guar.dar *v.t.* aguardar, esperar.

a.guar.den.te.rí.a *adj.* botequim; local onde se vende aguardente.

a.guar.dien.te *s.m.* aguardente; *Fig.* caninha.

a.gua.rrás *s.m.* aguarrás.

a.gua.sal *s.f.* salmoura.

a.gua.te.ro *s.m. Amér.* aguadeiro.

a.gu.de.za *s.f.* agudeza, perspicácia.

a.gu.do *adj.* agudo; penetrante; pontudo.

a.güe.ro *s.m.* augúrio, predição.

a.gui.ja.da *s.f.* aguilhada.

a.gui.jar *v.t.* aguilhoar; estimular.

a.gui.jón *s.m.* aguilhão; ferrão.

a.gui.jo.na.zo *s.m.* aguilhoado; picada com o aguilhão.

a.gui.jo.ne.ar *v.t.* aferroar; estimular; espicaçar.

á.gui.la *s.f.* águia.

a.gui.le.ño *adj.* diz-se do nariz adunco.

a.gui.nal.do *s.m.* consoada; brinde de Natal; décimo-terceiro salário.

a.gu.ja *s.f.* agulha.

a.gu.je.re.ar *v.t.* furar.

a.gu.je.ro *s.m.* furo, orifício, buraco.

a.gu.je.tas *s.f. pl.* dores musculares após exercícios violentos.

a.gur *interj. Fam.* adeus!

a.gu.sa.nar.se *v.r.* bichar.

a.gu.zar *v.t.* aguçar; afiar; estimular.

a.hem.bra.do *adj.* efeminado.

a.he.rro.jar *v.t.* aferrolhar; encarcerar.

a.he.rrum.brar *v.t.* dar a cor do ferro a.

ahí *adv.* aí; nesse lugar.

a.hi.ja.do *p.p. de ahijar, s.m.* afilhado.

a.hi.jar *v.t.* perfilhar; adotar.

a.hi.lar *v.i.* enfileirar; alinhar; *v.r.* desmaiar.

a.hi.lo *s.m.* desmaio; chilique.

a.hín.co *s.m.* afinco; pertinácia.

a.ho.ga.do *p.p. de ahogar; adj.* afogado; angustiado.

a.ho.gar *v.t.* afogar; sufocar; abafar.

a.ho.go *s.m. Fig.* afogo; sufocação; opressão.

a.hon.dar *v.t.* afundar; aprofundar.

a.ho.ra *adv.* agora; nesta hora; no presente.

a.hor.car *v.t.* enforcar; estrangular

a.ho.ri.ta *adv. Fam.* agora mesmo, já, neste instante.

a.hor.nar *v.t.* enfornar; meter no forno.

a.ho.rrar *v.t.* economizar; juntar.

a.ho.rro *s.m.* economia, parcimônia no gastar; *caja de ahorros* caixa econômica; poupança.

a.ho.yar *v.i.* cavar; escavar.

a.hu.char *v.t.* guardar (em cofre).

a.hue.ca *interj.* cai fora! dê o fora!

a.hue.car *v.t.* afofar, tornar oco.

a.hu.ma.do *p.p. de ahumar; adj.* defumado.

a.hu.mar *v.t.* defumar; expor ao fumo; curar ao fumo.

a.hu.yen.tar *v.t.* afugentar; espantar.

ai.ra.do *p.p. de airar, adj.* irado; colérico.

ai.rar *v.t.* irritar; enraivecer.

ai.re *s.m.* ar; vento.

ai.re.ar *v.t.* arejar; ventilar.

ai.re.o *s.m.* arejo; ventilação.

ai.rón *s.m.* garça real; airão (enfeite).

ai.ro.so *adj.* airoso, arejado.

ais.la.dor *adj. Fís.* isolador; isolante.

ais.la.mien.to *s.m.* isolamento; separação.

ais.lar *v.t.* isolar; separar.

a.jar *v.t.* envelhecer; estragar.

a.je.drez *s.m.* xadrez.

a.je.dre.za.do *adj.* axadrezado; pano de quadrinhos.

a.je.no *adj.* alheio; pertencente a outrem; isento, livre; *ajeno de cuidados* livre de cuidados.

a.je.tre.ar *v.t.* cansar; enfastiar; importunar; *v.r.* cansar-se, enfastiar-se.

a.je.tre.o *s.m.* agitação, correria; cansaço, fadiga.

a.jo *s.m.* alho; *Fig.* negócio duvidoso.

a.jon.jo.lí *s.m.* gergelim; sésamo.

a.jo.rar *v.t.* conduzir à força.

a.jor.ca *s.f.* bracelete; pulseira.

a.juar *s.m.* enxoval; roupas de uso comum.

a.jui.ciar *v.t.* ajuizar; julgar; levar a juízo.

a.jus.tar *v.t.* ajustar; regular; combinar; acertar.

a.jus.te *s.m.* ajuste, acerto.

al contração da *prep.* a e *art. el*: ao, para o.

a.la.ban.za *s.f.* louvor, elogio; glorificação.

a.la.bar *v.t.* louvar; elogiar; exaltar.

a.la.be.ar *v.t.* entortar; empenar.

a.la.be.o *s.m.* empenamento, empeno.

a.la.ce.na *s.f.* despensa; copa.

a.la.crán *s.m.* escorpião.

a.la.do *adj.* alado, que tem asas.

a.lam.bi.ca.do *adj.* alambicado; complicado; meloso; sutil; refinado.

a.lam.bi.que *s.m.* alambique.

a.lam.bra.da *s.f. Mil.* aramada, rede de arame farpado.

a.lam.bra.do *s.m.* tecido de arame.

a.lam.bre *s.m.* arame.

a.lam.bre.ra *s.f.* rede de arame.

a.la.me.da *s.f.* alameda; avenida.

a.lar.gar *v.t.* alargar, ampliar.

a.la.ri.do *s.m.* alarido, algazarra.

a.lar.ma *s.f.* alarme; rebate.

a.lar.mar *v.t.* alarmar; alertar.

a.las.trar.se *v.r.* arrastar-se pelo chão.

al.ba.ha.ca *s.f. Bot.* alfavaca, segurelha, manjericão.

al.ba.ñal *s.m.* cloaca, sentina, esgoto.

al.ba.ñil *s.m.* pedreiro.

al.ba.ñi.le.rí.a *s.f.* alvenaria; ofício de pedreiro.

al.bar *adj.* alvar; estúpido; grosseiro; ingênuo; tolo.

al.ba.ri.co.que *s.m.* abricó; damasco.

al.ba.tros *s.m.* albatroz, ave palmípede.

al.be.drí.o *s.m.* alvedrio, arbítrio, moto-próprio.

al.ber.gue *s.m.* albergue; pousada; hospedaria; refúgio.

al.bón.di.ga *s.f.* almôndega; bolo de carne moída.

al.bor *s.m.* alvor, brancura.

al.bo.ra.da *s.f.* alvorada.

al.bo.re.ar *v.i.* alvorecer; amanhecer.

al.bo.ro.ta.di.zo *adj.* turbulento; desassossegado.

al.bo.ro.tar *v.t.* alvorotar, alvoroçar; agitar; amotinar.

al.bo.ro.to *s.m.* alvoroço, agitação; alarme.

al.bo.ro.zar *v.t.* avoroçar; causar grande alegria.

al.bo.ro.zo *s.m.* alvoroço; entusiasmo.

al.bri.cias *s.f. pl.* alvíssaras; prêmio que se dá em sinal de agradecimento ou satisfação.

ál.bum *s.m.* álbum.

al.ca.cho.fa *s.f.* alcachofra.

al.ca.haz *s.m.* gaiola para aves; viveiro.

al.ca.hue.te *s.m.* alcoviteiro; mexeriqueiro.

al.cal.da.da *s.f.* abuso de autoridade.

al.cal.de *s.m.* alcaide; prefeito.

al.cal.dí.a *s.f.* alcaidia, cargo de prefeito; prefeitura.

al.ca.li.ni.dad *s.f.* alcalinidade.

al.ca.li.no *adj.* alcalino.

al.can.ce *s.m.* alcance, distância máxima; *Fig.* alçada; abrangência.

al.can.for *s.m.* cânfora.

al.can.ta.ri.lla *s.f.* esgoto; bueiro.

al.can.ta.ri.lla.do *s.m.* rede de esgotos.

al.can.za.do *adj.* quebrado, sem dinheiro.

al.can.zar *v.t.* alcançar; apanhar; obter; prever.

al.ca.pa.rra *s.f.* alcaparra.

al.ca.ti.fa *s..f.* almofada, tapete.

al.ca.traz *s.m.* alcatraz, pelicano.

al.cá.zar *s.m.* castelo, fortaleza, casa real.

al.co.ba *s.f.* alcova; quarto pequeno de dormir.

al.co.bi.lla *s.f. dim.* reservatório de água.

al.co.ca.rra *s.f.* gesto; esgar; careta.

al.co.hol *s.m.* álcool; aguardente retificada.

al.co.ho.lis.mo *s.m.* alcoolismo.

al.co.ho.li.zar *v.t.* alcoolizar; embriagar.

al.co.rán *s.m.* alcorão; livro sagrado do Islamismo.

al.cu.za *s.f.* galheta (vidro em que se serve azeite ou vinagre).

al.cuz.cuz *s.m.* cuscuz.

al.da.ba *s.f.* aldrava; ferrolho; tranca.

al.de.a *s.f.* aldeia; povoação.

al.de.a.no *adj.* aldeão, camponês.

al.de.hí.do *s.m.* aldeído; substância derivada dos álcoois.

al.de.rre.dor *adv.* ao redor.

a.le.a.ción *s.f.* liga de metais.

a.le.ar *v.i.* ligar metais.

a.le.a.to.rio *adj.* aleatório, fortuito, ao acaso; *acceso aleatorio Inform.* acesso aleatório, não-seqüencial.

a.lec.cio.nar *v.t.* lecionar; ensinar; dar lições.

a.le.crín *s.m.* alecrim.

a.le.da.ño *adj.* confinante; limítrofe.

a.le.da.ños *s.m. pl.* confins, limites, fronteiras.

a.le.ga.ción *s.f.* alegação; ato de alegar.

a.le.gar *v.t.* alegar.

a.le.ga.to *s.m.* alegação por escrito.

a.le.grar *v.t.* alegrar, contentar.

a.le.gre *adj.* alegre, álacres.

a.le.grí.a *s.f.* alegria.

a.le.grón *s.m.* alegrão; grande alegria.

a.le.ja.mien.to *s.m.* afastamento; ato de afastar; distância.

a.le.jan.dri.no *s.m.* e *adj.* alexandrino.

a.le.jar *v.t.* afastar; apartar; desviar.

a.le.la.do *adj.* pasmado, perplexo.

a.le.lar *v.t.* ficar bobo.

a.le.lu.ya *s.f.* aleluia; o tempo da Páscoa.

a.le.mán *adj.* alemão; que diz respeito à Alemanha.

a.ler.gia *s.f. Fisiol.* alergia.

a.le.ro *s.m.* alpendre; parte inferior do telhado.

a.ler.ta *adv.* alerta.

a.ler.tar *v.t.* alertar; acordar; chamar a atenção.

a.le.ta *s.f.* aleta; barbatana (dos peixes).

a.le.te.ar *v.t.* adejar; esvoaçar; voejar.

a.le.te.o *s.m.* adejo; ato do adejar.

a.le.vo.sí.a *s.f.* aleivosia; aleive; traição.

a.le.vo.so *adj.* aleivoso.

al.fa.be.to *s.m.* alfabeto.

al.fa.jor *s.m. Amér.* bolo de mel.

al.fan.je *s.m.* alfanje, cimitarra.

al.far *s.m.* lugar onde se fabricam objetos de cerâmica.

al.fa.re.rí.a *s.f.* olaria.

al.fa.re.ro *s.m.* oleiro.

al.féi.zar *s.m. Arq.* saliência na parede, sobre uma porta ou janela; armação.

al.fé.rez *s.m. Mil.* alferes; oficial inferior ao tenente.

al.fer.ga *s.f.* dedal (de costura).

al.fil *s.m.* o bispo, no jogo de xadrez.

al.fi.ler *s.m.* alfinete.

al.fi.le.ra.zo *s.m.* alfinetada; dor aguda e rápida.

al.fom.bra *s.f.* alfombra, tapete.

al.for.ja *s.f.* alforje.

al.ga.ba *s.f.* bosque.

al.ga.ra.bí.a *s.f.* algaravia; confusão de vozes.

al.ga.ra.da *s.f.* algaraviada; confusão de vozes; motim.

al.ga.za.ra *s.f.* algazarra; vozearia; motim; clamor; assuada.

ál.ge.bra *s.f.* álgebra.

al.ge.brai.co *adj.* algébrico.

al.go *pron. indet.* algo, alguma coisa, um tanto.

al.go.dón *s.m.* algodão.

al.go.do.ne.ro *s.m. e adj.* algodoeiro; planta do algodão; fabricante de algodão.

al.gua.cil *s.m.* aguazil; esbirro; *For.* oficial de justiça.

al.guien *pron. indet.* alguém; alguma pessoa.

al.gún *pron. e adj.* algum; um, entre dois ou mais.

al.gu.no *s.m. e adj.* algum; alguém.

al.ha.ja *s.f.* jóia.

al.ha.ra.ca *s.f.* demonstração de ira; queixa; admiração; alegria.

al.hu.ce.ma *s.f.* alfazema.

a.lia.do *p.p. de aliar; adj.* aliado.

a.lian.za *s.f.* aliança (anel); união.

a.liar.se *v.r.* aliar-se; coligar-se.

a.li.ca.tes *s.m. pl.* alicate; pequena torquês.

a.li.cuo.ta *adj.* alíquota.

a.lie.na.ción *s.f.* alienação; cessão de bens; *Med.* loucura.

a.lie.nar *v.t.* alienar.

a.lien.to *s.m.* alento; hálito; respiração.

a.li.jo *s.m.* alijamento; desembarque de contrabando.

a.li.men.ta.ción *s.f.* alimentação; abastecimento.

a.li.men.tar *v.t.* alimentar, nutrir.

a.li.men.ti.cio *adj.* alimentício.

a.li.men.to *s.m.* alimento, nutrição, comida.

a.li.ne.a.ción *s.f.* alinhamento.

a.li.ne.ar *v.t.* alinhar; pôr em linha reta.

a.li.ña.do *p.p. de aliñar; adj.* asseado; disposto.

a.li.ñar *v.t.* alinhar; enfeitar; aderecar; arranjar.

a.li.ño *s.m.* alinho; asseio; adereço; tempero.

a.lio.li *s.m.* alho-óleo; molho feito com alho e óleo.

a.li.que.bra.do *p.p. de aliquebrar; adj.* alquebrado, abatido.

a.li.que.brar *v.t.* alquebrar; causar fraqueza a.

a.lis.ta.do *p.p. de alistar; adj.* alistado; listrado.

a.lis.ta.mien.to *s.m.* alistamento; recrutamento.

a.lis.tar *v.t.* alistar; prevenir; aprontar; dispor.

a.li.te.ra.ción *s.f. Ret.* aliteração.

a.li.viar *v.t.* aliviar, minorar.

a.li.vio *s.m.* alívio, consolo, conforto.

al.ji.be *s.m.* cisterna; poço.

al.jo.fai.na *s.f.* bacia de lavar as mãos.

al.jo.fi.fa *s.f.* esfregão.

al.jor *s.m.* gesso.

a.llá *adv.* lá; naquele lugar.

a.lla.na.mien.to *s.m.* aplainamento.

a.lla.nar *v.t.* aplainar; igualar; alisar com plaina.

a.lle.ga.do *p.p. de allegar; adj.* próximo; parente; partidário; sectário.

a.lle.gar *v.t.* achegar; aproximar; conchegar.

a.llen.de *adv.* além; da parte de lá.

a.llí *adv.* ali; naquele lugar.

al.ma *s.f.* alma, ânimo.

al.ma.cén *s.m.* armazém; loja.

al.ma.ce.na.je o **al.ma.ce.na.mien.to** *s.m.* armazenagem; *Inform.* armazenamento, introdução de dados ou informação na unidade de armazenamento do computador.

al.ma.ce.nar *v.t.* armazenar; depositar; *Inform.* armazenar, introduzir um dado ou informação na unidade de armazenamento do computador.

al.ma.na.que *s.m.* almanaque.

al.me.na *s.f.* ameia.

al.men.dra *s.f.* amêndoa; fruto da amendoeira.

al.mí.bar *s.m.* calda de açúcar, melaço.

al.mi.dón *s.m.* amido; polvilho.

al.mi.do.na.do *p.p. de almidonar; adj.* engomado; pessoa trajada com esmero.

al.mi.ran.te *s.m.* almirante.

al.mo.ha.da *s.f.* almofada; travesseiro.

al.mo.rra.nas *s.f. Med.* hemorróidas.

al.mor.za.da *s.f.* mancheia.

al.mor.zar *v.t.* almoçar.

al.muer.zo *s.m.* almoço.

a.lo.ca.do *adj.* aloucado; que parece louco.

a.lo.cu.ción *s.f.* alocução; discurso breve.

a.lo.ja.mien.to *s.m.* alojamento; quartel; aboletamento.

a.lo.jar *v.t.* alojar; acomodar.

a.lón *s.m.* asa de ave.

a.lon.ga.mien.to *s.m.* alongamento.

al.par.ga.ta *s.f.* alpargata.

al.par.ga.ti.lla *s.m. e s.f. Fam.* adulador; hipócrita.

al.pi.nis.mo *s.m.* alpinismo, montanhismo.

al.pi.nis.ta *s.m.* alpinista.

al.pis.te *s.m. Bot.* alpiste.

al.que.rí.a *s.f.* granja; casa para lavoura.

al.qui.lar *v.t.* alugar; arrendar.

al.qui.ler *s.m.* aluguel.

al.qui.mia *s.f.* alquimia.

al.qui.mis.ta *s.m.* alquimista.

al.qui.trán *s.m.* alcatrão.

al.re.de.dor *adv.* ao redor; em torno.

al.re.de.do.res *s.m., pl.* arredores; arrabaldes; cercanias.

al.ta *s.f. Med.* alta.

al.ta.ne.rí.a *s.f.* altivez; soberba.

al.ta.ne.ro *adj.* altaneiro; soberbo.

al.tar *s.f.* altar, ara.

al.ta.voz *s.m.* alto-falante.

al.te.ra.ción *s.f.* alteração; modificação; perturbação; desordem.

al.te.rar *v.t.* alterar, mudar, modificar.

al.ter.ca.ción *s.f.* altercação.

al.ter.nar *v.t.* alternar.

al.ter.na.ti.va *s.f.* alternativa.

al.te.za *s.f.* alteza.

al.ti.ba.jos *s.m. pl.* altibaixos; *Fig.* vicissitudes; revezes.

al.ti.llo *s.m.* colina; outeiro.

al.ti.pla.ni.cie *s.f.* altiplano, planalto.

al.tí.si.mo *adj. sup.* altíssimo; Deus.

al.ti.so.nan.te *adj.* altissonante; que soa alto; pomposo.

al.tí.so.no *adj.* altíssono; pomposo.

al.ti.tud *s.f.* altitude; elevação acima do nível do mar.

al.ti.vez *s.f.* altivez, orgulho.

al.to *adj.* alto; andar; colina, encosta; paragem.

al.truis.mo *s.m.* altruísmo.

al.truis.ta *adj.* altruísta, filantropo.

al.tu.ra *s.f.* altura, céu, firmamento.

a.lu.ci.na.ción *s.f.* alucinação; ilusão; devaneio.

a.lu.ci.nar *v.t.* lustrar; envernizar; engraxar.

a.lud *s.m.* alude; avalanche.

a.lum.bra.mien.to *s.m.* parto.

a.lum.brar *v.t.* alumiar; clarear.

a.lum.no *s.m.* aluno; discípulo.

a.lu.na.do *adj.* aluado; lunático.

a.lu.sión *s.f.* alusão; referência vaga e indireta a.

a.lus.trar *v.t.* lustrar, polir.

a.lu.vión *s.m.* aluvião; enxurrada.

al.za *s.f.* alça; argola; suspensório.

al.za.da *s.f. For.* alçada; jurisdição; competência.

al.za.mien.to *s.m.* sublevação; revolta; levantamento.

al.zar *v.t.* alçar, levantar, altear; edificar; suspender.

a.ma *s.f.* dona de casa, sinhá, babá.

a.ma.bi.li.dad *s.f.* amabilidade; meiguice; carinho; delicadeza.

a.ma.ble *adj.* amável; agradável; delicado; lhano.

a.ma.dri.nar *v.t.* amadrinhar; servir de madrinha.

a.ma.es.trar *v.t.* amestrar; ensinar; industriar.

a.mai.nar *v.t.* amainar, acalmar; afrouxar.

a.ma.man.ta.mien.to *s.m.* amamentação.

a.ma.man.tar *v.t.* amamentar, aleitar; nutrir.

a.man.ce.bar.se *v.r.* amancebar-se, amasiar-se.

a.ma.ne.cer *s.m.* amanhecer; *v.i* amanhecer; romper o dia.

a.ma.ne.ci.da *s.f.* aurora.

a.ma.ne.ra.do *adj.* amaneirado; presumido; afetado.

a.ma.ne.rar.se *v.r.* amaneirar-se; tornar-se pretensioso.

a.man.te *adj.* amante.

a.ma.nuen.se *s.m.* amanuense, escriturário.

a.ma.ñar *v.t.* amanhar; dispor com jeito; pôr-se a jeito; acomodar-se.

a.ma.ño *s.m.* disposição para fazer alguma coisa; artifício; manha; instrumentos; ferramentas.

a.ma.po.la *s.f.* papoula.

a.mar *v.t.* amar, gostar de.

a.ma.rar *v.i.* amarar, pousar (o hidravião).

a.mar.gar *v.i.* amargar, tornar amargo; *Fig.* ameaçar; intimidar.

a.mar.go *adj.* amargo.

a.mar.gón *s.m. Bot.* dente-de-leão.

a.mar.gor *s.m.* amargor.

a.mar.gu.ra *s.f.* amargura, desgosto.

a.ma.ri.llen.to *adj.* amarelado; pálido.

a.ma.ri.llo *adj.* amarelo.

a.ma.ri.tud *s.f.* amargor; amargura.

a.ma.rra *s.f. Equit.* amarra, cabo.

a.ma.rra.de.ro *s.m.* amarradouro.

a.ma.rrar *v.t.* amarrar, atar (o cabo), ligar, prender.

a.mar.te.la.do *adj.* namorado; apaixonado; enciumado.

a.mar.te.lar *v.t.* amar; namoricar; enciumar.

a.mar.ti.llar *v.t.* martelar; maçar; importunar.

a.ma.sar *v.t.* amassar; misturar; sovar.

a.ma.sia *s.f.* amásia.

a.ma.si.jo *s.m.* amassilho; aparelho de amassar.

a.ma.tis.ta *s.f.* ametista; pedra preciosa, de cor roxa.

a.ma.to.rio *adj.* erótico.

a.ma.zo.na *s.f.* amazona, mulher aguerrida.

ám.bar *s.m.* âmbar.

am.bi.ción *s.f.* ambição.

am.bi.cio.nar *v.t.* ambicionar, cobiçar, desejar.

am.bi.cio.so *adj.* ambicioso, cobiçoso.

am.bi.dex.tro *adj.* ambidestro.

am.bien.te *adj.* ambiente, meio.

am.bi.guo *adj.* ambíguo, confuso.

ám.bi.to *s.m.* âmbito.

am.bo *s.m. Chile* conjunto de calça e colete do mesmo padrão.

am.bos *adj. pl.* ambos.

am.bro.sí.a *s.f. Mit.* ambrosia.

am.bu.lan.cia *s.f.* ambulância.

am.bu.lan.te *s.m.* ambulante.

a.me.dren.tar *adj.* amedrontar; assustar.

a.mén *s.m.* e *interj.* amém, assim seja; *adv.* com exceção de; além de.

a.me.na.za *s.f.* ameaça.

a.me.na.zar *v.t.* ameaçar; intimidar.

a.me.no *adj.* ameno, tranqüilo.

a.me.ri.ca.na *s.f.* casaco.

a.me.ri.ca.no *adj.* americano.

a.me.tra.lla.do.ra *s.f.* metralhadora.

a.me.tra.llar *v.t.* metralhar; fazer fogo.

a.mian.to *s.m. Min.* amianto.

a.mi.ga.ble *adj.* amigável.

a.mi.gar *v.t.* fazer amizade.

a.míg.da.la *s.f. Anat.* amígdala.

a.mig.da.li.tis *s.f. Med.* amidalite.

a.mi.go *adj.* amigo.

a.mi.la.nar *v.t.* e *v.r.* amedrontar(-se); incutir ou sentir medo.

a.mi.no.rar *v.t.* minorar; suavizar.

a.mis.tad *s.f.* amizade; amor; dedicação; benevolência.

a.mis.to.so *adj.* amistoso, amigo.

am.ne.sia *s.f.* amnésia.

am.nis.tí.a *s.f.* anistia.

a.mo *s.m.* amo, mestre, senhor.

a.mo.he.cer *v.t.* mofar; cobrir de mofo.

a.mo.hi.nar *v.t.* amofinar; afligir.

a.mo.lar *v.t.* amolar, afiar, aguçar.

a.mol.dar *v.t.* amoldar, dar forma a.

a.mo.llar *v.i.* ceder; afrouxar; desistir.

a.mo.nes.tar *v.t.* admoestar; advertir; repreender.

a.mo.nia.co ou **a.mo.ní.a.co** *s.m. Quím.* amoníaco.

a.mon.to.nar *v.t.* amontoar; acumular.

a.mor *s.m.* amor.

a.mo.ral *adj.* amoral.

a.mo.ra.tar *v.t.* e *v.r.* arroxear(-se).

a.mor.da.zar *v.t.* amordaçar; açamar.

a.mor.fo *adj.* amorfo, disforme.

a.mo.ri.co.nes *s.m. pl.* demonstrações de amor.

a.mo.rí.o *s.m. Fam.* namorico; namoro.

a.mo.ro.so *adj.* amoroso, carinhoso, temperado, aprazível.

a.mo.rrar *v.i. Fam.* abaixar a cabeça.

a.mor.ti.gua.dor *s.m. Mec.* amortecedor.

a.mor.ti.guar *v.t.* amortecer; *Fig.* abrandar; enfraquecer.

a.mor.ti.za.ción *s.f.* amortização.

a.mor.ti.zar *v.t.* amortizar, remir.

a.mos.car.se *v.r. Fam.* zangar-se.

a.mo.ti.nar *v.t.* e *v.r.* amotinar(-se).

am.pa.rar *v.t.* amparar.

am.pa.ro *s.m.* amparo.

am.pliar *v.t.* ampliar, aumentar.

am.pli.fi.car v.t. amplificar.

am.plio adj. amplo; espaçoso; extenso; desafogado.

am.pli.tud s.f. amplitude; vastidão.

am.po.lla s.f. empola; bolha de água a ferver; recipiente de vidro.

am.pu.lo.so adj. empolado; enfatuado.

am.pu.tar v.t. amputar.

a.mue.blar v.t. mobiliar; guarnecer de mobília.

a.mu.le.to s.m. amuleto, talismã.

a.mu.ra.llar v.t. amuralhar; murar.

a.na.cro.nis.mo s.m. anacronismo, erro de data.

a.na.les s.m. pl. anais.

a.nal.fa.be.to adj. analfabeto, iletrado, ignorante.

a.nal.gé.si.co adj. analgésico.

a.ná.li.sis amb. análise.

a.na.lí.ti.co adj. analítico.

a.na.li.zar v.t. analisar; fazer a análise de.

a.na.lo.gí.a s.f. analogia.

a.na.ló.gi.co adj. analógico.

a.ná.lo.go adj. análogo.

a.na.quel s.m. prateleira; estante.

a.na.ran.ja.do adj. alaranjado; de forma ou cor de laranja.

a.nar.quí.a s.f. anarquia.

a.nar.quis.ta s.m. e s.f. anarquista.

a.na.te.ma s.m. e s.f. anátema, maldição.

a.na.to.mí.a s.f. anatomia.

an.ca s.f. anca, ilharga, quadril.

an.char v.t. alargar.

an.cho adj. ancho, amplo, largo.

an.chu.ra s.f. largura.

an.cia.no adj. ancião; antigo; velho.

an.cla s.f. âncora.

an.cla.de.ro s.m. ancoradouro.

an.clar v.i. Mar. ancorar; fundear.

án.co.ra s.f. âncora; o mesmo que **ancla**.

an.co.rar v.i. Mar. ancorar.

an.da.dor adj. andadeiro; ministro inferior de justiça; andadeiras.

an.da.mio s.m. andaime; bailéu.

an.dan.za s.f. andança; faina; sorte; fortuna.

an.dar v.i. andar, caminhar; s.m. andar; andadura, marcha, ação, procedimento.

an.da.rie.go adj. vagabundo; errante.

an.da.rín adj. andarilho; o que anda muito.

an.das s.f. pl. andas, padiola, liteira, andor.

an.dén s.m. cais ou plataforma de estação.

an.do.ri.na s.f. andorinha.

an.do.rre.ar v.i. Fam. vadiar; vagabundear; vagar.

an.do.rre.ro adj. vadio; vagabundo.

an.dra.jo s.m. andrajo, trapo, farrapo.

an.dra.jo.so adj. andrajoso, esfarrapado.

a.ne.blar v.t. enevoar.

a.néc.do.ta s.f. anedota; relato de um fato jocoso.

a.ne.ga.ción s.f. alagação; inundação.

a.ne.ga.di.zo adj. alagadiço; encharcado; pantanoso.

a.ne.jo adj. anexo; ligado; sujeito.

a.ne.mia s.f. anemia.

a.nes.te.sia s.f. anestesia.

a.ne.xar v.t. anexar, juntar.

a.ne.xión s.f. anexação.

a.ne.xio.nar v.t. anexar; juntar; ligar.

an.fi.bio adj. anfíbio.

an.fi.te.a.tro s.m. anfiteatro.

an.fi.trión s.m. anfitrião.

án.fo.ra s.f. ânfora.

an.ga.ri.llas s.f. pl. Amér. padiola; angarilha.

án.gel s.m. anjo.

an.ge.li.cal adj. angelical, angélico.

an.gi.na s.f. angina.

an.glo.sa.jón adj. anglo-saxão.

an.gos.tar v.t. estreitar; apertar.

an.gos.to adj. estreito; apertado.

an.gui.la s.f. Zool. enguia.

an.gu.lar adj. angular.

án.gu.lo s.m. Geom. ângulo.

an.gus.tia s.f. angústia.

an.he.lar v.t. anelar; respirar com dificuldade.

an.he.lo s.m. anelo, aspiração, ânsia.

an.he.lo.so adj. anelante; ofegante.

an.hi.dro adj. Quím. anidro.

a.ni.dar v.i. aninhar.

a.nie.blar v.t. enevoar, anuviar.

a.nie.go s.m. inundação; submersão.

a.ni.li.na s.f. Quím. anilina.

a.ni.llo s.m. anilho, anel.

a.ni.ma.ción s.f. animação.

a.ni.mad.ver.sión s.f. animadversão; repreensão; castigo; ódio.

a.ni.mal s.m. animal; adj. grosseiro, estúpido, ignorante.

a.ni.ma.la.da s.f. Fam. burrice.

a.ni.mar v.t. animar; estimular.

a.ní.mi.co adj. anímico.

á.ni.mo s.m. ânimo.

a.ni.mo.si.dad *s.f.* animosidade; aversão.

a.ni.ña.do *p.p. de aniñarse; adj.* acriançado; pueril.

a.ni.ñar.se *v.r.* fazer-se criança.

a.ni.qui.lar *v.t.* aniquilar; *Fig.* destruir.

a.nís *s.m.* anis.

a.ni.ver.sa.rio *s.m.* aniversário, comemoração de data histórica ou acontecimento importante.

a.no *s.m. Anat.* ânus.

a.no.che *adv.* a noite passada.

a.no.che.cer *v.i.* anoitecer; escurecer.

a.no.che.ci.da *s.f.* crepúsculo vespertino.

a.no.ma.lí.a *s.f.* anomalia.

a.nó.ma.lo *adj.* anômalo.

a.nó.ni.mo *adj.* anônimo.

a.nor.mal *adj.* anormal.

a.no.ta.ción *s.f.* anotação; nota; apontamento.

a.no.tar *v.t.* anotar.

an.sa *s.f.* hansa, ansa, asa.

an.sia *s.f.* ânsia.

an.siar *v.t.* ansiar.

an.sie.dad *s.f.* ansiedade; *Med.* angústia; agitação.

an.ta.gó.ni.co *adj.* antagônico, adverso.

an.ta.ño *adv.* antanho; de tempos idos.

an.tár.ti.co *adj.* antártico.

an.te *prep.* ante, diante, perante.

an.te *s.m. Zool.* anta; pele de anta.

an.te.a.no.che *adv.* anteontem à noite.

an.te.an.te.a.yer *adv.* trasanteontem.

an.te.a.yer *adv.* anteontem.

an.te.bra.zo *s.m.* antebraço.

an.te.ce.den.te *adj.* antecedente.

an.te.ce.der *v.t.* anteceder.

an.te.ce.sor *adj.* antecessor, predecessor.

an.te.la.ción *s.f.* antecipação; ato de antecipar.

an.te.ma.no *adv.* antemão, previamente.

an.te.na *s.f.* antena.

an.te.nom.bre *s.m.* prenome.

an.te.o.jo *s.m.* óculos; lente.

an.te.pa.sa.do *s.m. e adj.* antepassado.

an.te.pe.cho *s.m.* peitoril; parapeito.

an.te.pe.núl.ti.mo *s.m. e adj.* antepenúltimo.

an.te.po.ner *v.t.* antepor; preferir.

an.te.pro.yec.to *s.m.* anteprojeto.

an.te.rior *adj.* anterior, precedente.

an.te.rio.ri.dad *s.f.* anterioridade.

an.tes *adv.* antes.

an.te.sa.la *s.f.* ante-sala.

an.te.vís.pe.ra *s.f.* antevéspera.

an.ti.bió.ti.co *s.m. e adj.* antibiótico.

an.ti.ci.pa.ción *s.f.* antecipação; ato de antecipar.

an.ti.ci.par *v.t.* antecipar; prevenir; adiantar.

an.ti.ci.po *s.m.* antecipação; adiantamento (de dinheiro).

an.ti.cua.do *p.p. de anticuar; adj.* antiquado, obsoleto.

an.ti.cua.rio *s.m.* antiquário.

an.ti.cuer.po *s.m.* anticorpo.

an.tí.do.to *s.m.* antídoto.

an.tier *adv. Fam.* anteontem.

an.ti.faz *s.m.* antiface ou antifaz (véu que cobre a cara).

an.ti.güe.dad *s.f.* antigüidade.

an.ti.guo *adj.* antigo; que existiu no passado.

an.ti.pa.ra *s.f.* anteparo; biombo; resguardo.

an.ti.pa.tí.a *s.f.* antipatia.

an.ti.pá.ti.co *adj.* antipático.

an.tí.po.das *adj.* antípodas.

an.ti.se.mi.ta *adj.* anti-semita.

an.ti.sép.ti.co *adj. Med.* anti-séptico.

an.tí.te.sis *s.f.* antítese.

an.ti.vi.rus *s.m.* y *adj. Inform.* antivírus, programa usado para detectar e eliminar vírus no computador; o mesmo que **cazavirus.**

an.to.ja.di.zo *adj.* antojadiço, caprichoso.

an.to.jar.se *v.r.* antojar; representar na imaginação; apetecer.

an.tor.cha *s.f.* tocha, círio, facho; farol.

an.tor.che.ro *s.m.* castiçal.

an.tro *s.m.* antro; caverna; covil; habitação miserável.

an.tro.pó.fa.go *adj.* antropófago, canibal.

an.tro.poi.de *adj.* antropóide.

an.tro.po.lo.gí.a *s.f.* antropologia.

an.tro.po.me.trí.a *s.f.* antropometria.

an.tro.po.mor.fo *adj.* antropomorfo.

an.true.jo *s.m.* entrudo; carnaval.

a.nua.li.dad *s.f.* anualidade; anuidade.

a.nu.ba.rra.do *adj.* nebuloso; sombrio.

a.nu.blar *v.t.* nublar, anuviar.

a.nu.dar *v.t.* dar nós.

a.nu.la.ción *s.f.* anulação; cancelamento.

a.nun.cia.ción *s.f.* anunciação; comunicação.

an.zue.lo *s.m.* anzol; *Fig.* ardil; atrativo.

a.ña s.f. ama-seca.

a.ña.di.do p.p. de añadir; adj. postiço; de pôr e tirar.

a.ña.dir v.t. acrescentar; juntar; adicionar; agregar.

a.ña.ga.za s.f. negaça; engodo; isca.

a.ñe.jo adj. antigo; velho.

a.ñi.cos s.m. pl. fanicos; migalhas; fragmentos.

a.ñil s.m. anil.

a.ño s.m. ano.

a.ño.ran.za s.f. saudade.

a.ño.rar v.i. ter saudades.

a.ño.so adj. idoso.

a.ñus.gar v.i. engasgar-se; Fig. enfadar-se, estar sufocado pela cólera.

a.o.jo s.m. mau-olhado.

a.or.ta s.f. Anat. aorta.

a.pa.bu.llar v.t. Fam. esmagar, calcar, triturar, pisar.

a.pa.cen.tar v.t. apascentar, pastorear.

a.pa.ci.ble adj. tranqüilo; agradável.

a.pa.ci.guar v.t. apaziguar; reconciliar.

a.pa.dri.nar v.t. apadrinhar; Fig. defender.

a.pa.ga.do p.p. de apagar; adj. apagado.

a.pa.gar v.t. apagar, extinguir.

a.pai.sa.do adj. oblongo, alongado.

a.pa.la.brar v.t. apalavrar, combinar.

a.pa.le.ar v.t. espancar, bater, tosar, sovar.

␣pal.par v.t. Fam. apalpar, tatear.

a.pan.dar v.t. Fam. empalmar; pilhar.

a.pa.ñar v.t. apanhar; colher; furtar; v.r. submeter-se, arrumar-se, ajeitar-se.

a.pa.ño s.m. apanho; apanha; remendo; disposição; Fam. habilidade.

a.pa.ra.dor s.m. e adj. aparador; guarda-louça.

a.pa.ra.to s.m. aparato.

a.par.ce.rí.a s.f. parceria, sociedade; companhia.

a.par.ce.ro s.m. parceiro, companheiro.

a.pa.re.cer v.i. aparecer, surgir; apresentar-se.

a.pa.re.ci.do p.p. de aparecer; s.m. aparição, fantasma, assombração.

a.pa.re.jar v.t. aparelhar; preparar; dispor; aprestar.

a.pa.re.jo s.m. aparelho; disposição; arreios; máquinas.

a.pa.ren.tar v.t. aparentar, fingir.

a.pa.ren.te adj. aparente; conveniente.

a.pa.ri.ción s.f. aparição, visão, fantasma.

a.pa.rien.cia s.f. aparência, aspecto; exterioridade.

a.par.ta.do p.p. de apartar; adj. apartado, distante, afastado; s.m. alínea, caixa postal.

a.par.ta.mien.to s.m. apartamento; separação; compartimento.

a.par.tar v.t. apartar, separar.

a.par.te adv. à parte; aparte; s.m. espaço, parágrafo.

a.pa.sio.na.do p.p. de apasionar; adj. apaixonado; amante.

a.pa.sio.nar v.t. apaixonar; contristar.

a.pas.ti.lla.do adj. Amér. de cor branca um pouco rosada.

a.pa.tí.a s.f. apatia, indiferença.

a.pá.ti.co adj. apático.

a.pe.ar v.t. apear, desmontar.

a.pe.chu.gar v.i. empurrar com o peito; Fig. admitir; aceitar alguma coisa.

a.pe.da.zar v.t. despedaçar; rasgar.

a.pe.dre.ar v.t. apedrejar; Fig. insultar.

a.pe.go s.m. apego, afeição.

a.pe.lar v.i. For. apelar.

a.pe.la.ti.vo adj. Gram. apelativo.

a.pe.lli.do s.m. sobrenome; nome de família.

a.pel.ma.zar v.t. tornar uma coisa mais compacta.

a.pe.nas adv. apenas, quase não, logo que.

a.pén.di.ce s.m. apêndice.

a.per.ci.bi.mien.to s.m. apercebimento; apresto; precaução.

a.per.ci.bir v.t. aperceber; distinguir; preparar; munir.

a.pe.ri.ti.vo adj. aperitivo.

a.per.tu.ra s.f. abertura, orifício; inauguração.

a.pe.sa.dum.brar v.t. afligir; atormentar.

a.pes.gar v.t. fatigar; cansar; importunar.

a.pes.tar v.t. empestar; corromper.

a.pe.te.cer v.t. apetecer.

a.pe.te.ci.ble adj. apetecível.

a.pe.ten.cia s.f. apetência, apetite.

a.pe.ti.to s.m. apetite; desejo; ambição.

a.pia.dar.se v.r. apiedar-se; ter compaixão.

á.pi.ce s.m. ápice, cúmulo.

a.pi.cul.tu.ra s.f. apicultura.

a.pi.lar v.t. empilhar, amontoar; acumular.

a.pi.ñar v.t. apinhar; ajuntar; amontoar.

a.pio.lar v.t. amarrar a caça morta; pear; Fig. prender; matar.

a.pi.par.se v.r. Fam. empanturrar-se.

a.pi.so.na.do.ra s.f. calcadeira; rolo compressor.

a.pi.so.nar *v.t.* pisoar; bater o pano com o pisão.

a.pla.car *v.t.* aplacar, minorar.

a.pla.cer *v.i.* aprazer, agradar.

a.pla.ci.ble *adj.* aprazível, agradável.

a.pla.na.de.ra *s.f.* plaina; garlopa.

a.pla.nar *v.t.* achatar.

a.plas.tar *v.t.* esmagar, comprimir; calcar.

a.plau.dir *v.t.* aplaudir; louvar.

a.plau.so *s.m.* aplauso; louvor, elogio.

a.pla.za.mien.to *s.m.* adiamento.

a.pla.zar *v.t.* adiar; prorrogar.

a.pli.ca.ción *s.f.* aplicação; adaptação; afinco; *Inform.* aplicativo, cada um dos programas que, uma vez executados, permitem ao usuário realizar certas tarefas ou atividades no computador.

a.pli.ca.do *p.p. de aplicar; adj.* aplicado, esforçado, estudioso.

a.pli.car *v.t.* aplicar, sobrepor; *Fig.* utilizar; dar golpes.

a.plo.mo *s.m.* aprumo, altivez.

a.po.ca.do *p.p. de apocar; adj.* apoucado; mal provido; infeliz; desventurado.

a.pó.co.pe *s.f. Gram.* apócope.

a.pó.cri.fo *adj.* apócrifo.

a.po.dar *v.t.* apodar, alcunhar.

a.po.de.ra.do *p.p. de apoderar; adj.* procurador.

a.po.de.rar *v.t.* apoderar, instituir procurador; *v.r.* apoderar-se de.

a.po.do *s.m.* apelido; alcunha; motejo.

a.po.ge.o *s.m. Fig.* apogeu; alto grau.

a.pol.tro.nar.se *v.r.* tornar-se preguiçoso.

a.po.ple.jí.a *s.f. Med.* apoplexia.

a.po.rre.o *s.m.* sova, surra.

a.por.te *s.m. Amér.* contribuição.

a.po.sen.tar *v.t.* dar aposento; acomodar; hospedar; alojar; *v.r.* acomodar-se; alojar-se.

a.po.si.ción *s.f. Gram.* aposição.

a.pos.ta *adv.* de propósito.

a.pos.tar *v.i.* apostar; postar, situar (pessoas).

a.pos.ti.lla *s.f.* apostila; comentário.

a.pós.tol *s.m.* apóstolo.

a.pos.tro.far *v.t.* apostrofar.

a.pós.tro.fo *s.m. Gram.* apóstrofo, sinal gráfico.

a.po.te.o.sis *s.f.* apoteose.

a.po.yar *v.t.* apoiar; sustentar.

a.po.yo *s.m.* apoio; base; auxílio.

a.pre.ciar *v.t.* pôr o preço; apreciar; prezar, estimar.

a.pre.cio *s.m.* apreço, estima, consideração.

a.pre.hen.der *v.t.* apreender; pegar.

a.pre.hen.sión *s.f.* apreensão; tomada; percepção.

a.pre.hen.si.vo *adj.* apreensivo; receoso.

a.pre.miar *v.t.* apressar; compelir; pressionar; *Com.* taxar, multar.

a.pren.der *v.t.* aprender; tomar conhecimento de.

a.pren.diz *s.m.* aprendiz; estagiário (admite o feminino *aprendiza*).

a.pren.di.za.je *s.m.* aprendizado; aprendizagem.

a.pren.sión *s.f.* apreensão, receio.

a.pren.si.vo *adj.* apreensivo, medroso.

a.pre.sar *v.t.* apresar, capturar, apreender.

a.pres.tar *v.t.* aparelhar; aprontar.

a.pres.to *s.m.* apresto, preparação.

a.pre.su.rar *v.t.* apressurar, acelerar.

a.pre.ta.do *p.p. de apretar; adj.* apertado; árduo; perigoso; estreito; *Fig.* miserável.

a.pre.tar *v.t.* apertar; *Fig.* insistir; instar.

a.pre.tón *s.m.* apertão.

a.pre.tu.jar *v.t. Fam.* apertar muito.

a.prie.sa *adv.* depressa.

a.prie.to *s.m.* aperto; opressão.

a.pri.sa *adv.* depressa, rapidamente.

a.pri.sio.nar *v.t.* aprisionar, prender.

a.pro.ba.do *p.p. de aprobar; adj.* aprovado; nota de habilitação (em exames).

a.pro.bar *v.t.* aprovar; aplaudir.

a.pro.pia.ción *s.f.* apropriação; adaptação.

a.pro.pia.do *p.p. de apropiar; adj.* apropriado; oportuno.

a.pro.piar *v.t.* apropiar; adaptar.

a.pro.ve.char *v.i.* aproveitar; tirar proveito de.

a.pro.xi.ma.ción *s.f.* aproximação; aconchego; estimação; proximidade.

ap.ti.tud *s.f.* aptidão, capacidade.

ap.to *adj.* apto, capaz.

a.pues.ta *s.f.* aposta; ajuste.

a.pues.to *adj.* galhardo, garboso.

a.pun.ta.ción *s.f.* apontamento, nota.

a.pun.ta.dor *s.m.* apontador; ponto (nos teatros).

a.pun.ta.lar *v.t.* escorar, apoiar.

a.pun.tar *v.t.* apontar, aguçar; *Fig.* indicar; sugerir.

a.pun.te *s.m.* apontamento, rascunho.

a.pu.ña.lar v.t. apunhalar; pungir.

a.pu.ñar v.t. Fam. dar murros, empunhar, bater com os punhos.

a.pu.ñe.ar v.t. Fam. apunhar; bater com os punhos.

a.pu.rar v.t. apurar, concluir, purificar, acabar; Fig. averiguar.

a.pu.ro s.m. apuro, aperto, aflição, penúria.

a.que.jar v.t. afligir; atormentar.

a.que.jo.so adj. aflito; queixoso.

a.quel pron. dem. aquilo.

a.que.lla pron. dem. aquela.

a.que.llo pron. dem. aquele.

a.quen.de adv. de cá; da parte de cá.

a.quies.cen.cia s.f. aquiescência.

a.quie.tar v.t. aquietar, acalmar.

a.qui.la.tar v.t. aquilatar, avaliar.

a.qui.li.no adj. aquilino (nariz).

a.ra s.f. ara, altar.

á.ra.be adj. árabe.

a.ra.bes.co adj. arabesco.

a.rá.bi.co o **a.rá.bi.go** adj. arábico; árabe.

a.ra.na s.f. trapaça; burla; dolo.

a.ran.cel s.m. tarifa oficial que determina os direitos alfandegários, custas judiciais etc. a pagar.

a.ran.de.la s.f. arandela.

a.ra.ne.ro adj. trapaceiro; trapalhão.

a.ra.ña s.f. aranha; lustre (de teto); Fig. parasita; Fam. mão-de-vaca, pão-duro; Pop. prostituta.

a.ra.ñar v.t. arranhar; agatanhar com as unhas.

a.ra.ña.zo s.m. arranhão, arranhadura.

ar.bi.tra.je s.m. arbitragem.

ar.bi.tra.rie.dad s.f. arbitrariedade; capricho.

ar.bi.tra.rio adj. arbitrário.

ar.bi.trio s.m. arbítrio, alvedrio.

ár.bi.tro adj. árbitro.

ár.bol s.m. árvore.

ar.bo.la.do s.m. arvoredo; bosque.

ar.bo.le.da s.f. arvoredo; bosque.

ar.bus.to s.m. arbusto.

ar.ca s.f. arca, cofre, baú.

ar.cai.co adj. arcaico.

ar.ca.ís.mo s.m. arcaísmo.

ar.cán.gel s.m. arcanjo; anjo de ordem superior.

ar.ca.no adj. arcano.

ar.chi.du.que s.m. arquiduque.

ar.chi.pié.la.go s.m. arquipélago.

ar.chi.var v.t. arquivar; guardar em arquivo; Inform. arquivar, gravar, salvar em disco ou unidade de armazenamento.

ar.chi.ve.ro s.m. arquivista.

ar.chi.vo s.m. arquivo; depósito; cartório; Inform. arquivo, conjunto de informações, dados ou instruções gravados como uma só unidade de armazenamento e identificado por um nome; archivo de acceso aleatorio arquivo de acesso aleatório; archivo de acceso directo arquivo de acesso direto; archivo de acceso secuencial arquivo de acesso seqüencial; archivo de lote arquivo de lote; o mesmo que **fichero**.

ar.ci.lla s.f. argila.

ar.der v.i. arder, queimar.

ar.did adj. ardil; astúcia.

ar.di.do adj. audaz; valente.

ar.dien.te adj. ardente; enérgico.

ar.di.lla s.f. Zool. esquilo; Fig. pessoa muito ágil e esperta.

ar.dor s.m. ardor.

ar.duo adj. árduo.

á.re.a s.f. área.

a.re.na s.f. areia; Fig. arena.

a.ren.ga s.f. arenga, falação.

a.ren.que s.m. Zool. arenque.

a.ré.o.la s.f. auréola; círculo; Med. aréola.

a.re.pa s.f. pão de milho e manteiga.

a.re.te s.m. dim. pequeno aro; brinco.

ar.ga.ma.sa s.f. argamassa; massa de pedreiro.

ar.go.lla s.f. argola; golinha; aldrava.

ar.got s.m. Fam. gíria, calão, jargão.

ar.gu.cia s.f. argúcia.

ar.gue.llar.se v.r. estragar-se; corromper-se; debilitar-se; enfraquecer-se.

ar.güir v.t. argüir, argumentar.

ar.gu.men.tar v.t. e v.i. argumentar.

ar.gu.men.to s.m. argumento.

a.ria s.f. ária, canção.

a.ri.dez s.f. aridez.

á.ri.do adj. árido, seco.

a.rie.te s.m. aríete.

a.ri.llo s.m. aro; elo; brinco.

a.ris.co adj. arisco, esperto, arredio.

a.ris.ta s.f. aresta; quina.

a.ris.to.cra.cia s.f. aristocracia.

a.ris.tó.cra.ta s.m. e s.f. aristocrata.

a.rit.mé.ti.ca s.f. aritmética.

ar.le.quín s.m. arlequim, farsante.

ar.ma s.f. arma.

ar.ma.da s.f. armada, esquadra, frota.

ar.ma.di.jo s.m. armadilha, arapuca, cilada.

ar.ma.di.llo s.m. Zool. tatu.

ar.ma.du.ra s.f. armadura, arcabouço.

ar.mar *v.t.* armar.

ar.ma.rio *s.m.* armário.

ar.ma.zón *s.f.* armação; *s.m.* armadura, esqueleto.

ar.me.lla *s.f.* armela; anel.

ar.mo.ní.a *s.f.* harmonia; concórdia.

ar.na.ú.te *adj.* albanês.

a.ro.ma *s.m.* aroma, buquê.

ar.pa *s.f. Mús.* harpa.

ar.par *v.t.* arranhar; rasgar.

ar.pe.giar *v.i. Mús.* arpejar; fazer arpejos.

ar.pe.gio *s.m. Mús.* arpejo.

ar.pí.a *s.f.* harpia; extorsionária; *Fig.* mulher cruel.

ar.pi.lle.ra *s.f.* serapilheira.

ar.pón *s.m.* arpão, arpéu.

ar.que.ar *v.t.* arquear, curvar.

ar.que.o *s.m.* arqueio, arqueação; *Com.* contagem do dinheiro em caixa, balanço.

ar.que.o.lo.gí.a *s.f.* arqueologia.

ar.que.ó.lo.go *s.m.* arqueólogo.

ar.que.ro *s.m.* arqueiro; goleiro.

ar.que.ti.po *s.m.* arquétipo.

ar.qui.ban.co *s.m.* arquibanco; arquibancada.

ar.qui.dió.ce.sis *s.f.* arquidiocese.

ar.qui.tec.to *s.m.* arquiteto.

ar.qui.tec.tu.ra *s.f.* arquitetura.

ar.qui.tra.be *s.m. Arq.* arquitrave.

a.rra.bal *s.m.* arrabalde; subúrbio.

a.rra.ba.le.ro *adj.* arrabaldeiro, suburbano.

a.rrai.gar *v.i.* arraigar, enraizar; *v.r.* arraigar-se; estabelecer-se; enraizar-se.

a.rrai.go *s.m.* bens de raiz.

a.rran.car *v.t.* arrancar; *Fig.* conseguir, obter com habilidade ou força; *v.i. Mec.* pegar (motor).

a.rran.que *s.m.* arranque; arrancada; *Mec.* partida; *Fig.* ímpeto, brio; *Fam.* iniciação; *Min.* alicerce; *Amér.* agonia.

a.rra.pie.zo *s.m.* farrapo, andrajo, trapo.

a.rra.sar *v.t.* arrasar; nivelar; derrubar; devastar; *Fig.* vencer.

a.rras.trar *v.t.* arrastar; *Fig.* atrair.

a.rras.tre *s.m.* arrasto, ato de arrastar; *para el arrastre* muito cansado ou em más condições físicas ou emocionais.

a.rre *interj.* arre!

a.rre.ar *v.t.* tocar, estimular (animais de carga); enfeitar, adornar.

a.rre.ba.ñar *v.t.* arrebanhar, reunir; recolher.

a.rre.ba.tar *v.t.* arrebatar, transportar.

a.rre.ba.to *s.m.* arrebatamento, êxtase.

a.rre.bu.jar *v.t.* amarrotar, amarfanhar; *v.r.* pôr-se debaixo das cobertas; agasalhar-se.

a.rre.chu.cho *s.m. Fam.* arranco; indisposição passageira.

a.rre.ciar *v.i.* aumentar gradualmente.

a.rre.ci.fe *s.m.* recife.

a.rre.cir.se *v.r.* entorpecer-se devido ao frio.

a.rre.drar *v.t.* desviar, arredar.

a.rre.dro *adv.* atrás; para trás.

a.rre.dro.pe.lo *adv.* a contrapelo, às avessas; confusamente, em desordem.

a.rre.ga.zar *v.t.* arregaçar (o vestuário).

a.rre.glar *v.t.* arranjar; regular.

a.rre.glo *s.m.* arranjo, disposição.

a.rre.lla.nar.se *v.r.* acomodar-se.

a.rre.man.gar *v.t.* arregaçar (as mangas da camisa); *Fig.* pôr mãos à obra.

a.rre.me.ter *v.t.* arremeter, atacar.

a.rre.mo.li.nar.se *v.r. Fig.* aglomerar-se; juntar-se

a.rren.da.mien.to *s.m.* arrendamento.

a.rren.dar *v.t.* arrendar; adestrar (a montaria).

a.rren.da.ta.rio *adj.* arrendatário.

a.rre.o *s.m.* arreio, jaez; enfeite.

a.rre.o *adv.* sem interrupção.

a.rre.pen.ti.mien.to *s.m.* arrependimento; contrição.

a.rre.pen.tir.se *v.r.* arrepender-se; retratar-se.

a.rres.tar *v.t.* arrestar, prender; arrojar-se.

a.rres.to *s.m.* arresto, prisão; audácia, denodo.

a.rriar *v.t.* arriar, abaixar (velas, bandeira).

a.rri.ba *adv.* arriba, acima, adiante.

a.rri.bar *v.i.* arribar; chegar uma embarcação ao porto; *Fig.* atingir o objetivo.

a.rri.ba.zón *s.m.* arribação (de peixes).

a.rri.bo *s.m.* arribe, arribação, chegada.

a.rrien.do *s.m.* aluguel.

a.rries.ga.do *p.p. de arriesgar; adj.* arriscado; perigoso; audaz.

a.rries.gar *v.t.* arriscar; aventurar.

a.rri.ma.di.llo *s.m.* lambril; forro de madeira.

a.rri.mar *v.t.* aproximar; encostar; *Fig.* pôr (alguém) contra a parede; *v.r.* apoiar-se; *Fig.* encostar-se em alguém.

a.rrin.co.nar *v.t.* encostar, pôr fora de uso.

a.rro.bar *v.t.* e *v.i.* arroubar, enlevar.

a.rro.bo *s.m.* arroubo, êxtase.

a.rro.ci.nar *v.t. Fam.* embrutecer; apaixonar-se cegamente.

a.rro.di.llar *v.t.* ajoelhar.

a.rro.gan.cia *s.f.* arrogância.

a.rro.jar *v.t.* arrojar; arremessar, lançar; expelir, vomitar.

a.rro.llar *v.t.* enrolar; *Fig.* desbaratar; atropelar; vencer; superar; *Amér.* embalar (uma criança).

a.rro.par *v.t.* enroupar, agasalhar.

a.rros.trar *v.t.* arrostar; afrontar.

a.rro.yo *s.m.* arroio.

a.rru.ga *s.f.* ruga; dobra.

a.rru.gar *v.t.* enrugar, encarquilhar; encrespar; amassar (papel, tecido).

a.rrui.nar *v.t.* arruinar; destruir; estragar; *v.r.* arruinar-se; empobrecer.

a.rru.llar *v.t.* arrulhar.

a.rru.llo *s.m.* arrulho.

a.rru.ma.co *s.m. Fam.* carícia, afago; artifícios.

ar.se.nal *s.m.* arsenal.

ar.te *s.m.* arte, método; talento; técnica; artifício; *s.f. pl.* artes; *arte abstracto* arte abstracta; *arte final* arte-final; *artes plásticas* artes plásticas; *bellas artes* belas artes.

ar.te.fac.to *s.m.* artefato.

ar.te.ria *s.f. Med.* artéria; *Fig.* artéria; via pública.

ar.te.sa.ní.a *s.f.* artesanato.

ar.te.sa.no *s.m.* artesão, artífice.

ar.te.són *s.m.* gamela grande.

ar.ti.cu.la.ción *s.f.* articulação.

ar.ti.cu.lar *v.t.* articular; unir; pronunciar distintamente.

ar.tí.cu.lo *s.m.* artigo, objeto; produto; matéria (de jornal, revista); *Gram.* artigo.

ar.tí.fi.ce *s.m.* e *s.f.* artífice.

ar.ti.fi.cial *adj.* artificial.

ar.ti.fi.cio *s.m.* artifício.

ar.ti.lle.rí.a *s.f.* artilharia.

ar.ti.lle.ro *s.m.* artilheiro; soldado de artilharia.

ar.ti.ma.ña *s.f. Fam.* artimanha, ardil, artifício, astúcia.

ar.tri.tis *s.f. Med.* artrite.

a.ru.ñar *v.t. Fam.* arranhar, escoriar.

ar.ve.ja *s.f. Bot. Amér.* ervilha.

ar.zo.bis.pa.do *s.m.* arcebispado.

ar.zo.bis.po *s.m.* arcebispo.

as *s.m.* ás, asse (moeda).

a.sa *s.f.* asa; *Fig.* argola de certos utensílios; alça.

a.sa.car *v.t.* inventar; fingir; assacar, imputar.

a.sa.do *p.p. de asar; adj.* assado; *s.m.* peça de carne assada.

a.sa.dor *s.m.* assador, espeto.

a.sa.du.ra *s.f.* fressura; *pl.* fígado e bofes; fígado.

a.sa.e.te.ar *v.t.* assetear; injuriar; ferir ou matar com setas.

a.sa.e.ti.na.do *adj.* acetinado.

a.sa.la.ria.do *adj.* assalariado.

a.sa.la.riar *v.t.* assalariar, estipendiar.

a.sal.tan.te *adj.* assaltante.

a.sal.tar *v.t.* assaltar; investir com ímpeto; roubar; *Fig.* ocorrer, lembrar de repente.

a.sal.to *s.m.* assalto, ataque, investida; *Espor.* assalto, *round*.

a.sam.ble.a *s.f.* assembléia; junta; congresso.

a.sar *v.t.* assar; queimar.

a.saz *adv.* assaz, bastante.

as.cen.den.cia *s.f.* ascendência.

as.cen.der *v.i.* ascender.

as.cen.dien.te *adj.* ascendente.

as.cen.sión *s.f.* ascensão, escalada, subida.

as.cen.so *s.m.* ascenso.

as.cen.sor *s.m.* ascensor, elevador.

as.cen.so.ris.ta *s.m.* ascensorista.

as.ce.ta *s.m.* e *s.f.* asceta.

as.co *s.m.* asco, nojo.

as.co.si.dad *s.f.* asquerosidade, podridão.

as.cua *s.f.* áscua, brasa viva.

a.se.a.do *p.p. de asear; adj.* asseado, limpo; esmerado.

a.se.ar *v.t.* assear, limpar; enfeitar.

a.se.chan.za *s.f.* armadilha; engano.

a.se.char *v.t.* armar ciladas; atocaiar.

a.se.dar *v.t.* assedar; tornar macio como seda.

a.se.diar *v.t.* assediar, sitiar; *Fig.* importunar.

a.se.dio *s.m.* assédio, sítio; *Fig.* insistência.

a.se.gu.ra.mien.to *s.m.* salvo-conduto.

a.se.gu.rar *v.t.* assegurar, garantir, certificar.

a.se.me.jar *v.t.* assemelhar; imitar.

a.sen.de.re.ar *v.t.* abrir trilhas; embaraçar; *Fig.* oprimir.

a.sen.so *s.m.* assenso, assentimento.

a.sen.ta.de.ras *s.f. pl.* nádegas.

a.sen.ta.do *p.p. de asentar; adj.* assento; situado; *Fig.* firme; tranqüilo.

a.sen.ta.mien.to *s.m.* assentamento; estabelecimento; *Fig.* juízo.

a.sen.tar *v.t.* e *v.r.* assentar, estabelecer; fixar.

a.sen.ti.mien.to *s.m.* assentimento; anuência.

a.sen.tir *v.i.* assentir, anuir, concordar.

a.se.o *s.m.* asseio, limpeza; perfeição.

a.se.qui.ble *adj.* exeqüível; que se pode executar.

a.ser.ción *s.f.* asserção, afirmação.

a.se.rra.de.ro *s.m.* serraria; madeireira.

a.se.rrar *v.t.* serrar.

a.se.rrín *s.m.* serragem, serradura.

a.ser.to *s.m.* asserto, afirmativa.

a.se.si.nar *v.t.* assassinar; *Fig.* enganar; trair.

a.se.si.na.to *s.m.* assassinato; homicídio.

a.se.si.no *s.m.* e *adj.* assassino.

a.se.sor *s.m.* e *adj.* assessor, assistente, adjunto.

a.se.so.rar *v.t.* aconselhar; buscar convencer.

a.ses.tar *v.t.* assestar, apontar; enristar.

a.se.ve.rar *v.t.* asseverar, afirmar, assegurar.

as.fal.to *s.m.* asfalto, betume.

as.fi.xia *s.f.* asfixia.

as.fi.xiar *v.t.* asfixiar.

a.sí *adv.* assim, deste modo, também, igualmente.

a.siá.ti.co *adj.* asiático.

a.si.de.ro *s.m.* maçaneta; cabo.

a.si.dui.dad *s.f.* assiduidade, freqüência.

a.si.duo *adj.* assíduo; repetido.

a.sien.to *s.m.* assento; *pl.* nádegas; acordo.

a.sig.na.ción *s.f.* designação; pagamento, soldo, salário; *Com.* alocação; dotação; verba; *asignación presupuestaria* dotação orçamentária.

a.sig.nar *v.t.* assinalar; fixar (verba, salário); designar; *Com.* dotar, alocar.

a.sig.na.tu.ra *s.f.* curso; cadeira; disciplina.

a.si.lla *s.f.* clavícula.

a.si.lo *s.m.* asilo; abrigo; albergue.

a.si.me.trí.a *s.f.* assimetria.

a.si.mi.lar *v.t.* assimilar; apropriar; *v.i.* e *v.r.* identificar-se.

a.si.mis.mo *adv.* assim mesmo; outrossim; também.

a.sim.pla.do *adj.* simplório.

a.sir *v.t.* agarrar, segurar, pegar.

a.sis.ten.cia *s.f.* assistência; proteção; auxílio.

a.sis.ten.te *adj.* assistente; assessor; auxiliar.

a.sis.tir *v.t.* assistir; acompanhar; estar presente.

as.ma *s.f. Med.* asma.

as.má.ti.co *adj.* asmático.

as.ne.rí.a *s.f. Fam.* asnaria; asneira.

as.no *s.m.* asno.

a.so.cia.ción *s.f.* associação.

a.so.ciar *v.t.* associar; agregar; aliar.

a.so.lar *v.t.* assolar, devastar, arrasar.

a.so.le.o *s.m.* insolação.

a.so.mar *v.i.* assomar; deixar-se ver.

a.som.brar *v.t.* assombrar, assustar.

a.som.bro *s.m.* assombro, espanto; terror.

a.som.bro.so *adj.* assombroso; estupendo.

a.so.mo *s.m.* assomo; indício, sinal; suspeita; presunção.

a.so.nan.cia *s.f.* assonância (relação).

as.pa.ven.tar *v.t.* atemorizar; espantar.

as.pa.vien.to *s.m.* espavento; pompa; ostentação.

as.pec.to *s.m.* aspecto; parecer; semblante.

ás.pe.ro *s.m.* áspero; escabroso.

as.pe.rón *s.m.* pedra de amolar.

as.per.sión *s.f.* aspersão; respingo.

ás.pid *s.m.* áspide.

as.pi.ra.ción *s.f.* aspiração, desejo; absorção.

as.pi.rar *v.t.* aspirar.

as.que.ro.so *adj.* asqueroso, nojento.

as.ta *s.f.* haste, caule; chifre.

as.til *s.m.* hastil; haste.

as.ti.lla *s.f.* estilha, cavaco, lasca, fragmento.

as.ti.llar *v.t.* estilhaçar; despedaçar.

as.ti.lla.zo *s.m.* estilhaço, fragmento, pedaço.

as.ti.lle.ro *s.m.* estaleiro.

as.tra.cán *s.m.* astracã; pele usada em agasalhos.

as.trin.gen.te *adj.* adstringente; que adstringe.

as.trin.gir *v.t.* adstringir, apertar, contrair.

as.tro *s.m.* astro; mulher muito bonita.

as.tro.lo.gí.a *s.f.* astrologia.

as.tro.ló.gi.co *adj.* astrológico.

as.tró.lo.go *adj.* astrólogo.

as.tro.nau.ta *s.m.* e *s.f.* astronauta.

as.tro.na.ve *s.v.* astronave.

as.tro.no.mí.a *s.f.* astronomia.

as.tro.nó.mi.co *adj.* astronômico.

as.tró.no.mo *s.m.* astrônomo.

as.tro.so *adj.* roto e velho (roupa); desprezível; desastrado.

as.tu.cia *s.f.* astúcia, esperteza.

as.tu.to *adj.* astuto, esperto.

a.sue.to *s.m.* sueto; feriado escolar.

a.su.mir *v.t.* assumir; avocar.

a.sun.to *p.p. de asumir; s.m.* assunto; tema.

a.su.rar *v.t.* torrar, tostar (o guisado).

a.sur.car *v.t.* sulcar, fazer sulcos ou riscas na terra com o arado; *Fig.* fender as ondas.

a.sus.tar *v.t.* assustar; amedrontar.

a.ta.car *v.t.* atacar.

a.ta.de.ras *s.f. pl.* ligas (para meias).

a.ta.de.ro *s.m.* atadura; atilho; ligadura.

a.ta.di.jo *s.m. Fam.* atadilho; pequeno pacote.

a.ta.do *p.p. de atado; adj.* atado; embrulho.

a.ta.du.ra *s.f.* atadura, ligadura; *Fig.* união, vínculo, enlace.

a.ta.ja.so.la.ces *s.m.* desmancha-prazeres; empecilho.

a.ta.jo *s.m.* atalho; caminho.

a.ta.la.je *s.m.* arreios; *Fig.* enxoval, equipagem.

a.ta.lan.tar *v.t.* atarantar; atordoar; convir; agradar.

a.ta.la.ya *s.f.* atalaia, vigia.

a.tan.co *s.m.* atoleiro.

a.ta.ñer *v.i.* pertencer; corresponder; tocar.

a.ta.que *s.m.* ataque, assalto.

a.tar *v.t.* atar, amarrar; *Fig.* relacionar com, ligar; cercear a liberdade.

a.tar.de.cer *v.i.* entardecer.

a.ta.re.ar *v.t.* atarefar; dar uma tarefa.

a.tas.ca.de.ro *s.m.* atascadeiro, atoleiro.

a.tas.co *s.m.* obstáculo; estorvo.

a.ta.úd *s.m.* ataúde; esquife.

a.ta.viar *v.t.* ataviar, ornar, enfeitar.

a.tá.vi.co *adj.* atávico.

a.ta.vis.mo *s.m.* atavismo.

a.te.ís.mo *s.m.* ateísmo.

a.te.mo.ri.zar *v.t.* atemorizar.

a.tem.pe.rar *v.t.* temperar; moderar.

a.ten.ción *s.f.* atenção; delicadeza.

a.ten.der *v.t.* atender; acolher; responder; assistir; *v.i.* esperar.

a.te.ner.se *v.r.* ater-se; sujeitar-se.

a.ten.ta.do *p.p. de atentar; adj.* atento; prudente; moderado; *s.m.* atentado.

a.ten.tar *v.t.* atentar.

a.ten.to *p.p. de atentar; adj.* atento, atencioso.

a.te.nuar *v.t.* atenuar.

a.te.o *adj.* ateu.

a.ter.cio.pe.la.do *adj.* aveludado.

a.te.rir.se *v.r.* enregelar-se, congelar-se.

a.te.rrar *v.t.* aterrorizar; estarrecer; apavorar; *v.r.* assustar-se.

a.te.rri.za.je *s.m.* aterrissagem; aterragem, pouso.

a.te.rri.zar *v.i.* aterrar, pousar.

a.te.rro.ri.zar *v.t.* aterrorizar.

a.te.so.rar *v.t.* entesourar, acumular, amontoar.

a.tes.tar *v.t.* atestar; encher, repletar.

a.tes.ti.guar *v.t.* testemunhar, testificar.

a.te.tar *v.t. Fam.* amamentar, aleitar.

a.ti.bo.rrar *v.t.* entulhar; embuchar; entupir.

á.ti.co *adj.* ático; último andar.

a.til.dar *v.t.* pontuar, acentuar; pôr o til nas letras; *v.r.* enfeitar-se.

a.ti.nar *v.i.* atinar.

a.tin.gen.cia *s.f. Amér.* relação, conexão.

a.tin.gir *v.t. Amér.* oprimir, tiranizar.

a.tis.bar *v.t.* vigiar, espreitar, espionar.

a.tis.bo *s.m.* espreita; vigia; vislumbre; vestígio.

a.ti.za.can.di.les *s.m.* e *s.f. Fig.* intrometido; impertinente.

a.ti.zar *v.t.* atiçar, espertar, excitar.

a.tlas *s.m. Geogr.* atlas.

a.tle.ta *s.m.* atleta.

a.tle.tis.mo *s.m.* atletismo.

at.mós.fe.ra *s.f.* atmosfera.

a.to.le *s.m.* xarope de milho e leite.

a.to.lla.de.ro *s.m.* atoleiro, lamaçal.

a.to.llar *v.i.* atolar; *v.r. Fam.* atascar.

a.to.lón *s.m. Geogr.* atol; ilha de coral.

a.to.lon.dra.do *p.p. de atolondrar; adj. Fig.* estouvado; imprudente.

a.to.lon.drar *v.t.* atordoar, estontear, aturdir.

a.tó.mi.co *adj. Quím.* atômico.

á.to.mo *s.m.* átomo.

a.tó.ni.to *adj.* atônito.

á.to.no *adj. Gram.* átono.

a.ton.tar *v.t.* entontecer.

a.to.rar *v.t.* entupir; obstruir; *v.r.* atolar-se, atascar-se; engasgar-se.

a.tor.men.tar *v.t.* atormentar.

a.tor.ni.llar *v.t.* parafusar.

a.tor.to.lar *v.t. Fam.* atordoar; confundir; acobardar-se.

a.tor.tu.jar *v.t.* apertar, achatar, esmagar.

a.to.si.gar *v.t.* afadigar; envenenar.

a.to.xi.car *v.t.* intoxicar; envenenar.

a.tra.ban.car *v.t.* atabalhoar; andar depressa.

a.tra.ca.de.ro *s.m.* atracadouro; lugar de atracação.

a.tra.car *v.t. Fam.* fartar; *Mar.* atracar; amarrar (uma embarcação); *Amér.* assaltar.

a.trac.ción *s.f.* atração; simpatia; propensão.

a.tra.co *s.m.* assalto, ataque, investida.

a.tra.cón *s.m. Fam.* glutonaria.

a.tra.er *v.t.* atrair; induzir; suscitar.

a.tra.gan.tar.se *v.r.* engasgar; sufocar.

a.trás *adv.* atrás, detrás; em tempo passado.

a.tra.sar *v.t.* atrasar, retardar.

a.tra.so *s.m.* atraso.

a.tra.ve.sa.do *p.p. de atravesar; adj.* atravessado, vesgo; diz-se do animal cruzado ou mestiço; *Fig.* ruim, de mau caráter e más intenções; maligno.

a.tra.ve.sar *v.t.* atravessar, traspassar.

a.tra.yen.te *adj.* atraente; magnético.

a.tren.zo *s.m. Amér.* conflito; apuro; dificuldade.

a.tre.ver.se *v.r.* atrever-se, afoitar-se; ousar.

a.tre.vi.do *p.p. de atrever; adj.* atrevido.

a.tre.vi.mien.to *s.m.* atrevimento; petulância.

a.tri.bu.ción *s.f.* atribuição; prerrogativa; jurisdição.

a.tri.buir *v.t.* atribuir.

a.tri.bu.la.ción *s.f.* atribulação; adversidade; amargura.

a.tri.bu.lar *v.t.* atribular.

a.tri.bu.to *s.m.* atributo.

a.tril *s.m.* atril; estante.

a.trin.che.rar *v.t.* entrincheirar; fortificar com trincheiras; barricar.

a.trio *s.m. Arq.* átrio, adro, pátio.

a.tro.ci.dad *s.f.* atrocidade, barbaridade.

a.tro.fia *s.f.* atrofia.

a.tro.na.do *p.p. de atronar; adj.* precipitado, irrefletido.

a.tro.na.dor *adj.* atroador, ruidoso.

a.tro.nar *v.t.* troar; aturdir.

a.tro.pe.llar *v.t.* atropelar; empurrar.

a.tro.pe.llo *s.m.* atropelamento; infração.

a.troz *adj.* atroz, desumano.

a.tuen.do *s.m.* aparato, ostentação.

a.tu.fo *s.m.* enfado, zanga, aborrecimento.

a.tún *s.m. Zool.* atum; *Fig.* homem ignorante e rude.

a.tu.ne.ra *s.f.* anzol para a pesca do atum.

a.tu.rar *v.t. Fam.* tampar hermeticamente; agüentar.

a.tur.dir *v.t.* aturdir.

a.tu.rru.llar *v.t. Fam.* perturbar; alterar; atrapalhar.

a.tu.sar *v.t.* alisar ou aparar (o bigode, o cabelo).

au.da.cia *s.f.* audácia.

au.daz *adj.* audaz, corajoso.

au.di.ción *s.f.* audição.

au.dien.cia *s.f.* audiência; tribunal de justiça.

au.di.ti.vo *adj.* auditivo.

au.di.tor *s.m.* auditor.

au.di.to.rí.a *s.f.* auditoria.

au.di.to.rio *adj.* auditório.

au.ge *s.m.* auge, cúmulo.

au.gur *s.m.* áugure, adivinho, agoureiro.

au.gu.rio *s.m.* augúrio, presságio.

au.la *s.f.* sala de aula.

au.llar *v.i.* uivar.

au.men.tar *v.t.* aumentar, acrescentar; engrandecer.

au.men.ta.ti.vo *adj.* e *s.m. Gram.* aumentativo.

au.men.to *s.m.* aumento; incremento; acréscimo; ampliação.

aun *adv.* até, inclusive; embora.

aún *adv.* ainda, até agora, até então.

au.nar *v.t.* reunir em um; unificar; unir.

aun.que *conj.* ainda que, posto que, embora.

a.ú.pa *interj.* upa!

au.par *v.t. Fam.* ajudar a subir ou levantar-se; dar *upas* (o cavalo).

au.re.o.la *s.f.* auréola; *Fig.* fama.

au.sen.cia *s.f.* ausência; afastamento; carência.

au.sen.tar.se *v.r.* ausentar-se, apartar-se.

au.sen.te *adj* e *s.* ausente; *Fig.* distraído.

aus.pi.cio *s.m.* auspício; presságio; patrocínio.

aus.te.ri.dad *s.f.* austeridade, severidade.

au.ten.ti.ca.ción *s.f.* autenticação.

au.ten.ti.ci.dad *s.f.* autenticidade.

au.tén.ti.co *adj.* autêntico.

au.to *s.m. For.* auto; sentença.

au.to.bús *s.m. Esp.* ônibus.

au.to.car *s.m. Esp.* ônibus interurbano.

au.tó.cra.ta *s.m.* e *s.f.* autocrata.

au.to.di.dac.to *adj.* audodidata.
au.tó.dro.mo *s.m.* autódromo.
au.to.es.cue.la *s.f.* auto-escola.
au.tó.gra.fo *adj.* autógrafo.
au.to.ma.ción *s.f.* automação.
au.tó.ma.ta *s.m.* autômato.
au.to.má.ti.co *adj.* automático.
au.to.ma.ti.za.ción *s.f.* automatización.
au.to.mo.tor *adj.* automotor, automotriz.
au.to.mó.vil *s.m.* e *adj.* automóvel.
au.to.mo.vi.lis.mo *s.m.* automobilismo.
au.to.no.mí.a *s.f.* autonomia.
au.top.sia *s.f. Med.* autópsia.
au.tor *s.m.* autor.
au.to.ri.dad *s.f.* autoridade; influência.
au.to.ri.za.ción *s.f.* autorização, permissão.
au.to.ri.zar *v.t.* autorizar, permitir.
au.to.rre.tra.to *s.m.* auto-retrato.
au.to.ser.vi.cio *s.m.* auto-serviço, *self-service*.
au.tos.top *s.m.* carona; pedido de carona.
au.tos.to.pis.ta *s.m.* e *s.f.* caronista.
au.to.su.ges.tión *s.f.* auto-sugestão.
au.tum.nal *adj.* outonal; relativo ao outono.
au.xi.liar *v.t.* auxiliar, ajudar.
au.xi.lio *s.m.* auxílio.
a.val *s.m. Com.* aval, garantia.
a.va.lan.cha *s.f.* avalanche; alude.
a.va.lar *v.t.* garantir por meio de aval, avalizar.
a.va.lo.rar *v.t.* valorizar; aumentar o valor de.
a.va.lua.ción *s.f.* avaliação; apreciação.
a.va.luar *v.t.* avaliar; apreciar; estimar.
a.va.lú.o *s.m.* avaliação; apreciação.
a.van.ce *s.m.* avanço; adiantamento de dinheiro; melhoria; progresso.
a.van.za.da *s.f.* guarda-avançada.
a.van.zar *v.t.* avançar, adiantar-se, progredir; investir, ir para diante.
a.van.zo *s.m.* avanço, adiantamento, orçamento.
a.va.ri.cia *s.f.* avareza, mesquinhez.
a.va.rien.to *adj.* avarento, avaro.
a.va.ro *adj.* avaro, avarento.
a.va.sa.lla.dor *adj.* avassalador; que avassala.
a.va.sa.llar *v.t.* avassalar, dominar, oprimir.
a.ve *s.f.* ave, pássaro.
a.ve.chu.cho *s.m.* ave de aspecto desagradável; *Fig.* pessoa desprezível.
a.ve.ci.nar *v.t.* avizinhar; abeirar.
a.ve.jen.tar *v.t.* avelhentar, envelhecer.
a.ve.lla.na *s.f.* avelã.
a.ve.lla.no *s.m. Bot.* aveleira.
a.ve.ma.rí.a *s.f.* ave-maria.
a.ve.na *s.f. Bot.* aveia.
a.ve.nen.cia *s.f.* convênio; transação; avença; união.
a.ve.ni.da *s.f.* avenida; enchente.
a.ve.nir *v.t.* avir, concordar; *v.i.* suceder, acontecer; *v.r.* avir-se; acomodar-se; harmonizar-se.
a.ven.ta.jar *v.t.* avantajar; exceder; avançar.
a.ven.tar *v.t.* ventilar; expor ao vento; aventar; *Fig.* expulsar.
a.ven.tu.ra *v.t.* aventura.
a.ven.tu.rar *v.t.* aventurar, arriscar.
a.ven.tu.re.ro *adj.* aventureiro; temerário.
a.ver.gon.za.do *p.p. de avengonzar; adj.* envergonhado; acanhado.
a.ver.gon.zar *v.t.* envergonhar; humilhar.
a.ve.rí.a *s.f.* avaria, dano, estrago.
a.ve.riar.se *v.r.* avariar-se; corromper-se, estragar-se.
a.ve.ri.guar *v.t.* averiguar.
a.ver.sión *s.f.* aversão, ódio, antipatia, repulsão.
a.ves.truz *s.f.* avestruz.
a.via.ción *s.f.* aviação.
a.via.dor *s.m.* e *adj.* aviador; o que avia.
a.via.mien.to *s.m.* aviamento.
a.viar *v.t.* aviar; despachar, apressar.
a.ví.co.la *adj. Zool.* avícola.
a.vi.cul.tu.ra *s.f.* avicultura.
a.vi.dez *s.f.* avidez, cobiça.
a.vie.so *adj.* avesso; torto; anormal; *Fig.* mau; pérfido.
a.vi.lla.nar.se *v.r.* aviltar-se, envilecer-se, avilanar-se.
a.vi.na.do *adj.* avinhado, embriagado.
a.vi.na.grar *v.t.* avinagrar, azedar.
a.ví.o *s.m.* aviamento; prevenção; empréstimo.
a.vión *s.m.* avião, aeroplano.
a.vi.sar *v.t.* avisar, prevenir.
a.vi.so *s.m.* aviso, notícia; advertência; anúncio; *aviso anticipado* aviso prévio; *sin previo aviso* sem avisar.
a.vis.pa *s.f. Zool.* vespa; marimbondo.
à.vis.pa.do *p.p. de avispar; adj.* esperto, sabido.
a.vis.par *v.t.* aguilhoar; espicaçar.

a.vis.pe.ro *s.m.* vespeiro; *Fig.* local ou assunto perigoso.

a.vi.var *v.t.* avivar, realçar.

a.vi.zor *s.m.* espia, espreitador.

a.vo.ca.ción o **a.vo.ca.mien.to** *s.m.* e *s.f. For.* avocação.

a.xi.la *s.f.* axila, sovaco.

a.xio.ma *s.m.* axioma, máxima.

ay *interj.* ai! (queixume; admiração).

a.ya *s.f.* aia; camareira.

a.yer *adv.* ontem.

a.yo *s.m.* aio, criado.

a.yo.co.te *s.m. Méx.* espécie de feijão.

a.yo.te *s.m. Méx.* abóbora.

a.yu.da *s.f.* ajuda; auxílio; socorro; *Inform.* ajuda ou *help*, conjunto de instruções disponíveis em um programa para orientar o usuário.

a.yu.dan.te *s.m.* e *s.f.* ajudante; assistente.

a.yu.dar *v.t.* ajudar, auxiliar, socorrer.

a.yu.na.dor *adj.* jejuador.

a.yu.nar *v.i.* jejuar.

a.yu.no *adj.* em jejum; *s.m.* jejum; abstenção.

a.yun.ta.mien.to *s.m.* junta; câmara municipal.

a.yun.tar *v.t.* ajuntar, reunir, unir; fornicar, ter cópula carnal.

a.yus.tar *v.t.* unir dois cabos ou peças de madeira.

a.za.ba.che *s.m.* azeviche.

a.za.da *s.f. Agr.* enxada.

a.za.da.da *s.f.* enxadada.

a.za.dón *s.m. Agr.* enxadão, alvião.

a.za.fa.ta *s.f.* aeromoça.

a.za.fa.te *s.m. Bot.* açafate, cestinho de vime; *Amér.* bandeja.

a.za.frán *s.m. Bot.* açafrão.

a.za.har *s.m. Bot.* flor da laranjeira, limoeiro ou cidreira.

a.zar *s.m.* acaso; casualidade; azar; desgraça imprevista, revés.

a.za.rar *v.i.* inquietar, perturbar ou aturdir até causar vergonha ou rubor.

a.za.ro.so *adj.* incerto; arriscado.

a.ze.mar *v.t.* assentar; alisar.

a.zo.ga.do *adj. Fig.* acelerado; azougado; inquieto.

a.zo.gar *v.t.* azougar; inquietar; apagar a cal (com água).

a.zo.gue *s.m. Quím.* mercúrio.

a.zo.rar *v.t.* e *v.r.* preocupar, intranqüilizar; *Fig.* sobressaltar; surpreender.

a.zo.rra.mien.to *s.m.* modorra, sonolência.

a.zo.ta.ca.lles *s.m.* e *s.f. Fam.* vadio; que anda sempre na rua.

a.zo.tai.na *s.f. Fam.* surra, pancadaria, tunda.

a.zo.tar *v.t.* açoitar, chicotear.

a.zo.te *s.m.* açoite, chicote, látego.

a.zo.te.a *s.f.* terraço.

a.zú.car *amb.* açúcar.

a.zu.ca.re.ro *s.m.* açucareiro.

a.zu.ca.ri.llo *s.m.* caramelo.

a.zu.ce.na *s.f. Bot.* açucena; lírio branco.

a.zud *s.m.* açude.

a.zu.fre *s.m. Quím.* enxofre.

a.zu.lar *v.t.* azular.

a.zu.le.jar *v.t.* azulejar.

a.zu.le.jo *adj.* azulejo.

a.zu.zar *v.t.* açular.

b *s.f.* segunda letra do alfabeto espanhol; B, b.
ba.ba *s.f.* baba, saliva.
ba.ban.ca *s.m.* e *s.f. Fam.* tolo, palerma.
ba.be.ar *v.i.* babar; *Fam.* cortejar com demonstrações de paixão.
ba.be.ro *s.m.* babador.
ba.bor *s.m. Mar.* bombordo.
ba.bo.sa *s.f. Zool.* lesma; *Fig.* pessoa desajeitada ou pouco asseada.
ba.bo.se.ar *v.t.* bajular.
ba.bu.cha *s.f.* chinela.
ba.ca.la.o *s.m. Zool.* bacalhau.
ba.ca.llar *s.m.* homem rústico; vilão.
ba.che *s.m.* cova; buraco; rodeira.
ba.chi.ller *s.m.* diplomado em curso secundário.
ba.chi.lle.ra.to *s.m.* estudos secundários, colegial.
ba.chi.lle.rí.a *s.f. Fam.* bacharelice; palavrório.
ba.cín *s.m.* urinol, penico.
bac.te.ria *s.f.* bactéria.
bac.te.ri.ci.da *adj.* bactericida.
bá.cu.lo *s.m.* báculo.
ba.da.jo *s.m.* badalo; chocalho dos sinos.
ba.du.la.que *adj. Fig. Fam.* papalvo; imbecil; bobo.
ba.ga.je *s.m.* bagagem; equipamento.
ba.ga.zo *s.m.* bagaço; resíduos.

ba.hí.a *s.f.* baía; pequeno golfo.
bai.la.rín *s.m.* e *s.f.* bailarina ou bailarino.
bai.le *s.m.* dança, baile.
ba.ja *s.f.* baixa; redução; queda de preço.
ba.ja.da *s.f.* baixada; descida.
ba.ja.mar *s.f.* baixa-mar; maré-baixa.
ba.jar *v.t.* e *v.i.* abaixar; baixar; descer; *Inform.* baixar (um programa) pela Internet, descarregar, fazer um *download*.
ba.je.za *s.f.* baixeza; vileza.
ba.jo *adj.* baixo; pequeno; inferior; *Fig.* vil; *s.m. pl.* térreo, andar térreo; *adv.* baixo, fraco (som); *prep.* sob; abaixo de.
ba.jo.rre.lie.ve *s.m.* baixo-relevo.
ba.la *s.f.* bala; projétil; caramelo (doce).
ba.la.da *s.f.* balada.
ba.la.dí *adj.* frívolo; insignificante.
ba.la.drón *adj.* fanfarrão.
ba.la.dro.na.da *s.f.* bravata; vanglória; fanfarronada.
bá.la.go *s.m.* espuma de sabão.
ba.lan.ce *s.m.* balanço; agitação.
ba.lan.ce.o *s.m.* balanço; agitação; alteração.
ba.lan.cín *s.m. dim.* balancim; balanceiro; gangorra.
ba.lan.za *s.f.* balança; *balanza comercial* balança comercial;

balanza de pagos balança de pagamentos.
ba.la.rra.sa *s.m. Fig. Fam.* aguardente forte.
ba.la.zo *s.m.* balaço; disparo de bala; ferimento causado por bala.
bal.bu.ce.o *s.m.* balbucio; balbúcie.
bal.bu.cir *v.i.* balbucear.
bal.cón *s.m.* varanda; sacada.
bal.da *s.f.* estante de armário ou despensa.
bal.de *s.m.* balde.
bal.de, de *adv.* debalde, sem motivo.
bal.de.ar *v.t.* baldear.
bal.de.o *s.m.* baldeação.
bal.dí.o *adj.* baldio; inútil.
bal.do.sa *s.f.* ladrilho; tijolo.
ba.lle.na *s.f. Zool.* baleia.
ba.llet *s.f.* balé.
bal.ne.a.rio *s.m.* balneário.
ba.lón *s.m.* balão; aeróstato.
ba.lon.ces.to *s.m.* basquetebol.
ba.lum.ba *s.f.* trouxa; volume grande.
ba.lum.bo *s.m.* trambolho; traste.
bam.bo.le.o *s.m.* bamboleio.
bam.bo.lle.ro *adj. Fam.* vaidoso; presumido.
bam.bú *s.m. Bot.* bambu, cana-da-índia.
ba.nal *adj.* banal, trivial, comum.
ba.na.na *s.f.* banana.
ba.na.no *s.m.* bananeira.

ba.nas *s.f.* banhos, pregões de casamento.

ba.nas.ta *s.f.* canastra; cesta larga.

ban.ca *s.f.* banca de jogo; jogo de azar; negócios bancários.

ban.ca.rro.ta *s.f.* quebra, falência.

ban.co *s.m.* instituição financeira, banco sem encosto; *banco de datos, de información* Inform. banco de dados.

ban.da *s.f.* faixa.

ban.de.ja *s.f.* bandeja.

ban.de.ra *s.f.* bandeira; flâmula.

ban.de.ri.lla *s.f.* bandarilha; farpa enfeitada.

ban.de.ri.lle.ro *s.m.* bandarilheiro; capinha; toureiro.

ban.de.rín *s.m. dim.* bandeirola.

ban.di.da.je *s.m.* banditismo.

ban.di.do *s.m.* bandido; *Fig.* malandro; esperto.

ban.do.le.ro *s.m.* bandoleiro; salteador; bandido.

ban.do.lín *s.m. Mús.* bandolim.

ban.du.rria *s.f. Mús.* bandurra; espécie de guitarra.

ban.que.ro *s.m.* banqueiro.

ban.que.te *s.m.* banquete.

ban.qui.llo *s.m. dim.* escabelo; banquinho.

ban.qui.na *s.f.* acostamento de estrada.

ba.ña.de.ro *s.m.* charco.

ba.ña.do *s.m.* pântano.

ba.ñar *v.t.* banhar; molhar.

ba.ñe.ra *s.f.* banheira.

ba.ñe.ro *s.m.* banheiro.

ba.ñis.ta *s.m.* e *s.f.* banhista.

ba.ño *s.m.* banho, banheiro, sanitário.

bar *s.m.* bar, botequim, café.

ba.ra.hún.da *s.f.* barafunda; confusão; algazarra.

ba.ra.ja *s.f.* baralho.

ba.ra.jar *v.t.* embaralhar, baralhar; desordenar.

ba.ran.da *s.f.* varanda; balcão; sacada; terraço.

ba.ran.dal *s.m.* corrimão

ba.ran.di.lla *s.f.* varanda; corrimão.

ba.ra.te.ar *v.t.* baratear, vender barato.

ba.ra.ti.ja *s.f.* bugiganga, bagatela; insignificância.

ba.ra.ti.llo *s.m.* pequeno empório; loja de insignificâncias.

ba.ra.to *adj.* barato.

ba.ra.ún.da *s.f.* barafunda; algazarra; confusão.

bar.ba *s.f.* barba; queixo.

bar.ba.ri.dad *s.f.* barbaridade; grosseria; desumanidade.

bár.ba.ro *adj.* bárbaro; *Fam.* genial!

bar.be.rí.a *s.f.* barbearia.

bar.be.ro *s.m.* barbeiro.

bar.bi.lam.pi.ño *adj.* imberbe.

bar.bi.lla *s.m.* barbicha.

bar.bu.do *s.m.* e *adj.* barbado.

bar.co *s.m.* barco, navio.

ba.rí.to.no *s.m. Mús.* e *adj.* barítono.

bar.lo.ar *v.t.* abalroar.

bar.lo.ven.to *s.m. Mar.* barlavento.

bar.niz *s.m.* verniz.

bar.ni.zar *v.t.* envernizar; polir.

ba.rón *s.m.* barão.

bar.que.ro *s.m.* barqueiro.

ba.rra *s.f.* barra; *barra de botones* Inform. barra de comandos; *barra de herramientas* Inform. barra de ferramentas.

ba.rra.bás *s.m. Fig.* perverso; ferino; traiçoeiro.

ba.rra.ba.sa.da *s.f. Fam.* travessura; perversão.

ba.rra.ca *s.f.* barraca, tenda, cabana; casa de camponeses.

ba.rran.co *s.m.* barranco.

ba.rran.que.ra *s.f.* barranco.

ba.rreal *s.m. Amér.* lodaçal.

ba.rre.na *s.f.* broca; verruma; pua.

ba.rre.na.do *adj.* perfurador.

ba.rren.de.ro *s.m.* varredor; gari; *s.f.* varredeira.

ba.rre.no *s.m.* verrumão; trado.

ba.rre.ño *s.m.* alguidar.

ba.rrer *v.t.* varrer.

ba.rre.ra *s.f.* barreira; tapume; *Fig.* obstáculo; cancela.

ba.rre.ta *s.f. dim.* pé-de-cabra.

ba.rria.da *s.f.* bairro.

ba.rri.ga *s.f.* barriga, ventre, pança; *Fig.* gravidez, prenhez.

ba.rri.gón *adj.* barrigudo.

ba.rril *s.m.* barril, tonel.

ba.rri.le.te *s.m.* pipa, papagaio.

ba.rri.lla *s.f.* barrilha.

ba.rri.llo *s.m.* espinha (do rosto).

ba.rrio *s.m.* bairro; arrabalde.

ba.rri.tar *v.t.* soltar barridos (o elefante).

ba.rri.to *s.m.* espinha do rosto, acne.

ba.rri.zal *s.m.* barreira, lodaçal, atoleiro.

ba.rro *s.m.* lama, lodo.

ba.rrum.ba.da *s.f. Fam.* fanfarronada; dito jactancioso.

ba.rrun.tar *v.t.* suspeitar; prever, pressentir.

bar.to.la *s.m.* barriga.

bar.to.li.llo *s.m.* empada de carne; croquete.

ba.ru.llo *s.m.* barulho, bagunça; *Bras.* motim; desordem; alarde.

ba.sar *v.t.* basear; firmar; apoiar; fundamentar; *v.r.* basear-se.

bás.cu.la *s.f.* balança.

ba.se *s.f.* base; *base de datos Inform.* base de dados.

bá.si.co *adj. Quím.* básico.

bas.qui.ña *s.f.* saia de lã.

bas.ta *interj.* chega!

bas.tan.te *adv.* bastante.

bas.tar *v.i.* bastar, ser suficiente.

bas.tar.do *adj.* bastardo; degenerado.

bas.te.za *s.f.* rudeza; impolidez; rusticidade; aspereza.

bas.tión *s.m. Mil.* bastião.

bas.to *adj.* grosseiro; tosco; sem polimento.

bas.tón *s.m.* bastão, bengala.

bas.tos *s.m. pl.* naipe de paus (cartas).

ba.su.ra *s.f.* lixo; cisco; imundície.

ba.su.re.ro *s.m.* lixeiro.

ba.ta *s.f.* bata; roupão.

ba.ta.ho.la *s.f. Fam.* bulha; confusão; estrondo.

ba.ta.lla *s.f.* batalha.

ba.ta.llar *v.i.* batalhar; combater.

ba.ta.llón *s.m. Mil.* batalhão.

ba.tán *s.m.* pisão; máquina de malhar.

ba.ta.ne.ar *v.t.* surrar alguém.

ba.ta.ta *s.f. Bot.* batata-doce.

ba.ta.yo.la *s.m. Mar.* balaustrada; parapeito da borda.

ba.te.a *s.f.* bandeja.

ba.tel *s.m.* batel, barco.

ba.te.o *s.m. Fam.* batizado.

ba.te.rí.a *s.f.* bateria de carro, de testes, de cozinha.

ba.ti.bu.rri.llo *s.m.* mixórdia, mistifório.

ba.ti.do *s.m.* vitamina, bebida feita com leite e frutas.

ba.ti.dor *adj.* batedor; explorador; *s.m.* batedeira.

ba.ti.ho.ja *s.m.* bate-chapa; funileiro.

ba.tir *v.t.* bater; abater; vencer.

ba.to *s.m.* bobo, tolo.

ba.tra.cio *adj.* e *s.m.Zool.* batráquio.

ba.tu.car *v.t.* agitar; abalar.

ba.úl *s.m.* baú; mala.

bau.tis.mal *adj.* batismal.

bau.tis.mo *s.m.* batismo.

bau.tis.ta *s.m.* batista (da igreja batista).

bau.tis.te.rio *s.m.* batistério.

bau.ti.zar *v.t.* batizar.

bau.ti.zo *s.m.* batismo, batizado.

ba.ye.ta *s.f.* baeta; tecido felpudo, de lã.

ba.yo *adj.* baio; castanho.

ba.yo.ne.ta *s.f.* baioneta.

ba.yu.ca *s.f. Fam.* baiúca; bodega.

ba.za *s.f.* vaza (no jogo de cartas).

ba.zo *adj.* baço; embaciado; moreno.

ba.zo.fia *s.f.* restos de comida; coisa suja, desprezível.

be.a.to *s.m.* santo.

be.bé *s.m.* bebê.

be.be.de.ro *s.m.* bebedouro; *adj.* potável.

be.be.di.zo *adj.* bebível; potável.

bé.be.do *adj.* bêbedo, bêbado.

be.be.dor *adj.* bebedor; *Fig.* cachaceiro.

be.ber *v.i.* beber.

be.be.rrón *adj. Fam.* beberrão; borrachão.

be.ca *s.f.* bolsa de estudo.

be.ca.rio *adj.* e *s.m.* bolsista.

be.ce.rra *s.f. Zool.* bezerra; vitela; novilha.

be.cua.dro *s.m. Mús.* bequadro (sinal musical).

be.fa *s.f.* escárnio; mofa; motejo.

be.far *v.t.* escarnecer; mofar; troçar.

be.go.nia *s.f. Bot.* begônia.

bei.ge *adj.* bege.

béis.bol *s.m.* beisebol.

bel.dad *s.f.* beldade, beleza.

be.lén *s.m.* presépio; confusão, balbúrdia.

bé.li.co *adj.* bélico.

be.li.co.so *adj.* belicoso.

be.li.ge.ran.te *adj.* beligerante.

be.li.tre *adj. Fam.* biltre; homem vil, infame.

be.lla.co *adj.* velhaco; canalha; ruim.

be.lla.do.na *s.f. Bot.* beladona.

be.lle.za *s.f.* beleza; coisa bela.

be.llo *adj.* belo; ameno.

be.mol *adj. Mús.* bemol.

ben.ci.na *s.f. Quím.* benzina; *Chile* gasolina.

ben.de.cir *v.t.* bendizer; glorificar; abençoar.

ben.di.ción *s.f.* bênção; favor divino.

ben.di.to *adj.* e *s.m.* bendito, bento, abençoado; santo; idiota.

be.ne.dic.ti.no *adj.* beneditino.

be.ne.fac.tor *adj.* benfeitor.

be.ne.fi.cen.cia *s.f.* beneficência.

be.ne.fi.ciar *v.t.* beneficiar, favorecer; explorar; aproveitar; *Amér.* abater o gado.

be.ne.fi.cio *s.m.* benefício; proveito, exploração, aproveitamento; abate; adubo.

be.né.fi.co *adj.* benéfico, benfazejo.

be.ne.mé.ri.to *adj.* benemérito.

be.ne.plá.ci.to *s.m.* beneplácito, aprovação; sanção.

be.ne.vo.len.cia *s.f.* benevolência.

be.né.vo.lo *adj.* benévolo.

be.nig.no *adj.* benigno, de bom caráter.

ben.ja.mín *s.m. Fig.* benjamim, caçula.

be.o.dez *s.f.* bebedeira, borracheira, embriaguez.

be.o.do *adj.* bêbado.

be.re.ber *s.m.* berbere.

be.ren.je.na *s.f. Bot.* beringela.

ber.gan.te *s.m.* bargante; libertino; velhaco.

ber.gan.tín *s.m. Mar.* bergantim.

ber.li.na *s.f.* berlinda.

ber.me.jo *adj.* vermelho.

ber.me.llón *s.m.* vermelhão; zarcão.

ber.mu.das *s.f. pl.* bermuda, calça de meia perna.

ber.nar.di.na *s.f. Fam.* mentira.

be.rre.ar *v.i.* berrar, gritar.

be.rri.do *s.m.* berro, grito; rugido.

be.rrin.che *s.m.* rabugem; impertinência; desgosto.

be.rri.zal *s.m.* campo de agriões.

be.rro *s.m. Bot.* agrião.

ber.za *s.f.* couve.

be.sa.ma.nos *s.m.* beija-mão.

be.sar *v.t.* beijar; oscular.

be.so *s.m.* beijo; ósculo.

bes.tia *s.f.* besta; animal de carga; bruto, selvagem; *s.m.* besta, tolo.

bes.tia.li.dad *s.f.* bestialidade; estupidez; brutalidade.

be.su.que.ar *v.t. Fam.* beijocar.

be.ta.rra.ga ou **be.ta.rra.ta** *s.f. Chile* beterraba.

be.tún *s.m.* betume.

be.zo *s.m.* beiçoca; beiço grosso.

be.zu.do *adj.* beiçudo.

bi.be.rón *s.m.* mamadeira.

bi.blia *s.f.* bíblia.

bí.bli.co *adj.* bíblico.

bi.blio.gra.fí.a *s.f.* bibliografia.

bi.blio.te.ca *s.f.* biblioteca; estante; livraria.

bi.blio.te.ca.rio *s.m.* bibliotecário.

bi.car.bo.na.to *s.m.* bicarbonato.

bi.cha *s.f. Fam.* bicho; cobra.

bi.cho *s.m.* bicho; inseto; praga; verme.

bi.choz.no *s.m.* o quinto neto.

bi.ci.cle.ta *s.f.* bicicleta.

bi.ci.clis.ta *s.m.* e *s.f.* ciclista.

bi.co.ca *s.f.* ninharia.

bi.dé *s.m.* bidê.

bi.dón *s.m.* garrafão.

bien *s.m.* bem; virtude; felicidade.

bien.an.dan.te *adj.* feliz; bem-vindo; venturoso.

bien.an.dan.za *s.f.* felicidade, ventura; bem-estar.

bie.na.ven.tu.ra.do *adj.* bem-aventurado.

bie.na.ven.tu.ran.za *s.f.* bem-aventurança.

bie.nes.tar *s.m.* bem-estar; conforto.

bien.ha.bla.do *adj.* cortês; delicado.

bien.he.chor *adj.* benfeitor.

bien.que.ren.cia *s.f.* benquerença; benevolência.

bien.que.rer *v.t.* bem-querer; amar.

bien.quis.tar *v.t.* benquistar; conciliar.

bien.quis.to *p.p.* de bienquerer; *adj.* benquisto, querido, estimado.

bien.te.ve.o *s.m.* bem-te-vi (ave).

bien.ve.ni.da *s.f.* boas-vindas.

bien.vi.vir *v.t.* bem-viver; viver folgadamente.

bi.fe *s.m. Amér.* bife, filé.

bi.fur.ca.ción *s.f.* bifurcação.

bi.fur.car.se *v.r.* bifurcar-se.

bi.ga.mia *s.f.* bigamia.

bi.gar.do *adj. Fig.* desregrado; vadio; licencioso.

bi.gor.nia *s.f.* bigorna; incude.

bi.go.te *s.m.* bigode.

bi.go.te.ra *s.f.* bigodeira; bigode farto.

bi.go.tu.do *adj.* bigodudo; com bigode.

bi.lin.güe *s.m.* bilíngüe.

bi.lla *s.f.* bola de bilhar.

bi.llar *s.m.* bilhar.

bi.lle.te *s.m.* bilhete; passagem; entrada; papel-moeda.

bi.llón *s.m. Mat.* um milhão de milhões; trilhão.

bim.ba *s.f. Fam.* cartola.

bi.mes.tral *adj.* bimestral.

bi.mes.tre *adj.* bimestre.

bi.nó.cu.lo *s.m.* binóculos.

bio.gé.ne.sis *s.f. Biol.* biogênese.

bio.gra.fí.a *s.f.* biografia.

bio.lo.gí.a *s.f.* biologia.

bio.ló.gi.co *adj.* biológico.

bió.lo.go *s.m.* biólogo, biologista.

biom.bo *s.m.* biombo.

bió.xi.do *s.m. Quím.* bióxido.

bí.pe.do *s.m.* e *adj.* bípede.

bi.pla.no *s.m.* biplano.

bi.qui.ni *s.f.* biquíni.

bi.rim.ba.o *s.m.* berimbau.

bir.la.dor *adj.* gatuno; malandro.

bir.lar *v.t.* enganar; furtar.

bir.lo *s.m. Germ.* ladrão.

bir.lo.cha *s.m.* papagaio de papel.

bi.rre.te *s.m.* barrete cardinalício; carapuça.

bi.rre.ti.na *s.f.* barretina.

bi.rria *s.f. Fam.* pessoa ridícula, grotesca.

bis *adv.* bis.

bi.sa.bue.la *s.f.* bisavó.

bi.sa.bue.lo *s.m.* bisavô.

bi.sa.gra *s.f.* dobradiça.

bis.bi.se.ar *v.t.* cochichar.

bi.se.lar *v.t.* chanfrar; esguelhar; enviesar.

bi.sies.to *adj.* bissexto.

bis.nie.to *s.m.* bisneto.

bi.so.jo *adj.* vesgo, estrábico, zarolho.

bi.so.ño *adj.* bisonho; *Fig.* inexperiente; acanhado.

bis.tec *s.m.* bife, filé.

bi.sun.to *adj.* besuntado; sujo; engordurado.

bi.su.te.rí.a *s.f.* bijuteria.

bi.tu.mi.no.so *adj.* betuminoso.

bi.za.za *s.f.* alforje de couro.

biz.co *adj.* vesgo, estrábico.

biz.co.cho *s.m.* biscoito.

biz.ma *s.m.* cataplasma, emplastro.

biz.na.ga *s.f.* bisnaga.

biz.nie.to *s.m.* bisneto.

blan.ca *s.f.* branca; moeda antiga; *estar sin blanca* estar sem dinheiro.

blan.co *adj.* branco; claro.

blan.cor *s.m.* brancura, alvura.

blan.cu.ra *s.f.* brancura.

blan.cuz.co *adj.* alvacento, esbranquiçado.

blan.da *s.f. Germ.* cama.

blan.de.ar *v.i.* abrandar; amolecer; ceder; afrouxar.

blan.dir *v.t.* brandir; menear; vibrar; oscilar.

blan.do *adj.* brando, mole, macio.

blan.dón *s.m.* brandão; tocha.

blan.du.jo *adj. Fam.* brando, um pouco mole.

blan.du.ra *s.f.* brandura, meiguice.

blan.que.a.dor *adj.* branqueador.

blan.que.ar *v.t.* branquear; limpar.

blan.que.ci.no *adj.* alvacento, esbranquiçado.

blan.que.o *s.m.* branqueamento.

blas.fe.mia *s.f.* blasfêmia.

bla.són *s.m.* brasão.

bla.so.nar *v.t.* blasonar; alardear.

ble.do *s.m. Bot.* bredo; *no importar un bledo* ser insignificante.

blin.da.do *s.m.* blindado.

blin.da.je *s.m.* blindagem.

bloc *s.m.* bloco. Ver **bloque**.

blo.que *s.m.* bloco, pedaço grande de pedra bruta; coligação de partidos políticos; o mesmo que **bloc**.

blo.que.ar *v.t.* bloquear.

blo.que.o *s.m.* bloqueio.

blu.sa *s.f.* blusa.

bo.a.to *s.m.* ostentação, pompa, luxo.

bo.ba.da *s.f.* bobice, parvoíce.

bo.ba.lí.as *s.m.* e *s.f. Fam.* bocojó, toleirão, pascácio.

bo.ba.li.cón *adj. aum. Fam.* bobalhão.

bo.be.ar *v.i.* bobear; bancar o tolo.

bo.be.rí.a *s.f.* bobagem, tolice, parvoíce.

bo.bi.na *s.f.* bobina.

bo.bo *s.m. e adj.* bobo, simplório, estúpido, parvo; bufão, truão; tufo de renda ou pano franzido.

bo.ca *s.f.* boca, abertura, entrada.

bo.ca.ca.lle *s.f.* embocadura, entrada da rua.

bo.ca.di.llo *s.m.* merenda, sanduíche.

bo.ca.di.to *s.m. dim.* cigarrilha.

bo.ca.do *s.m.* bocado; *pl.* frutas em conserva.

bo.ca.na.da *s.f.* bochechada; gole, fumaça; golfada; sorvo; trago.

bo.ca.te.ja *s.f.* telha; beiral de telhado.

bo.ca.za *s.m. aum.* bocarra, bocaça.

bo.ce.to *s.m. Pint.* bosquejo, contorno.

bo.chin.che *s.m.* desordem, confusão.

bo.chor.no *s.m.* bochorno, ar abafadiço, sufocante.

bo.chor.no.so *adj.* bochornoso.

bo.ci.na *s.f.* buzina, corneta.

bo.cio *s.m. Med.* bócio, papeira.

bo.da *s.f.* casamento, matrimônio.

bo.de *s.m. Zool.* bode, macho da cabra; cabrão.

bo.de.ga *s.f.* adega, taberna, bodega, armazém, despensa.

bo.do.que *s.m.* bodoque, pelouro; *Fig.* idiota, palerma; galo (inchação).

bo.fe *s.m. Anat.* bofe, pulmão.

bo.fe.ta.da *s.f.* bofetada, tapona.

bo.fe.tón *s.m.* bofetão, tapa.

bo.ga *s.f.* remada; *Fig.* voga, moda; *Zool.* espécie de peixe.

bo.gar *v.i.* vogar, remar.

bo.he.mia *s.f.* boêmia, vadiação.

bo.he.mio *adj.* natural da Boêmia; boêmio, tcheco.

boi.co.te.ar *v.t.* boicotar.
boi.co.te.o *s.m.* boicote.
boi.na *s.f.* gorro sem pala; boina.
bo.le.a.do.ras *s.f. pl.* boleadeiras; bolas.
bo.le.ar *v.i.* atirar; *Germ.* cair.
bo.le.ro *s.m* música e dança popular.
bo.le.ta *s.f.* boleto; bilhete; ingresso.
bo.le.te.rí.a *s.f. Amér.* bilheteria.
bo.le.te.ro *s.m. Amér.* bilheteiro.
bo.le.tín *s.m. dim.* boletim; periódico.
bo.li.che *s.m.* bilboquê; boliche; taberninha.
bó.li.do *s.m. Meteor.* bólide; aerólito.
bo.lí.gra.fo *s.m.* caneta esferográfica.
bo.lín *s.m. dim.* bolinha.
bo.li.sa *s.f.* chispa, faísca, lampejo.
bo.llar *v.t.* amassar; misturar; sovar.
bo.lle.rí.a *s.f.* fábrica de bolos.
bo.lle.ro *s.m.* fabricante de bolos.
bo.llo *s.m.* bolo; pão-doce; amoldadura.
bo.llón *s.m.* prego de cabeça grande.
bo.los *s.m. pl.* jogo de paus.
bol.si.llo *s.m.* bolso; algibeira.
bom.bar.de.o *s.m.* bombardeio.
bom.ba.zo *s.m.* explosão ou estrago, causado por bomba.
bom.be.ro *s.m.* bombeiro.
bom.bi.lla *s.f.* lâmpada elétrica; tubo para sorver mate.
bom.bo *adj. Fam.* aturdido; maravilhado; atônito.
bom.bón *s.m.* bombom.
bom.bo.na *s.f.* garrafão.

bom.bo.ne.ra *s.f.* caixinha para bombons.
bo.na.chón *adj. Fam.* bonachão, bonacheirão.
bo.nan.ci.ble *adj.* bonançoso; tranqüilo; sereno.
bo.nan.za *s.f.* bonança, calmaria; prosperidade.
bon.dad *s.f.* bondade; brandura; benevolência.
bon.da.do.so *adj.* bondoso; benévolo.
bo.ne.te *s.m.* boné; gorro; barrete.
bo.ni.co *adj. dim. de bueno* bonzinho.
bo.ni.fi.ca.ción *s.f.* bonificação; melhora.
bo.no *s.m.* abono, vale; compromisso.
bon.zo *s.m.* bonzo, sacerdote budista.
bo.ñi.ga *s.m.* boniga; esterco, excremento, bosta, fezes.
bo.que.a.da *s.f.* boqueada, bocejo.
bo.que.ar *v.i.* boquear, bocejar; *Fig.* estar moribundo.
bo.que.te *s.m.* brecha; orifício, apertura; entrada estreita; garganta.
bo.quia.bier.to *adj.* boquiaberto; embasbacado.
bo.qui.lla *s.f.* boquilha, boquim; piteira; sanja, fumadeira.
bor.bo.llón *s.m.* borbotão, esguicho, jorro, borbulha, borbulhão.
bor.bo.tar *v.i.* borbotar, borbulhar.
bor.da.do *p.p. de bordar; s.m.* bordado.
bor.dar *v.t.* bordar.
bor.de *s.m.* borda, margem, beira, orla.
bor.de.ar *v.i.* bordejar.
bor.do *s.m. Mar.* bordo, costado; *Amér.* pequeno dique ou represa.

bor.la *s.f.* borla; insígnia doutoral; esponja de pó-de-arroz.
bo.rra.che.ra *s.f.* bebedeira.
bo.rra.chín *s.m. dim. Fam.* borrachola, pau-d'água.
bo.rra.cho *adj.* bêbedo, ébrio.
bo.rra.chón *adj. Fam.* pau-d'água, borracho.
bo.rra.dor *s.m.* borrador, rascunho; borracha de apagar.
bo.rrar *v.t.* borrar; apagar; *Inform.* deletar, excluir.
bo.rre.go *s.m.* borrego, cordeiro novo; *adj. Fig.* bobalhão, simplório.
bo.rri.co *s.m. e adj.* burrico, asninho; cavalete de marceneiro.
bo.rrón *s.m.* borrão, mancha.
bo.rro.ne.ar *v.t.* escrevinhar, rascunhar, rabiscar, garatujar.
bo.ru.ca *s.f.* algazarra, bulha.
bos.ca.je *s.m.* boscagem; pequeno bosque; pintura campestre.
bos.que *s.m.* bosque, mato.
bos.que.jar *v.t.* fazer um leiaute, esboçar, delinear, resumir.
bos.que.jo *s.m.* bosquejo, esboço; leiaute.
bos.te.zar *v.i.* bocejar, boquear.
bos.te.zo *s.m.* bocejo.
bo.ta.ra.ta.da *s.f. Fam.* extravagância, veneta.
bo.ta.ra.te *s.m. Fam.* extravagante; caprichoso, lunático, estouvado.
bo.te *s.m.* pote; bote; barco; ataque; salto; lance.
bo.te.lla *s.f.* botelha, garrafa, frasco.
bo.te.lla.zo *s.m.* garrafada; pancada com garrafa.
bo.ti.ca *s.f.* farmácia.
bo.ti.ca.rio *s.m.* boticário, farmacêutico.

bo.ti.jo *s.m.* moringa.
bo.ti.lle.rí.a *s.f.* café; bar; sorveteria.
bo.tín *s.m.* botim; botina; presa de guerra (despojos).
bo.ti.quín *s.m.* caixa de medicamentos.
bo.tón *s.m. Bot.* botão.
bo.to.na.du.ra *s.f.* abotoadura.
bo.to.nar *v.i.* abotoar.
bo.to.ne.ro *s.m.* botoeiro.
bo.to.nes *s.m. pl. Fam.* contínuo de hotel; mensageiro, *office-boy*.
bó.ve.da *s.f.* abóbada.
bo.xe.o *s.m.* pugilismo.
bo.ya *s.f. Mar.* bóia; corpo flutuante.
bo.yan.te *adj.* boiante; flutuante; *Fig.* próspero.
bo.yar *v.t. Mar.* boiar, flutuar.
bo.ye.ro *s.m.* boiadeiro; guardador de bois.
bo.yu.no *adj.* boiuno, bovino.
bo.za *s.f. Mar.* boça, amarra.
bo.zal *s.m* cabresto.
bo.zo *s.m.* buço.
bra.ce.a.da *s.f.* movimento de braços executado com esforço.
bra.ce.ro *adj.* braceiro, braçal.
bra.ce.te *s.m. dim.* de braço dado.
bra.ga.zas *s.m. Fig.* bajoujo; palerma; simplório.
bra.gue.ta *s.f.* braguilha.
bra.gue.te.ro *adj. Fam.* lascivo, libidinoso.
brah.mán *s.m.* brâmane.
brah.ma.nis.mo *s.m.* bramanismo.
bra.man.te *s.m.* barbante.
bra.se.ro *s.m.* braseiro, brasido; fogareiro.
bra.si.la.do *adj.* da cor da brasa; encarnado.

bra.ve.ar *v.i.* bravejar, esbravejar.
bra.vu.cón *adj. Fam.* esforçado só na aparência.
bra.za *s.f.* braça; medida de comprimento.
bra.za.da *s.f.* braçada.
bra.zal *s.m.* braçal.
bra.za.le.te *s.m.* pulseira.
bra.zo *s.m.* braço.
bre.a *s.f.* breu.
bre.ar *v.t. Fam.* maltratar; incomodar.
bre.ba.je *s.m.* beberagem.
bre.cha *s.f.* brecha; *Fig.* impressão, comoção.
bré.co.les *s.m. pl. Bot.* bróculos, brocos.
bre.ga *s.f.* briga, luta, disputa.
bre.gar *v.i.* brigar, lutar, disputar.
bre.ña *s.f.* terreno acidentado entre fragas e matagais.
bres.ca *s.f.* favo de mel.
bre.ve.dad *s.f.* brevidade; concisão.
bre.ve.te *s.m.* lembrete.
bre.zal *s.m.* tojal; espinhal.
bre.zo *s.m. Bot.* tojo; urze; brejo.
bri.ba *s.f.* ociosidade, tuna, vadiagem.
bri.bón *adj.* velhaco; canalha; ocioso, tunante.
bri.bo.ne.rí.a *s.f* velhacaria, velhacada.
bri.cho *s.m.* palheta estreita de prata ou ouro.
bri.da *s.f.* brida, grampo, prensa, manilha.
bri.dón *s.m.* bridão; brida grande.
bri.ga.dier *s.m.* brigadeiro.
bri.llan.te *adj.* brilhante.
bri.llan.tez *s.f.* brilhantismo; esplendor.
bri.llar *v.i.* brilhar, luzir, cintilar.

bri.llo *s.m.* brilho; esplendor.
brin *s.m.* brim.
brin.co *s.m.* salto; pulo.
brin.dis *s.m.* brinde (saudação); dádiva.
bri.que.ta *s.m.* briquete.
bris.ca *s.f.* bisca (jogo de cartas).
bri.zar *v.t.* embalar (um berço).
briz.na *s.f.* fibra; filamento; casca; fragmento.
briz.nas *s.f. pl.* aparas; cavacos; estilhaços.
bri.zo *s.m.* berço.
bro.a *s.f.* espécie de bolacha ou biscoito.
bro.ca *s.f.* mandril; trado; espetinho; broca.
bro.ca.di.llo *s.m.* brocadilho; brocado inferior.
bro.cal *s.m.* bocal; abertura de vaso; *Min.* poço.
bro.che.ta *s.f.* espetinho; broca.
bró.cu.li *s.m.* bróculos; brocos.
bro.ma *s.f.* gracejo; chalaça; brincadeira.
bro.me.ar *v.i.* chalaçar, chacotear, zombar.
bro.mis.ta *adj.* brincalhão, chalaceador.
bro.mo *s.m. Quím.* bromo.
bro.mu.ro *s.m. Quím.* brometo.
bron.ca *s.f. Fam.* rixa, contenda, briga, pendência.
bron.ce *s.m.* bronze.
bron.ce.a.do *adj.* bronzeado; acabamento com bronze.
bron.co *adj.* bronco, grosseiro, rude.
bro.quel *s.m.* broquel, escudo; defesa.
bró.quil *s.m.* espécie de couve; bróculos.
bro.tar *v.i.* brotar.
bro.za *s.f.* despojos de vegetação; maravalhas; coisas ou escritos sem valor.

bru.ces *adv.* de bruços.

bru.ja *adj.* bruxa, feiticeira; megera.

bru.je.ar *v.i.* bruxear, encantar, enfeitiçar.

bru.je.rí.a *s.f.* bruxaria.

bru.jes.co *adj.* feitiço.

bru.jo *s.m.* bruxo, feiticeiro.

brú.ju.la *s.f. Mar.* bússola.

bru.ma.zón *s.m.* bruma densa.

bru.mo *s.m.* cera branca purificada.

bru.no *adj.* moreno; *s.m. Bot.* ameixa preta.

bru.ñi.do *adj.* brunido, polido.

bru.ñir *v.t.* brunir, lustrar.

brus.que.dad *s.f.* brusquidão, aspereza.

bru.ta.li.dad *s.f.* brutalidade, grosseria.

bru.za *s.f.* brossa.

bu.bón *s.m.* bubão; tumor duro.

bú.ca.ro *s.m.* púcaro, vasilha.

buc.ci.no *s.m. Zool.* concha; búzio.

bu.ce.ar *v.i.* mergulhar; nadar de mergulho.

bu.ce.o *s.m.* mergulho.

bu.cha.da *s.f.* gole; baforada.

bu.che *s.m.* bucho; papo; bochecho.

bu.cle *s.m.* bucle; cacho de cabelo.

bu.co *s.m.* abertura; buraco.

bu.dín *s.m.* pudim.

buen *adj.* apócope de *bueno*.

bue.na.men.te *adv.* facilmente.

bue.na.ven.tu.ra *s.f.* boa sorte; buena-dicha.

bue.no *adj.* bom, benigno; favorável.

buey *s.m.* boi.

bu.fa *s.f.* burla; bufonaria.

bu.fan.da *s.f.* cachenê; cachecol.

bu.fón *adj.* bufão; fanfarrão; truão.

bu.fo.na.da *adj.* bufonaria; chocarrice.

bu.ga.lla *s.f. Bot.* bugalho.

bu.gan.vi.lla *s.f.* buganvília, trepadeira lenhosa, de flores insignificantes e de cores fortes.

bu.har.di.lla *s.f.* desvão, trapeira.

bú.ho *s.m. Zool.* bufo; mocho; coruja.

bu.ho.ne.ro *s.m.* bufarinheiro.

bu.í.do *adj.* afiado, amolado, aguçado.

bui.tre *s.m. Zool.* abutre.

bui.trón *s.m.* covo, cesto.

bu.je.rí.as *s.f.* quinquilharias.

bu.je.ta *s.f.* caixa de madeira.

bu.jí.a *s.f.* bugia; vela; castiçal.

bul.bo.so *adj.* bolboso.

bu.lla *s.f.* bulha; barulho.

bu.lla.je *s.m.* multidão confusa.

bu.llan.ga *s.f.* tumulto; alvoroto; desordem.

bu.llan.gue.ro *adj.* barulhento.

bu.lle.bu.lle *s.m.* e *s.f. Fig.* pessoa intrometida.

bu.lli.cio *s.m.* bulício; alvoroço, tumulto.

bu.lli.cio.so *adj.* buliçoso, irrequieto.

bu.llir *v.i. Fig.* ferver (um líquido); agitar-se; borbulhar; mexer-se com vivacidade; bulir; mover.

bul.to *s.m.* vulto; volume; importância.

bu.ñue.lo *s.m.* filhó.

bur.bu.ja *s.f.* borbulha, bolha.

bur.bu.je.ar *v.i.* borbulhar, borbotar.

bur.dé.ga.no *s.m.* filhote de asno.

bur.del *adj.* mancebia, bordel, lupanar; espelunca.

bur.ga *s.f.* caldas; manancial de água quente.

bur.go.ma.es.tre *s.m.* burgomestre.

bu.riel *adj.* grená; vermelho-escuro.

bur.le.rí.a *s.f.* burlaria, burla, engano; fábula; ilusão.

bur.lón *adj.* burlão, trapaceiro, trampolineiro.

bu.rra.da *s.f.* burrada, asneira.

bu.rro *s.m. Zool.* burro, asno; estúpido.

bur.sá.til *adj. Com.* referente à bolsa de valores.

bus.ca *s.f.* busca, procura; batida.

bus.ca.piés *s.m.* busca-pé.

bús.que.da *s.f.* busca, procura.

bus.to *s.m.* busto.

bu.ta.ca *s.f.* poltrona; cadeira de braços.

bu.ti.le.no *s.m. Quím.* hidrocarboneto.

bu.tion.do *adj.* hediondo; luxurioso.

buz *s.m.* beijo de gratidão ou respeito.

bu.zo *s.m.* mergulhador; ave de rapina; gatuno (gíria).

bu.zón *s.m.* caixa do correio.

bu.zo.ne.ra *s.f.* sarjeta (num pátio).

bu.zo.ne.ro *s.m. Amér.* carteiro.

C

c *s.f.* terceira letra do alfabeto; C, c.

ca.bal *adj.* cabal; justo; perfeito.

cá.ba.la *s.f.* cabala; conluio.

ca.bal.ga.du.ra *s.f.* cavalgadura.

ca.bal.gar *v.i.* cavalgar.

ca.bal.ga.ta *s.f.* cavalgata, cavalgada.

ca.ba.lla *s.f. Zool.* cavala.

ca.ba.llar *adj.* cavalar.

ca.ba.lle.jo *s.m. dim.* cavalinho.

ca.ba.lle.res.co *adj.* cavalheiresco.

ca.ba.lle.rí.a *s.f.* cavalaria; equitação.

ca.ba.lle.ri.za *s.f.* cavalariça; cocheira.

ca.ba.lle.ro *adj.* cavaleiro; cavalheiro.

ca.ba.lle.ro.si.dad *s.f.* cavalheirismo.

ca.ba.lle.ro.so *s.m.* cavalheiroso; nobre; distinto.

ca.ba.lle.te *s.m. dim.* cavalete; pequeno cavalo; cumeeira; instrumento de tortura (potro de madeira).

ca.ba.llis.ta *s.m.* entendido de cavalos; quem monta bem.

ca.ba.llo *s.m.* cavalo; *Fig.* pessoa forte; *Mil.* soldado de cavalaria montado.

ca.ba.ña *s.f.* cabana, choupana; rebanho; divisão na mesa de bilhares.

ca.be *s.m.* pancada em cheio; *prep.* junto, cerca de; *dar un cabe* dar prejuízo.

ca.be.ce.ra *s.f.* cabeceira.

ca.be.lle.ra *s.f.* cabeleira, coma.

ca.be.llo *s.m.* cabelo; *asirse uno de un cabello* aproveitar a ocasião.

ca.be.llu.do *adj.* cabeludo.

ca.ber *v.i.* caber.

ca.be.za *s.f.* cabeça; *Fig.* princípio; chefe; capital (cidade); cume; pessoa.

ca.be.zal *s.m.* cabeçal; pequeno travesseiro; *Eletr.* e *Inform.* cabeçote.

ca.be.za.zo *s.m.* cabeçada.

ca.be.zón *s.m.* e *adj.* cabeção, colarinho; *Fig.* teimoso, cabeçudo.

ca.bi.mien.to *s.m.* cabimento, capacidade.

ca.bi.na *s.f.* cabine.

ca.bio *s.m. Arg.* caibro.

ca.biz.ba.jo *adj.* cabisbaixo.

ca.ble *s.m.* cabo; mensagem; *televisión por cable* televisão a cabo.

ca.ble.gra.fiar *v.t.* transmitir cabograma.

ca.ble.gra.ma *s.m.* cabograma.

ca.bo *s.m.* ponta, cabo, extremo.

ca.bra *s.f.* cabra.

ca.bre.ro *s.m.* cabreiro; pastor de cabras; *adj. Fam.* zangado.

ca.brí.o *adj.* relativo a cabra ou bode.

ca.brio *s.m. Arg.* caibro, barrote, viga.

ca.bri.ti.lla *s.f.* pelica.

ca.brón *s.m.* cabrão, bode; *adj. Fam.* chifrudo, cornudo.

ca.bro.na.da *s.f. Fam.* ação infame.

ca.ca *s.f.* cocô; caca; *Fig.* de pouco valor.

ca.ca.hue.te *s.m.* amendoim.

ca.ca.o *s.m.* cacau.

ca.ca.o.tal *s.m.* plantação de cacaueiros.

ca.ca.re.ar *v.i.* cacarejar.

ca.ce.ra *s.f.* canal, rego.

ca.ce.rí.a *s.f.* caçada, caça.

ca.ce.ro.la *s.f.* caçarola.

ca.cha *s.f. Amér.* cabo de navalha ou faca.

ca.cha.co *s.m.* casquilho; janota.

ca.cha.dor *adj. Amér.* zombeteiro; trocista; irônico.

ca.cha.faz *adj.* velhaco; atrevido, insolente.

ca.cha.no *s.m.* diabo.

ca.cha.pa *s.m.* pãozinho doce.

ca.char *v.t.* despedaçar; partir; *Amér.* zombar, ridicularizar.

ca.cha.rro *s.m.* vasilha ordinária; traste velho.

ca.cha.za *s.f. Fam.* lentidão; calma; pachorra; cachaça.

ca.che.ar *v.t.* revistar gente suspeita, para lhe tirar as armas.

ca.che.o *s.m.* revista; exame policial.

ca.che.ra *adj.* roupa de lã tosca, de pêlo comprido.

ca.che.ta.da *s.f.* bofetada.

ca.che.te *s.m.* bochecha.

ca.chi.cán *s.m.* feitor, capataz; gestor.

ca.chi.fo.llar *v.t.* humilhar; vexar; abater.

ca.chi.gor.do *adj. Fam.* pequeno e gordo.

ca.chi.po.rra *s.f.* clava; maça; cacete; cassetete.

ca.chi.va.che *s.m.* traste velho; bugiganga.

ca.cho *s.m.* pedaço; talhada; falta.

ca.chón *s.m.* onda espumosa.

ca.cho.rro *s.m.* filhote de mamífero.

ca.chue.la *s.f.* refogado; guisado.

ca.ci.llo *s.m.* caneco; tigela; malga.

ca.ci.que *s.m.* chefe índio.

ca.co *s.m. Fig.* ladrão hábil; batedor de carteiras.

ca.cu.men *s.m. Fig.* talento; perspicácia; engenho.

ca.da *adj.* cada.

ca.da.hal.so *s.m.* cadafalso; patíbulo.

ca.da.le.cho *s.m.* cama feita de ramos de árvores.

ca.dal.so *s.m.* cadafalso; patíbulo.

ca.dá.ver *s.m.* cadáver.

ca.de.na *s.f.* cadeia, corrente.

ca.den.cia *s.f.* cadência.

ca.de.ra *s.f.* quadril, cadeira (do corpo).

ca.de.te *s.f.* cadete; *Fig.* aprendiz, *office-boy*.

ca.du.car *v.i.* caducar; acabar o prazo; cair em desuso; *Fig.* perder o juízo.

ca.er *v.i.* cair; tombar; diminuir; ocorrer (datas); incidir; *v.r.* cair, perder o prumo.

ca.fé *s.m.* café; bar; lanchonete.

ca.fe.tal *s.m.* cafezal; plantação de café.

ca.fe.te.ra *s.f.* cafeteira; bule.

ca.fe.te.rí.a *s.f.* bar, lanchonete.

ca.fe.tín *s.m. dim.* botequim.

ca.fe.tu.cho *s.m.* cafedório, mau café.

ca.fi.ro.le.ta *s.f.* doce de batata, coco e açúcar.

ca.gar *v.i.* cagar, defecar; estropear.

ca.ga.rro.pa *s.m.* mosquito.

ca.ga.tin.ta *s.m.* e *adj. Fam.* depreciativo de empregado de escritório.

ca.gón *adj.* medroso; covarde.

ca.í.da *s.f.* queda; declive; descida.

cai.mán *s.m. Amér.* jacaré; *Fig.* pessoa astuta.

cai.mien.to *s.m.* caimento; caída; queda; *Fig.* desfalecimento.

ca.ja *s.f.* caixa; cofre; *caja alta/baja* caixa alta (maiúsculas)/baixa (minúsculas); *caja de ahorros*: caixa econômica; *caja de cambios* caixa de câmbio; *caja fuerte* caixa-forte; *caja negra* caixa-preta; *en caja* em forma.

ca.je.ra *s.f.* caixeira; caixa.

ca.je.ro *s.m.* caixa; tesoureiro; *cajero automático* caixa automático, banco 24 horas.

ca.je.ta *s.f.* caixinha; *Méx.* doce de leite; *Arg. Vulg.* vulva.

ca.je.ti.lla *s.f.* maço de cigarros.

ca.jón *s.m.* caixão; caixote; gaveta.

ca.jo.ne.ra *s.f.* gaveteiro; conjunto de gavetas de um armário ou estante.

ca.la.ba.cín *s.m. Bot.* abobrinha.

ca.la.ba.za *s.f. Bot.* abóbora.

ca.la.ba.za.te *s.m.* doce seco de abóbora.

ca.la.bo.bos *s.m. Fam* chuva miúda; chuvinha.

ca.la.bo.ce.ro *s.m.* carcereiro.

ca.la.bo.zo *s.m.* calabouço; cárcere.

ca.la.bria.da *s.f.* mistura de vinhos; *Fig.* mistura de coisas diversas.

ca.la.da *s.f.* tragada (de cigarro); penetração na água (de um objeto de pesca); vôo de ave de rapina; submersão.

ca.la.do *s.m.* crivo; entalho em madeira; franjas; galões; rendas.

ca.la.dor *s.m.* entalhador.

ca.la.fa.te.ar *v.t.* calafetar.

ca.la.mar *s.m.* lula.

ca.lam.bre *s.m.* cãimbra.

ca.la.mi.dad *s.f.* calamidade; grande desgraça.

ca.la.mi.to.so *adj.* infeliz, que causa calamidade.

ca.lan.dra.jo *s.m. Fam.* andrajo, farrapo.

ca.lan.dria *s.f.* calandra (máquina); *Zool.* cotovia.

ca.la.ña *s.f.* amostra; modelo; molde; má índole ou natureza.

ca.lar *v.t.* submergir; mergulhar; furar, transpassar; *v.r.* molhar-se, ensopar-se.

ca.la.ve.ra *s.f.* caveira; fantasma; *adj. Fam.* farrista, libertino.

ca.la.ve.ra.da *s.f. Fam.* pândega; tolice; parvoíce.

ca.la.ve.re.ar *v.i. Fam.* agir sem juízo.

cal.ca.ñal ou **cal.ca.ñar** *s.m.* calcanhar.

cal.car *v.t.* calcar; *Fig.* copiar.

cal.ce *s.m.* calço; cunha.

cal.ce.ta *s.f.* malha; meia.

cal.ce.te.rí.a *s.f.* loja de meias; obra de malha.

cal.ce.te.ro *s.m.* fabricante de meias.

cal.ce.tín *s.m. dim.* meia curta; coturno.

cal.ci.fi.ca.ción *s.f. Med.* calcificação.

cal.ci.llas *s.f. dim.* calças curtas e estreitas; *s.m. Fig.* tímido; covarde.

cal.ci.na *s.f.* argamassa.

cal.cio *s.m.* cálcio.

cal.co *s.m.* decalque; plágio.

cal.co.ma.ní.a *s.f.* decalcomania, adesivo.

cal.cu.la.do.ra *s.f.* calculadora.

cal.cu.lar *v.t.* calcular.

cál.cu.lo *s.m.* cálculo

cal.de.ra *adj.* caldeira.

cal.de.re.ta *s.f.* caldeirinha; caldeirada; guisado de peixe; guisado de cordeiro.

cal.de.rón *s.m. aum.* caldeirão; *Mús.* sinal de suspensão, em música.

cal.di.llo *s.m.* molho (de refogados).

cal.do *s.m.* caldo.

ca.le.cer *v.i.* aquecer-se; exaltar-se.

ca.le.fac.ción *s.f.* calefação; aquecimento.

ca.len.da.rio *s.m.* calendário.

ca.len.ta.dor *s.m. e adj.* aquecedor.

ca.len.ta.mien.to *s.m.* aquecimento.

ca.len.tar *v.t.* aquecer; *Fig.* avivar.

ca.len.ti.to *adj. Fig.* recente.

ca.len.tón *adj. Fam.* que fica nervoso rápido.

ca.len.tu.ra *s.f. Med.* febre; calentura.

ca.len.tu.rien.to *adj.* febril, febricitante; exaltado.

ca.le.tre *s.m. Fam.* tino; juízo; discernimento.

ca.li.bre *s.m.* calibre.

ca.li.can.to *s.m.* alvenaria.

ca.li.có *s.m.* algodão (tecido).

ca.li.dad *s.f.* qualidade.

ca.lien.te *adj.* ardente, cálido, quente, fogoso; *Fig.* colérico, bravo, intrépido.

ca.li.fi.ca.ción *s.f.* qualificação, grau, nota que se dá ao aluno em exames.

ca.li.fi.car *v.t.* qualificar, considerar, julgar; contar votos.

ca.li.gra.fí.a *s.f.* caligrafia.

cá.liz *s.m.* cálice; copa, taça, copo.

ca.lla.do *adj.* calado, silente, silencioso, reservado, discreto.

ca.lla.o *s.m.* calhau, seixo.

ca.llar *v.i.* calar; dissimular, ocultar, omitir.

ca.lle *s.f.* rua.

ca.lle.ja *s.f. dim.* ruela, viela, beco.

ca.lle.je.ar *v.i.* vagar na rua.

ca.lle.jón *s.m.* rua sem saída, ruela, beco.

ca.lle.jue.la *s.f. dim.* ruazinha, ruela; *Fig.* evasiva, esquiva, pretexto.

ca.llis.ta *s.m.* calista, pedicuro.

ca.llo *s.m.* calo.

ca.llo.si.dad *s.f.* calosidade.

cal.ma *s.f.* calma.

cal.man.te *s.m. e adj.* calmante, sedativo.

cal.mar *v.t.* acalmar, aquietar, tranqüilizar, serenar; *v.r.* acalmar-se.

cal.mo.so *adj.* calmo, tranqüilo; sedativo.

ca.ló *s.m.* jargão, gíria.

ca.lo.frí.o *s.m. V.* **calosfrío**.

ca.lor *s.m. Fís.* calor.

ca.lo.rí.a *s.f.* caloria.

ca.los.frí.o *s.m.* calafrio.

ca.lum.nia *s.f.* calúnia.

ca.lu.ro.so *adj.* caloroso, quente, cálido, ardente, excitado, cordial.

cal.va.rio *s.m. Fig.* calvário, caveira, sofrimento, paixão.

cal.vo *s.m. e adj.* calvo, careca.

cal.za *s.f.* calçadeira, cunha; *pl.* meias; obturação.

cal.za.da *s.f.* parte central da rua; avenida ampla.

cal.za.do *s.m.* calçado.

cal.za.dor *s.m.* calçadeira.

cal.zar *v.t.* calçar, meter calço; obturar dente.

cal.zón *s.m.* calção; calzones: cuecas, ceroulas.

cal.zon.ci.llos *s.m. pl.* cuecas, ceroulas.

ca.ma *s.f.* cama, leito.

ca.ma.de.rí.a *s.f.* amizade.

ca.ma.fe.o *s.m.* camafeu.

ca.ma.le.ón *s.m.* camaleão; *adj. Fam.* que muda de idéias.

ca.ma.ma *s.f. Pop.* embuste; falsidade; burla.

ca.mán.du.la *s.f. Fam.* hipocrisia; astúcia.

cá.ma.ra *s.f.* câmara; quarto; corporação municipal.

ca.ma.ra.da *s.m. e s.f.* camarada, colega.

ca.ma.ran.chón *s.m.* celeiro; desvão.

ca.ma.re.ro *s.m.* camareiro; criado de quarto, café ou restaurante.

ca.ma.rín *s.m. dim.* camarim.

ca.ma.rón *s.m.* camarão.

ca.mas.quin.ce *s.m. e s.f. Fam.* metediço; intrometido.

ca.mas.tro *s.m.* cama pobre e ruim; catre; barra.

cam.ba.la.che *s.m. Fam.* cambalacho.

cam.biar *v.t.* trocar, intercambiar, mudar; *v.r.*

tro.car-se de roupa; mudar de casa ou cidade.

cam.bio *s.m.* câmbio, divisas estrangeiras.

cam.bray *s.m.* cambraia.

ca.me.lar *v.t.* namorar; cativar.

ca.me.le.ro *adj.* mentiroso.

ca.me.lia *s.f.* camélia.

ca.me.lla *s.f.* gamela; escudela; *Zool.* fêmea do camelo.

ca.me.llo *s.m.* camelo.

ca.me.lo *s.m.* mentiras, enganação.

ca.mi.lla *s.f. dim.* maca; padiola.

ca.mi.nan.te *adj.* caminhante; viandante; viajante.

ca.mi.nar *v.i.* caminhar; andar.

ca.mi.na.ta *s.f. Fam.* caminhada; passeio; jornada.

ca.mi.no *s.m.* caminho; estrada; vereda; atalho.

ca.mión *s.m.* caminhão.

ca.mio.na.je *s.m.* transporte em caminhões.

ca.mio.ne.ro *s.m.* caminhoneiro.

ca.mi.sa *s.f.* camisa masculina.

ca.mi.se.ro *s.m.* camiseiro.

ca.mi.són *s.m. aum.* camisola.

ca.mo.rra *s.f. Fam.* disputa; pendência.

ca.mo.rre.ro ou **ca.mo.rris.ta** *adj.* rixoso; bulhento; brigão.

cam.pa *s.f.* planície arável.

cam.pa.men.to *s.m.* acampamento.

cam.pa.na *s.f.* sino; campainha.

cam.pa.ne.o *s.m.* repique de sinos; saracoteio.

cam.pa.nil *s.m.* campanário.

cam.pa.ni.lla *s.f.* sineta, campainha (inclusive flor), úvula; borbulha.

cam.pa.ni.llo *s.m.* chocalho.

cam.pan.te *adj. Fam.* forte; robusto, bem disposto.

cam.pa.ña *s.f.* campanha; planície; *Mil.* expedição militar.

cam.pe.cha.no *adj. Fam.* franco; bem disposto, campichano.

cam.pe.ón *s.m.* campeão, paladino, cavaleiro-andante.

cam.pe.o.na.to *s.m.* campeonato, disputa.

cam.pe.si.no *s.m. e adj.* camponês, campesino.

cam.pes.tre *adj.* campestre; rural.

cam.pi.ña *s.f.* planície lavradia, campina.

cam.po *s.m.* campo, zona rural.

cam.po.san.to *s.m.* cemitério.

cam.pu.ro.so *adj.* folgado, amplo, espaçoso.

cam.pus *s.m.* terreno e prédios universitários.

ca.mu.fla.je *s.m.* camuflagem.

ca.mu.flar *v.t.* disfarçar, dissimular; *v.r.* disfarçar-se.

can *s.m. Zool.* cão; cachorro; *s.m.* cão das armas de fogo; gatilho; modilhão.

ca.na *s.f.* cã, cabelo branco; *Fam.* cadeia, cárcere.

ca.na.ca *s.m. Chile* amarelo, chim, chinês.

ca.nal *s.m.* canal.

ca.na.le.o *s.m.* zapping, mudança contínua de canais com o controle remoto; o mesmo que **zapeo**.

ca.na.le.ta *s.f.* canaleta, ranhura.

ca.na.li.zar *v.t.* canalizar.

ca.na.lla *s.f. Fig.* canalha, ralé.

ca.na.lla.da *s.f.* canalhice, canalhada.

ca.na.lón *s.m.* calha.

ca.na.na *s.f.* canana, cartucheira; algemas.

ca.na.pé *s.m.* sofá, canapé.

ca.na.rio *s.m.* canário; natural das Canárias.

ca.nas.ta *s.f.* canastra, cesto, cabaz.

can.cel *s.m.* biombo; cancela.

can.ce.la.ción *s.f.* cancelamento; *Com.* liquidação, quitação.

can.ce.lar *v.t.* cancelar.

cán.cer *s.m. Med.* câncer.

can.cha *s.f.* quadra esportiva; habilidade, domínio.

can.ci.lla *s.f.* porta ou barreira.

can.ci.ller *s.m.* chanceler.

can.ción *s.f.* canção.

can.da.do *s.m.* cadeado; aloquete; brincos.

can.de.la *s.f.* vela.

can.de.le.ro *s.m.* candeeiro, castiçal.

can.di.da.te.ar *v.t.* candidatar; *v.r.* candidatar-se.

can.di.da.to *s.m.* candidato.

can.di.le.ja *s.m.* gambiarra; vaso de candil.

can.dio.ta *s.f.* barril; pipa.

can.dio.te.ro *s.m.* tanoeiro.

can.don.gue.ar *v.t.* zombar; mofar; caçoar; *v.i.* mandriar.

ca.ne.la *s.f.* canela, condimento.

ca.ne.lo *adj.* cor de canela; *Bot.* caneleira; canela.

ca.ne.lón *s.m.* canelão; confeito.

ca.ne.sú *s.m.* vestido sem mangas.

can.gre.jo *s.m. Zool.* caranguejo.

can.gu.ro *s.m. Zool.* canguru; babá

ca.ni.bal *s.m. e adj.* canibal.

ca.ni.ca *s.f.* bolinha de gude.

ca.ni.jo *adj. Fam.* débil; doentio.

ca.ni.lla *s.m.* canela; tíbia; *Amér.* torneira, grifo.

ca.ni.lle.ra *s.f.* caneleira.

ca.ni.na *s.f.* excremento de cão.

can.je *s.m.* câmbio; troca; permuta.

can.je.ar *v.t.* trocar; permutar.

ca.no *adj.* grisalho; coberto de cãs.

ca.no.a *s.f.* canoa.

ca.non *s.m.* norma, padrão, regra.

ca.nó.ni.ga *s.f. Fam.* sesta; dormida.

ca.nó.ni.go *s.m.* cônego.

ca.no.ni.za.ción *s.f.* canonização.

ca.no.so *adj.* que tem cãs.

ca.no.tié *s.m.* palheta; chapéu de palha.

can.sa.dor *adj. Arg.* e *Urug.* cansativo, molesto.

can.san.cio *s.m.* cansaço; fadiga.

can.sar *v.t.* cansar; *v.r.* ficar cansado, entediar-se.

can.tal *s.m.* canto de pedra.

can.ta.le.ar *v.i.* gorjear; arrulhar (as pombas).

can.ta.le.ta *s.f.* apupo; vaia; algazarra.

can.tan.te *s.m.* cantor.

can.tar *s.m.* canto; *v.t.* e *v.i.* cantar.

can.ta.ri.lla *s.f.* vasilha de barro do feitio duma jarra comum.

can.ta.rín *adj. Fam.* excessivamente afeiçoado a cantar.

can.ta.ta *s.f.* cantata.

can.tau.tor *s.m.* cantor e compositor.

can.ta.zo *s.m.* pedrada.

can.te.ra *s.f.* pedreira.

can.te.rios *s.m. pl.* vigas transversais que formam o teto.

can.te.ri.to *s.m.* pedacinho de pão.

can.ti.cio *s.f. Fam.* canto freqüente e molesto.

can.ti.dad *s.f.* quantidade; quantia; porção.

can.ti.le.na *s.f.* cantilena. *Ver* **cantinela**..

can.ti.llo *s.m.* pedrinha; canto; quina.

can.tim.plo.ra *s.f.* cantil.

can.ti.na *s.f.* lanchonete.

can.ti.ne.la *s.f.* cantilena.

can.ti.ña *s.f. Fam.* canção popular.

can.to *s.m.* canto, esquina, extremidade; *Mús.* canto, cantoria; *Poét.* parte de um poema; ode; *canto rodado* cascalho.

can.tón *s.m.* cantão; região; divisão territorial.

can.to.nar *v.t.* acantonar.

can.to.ne.ar *v.i.* vaguear ociosamente de esquina em esquina; *v.r. Fam.* saracotear-se com afetação.

can.tu.rre.ar ou **can.tu.rriar** *v.i.* cantarolar; trautear.

ca.nu.to *s.m.* canudo; tubo.

ca.ña *s.f.* cana.

ca.ña.ve.ral *s.f.* canavial.

ca.ñe.rí.a *s.f.* encanamento; tubagem.

ca.ñe.ro *s.m.* encanador.

ca.ñí *s.m.* cigano.

ca.ñi.ve.te *s.m.* canivete.

ca.ñi.za *s.f.* tecido grosso.

ca.ñi.zal ou **ca.ñi.zar** *s.m.* caniçal; bambual; o mesmo que **cañaveral**.

ca.ñi.zo *s.m.* caniço; tecido de cana.

ca.ño *s.m.* cano; tubo.

ca.ñón *s.m.* canhão.

ca.ño.na.zo *s.m. aum.* canhonaço.

ca.ño.ne.o *s.f.* canhoneio; canhonada.

ca.ñu.ta.zo *s.m. Fig.* mexerico; enredo; intriga.

ca.ñu.te.ro *s.m.* alfineteiro.

ca.ñu.to *s.m.* canudo.

ca.o.ba *s.f. Bot.* mogno.

ca.os *s.m.* caos.

ca.pa *s.f.* capa.

ca.pa.ci.dad *s.f.* capacidade.

ca.pa.ci.ta.ción *s.f.* capacitação.

ca.pa.ci.tar *v.t.* capacitar, habilitar.

ca.pa.ra.zón *s.m.* carapaça, casco.

ca.pa.taz *s.m.* capataz.

ca.paz *adj.* hábil, capaz.

ca.pe.a *s.f.* tourada (em uma aldeia).

ca.pe.ja *s.f.* capa pequena ou de má qualidade.

ca.pe.lla.da *s.f.* biqueira (de sapato); tomba, remendo no sapato.

ca.pe.llán *s.m.* capelão.

ca.pe.ru.za *s.f.* carapuça; capuz; *Caperuzita Roja* Chapeuzinho Vermelho.

ca.pe.ta *s.f. dim.* capinha; capa curta.

ca.pi.lla *s.f.* capela; capuz.

ca.pi.llo *s.m.* touca; gorro.

ca.pi.ro.ta.zo *s.m.* piparote.

ca.pi.tal *s.f.* capital.

ca.pi.ta.lis.mo *s.m.* capitalismo.

ca.pi.tán *s.m.* capitão.

ca.pi.ta.ne.ar *v.t.* capitanear, chefiar, comandar, dirigir.

ca.pi.to.lio *s.m.* capitólio.

ca.pi.tu.lar *s.m.* e *adj.* capitular.

ca.pí.tu.lo *s.m.* capítulo.

ca.pó *s.m.* tampa do motor.

ca.po.ral *s.m.* chefe, maioral, caporal; capataz em fazenda.

ca.po.ta *s.f.* touca.

ca.po.te *s.m.* capote, capa de toureiro; lance de jogo de cartas.

ca.pri.cho *s.m.* capricho, veneta.

ca.pri.cho.so *adj.* teimoso, malcriado.

ca.pri.cor.nio *s.m. Astrol.* capricórnio.

cáp.su.la *s.f.* cápsula.

cap.tar *v.t.* captar.

cap.tu.rar *v.t.* capturar.

ca.pu.cha *s.f.* capucho, capuz.

ca.pu.llo *s.m.* casulo; glande, prepúcio.

ca.qui *s.m.* caqui (fruto e árvore); *adj.* cáqui (cor).

ca.ra *s.f.* rosto, cara.

ca.ra.be.la *s.f. Mar.* caravela.

ca.ra.be.lón *s.m. Mar.* caravela pequena.

ca.ra.bi.na *s.f.* carabina.

ca.ra.bi.ne.ro *s.m. Mil.* carabineiro; guarda de alfândega.

cá.ra.bo *s.m.* embarcação pequena; ave noturna parecida com a coruja.

ca.ra.col *s.m.* caramujo; caracol.

ca.ra.co.les *interj.* caramba!

ca.rác.ter *s.m.* caráter; marca; paticularidade; *Fig.* estilo; personalidade; *pl. Tip.* caracteres, tipo de escrita; *Inform.* caracteres, dígitos.

ca.rac.te.rís.ti.ca *s.f.* caraterística.

ca.rac.te.ri.zar *v.t.* disfarçar; caracterizar.

ca.ra.jo *s.m. Vulg.* caralho; *interj.* caramba!

ca.ram.ba *interj.* puxa!

ca.ra.me.lo *s.m.* bala; caramelo.

ca.ra.mi.llo *s.m. Bot.* flautim de cana.

ca.ran.to.ña *s.f.* carantonha; caraça; esgar.

ca.ra.pa.cho *s.m.* concha; crosta; carapaça.

ca.ra.va.na *s.f.* caravana.

ca.ray *interj.* caramba!; apre!

car.bo.hi.dra.to *s.m.* carboidrato.

car.bol *s.m. Quím.* fenol.

car.bón *s.m.* carvão.

car.bon.ci.llo *s.m.* carvão para desenho.

car.bo.ne.rí.a *s.f.* carvoaria.

car.bo.ni.za.ção *s.f.* carbonização.

car.bu.ra.ción *s.f.* carburação.

car.bu.ra.dor *s.m.* carburador.

car.bu.ro *s.m. Quím.* carbureto.

car.ca.ja.da *s.f.* gargalhada.

cár.ca.va *s.f.* fossa; cova; fosso.

cár.cel *s.f.* cárcere, prisão, cadeia.

car.ce.le.ro *s.m.* carcereiro.

car.ci.nó.ge.no *adj.* cancerígeno.

car.de.li.na *s.f. Zool.* pintassilgo.

car.de.nal *s.m.* cardeal.

car.de.na.li.cio *adj.* cardinalício.

car.dia.co ou **car.dí.a.co** *adj.* cardíaco.

car.di.nal *adj.* cardinal.

ca.re.o *s.m.* acareação.

ca.re.ro *adj.* careiro, que vende caro.

ca.re.ta *s.f.* máscara; *Fig.* simulação, disfarce; *quitar la careta* tirar a máscara.

ca.rey *s.m. Zool.* espécie de tartaruga; concha de tartaruga.

car.ga *s.f.* carga; carregamento; refil; peso; *Mil.* ataque; *Eletr.* carga elétrica; capacidade.

car.ga.de.ro *s.m.* desembarcadouro; cais

car.ga.men.to *s.m.* carregamento; peso.

car.gan.te *adj.* pesado; molesto; árduo.

car.gar *v.t.* carregar; encher; vexar.

car.go *s.m.* carga, peso; encargo, ônus; cargo, função.

car.gue.ro *s.m.* e *adj.* cargueiro, carregador; navio de carga; paciente, sofredor.

ca.ri.be *adj.* caraíba; cruel, desumano.

ca.ri.cia *s.f.* carícia, afago.

ca.ries *s.f. Med.* cárie.

ca.ri.ño *s.m.* carinho, mimo, afeição; presente.

ca.ri.ño.so *adj.* carinhoso, meigo, afetuoso.

car.me.si *adj.* carmezim, vermelho vivo.

car.mín *s.m.* carmim.

car.ne *s.f.* carne; polpa da fruta; *Fig.* luxúria.

car.né *s.m.* carteira, documento de identificação; *carné de conducir* carteira de habilitação.

car.ne.ro *s.m. Zool.* carneiro; indivíduo fraco de vontade; cesta de lixo.

car.ni.ce.rí.a *s.f.* açougue; matadouro; chacina, carnificina.

car.ni.ce.ro *s.m.* açougueiro; carnívoro, cruel.

car.ní.vo.ro *adj.* carnívoro.

ca.ro *adj.* caro, dispendioso; querido, estimado.

ca.ro.zo *s.m.* caroço, sabugo, baganho.

car.pa *s.f. Zool.* carpa (peixe); barraca ou tenda de circo.

car.pe.ta *s.f.* pasta, portifólio; carpete; *Inform.* diretório.

car.pin.te.rí.a *s.f.* carpintaria, marcenaria.

car.pin.te.ro *s.m.* carpinteiro; *Zool.* pica-pau.

ca.rras.pe.ar *v.i.* pigarrear; estar rouco.

ca.rras.pe.ra *s.f.* rouquidão; pigarro.

ca.rre.ra *s.f.* carreira, corrida, páreo.

ca.rre.ta *s.f.* carreta; carrinho de mão.

ca.rre.ta.je *s.m.* carreto.

ca.rre.te *s.m.* carrinho; carretel.

ca.rre.te.ra *s.f.* estrada, rodovia; caminho.

ca.rre.te.ro *s.m.* e *adj.* carreteiro; referente a estradas.

ca.rre.ti.lla *s.f.* carrinho de mão; andador de criança; buscapé; foguete.

ca.rre.tón *s.m.* caminhão, vagoneta, carro, carreta; carrinho de amolador.

ca.rril *s.m.* trilho; pista, faixa de rolamento; sulco, marca de rodas.

ca.rri.llo *s.f.* bochecha; *comer a dos carrillos* ter duas atividades rendosas.

ca.rro *s.m.* carroça; *Amér.* carro, automóvel; vagão de trem.

ca.rro.ce.rí.a *s.f.* corroceria.

ca.rro.ña *s.f.* carcaça, carniça.

ca.rro.za *s.f.* coche suntuoso; carruagem.

ca.rrua.je *s.f.* carruagem.

ca.rru.ja.do *adj.* encrespado; encarapinhado.

ca.rru.jo *s.m.* copa de árvores.

car.ta *s.f.* carta; missiva; carta de baralho; cardápio; documento.

car.ta.bón *s.m.* esquadria; esquadro.

car.ta.pa.cio *s.m.* pasta escolar; caderno.

car.ta.zo *s.m. aum.* carta de censura.

car.tel *s.m.* cartaz.

car.te.le.ro *s.m.* afixador de cartazes.

car.te.o *s.m.* carteio.

car.te.ra *s.f.* carteira; bolsa; *Com.* carteira, conjunto de clientes.

car.te.ro *s.m.* carteiro.

car.tí.la.go *s.m.* cartilagem.

car.ti.lla *s.f.* cartilha; caderneta.

car.tón *s.m.* cartão; papelão.

car.tu.che.ra *s.f* cartucheira; patrona.

car.tu.cho *s.m.* cartucho; *cartucho de tinta Inform.* cartucho de tinta (para impressoras).

car.tu.ja *s.f.* cartuxa (ordem religiosa).

car.tu.li.na *s.f.* cartolina; cartão fino.

ca.sa *s.f.* casa; moradia; habitação; edifício; família; propriedades, bens; empresa.

ca.sa.de.ro *adj.* casadouro.

ca.sa.li.cio *s.m.* casa; edifício.

ca.sa.men.te.ro *adj.* casamenteiro.

ca.sa.mien.to *s.m.* casamento, matrimônio, boda, união.

ca. sar *v.t.* casar; desposar; *Fig.* combinar; *v.i.* conciliar.

ca.sa.rón *s.m. aum.* casarão.

cas.ca.bel *s.m.* guizo; cascavel (cobra).

cas.ca.be.la.da *s.f.* festa ruidosa; folia; pândega.

cas.ca.da *s.f.* cascata.

cas.ca.jo *s.m.* cascalho; saibro, areia.

cas.ca.jo.so *adj.* cascalhoso, cascalhudo, cascalhento.

cas.ca.nue.ces *s.m.* quebra-nozes.

cás.ca.ra *s.f.* casca; córtex.

cás.ca.ras *interj.* nossa!; puxa!

cas.ca.rón *s.m.* casca de ovo.

cas.ca.rra.bias *s.m.* e *s.f.* indivíduo irritadiço.

cas.ca.rrón *adj.* áspero; desprezível.

cas.ca.ru.do *adj.* cascudo; cascoso.

cas.co *s.m* capacete; casco, vasilhame; caco.

cas.cos *s.m. pl. Eletr.* fones de ouvido.

cas.co.te *s.m.* cascalho; caco; fragmento de pedra.

ca.se.ra *s.f.* caseira, ama, governanta.

ca.se.rí.a *s.f.* casa de campo.

ca.se.rí.o *s.m.* casario; casaria.

ca.ser.na *s.f.* estalagem à beira de uma estrada.

ca.se.ro *s.m.* e *adj.* caseiro; inquilino.

ca.se.rón *s.m.* casarão.

ca.se.ta *s.f.* guarita.

ca.si *adv.* quase.

ca.si.lla *s.f.* caixinha, escaninho, compartimento, guarita, casinha.

ca.si.no *s.m* cassino, clube, assembléia.

ca.so *s.m.* caso; acotecimento; circunstâncias; *Gram.* caso, declinação.

ca.so.rio *s.m. Fam.* casamento simples; casório.

cas.ta *s.f.* casta; classe social; linhagem.

cas.ta.ña *s.f. Bot.* castanha.

cas.ta.ñe.ta *s.f.* castanheta; castanhola; estalido com os dedos.

cas.ta.ño *adj.* castanho, marrom; *s.m. Bot.* castanheiro.

cas.ta.ño.la *s.f. Zool.* peixe do Mediterrâneo.

cas.ta.ñue.la *s.f.* castanhola; *Fam. estar como unas castañuelas* estar muito alegre.

cas.te.lla.no *s.m.* e *adj.* castelhano, de Castela; língua espanhola.

cas.ti.dad *s.f.* castidade.

cas.ti.go *s.m.* castigo.

cas.ti.llo *s.m.* castelo, fortaleza.

cas.ti.zo *adj.* castiço, puro, vernáculo; filho de espanhol e mestiço.

ca.sual *adj.* casual; acidental.

ca.sua.li.dad *s.f.* coincidência, casualidade.

ca.su.ca *s.f.* casinhola, tugúrio, cabana.

ca.ta.dor *s.m.* provador de bebidas.

ca.ta.lán *s.m.* e *adj.* catalão, da Catalunha; língua catalã.

ca.tá.lo.go *s.m.* catálogo.

ca.tar *v.t.* levantar, recolher; provar, experimentar.

ca.ta.rro *s.m. Med.* catarro, muco.

ca.tás.tro.fe *s.f.* catástrofe.

ca.te.ar *v.t.* explorar o terreno, procurar, buscar, descobrir.

ca.te.cis.mo *s.m.* catecismo.

ca.te.dral *s.f.* catedral.

ca.te.drá.ti.co *s.m.* e *adj.* titular de uma cadeira; catedrático.

ca.te.go.rí.a *s.f.* categoria.

ca.ti.te *s.m.* torrão de açúcar; bofetada.

cá.to.do *s.m.* catódio, cátodo.

ca.tó.li.co *adj.* católico.

ca.tón *s.m.* catão; austero; severo.

ca.tor.ce *num.* catorze.

cau.cho *s.m.* borracha; goma-elástica.

cau.ción *s.f. For.* caução; fiança; cautela; garantia.

cau.di.llo *s.m.* caudilho; chefe.

cau.ro *s.m.* noroeste (vento).

cau.sa *s.f.* causa; *For.* ação.

cau.sa.li.dad *s.f.* causalidade.

cau.són *s.m. Med.* febre alta e breve (sem maior gravidade).

cau.te.ri.za.ción *s.f. Cir.* cauterização.

cau.ti.va.dor *adj.* cativante; sedutor.

cau.ti.var *v.t.* cativar; *Fig.* atrair; seduzir; prender.

cau.ti.ve.rio *s.m.* cativeiro.

cau.ti.vo *adj.* cativo; *Fig.* seduzido; atraído.

ca.va.co.te *s.m.* monte de terra (para servir de sinal).

ca.va.do *adj.* côncavo.

ca.var *v.t.* cavar, escavar; *Fig.* refletir, aprofundar.

ca.vi.dad *s.f.* cavidade; cova; buraco.

ca.ya.do *s.m.* cajado, bordão, bastão.

ca.yen.te *adj.* que cai; cadente.

ca.yo *s.m.* escolho; recife; penhasco.

ca.za *s.f.* caça; animais que se caçam; perseguição.

ca.za.dor *s.m.* caçador.

ca.za.do.ra *s.f.* paletó; jaqueta.

ca.zar *v.t.* caçar; perseguir; apanhar.

ca.za.tor.pe.de.ro *s.m. Mar.* caça-torpedeiros.

ca.za.vi.rus *s.m.* e *adj. Inform.* antivirus.

caz.ca.le.ar *v.i. Fam.* andar de um lado para outro.

caz.ca.rria *s.f.* lama, lodo.

ca.zo *s.m.* caço; caçarola; concha (colher).

ca.zue.la *s.f.* caçarola pequena.

ca.zu.rro *adj.* casmurro; teimoso; cabeçudo.

ce.ba *s.f.* ceva (alimentos para cevar animais).

ce.ba.da *s.f. Bot.* cevada.

ce.bar *v.t.* e *v.i.* cevar mate; engordar; nutrir.

ce.bo *s.m.* cevo, ceva, isca; engodo.

ce.bo.lla *s.f.* cebola; bolbo.

ce.bo.lle.ta *s.f. dim.* cebolinha.

ce.bo.lli.no *s.m.* cebolinho; semente de cebola.

ce.bra *s.f. Zool.* zebra.

ce.bra.do *adj.* zebrado.

ce.bú *s.m. Zool.* zebu.

ce.ca *s.f.* casa da moeda.

ce.ci.na *s.f.* carne seca e salgada; chacina.

ce.ci.nar *v.t.* salgar; defumar e curar a carne; chacinar.

ce.da *s.f.* cerda; nome da letra z.

ce.da.zo *s.m.* peneira; crivo; joeira.

ce.der *v.t.* ceder, dar; *v.i.* ceder, renunciar.

ce.dro *s.m.* cedro.

cé.du.la *s.f.* cédula; documento; ficha; *Com.* título de crédito; *cédula personal/de identidad* carteira de identidade.

ce.du.lón *s.m. aum.* cartaz; anúncio.

ce.fa.le.a *s.f. Med.* cefaléia.

ce.ga.jo *s.m.* bode (durante o segundo ano de vida).

ce.ga.jo.so *adj.* chorão; remeloso.

ce.gar *v.t.* cegar; *v.i.* ficar cego.

ce.ga.to ou **ce.ga.tón** *adj. Fam.* míope; que sofre de miopia.

ce.gue.ra *s.f.* cegueira, ceguidade.

ce.ja *s.f.* supercílio, sobrolho, sobrancelha; *Fig.* cumeeira, cimo, saliência.

ce.jar *v.i.* desistir; recuar, retroceder, tornar atrás.

ce.ju.do *adj.* carrancudo.

ce.la.da *s.f.* cilada, emboscada, armadilha.

ce.la.dor *s.m.* responsável pela turma escolar; zelador, vigia.

ce.la.ge *s.m.* celagem; cariz; nuvens muito tênues; sombra, fantasma.

ce.lar *v.t.* zelar, ter ciumes; vigiar, observar; estreitar.

cel.da *s.f.* célula, cela.

ce.le.bra.ción *s.f.* celebração, comemoração, cerimônia.

ce.le.brar *s.m.* celebrar; comemorar; festejar; realizar (reuniões).

cé.le.bre *adj.* célebre, famoso.

ce.li.ba.to *s.m.* celibato.

ce.lo *s.m.* zelo, ciúme, cuidado, ardor, cio.

ce.lo.sí.a *s.f.* gelosia; ralo de porta.

ce.lo.so *adj.* zeloso, cioso, ciumento.

cé.lu.la *s.f. Biol.* célula; grupo independente; *Inform.* célula, unidade básica de armazenamento e manipulação de informações numa planilha eletrônica.

ce.lu.lar *adj.* celular; *teléfono celular* telefone celular.

ce.men.tar *v.t.* chumbar com cimento.

ce.men.te.rio *s.m.* cemitério.

ce.men.to *s.m.* cimento; concreto.

ce.na *s.f.* jantar; ceia.

ce.na.gal *s.m.* lamaçal, atoleiro; *Fig.* situação difícil.

ce.nar *v.i.* e *v.t.* jantar; cear.

ce.ni.ce.ro *s.m.* cinzeiro.

ce.ni.cien.to *adj.* cinzento.

ce.nit *s.m. Astron.* zênite.

ce.ni.za *adj.* cinza.

ce.ni.zo *adj.* cinzento, cor de cinza.

cen.so *s.m.* censo.

cen.sor *s.m.* censor.

cen.su.ra *s.f.* censura.

cen.te.lla *s.f.* centelha, faísca; raio.

cen.te.llan.te ou **cen.te.lle.an.te** *adj.* cintilante.

cen.te.lle.ar *v.i.* cintilar, refulgir.

cen.tí.me.tro *s.m.* centímetro.

cen.ti.ne.la *amb. Mil.* sentinela; vigia.

cen.tral *adj.* central; *s.f.* matriz; usina; agência; repartição pública; *central de conmutación* PABX; *central de correos* agência de correios; *central hidroeléctrica/nuclear* usina hidroelétrica/nuclear; *central telefónica* posto/agência telefónica; mesa operadora (PBX, PABX).

cen.tra.li.ta *s.f.* posto telefónico; central telefônica.

cen.tra.li.za.ción *s.f.* centralização.

cen.tra.li.zar *v.t.* centralizar.

cen.trar *v.t* centrar, centralizar; concentrar; *Fig.* atrair.

cen.tro *s.m.* centro, meio; núcleo, foco; zona central; instituição; *Fig.* objetivo; *centro de salud* posto de saúde.

ce.ñir *v.t.* cingir, cercar; ajustar, apertar; *v.r.* restringir-se, limitar-se; ajustar-se.

ce.ño *s.m.* cenho; carranca.

ce.ñu.do *adj.* cenhoso; carrancudo.

ce.pe.da *s.f.* mata de plantas com que se faz carvão; tojal.

ce.pi.llar *s.m. Bot.* escovar.

ce.pi.llo *s.m.* cepilho, plaina, escova; caixa para molas; *cepillo de dientes* escova de dentes.

ce.po.rro *s.m.* cepa velha (para fazer fogo); homem rude.

ce.ra *s.f.* cera.

ce.rá.mi.ca *s.f.* cerâmica.

cer.ca *s.f.* cerca; *adv.* perto, próximo.

cer.ca.no *adj.* vizinho; próximo.

cer.car *v.t.* cercar; murar; sitiar; encurralar.

cer.cio.rar *v.t.* assegurar; certificar.

cer.da.men *s.m.* molho de cerdas (para pincéis, escovas etc.).

cer.do *s.m.* porco.

ce.re.mo.nia *s.f.* cerimônia; solenidade; *Fig.* acanhamento.

ce.re.ño *adj.* da cor da cera; céreo; forte; duro; resistente.

ce.re.za *s.f.* cereja.

ce.re.zo *s.m. Bot.* cerejeira.

ce.ri.lla *s.f.* fósforo; vela de cera, comprida e fina; cerume.

ce.ri.llo *s.m.* pavio; rolo de cera; fósforo.

cer.ne *s.m.* cerne, âmago.

cer.ner *v.t.* peneirar; crivar; examinar.

cer.ni.di.llo *s.m.* garoa; chuvisco.

ce.ro *s.m. Arit.* zero.

ce.ro.llo *adj.* serodio; tardio.

cer.qui.ta *adv.* pertinho.

ce.rra.du.ra *s.f.* fechadura.

ce.rra.ja *s.f.* fechadura; ferrolho.

ce.rra.je.rí.a *s.f.* chaveiro (oficina); loja de ferragem.

ce.rra.je.ro *s.f.* chaveiro.

ce.rrar *v.t.* fechar, cerrar; trancar; tampar; lacrar; *Fig.* concluir, terminar; encerrar; *Com.* fazer coincidir entradas e saídas, ativo e passivo; *cerrar la caja* fechar o caixa; *cerrar el archivo/programa Inform.* fechar o arquivo/ programa.

ce.rra.zón *s.f.* cerração, nevoeiro; escuridão.

ce.rril *adj.* agreste, rústico, grosseiro.

ce.rro.jo *s.m.* ferrolho; tranqueta corrediça.

cer.ta.men *s.m.* certame; debate; concurso.

cer.te.ro *adj.* certeiro; acertado.

cer.ti.dum.bre *s.f.* certeza; convicção.

cer.ti.fi.ca.ción *s.f.* certificação.

cer.ti.fi.ca.do *adj.* certificado, autenticado; registrado; *s.m.* certidão, atestado.

cer.ti.fi.car *v.t.* certificar; afirmar; registrar; autenticar.

cer.ve.ce.rí.a *s.f.* cervejaria.

cer.ve.za *s.f.* cerveja.

ce.sión *s.f.* cessão, cedência.

cés.ped *s.m. Bot.* grama; relva.

ces.to *s.m.* cesto; cesta.

cha.bo.la *s.f.* favela; choupana; casinhola.

cha.ca.re.ro *adj.* chacareiro.

cha.cha *s.f.* ama-seca.

chá.cha.ra *s.f. Fam.* tagarelice; indiscrição.

cha.cho *s.m. Fam.* aférese de *muchacho*.

cha.co.te.ro *adj. Fam.* chacoteador; zombador, escarnecedor.

cha.cra *s.f. Amér.* chácara.

cha.fal.di.ta *s.f. Fam.* zombaria ligeira e inofensiva; gracejo.

cha.fa.llar *v.t. Fam.* consertar qualquer coisa sem capricho.

cha.fan.dín *s.m. Fam.* pessoa vaidosa; de pouco siso.

cha.far *v.t.* deslustrar; empanar; esmagar; amarrotar.

cha.flán *s.m.* chanfradura; recorte em ângulo.

chal *s.m.* xale.

cha.lán *adj.* vendedor habilidoso, persuasivo.

cha.lar *v.t.* enlouquecer; aparvalhar; namorar.

cha.le.co *s.m.* colete (de homem).

cha.li.na *s.f.* espécie de gravata comprida.

cha.ma.rra *s.f.* jaqueta

cham.ba *s.f. Fam.* bambúrrio; golpe de sorte.

cham.bón *adj. Fam.* desajeitado; que acerta por sorte.

cham.bo.na.da *s.f. Fam.* desacerto; bambúrrio.

cham.bra.na *s.f. Amér.* algazarra.

cha.mi.zo *s.m.* barraco, choupana, tugúrio; chamiço, acendalhas.

cham.pa.ña *s.m.* champanhe.

cham.pú *s.m.* xampu.

cha.mus.car *v.t.* chamuscar, crestar.

chan.cear *v.i.* chancear; gracejar.

chan.chu.llo *s.m.* tramóia, negócio sujo.

chan.cle.ta *s.f.* chinela.

chan.clo *s.m.* galocha, tamanco.

chan.za *s.f.* chacota, mofa, gracejo.

chan.zo.ne.ta *s.f.* cançoneta, troça; pilhéria.

cha.pa.le.ta *s.f.* válvula de bomba de água.

cha.pa.po.te *s.m.* asfalto.

cha.pa.rre.ar *v.i.* chover fortemente.

cha.pa.rrón *s.m.* aguaceiro.

cha.pa.tal *s.m.* lodaçal, lamaçal; atoleiro.

cha.pis.ta *s.m.* funileiro.

cha.pón *s.m.* borrão de tinta.

cha.po.te.ar *v.i.* chapinhar; agitar a água.

cha.pu.ce.ro *adj.* incompetente; pessoa que trabalha mal.

cha.pu.rrar *v.t.* algaraviar; falar ininteligível.

cha.pu.za *s.f.* trabalho malfeito; bico.

cha.pu.zar *v.t.* mergulhar.

cha.pu.zón *s.m.* mergulho.

cha.que.ta *s.f.* jaqueta; véstia.

cha.que.te.ar *v.i.* mudar de idéia.

cha.que.tón *s.m. aum.* jaquetão; paletó de traspasse.

char.ca *s.f.* charco de grande tamanho.

char.co *s.m.* poça d´água, mangue.

char.la *s.f.* conversa.

char.lar *v.i.* conversar, papear.

char.la.tán *adj.* charlatão; impostor.

cha.rol *s.m.* charão, verniz; couro envernizado.

cha.ro.lar *v.t.* envernizar; polir.

cha.rra.da *s.f.* dito rústico; ação grosseira.

cha.rrán *adj.* patife, malandro, tratante.

cha.rro *adj.* charro, rústico; aldeão.

chas.car *v.i.* estalar a madeira; estalar a língua; triturar algum alimento fazendo ruído; engolir.

chas.ca.rri.llo *s.m. Fam.* anedota; conto; historieta.

chas.co *s.m.* desilusão; burla, engano.

chas.qui.do *s.m.* estalo; crepitação.

cha.ta *s.f.* comadre, urinol.

cha.ta.rra *s.f.* sucata, ferro velho.

cha.to *adj.* pessoa de nariz achatado.

chau.cha *s.f.* vagem.

cha.val *adj.* jovem.

cha.vas.ca *s.f.* lenha miúda; gravetos; chamiço.

cha.vo *s.m.* dinheiro, grana.

che *interj.* ei!

che.li *adj. hippie*, jovem contestador.

che.pa *s.f. Fam.* corcunda.

che.que *s.m. Com.* cheque; *cheque al portador* cheque ao portador; *cheque cruzado* cheque cruzado; *cheque de viaje/de viajero* cheque de viagem; *cheque nominativo* cheque nominal; *cheque sin fondos* cheque sem fundo; *dar un cheque en blanco* dar carta branca.

che.que.ar *v.i.* checar, verificar, vistoriar; *v.r. Med.* fazer checape.

che.que.o *s.m.* chacagem, vistoria; *Med.* checape.

cher.char *v.i.* burlar; zombar.

chic *adj.* chique, elegante.

chi.ca *s.f.* criada; rapariga, pequena.

chi.cha.rra *s.f.* cigarra.

chi.cha.rrón *s.m.* torresmo.

chi.chón *s.m.* galo (inchação na cabeça).

chi.cle *s.m.* goma de mascar.

chi.co *adj.* menino; pequeno; jovem.

chi.co.le.o *s.m. Fam.* requebro; galanteio.

chi.cue.lo *adj.* rapazola.

chi.flar *v.i.* assobiar; silvar; apupar; zombar; enlouquecer.

chi.fle *s.m.* silvo; apito; sibilo.

chi.la.ca.yo.te *s.m.* abobrinha.

chi.le *s.m. Bot.* pimentão.

chi.lin.dri.na *s.f. Fam.* anedota picante; bagatela.

chi.lla *s.f.* reclame; chamariz.

chi.lla.do *s.m.* teto feito de ripas ou serrafos.

chi.llar *v.i.* chiar; berrar; gritar.

chi.lli.do *s.m.* chio; berro; grito.

chi.llón *s.m.* gritante; barulhento; agudo; berrante (de cor).

chil.te.pe *s.m.* pimenta muito ardida.

chi.me.ne.a *s.f.* chaminé.

chim.pan.cé *s.m. Zool.* chimpanzé.

chi.na *s.f.* calhau; seixo; porcelana; seda.

chi.na.rro *s.m.* pedregulho.

chi.na.zo *s.m. aum.* pedrada.

chin.che *s.f. Zool.* percevejo.

chin.chi.lla *s.f. Zool.* chinchila.

chin.cho.so *adj. Fig.* importuno.

chin.gar *v.t.* beber muito; frustrar, estragar.

chi.no *adj.* chinês.

chi.pá *s.f. Amér.* rosca.

chi.pé *s.f.* verdade; bondade.

chi.que.ro *s.m.* chiqueiro; pocilga.

chi.qui.llo *adj.* garoto; menino.

chi.qui.to *adj. dim.* pequenino.

chi.ri.bi.til *s.m.* recanto; esconderijo; desvão.

chi.rim.bo.lo *s.m. Fam.* traste; alfaia.

chi.ri.mo.ya *s.f.* fruta-do-conde.

chi.ri.pa *s.f.* sorte, casualidad.

chi.ri.pá *s.m. Arg.* tipo de fralda.

chir.lar *v.i. Fam.* falar aos berros.

chi.ro.na *s.f. Fam.* cárcere; cadeia.

chi.rriar *v.i.* chiar; guinchar.

chis.me *s.m.* mexerico, intriga.

chis.mo.so *adj.* intrigante.

chis.pa *s.f.* chispa, faísca, fagulha; diamante; migalha; bebedeira (gíria).

chis.pa.zo *s.m.* faísca, fagulha.

chis.pe.ar *v.i.* chispar, faiscar, chuviscar.

chis.tar *v.i.* abrir a boca para falar; chamar atenção fazendo "*chis*".

chis.te *s.m.* piada, anedota.

chis.te.ra *s.f.* cestinho; *Fam.* cartola.

chis.to.so *adj.* chistoso, engraçado.

chi.tón *interj.* caluda!; chitão!

chi.va.ta *s.f.* cajado.

chi.vo *s.m.* chibo, cabrito.

cho.car *v.i.* chocar, colidir; esbarrar; desagradar.

cho.che.ar *v.i.* caducar.

cho.cho *adj.* bobo, sem graça.

cho.co.la.te *s.m.* chocolate.

chó.fer *s.m.* chofer, motorista.

cho.lla *s.f. Fam.* chola, cachola, cabeça, tino.

cho.lo *s.m. Amér.* mestiço de branco e índio.

cho.que *s.m.* choque, luta, refrega.

cho.que.zue.la *s.f. Anat.* rótula.

cho.ri.zo *s.m.* chouriço.

cho.rre.ar *v.i.* jorrar, pingar.

cho.rro *s.m.* jorro, esguicho, jato, chorro; *chorro de tinta Inform.* jato de tinta (tipo de impressora).

cho.to *s.m.* bezerro, vitelo, cabrito.

cho.za *s.f.* palhoça, choça.

chu.bas.co *s.m.* aguaceiro, chuvarada.

chu.cha *s.f.* prostituta.

chu.che.rí.a *s.f.* ninharia, bagatela, frioleira.

chu.cho *s.m. Amér. Fam.* cão.

chue.co *adj. Amér.* cambaio; de pernas tortas.

chu.la.da *s.f.* chulice, chularia, grosseria.

chu.le.ta *s.f.* costeleta (de carne).

chu.lo *adj.* valentão.

chun.ga *s.f. Fam.* algazarra; burla festiva; ironia.

chu.pa.tin.tas *s.m.* empregado de escritório de pequena categoria; fichinha.

chu.pe.te *s.m.* chupeta.

chu.rras.co *s.m.* churrasco.

chu.rre.te *s.m.* mancha de carvão, fuligem ou gordura, no rosto.

chu.rria.na *s.f.* rameira.

chu.rro *s.m.* churro, espécie de massa frita.

chu.rru.lle.ro *adj.* tagarela.

chu.rrus.co *s.m.* torrada.

chu.rum.bel *s.m.* rapaz; jovem.

chus.co *adj.* jocoso, gracioso.

chus.ma *s.f.* chusma, populacho, plebe, ralé.

chu.zar *v.t. Colomb.* chuchar, picar, ferir, espicaçar.

chu.zo *s.m.* chuço, aguilhão.

ci.be.res.pa.cio *s.m.* ciberespaço, espaço virtual formado por todos os elementos relacionados com a Internet.

ci.ber.né.ti.ca *s.f.* cibernética.

ci.ber.né.ti.co *adj.* cibernético.

ci.ca.te.ri.a *s.f.* miséria, sovinice.

ci.ca.te.ro *adj.* avarento, mesquinho, sovina; ladrão de bolsas (gíria).

cid *s.m. Fig.* senhor, homem valente, chefe.

ci.dro *s.m. Bot.* cidreira.

cie.go *s.m. Fig.* cego; *adj.* alucinado, aturdido.

cie.lo *s.m.* céu, firmamento, paraíso; *cielo de la boca* céu da boca.

ciem.piés *s.m. Zool.* centopéia.

cien *adj.* cem.

cien.cia *s.f.* ciência, conhecimento, sabedoria.

cien.to *s.m.* cem.

cien.to.piés *s.m. Zool.* Ver **ciempiés**.

cie.rre *s.m.* fecho; fechamento, encerramento.

cier.to *adj.* certo, preciso, acurado, exato.

cier.vo *s.f. Zool.* cervo, veado.

ci.ga.rre.ra *s.f.* companhia de cigarros; cigarreira.

ci.ga.rre.ro *s.m.* fabricante ou vendedor de cigarros e charutos.

ci.ga.rri.llo *s.m.* cigarro.

ci.ga.rro *s.m.* cigarro de palha; charuto.

ci.güe.ña *s.f. Zool.* cegonha; *Mec.* manivela.

ci.lin.dro *s.m.* cilindro.

ci.ma *s.f.* cima; cume; topo.

ci.ma.rrón *adj. Amér.* chimarrão; quilombola; selvagem, indômito, bravio.

cim.brar *v.t.* cimbrar, vergar, arquear; brandir.

ci.mien.to *s.m.* alicerce, base, fundação.

cinc *s.m. Min.* zinco.

cin.cel *s.m.* cinzel.

cin.ce.lar *v.t.* cinzelar.

cin.cha *s.f.* cilha.

ci.ne *s.m.* cinema.

ci.ne.as.ta *s.m.* e *s.f.* cineasta.

cí.ni.co *adj.* cínico.

cin.ta *s.f.* fita; faixa; cinta; *cinta adhesiva* fita adesiva; *cinta aislante* fita isolante; *cinta casete* fita cassete; *cinta magnética* fita magnética; *cinta métrica* fita métrica; *en cinta* em fita (gravação).

cin.tu.ra *s.f.* cintura.

cin.tu.rón *s.m.* cinturão, cinto largo; cinto de segurança.

ci.prés *s.m. Bot.* cipreste.

cir.cui.to *s.m.* circuito, recinto; contorno; trajeto; *Eletr.* circuito, série de condutores; *circuito impresso* circuito impresso; *circuito integrado* circuito integrado.

cir.cu.la.ción *s.f.* circulação; giro; curso; trânsito.

cir.cu.lar *adj.* circular, em forma de círculo; *s.f.* circular, mensagem; *v.i.* circular, rodear; percorrer; divulgar.

cír.cu.lo *s.m.* círculo.

cir.cun.ci.sión *s.f.* circuncisão.

cir.cun.fe.ren.cia *s.f.* circunferência.

cir.cun.fle.jo *s.m. Gram.* circunflexo.

cir.cuns.crip.ción *s.f.* circunscrição.

cir.cuns.pec.ción *s.f.* circunspecção; atenção; prudência.

cir.cun.ve.nir *v.t.* enganar; iludir.

ci.rro.sis *s.m. Med.* cirrose.

ci.rue.la *s.f. Bot.* ameixa.

ci.ru.gía *s.f.* cirurgia.

ci.ru.ja.no *s.m.* cirurgião.

ci.sión *s.f.* incisão; corte.

ci.so.ria *adj.* arte de trinchar a carne.

cis.ti.tis *s.m. Med.* cistite.

ci.su.ra *s.f.* cissura; ferida.

ci.ta *s.f.* citação; entrevista; intimação.

ci.ta.ción *s.f.* citação; intimação.

ci.tar *v.t. For.* citar, intimar; mencionar; marcar encontro.

ci.trón *s.m. Bot.* limão.

ciu.dad *s.f.* cidade.

ciu.da.da.no *adj.* cidadão.

ci.vil *adj.* civil.

ci.vi.li.dad *s.f.* civilidade; cortesia; delicadeza.

ci.vi.li.za.ción *s.f.* civilização.

ci.za.lla *s.f.* tesourão; cisalha.

ci.za.ña *s.f.* cizania; desarmonia; rixa.

clac *s.m.* claque (chapéu alto, de molas).

cla.mar *v.t.* e *v.i.* clamar.

cla.mor *s.m.* clamor.

clan *s.m.* clã; grei; partido.

cla.rar *v.t.* aclarar.

cla.re.a *s.f.* clareia (bebida de vinho com mel).

cla.re.cer *v.i.* amanhecer.

cla.ri.dad *s.f.* claridade; transparência.

cla.ri.ne.te *s.m. Mús.* clarinete; clarinetista.

cla.ro *adj.* claro; pálido; puro; *Fig.* objetivo; *adv.* claramente, com clareza.

cla.se *s.f.* classe, categoria; tipo, espécie.

clá.si.co *adj.* clássico.

cla.si.fi.ca.ción *s.f.* classificação.

cla.si.fi.car *v.t.* classificar.

cla.var *v.t.* cravar, fincar, pregar; cair em arapuca.

cla.ve *adj.* chave, crucial, importante; *s.m.* chave, código; *Mús.* clave.

cla.vi.ja *s.f.* cavilha; pino, encaixe; tomada.

cla.vi.je.ro *s.m.* cabide.

cla.vo *s.m.* cravo; *Fig.* aborrecimento, decepção; artigo sem saída; encalhe.

clic *s.m.* clique; *hacer un clic Inform.* clicar.

clien.te *s.m. e s.f.* cliente, freguês; *Inform.* cliente, elemento que envia solicitações ao servidor para que realize certas funções.

cli.ma *s.m.* clima.

clip *s.m.* clipe; grampo; videoclipe.

clo.ro *s.m. Quím.* cloro.

clo.ro.fi.la *s.f. Bot.* clorofila.

club *s.m.* clube, agremiação.

clue.co *adj.* choco; *gallina clueca* galinha choca.

co.ac.ción *s.f.* coação, constrangimento, violência.

co.a.gu.lar *v.t.* coagular, talhar.

co.á.gu.lo *s.m.* coágulo, coalho, grumo.

co.ar.tar *v.t.* coartar, restringir, limitar.

co.ba *s.f. Gír.* adulação.

co.bar.de *adj.* covarde.

co.bar.dí.a *s.f.* covardia.

co.ber.ti.zo *s.m.* telheiro, galpão, alpendre.

co.ber.tor *s.m.* cobertor; colgadura, colcha.

co.bi.ja *s.f.* mantilha; roupa de cama; proteção; *Amér.* coberta; cobertor, xale; poncho.

co.bi.jar *v.t.* cobrir, abrigar, proteger, albergar, hospedar.

co.bra *s.f. Zool.* cobra, serpente venenosa; corda de canga de bois.

co.bra.dor *s.m.* cobrador, recebedor, coletor.

co.bran.za *s.f.* cobrança, exação.

co.brar *v.t.* cobrar, recolher, receber dinheiro.

co.bre *s.m. Quím.* cobre; *Mús.* conjunto de instrumentos musicais metálicos.

co.bri.zo *adj.* acobreado, cor de cobre; diz-se do metal com liga de cobre.

co.bro *s.m.* cobrança.

co.ca *s.f. Bot.* coca; cocaína.

co.ca.dor *adj. Fam.* adulador.

coc.ción *s.f.* cocção; ação de cozer.

co.ce.ar *v.i.* escoicear.

co.cer *v.t.* cozer; cozinhar.

co.cham.bre *s.m. Fam.* porcaria, sujeira, imundície, lixo.

co.che *s.m.* carro, automóvel; vagão de trem; carruagem.

co.che.ra *s.f.* garagem externa, vaga para estacionar.

co.che.ro *s.m.* cocheiro.

co.chi.ni.llo *s.m. Zool.* leitão; bácoro.

co.chi.que.ra *s.f.* chiqueiro.

co.ci.do *adj.* cozido; guisado.

co.ci.na *s.f.* cozinha; fogão.

co.ci.ni.lla *s.f.* pequeno fogareiro a álcool.

co.co *s.m.* coco; coqueiro; *Fam.* bicho-papão.

co.co.dri.lo *s.m. Zool.* crocodilo.

co.co.te.ro *s.m. Bot.* coqueiro.

co.da.zo *s.m.* cotovelada.

co.de.ar *v.t.* acotovelar; provocar; *v.r. Fam.* vincular-se com pessoas importantes.

co.di.ciar *v.t.* cobiçar; ambicionar.

co.di.cio.so *adj.* cobiçoso, ávido, ambicioso.

co.di.fi.ca.ción *s.f.* codificação.

có.di.go *s.m.* código; conjunto de leis ou regulamentos; conjunto de signos; *código de barras* código de barras; *código postal* CEP; *código territorial* código DDD.

co.do *s.m.* cotovelo.

co.do.ña.te *s.m.* marmelada.

co.er.cer *v.t.* coagir, constranger, forçar.

co.er.ción *s.f. For.* coerção; repressão.

co.e.ter.no *adj.* coetâneo; coevo; contemporâneo.

co.fia *s.f.* coifa; rede para o cabelo.

co.fín *s.m.* cesto de vime.

co.fra.de *s.m.* confrade.

co.fra.dí.a *s.f.* confraria; irmandade.

co.ge.de.ro *s.m. e adj.* colhedor; pá de lixo.

co.ger *v.t.* colher; pegar; apanhar; receber; surpreender.

co.ger *v.t. Amér. Vulg.* fornicar; copular; foder.

co.gi.da *s.f. Fam.* colhimento.

co.go.llo *s.m. Bot.* grelo, rebento; centro de alface, couve etc.

co.go.tu.do *adj.* orgulhoso; arrogante.

co.he.char *s.f. Arg.* subornar; corromper.

co.he.cho *s.m.* suborno.

co.he.sión *s.f.* coesão; harmonia.

co.he.te *s.m.* foguete.

co.hi.bi.ción *s.f.* coibição.

co.hi.bir *v.t.* coibir.

coi.ma *s.f. Arg. Urug. Parag.* suborno, propina.

co.jín *s.m.* coxim, almofada, travesseiro.

co.ji.ne.te *s.m. dim.* almofadinha; chumaceira.

co.jo *adj.* coxo.

co.jón *s.m. Vulg.* colhão; testículos.

co.judo *adj.* animal não-castrado; *Fam.* valentão.

col *s.f.* couve.

co.la *s.f.* cauda, rabo; fileira; fila.

co.la.bo.ra.ción *s.f.* colaboração; ajuda.

co.la.bo.rar *v.i.* colaborar; cooperar; escrever para jornal ou revista.

co.la.ción *s.f.* colação de graus.

co.la.dor *s.m.* coador; filtro.

co.la.na *s.f. Fam.* trago; gole.

co.la.pez *s.f.* cauda de peixe.

co.lar *v.t.* coar; peneirar.

col.chón *s.m.* colchão.

co.le.ar *v.i.* mexer a cauda.

co.lec.ción *s.f.* coleção; ajuntamento; compilação.

co.lec.ti.vo *adj.* coletivo; *s.m. Gram.* coletivo; *Amér.* ônibus.

co.le.gial *adj* e *s.* colegial, estudante.

co.le.gio *s.m.* colégio, escola; associação; corporação.

co.le.gir *v.t.* coligir; juntar; inferir.

có.le.ra *s.f.* ira, fúria.

co.le.ta.zo *s.m.* golpe com a cauda: rabanada.

co.le.to *s.m.* casaco de pele.

col.ga.di.zo *adj.* coisa que se usa pendurada.

col.ga.jo *s.m.* penduricalho; farrapo que pende.

col.gar *v.t.* pendurar, dependurar; enforcar; desligar o telefone.

co.li.flor *s.f.* couve-flor.

co.li.ga.ción *s.f.* coligação; aliança; confederação.

co.li.lla *s.f.* ponta de cigarro.

co.lin.dar *v.i.* limitar, lindar.

co.li.no *s.m. Bot.* semente de couve.

co.li.se.o *s.m.* coliseu; circo.

co.li.sión *s.f.* colisão; embate; luta.

co.li.tis *s.f. Med.* colite.

co.llar *s.m.* colar.

co.lla.rín *s.m.* colarinho

co.lla.zo *s.m.* colaço; irmão de leite.

col.mar *v.t.* colmar, transbordar, acumular.

col.me.na *s.f.* colméia de abelha ou vespa.

col.mi.llo *s.m.* colmilho; canino; presa.

col.mo *s.m.* cúmulo, limite, máximo.

co.lo.ca.ción *s.f.* colocação.

co.lo.car *v.t.* colocar, pôr, situar.

co.lo.nia *s.f.* colônia; plantação de canas, canavial.

co.lo.nial *adj.* colonial.

co.lo.ni.za.ción *s.f.* colonização.

co.lo.ni.zar *v.t.* colonizar.

co.lor *s.m.* cor, matiz, coloração, tinta.

co.lo.ra.ción *s.f.* coloração, colorido.

co.lo.ra.do *adj.* colorido, tinto, vermelho, rubro, avermelhado, corado.

co.lo.ran.te *adj.* corante.

co.lo.re.ar *v.t.* colorir, dar cor; avermelhar.

co.lo.ri.do *s.m.* colorido, tinto.

co.lo.sal *adj.* colossal, enorme.

co.lum.brar *v.t.* divisar, vislumbrar, lobrigar.

co.lum.na *s.f.* coluna.

co.lum.na.ta *s.f.* colunata; série de colunas.

co.lum.piar *v.t.* balançar; sacudir.

co.lum.pio *s.m.* balanço (de criança).

co.lu.sión *s.f.* conluio; maquinação; trama.

co.ma *s.f.* vírgula; *sin faltar una coma*: exatamente, com todos os pormenores.

co.ma *s.m. Med.* coma, estado físico vegetativo, sem consciência.

co.ma.dre *s.f.* parteira; comadre.

co.man.dar *v.t. Mil.* comandar; chefiar, dirigir.

co.man.do *s.m.* comando; *Inform.* palavra que serve para dar uma instrução ou uma ordem ao sistema.

com.ba *s.f.* curva; inflexão; corda para saltos.

com.ba.du.ra *s.f.* inflexão; curvatura; desvio.

com.bar *v.t.* curvar; entortar, arquear.

com.ba.tien.te *adj.* combatente; guerreiro.

com.ba.tir *v.i.* combater, lutar, pelejar; contestar.

com.bés *s.m.* convés.

com.bi.na.ción *s.f.*
combinação; ajuste; acordo.

com.bo *adj.* encurvado; curvado; curvo.

com.bus.ti.ble *adj.*
combustível; combustivo.

com.bus.tión *s.f.* combustão.

co.me.de.ro *adj.* comestível; comedouro.

co.me.di.mien.to *s.m.*
comedimento; moderação.

co.me.dir.se *v.r.* comedir-se; entrometer-se; conter-se.

co.me.dón *s.m.* cravo (da pele).

co.me.dor *s.m. e adj.* comilão; sala de jantar.

co.men.zar *v.t.* começar, principiar; iniciar.

co.mer.cio *s.m.* comércio.

co.me.ti.do *s.m.* cometimento, encargo, comissão; missão, tarefa.

co.me.zón *s.f.* comichão, prurido, coceira.

co.mi.di.lla *s.f. Fig.* mexerico.

co.mien.zo *s.m.* começo, princípio, origem, início.

co.mi.lla *s.f. Gram.* aspas.

co.mi.lo.na *s.f. Fam.*
comezaína, regabofe.

co.mi.sa.rio *s.m.* comissário, delegado, funcionário da polícia.

co.mi.sión *s.f.* comissão, encargo, gratificação; junta (de pessoas).

co.mi.sio.na.do *adj.*
comissionado; delegado; encarregado; comissário.

co.mi.sio.nar *v.t.* comissionar, encarregar, delegar.

co.mis.tra.jo *s.m.* mexerufada; moxinifada.

co.mi.té *s.m.* comissão, junta.

co.mo.di.dad *s.f.* comodidade.

có.mo.do *adj. Fam.* cômodo, confortável, proporcionado, fácil.

com.pac.to *adj.* compacto.

com.pa.de.cer *v.t.*
compadecer, apiedar-se.

com.pa.dre *s.m.* compadre.

com.pa.ñe.ris.mo *s.m.*
companheirismo, camaradagem.

com.pa.ñe.ro *s.m.*
companheiro, parceiro, camarada, colega.

com.pa.ra.ción *s.f.*
comparação.

com.pa.rar *v.t.* comparar, cotejar.

com.pa.ra.ti.vo *adj.*
comparativo.

com.pa.re.cer *v.i.* comparecer.

com.par.ti.mien.to *s.m.*
compartimento, divisão.

com.par.tir *v.t.* compartir, repartir, dividir; *Inform.* compartilhar.

com.pás *s.m.* compasso, ritmo; bússola.

com.pa.sión *s.f.* compaixão.

com.pa.ti.ble *adj.* compatível.

com.pe.ler *v.t.* compelir, forçar, obrigar.

com.pen.sa.ción *s.f.*
compensação.

com.pi.lar *v.t.* compilar.

com.pin.che *s.m. e s.f. Fam.*
amigo, camarada.

com.pla.cen.cia *s.f.*
complacência.

com.pla.cer *v.t.* comprazer; condescender.

com.ple.ji.dad *s.f.*
complexidade.

com.ple.jo *adj.* complexo; complicado.

com.ple.xi.dad *s.f.*
complexidade.

com.ple.xión *s.f. Fisiol.*
compleição; constituição física.

com.pli.ca.ción *s.f.*
complicação; embaraço; dificuldade.

cóm.pli.ce *s.m. e s.f.* cúmplice.

com.pli.ci.dad *s.f.*
cumplicidade.

com.plot *s.m. Fam.* trama; intriga.

com.po.ner *v.t.* compor; arranjar; produzir.

com.por.ta *s.f.* cesto que se usa nas vindimas.

com.por.ta.mien.to *s.m.*
comportamento; procedimento.

com.por.te *s.m.*
comportamento; procedimento; modos.

com.po.si.ción *s.f.*
composição; constituição; redação.

com.po.te.ra *s.f.* compoteira.

com.pra.ven.ta *s.f. For.*
contrato de compra e venda.

com.pren.der *v.t.* compreender; abranger; perceber; entender.

com.pren.sión *s.f.*
compreensão.

com.pren.si.vo *adj.*
compreensivo.

com.pre.sa *s.f.* compressa.

com.pre.sión *s.f.* compressão.

com.pre.so *adj.* comprimido; compresso.

com.pre.sor *adj.* compressor.

com.pri.mir *adj.* comprimir; apertar; *Inform.* reduzir de tamanho, compactar.

com.pro.ba.ción *s.f.*
comprovação.

com.pro.bar *v.t.* comprovar; continuar; demonstrar.

com.puer.ta *s.f.* comporta.

com.pues.to *adj. Quím*
composto.

com.pul.sión *s.f. For.*
compulsão.

com.pun.ción *s.f.* compunção; contrição.

com.pu.ta.ción *s.f.* cômputo, contagem; *Inform.* computação.

com.pu.ta.cio.nal *adj.Inform.* computacional; relacionado com a informática.

com.pu.ta.dor *s.m.* ou **com.pu.ta.do.ra** *s.f. Inform. Amér.* computador.

com.pu.ta.do.ri.zar ou **com.pu.ta.ri.zar** *v.t. Inform.* computadorizar; processar no computador.

cóm.pu.to *s.m.* cômputo; cálculo; contagem.

co.mul.gar *v.t.* e *v.i.* comungar.

co.mún *adj.* comum; vulgar; habitual.

co.mu.ne.ro *adj Pop.* agradável para com todos.

co.mu.ni.ca.ble *adj.* comunicável; franco; expansivo.

co.mu.ni.ca.ción *s.f.* comunicação, participação; aviso; *pl.* meios de comunicação.

co.mu.ni.dad *s.f.* comunidade; comunhão; sociedade.

co.mu.nión *s.f.* comunhão.

co.mu.ña *s.f.* mistura de trigo com centeio.

con *prep.* com.

con.ca.vi.dad *s.f.* concavidade; côncavo.

con.ce.bir *v.i.* conceber, imaginar, compreender, entender.

con.ce.der *v.t.* conceder; admitir, assegurar, outorgar.

con.ce.jal *s.m.* conselheiro, vereador.

con.ce.jo *s.m.* vereação, conselho municipal.

con.cen.tra.ción *s.f.* concentração.

con.cep.ción *s.f.* conceição, concepção, conceito.

con.cep.to *s.m.* conceito, idéia, juízo.

con.cer.tar *v.t.* concordar; estabelecer; harmonizar; *Com.* contratar, ajustar.

con.ce.sión *s.f.* concessão.

con.cha *s.f.* concha, carapaça, casco (tartaruga); *Vulg. Arg.* órgão sexual feminino.

con.cha.ban.za *s.f.* aconchego, bem-estar; acomodação.

con.cha.bar *v.t.* empregar, associar, unir, juntar; conchavar; *v.r.* empregar-se num bico; *Fam.* reunir-se para um ilícito.

con.cien.cia *s.f.* consciência.

con.cier.to *s.m.* concerto, pacto, acordo, ajuste.

con.ci.sión *s.f.* concisão.

con.ciu.da.da.no *s.m.* concidadão.

con.clu.sión *s.f.* conclusão.

con.cor.dan.cia *s.f.* concordância, conformidade, correspondência.

con.cor.da.ta *s.f.* concordata.

con.cre.tar *v.t.* sumariar, resumir, condensar; limitar.

con.cu.rren.cia *s.f.* participação de público, assistência; concorrência, afluência; rivalidade.

con.cu.rrir *v.t.* e *v.i.* participar, assistir; concorrer, disputar.

con.de.na *s.f.* condenação, sentença.

con.de.sa *s.f.* condessa.

con.di.ción *s.f.* condição, estado; estipulação.

con.do.ler.se *v.r.* condoer-se, compadecer-se, comiserar-se.

con.do.na.ción *s.f.* perdão, remissão, indulto.

con.do.nar *v.t.* remir, perdoar.

cón.dor *s.m. Zool.* condor, grande águia andina.

con.duc.ción *s.f.* condução; liderança.

con.du.cir *v.t.* conduzir; guiar; transportar.

con.duc.ti.bi.li.dad *s.f. Fís.* condutibilidade.

co.ne.je.ra *s.f.* coelheira; recinto para criação de coelhos.

co.ne.je.ro *s.m.* e *adj.* coelheiro, vendedor de coelhos.

co.ne.ji.llo *s.m.* coelhinho-da-índia, cobaia.

co.ne.jo *s.m. Zool.* coelho.

co.ne.xión *s.f.* conexão; ligação; nexo; analogia.

con.fe.sar *v.t.* confessar; revelar.

con.fe.sión *s.f.* confissão.

con.fe.sio.na.rio *s.m.* confessionário.

con.fe.so *s.m.* e *adj.* confesso; convertido.

con.fe.sor *s.m.* confessor.

con.fian.za *s.f.* confiança; crédito; esperança; atrevimento.

con.fi.gu.ra.ción *s.f.* configuração; aspecto; feitio.

con.fi.gu.rar *v.t.* configurar.

con.fín *adj.* confins; fronteiras.

con.fi.na.ción *s.f.* exílio, desterro, degredo.

con.fir.ma.ción *s.f.* confirmação.

con.fir.mar *v.t.* confirmar.

con.fis.ca.ción *s.f.* confisco.

con.fis.car *v.t.* confiscar.

con.fi.tar *v.t.* confeitar.

con.fi.te *s.m.* confeito.

con.fi.te.ri.a *s.f.* confeitaria; bar, café.

con.fi.te.ro *s.m.* confeiteiro.

con.fi.tu.ra *s.f.* doce.

con.fla.ción *s.f.* fundição.

con.fla.gra.ción *s.f.* conflagração; *Fig.* revolução; incêndio.

con.flá.til *s.m.* fusível; fundível.

con.flic.to *s.m.* conflito; luta; pleito.

con.for.ma.ción *s.f.* conformação; configuração.

con.for.mi.dad *s.f.* conformidade; resignação.

con.for.ta.ble *adj.* confortável; cômodo; agasalhado.

con.for.ta.ción *s.f.* conforto; ânimo; consolação.

con.frac.ción *s.f.* fratura; quebradura.

con.fri.car *v.t.* esfregar; friccionar; roçar.

con.fron.ta.ción *s.f.* confrontação.

con.fu.sión *s.f.* confusão; enleio.

con.fu.ta.ción *s.f.* confutação; impugnação.

con.ge.la.mien.to *s.m.* congelamento.

con.ge.lar *v.t.* congelar.

con.ges.tión *s.f.* congestão.

con.go.ja *s.f.* angústia; fadiga; desmaio; aflição.

con.go.jar *v.t.* angustiar; afligir; desgostar.

con.gos.to *s.m.* desfiladeiro.

con.gra.ciar *v.t.* congraçar; reconciliar; pacificar.

con.gre.ga.ción *s.f.* congregação; assembléia.

con.gre.so *s.m.* congresso; parlamento; assembléia.

con.ju.ga.ción *s.f.* conjugação; reunião; junção.

con.jun.ción *s.f.* conjunção; união; junção.

con.jun.ti.vi.tis *s.f. Med.* conjuntivite.

con.ju.ra.ción *s.f.* conjuração, conjuro; conspiração.

con.ju.rar *v.i.* ajuramentar; maquinar; exorcizar; *v.r.* conjurar-se; conspirar; insurgir-se.

con.mi.go *pron. pers.* comigo.

con.mi.nar *v.t.* cominar; ameaçar, impor (pena).

con.mi.se.ra.ción *s.f.* comiseração, dó, pena.

con.mo.ción *s.f.* comoção; perturbação, motim; abalo (físico ou moral).

con.mo.ver *v.t.* comover, agitar, abalar, perturbar, inquietar, alterar.

con.mu.ta.ción *s.f.* comutação.

con.mu.ta.dor *s.m. Eletr.* interruptor, comutador.

con.mu.tar *v.t.* comutar, cambiar, trocar.

con.ni.ven.cia *s.f.* conivência, cumplicidade.

con.ni.ven.te *adj.* conivente, cúmplice, co-autor.

co.no *s.m. Geom.* cone; *Bot.* cone.

co.no.cer *v.t.* conhecer; perceber; entender; distinguir; ter contato sexual.

co.no.ci.do *adj.* conhecido, notório, sabido.

co.no.ci.mien.to *s.m.* conhecimento; sabedoria; ciência; inteligência; razão natural.

con.que *conj.* portanto, pois, então, ora, de modo que.

con.quis.tar *v.t.* conquistar, dominar, subjugar.

con.sa.bi.do *adj.* consabido, já dito, mencionado.

cons.crip.ción *s.f.* conscrição.

con.se.cu.ción *s.f.* consecução.

con.se.cuen.cia *s.f.* conseqüência, resultado.

con.se.cuen.te *adj.* conseqüente, resultante.

con.se.je.ro *s.m.* conselheiro.

con.se.jo *s.m.* conselho; opinião, parecer.

con.sen.ti.mien.to *s.m.* consentimento, anuência, autorização.

con.si.de.ra.ción *s.f.* consideração, atenção.

con.si.de.rar *v.t.* considerar; contemplar; refletir.

con.sig.na *s.m. Mil.* senha, ordem, instrução.

con.sig.na.ción *s.f.* consignação.

con.sig.nar *v.t.* consignar, manifestar, expor, depositar em juízo.

con.si.go *pron. pers.* consigo, de si para si.

con.si.guien.te *adj.* conseguinte, conseqüente.

con.sis.ten.cia *s.f.* consistência, coerência.

con.so.li.dar *v.t.* consolidar, fortalecer.

con.so.nan.cia *s.f. Mús.* consonância.

cons.pi.ra.ción *s.f.* conspiração.

cons.te.la.ción *s.f. Astron.* constelação.

cons.ter.na.ción *s.f.* consternação; desalento; abatimento.

cons.ti.pa.ción *s.f. Med.* constipação; prisão de ventre.

cons.ti.tu.ción *s.f.* constituição; formação; organização.

cons.ti.tu.yen.te *adj.* constituinte.

cons.tre.ñi.mien.to *s.m.* constrangimento; insatisfação; aperto.

cons.tre.ñir *v.t.* constranger; constringir.

cons.tric.ción *s.f.* constrição; aperto; encolhimento.

cons.truc.ción *s.f.* construção; edificação; organismo.

con.sue.gro *s.m.* consogro.

con.sul.ta *s.f.* consulta; exame médico; consultório, clínica; *Inform.* busca, pesquisa em banco de dados.

con.su.ma.ción *s.f.* consumação, realização.

con.su.mar *v.t.* consumar, realizar.

con.su.mi.ción *s.f.* consumição, consumpção; consumo; consumação: *couvert*.

con.ta.bi.li.dad *s.f.* contabilidade.

con.ta.du.ri.a *s.f.* contabilidade; contadoria.

con.ta.mi.na.ción *s.f.* contaminação; corrupção.

con.tan.te *s.m.* e *adj.* dinheiro em espécie.

con.tem.pla.ción *s.f.* contemplação; meditação.

con.tem.po.ri.za.ción *s.f.* contemporização; transigência.

con.ten.ción *s.f.* contenção; esforço; *For.* contenda; luta.

con.ten.dien.te *s.m.* e *s.f.* contendente; contendor.

con.te.ner *v.t* conter; encerrar em si; reprimir; moderar.

con.te.ni.do *adj.* contido; compreendido; reprimido; coibido; conteúdo.

con.ten.ta.mien.to *s.m.* contentamento; satisfação; alegria.

con.ten.ti.ble *adj.* contemptível, desprezível.

con.ten.to *adj.* contente, alegre; prazenteiro.

con.te.ra *s.f.* conteira; ponteira.

con.tes.ta.ción *s.f.* contestação; debate; polêmica; negação.

con.te.zue.lo *s.m.* continho (pequeno conto).

con.ti.ci.nio *s.m.* a desoras; hora em que tudo está em silêncio.

con.tien.da *s.f.* contenda; contestação; alteração; questão.

con.ti.nua.ción *s.f.* continuação; sucessão; prosseguimento.

con.ti.nui.dad *s.f.* continuidade.

con.to.ne.ar.se *v.r.* bambolear-se; saracotear-se.

con.to.ne.o *s.m.* bamboleio; saracoteio.

con.tor.sión *s.f.* contorção.

con.tra.ba.jo *s.m.* contrabaixo.

con.tra.ba.lan.ce.ar *v.t.* contrabalançar; compensar.

con.tra.ba.sa *s.f. Arq.* pedestal.

con.tra.ca.lle *s.f.* rua que segue paralela a uma outra principal.

con.trac.ción *s.f.* contração; encolhimento; encurtamento.

con.tra.de.cir *v.t.* contradizer; contestar.

con.tra.dic.ción *s.f.* contradição; contestação; oposição.

con.tra.er *v.t.* contrair, estreitar, encolher.

con.tra.he.cho *adj.* contrafeito, corcovado, deformado.

con.tra.hi.lo *adv.* em sentido oposto ao fio, avesso.

con.tra.hue.lla *s.f.* plano vertical dos degraus de uma escada.

con.tra.in.di.ca.ción *s.f. Med.* contra-indicação.

con.tra.pe.so *s.m.* contrapeso.

con.tra.pro.du.cen.te *adj.* contraproducente.

con.tra.riar *v.t.* contrariar, contradizer, resistir.

con.tra.rres.tar *v.t.* resistir.

con.tra.rres.to *s.m.* oposição, contradição.

con.tra.se.llo *s.m.* contra-selo.

con.tra.sen.ti.do *s.m.* contra-senso.

con.tra.se.ña *s.f.* contra-senha.

con.tras.tar *v.t.* constrastar, opor.

con.tra.tiem.po *s.m.* contratempo, contrariedade.

con.tra.to *s.m.* contrato, acordo, combinação.

con.tra.ven.ción *s.f.* contravenção.

con.tra.ve.ne.no *s.m.* contraveneno.

con.tra.ven.tor *adj.* contraventor.

con.tri.bu.ción *s.f.* contribuição, ajuda, auxílio.

con.tri.buir *v.t.* contribuir, concorrer para.

con.tri.bu.yen.te *adj.* contribuinte.

con.trin.can.te *s.m.* contendor, competidor, concorrente.

con.trol *s.m.* controle; inspeção, vistoria; comando; *control de calidad* controle de qualidade; *control remoto* controle remoto; *llevar el control* estar no comando; *tablero de control* painel de controle.

con.tu.sión *s.f.* contusão.

con.va.le.cen.cia *s.f.* convalescência.

con.va.le.cer *v.i.* convalescer.

con.ven.cer *v.t.* convencer.

con.ven.ci.mien.to *s.m.* convencimento; convicção, certeza.

con.ve.nir *v.i.* convir; concordar; ser decoroso, útil.

con.ven.ti.llo *s.m. Arg.* cortiço, habitação coletiva.

con.ver.ger *v.i.* convergir; tender.

con.ver.sión *s.f.* conversão.

con.ver.ti.dor *s.m. Eletr.* conversor.

con.ver.tir *v.t.* converter; voltar; transformar; substituir.

con.ve.xo *adj.* convexo.

con.vic.ción *s.f.* convicção; certeza.

con.vi.da.da *s.m. Fam.* convite para beber entre gente do povo.

con.vi.vir *v.i.* conviver; ter familiaridade.

con.vo.ca.ción *s.f.* convocação; convite.

con.voy *s.m.* comboio.

con.vul.sión *s.f.* convulsão; cataclismo; revolução.

cón.yu.ge *s.m.* e *s.f.* cônjuge.

co.o.peración *s.f.* cooperação; colaboração.

co.or.di.na.ción *s.f.* coordenação.

co.or.di.nar *v.t.* coordenar; organizar; arranjar.

co.pe.ra *s.f.* copeira; cristaleira.

co.pe.te *s.m. dim.* topete; atrevimento.

co.pe.tu.do *adj.* topetudo; vaidoso; ufano.

co.pia *s.f.* cópia; reprodução; via; *Fig.* imitação, plágio; *copia de seguridad* cópia de segurança, becape; *copia certificada/legalizada* cópia autenticada.

co.piar *v.t.* copiar, reproduzir; imitar; arremedar

co.ple.ar *v.i.* cantar uma canção popular; fazer ou dizer coplas.

co.ple.ro *s.m.* cantor ou compositor de canções populares.

co.plis.ta *s.m.* poeta medíocre.

co.po *s.m.* floco de neve ou de algodão.

co.pu.lar *v.t.* acasalar; ligar; *v.r.* fornicar, copular.

co.que.ra *s.f.* cabeça de pião.

co.que.ta *adj.* vaidosa, coquete.

co.que.tón *adj. Fam.* atrativo; faceiro; gracioso.

co.qui.to *s.m.* carícia que se faz no queixo das crianças, para que riam.

co.ra.je *s.f.* coragem; ousadia.

co.ra.ju.do *adj. Arg.* corajoso.

co.ram.bre.ro *s.m.* negociante de couros.

Co.rán *s.m.* Alcorão.

co.ra.za *s.f.* couraça.

co.ra.zón *s.m.* coração.

co.ra.zo.na.da *s.f.* ato impulsivo que leva à prática perigosa.

cor.ba.ta *s.f.* gravata.

cor.be.ta *s.f.* corveta.

cor.bo.na *s.f.* cesta ou canastra.

cor.che.a *s.f. Mús.* colcheia.

cor.che.te *s.m.* colchete.

cor.cho *s.m.* rolha, cortiça.

cor.cu.sir *v.t. Fam.* alinhavar; remendar.

cor.de.ro *s.m.* cordeiro.

cor.dial *adj.* cordial.

cor.dia.li.dad *s.f.* cordialidade.

cor.di.lle.ra *s.f.* cordilheira.

cor.dón *s.m.* cordão, cordel.

cor.du.ra *s.f.* cordura, prudência, juízo, tino.

co.re.a *s.f.* coréia (dança).

co.re.ar *v.i.* cantar música em coro; *Fig.* concordar submissamente.

co.riá.ce.o *adj.* coriáceo.

co.ria.na *s.f.* cobertor, manta.

co.ris.ta *s.m* e *s.f.* corista; cantor ou cantora de coral.

co.ri.to *adj.* despido, tímido, acanhado, medroso, covarde.

co.ri.za *s.f. Med.* coriza (inflamação da mucosa nasal); calçado de couro cru.

cor.ma *s.f.* cepo, tronco (instrumento de suplício); estorvo.

cor.na.da *s.f.* cornada, chifrada; marrada.

cor.na.mu.sa *s.f.* gaita de foles, cornamusa.

cór.ne.a *s.f. Med.* córnea.

cor.ne.ar *v.t.* cornear, cornar, dar chifradas.

cor.ne.ta *s.f.* corneta, clarim, buzina, corno.

cor.ni.sa *s.f. Arq.* cornija.

cor.nu.co.pia *s.f.* cornucópia, corno da abundância.

co.ro.na *s.f.* coroa.

co.ro.nar *v.t.* coroar, encimar; ultimar; completar.

co.ro.ni.lla *s.f.* cocuruto; cocuruta; *estar de coronilla* estar farto.

cor.po.ra.ción *s.f.* corporação.

co.rral *s.m.* curral, brete, cercado; galinheiro; capoeira; aprisco.

co.rre.a *s.f.* correia, cinto, amarra, tira.

co.rrec.ción *s.f.* correção, admoestação.

co.rrec.to *adj.* correto, justo, certo.

co.rre.di.zo *adj.* corrediço, corredio.

co.rre.gi.dor *adj.* corregedor.

co.rre.gi.do.rí.a *s.f.* corregedoria.

co.rre.gir *v.t.* corrigir; emendar; censurar; modificar.

co.rre.la.ción *s.f.* correlação; analogia.

co.rre.li.gio.na.rio *adj.* correligionário.

co.rren.di.lla *s.f. Fam.* corridinha.

co.rre.o *s.m. For.* co-réu.

co.rre.o *s.m.* correio, posta; carteiro; *correo aéreo* via aérea; *correo electrónico* correio eletrônico.

co.rrer *v.i.* correr; transcorrer (tempo); escoar (líquidos); percorrer; *v.t. Inform.* rodar (programa no computador); *correr con los gastos* arcar com as despesas; *a todo correr* a toda velocidade.

co.rres.pon.dien.te *adj.* correspondente; apropriado; simétrico.

co.rres.pon.sal *s.m.* e *s.f. Impr.* correspondente.

co.rre.ta.je *s.m.* corretagem; agência.

co.rre.ve.di.le *s.m.* bisbilhoteiro; intrigante.

co.rri.da.men.te *adv.* correntemente.

co.rrien.te *adj.* corrente; fluente; fácil; vulgar.

co.rri.llo *s.m.* corrilho; conciliábulo; conventículo.

co.rri.mien.to *s.m.* corrimento; vexame.

co.rro.bo.ra.ción *s.f.* corroboração, confirmação.

co.rrom.per *v.t.* danificar; estragar; *Fig.* corromper, depravar; subornar; *Inform.* alterar o conteúdo de um arquivo, inutilizando-o.

co.rro.sión *s.f.* corrosão; ferrugem.

co.rru.ga.ción *s.f.* corrugação; encolhimento; contração.

co.rrum.pen.te *adj.* corruptor.

co.rrup.ción *s.f.* corrupção; depravação; suborno.

co.rrup.te.la *s.f.* corruptela; abuso.

co.rrup.ti.ble *adj.* corruptível; venal.

co.rrus.co *s.m. Fam.* côdea; bocado de pão.

cor.sé *s.m.* espartilho.

cor.ta.bol.sas *s.m.* e *s.f.* ladrão; ratoneiro.

cor.ta.cir.cui.tos *s.m. Eletr.* fusível.

cor.ta.co.rrien.te *s.m.* comutador elétrico.

cor.ta.di.llo *s.m.* copo pequeno.

cor.ta.pi.sa *s.f. Fig.* graça; atrativo; sal.

cor.ta.plu.mas *s.m.* canivete.

cor.te.dad *s.f.* curteza; timidez; falta de instrução.

cor.te.jo *s.m.* cortejo; séquito; galanteio; homenagem.

cor.tés *adj.* cortês; delicado; gentil.

cor.te.sa.no *adj.* cortesão; aúlico; palaciano.

cor.te.za *s.f.* córtex; cortiça; capa; parte exterior.

cor.ti.ja.da *s.f.* casebre; favela.

cor.ti.jo *s.m.* herdade; granja.

cor.ti.na.je *s.m.* cortinado; cortina.

cor.to *adj.* curto; tímido; acanhado.

cor.va *s.f.* curva.

cor.var *v.t.* curvar; arquear.

cor.vo *adj.* curvo; arqueado.

cor.za *s.f.* corço; corça.

co.sa *s.f.* cousa; coisa.

cos.cón *adj. Fam.* astuto; matreiro; esperto.

cos.co.rrón *s.m.* carolo; pancada na cabeça.

co.se.can.te *s.f. Mat.* co-secante.

co.se.cha *s.f.* colheita.

co.se.char *v.i.* fazer a colheita.

co.se.che.ro *s.m.* colheiteiro; lavrador.

co.se.du.ra *s.f.* costura.

co.se.no *s.m. Mat.* co-seno.

co.si.do *s.m.* costura.

co.so *s.m.* praça onde se realizam touradas.

cos.qui.llas *s.f. pl.* cócegas.

cos.qui.llear *v.t.* fazer cócegas.

cos.ta *s.f.* custo; preço; custas de um processo.

cos.ta.ne.ra *s.f.* encosta; ladeira.

cos.ta.ne.ro *adj.* costeiro; declivoso.

cos.ta.ni.lla *s.f. dim.* ladeira íngreme e curta.

cos.tar *v.i.* custar; ser difícil, penoso.

cos.te *s.m.* custo; valor.

cos.te.ro *adj.* costeiro.

cos.ti.lla *s.f.* costela.

cos.ti.llar *s.m.* o conjunto das costelas.

cos.ti.llu.do *adj. Fam.* espadaúdo; encorpado.

cos.to *s.m.* custo; valor; despesa.

cos.to.so *adj.* custoso; caro.

cos.tra *s.f.* crosta; casca; invólucro.

cos.tum.bre *s.f.* costume; hábito; uso.

cos.tu.re.ra *s.f.* costureira.

cos.tu.re.ro *s.m.* caixa ou cesto de costura.

co.tan.gen.te *s.f. Mat.* co-tangente.

co.ta.rre.ra *s.f. Fig.* faladeira; amiga de visitas.

co.ta.rro *s.m.* albergue noturno.

co.ti.llo *s.m.* cabeça de martelo.

co.ti.zar *v.t.* cotizar, cotar, avaliar.

co.to *s.m.* couto, cercado, pacto; limite, marco, escote.

co.to.rra *s.f. Zool.* periquito, maritaca, papagaio; *Fig.* pessoa tagarela.

co.tú.a *s.m. Zool.* mergulhão (ave).

co.va.cha *s.f.* covinha, pequena gruta; *Fig.* casa de cachorro; pocilga; quartinho.

co.va.chue.la *s.f. dim. depr. Fam.* repartição pública.

co.va.chue.lis.ta *s.m. depr. Fam.* funcionário público.

co.yo.te *s.m.* coiote, lobo americano.

co.yun.tu.ra *s.f. Anat.* junta, articulação; conjuntura.

coz *s.f.* coice, chute, pernada, recuo (arma).

crá.ne.o *s.m. Anat.* crânio, caveira.

crá.pu.la *s.f.* crápula; embriaguez; libertinagem.

cra.so *adj.* crasso, grosseiro, espesso.

crá.ter *s.m.* cratera (vulcão).

cre.a.ción *s.f.* criação.

cre.a.dor *adj.* criador.

cre.ar *v.t* criar; conceber; gerar; produzir.

cre.cer *v.i.* crescer, aumentar.

cre.ces *s.f. pl.* vantagem; incremento; aumento.

cre.ci.da *s.f.* crescida, crescimento, crescente, enchente, cheia.

cre.en.cia *s.f.* crença, fé, credo; superstição.

cre.er *v.t.* crer, acreditar, ter fé.

cre.ma *s.f.* creme, nata; *Gram.* diérese, trema (dois pontos sobre vogal).

cre.ma.ción *s.f.* cremação, incineração.

cre.pi.tar *v.i.* crepitar, estalar.

cres.ta *s.f.* crista, topo, cume, cimo.

cre.ti.no *adj.* cretino, imbecil, idiota.

cre.yen.te *adj.* crente, fiel.

crí.a *s.f.* cria; criação; ninhada; criança de peito; procriação.

cria.de.ro *adj.* criadouro, fecundo; viveiro.

crian.za *s.f.* criação, período de amamentação; educação, urbanidade.

criar *v.t.* criar, educar, alimentar, sustentar (filhos etc.).

cria.tu.ra *s.f.* criatura, criança.

cri.men *s.m.* crime.

cri.mi.nal *adj.* criminal.

crin *s.f.* crina, clina.

crio.llo *s.m.* e *adj.* branco, filho de espanhóis, crioulo, nativo, indígena.

cris *s.m.* eclipse; punhal malaio.

cri.sis *s.f.* crise.

cris.ta.le.ra *s.f.* cristaleira.

cris.ta.li.za.ción *adj.* cristalização.

cris.tia.nar *v.t. Fam.* batizar.

cris.tian.dad *s.f.* cristandade.

cris.tia.no *adj.* cristão.

crí.ti.ca *s.f.* crítica.

cri.ti.car *v.t.* criticar; julgar; censurar.

crí.ti.co *adj.* e *s.m.* crítico.

cri.ti.cón *adj. Fam.* aquele que critica tudo.

cri.ti.qui.zar *v.t. Fam.* criticar excessivamente.

criz.ne.ja *s.f.* trança de cabelo.

cro.ar *v.i. Zool.* coaxar (a rã).

cro.chet *s.m.* crochê.

cro.ci.tar *v.i. Zool.* crocitar; corvejar.

cro.co *s.m.* açafrão.

cro.que.ta *s.f.* croquete; almôndega.

cro.to.rar *v.i.* dar estalos com o bico (a cegonha).

cru.ce *s.m.* cruzamento.

cru.ce.ro *s.m.* cruzeiro.

cru.ce.ta *s.f.* cruzeta.

cru.ci.fi.car *v.t.* crucificar.

cru.ci.fi.jo *s.m.* crucifixo.

cru.ci.fi.xión *s.f.* crucificação.

cru.de.za *s.f.* crueza; crueldade.

cru.do *adj.* cru; cruel; bárbaro; áspero; duro.

cruel.dad *s.f.* crueldade; rigor.

cruen.to *adj.* cruento; ensangüentado.

cru.jí.a *s.f.* coxia.

cru.ji.do *s.m.* estalo; estalido; farfalhada.

cru.jien.te *adj.* estalante.

cru.jir *v.i.* estalar; crepitar; ranger; farfalhar.

cru.za.mien.to *s.m.* cruzamento; intersecção.

cua.der.no *s.m.* caderno; caderneta.

cua.dra *s.f.* quadra.

cua.dra.da.men.te *adv.* cabalmente.

cua.dra.di.llo *s.m.* açúcar em tabletes.

cua.dra.do *adj.* quadrado.

cua.dra.gé.si.ma *s.f.* quaresma.

cua.dran.gu.lar *adj.* quadrangular; quadrangulado.

cua.dran.te *s.m.* e *adj.* quadrante.

cua.drar *v.t.* quadrar.

cua.dra.tu.ra *s.f.* quadratura.

cua.dri.cu.lar *v.t.* e *adj.* quadricular; desenhar pela quadrícula.

cua.drie.nal *adj.* quadrienal.

cua.dri.ga *s.f.* quadriga.

cua.dril *s.m. Anat.* quadril; anca.

cua.dri.lá.te.ro *adj. Geom.* quadrilátero.

cua.dri.lla *s.f.* quadrilha.

cua.dri.lle.ro *s.m.* quadrilheiro; beleguim; salteador.

cua.dri.nie.to *s.m.* tetraneto.

cua.dri.vio *s.m.* quadrivio; encruzilhada.

cua.dro *s.m.* e *adj.* quadro; quadrilátero; tela; resenha; *cuadro de distribución Eletr.* quadro de distribuição; *cuadro de diálogos Inform.* quadro de diálogo.

cua.drú.ma.no *adj. Zool.* quadrúmano.

cua.drú.pe.do *adj.* quadrúpede.

cua.dru.pli.car *v.t.* quadruplicar.

cuá.dru.plo *adj.* quádruplo.

cua.ja.da *s.f.* coalhada.

cua.jar *v.t.* coalhar; coagular.

cua.jar *s.m.* coalheira.

cua.jo *s.m.* coalho; coágulo.

cual ou **cuál** *pron.* qual; que; como.

cua.les.quier *pron. indet. pl. de cualquier.*

cua.les.quie.ra *pron. indet. pl. de cualquiera.*

cua.li.dad *s.f.* qualidade; predicado; casta; espécie.

cual.quier *pron. indet.* qualquer.

cual.quie.ra *pron. indet.* qualquer.

cuan *adv.* quão; quanto; como.

cuan.do ou **cuán.do** *adv.* quando; se; embora.

cuan.tí.a *s.f.* quantia; importância; quantidade.

cuan.tiar *v.t.* avaliar; julgar.

cuan.ti.dad *s.f. Mat.* quantidade.

cuan.ti.más *adv.* quanto mais; ainda mais.

cuan.tio.so *adj.* que tem muito, rico em.

cuan.to *adj.* quanto; enquanto.

cua.ren.te.na *s.f.* quarentena.

cua.res.ma *s.f.* quaresma, quadragésima.

cuar.ta *s.f.* quarta (medida de capacidade).

cuar.tel *s.m.* quartel; quarta parte; *cuartel de la salud* lugar seguro.

cuar.te.to *s.m. Poét. e Mús.* quarteto.

cuar.ti.lla *s.f. Impr.* folha de papel tamanho carta..

cuar.to *s.m.* e *adj.* quarto.

cua.tre.ro *adj.* abactor, ladrão de gado.

cu.ba *s.f.* cuba, dorna, tonel.

cu.be.ro *s.m.* tanoeiro.

cu.be.ta *s.f. dim.* selha, pequeno barril, tina; cubeta.

cú.bi.co *adj.* cúbico.

cu.bier.ta *s.f.* coberta, tombadilho; colcha; sobrescrito.

cu.bier.to *s.f.* baixela, serviço de jantar, talher.

cú.bi.to *s.m. Anat.* cúbito.

cu.bo *s.m.* cubo; tambor; balde.

cu.bre.ca.ma *s.f.* colcha.

cu.brir *v.t.* cobrir, tapar.

cu.ca.ra.cha *s.f.* barata.

cu.cha.ra *s.f.* colher.

cu.chi.che.ar *v.i.* cochichar.

cu.chi.lla *s.f.* cutela, cutelo, machadinha, arma branca.

cu.chi.llo *s.f.* faca.

cu.chi.llón *s.m.* facão.

cu.cli.llas *adv.* de cócoras.

cu.cli.llo *s.m. Zool.* cuco; cornudo.

cu.co *adj. Fig.* cuco; bonito, esperto, brilhante, sabido.

cu.cu.ru.cho *s.m.* cartucho de papel.

cue.llo *s.m.* colo, pescoço, gargalo; gola, colarinho; talo de alho ou cebola.

cuen.ca *s.f.* vale, bacia (de rio ou lago); escudela de madeira.

cuen.co *s.m.* conca, tigela, terrina; vaso de barro; lugar côncavo.

cuen.ta *s.f.* conta, nota, vidrilho, cálculo.

cuen.to *s.m.* conto, narrativa, história.

cuer.da *s.f.* corda, cordel.

cuer.do *adj.* cordo, cordato.

cuer.no *s.m.* corno, chifre; corneta.

cue.ro *s.m.* couro, pele.

cuer.po *s.m.* corpo; conjunto; tronco.

cuer.vo *s.m.* corvo.

cues.ta *s.f.* encosta, ladeira, declive.

cues.tión *s.f.* questão, contenda, briga, rixa, disputa, debate, demanda.

cue.va *s.f.* cova, caverna, gruta; porão.

cui.no *s.m. Zool.* suíno, porco.

cu.la.ta *s.f.* culatra; anca.

cu.le.bra *s.f. Zool.* cobra; serpentina de alambique; vaia.

cu.le.bre.ar *v.i.* serpear; serpentar; serpejar.

cu.le.ra *s.f.* fundilho (remendo).

cu.le.ro *adj.* lerdo; estúpido; acanhado; cueiro.

cu.lo *s.m. Anat.* ânus.

cul.pa *s.f.* culpa.

cul.par *v.t.* culpar.

cul.ti.var *v.t.* cultivar; plantar; *Fig.* aperfeiçoar, aprofundar; cuidar.

cum.bre *s.f.* cume; cimo, coruto.

cum.bre.ra *s.f.* cume do teto; cumeeira.

cum.ple.a.ños *s.m.* aniversário.

cum.pli.do *p.p. de cumplir; adj.* cumprido; executado; completo; *s.m.* polido; cortês.

cum.pli.men.tar *v.t.* cumprimentar; felicitar; saudar.

cum.pli.mien.to *s.m.* cumprimento; saudação; execução.

cum.plir *v.t.* cumprir, executar; completar.

cu.na *s.f.* berço.

cu.nar *v.t.* embalar (o berço).

cun.dir *v.i.* propalar-se; estender-se; espalhar-se.

cu.ne.ro *adj.* enfeitado.

cu.ne.ta *s.f.* valeta.

cu.ña *s.f.* cunha.

cu.ña.do *s.m.* cunhado.

cu.ñar *v.t.* cunhar.

cu.ño *s.m.* cunho; marca; selo; caráter.

cuo.cien.te *s.m.* quociente.

cuo.ta *s.f.* quota, cota; prestação.

cuo.ti.dia.no *adj.* quotidiano.

cu.qui.llo *s.m. Zool.* cuco.

cu.ra.ción *s.f.* cura (de doença).

cu.ra.di.llo *s.m.* bacalhau.

cu.ran.de.ro *s.m.* curandeiro.

cu.rar *v.t.* curar, medicar; tratar; curtir (peles).

cu.ra.za.o *s.m.* curaçau.

cur.da *s.f. Fam.* carraspana; bebedeira.

cu.re.ña *s.f.* coronha; carreta de artilharia.

cu.rio.se.ar *v.i.* bisbilhotar.

cu.rio.si.dad *s.f.* curiosidade; indiscrição.

cu.rru.ta.co *adj. Fam.* peralta; janota; peralvilho.

cur.si *adj.* ridículo; brega; presumido; vaidoso.

cur.si.llo *s.m. dim.* curso de aperfeiçoamento.

cur.sor *s.m. Inform.* cursor, sinal que na tela do monitor se move como localizador para o operador.

cur.vi.dad *s.f.* curvatura.

cus.cu.rro *s.m.* côdea de pão duro.

cu.tir *v.t.* bater uma coisa com outra para amaciar (couro).

cu.tis *s.m.* cútis.

cu.yo *pron. rel.* cujo; do qual; de quem.

cuz.co *s.m. Amér.* cão pequeno.

D

d *s.f.* quarta letra do alfabeto espanhol; D, d.

da.ción *s.f. For.* doação, ato de dar.

dac.ti.la.do *adj.* dactilado, que tem forma de dedo.

dac.ti.lar *adj.* digital; *huella dactilar* impressão digital.

dác.ti.lo *s.m.* dáctilo, pé de verso clássico.

dac.ti.lo.gra.fí.a *s.f.* datilografia.

dac.ti.ló.gra.fo *s.m.* datilógrafo.

dac.ti.los.co.pia *s.f.* datiloscopia, identificação pelas impressões digitais.

dá.di.va *s.f* dádiva, coisa que se dá graciosamente, presente.

da.di.var *v.t.* dadivar, presentear; subornar com presentes.

da.do *s.m.* dado, cubo de osso ou marfim, marcado nos lados com pontos de um ao seis.

da.dor *s.m.* doador.

da.ga *s.f.* adaga.

da.gue.rro.ti.po *s.m.* daguerreótipo.

da.gui.lla *s.f.* pauzinho para encaixar agulha de fazer meia.

dai.fa *s.f.* manceba, concubina.

da.ma *s.f.* dama, mulher da nobreza.

da.ma.jua.na *s.f.* garrafão.

da.mas.ca.do *adj.* adamascado, semelhante ao damasco.

da.mas.co *s.m.* damasco.

da.me.rí.a *s.f.* melindre; ar desdenhoso.

da.mi.se.la *s.f.* moça bonita e elegante.

dam.na.ción *s.f.* condenação.

dam.ni.fi.car *v.t.* danificar; prejudicar.

dan.za *s.f.* dança.

dan.zar *v.t.* dançar, bailar.

da.ña.ble *adj.* prejudicial, danoso, nocivo.

da.ñar *v.t.* danificar; prejudicar.

da.ño *s.m.* dano; prejuízo; perda.

da.ño.so *adj.* danoso; prejudicial; nocivo.

dar *v.t.* dar, doar; presentear; produzir; aplicar.

dár.se.na *s.f.* doca; parte resguardada do porto; bacia natural.

da.tar *v.t.* pôr data.

dá.til *s.m.* támara.

da.to *s.m.* dado; pormenor, informação; *Inform.* dado, informação representada ou codificada para processamento em computador; *datos analógicos* dados analógicos; *datos digitales* dados digitais.

de *prep.* de.

de.ba.jo *adv.* debaixo, sob, na parte inferior.

de.ba.tir *v.t.* debater, argumentar, discutir.

de.be *s.m.* deve, débito (conta).

de.ber *s.m.* dever; obrigação; *v.t.* dever, ter dívida; estar obrigado; *v. aux.* dever, supor.

dé.bil *adj.* fraco.

de.bi.li.tar *v.t.* debilitar; diminuir a força.

dé.bi.to *s.m.* dívida.

de.bro.car *v.t.* debruçar; inclinar uma vasilha.

de.bu.tar *v.i.* iniciar-se.

dé.ca.da *s.f.* dez anos.

de.ca.den.cia *s.f.* decadência, ruína.

de.ca.er *v.i.* decair, descair; mudar de rumo.

de.cai.mien.to *s.m.* decaimento.

de.ca.no *s.m.* decano, deão.

de.can.tar *v.t.* verter, assentar.

de.ca.pi.tar *v.t.* decapitar.

de.ce.na *s.f.* dezena.

de.cen.cia *s.f.* decência; moralidade; dignidade, decoro.

de.ce.nio *s.m.* decênio.

de.cen.te *adj.* decente, decoroso, digno.

de.cep.ción *s.f.* decepção.

de.cha.do *s.m.* modelo, exemplo, paradigma.

de.ciá.re.a *s.f.* décima parte do are, medida de superfície.

de.ci.bel ou **de.ci.be.lio** *s.m.* decibel.

de.ci.di.do *p.p. de decidir; adj.* decidido, resoluto.

de.ci.dir *v.t.* decidir, resolver.

de.ci.mal *adj.* decimal.

dé.ci.mo adj. décimo.

de.cir v.t. dizer.

de.ci.sión s.f. decisão, resolução, determinação.

de.ci.so.rio adj. decisório; que tem o poder de decidir.

de.cla.mar adj. declamar, recitar.

de.cla.ra.ción s.f. declaração.

de.cla.rar v.t. declarar, dizer, afirmar; v.r. expressar amor.

de.cli.na.ción s.f. declinação.

de.cli.nar v.i. declinar.

de.cli.ve s.m. declive, inclinação.

de.co.di.fi.car v.t. decodificar.

de.co.lo.ra.ción s.f. descoloração.

de.co.mi.sar v.t. confiscar.

de.co.mi.so s.m. confisco.

de.co.ra.ción s.f. decoração.

de.co.rar v.t. decorar.

de.co.ra.ti.vo adj. decorativo.

de.co.ro s.m. decoro; decência; dignidade.

de.cre.cer v.i. decrescer, diminuir.

de.cre.cien.te adj. decrescente; que decresce.

de.cre.pi.tu.de s.f. decrepitude, decrepidez; extrema velhice, caducidade.

de.cre.tar v.t. decretar; resolver; deliberar.

de.cre.to s.m. decreto.

de.cur.sas s.f. pl. rendas; foros atrasados.

de.dal s.f. dedal.

de.di.ca.ción s.f. dedicação; veneração; consagração.

de.di.car v.t. dedicar; homenagear; v.r. entregar-se; oferecer-se; dedicar-se.

de.di.ca.to.ria s.f. dedicatória; carta dirigida à pessoa a quem se dedica uma obra.

de.di.ción s.f. rendição; ação ou efeito de render-se.

de.dig.nar v.t. desdenhar, desprezar, depreciar, desestimar.

de.di.llo s.m. dedinho.

de.do s.m. dedo.

de.duc.ción s.f. dedução.

de.du.cir v.t. deduzir, diminuir.

de.fec.to s.m. defeito, falha.

de.fec.tuo.so adj. defeituoso, falho.

de.fen.der v.t. proteger, amparar; v.r. proteger-se; amparar-se.

de.fen.sa s.f. defesa.

de.fen.si.vo adj. defensivo; s.m. proteção.

de.fe.rir v.i. deferir.

de.fi.cien.te adj. imperfeito; deficiente.

de.fi.ni.ción s.f. definição, conceito.

de.fi.nir v.t. explicar; definir.

de.fla.ción s.f. deflação.

de.fla.gra.ción s.f. deflagração.

de.flec.tor s.m. Fís. e Mar. defletor.

de.flu.jo s.m. defluxo; catarro.

de.fo.lia.ción s.f. queda prematura das folhas das árvores.

de.for.ma.ción s.f. deformação.

de.for.mar v.t. deformar.

de.for.me adj. disforme.

de.for.mi.dad s.f. deformidade, defeito, aleijão.

de.frau.dar v.t. fraudar; v.r. desapontar-se.

de.fue.ra adv. por fora; exteriormente.

de.fun.ción s.f. falecimento; óbito.

de.ge.ne.ra.ción s.f. degeneração, degenerescência.

de.ge.ne.ra.do adj. depravado; perverso.

de.glu.ción s.f. deglutição.

de.go.llar v.t. degolar; decapitar.

de.gra.da.ción s.f. degradação, aviltamento.

de.gra.dar v.t. degradar.

de.gus.ta.ción s.f. degustação.

de.gus.tar v.t. degustar.

de.he.sa s.f. devesa, pastagem.

dei.dad s.f. deidade; divindade.

dei.fi.ca.ción s.f. deificação, divinização.

de.ja s.f. saliência entre dois entalhes.

de.ja.ción s.f. deixado; For. legado; cessão.

de.ja.dez s.f. preguiça; incúria; desleixo.

de.ja.do p.p. de dejar; adj. desleixado; negligente.

de.jar v.t. deixar; abandonar; legar; cessar.

de.ji.llo s.m. sotaque; picuinha.

de.jo s.m. deixa; sabor.

del contr. contração da prep. de e o art el do.

de.la.ción s.f. delação; denúncia.

de.lan.tal s.m. avental.

de.lan.te adv. diante; em frente.

de.lan.te.ra s.f. dianteira, frente; vanguarda.

de.lan.te.ro adj. dianteiro.

de.le s.m. Impr. sinal tipográfico usado na revisão de provas.

de.lec.ta.ción s.f. deleite; regalo.

de.le.ga.ción s.f. delegação; delegacia; comissão.

de.lei.to.so adj. deleitável.

de.le.trar v.t. soletrar.

de.le.tre.o s.m. soletração; processo para ensinar a ler soletrando.

de.lez.na.ble adj. desprezível; miserável.

del.fín *s.m. Zool.* delfim; golfinho.

del.ga.do *adj.* magro.

de.li.be.ra.ción *s.f.* deliberação; resolução.

de.li.ca.de.za *s.f.* sutileza; delicadeza.

de.li.ca.do *adj.* delicado.

de.lic.ti.vo *adj.* delituoso.

de.lin.cuen.cia *s.f.* delinqüência.

de.lin.cuen.te *s.m.* delinqüente.

de.li.ne.a.ción *s.f.* delineamento; esboço.

de.li.ne.ar *v.t.* delinear.

de.lin.qui.mien.to *s.m.* delinqüência.

de.li.rar *v.i.* desvariar, desvairar, delirar.

de.li.rio *s.m.* delírio, desordem, desvario.

de.li.to *s.m.* delito.

de.lu.dir *v.t.* enganar, burlar.

de.ma.cra.ción *s.f.* emaciação; emagrecimento.

de.ma.crar.se *v.r.* emaciar, emagrecer.

de.ma.go.gia *s.f.* demagogia.

de.man.da *s.f.* demanda, procura; *For.* processo, ação legal.

de.man.da.do *s.m. For.* réu, requerido.

de.man.dan.te *s.m. e adj.* requerente da ação.

de.mar.ca.ción *s.f.* demarcação; delimitação.

de.más *adj.* demais, demasiado, excessivo; *adv.* além disso.

de.ma.sí.a *s.f.* excesso.

de.ma.sia.do *adj.* demasiado.

de.me.diar *v.t.* medear; servir de medianeiro.

de.men.te *adj.* demente.

de.mi.sión *s.f.* submissão; sujeição.

de.mo *s.f. Inform.* demo, programa de demonstração.

de.mo.cra.cia *s.f.* democracia.

de.mó.cra.ta *s.m., s.f. e adj.* democrata.

de.mo.ler *v.t.* demolir; destruir; arrasar.

de.mo.li.ción *s.f.* demolição.

de.mo.nio *s.m.* demônio.

de.mon.tre *s.m. Fam.* demônio; demo; belzebu.

de.mo.ra *s.f.* demora, dilação.

de.mos.tra.ción *s.f.* demonstração; prova; manifestação.

de.mos.trar *v.t.* demonstrar; provar; mostrar; revelar.

de.mos.tra.ti.vo *adj.* demonstrativo.

de.nan.tes *adv.* antes.

de.ne.ga.ción *s.f.* denegação; recusa; contestação.

de.ne.gri.do *adj.* denegrido; tornado negro, enegrecido.

den.gue *s.m.* denguice; afetação nas maneiras.

de.ni.gra.ción *s.f.* denigração, difamação.

de.ni.grar *v.t.* denegrir.

de.no.mi.na.ción *s.f.* denominação; designação.

de.nos.tar *v.t.* injuriar; insultar; ultrajar.

de.no.ta.ción *s.f.* denotação; sinal.

de.no.ta.ti.vo *adj.* denotativo.

den.si.dad *s.f.* densidade; espessura.

den.tar *v.t.* dentear; recortar; chanfrar.

den.te.lla.da *s.f.* dentada; mordidela.

den.te.lla.do *adj.* denteado.

den.tí.fri.co *s.m. e adj.* dentifrício.

den.tis.ta *s.m. e s.f.* dentista.

den.tro *adv.* dentro.

de.nue.do *s.m.* denodo, intrepidez, arojo.

de.nun.ciar *v.t.* denunciar; acusar.

de.pa.rar *v.t.* proporcionar; apresentar, subministrar.

de.par.ta.men.to *s.m.* departamento, divisão; *Arg.* apartamento.

de.par.tir *v.i.* departir, falar, conversar, discorrer.

de.pen.den.cia *s.f.* dependência.

de.pen.dien.te *adj.* dependente.

de.pi.lar *v.t.* depilar.

de.plo.ra.ble *adj.* deplorável.

de.plo.rar *v.t.* deplorar, lamentar.

de.po.ner *v.t.* depor; deixar; largar; pôr de parte.

de.por.tar *v.t.* deportar.

de.por.te *s.m.* esporte.

de.por.tis.ta *s.m. e s.f.* esportista.

de.por.ti.vo *adj.* esportivo.

de.po.si.ción *s.f.* deposição.

de.po.si.tar *v.t.* depositar; colocar.

de.pó.si.to *s.m.* depósito; entrega; armazém; armazenamento.

de.pra.va.ción *s.f.* depravação.

de.pre.cia.ción *s.f.* depreciação.

de.pre.da.ción *s.f.* depredação.

de.pre.sión *s.f.* depressão.

de.pri.sa *adv.* depressa.

de.pu.rar *v.t.* expurgar.

de.re.cho *adj.* direito; reto; jesto; correto; *s.m.* direito, anverso; lei; advocacia; *s.f.* mão direita; lado direito; conservadorismo; *pl.* direitos; taxa, imposto; *adv.* direto, em frente.

de.ri.var *v.t. e v.i.* derivar.

der.ma.tó.lo.go *s.m.*
dermatologista.

de.ro.gar *v.t.* derrogar, abolir.

de.rra.mar *v.t.* derramar.

de.rra.par *v.i.* escorregar.

de.rre.dor *adv.* redor.

de.rre.tir *v.t.* derreter; fundir; *Fig.* consumir, derreter-se; apaixonar-se.

de.rri.bar *v.t.* derrubar.

de.rri.bo *s.m.* derribamento, escombros; despojos.

de.rri.sión *s.f.* derrisão.

de.rro.ca.de.ro *v.t.* precipício; despenhadeiro.

de.rro.car *v.t.* derrocar, ruir.

de.rro.char *v.t.* dissipar (bens); esbanjar; gastar.

de.rro.che *s.m.* dissipação (de bens); esbanjamento.

de.rro.tar *v.t.* vencer, derrotar.

de.rro.te *s.m.* marrada; cornada.

de.rro.te.ro *s.m. Mar.* roteiro; rumo; rota.

de.rru.biar *v.t.* esboroar; esbarrondar; desfazer.

de.rru.bio *s.m.* esboroamento provocado por um rio.

de.rru.ir *v.t.* derrubar; destruir; desmoronar.

de.rrum.ba.de.ro *s.m.* despenhadeiro, precipício, alcantil.

de.rrum.bar *v.t.* derrubar; derruir; despenhar; *v.r.* cair, derrubar-se.

de.rrum.be *s.m.* desmoronamento.

de.sa.bo.to.nar *v.t.* desabotoar.

de.sa.bro.char *v.t.* desabotoar, soltar broches.

de.sa.ca.lo.rar.se *v.r.* refrescar-se.

de.sa.ca.tar *v.t.* desobedecer, sublevar-se.

de.sa.co.plar *v.t.* desajustar; separar; desunir.

de.sa.co.rra.lar *v.t.* desencorralar.

de.sa.cos.tum.brar *v.t.* desacostumar; desabituar.

de.sa.cre.di.tar *v.t.* desabonar.

de.sa.cuer.do *s.m.* desacordo; discordância; esquecimento.

de.sa.fi.cio.nar *v.t.* desafeiçoar.

de.sa.fi.na.ción *s.f.* desafinação.

de.sa.for.tu.na.da.men.te *adv.* infelizmente.

de.sa.fue.ro *s.m.* desaforo; petulância; insulto.

de.sa.gra.de.ci.do *adj.* mal-agradecido.

de.sa.gra.viar *v.t.* desagravar; desafrontar; aliviar.

de.sa.gra.vio *s.m.* desagravo; desafronta; reparação.

de.sa.güar *v.t.* e *v.i.*. desaguar; escoar.

de.sa.güe *s.m.* conduto, canal; esgoto; *desagüe pluvial* bueiro.

de.sa.ho.gar *v.t.* desafogar; desapertar; desabafar; aliviar.

de.sa.ho.go *s.m.* desafogo; folga; alívio; desabafo.

de.sa.hu.cia.do *adj.* desesperado; desiludido; desenganado; *For* despejado.

de.sa.hu.ciar *v.t.* desesperançar; desiludir; desenganar; *For* despejar.

de.sai.ra.do *adj.* desairoso; inconveniente.

de.sa.la.be.ar *v.t. Carp.* aplainar.

de.sa.li.ne.ar *v.t.* desalinhar; desviar do alinhamento.

de.sa.li.ñar *v.t.* desalinhar; desenfeitar; desordenar.

de.sa.lo.jar *v.t.* desalojar.

de.sa.lo.jo *s.m.* desalojamento.

de.sal.te.rar *v.t.* desalterar; acalmar; abrandar.

de.sa.lum.bra.do *adj.* deslumbrado; ofuscado.

de.sa.ma.rrar *v.t.* desamarrar; desprender; desatar.

de.sa.mis.tar.se *v.r.* inimizar-se.

de.sa.mo.rrar *v.t. Fam.* desamuar.

de.sam.pa.rar *v.t.* desamparar.

de.sa.mue.blar *v.t.* desmobiliar.

de.san.grar *v.t.* dessangrar; debilitar; esgotar.

de.sa.ni.dar *v.i.* desaninhar; deslocar; desalojar.

de.sá.ni.mo *s.m.* desânimo, desalento.

de.sa.nu.blar *v.t. Fig.* desassombrar; desanuviar.

de.sa.nu.dar *v.t.* desfazer uma união; desatar (um nó).

de.sa.o.jar *v.t.* desolhar; tirar o mau olhado.

de.sa.pa.ci.ble *adj.* desaprazível, desagradável; enfadonho.

de.sa.pa.dri.nar *v.t. Fig.* desapadrinhar; tirar a proteção.

de.sa.pa.re.cer *v.t.* desaparecer; *v.i.* desemparelhar; separar.

de.sa.pa.re.ci.mien.to *s.m.* desaparecimento, desaparição.

de.sa.pa.re.jar *v.t.* desaparelhar; desguarnecer.

de.sa.per.ci.bi.do *adj.* desapercebido; desprevenido.

de.sa.po.yar *v.t.* desapoiar; deixar de apoiar.

de.sa.pre.tar *v.t.* desapertar; afrouxar; alargar.

de.sa.pri.sio.nar *v.t.* desprender; soltar; desligar.

de.sa.pro.bar *v.t.* desaprovar; reprovar.

de.sa.pro.ve.char *v.t.* desaproveitar; desperdiçar.

de.sar.ma.mien.to *s.m.* desarmamento.

de.sa.rrai.go *s.m.* desarraigamento.

de.sa.rra.pa.do *adj.* esfarrapado.

de.sa.rre.glar *v.t.* desarrumar; desarranjar.

de.sa.rre.glo *s.m.* desarrumação; desarranjo.

de.sa.rro.llar *v.t.* desenvolver, progredir.

de.sa.rro.llo *s.m.* desenvolvimento; *desarrollo de sistemas* desenvolvimento de sistemas; *desarrollo sostenible* desenvolvimento sustentado.

de.sa.se.o *s.m.* desasseio, desalinho.

de.sa.sir *v.t.* desatar; soltar; desprender.

de.sa.so.sie.go *s.m.* desassossego, inquietação.

de.sa.ve.nen.cia *s.f.* desentendimento, desavença.

de.sa.yu.no *s.m.* desjejum; pequeno almoço; café da manhã.

de.sa.zón *s.m.* insipidez; *Fig.* desgosto, mágoa; indisposição.

des.ban.da.da *s.f.* debandada.

des.ba.ra.jus.te *s.m.* confusão; desordem.

des.ba.ra.tar *v.t.* desbaratar; dissipar.

des.bo.car *v.t.* desbocar; tirar ou quebrar a boca (a um vaso etc.); *v.r.* desbocar-se; disparar (o cavalo); *Fig.* perder a decência no falar.

des.bor.dar *v.i.* desbordar; transbordar; derramar-se.

des.ca.be.lla.do *adj.* descabelado, desgrenhado; *Fig.* despropositado.

des.ca.be.zar *v.i.* descabeçar, decapitar.

des.ca.la.bro *s.m.* descalabro, infortúnio; contratempo.

des.cal.zar *v.t.* descalçar.

des.ca.mi.na.do *adj.* desencaminhado, transviado.

des.cam.pa.do *adj.* descampado; inculto; desabitado; descampado.

des.can.sar *v.i.* descansar, repousar.

des.can.so *s.m.* descanso, repouso.

des.ca.ra.do *adj.* descarado, desavergonhado.

des.car.ga *s.f.* descarga, fuzilaria, descarregamento.

des.car.gar *v.t.* descarregar; abrir fogo, disparar.

des.car.go *s.m.* descargo, descarregamento; desobrigação, desencargo.

des.ca.ro *s.m.* descaro, desvergonha.

des.ca.rri.lar *v.i.* descarrilar.

des.car.tar *v.t. Fig.* descartar; meter à parte.

des.cen.dien.te *s.m., s.f.* e *adj.* descendente.

des.cen.so *s.m.* descenso, descida, abaixamento.

des.ce.rra.jar *v.t.* arrombar; violentar, forçar (fechadura).

des.ci.frar *v.t.* decifrar; *Fig.* interpretar.

des.cla.var *v.t.* descravar, despregar.

des.col.gar *v.t.* arriar; desarmar; despendurar.

des.co.llar *v.i.* sobrepujar, sobrelevar.

des.co.lo.ri.do *v.t.* desbotado; descolorido, descorado.

des.co.me.di.do *adj.* descomedido, excessivo; descortês.

des.com.po.ner *v.t.* descompor, desordenar, perturbar.

des.com.po.si.ción *s.f.* decomposição, putrefação.

des.co.mul.gar *v.t.* excomungar.

des.con.go.jar *v.t.* consolar; desafogar.

des.co.no.cer *v.t.* desconhecer; desagradecer.

des.con.sue.lo *s.m.* desconsolo, desconsolação.

des.co.ra.zo.nar *v.t.* descoroçorar; desacoroçoar; desanimar.

des.cor.char *v.t.* escorchar, descortiçar, desarrolhar.

des.co.rrer *v.t.* desandar; desfechar (uma cortina).

des.co.yun.tar *v.t.* desconjuntar.

des.cre.er *v.t.* descrer; não ter fé.

des.cri.bir *v.t.* descrever; traçar.

des.crip.ción *s.f.* descrição; enumeração.

des.cuar.ti.zar *v.t.* esquartejar, espostejar, retalhar.

des.cu.bier.ta *p.p.* de *descubrir; s.f.* inspeção; reconhecimento.

des.cu.brir *v.t.* descobrir; patentear.

des.cuen.to *s.m.* desconto, abatimento; deságio.

des.de.cir *v.i.* desdizer; negar; desmentir; *v.r.* desdizer-se; contradizer-se.

des.dén *s.m.* desdém, desprezo; altivez.

des.de.ñar *v.t.* desdenhar, desprezar; motejar.

des.de.ño.so *adj.* desdenhoso; que trata com desdém.

des.di.cha *s.f.* desdita, desventura, infelicidade.

des.do.blar *v.t.* desdobrar.

des.do.ro *s.m.* desdouro, deslustre; descrédito; mácula.

de.se.ar *v.t.* desejar; apetecer; ambicionar; querer.

de.se.car *v.t.* dessecar; secar completamente.

de.se.char *v.t.* rejeitar; excluir; recusar.

de.se.cho *s.m.* resíduo; refugo.

de.sem.ba.la.je *s.m.* desenfardo, desencaixotamento.

de.sem.ba.ra.zo *s.m.* desembaraço; facilidade; agilidade.

de.sem.bar.ca.de.ro *adj.* desembarcadouro.

de.sem.bar.co *s.m.* desembarque.

de.sem.bo.zar *v.t.* desembuçar; esclarecer; patentear.

de.sem.bro.llar *v.t. Fam.* desembrulhar; desenredar; esclarecer.

de.se.me.jar *v.i.* dissemelhar-se, dessemelhar-se.

de.sem.pa.que.tar *v.t.* desempacotar, desembrulhar.

de.sem.pa.re.jar *v.t.* desemparelhar; desnivelar.

de.sem.pe.ño *s.m.* desempenho.

de.sem.pol.var *v.t.* desempoar; sacudir.

de.sem.po.trar *v.t.* desencravar; despregar.

de.sen.ca.de.nar *v.t.* desencadear; irritar; sublevar.

de.sen.ca.jar *v.t.* desencaixar.

de.sen.ca.jo.nar *v.t.* desencaixotar.

de.sen.ca.llar *v.t.* desencalhar; desimpedir.

de.sen.ca.mi.nar *v.t.* desencaminhar; perverter.

de.sen.co.ger *v.t.* desencolher; estender.

de.sen.co.lar *v.t.* desgrudar, despegar.

de.sen.cor.var *v.t.* desentortar, endireitar.

de.sen.fre.nar *v.t.* desenfrear; soltar.

de.sen.ga.ñar *v.t.* desenganar, desiludir.

de.sen.gra.sar *v.t.* desengordurar.

de.sen.gro.sar *v.t.* desengrossar; adelgaçar; desbastar.

de.sen.gru.dar *v.t.* desgrudar, descolar.

de.sen.la.zar *v.t.* desenlaçar; desenredar.

de.sen.lo.dar *v.t.* desenlamear.

de.sen.ma.ra.ñar *v.t.* desemaranhar, desenredar; esclarecer.

de.sen.mas.ca.rar *v.t.* desmascarar.

de.sen.ro.llar *v.t.* desenrolar.

de.sen.sam.blar *v.t.* desconjuntar; separar duas peças.

de.sen.si.llar *v.t.* desencilhar; desselar.

de.sen.ta.blar *v.t.* desentabuar.

de.sen.ten.der.se *v.r.* desentender-se; abandonar um assunto.

de.sen.to.nar *v.i.* destoar; *v.r.* descompor-se.

de.sen.tra.ñar *v.t.* desentranhar.

de.sen.vai.nar *v.t.* desembainhar.

de.sen.ven.dar *v.t.* desvendar.

desenvolver *v.t.* desembrulhar; desempacotar; *Fig.* explicar, esclarecer.

de.sen.vuel.to *adj.* desenvolto; travesso; desembaraçado.

de.se.o *s.m.* desejo, vontade, apetite; cobiça.

de.ses.pe.ra.ción *s.f.* desespero.

des.fa.cha.tez *s.f. Fam.* desfaçatez, descaramento.

des.fal.co *s.m.* desfalque.

des.fa.lle.cer *v.t.* desfalecer.

des.fa.vo.ra.ble *adj.* desfavorável.

des.fi.la.de.ro *s.m.* desfiladeiro.

des.fle.mar *v.i.* expectorar.

des.flo.ra.mien.to *s.m.* defloramento, desfloramento.

des.fo.gar *v.t.* desafogar; *Fig.* desabafar.

des.ga.jar *v.t.* desgalhar, escachar; fender; romper.

des.ga.na.do *adj.* enfastiado; sem apetite, inapetente.

des.ga.ñi.tar.se *v.r. Fam.* esganiçar-se; enrouquecer.

des.gra.cia *v.t.* desgraça, desdita; falta de graça.

des.gra.cia.do *adj.* desgraçado, infeliz; mísero; falto de graça.

des.gra.sa.do *adj.* sem gordura; desnatado; *leche desgrasada* leite desnatado.

des.ha.bi.tar *v.t.* desabitar ou abandonar habitação.

des.ha.cer *adj.* desfazer, desmanchar; destruir.

des.ha.rra.pa.do *adj.* esfarrapado, roto, andrajoso.

des.he.re.dar *v.t.* deserdar.

des.hi.la.char *v.t.* desfiar, desfazer-se (tecido).

des.hin.char *v.t.* desinchar.

des.ho.jar *v.t.* e *v.r.* desfolhar.

des.ho.nes.to *adj.* desonesto.

des.hon.rar *v.t.* e *v.r.* desonrar.

de.si.dia *s.f.* desídia, indolência, inércia.

de.sier.to *adj.* deserto, êrmo.

de.sig.na.ción *s.f.* designação.

de.si.lu.sión *s.f.* desilusão.

de.sin.fec.tar *v.t.* desinfetar.

de.sin.flar *v.t.* desinchar.

de.sin.te.rés *s.m.* desinteresse; desprendimento; desapego.

des.len.gua.do *adj.* deslinguado; *Fig.* maldizente; desavergonhado.

des.liz *s.m.* deslize, escorregamento; *Fig.* falta, descuido.

des.li.za.mien.to *s.m.* deslizamento, escorregamento.

des.lu.cir *v.t.* desluzir; deslustrar; estragar.

des.lum.bra.dor *adj.* deslumbrante; ofuscante.

des.mán *s.m.* desmando; desregramento.

des.man.dar *v.r.* desmandar; contramandar; exorbitar.

des.man.te.la.mien.to *adj.* desmantelamento.

des.ma.ra.ñar *v.t.* desemaranhar.

des.ma.rri.do *adj.* desfalecido; murcho; exausto; cansado.

des.ma.yar *v.t.* desmaiar.

des.ma.za.la.do *adj.* abatido (de ânimo); frouxo.

des.me.drar *v.t.* deteriorar.

des.me.jo.rar *v.t.* e *v.i.* piorar (de saúde), deteriorar.

des.me.le.nar *v.t.* desgrenhar, despentear.

des.mem.bra.ción *s.m.* desmembração; desagregação.

des.men.guar *v.t.* minguar; diminuir.

des.men.ti.da *s.f.* desmentido.

des.me.nu.zar *v.t.* esmiuçar, analisar; investigar.

des.me.su.ra *s.f.* indelicadeza.

des.mi.ga.jar *v.t.* esmigalhar; fragmentar.

des.mo.char *v.t.* estragar; desramar.

des.mo.ler *v.t.* desgastar; corromper.

des.mo.ra.li.za.ción *s.f.* desmoralização; corrupção.

des.mo.ro.na.mien.to *s.m.* desmoronamento.

des.ni.ve.la.ción *s.f.* desnivelamento.

des.nu.tri.ción *s.f. Med.* desnutrição; emagrecimento.

de.so.bli.gar *v.t.* desobrigar.

de.sobs.truc.ción *s.f.* desobstrução.

de.so.cu.pa.ción *s.f.* desemprego; desocupação; ociosidade.

de.so.ír *v.t.* desatender; desconsiderar.

de.so.la.ción *s.f.* desolação; consternação; ruína.

de.so.llar *v.t.* esfolar; arranhar.

de.so.pi.la.ción *s.f.* desopilação; desobstrução.

de.so.pi.nar *v.t.* desacreditar.

de.sor.den *s.f.* desordem; confusão; motim.

de.sor.ga.ni.za.ción *s.f.* desorganização; dissolução.

de.so.rien.ta.ción *s.f.* desorientação; desnorteamento.

de.so.ve *s.m.* desova, desovamento.

de.so.vi.llar *v.t.* desenovelar; *Fig.* desenredar.

de.so.xi.da.ción *s.f.* redução; desoxidação.

des.pa.bi.lar *v.t.* atiçar (fogo); *v.t.* e *v.i. Fam.* acordar, animar.

des.pa.char *v.t.* resolver, despachar, atender; vender; enviar, remeter.

des.pa.cho *s.m.* despacho; resolução; comunicação oficial; expediente; ponto de venda.

des.pa.cio *adv.* devagar; sem pressa.

des.pa.cio.so *adj.* vagaroso, lento; espaçoso.

des.pam.pa.nar *v.t. Fig.* pasmar; desconcertar; embasbacar.

des.pan.zu.rrar *v.t. Fam.* estripar.

des.pa.re.jo *adj.* desigual; díspar.

des.pa.rra.mar *v.t.* esparramar; espalhar.

des.pa.vo.rir *v.i.* espavorir, apavorar.

des.pe.cho *s.m.* despeito, pesar, desespero.

des.pec.ti.vo *adj.* depreciativo; pejorativo.

des.pe.da.zar *v.t.* despedaçar.

des.pei.nar *v.t.* despentear, desgrenhar.

des.pe.lle.jar *v.t.* esfolar, pelar; *Fig.* falar mal de alguém.

des.pen.sa *s.f.* despensa; provisão de comestíveis.

des.pe.ña.de.ro *s.m.* despenhadeiro, precipício.

des.pe.ñar *v.t.* despenhar, despencar, precipitar-se.

des.per.di.ciar *v.t.* desperdiçar.

des.per.di.gar *v.t.* dispersar, desbaratar; desunir, espalhar.

des.pe.re.zar.se *v.r.* espreguiçar-se.

des.per.fec.to *s.m.* deterioração; desarranjo; dano leve.

des.per.tar *v.t.* despertar.

des.pia.da.do *adj.* despiedado, ímpio, inumano.

des.pier.to *p.p. de despertar;* *adj.* desperto, vivo, ativo, atilado.

des.pis.tar *v.t.* despistar; desviar do caminho.

des.pla.zar *v.t.* deslocar.

des.ple.gar *v.t.* despregar; desdobrar; desenvolver (termo militar).

des.plie.gue *s.m.* despregadura; desdobramento; desenvolvimento (manobra militar).

des.plo.mar.se *v.r.* desaprumar; esmorecer; desmoronar; desfalecer.

des.plu.mar *v.t.* desplumar, depenar; despojar.

des.po.bla.do *s.m.* despovoado, desabitado, ermo, deserto.

des.po.jar *v.t.* despojar; privar.

des.po.jo *s.m.* despojos, espólio; presa; restos.

des.po.sar *v.t.* desposar, casar.

des.po.se.er *v.t.* desapossar, esbulhar.

dés.po.ta *s.m.* déspota, tirano, autocrata.

des.pre.ciar *v.t.* desprezar.

des.pre.cio *s.m.* desprezo, menoscabo.

des.pren.der *v.t.* desprender, soltar, afrouxar.

des.pren.di.mien.to *s.m.* desprendimento.

des.pre.o.cu.pa.do *adj.* despreocupado.

des.pres.ti.gio *s.m.* desprestígio.

des.pre.ve.ni.do *adj.* desprevenido.

des.pro.por.ción *s.f.* desproporção.

des.pro.pó.si.to *s.m.* despropósito; absurdo.

des.pro.vis.to *adj.* desprovido, privado, falto do necessário.

des.pués *adv.* depois, após, posteriormente.

des.pun.tar *v.t.* despontar.

des.qui.ciar *v.t. Fam.* enlouquecer; desquiciar; tirar os quícios ou gonzos; desengonçar.

des.qui.tar *v.t.* vingar; desforrar, desforçar-se.

des.qui.te *s.m.* desquite; desforra.

des.ra.zo.na.ble *adj. Fam.* desarrazoado; despropositado.

des.ta.jar *v.t.* ajustar; tratar; combinar; cortar (o baralho).

des.ta.jo *s.m.* empreitada; combinação; retalho.

des.ta.po.nar *v.t.* destampar.

des.tar.ta.la.do *adj.* destrambelhado; disparatado; desordenado.

des.tar.ta.lo *s.m. Fam.* desordem; desarranjo.

des.ta.zar *v.t.* retalhar; despedaçar.

des.te.char *v.t.* destelhar.

des.te.jer *v.t.* destecer; desenredar.

des.te.llo *s.m.* cintilação; brilho; fulgor; clarão.

des.tem.plan.za *s.f.* destemperança; intemperança; excesso; febrícula.

des.tem.plar *v.t.* destemperar.

des.te.ñir *v.t.* destingir; desbotar.

des.te.tar *v.t.* desmamar, desleitar.

des.te.te *s.m.* desmama.

des.tiem.po *adv.* ocasião inoportuna, fora de tempo.

des.tie.rro *s.m.* desterro; degredo; solidão.

des.ti.le.rí.a *s.f.* destilaria.

des.ti.na.ción *s.f.* destinação; destino.

des.ti.tu.ción *s.f.* destituição; demissão.

des.tor.ni.lla.dor *s.m.* chave de fenda; parafusador.

des.tor.ni.llar *v.t.* desaparafusar.

des.tra.bar *v.t.* destravar; desligar.

des.tral *s.m.* machadinha.

des.tren.zar *v.t.* desentrançar; destrançar.

des.tre.za *s.f.* destreza; aptidão; sagacidade.

des.tri.pa.te.rro.nes *s.m. Fig.* trabalhador de enxada; diarista; pessoa tosca, inculta e pouco educada.

des.triun.far *v.t.* destrunfar.

des.trón *s.m.* guia de cego.

des.tro.zar *v.t.* esmigalhar, fragmentar.

des.tro.zo *s.m.* destroço; ruínas.

des.truc.ción *s.f.* destruição, devastação.

des.truc.ti.ble *adj.* destrutível.

de.sue.llo *s.m.* esfolamento; esfoladura; descaro.

de.sun.cir *v.t.* desjungir.

de.su.nión *s.f.* desunião; desavença; discordância.

de.su.ñar *v.t.* desunhar.

des.va.í.do *adj.* alto; deselegante; esgrouviado; esvaído (de cor).

des.vai.nar *v.t.* desembainhar; tirar as sementes das vagens.

des.va.li.jar *v.t.* roubar; despojar.

des.ván *s.m.* desvão; recanto esconso.

des.va.ne.ci.mien.to *s.m.* desvanecimento; esmorecimento; vaidade.

des.va.rar *v.t.* resvalar; escorregar.

des.va.riar *v.i.* desvariar, desvairar; delirar.

des.ven.ci.jar *v.t.* desvencilhar; desatar; aclarar.

des.ven.ta.ja *s.f.* desvantagem; prejuízo; inferioridade.

des.ver.gon.za.do *adj.* desavergonhado, descarado; insolente.

des.via.ción *s.f.* desvio.

des.yu.gar *v.t.* desungir.

de.ta.lle *s.m.* detalhe, pormenor, particularidade, minúcia.

de.ta.llis.ta *s.m.* e *s.f.* varejista; que cuida de detalhes.

de.ten.ción *s.f.* detenção, apreensão.

de.te.ner *v.t.* deter, prender; impedir; reter, conservar.

de.ten.tar *v.t.* reter (alguém o que lhe não pertence); *For.* deter.

de.to.na.ción *s.f.* denotação; estampido.

de.trac.tor *adj.* detrator, difamador.

de.trás *adv.* detrás; depois.

deu.da *s.f.* dívida, débito.

deu.dor *adj.* e *s.m.* devedor.

de.va.ne.o *s.m.* devaneio, delírio, desvario, namorico.

de.vas.tar *v.t.* devastar, destruir, assolar.

de.ven.gar *v.t.* merecer; adquirir; angariar (por mérito próprio).

de.vo.ción *s.f.* devoção, fervor.

de.vo.lu.ción *s.f.* devolução.

de.vol.ver *v.t.* devolver; entregar; restituir.

de.vo.rar *v.t.* devorar; engolir; tragar.

de.vo.to *adj.* devoto, beato, rezador.

de.yec.ción *s.f. Geol.* dejeção (matéria lançada por vulcões); *Med.* defecação.

dí.a *s.m.* dia.

dia.blo *s.m.* diabo; pessoa astuta ou mexeriqueira.

dia.bó.li.co *adj.* diabólico, infernal.

dia.de.ma *s.f.* diadema; auréola; coroa.

diá.fa.no *adj.* diáfano, transparente.

dia.frag.ma *s.m.* diafragma.

diag.nos.ti.car *v.t. Med.* diagnosticar.

dia.go.nal *adj. Geom.* diagonal.

dia.gra.ma *s.m.* diagrama.

dia.léc.ti.ca *s.f.* dialética.

dia.lec.to *s.m.* dialeto.

diá.lo.go *s.m.* diálogo.

dia.man.te *s.m.* diamante.

diá.me.tro *s.m. Geom.* diâmetro.

dia.pa.són *s.m. Mús.* diapasão.

dia.rio *adj.* diário.

dia.ris.ta *s.m.* e *adj.* que trabalha pelo pagamento diário.

dia.rre.a *s.f. Med.* diarréia.

di.bu.jar *v.t.* desenhar; delinear.

di.bu.jo *s.m.* desenho.

di.caz *adj.* mordaz; satírico.

dic.ción *s.f.* dicção; expressão; vocábulo.

dic.cio.na.rio *s.m.* dicionário.

di.cha *s.f.* dita; fortuna; felicidade.

di.cha.ra.cho *s.m.* pessoa cheia de ditados; falador; charlatão.

di.cho *p.p. de decir; adj.* dito; *s.m.* sentença; palavra; expressão.

di.cho.so *adj.* ditoso, feliz, venturoso.

di.ciem.bre *s.m.* dezembro.

di.co.to.mí.a *s.f. Hist. Nat.* e *Lóg.* dicotomia; bifurcação de dois ramos dicótomos.

dic.ta.do *p.p. de dictar; adj.* e *s.m.* ditado; título de dignidade; *pl. Fig.* preceitos.

dic.ta.men *s.m.* ditame; regra; aviso; opinião.

dic.tar *v.t.* ditar; sugerir; inspirar; impor; *dictar clases* dar aulas.

di.dác.ti.ca *s.f.* didática.

di.dác.ti.co *adj.* didático.

die.léc.tri.co *adj. Fís.* dielétrico.

dien.te *s.m.* dente.

dié.re.sis *s.f. Poét.* diérese; *Gram.* trema.

dies.tro *adj.* destro; direito; ágil; perito.

diez *adj.* dez.

diez.mar *v.t.* dizimar; desfalcar; diminuir.

diez.mo *s.m.* dízimo; tributo.

di.fa.ma.ción *s.f.* difamação, calúnia; descrédito.

di.fe.ren.cia *s.f.* diferença; diversidade.

di.fe.ren.ciar *v.t.* diferenciar; distinguir; discriminar.

di.fi.cul.tad *s.f.* dificuldade; obstáculo; objeção.

di.fi.da.ción *s.f.* declaração de guerra.

di.fi.den.cia *s.f.* desconfiança.

di.fi.den.te *adj.* desconfiado.

di.frac.ción *s.f. Fís.* difração.

dif.te.rí.a *s.f. Med.* difteria.

di.fun.te.ar *v.t.* matar violentamente.

di.fun.to *adj.* defunto, extinto, cadáver.

di.fu.sión *s.f.* difusão, propagação; prolixidade.

di.ges.tión *s.f.* digestão.

di.gi.ta.ción *s.f. Inform.* digitação.

di.gi.tal *adj.* digital.

di.gi.ta.li.za.ción *s.f. Inform.* digitalização.

di.gi.ta.li.zar *v.t. Inform.* digitalizar, converter sinais ou imagens para o código digital; digitar.

dí.gi.to *s.m. Mat.* dígito, algarismo, número; *Inform.* dígito; *dígito binario* bit.

dig.nar.se *v.r.* dignar-se; condescender.

dig.ni.fi.ca.ción *s.f.* dignificação.

di.gre.sión *s.f.* digressão; passeio; subterfúgio.

di.je *s.m.* enfeite; jóia.

di.la.ce.ra.ción *s.f.* dilaceração; despedaçamento.

di.la.ción *s.f.* dilação; adiamento; prazo; demora.

di.la.pi.da.ción *s.f.* dilapidação; roubo; desbarate.

di.la.ta.ción *s.f.* dilatação; alargamento; prorrogação; expansão.

di.lu.ción *s.f.* diluição; dissolução.

di.lu.yen.te *adj.* diluente.

di.ma.na.ción *s.f.* dimanação; emanação; proveniência.

di.men.sión *s.m. Geom.* dimensão; tamanho.

di.mi.nu.ti.vo *adj.* diminutivo.

di.mi.nu.to *adj.* diminuto; miúdo.

di.mi.sión *s.f.* demissão; renúncia.

di.mi.tir *v.t.* demitir, renunciar.

di.ná.mi.ca *s.f.* dinâmica.

di.ná.mi.co *adj.* dinâmico.

di.na.mi.ta *s.f.* dinamite.

di.na.mi.tar *v.t.* dinamitar; minar.

dí.na.mo *s.m. Fís.* dínamo, gerador de força.

di.nas.tí.a *s.f.* dinastia.

din.de *s.m.* enterro de criança.

di.ne.ro *s.m.* dinheiro; moeda.

din.go.lon.dan.go *s.m. Fam.* mimo, afago.

dios *s.m.* deus.

dip.ton.go *s.m. Gram.* ditongo.

di.pu.ta.do *s.m.* deputado, representante.

di.rec.ción *s.f.* direção, rumo; endereço.

di.rec.to *adj.* direto; direito.

di.rec.tor *s.m. e adj.* diretor.

di.rec.to.rio *s.m.* diretório, manual; agenda; lista telefônica; *Inform.* diretório, pasta (de arquivos).

di.ri.gi.ble *s.m. e adj.* dirigível; zepelim, balão dirigível.

dis.co *s.m.* disco; semáforo; *Inform.* disco, disquete; unidade de armazenamento de dados; *disco duro* disco rígido; *disco flexible* disco flexível, disquete; *disco óptico* disco a laser.

dís.co.lo *adj.* díscolo; desordeiro.

dis.cor.dan.cia *s.f.* discordância.

dis.cre.ción *s.f.* discrição; discernimento.

dis.cri.mi.nar *v.t.* fazer vítima de discriminação ou preconceito; *v.i.* separar, discernir sobre risco ou perigo.

dis.cul.pa *s.f.* desculpa; perdão; indulgência.

dis.cul.par *v.t.* desculpar; perdoar; justificar.

dis.cu.rrir *v.t. e v.i.* discorrer; difundir; percorrer; falar.

dis.cur.so *s.m.* discurso; idéias organizadas.

dis.cu.sión *s.f.* discussão; controvérsia; contenda.

dis.cu.ti.ble *adj.* discutível; problemático; incerto.

di.se.car *v.t.* dissecar; retalhar (em anatomia).

di.sec.ción *s.f.* dissecação; análise; exame.

di.se.mi.nar *v.t.* disseminar, difundir; espalhar.

di.sen.sión *s.f.* dissensão; divergência; desavença.

di.sen.tir *v.i.* dissentir; desavir-se; estar em desacordo.

di.se.ñar *v.t.* desenhar; esboçar; delinear; bosquejar.

di.se.ño *s.m.* desenho; leiaute; planta; projeto; esboço; *diseño asistido por ordenador/computador* projeto auxiliado por computador (CAD – *computer aid design*).

di.ser.ta.ción *s.f.* dissertação; discurso.

di.ser.tar *v.i.* dissertar; discursar.

dis.fraz *s.m.* disfarce; máscara; *Fig.* fingimento.

dis.fra.zar *v.t.* disfarçar; mascarar; fingir, dissimular.

dis.fru.tar *v.t.* desfrutar; aproveitar; explorar.

dis.fru.te *s.m.* desfrute; desfruto; gozo.

dis.gre.ga.ción *s.f.* desagregação; separação.

dis.gre.gar *v.t.* desagregar; separar.

dis.gus.tar *v.t.* desgostar; aborrecer; mortificar.

dis.gus.to *s.m.* desgosto, pesar, descontentamento.

di.si.den.cia *s.f.* dissidência; dissenção; discordância.

di.si.den.te *adj.* dissidente.

di.si.dir *v.i.* dissidiar; separar.

di.sí.la.bo *adj. Gram.* dissílabo.

di.si.mé.tri.co *adj.* dissimétrico.

di.sí.mil *adj.* dissímil, dissemelhante.

di.si.mu.lar *v.t.* dissimular, fingir; disfarçar.

di.sí.mu.lo *s.m.* dissímulo, dissimulação.

di.si.pa.ción *s.f.* dissipação; desperdício; desaparição.

di.si.par *v.t.* dissipar, desvanecer; desperdiçar; esbanjar.

dis.lo.ca.ción *s.f.* deslocação; desarticulação (de osso).

dis.lo.car *v.t.* deslocar; desarticular.

dis.lo.que *s.m. Fam.* cúmulo; coisa excelente.

dis.mem.bra.ción *s.f.* desmembramento.

dis.mi.nu.ción *s.f.* diminuição; subtração.

dis.mi.nu.ir *v.t.* diminuir; subtrair; abreviar; atenuar.

dis.ne.a *s.f. Med.* dispnéia.

di.so.ciar *v.t.* dissociar; desagregar.

di.so.lu.ción *s.f.* dissolução.

di.so.lu.to *adj.* dissoluto; devasso, libertino; desfeito.

di.sol.ver *v.t.* dissolver; desagregar; desfazer.

di.so.nar *v.i.* dissonar; dissentir; não combinar.

dí.so.no *adj.* dissonante; discordante.

dis.pa.re.jo *adj.* díspar.

dis.pa.ri.dad *s.f.* disparidade, desigualdade.

dis.pen.sa.ble *adj.* dispensável.

dis.per.sión *s.f.* dispersão; debandada.

dis.po.ner *v.t.* dispor.

dis.po.ni.ble *adj.* disponível; desembaraçado.

dis.po.si.ción *s.f.* disposição; tendência; subordinação.

dis.po.si.ti.vo *s.m.* dispositivo, mecanismo ou artefato que tem uma função determinada.

dis.pues.to *p.p. de disponer; adj.* disposto; colocado.

dis.que.te *s.m. Inform.* disquete.

dis.que.te.ra *s.f. Inform.* unidade de disco; *drive*; dispositivo onde se insere o disquete no computador.

dis.ten.sión *s.f.* distensão; afrouxamento; desenvolvimento.

dis.tin.ción *s.f.* distinção; diferença; honraria; elegância.

dis.tin.go *s.m.* restrição; reparo.

dis.tor.sión *s.f.* torção; torcedura.

dis.trac.ción *s.f.* distraimento, distração.

dis.tra.er *v.t.* distrair; desviar a atenção; divertir.

dis.tri.bu.ción *s.f.* distribuição; repartição; disposição.

dis.tri.to *s.m.* distrito, jurisdição.

dis.tur.bio *s.m.* distúrbio.

di.sua.dir *v.t.* dissuadir.

dis.yun.ti.vo *adj.* disjuntivo.

diu.ré.ti.co *adj. Med.* diurético.

diur.no *adj.* diurno.

di.va.gar *v.i.* divagar, cismar.

di.ván *s.m.* divã.

di.ver.gen.cia *s.f.* divergência.

di.ver.gen.te *adj.* divergente.

di.ver.si.dad *s.f.* diversidade.

di.ver.sión *s.f.* diversão, divertimento.

di.ver.so *adj.* diverso, diferente.

di.ver.tir *v.t.* divertir.

di.vi.den.do *s.m. Alg. e Arit.* dividendo.

di.vi.de.ro *adj.* divisível.

di.vi.dir *v.t.* dividir.

di.vie.so *s.m. Med.* tumor, furúnculo.

di.vin.dad *s.f.* divindade.

di.vi.ni.za.ción *s.f.* divinizar, divinização.

di.vi.sar *v.t.* divisar.

di.vi.sión *s.f.* divisão.

di.vor.ciar *v.t.* divorciar, descasar.

di.vor.cio *s.m.* divórcio; cárcere de mulheres (Colômbia).

di.vul.gar *v.t.* divulgar.

do.bla.di.llo *s.m.* dobra; prega; bainha (costura).

do.blar *v.t.* dobrar; preguear; contornar.

do.ble.gar *v.t.* dobrar; torcer; curvar; *Fig.* persuadir.

do.blez *s.m.* dobra, vinco; prega; *Fig.* fingimento; hipocrisia.

do.ce *adj.* doze; décimo segundo, duodécimo.

do.ce.na *s.f.* dúzia; *por docenas* às dúzias; *no tener uno en docena* não ser igual ou parecido com eles.

do.cen.te *adj.* docente; que ensina.

dó.cil *adj.* dócil, meigo.

do.ci.li.tar *v.t.* docilizar, tornar flexível, tratável.

doc.to *adj.* douto, erudito.

doc.tri.na *s.f.* doutrina, ensinamento.

doc.tri.nar *v.t.* doutrinar.

do.cu.men.ta.ción *s.f.* documentação.

do.cu.men.to *s.m.* documento.

dog.ma *s.m.* dogma.

do.la.dor *s.m.* aplainador, alisador de madeira ou de pedra.

do.len.cia *s.f.* doença, indisposição, enfermidade, achaque.

do.ler *v.i.* doer, padecer, sofrer, lamentar.

do.lo *s.m.* dolo, fraude.

do.lor *s.m.* dor, sofrimento, pena, mágoa, dó.

do.lo.ro.so *adj.* doloroso.

do.mar *v.t.* domar, domesticar.

dom.bo *s.m. Arq.* cúpula.

do.me.ñar *v.t.* dominar, tiranizar, sujeitar.

do.mes.ti.car *v.t.* domesticar.

do.més.ti.co *adj.* criado, fâmulo; doméstico.

do.mi.ci.lio *s.m.* domicílio; sede.

do.mi.nar *v.t.* e *v.i.* dominar; submeter; controlar; *Fig.* conhecer bem.

do.min.go *s.m.* domingo.

do.min.gue.ro *adj.* domingueiro; *s.m.* motorista de domingo.

do.mi.nio *s.m.* domínio; possessão; poder; âmbito, campo; conjunto de idéias ou conhecimentos.

don *s.m.* dom, presente, oferenda, dádiva; dote natural, virtude; dom (título).

do.nai.re *s.m.* donaire; gentileza; garbo; discrição.

do.nar *v.t.* doar.

do.na.ta.rio *s.m.* donatário, beneficiário de doação.

don.cel *s.m.* donzel.

don.ce.lla *s.f.* donzela; empregada.

don.de *adv.* onde, em que lugar.

don.de.quie.ra *adv.* onde quer que seja, em qualquer parte.

don.juán *s.m. Fam.* conquistador, mulherengo.

do.no.su.ra *s.f.* donaire, graça; garbo.

do.quie.ra *adv.* dondequiera.

do.rar *v.t.* dourar.

dor.mán *s.m.* dólman.

dor.mi.dor *adj.* dorminhoco, que dorme muito.

dor.mi.lón *adj. Fam.* dorminhoco.

dor.mir *v.i.* dormir.

dos *adj.* dois, duas.

do.sa.ñal *adj.* bienal.

dos.cien.tos *adj. pl.* duzentos.

do.si.fi.car *s.f. Farm.* e *Med.* dosar; dosear.

do.sis *s.f.* dose; porção; quantidade.

do.ta.ción *s.f.* dotação.

dra.gón *s.m.* dragão.

dra.món *s.m. Fam.* dramalhão.

dre.na.je *s.m.* drenagem; drainagem.

dro.gue.rí.a *s.f.* drogaria.

du.ba *s.f.* muro ou cerca de terra.

du.cho *adj.* perito; destro; prático; acostumado.

du.da *s.f.* dúvida, incerteza, suspeita; objeção.

du.dar *v.i.* duvidar.

due.lo *s.m.* duelo, combate; dor, lástima; mágoa; luto; dó; aflição.

duen.do *adj.* doméstico.

due.ña *s.f.* dona; governanta.

due.ño *s.m.* dono.

duer.me.ve.la *s.m. Fam.* sono ligeiro; sono fatigado, freqüentemente interrompido.

dul.ce *adj.* doce.

dul.ce.dum.bre *s.f.* doçura; *Fig.* suavidade.

dul.ce.rí.a *s.f.* confeitaria.

dul.ce.ro *s.m.* que gosta de doces; doceiro; confeiteiro.

dul.ci.fi.ca.ción *s.f.* dulcificação; adoçamento.

dul.zor *adj.* dulçor; doçura.

dul.zu.ra *s.f.* doçura; *Fig.* brandura; suavidade.

du.pli.ca.ción *s.f.* duplicação; repetição; dobro.

du.pli.ci.dad *s.f.* duplicidade; falsidade.

du.ra.ble *adj.* durável; duradouro.

du.ra.ción *s.f.* duração.

du.ra.de.ro *adj.* duradouro.

du.raz.no *s.m. Arg.* e *Chile* pêssego.

du.re.za *s.f.* dureza, durez, rijeza; crueldade.

dur.mien.te *adj.* dormente.

du.ro *adj.* duro, rijo; *s.m.* duro (moeda de prata de cinco pesetas); *adv.* duro, duramente.

E

e *s.f.* quinta letra do alfabeto espanhol; E, e.

e.ba.nis.ta *s.m.* ebanista, entalhador, marceneiro.

é.ba.no *s.m. Bot.* ébano.

e.bo.ni.ta *s.f.* ebonite, borracha vulcanizada.

e.brie.dad *s.f.* ebriedade, embriaguez.

e.brio *adj.* ébrio, bêbado.

e.bu.lli.ción *s.f. Fís.* ebulição; efervescência.

e.cha.can.tos *s.m. Fam.* indivíduo desprezível.

e.cha.cuer.vos *s.m. Fam.* alcoviteiro; embusteiro.

e.cha.dor *s.m.* servidor (de café ou bar).

e.cha.mien.to *s.m.* lançamento, arremesso.

e.char *v.t.* deitar; lançar; atrair; arrojar.

e.clip.se *s.m.* eclipse.

e.co.sis.te.ma *s.m.* ecossistema.

e.cua.ción *s.f. Mat.* equação.

e.cua.dor *s.m.* equador.

e.cuá.ni.me *adj.* equânime.

e.cua.to.rial *adj.* equatorial.

e.cues.tre *adj* eqüestre.

e.dad *s.f.* idade.

e.de.cán *s.m. Mil.* ajudante de campo.

e.di.ción *s.f.* edição.

e.dic.to *s.m.* édito; edito; decreto; ordem.

e.dí.cu.lo *s.m.* edícula; oratório.

e.di.fi.ca.ción *s.f.* edificação; edifício.

e.di.tar *v.t.* editar; publicar; divulgar; *Inform.* criar, montar ou alterar textos.

e.di.tor *s.m.* editor, responsável pela publicação; *Inform.* editor, programa que permite criar, montar e alterar textos.

e.dre.dón *s.m.* edredom, edredão.

e.du.ca.ble *adj.* educável.

e.du.ca.ción *s.f.* educação; polidez; cortesia.

e.du.cir *v.t.* eduzir; deduzir; extrair.

e.fec.to *s.m.* efeito; resultado.

e.fec.tuar *v.t.* efetuar, realizar.

e.fi.ca.cia *s.f.* eficácia, eficiência.

e.fi.caz *adj.* eficaz.

e.fi.cien.te *adj.* eficiente.

e.fi.gie *s.f.* efígie, imagem, figura.

e.fí.me.ro *adj.* efêmero, passageiro, transitório.

e.flu.vio *s.m.* eflúvio.

e.fu.gio *s.m.* subterfúgio; saída; escapatória; efúgio.

e.fu.sión *s.f.* efusão, derramamento.

e.go.ís.mo *s.m.* egoísmo.

e.go.ís.ta *adj.* egoísta.

e.gó.la.tra *adj.* ególatra.

e.gre.gio *adj.* egrégio, eminente, importante.

e.gre.so *s.m.* egresso, saída.

e.je *s.m.* eixo; base.

e.je.cu.tar *v.t.* executar.

e.je.cu.ti.vo *adj.* executivo.

e.jem.plar *adj.* exemplar.

e.jem.plo *s.m.* exemplo; paradigma.

e.jer.cer *v.t.* exercer.

e.jer.ci.cio *s.m.* exercício.

e.jer.ci.tar *v.t.* e *v.r.* exercitar.

e.jér.ci.to *s.m.* exército.

e.ji.do *s.m.* terreno sem dono, gleba comum à entrada de aldeia ou povoado.

el *art.* o.

él *pron. pes.* ele.

e.la.bo.rar *v.t.* elaborar.

e.las.ti.ci.dad *s.f. Fís.* elasticidade.

e.lec.ción *s.f.* eleição.

e.lec.tor *s.m.* e *adj.* eleitor.

e.lec.tri.ci.dad *s.f. Fís.* eletricidade.

e.léc.tri.co *adj.* elétrico.

e.lec.tró.ni.ca *s.f.* eletrônica.

e.lec.tró.ni.co *adj.* eletrônico

e.le.fan.tia.sis ou **e.le.fan.tí.a.sis** *s.f. Med.* elefantíase.

e.le.gan.ti.zar *v.t.* dar elegância.

e.le.gir *v.t.* eleger, escolher, selecionar.

e.le.men.tal *adj.* elementar.

e.le.men.to *s.m.* elemento.

e.len.co *s.m.* elenco, índice, catálogo.

e.le.va.do *p.p.* de elevar; *adj.* elevado, alto; sublime.

e.le.var *v.t.* elevar, exaltar.

e.li.mi.nar *v.t.* eliminar.

e.li.xir *s.m.* elixir, filtro (bebida mágica).

e.lla *pron. pes.* ela.

e.llo *pron. pes.* isto; isso; aquilo.

e.llos *pron. pes. pl.* eles; elas.

e.lo.cuen.cia *s.f.* eloqüência.

e.lu.dir *v.t.* iludir, evitar, produzir ilusão; enganar, lograr.

e.ma.cia.ción *s.f. Med.* emaciação; emagrecimento.

e.ma.na.ción *s.f.* emanação; origem; proveniência; *pl.* fumos; vapores.

e.man.ci.pa.ción *s.f.* emancipação; alforria; libertação.

e.mas.cu.la.ción *s.f.* emasculação; castração.

em.ba.dur.nar *v.t.* enlambuzar; besuntar; emporcalhar.

em.ba.ja.da *s.f.* embaixada; comissão.

em.ba.la.je *s.m.* embalagem; empacotamento.

em.bal.do.sar *v.t.* lajear; ladrilhar.

em.bal.sa.de.ro *s.m.* charco; lugar fundo e pantanoso; pântano.

em.ba.ra.za.da *adj.* embaraçada; grávida.

em.ba.ra.zar *v.t.* embaraçar; estorvar; enredar; enlear; engravidar.

em.ba.ra.zo *s.m.* embaraço; estorvo; dificuldade; gravidez.

em.bar.ca.ción *s.f.* embarcação; barco.

em.bar.ca.de.ro *s.m.* cais; embarcadouro; porto.

em.bar.car *v.i.* embarcar.

em.bar.co *s.m.* embarque (de pessoas).

em.bar.ga.ble *adj. For.* embargável.

em.bar.gar *v.t.* embargar, impedir.

em.bar.go *s.m.* embargo.

em.bar.que *s.m.* embarque.

em.ba.rra.dor *adj.* enlameador; *Fig.* embusteiro.

em.ba.ru.llar *v.t.* baralhar; confundir; desordenar.

em.ba.zar *v.t.* embaçar, empanar, embaciar; embaraçar.

em.be.ber *v.t.* embeber.

em.be.le.que.ro *adj. Chile* embusteiro, frívolo; enganador.

em.be.le.sar *v.t.* fascinar, maravilhar; *v.r.* encantar-se.

em.be.lle.cer *v.t.* embelezar; aformosear; embelecer.

em.be.rrin.char.se *v.r. Fam.* zangar-se; amuar-se.

em.bes.tir *v.t.* investir; atacar; acometer.

em.blan.que.cer *v.t.* embranquecer.

em.bo.ba.mien.to *s.m.* admiração; êxtase; enlevo.

em.bo.bar *v.t.* extasiar; enlevar; encantar; embelezar.

em.bo.be.cer *v.t.* entontecer, estontear, atoleimar.

em.bo.ca.de.ro *s.m.* embocadura; boca ou canal estreito.

em.bo.de.gar *v.t* meter na adega.

em.bo.lis.mar *v.t. Fig. Fam.* mexericar; enredar.

em.bol.sar *v.t.* embolsar.

em.bo.rra.char.se *v.r.* embriagar-se.

em.bo.rro.nar *v.t.* borrar, rabiscar.

em.bos.car *v.t. Mil.* emboscar, ocultar.

em.bo.tar *v.t.* embotar, tirar o gume.

em.bo.te.llar *v.t.* engarrafar, embotelhar.

em.bo.za.do *adj.* embuçado, encoberto, disfarçado.

em.brión *s.m.* embrião.

em.bro.llo *s.m.* confusão, embrulhada, embrulho, imbróglio, mentira.

em.bro.mar *v.t.* embromar, enganar; gracejar, caçoar, troçar.

em.bru.jar *v.t.* enfeitiçar, embruxar.

em.bru.te.cer *v.t.* embrutecer.

em.bu.char *v.t.* embuchar, encher lingüiça, fartar, tragar.

em.bu.do *s.m.* trapaça, embrulho; *Fig.* funil.

e.mi.sa.rio *s.m.* emissário, enviado.

e.mi.tir *v.t.* emitir, mandar.

e.mo.ción *s.f.* emoção; comoção, abalo moral; agitação de ânimo.

e.mo.lu.men.to *s.m.* emolumento.

em.pa.car *v.t.* empacotar, enfardar; empacar; *v.r. Fig.* vexar-se, emperrar-se.

em.pa.cho *s.m.* empacho, indigestão, estorvo, embaraço, vexame.

em.pa.la.go.so *adj.* enjoativo *Fig.* empalagoso, maçador, fastidioso.

em.pa.li.za.da *s.f.* paliçada, estacada.

em.pal.mar *v.t.* empalmar, ligar, juntar; *v.i.* entroncar; *v.r.* trazer navalha oculta na palma.

em.pa.na.da *s.f.* empanada, empada; pastel; *Fig.* logro.

em.pa.ñar *v.t.* empanar; *Fig.* deslustrar; meter nos cueiros, enfaixar, pôr tanga.

em.pa.par *v.t.* ensopar, encharcar, empapar.

em.pa.pe.lar *v.t.* empapelar, cobrir ou forrar com papel.

em.pa.que *s.m.* empacotamento, embalagem; catadura, semblante.

em.pa.que.tar *v.t.* empacotar; *Fig.* atulhar (encher de gente).

em.pa.re.da.do *adj.* emparedado, murado; *Fig.* sanduíche de presunto.

em.pa.re.jar *v.t.* emparelhar; *v.r.* pôr no nível, nivelar.

em.pa.ren.tar *v.i.* aparentar, contrair parentesco (por casamento etc).

em.pas.tar *v.t.* empastar; dar muita tinta (pintura).

em.pe.ca.ta.do *adj.* endiabrado; traquinas; malévolo.

em.pe.ci.mien.to *s.m.* empecimento, estorvo, empecilho.

em.pe.ci.na.do *adj.* obstinado, tenaz.

em.pe.ci.na.mien.to *s.m. Amér.* obstinação; teimosia.

em.pei.ne *s.m.* hipogástrio; dorso do pé; impigem.

em.pe.llar *v.t.* impelir; empurrar.

em.pe.llón *s.m.* empurrão.

em.pe.lo.tar.se *v.r. Fam.* confundir-se; enredar-se; atrapalhar-se.

em.pen.ta *s.f.* suporte, apoio, arrimo.

em.pe.ñar *v.t.* empenhar; hipotecar.

em.pe.ño *s.m.* empenho; promessa; interesse; porfia.

em.pe.o.rar *v.t.* empiorar, piorar.

em.pe.que.ñe.cer *v.t.* diminuir; restringir.

em.pe.ra.dor *s.m.* imperador.

em.pe.ra.triz *s.f.* imperatriz.

em.per.cha.do *s.m.* cerca viva; sebe.

em.per.char *v.t.* colocar no cabide.

em.pe.re.ji.lar *v.t.* e *v.r. Fam.* enfeitar(-se) muito.

em.per.nar *v.t.* atarraxar; parafusar.

em.pe.ro *conj.* mas, porém, todavia, contudo.

em.pe.rrar.se *v.r. Fam.* emperrar-se; irritar-se; enfezar-se.

em.pe.zar *v.t.* começar; iniciar; principiar.

em.pi.car.se *v.r.* afeiçoar-se; ter amizade a alguém.

em.pie.ce *s.m. Fam.* começo, início, princípio.

em.pi.lar *v.t.* empilhar.

em.pla.zar *v.t.* emprazar; citar; *For.* intimar; aforar.

em.ple.ar *v.t.* empregar; colocar; gastar.

em.ple.o *s.m.* emprego; cargo; uso; aplicação.

em.plo.mar *v.t.* chumbar.

em.po.bre.ci.mien.to *s.m.* empobrecimento.

em.po.dre.cer *v.i.* apodrecer; apodrentar.

em.po.llar *v.t.* empolhar; incubar, chocar (os ovos).

em.pol.vo.rar *v.t.* empoar; empoeirar.

em.por.car *v.t.* emporcalhar; sujar.

em.po.trar *v.t.* encravar; embutir; enterrar; colocar; assentar.

em.po.zar *v.t.* empoçar.

em.pon.zo.ñar *v.t.* empeçonhar; envenenar; desvirtuar.

em.pren.der *v.t.* empreender; acontecer; atentar.

em.prés.ti.to *s.m.* empréstimo.

em.pu.jar *v.t.* empurrar; impelir; empuxar.

em.pu.je *s.m.* empurrão; *Fig.* iniciativa; alacridade; entusiasmo.

em.pu.jón *s.m.* empurrão, esbarrão; *Fig.* impulso, incentivo.

em.pun.tar *v.t.* apontar; fazer uma ponta.

em.pu.ña.du.ra *s.f.* empunhadura; punho.

em.pu.ñar *v.t.* empunhar; suster.

e.mu.la.ción *s.f.* emulação; competência; estímulo.

e.mul.sión *s.m. Farm.* emulsão.

en *prep.* em; sobre; por.

e.na.gua *s.f.* anágua; combinação (saia de baixo).

e.na.guar *v.t.* alagar; ensopar.

e.na.je.na.ble *adj.* alienável; transferível.

e.na.je.na.ción *s.f.* alienação; cessão de bens; *Fig.* loucura.

e.na.je.nar *v.t.* alienar; vender; transferir; *Fig.* alucinar.

e.na.mo.ra.do *adj.* apaixonado.

e.na.mo.rar *v.t.* apaixonar, despertar paixão; *v.r.* apaixonar-se.

e.na.no *adj. Fig.* anão.

e.nar.de.cer *v.t. Fig.* inflamar, avivar, exacerbar.

en.ca.be.za.mien.to *s.m.* cabeçalho.

en.ca.be.zar *Fig.* encabeçar; *v.t.* chefiar, dirigir, começar, vir na frente.

en.ca.bri.tar.se *v.r.* encabritar-se, empinar-se, erguer-se.

en.ca.de.nar *v.t.* encadear, acorrentar.

en.ca.jar *v.t.* encaixar, entalhar, embutir, introduzir, unir, ajustar.

en.ca.je *s.m.* encaixe, juntura; renda com desenhos.

en.ca.jo.nar *v.r.* encaixotar, *v.t.* estreitar (um curso d'água).

en.ca.llar *v.r.* encalhar; *v.i.* encruar.

en.ca.mi.nar *v.t.* encaminhar; dirigir; guiar; orientar.

en.can.di.lar *v.t.* deslumbrar, ofuscar; alucinar.

en.ca.ne.cer *v.i.* encanecer.

en.can.tar *v.t.* encantar; seduzir.

en.can.to *s.m.* encanto; sedução; fascínio.

en.ca.po.tar.se *v.r. Fig.* encapotar-se, acobertar-se, toldar-se, enuviar-se.

en.ca.pri.char.se *v.r.* teimar, obstinar-se.

en.ca.rar *v.t.* encarar; enfrentar.

en.car.ce.lar *v.t.* encarcerar, prender.

en.ca.re.cer *v.t.* encarecer, custar mais caro.

en.car.gar *v.t.* e *v.r.* encarregar, incumbir.

en.car.go *s.m.* encargo, incumbência, comissão; encomenda.

en.ca.ri.ñar *v.t.* afeiçoar; despertar carinho.

en.car.na.do *p.p. de encarnar; adj.* encarnado, vermelho, escarlate.

en.car.nar *v.i.* encarnar.

en.car.ni.za.do *adj.* encarniçado.

en.ca.rri.lar *v.t.* encarrilhar; encaminhar; dirigir.

en.cas.que.tar *v.t.* encasquetar; encaixar; meter apertado (chapéu etc.).

en.cau.sar *v.t.* processar, instaurar processo.

en.cau.za.mien.to *s.m.* canalização.

en.cau.zar *v.t.* canalizar; *Fig.* encaminhar, orientar.

en.ce.na.gar *v.t.* e *v.r.* enlamear; aviltar; corromper; viciar.

en.cen.der *v.t.* acender, atear fogo, incendiar; *Fig.* atiçar, estimular, inflamar.

en.cen.di.do *p.p de encender; adj.* aceso, inflamado, ardente, irado, exaltado.

en.ce.ra.do *p.p de encender; adj.* encerado; oleado; tecido impermeabilizado.

en.ce.rar *v.t.* encerar; untar; amadurecer.

en.ce.rrar *v.t.* encerrar; tapar; fechar; confinar; terminar, acabar.

en.ce.rro.na *s.f. Fam.* retiro voluntário; clausura.

en.char.car *v.t.* encharcar; empapar.

en.chu.fe *s.m.* encaixe; tomada de corrente elétrica; cabo; agarrador.

en.cí.a *s.f. Anat.* gengiva.

en.cie.rro *s.m.* encerramento, encerro, clausura, prisão.

en.ci.ma *adv.* em cima, sobre, demais, além disto; *por encima de* malgrado.

en.cin.ta *adj.* prenhe, grávida, pejada.

en.clo.car ou **en.clue.car** *v.i.* chocar (ovos).

en.co.bar *v.i.* incubar; chocar (ovos).

en.co.bi.jar *v.i.* cobrir; acolher; abrigar.

en.co.co.rar *v.t. Fam.* enfadar; incomodar.

en.co.ger *v.t.* encolher; restringir; contrair.

en.co.jar *v.t.* aleijar; pôr coxo.

en.co.la.do *s.m. adj.* clarificação (de vinhos turvos); colagem.

en.co.mien.da *s.f.* encomenda; encargo; incumbência.

en.co.nar *v.t.* inflamar; *Fig.* irritar; exasperar.

en.co.no *s.m.* animosidade; rancor; ódio.

en.con.trón *s.m.* encontrão; embate; empurrão.

en.co.pe.ta.do *adj.* presunçoso; vaidoso; pretensioso.

en.co.ra.jar *v.t.* encorajar; animar; estimular.

en.co.rar *v.t.* encourar.

en.co.ra.za.do *adj.* couraçado, encouraçado.

en.co.ra.zar *v.t.* encouraçar.

en.cor.char *v.t.* encortiçar (colméias); rolhar; arrolhar (garrafas).

en.cor.de.lar *v.t.* encordoar; ligar com cordéis.

en.cos.trar *v.t.* cobrir; folhar (um bolo etc.); encapar; encrostar.

en.cra.sar *v.t.* engrossar; espessar (um líquido).

en.cres.pa.mien.to *s.m.* encrespamento; encrespadura.

en.cres.ta.do *adj.* altivo; ensoberbecido.

en.cru.ci.ja.da *s.f.* encruzilhada.

en.cru.de.cer *v.t.* encruecer; encruar.

en.cua.der.nar *v.t.* encadernar.

en.cuar.te *s.m.* junta de bois (ou de cavalos).

en.cu.ber.tar *v.t.* acobertar, encobrir; defender.

en.cu.bier.ta *s.f.* encoberta; fraude; dolo; cilada.

en.cu.brir *v.t.* encobrir; ocultar; toldar; dissimular.

en.cuen.tro *s.m.* encontro; conjuntura; embate; briga.

en.cues.ta *s.f.* indagação; informação; averiguação.

en.cui.tar.se *v.r.* agoniar-se; afligir-se.

en.cum.bra.do *p.p. de encumbrar; adj.* elevado; alto.

en.cum.brar *v.t.* elevar; encumear; exaltar.

en.cu.nar *v.t.* colocar no berço.

en.cur.ti.do *p.p. de encurtir; adj.* picles; legumes em conserva.

en.cur.tir *v.t.* conservar legumes em vinagre.

en.de.ble *v.t.* débil; fraco; frouxo.

en.de.blez *s.f.* debilidade; fraqueza; frouxidão.

en.de.mo.niar *v.t.* endemoninhar; *Fig.* enraivecer.

en.den.tar *v.t.* endentar; engrenar.

en.de.re.zar *v.t.* endereçar; encaminhar; endireitar.

en.deu.dar.se *v.r.* endividar-se; empenhar-se.

en.dia.bla.do *p.p. de endiablar; adj.* endiabrado; travesso; furioso; mau.

en.dia.blar *v.t.* endiabrar; *Fam.* perverter.

en.di.bia *s.f. Bot.* escarola.

en.dil.gar *v.t. Fam.* encaminhar; endossar, impingir (algo desagradável).

en.dio.sar *v.t.* endeusar, deificar, divinizar.

en.do.sar *v.t.* endossar.

en.do.so *s.m.* endosso.

en.dul.zar *v.t.* adoçar, suavizar.

e.ne.bro *s.m. Bot.* zimbro, junípero.

e.ne.mi.ga *s.f.* inimizade, má vontade; ódio.

e.ne.mi.go *s.m. e adj.* inimigo, adversário, oponente, oposto, contrário; diabo.

e.ne.mis.tad *s.f.* inimizade, ódio, aversão.

e.ner.gí.a *s.f.* energia, força, vigor.

e.nér.gi.co *adj.* enérgico, forte, vigoroso.

e.ner.gú.me.no *s.m.* energúmeno, possesso; *Fig.* furioso, alvoroçado.

e.ne.ro *s.m.* janeiro.

e.ner.va.ción *s.f.* enervação.

e.ner.var *v.t.* enervar, debilitar.

en.fa.dar *v.t.* enfadar, incomodar.

en.fa.do *s.m.* enfado, incômodo, aborrecimento.

en.fan.gar *v.t.* emporcalhar, enlamear, sujar.

en.far.dar *v.t.* enfardar, enfardelar, empacotar.

én.fa.sis *amb.* ênfase, timbre.

en.fer.me.dad *s.f.* enfermidade.

en.fer.me.ro *s.m.* enfermeiro.

en.fer.mi.zo *adj.* enfermiço.

en.fi.lar *v.t.* enfiar, trespassar, atravessar.

en.fo.car *v.t.* enfocar, focalizar.

en.fras.car *v.t. e v.r.* embrenhar-se, enredar-se.

en.fren.tar *v.t.* enfrentar; defrontar.

en.fren.te *adv.* em frente, defronte, contra.

en.fria.mien.to *s.m.* esfriamento.

en.friar *v.t.* enfriar, esfriar; *Fig.* arrefecer.

en.fu.rru.ñar.se *v.r. Fam.* enfadar-se, zangar-se, aborrecer-se.

en.ga.ñar *v.t.* enganar, entreter, burlar, distrair.

en.ga.ño *s.m.* engano, burla, embuste, mentira, falsidade.

en.gar.ce *s.m.* engranzamento, engrenagem.

en.gen.dro *s.m.* feto, aborto; monstro; concepção defeituosa.

en.glo.bar *v.t.* englobar.

en.go.mar *v.t.* engomar, untar, impregnar (de goma).

en.gor.dar *v.t.* engordar, cevar; *v.r.* enriquecer.

en.go.rro *s.m.* embaraço, estorvo, incômodo.

en.gra.na.je *s.m. Mec.* engrenagem.

en.gra.nar *v.i. Mec.* engrenar; entrosar; encadear.

en.gran.de.cer *v.t.* engrandecer; aumentar; louvar; exagerar.

en.gra.sar *v.t.* engordurar, ensebar; lubrificar, untar.

en.gre.ír *v.t.* envaidecer, orgulhar; *v.r. Amér.* acarinhar, afeiçoar.

en.gres.car *v.t.* provocar; atiçar.

en.gri.far *v.t.* encrespar; eriçar.

en.gri.llar *v.t.* agrilhoar.

en.gro.sar *v.t* engrossar; *v.i.* abastecer.

en.gru.dar *v.t.* grudar; ligar; unir.

en.gru.do *s.m.* grude; cola.

en.guan.tar *v.t.* enluvar.

en.gue.de.ja.do *adj.* enguedelhado; esguedelhado; diz-se do cabelo em madeixas compridas.

en.guir.nal.dar *v.t.* engrinaldar; *Fig.* coroar.

en.guiz.car *v.t.* estimular; incitar.

engu.llir *v.t.* engulir, deglutir, tragar.

en.gu.rrio *s.m.* melancolia; tristeza.

en.gu.rru.ñar.se *v.r. e v.t.* encolher-se; enrugar-se.

en.has.tiar *v.t.* enfastiar; enfadar.

en.he.brar *v.t.* enfiar; meter um fio em.

en.hes.tar *v.t.* erigir, erguer, levantar.

en.hi.lar *v.t.* enfiar; ordenar.

en.ho.ra.bue.na *s.f.* felicitação; parabéns.

en.ho.ra.ma.la *adv.* que exprime reprovação ou desgosto.

en.hor.nar *v.t.* enfornar; meter no forno.

en.ja.bo.nar *v.t.* ensaboar.

en.jal.be.gar *v.t.* caiar; branquear.

en.jam.bre *s.m.* enxame.

en.jar.di.nar *v.t.* ajardinar.

en.jer.gar *v.t. Fam.* encetar um negócio.

en.jer.to *adj.* enxerto.

en.jo.yar *v.t.* adereçar; enfeitar com jóias.

en.jua.gar *v.t.* enxaguar; bochechar.

en.jua.gue *s.m.* negócio sujo, desonesto.

en.jui.cia.mien.to *s.m.* julgamento; juízo.

en.jui.ciar *v.t.* ajuizar; *For.* instruir (um processo).

en.ju.to *p.p. de enjutar; adj.* enxuto; seco; magro.

en.la.ciar *v.t.* amolecer; murchar.

en.la.dri.llar *v.t.* ladrilhar; atijolar.

en.la.zar *v.t.* enlaçar; enlear; entretecer.

en.ler.dar *v.t* entorpecer; retardar.

en.llen.te.cer *v.t.* amolecer; abrandar.

en.lo.da.zar *v.t.* enlodaçar; enlodar.

en.lo.que.cer *v.t.* enlouquecer; desvairar.

en.lo.sar *v.t.* enlousar, lajear.

en.lu.cir *v.t.* estucar; polir.

en.lus.tre.cer *v.t.* lustrar, polir.

en.ma.de.ra.mien.to *s.m.* lambril; forro de madeira.

en.ma.de.rar *v.t.* emadeirar.

en.ma.gre.cer *v.t.* emagrecer.

en.ma.le.cer *v.t.* adoecer.

en.man.gar *v.t.* encabar.

en.ma.ra.ñar *v.t.* emaranhar, enredar; confundir.

en.mas.ca.rar *v.t.* emascarar, mascarar.

en.men.dar *v.t.* emendar; corrigir; acrescentar.

en.mien.ta *s.f.* emenda; correção; regeneração.

en.mo.he.cer *v.t.* enferrujar; mofar; abolorecer.

en.mo.lle.cer *v.t.* amolecer; abrandar.

en.mor.da.zar *v.t.* amordaçar; emordaçar; açaimar.

en.mu.gre.cer *v.t.* sujar; emporcalhar.

en.no.ble.cer *v.t.* enobrecer.

e.no.jo *s.m.* agastamento; cólera.

e.no.jo.so *adj.* aborrecido; molesto; enfadonho.

e.nor.gu.lle.cer *v.t.* orgulhar-se; ensoberbecer-se.

e.nor.me *adj.* enorme.

en.re.da.de.ra *adj. Bot.* trepadeira.

en.re.ja.do *p.p. de enrejar; adj.* grade; gradil; rótula.

en.re.jar *v.t.* gradear.

en.re.ve.sa.do *adj.* arrevezado; obscuro; complexo.

en.ri.que.cer *v.t.* e *v.i.* enriquecer.

en.ro.car *v.t.* rocar (praticar o roque, no jogo de xadrez).

en.ro.je.cer *v.t. Fig.* corar, enrubescer, avermelhar; envergonhar; encandecer.

en.ro.lar *v.t.* alistar, inscrever.

en.ro.llar *v.t.* enrolar, encaracolar; empedrar.

en.ron.que.cer *v.t.* enrouquecer.

en.ro.que *s.m.* roque; lance do xadrez.

en.ros.car *v.t.* enroscar; torcer.

en.rui.ne.cer *v.i.* aviltar, tornar ruim.

en.sa.car *v.t.* ensacar, meter em saco.

en.sai.ma.da *s.f.* bolo de massa folhada em espiral (Ilha Maiorca).

en.sa.la.da *s.f.* ensalada, salada; *Fig.* salsada, mixórdia, enredo.

en.sa.la.de.ra *s.f.* saladeira.

en.sa.la.di.lla *s.f. dim.* salada de frutas; *Fig.* miudezas; pedras preciosas engastadas numa jóia.

en.sal.zar *v.t.* engrandecer, elogiar, exaltar.

en.sam.blar *v.t.* ensamblar, entalhar; embutir.

en.san.cha *s.f.* alargamento, dilatação; *dar ensanchas* dar largas, folgar.

en.san.char *v.t.* alargar, dilatar, ensanchar.

en.san.gren.tar *v.t.* ensangüentar, ensanguinhar.

en.sa.ña.mien.to *s.m.* assanho, assanhamento.

en.sa.ñar *v.t.* assanhar, enfurecer, irritar.

en.sar.tar *v.t.* ensartar, meter em fio (contas, etc.); espetar; introduzir.

en.sa.yar *v.t.* ensaiar, experimentar.

en.sa.yo *s.m.* ensaio, experiência, prova.

en.se.na.da *s.f.* enseada.

en.se.ña *s.f.* insígnia, estandarte.

en.se.ñan.za *s.f.* ensinamento; doutrina; lição.

en.se.ñar *v.t.* ensinar, instruir; doutrinar; adestrar.

en.se.ño.re.ar.se *v.r.* assenhorear-se, dominar.

en.se.res *s.m. pl.* móveis, utensílios; material.

en.si.llar *v.t.* selar (animal), pôr sela.

en.si.mis.mar.se *v.r.* ensimesmar-se, abstrair-se.

en.sor.de.cer *v.t.* e *v.i.* ensurdecer.

en.sor.ti.jar *v.t.* encrespar, anelar, frisar, retorcer.

en.su.ciar *v.t.* sujar, conspurcar, enxovalhar, deslustrar.

en.sue.ño *s.m.* sonho; ficção; fantasia.

en.ta.blar *v.t.* entabular, entabuar; assobradar.

en.ta.bli.llar *v.t. Cir.* entalar, encanar (osso).

en.ta.llar *v.t.* entalhar, esculpir, gravar; *v.i.* cair bem; calhar.

en.ta.par *v.t. Chile* encadernar; forrar ou empastar (livro).

en.ta.ri.ma.do *adj.* assobradado, assoalhado; soalho, tabuado.

en.ten.der *v.t.* entender; compreender; perceber; opinar.

en.ten.di.mien.to *s.m.* entendimento; razão; compreensão.

en.te.rar *v.t.* inteirar; certificar; informar.

en.ter.ca.no *adj.* grisalho (cabelo ou barba).

en.ter.car.se *v.r.* obstinar-se, teimar.

en.te.ri.zo *adj.* inteiriço; hirto; inflexível.

en.ter.ne.ci.mien.to *s.m.* enternecimento; compaixão; dó.

en.te.ro *adj.* inteiro; completo; ileso.

en.te.rrar *v.t.* enterrar; sepultar; *Fig.* esquecer.

en.tes.ta.do *adj.* teimoso, cabeçudo.

en.ti.bo *s.m. Fig.* espeque; escora; apoio.

en.ti.dad *s.f. Fil.* entidade, ente; individualidade.

en.tie.rro *s.m.* enterro, sepultamento.

en.tie.sar *v.t.* entesar; retesar.

en.ti.gre.cer.se *v.t. Fig.* enfurecer-se.

en.tin.tar *v.t.* manchar; borrar (com tinta).

en.tiz.nar *v.t.* tisnar; enegrecer.

en.to.mo.lo.gí.a *s.f.* entomologia.

en.to.na.ción *s.f.* entonação; entoamento.

en.to.na.de.ra *s.f.* alavanca com que se movem os foles do órgão.

en.to.nar *v.t.* entoar; cantar.

en.ton.ces *adv.* então; nesse caso; assim sendo.

en.to.ne.lar *v.t.* meter em tonéis; envasilhar.

en.ton.gar *v.t.* empilhar.

en.ton.te.ci.mien.to *s.m.* entontecimento.

en.to.ri.lar *v.t.* meter o touro no curral.

en.tor.no *s.m.* entorno; contexto; ambiente.

en.tor.pe.ci.mien.to *s.m.* entorpecimento, torpor; paralisia.

en.to.si.gar *v.t.* intoxicar; envenenar.

en.tra.ma.do *p.p. de entramar; adj.* esqueleto; armação.

en.tra.mar *v.t. Arq.* construir paredes de frontal.

en.tram.bos *adj. pl.* ambos; os dois; um e outro.

en.tram.par *v.t.* lograr; apanhar em armadilha.

en.tra.ña.ble *adj.* entranhável; íntimo; profundo.

en.tra.ñar *v.t.* entranhar; arraigar; conter.

en.tra.ña *s.f.* entranha.

en.tra.pa.zar *v.i.* trapacear.

en.trar *v.i.* entrar; ingressar; *Fig.* envolver-se.

en.tre *prep.* entre; no meio.

en.tre.a.brir *v.t.* entreabrir; desabrochar.

en.tre.an.cho *adj.* nem largo nem estreito.

en.tre.ca.var *v.t.* cavar ligeiramente, sem aprofundar.

en.tre.ce.jo *s.m.* espaço que separa as sobrancelhas.

en.tre.cer.ca *s.f.* espaço entre duas cercas.

en.tre.co.ger *v.t.* agarrar; premer, premir.

en.tre.de.cir *v.t.* interdizer; suspender; proibir.

en.tre.di.cho *p.p. de entredecir; adj.* interdito; *s.m.* interdição, proibição; suspeita.

en.tre.dós *s.m.* entremeio; *Arq.* teto de abóbada; *Impr.* certo corpo tipográfico de pequeno tamanho.

en.tre.la.zar *v.t.* entrelaçar; confundir; misturar.

en.tre.lis.ta.do *adj.* com riscas ou listas de cor diferente.

en.tre.lu.cir *v.i.* entreluzir; entremostrar-se.

en.tre.me.diar *v.t.* intercalar.

en.tre.me.dias *adv.* entrementes; durante; entretanto.

en.tre.més *s.m.* entremez; farsa.

en.tre.me.ti.do *adj.* intrometido, atrevido, metediço.

en.tre.mez.clar *v.t.* misturar; mesclar.

en.tre.mo.rir *v.i.* esmaecer; extinguir-se (uma luz).

en.tren.zar *v.t.* trançar, entrançar.

en.tre.pa.ño *s.m. Arq.* entrepano.

en.tre.pier.nas *s.f. pl.* fundilho das calças (reforço).

en.tre.puen.tes *s.m. pl. Mar.* entreponte.

en.tre.rren.glo.nar *v.t.* entrelinhar, intercalar.

en.tre.sa.car *v.t.* escolher; separar.

en.tre.si.jo *s.m.* mesentério; *Fig.* coisa interior, oculta.

en.tre.sue.lo *s.m.* entressolho; sobreloja.

en.tre.ta.llar *v.t.* entretalhar.

en.tre.te.jer *v.t.* entretecer; entremear; entrelaçar.

en.tre.te.ner *v.t.* entreter; demorar; manter; distrair.

en.tre.te.ni.do *p.p. de entretener; adj.* alegre; divertido.

en.tre.te.ni.mien.to *s.m.* entretenimento; divertimento.

en.tre.tiem.po *s.m.* meia-estação.

en.tre.ver *v.t.* entrever; suspeitar; desconfiar.

en.tre.ve.rar *v.t.* misturar, mesclar.

en.tre.ve.ro *s.m. Amér.* entrevero, confusão; baderna.

en.tre.vis.ta *s.f.* entrevista.

en.tre.vis.tar *v.t.* entrevistar; perguntar.

en.tri.pa.do *adj.* zanga disfarçada.

en.tris.te.cer *v.t.* entristecer; consternar.

en.tro.me.ter *v.t.* intrometer; intercalar; *v.i.* intrometer-se.

en.tron.ca.mien.to *s.m.* entroncamento, junção.

en.tro.ni.za.ción *s.f.* entronização.

en.tru.cha.da *p.p. de entruchar; adj.* tramóia; armadilha; engano; logro; intrujice.

en.tru.char *v.t. Fam.* tapear; intrujar (em um negócio).

en.tru.jar *v.t.* guardar a azeitona no lagar.

en.tuer.to *s.m.* injúria, ofensa, agravo.

en.tu.lle.cer *v.t. Fig.* entorpecer; suspender qualquer movimento.

en.tu.me.cer *v.t.* intumescer, inchar; crescer.

en.tu.mir.se *v.r.* entorpecer-se (um membro).

en.tur.biar *v.t.* enturvar; turvar.

e.nu.me.ra.ción *s.f.* enumeração.

e.nun.cia.ción *s.f.* enunciação.

en.vai.nar *v.t.* embainhar, invaginar.

en.va.len.to.nar *v.t.* alentar, infundir valentia, encorajar; *v.r.* animar-se.

en.va.ne.cer *v.t.* envaidar, envaidecer.

en.va.sar *v.t.* enlatar, engarrafar, envasilhar, envasar; *Fig.* fincar (arma branca).

en.va.se *s.m.* envasilhamento; vasilha; invólucro, envoltório.

en.ve.di.jar.se *v.r.* envencilhar-se, embaraçar-se (lã ou cabelo); engalfinhar-se; enredar-se.

en.ve.je.cer *v.t.* envelhecer, avelhantar.

en.ve.ne.nar *v.t.* envenenar, empeçonhar.

en.viar *v.t.* enviar, remeter, mandar.

en.vi.ciar *v.t.* viciar, corromper, depravar; *v.i.* vicejar.

en.vi.dia *s.f.* inveja, invídia, emulação.

en.vi.diar *v.t.* invejar; desejar.

en.vi.dio.so *adj.* invejoso, desejoso.

en.vi.le.cer *v.t.* envilecer, aviltar.

en.ví.o *s.m.* envio, remessa.

en.vión *s.m.* empurrão.

en.viu.dar *v.i.* enviuvar.

en.vol.to.rio *s.m.* envoltório, invólucro.

en.vol.tu.ra *s.f.* envoltura; cobertas; cueiros.

en.vol.ver *v.t.* envolver, encobrir.

en.ye.sar *v.t.* engessar.

en.yu.gar *v.t.* jungir.

en.zai.nar.se *v.r.* olhar de soslaio; *Fam.* tornar-se traidor ou falso.

é.pi.co *adj.* épico; heróico.

e.pi.de.mia *s.f.* epidemia.

e.pi.der.mis *s.f.* epiderme.

e.pí.gra.fe *s.m.* epígrafe.

e.pi.gra.ma *s.m.* epigrama.

e.pi.lep.sia *s.f. Med.* epilepsia.

e.pi.lép.ti.co *adj. Med.* epilético.

e.pí.lo.go *s.m.* epílogo.

e.pis.co.pal *adj.* episcopal.

e.pi.so.dio *s.m.* episódio.

e.po.pe.ya *s.f.* epopéia.

e.qui.dad *s.f.* eqüidade.

e.qui.pa.je *s.m.* equipagem; bagagem; *Mar.* tripulação.

e.qui.pa.ra.ción *s.f.* equiparação.

e.qui.po *s.m.* equipamento; equipe; time; equipamento de som.

e.quis *s.f.* nome da letra x do alfabeto; *Mat.* incógnita.

e.qui.ta.ción *s.f.* equitação.

e.ra *s.f.* eira; canteiro.

e.rec.ción *s.f.* ereção; inauguração; fundação.

er.guir *v.t.* erguer, erigir, levantar.

e.rial *adj.* terreno baldio, ermo, deserto.

e.ri.zo *s.m. Zool.* ouriço; porco-espinho.

er.mi.ta *s.f.* ermida; pequena igreja.

er.mi.ta.ño *s.m.* ermitão, ermita.

e.ro.gar *v.t.* distribuir; repartir.

e.ro.sión *s.f.* erosão; corrosão.

e.rra.di.zo *adj.* erradio; vagabundo; transviado.

e.rror *s.m.* erro; desacerto; engano; falta.

e.ruc.tar *v.i.* arrotar; dar arrotos; *Fig.* vangloriar-se.

e.ruc.to *s.m.* eructação, arroto.

e.ru.di.ción *s.f.* erudição; instrução vasta.

e.rup.ción *s.f.* erupção; exantema.

er.vi.lla *s.f. Bot.* ervilha.

es.bo.zo *s.m.* esboço; bosquejo; resumo; sinopse.

es.ca.be.char *v.t.* preparar escabeche; *Fig.* destroçar; escangalhar.

es.ca.bro.si.dad *s.f.* escabrosidade; aspereza; dificuldade.

es.ca.bu.llir.se *v.r.* escapulir-se, escapar-se.

es.ca.char *v.t.* esmagar, calcar; abater; macerar.

es.ca.fan.dra *s.f.* escafandro.

es.ca.la.fón *s.m.* relação hierárquica.

es.ca.la.mien.to *s.m.* escalada.

es.ca.le.ra *s.f.* escada.

es.ca.le.ta *s.f.* espécie de macaco para suspender veículos.

es.ca.lo.frí.o *s.m.* calafrio; resfriamento.

es.ca.lón *s.m.* escalão; degrau.

es.ca.mo.cho *s.m.* sobras; restos (de comida).

es.ca.món *adj.* receoso; desconfiado.

es.ca.mon.dar *v.t.* desbastar, limpar (as árvores).

es.ca.mo.te.o *s.m.* escamoteação; empalmação.

es.cam.pa.da *s.f. Fam.* aberta; curto espaço de tempo em que deixa de chover.

es.cam.pa.ví.a *s.f.* lancha da polícia marítima.

es.ca.mu.do *adj.* escamoso.

es.can.ciar *v.t.* escançar; servir o vinho.

es.ca.ne.ar *v.t. Inform.* escanear, digitalizar por meio de *scanner*.

es.ca.ne.o *s.m. Inform.* escaneamento, digitalização de imagens ou objetos em *scanner*.

es.cá.ner *s.m. Med.* aparelho de raio X; *Inform. scanner*: aparelho de leitura ótica que digitaliza imagens e objetos; processamento de digitalização de imagens.

es.ca.ra.ba.jo *s.m. Zool.* escaravelho; *Fig.* rabiscos.

es.ca.ra.mu.jo *s.m.* caramujo.

es.ca.ra.mu.za *s.f.* escaramuça, contenda; desordem.

es.car.ba.dien.tes *s.m.* palitos.

es.car.bar *v.t.* escarvar; corroer.

es.car.la.ta *s.f.* escarlate, encarnado.

es.car.mien.to *s.m.* escarmento; castigo.

es.car.pa.du.ra *s.f.* escarpa; ladeira íngreme.

es.car.par *v.t.* grosar (esculturas e obras de talha).

es.car.pe.lo *s.m.* escalpelo; grosa.

es.car.pia *s.f.* escápula.

es.car.pión *adv.* em forma de escápula.

es.car.zar *v.t.* escarçar; tirar a cera das colméias.

es.ca.so *adj.* escasso, parco; raro; somítico.

es.ce.na *s.f.* cena; *Fig.* perspectiva; panorama.

es.ce.na.rio *s.m.* cenário.

es.ce.ni.fi.car *v.t.* encenar.

es.cép.ti.co *adj.* cético.

es.chan.gar *v.t.* despedaçar; desbaratar.

es.cien.te *adj.* ciente.

es.cin.dir *v.t.* cindir; cortar; dividir.

es.ci.rro *s.m. Med.* cirro (tumor); cirro (estertor).

es.ci.sión *s.f.* cisão; divergência; divisão; rompimento.

es.cla.re.ci.mien.to *s.m.* esclarecimento.

es.cla.re.cer *v.t.* esclarecer, explicar; *v.i.* amanhecer.

es.cla.vi.tud *s.f.* escravidão, servidão; sujeição.

es.cla.vi.zar *v.t.* escravizar; *Fig.* tiranizar.

es.cla.vo *adj.* escravo; cativo; dependente.

es.cle.ro.sis *s.f. Med.* esclerose.

es.clu.sa *s.f.* dique; eclusa; comporta.

es.co.ba *s.f.* vassoura.

es.co.ba.jo *s.m.* vassoura; vassoura velha.

es.co.bar *v.t.* vassourar; varrer.

es.co.ba.zar *v.t.* borrifar.

es.co.ba.zo *s.m.* vassourada.

es.co.bi.lla *s.f.* escova; escovinha.

es.co.bi.llón *s.m.* escovão.

es.co.bo *s.m.* mata espessa, cerrada.

es.co.cer *v.i.* sentir comichão; sentir ardor.

es.co.fia *s.f.* coifa.

es.co.fi.na *s.f.* grosa.

es.co.fi.nar *v.t.* grosar, limar.

es.co.ger *v.t.* escolher; preferir; separar.

es.co.li.ma.do *adj. Fam.* enfermiço; débil; delicado.

es.co.lle.ra *s.f.* dique, muralha de cais; molhe.

es.co.llo *s.m.* escolho; recife; obstáculo; perigo.

es.com.brar *v.t.* desentulhar.

es.co.mer.se *v.r.* carcomer-se; consumir-se.

es.con.di.te *s.m.* esconderijo.

es.con.dri.jo *s.m.* esconderijo.

es.co.pe.ta *s.f.* escopeta.

es.co.plo *s.m. Carp.* escopro; cinzel.

es.cor.char *v.t.* esfolar.

es.cor.pión *s.m. Zool.* escorpião, lacrau.

es.cor.zo *s.m. Pint.* escorço; perspectiva; resumo.

es.co.ta.du.ra *s.f.* chanfradura; fenda; decote.

es.co.tar *v.t.* decotar; chanfrar.

es.co.te *s.m.* decote, escote; quota.

es.co.te.ro *adj.* escoteiro.

es.cri.ba.ní.a *s.f.* escrivaninha.

es.cri.ba.no *s.m.* escrivão, tabelião.

es.cri.bien.te *s.m.* escrevente; copista; amanuense.

es.cri.bir *v.t.* escrever, redigir.

es.cri.ño *s.m.* escrínio; escrivaninha; porta-jóias.

es.cu.cha *s.f.* escuta; esculca; sentinela avançada.

es.cu.char *v.t.* escutar; ouvir.

es.cu.de.ro *adj.* escudeiro, criado-grave.

es.cu.dri.ñar *v.t.* esquadrinhar, perscrutar.

es.cue.la *s.f.* escola, colégio.

es.cue.to *adj.* expedito, desembaraçado; conciso.

es.cul.pir *v.t.* esculpir.

es.cul.tor *s.m.* escultor.

es.cu.na *s.f. Mar.* escuna, goleta.

es.cu.pi.de.ra *s.f.* escarradeira, cuspideira.

es.cu.pir *v.i.* cuspir, escarrar.

es.cu.rri.di.zo *adj* escorregadio.

es.cu.rri.do *p.p. de escurrir; adj.* escorrido; de ancas estreitas; diz-se da mulher de saia apertada.

es.cu.rrir *v.t.* escorrer, pingar.

es.cu.sa.lí *s.m.* aventalzinho.

es.drú.ju.lo *adj. Gram.* esdrúxulo.

e.se *adj.* e *pron.* esse.

e.sen.cia *s.f.* essência.

e.sen.cial *adj.* essencial.

es.fe.ra *s.f. Geom.* esfera, âmbito.

es.fin.ge *amb.* esfinge.

es.for.za.do *p.p. de esforzar; adj.* esforçado; dedicado; valente.

es.for.zar *v.t.* esforçar, animar.

es.fo.yar *v.t.* desfolhar (diz-se principalmente do milho).

es.fuer.zo *s.m.* esforço.

es.fu.mar *v.t. Pint.* esfumar, esbater.

es.gri.ma *s.f.* esgrima.

es.gri.mir *v.t.* esgrimir.

es.guar.da.mi.llar *v.t. Fam.* desbaratar, descompor.

es.gue.va *s.f.* esgoto, cloaca.

es.la.bón *s.m.* elo, articulação; fuzil de pederneira; *Vet.* eslabão.

es.mal.te *s.m.* esmalte.

es.me.ral.da *s.f.* esmeralda.

es.me.rar.se *v.r.* esmerar-se.

es.me.ro *s.m.* esmero.

e.so *pron. dem.* isso, isto.

e.só.fa.go *s.m. Anat.* esôfago.

es.pa.ciar *v.t.* espaçar, espacejar, difundir.

es.pa.cio *s.m.* espaço; amplitude; capacidade.

es.pa.da *s.f.* espada.

es.pal.da *s.f. Anat.* costas; espaldas; espaldar.

es.pan.ta.jo *s.m.* espantalho.

es.pan.tar *v.t.* espantar, afugentar, assustar.

es.pan.to *s.m.* espanto, pasmo, susto, terror.

es.par.ci.mien.to *s.m.* espargimento; expansão; alegria.

es.par.cir *v.t.* espargir.

es.pá.rra.go *s.m.* espargo; estaca de toldo.

es.pe.cia.li.dad *s.f.* especialidade; particularidade.

es.pe.je.ar *v.i.* espelhar; brilhar; refulgir.

es.pe.jis.mo *s.m.* miragem; *Fig.* ilusão.

es.pe.jo *s.m.* espelho.

es.pe.luz.nar *v.t.* assustar, amedrontar; horrorizar.

es.pe.ran.za *s.f.* esperança; confiança.

es.per.ma.to.zoi.de ou **es.per.ma.to.zo.o** *s.m.* espermatozóide.

es.pe.sar *v.t.* espessar; engrossar.

es.pe.so *adj.* espesso; denso; grosso.

es.pe.ta.pe.rro *adv.* com muita precipitação; à pressa.

es.pe.te.ra *s.f.* cabide de cozinha.

es.pe.tón *s.m.* espeto; espetão; mandril.

es.pi.char *v.t. Fam.* espichar; furar.

es.pi.gón *s.m.* espigão; pua; cumeeira; aresta.

es.pín *s.m.* porco-espinho.

es.pi.na *s.f.* espinha (coluna vertebral).

es.pi.na.ca *s.f. Bot.* espinafre.

es.pi.na.du.ra *s.f.* picada; ferida de espinho.

es.pi.na.zo *s.m.* espinhaço; dorso; coluna vertebral.

es.pi.no *s.m. Bot.* espinho; espinheiro.

es.pio.na.je *s.m.* espionagem.

es.pi.ri.to.so *adj.* espirituoso; conceituoso.

es.pí.ri.tu *s.m.* espírito.

es.pi.ro.que.ta *s.f.* espiroqueta.

es.pi.ra.ción *s.f.* espiração; exalação.

es.pi.ta *s.f.* torneira de barril.

es.plie.go *s.m. Bot.* alfazema.

es.pli.que *s.m.* armadilha para caçar pássaros.

es.po.le.ar *v.t.* esporear.

es.po.le.ta *s.f.* espoleta (de arma).

es.po.lón *s.m.* excrescência; superfluidade.

es.pon.sa.les *s.m. pl.* esponsais.

es.pon.ta.nei.dad *s.f.* espontaneidade.

es.po.sar *v.t.* algemar.

es.po.sas *s.f. pl.* algemas.

es.pue.la *s.f.* espora.

es.pu.ma.de.ra *s.f.* escumadeira.

es.pu.mar *v.t.* escumar; tirar a escuma.

es.pu.rriar *v.t.* borrifar (com a boca).

es.pu.tar *v.t.* expectorar, escarrar.

es.que.la *s.f.* bilhete; carta singela e breve.

es.que.le.to *s.m.* esqueleto.

es.qui.cio *s.m.* esboço.

es.qui.la *s.f.* sineta, chocalho; tosquia; *Zool.* camarão.

es.qui.lar *v.t.* tosquiar.

es.qui.le.o *s.m.* tosquia.

es.qui.mal *adj.* esquimó.

es.qui.na *s.f.* esquina.

es.quir.la *s.f.* esquírola; lasca de osso.

es.qui.rro *s.m.* cirro (tumor).

es.quis.to *s.m.* xisto.

es.ta.ble *adj.* estável; fixo; duradouro.

es.ta.ble.ci.mien.to *s.m.* estabelecimento; instituição; estatuto.

es.ta.blo *s.m.* estábulo; estrebaria.

es.ta.ción *s.f.* estação, parada; emissora (rádio, tevê); temporada; posto, agência; *estación de servicio* posto de gasolina; *estación de trabajo* estação de trabalho, equipamentos de informática que funcionam como um todo.

es.ta.fa *s.f.* fraude; furto.

es.ta.far *v.t.* roubar, enganando a vítima.

es.ta.fe.te.ro *s.m.* estafeta; boletineiro.

es.ta.la *s.f.* estábulo; escala de navios.

es.tam.pe.rí.a *s.f.* estamparia.

es.tand *s.m.* estande.

es.tán.dar *v.t.* estândar; padrão.

es.tan.da.ri.zar *v.t.* estandardizar; padronizar.

es.tan.dar.te *s.m.* estandarte.

es.tan.que *s.m.* reservatório de água; tanque.

es.tan.que.ro *s.m.* estanqueiro.

es.tan.te *s.m.* estante; prateleira.

es.tan.tí.o *adj.* estancado, parado; detido; estagnado.

es.ta.ña.du.ra *s.f.* estanhagem, estanhadura.

es.ta.ñe.ro *s.m.* funileiro.

es.ta.ño *s.m. Quím.* estanho.

es.tar *v.i.* estar, ficar; existir; ser; manter-se; custar.

es.te *adj.* e *pron. dem.* este; *s.m.* este, leste.

es.tár.ter *s.m. Eletr.* starter.

es.te.la *s.f.* esteira.

es.tem.ple *s.m. Min.* escora de madeira.

es.te.pa *s.f.* estepe.

es.te.ra *s.f.* esteira.

es.ter.co.lar *s.m.* estercar, estrumar.

es.te.re.ro *s.m.* esteireiro.

es.te.ri.li.dad *s.f.* esterilidade; escassez; infecundidade.

es.te.ri.li.za.ción *s.f.* esterilização.

es.ter.li.na *adj.* esterlina.

es.ter.nón *s.m. Anat.* esterno.

es.te.va.do *adj.* câmbio; cambado.

es.tia.je *s.m.* estiagem.

es.ti.ba *s.f. Mar.* estiva.

es.ti.ba.dor *s.m.* estivador.

es.tiér.col *s.m.* esterco, bosta, estrume.

es.ti.lar *v.i.* usar, acostumar, estar na moda; *v.t.* redigir conforme formulário.

es.ti.lis.ta *s.m.* e *s.f.* estilista.

es.ti.li.zar *v.t.* estilizar; dar estilo ou feição primorosa.

es.ti.lo.grá.fi.ca *s.f.* caneta-tinteiro; estilógrafo.

es.ti.ma.ción *s.f.* estimação, estima.

es.tí.o *s.m.* estio, verão.

es.ti.pen.dio *s.m.* estipêndio, soldo, salário, paga, honorários.

es.ti.pu.lar *v.t. For.* estipular.

es.ti.rar *v.t.* estirar, distender, esticar.

es.tir.pe *s.f.* estirpe, linhagem, raça, prosápia.

es.ti.val *adj.* estival.

es.to *pron.* isto; tal coisa.

es.to.ca.da *s.f.* estocada, golpe; punhalada.

es.to.fa *s.f.* estofa, tecido de seda; *Fig.* classe, qualidade, tipo.

es.ton.ces *adv.* então; naquele tempo.

es.to.pa *s.f.* estopa.

es.tor.bar *v.t.* estorvar, atrapalhar.

es.tor.bo *s.m.* estorvo, embaraço, impedimento, dificuldade.

es.tor.nu.dar *v.i.* espirrar; soltar espirros.

es.tor.nu.do *s.m.* espirro.

es.to.tro *pron. dem.* estoutro.

es.to.zar *v.t.* desnucar; deslocar a cabeça.

es.tra.do *s.m.* estrado, palanque; móveis de sala; tribunais.

es.tra.fa.la.rio *adj.* extravagante, ridículo, desalinhado.

es.tra.gar *v.t.* estragar, danificar, avariar, corromper.

es.tra.go *s.m.* estrago, dano, avaria.

es.tram.bó.ti.co *adj. Fam.* estranho, esquisito, estrambótico.

es.tra.te.gia *s.f.* estratégia.

es.tre.chez *s.f.* estreiteza; escassez; austeridade; intimidade.

es.tre.cho *adj.* estreito; acanhado; *Geogr.* estreito.

es.tre.gar *v.t.* esfregar, roçar.

es.tre.gón *s.m.* esfrega rija, roçadura.

es.tre.lla *s.f.* estrela.

es.tre.lla.mar *s.f. Zool.* estrela-do-mar.

es.tre.llar *adj.* estrelar; frigir; despedaçar; semear de estrelas; estelar.

es.tre.me.cer *v.t.* estremecer.

es.tre.nar *v.t.* estrear.

es.tre.no *s.m.* estréia.

es.tre.ñi.mien.to *s.m.* prisão de ventre, constipação.

es.tre.ñir *v.t.* constipar, provocar prisão de ventre.

es.tré.pi.to *s.m.* estrépito.

es.tri.bar *v.i.* estribar; firmar.

es.tri.bi.llo *s.m.* estribilho.

es.tric.to *adj.* estrito, rigoroso.

es.tri.den.te *adj.* estridente.

es.tro.fa *s.f.* estrofe, estância.

es.tro.pa.jo *s.m.* estropalho, rodilha, esfregão; *Fig.* ente desprezível.

es.tro.pe.ar *v.t.* estropiar, deformar, aleijar.

es.tro.pi.cio *s.m. Fam.* estropício, malefício, destroço, dano involuntário.

es.truc.tu.ra *s.f.* estrutura.

es.truen.do *s.m.* estrondo, estrépito; pompa, aparato.

es.tru.ja.du.ra *s.f.* apertão, espremedura.

es.tru.jar *v.t.* apertar, espremer.

es.tu.che *s.m.* estojo; *ser uno un estuche* ter muitas habilidades.

es.tu.dian.te *adj.* estudante.

es.tu.diar *v.t.* estudar, examinar, observar; *Pint.* copiar ou desenhar do natural.

es.tu.dio *s.m.* estudo; aplicação; gabinete de arte; ensaio, esboço.

es.tu.dio.so *adj.* estudioso, aplicado; diligente.

es.tu.fa *s.f.* estufa, aquecedor; fogão, lareira, braseiro; invernadouro.

es.tu.fi.lla *s.f.* regalo; braseira (para aquecer os pés).

es.tul.ti.cia *s.f.* estultícia, necedade, tolice.

es.tul.to *adj.* estulto, néscio.

es.tuo.so *adj.* estuoso, ardente, estuante.

es.tu.pe.fac.ción *s.f.* estupefação, pasmo, assombro.

es.tu.pe.fac.to *adj.* estupefato, assombrado, pasmado.

es.va.rar *v.i.* escorregar.

es.va.rón *s.m.* escorregão.

e.ter.ni.dad *s.f.* eternidade; imortalidade.

eu.ro.pe.o *adj.* europeu.

e.va.cua.ción *s.f.* evacuação; despejo.

e.van.ge.llo *s.m.* evangelho.

e.va.po.ra.ción *s.f.* evaporação.

e.va.sión *s.f.* evasão; fuga.

e.ven.tua.li.dad *s.f.* eventualidade.

e.vic.ción *s.f. For.* evicção (ato judicial).

e.vi.tar *v.t.* evitar.

e.vo.ca.ción *s.f.* evocação.

e.vo.lu.ción *s.f.* evolução; desenvolvimento.

e.xa.ge.ra.ción *s.f.* exageração; exagero.

e.xal.ta.ción *s.f.* exaltação; excitação.

e.xa.men *s.m.* exame; inspeção; análise; revista.

ex.ca.var *v.t.* escavar; cavar.

ex.cep.ción *s.f.* exceção; prerrogativa; privilégio.

ex.ce.so *s.m.* excesso; desmando; violência.

ex.ci.ta.ción *s.f.* excitação; exaltação; estímulo; irritação.

ex.cla.ma.ción *s.f.* exclamação.

ex.clu.sión *s.f.* exclusão.

ex.co.mul.gar *v.t.* excomungar; exorcizar.

ex.co.mu.nión *s.f.* excomunhão.

ex.co.ria.ción *s.f.* escoriação.

ex.co.riar *v.t.* escoriar; esfolar.

ex.cre.ción *s.f.* excreção.

ex.cul.par *v.t.* desculpar; justificar; dispensar.

ex.cur.sión *s.f.* excursão; passeio; incursão.

ex.cu.sar *v.t.* escusar; desculpar; evitar.

e.xe.cra.ble *adj.* execrável.

e.xe.cra.ción *s.f.* execração; ódio ilimitado; desprezo.

e.xen.ción *s.f.* isenção.

e.xen.tar *v.t.* isentar; excetuar; dispensar.

ex.ha.lar *v.t.* exalar; espirar; evaporar; expandir.

ex.haus.to *adj.* exausto; esgotado; exaurido.

ex.hi.bir *v.t.* exibir; mostrar; expor.

ex.hor.tar *v.t.* exortar; advertir; admoestar; induzir.

ex.hu.mar *v.t.* exumar, desenterrar.

e.xi.gir *v.t.* exigir; reclamar.

e.xo.ne.ra.ción *s.f.* exoneração.

ex.pan.dir *v.t.* expandir

ex.pan.sión *s.f.* expansão, ampliação; desabafo; franqueza.

ex.pec.ta.ción *s.f.* expectação, expectativa.

ex.pec.to.ra.ción *s.f.* expectoração.

ex.pe.di.ción *s.f.* expedição.

ex.pe.ler *v.t.* expelir; expulsar; pôr fora.

ex.pe.ri.men.tar *v.t.* experimentar; ensaiar; tentar.

ex.pia.ción *s.f.* expiação; castigo; penitência.

ex.pi.rar *v.t. e v.i.* expirar; morrer; *Fig.* terminar; apagar-se.

ex.pla.na.ción *s.f.* explanação; explicação.

ex.pla.yar *v.t.* espraiar; alargar; estender.

ex.pli.ca.ción *s.f.* explicação.

ex.plo.rar *v.t.* explorar; investigar, pesquisar; registrar.

ex.plo.sión *s.f.* explosão, arrebentamento.

ex.plo.ta.ción *s.f.* exploração; aproveitamento.

ex.plo.tar *v.t.* explorar (minas); extrair; especular; explodir, arrebentar.

ex.po.liar *v.t.* espoliar, esbulhar; extorquir.

ex.po.ner *v.t.* expor; arriscar.

ex.por.ta.ción *s.f.* exportação.

ex.por.tar *v.t.* exportar; *Inform.* enviar informações de um aplicativo para outro.

ex.po.si.ción *s.f.* exposição.

ex.pre.sar *v.t.* expressar.

ex.pre.sión *s.f.* expressão.

ex.pre.so *p.p. de expresar*; *adj.* expresso.

ex.pri.mir *v.t.* exprimir.

ex.pro.piar *v.t.* expropriar.

ex.pul.sar *v.t.* expulsar.

ex.pur.gar *v.t.* expurgar.

ex.qui.si.to *adj.* delicado, excelente, delicioso.

ex.ta.siar.se *v.r.* extasiar-se.

éx.ta.sis *s.m.* êxtase.

ex.ten.der *v.t.* estender, ampliar.

ex.ten.sión *s.f.* extensão, comprimento.

ex.ten.so *adj.* extenso.

ex.te.nuar *v.t.* extenuar.

ex.te.rior *adj.* exterior.

ex.te.rio.ri.zar *v.t.* exteriorizar, externar, manifestar.

ex.ter.mi.nar *v.t.* exterminar.

ex.ter.na.do *s.m.* externato.

ex.ter.no *adj.* externo.

ex.tin.guir *v.t.* extinguir.

ex.tir.par *v.t.* extirpar.

ex.tor.sión *s.f.* extorsão.

ex.tra *pref. insep.* extra, fora, a mais; ótimo; *adj. Fam.* extraordinário; *s.f.* gratificação.

ex.trac.ción *s.f.* extração.

ex.trac.to *s.m.* extrato; cópia; resumo.

ex.tra.di.ción *s.f.* extradição.

ex.tra.er *v.t.* extrair; tirar; sacar; colher.

ex.tran.je.ro *adj.* estrangeiro.

ex.tra.ña.mien.to *s.m.* exílio; desterro.

ex.tra.ñar *v.t.* exilar; desterrar; esquivar; estranhar.

ex.tra.ño *adj.* estranho; descomunal; esquisito; alheio.

ex.tre.ma.un.ción *s.f. Liturg.* extrema-unção.

ex.tre.mi.dad *s.f.* extremidade; *Fig.* fim; limite; ponta.

e.xu.dar *v.i.* exsudar.

e.xul.ta.ción *s.f.* exultação, alegria, júbilo.

e.ya.cu.lar *v.t. Amér.* ejacular.

f *s.f.* sexta letra do alfabeto espanhol; F, f.

fa *s.f. Mús.* fá: quarta nota musical.

fá.bri.ca *s.f.* fábrica.

fa.bri.ca.ción *s.f.* fabricação.

fa.bri.car *v.t.* produzir; manufaturar.

fá.bu.la *s.f.* fábula; mentira.

fac.ción *s.f.* facção, bando sedicioso; partido.

fa.ce.rí.a *s.f.* terrenos de pastagem comunais.

fa.ce.ta *s.f.* faceta, face, superfície.

fa.cha *s.f.* aparência; figura; aspecto; *s.* e *adj. Fam.* fascista, de direita.

fa.cha.da *s.f.* fachada de uma construção.

fa.chen.da *s.f. Fam.* vaidade; presunção.

fa.cho *adj.* e *s.m.* fascista, direitista.

fá.cil *adj.* fácil.

fa.ci.li.ta.ción *s.f.* facilitar, facilitação.

fa.ci.li.tar *v.t.* favorecer; simplificar.

fa.ci.li.tón *adj. Fam.* que acha tudo fácil.

fac.sí.mil ou **fac.sí.mi.le** *s.m.* fax; cópia fiel, fac-símile.

fac.ti.ble *adj.* viável, possível.

fac.tor *s.m.* fator.

fac.tu.ra *s.f.* conta; recibo; nota fiscal.

fac.tu.ra.ción *s.f.* faturamento.

fa.cul.tad *s.f.* faculdade.

fa.cul.tar *v.t.* outorgar poderes, capacidades.

fa.e.na *s.f.* faina, labuta.

fa.ja *s.f.* faixa; banda; cinta.

fa.jar *v.t.* enfaixar; atar; cingir.

fa.ji.na *s.f.* faxina, faina; meda.

fa.jo *s.m.* feixe, braçada, molho; *pl.* cueiros, fraldas, enxoval.

fa.lan.ge *s.f.* formação militar ou ideológica; *Anat.* osso dos dedos.

fal.da *s.f.* fralda, aba; saia; *pl.* alcatra; regaço; cauda (vestido); *pl. Fam.* rabo-de-saia.

fal.de.ro *s.m.* e *adj.* fraldeiro; afeminado, maricas.

fal.dón *s.m. aum.* fraldão; saia.

fa.len.cia *s.f.* falha, equivocação.

fa.li.ble *adj.* falível.

fa.lla *s.f.* falha, falta, defeito; fogueira; gorrinho, capuz.

fa.llar *v.t.* falhar; faltar; *For.* sentenciar.

fa.llas *s.f. pl.* festas típicas valencianas.

fa.lle.ba *s.f.* tranqueta, fecho.

fa.lle.cer *v.i.* falecer, faltar.

fa.lli.do *adj.* falido, quebrado; faltoso.

fa.llo *s.m.* sentença, decisão, julgamento.

fal.sa.rio *adj.* falsário, falsificador; perjuro.

fal.se.a.mien.to *s.m.* falsificação.

fal.se.ar *v.t.* falsear, falsificar, adulterar.

fal.se.dad *s.f.* falsidade.

fal.sí.a *s.f.* falsidade, deslealdade.

fal.si.fi.ca.ción *s.f.* falsificação.

fal.si.fi.car *v.t.* falsificar, forjar; *Fig.* inventar.

fal.si.lla *s.f.* pauta.

fal.sí.o *s.m.* recheio de carne, pão.

fal.so *adj.* falso, inexato, enganoso.

fal.ta *s.f.* falta; ausência; erro; defeito.

fal.tar *v.i.* faltar; enganar; pecar; delinqüir.

fal.to *adj.* falho; faltoso; carecido; escasso; defeituoso.

fal.tón *adj. Fam.* relapso; que falta com freqüência.

fal.tri.que.ra *s.f.* bolso interno; fraldriqueira.

fa.ma *s.f.* reputação, renome.

fa.mi.lia *s.f.* família.

fa.mi.liar *adj.* relativo à família; conhecido, cotidiano.

fa.mi.lia.ri.zar *v.t.* familiarizar, acostumar; *v.r.* acostumar-se.

fá.mu.la *s.f. Fam.* fâmula; mulher que serve como criada.

fa.nal *s.m.* farol grande, facho, guia.

fa.ná.ti.co *adj.* fanático.

fa.né *adj.* murcho; seco; estropiado; alquebrado.

fan.fa.rria *s.f.* fanfarra; *Fam.* fanfarronice, fanfarrice, bravata, jactância.

fan.fa.rrón *adj.* fanfarrão.

fan.go *s.m.* lodo, lama.

fan.go.so *adj.* lamacento, lodoso; conspurcado; sujo; decaído.

fan.ta.se.ar *v.i.* fantasiar, divagar; inventar.

fan.ta.sí.a *s.f.* fantasia, divagação; invencionice.

fan.tas.món *adj. Fam.* vaidoso; presunçoso.

fa.ra.ma.lle.ro *adj. Fam.* trapaceiro; tagarela.

fa.ran.du.le.ro *s.m.* comediante; cômico.

fa.ra.ón *s.m.* faraó.

fa.rau.te *s.m.* arauto; mensageiro.

far.da *s.f.* tributo; fardel, fardo; embrulho.

far.de.ro *s.m.* moço de fretes ou de carga.

far.fa.llo.so *adj.* gago.

far.fan.tón *s.m. Fam.* fanfarrão; alardeador.

far.fu.llar *v.t. Fam.* gaguejar; balbuciar.

fa.ri.ná.ce.o *adj.* farináceo.

fa.ri.se.o *s.m.* fariseu; *Fam.* hipócrita.

fa.ro *s.m. Mar.* farol.

fa.rol *s.m.* lanterna, farolete; *Fig.* vaidade.

fa.ro.la *s.f.* candeeiro; lampião de iluminação pública.

fa.ro.le.ro *adj. Fig.* vaidoso;, faroleiro.

fa.ro.lón *adj. Fam.* vaidoso; jactancioso.

fa.ro.ta *s.f. Fam.* mulher descarada e sem juízo.

fá.rra.go *s.m.* farragem, miscelânea, mistura.

fas.ci.na.dor *adj.* fascinante.

fá.so.les *s.m. pl.* feijões.

fas.ti.dio *s.m.* fastio; aversão; enfado; repugnância.

fa.ta.li.dad *s.f.* fatalidade; destino; desgraça.

fau.ces *s.f. pl.* fauces; garganta, goela de animal.

fa.vor *s.m.* favor; ajuda; benefício; *de favor* grátis.

fa.vo.re.cer *v.t.* favorecer; *Fig.* ficar bem.

fa.vo.ri.to *adj.* favorito.

faz *s.f.* face, rosto, semblante.

fe *s.f.* fé, confiança; lealdade.

fe.al.dad *s.f.* feiúra.

fe.bre.ro *s.m.* fevereiro.

fe.cha *s.f.* data; atualidade.

fe.char *v.t.* datar.

fe.cho.rí.a *s.f.* ação geralmente má, reprovável; malfeitoria.

fe.cun.da.ción *s.f.* fecundação.

fe.de.gar *v.t.* amassar.

fe.de.ra.ción *s.f.* federação; aliança; associação.

fe.ha.cien.te *adj.* fidedigno; autêntico; *For.* que faz fé em juízo.

fe.li.ci.dad *s.f.* felicidade, ventura; bem-estar; bom êxito.

fe.li.ci.ta.ción *s.f.* felicitação; parabéns.

fe.li.grés *s.m.* paroquiano; freguês.

fe.lón *adj.* desleal; traidor; cruel.

fel.pa *s.f.* pelúcia, felpa.

fel.pu.do *s.m.* capacho.

fe.me.ni.no *adj.* feminino; *Fig.* débil; fraco; delicado.

fe.mi.nei.dad ou **fe.mi.ni.dad** *s.f.* feminilidade; o que é próprio de mulher.

fe.ne.cer *v.t.* fenecer; *v.i.* extinguir; falecer.

fe.nó.me.no *s.m.* fenômeno; efeito surpreendente.

fe.o *adj.* feio; disforme, desgracioso.

fe.ra.ci.dad *s.f.* feracidade, fecundidade, fertilidade.

fe.raz *adj.* feraz, abundante, fértil.

fé.re.tro *s.m.* féretro, enterro; pompa fúnebre.

fe.ria *s.f.* féria, feira.

fe.ria.do *s.m.* ponto facultativo.

fe.rial *adj.* feiral; de mercado ou feira.

fe.rian.te *adj.* feirante.

fe.riar *v.t.* feirar, mercar; comprar e vender; *v.i.* folgar.

fer.men.ta.ción *s.f.* fermentação, efervescência, agitação.

fer.men.to *s.m.* fermento, levedo, levedura, germe; agitação.

fe.roz *adj.* feroz, bravio.

fé.rreo *adj.* férreo, de ferro; firme, rijo; resistente.

fe.rre.te.rí.a *s.f.* casa de ferragens.

fe.rro.ca.rril *s.m.* estrada de ferro, ferrovia.

fe.rro.ca.rri.lle.ro *adj.* ferroviário.

fe.rrón *s.m.* ferreiro, ferrador.

fe.rro.via.rio *adj.* ferroviário.

fér.til *adj.* fértil.

fer.ti.li.dad *s.f.* fertilidade, fecundidade.

fer.ti.li.zar *v.t.* fertilizar.

fer.vien.te *adj.* fervente, ardente.

fer.vor *s.m.* fervor, ardor.

fe.se.ta *s.f.* enxada pequena.

fes.te.jar *v.t.* festejar.

fes.te.jo *s.m.* festejo.

fes.tín *s.m.* festim.

fes.ti.vi.dad *s.f.* festividade; regozijo.

fes.tón *s.m.* festão, ramalhete.

fe.ti.che *s.m.* fetiche; ídolo; amuleto.

fe.to *s.m. Med.* feto.
fi.a.ble *adj.* confiável.
fi.a.do *adj.* fiado; a crédito; *en fiado* sob fiança.
fi.a.dor *s.m.* fiador; ferrolho.
fiam.bre *s.m.* frios em geral.
fi.an.za *s.f.* fiança, caução, abonação.
fí.bu.la *s.f.* fivela.
fic.ción *s.f.* ficção; simulação; coisa imaginária.
fi.cha *s.f.* ficha.
fi.che.ro *s.m.* ficheiro; caixa; gaveta móvel; *Inform.* arquivo.
fi.chú *s.m.* lenço que as mulheres usam no pescoço.
fic.ti.cio *adj.* fictício; fingido; imaginação.
fi.de.li.dad *s.f.* fidelidade; lealdade; probidade.
fi.de.o *s.m.* macarrão.
fie.bre *s.f.* febre; *Fig.* exaltação; agitação.
fiel.tro *s.m.* feltro.
fie.mo *s.m.* esterco; estrume.
fie.ra *adj.* fera.
fie.ra.brás *s.m. Fig.* ferrabrás; valentão; fanfarrão.
fie.ro *adj.* fero; bravio; indômito; forte, cruel.
fie.rro *s.m.* ferro.
fies.ta *s.f.* festa; solenidade; comemoração.
fies.te.ro *adj.* festeiro, amigo de festas.
fi.fi.ri.che *adj. Amér. Fam.* raquítico; fraco, enfraquecido.
fi.gón *s.m.* tasca; bodega; baiúca; taberna.
fi.gu.ra *s.f.* figura; aparência; cara, rosto; estátua; desenho.
fi.gu.ra.ción *s.f.* figuração.
fi.gu.rar *v.t.* figurar; representar; *v.i.* figurar; constar; *¡figúrate! ¡figúrese!* imagine!

fi.gu.rín *s.m.* figurino; exemplo; modelo.
fi.ja.dor *s.m.* e *adj.* fixador.
fi.jar *v.t.* fixar; cravar, pregar; *v.r.* prestar atenção.
fi.jo *adj.* fixo, preso, seguro.
fi.la *s.f.* fileira.
fi.lar *v.i. Pop.* olhar.
fi.la.te.ro *adj.* palrador, embaucador, verboso.
fi.le.no *adj. Fam.* delicado; atencioso; meigo.
fi.le.te *s.m.* filete de rosca; rosca.
fil.fa *s.f. Fam.* mentira; engano; boato.
fi.lia.ción *s.f.* filiação; conexão; dependência.
fi.li.lí *s.m. Fam.* delicadeza; primor (de alguma coisa).
fi.lis *s.f.* graça; delicadeza; singeleza.
fi.lo *s.m.* fio, gume.
fi.lón *s.m. Min.* filão; veio metálico; *Fig.* fonte.
fil.trar *v.t.* filtrar, coar, escoar.
fil.tro *s.m.* filtro; *Fig.* peneira, seleção; *Inform.* filtro: seleção de elementos.
fi.mo.sis *s.f.* fimose.
fin *amb.* fim, término; objetivo; desígnio.
fi.nal *adj.* final, remate, desfecho; derradeiro, último.
fi.na.li.dad *s.f.* finalidade.
fi.na.li.zar *v.t.* finalizar, ultimar, acabar.
fi.nan.cia.ción *s.f.* financiamento, parcelamento.
fi.nan.cie.ro *adj.* financeiro; pertencente ou relativo às finanças públicas.
fin.ca *s.f.* imóvel; propriedade rural, fazenda, sítio; granja.
fin.car *v.i.* adquirir imóveis.
fin.cha.do *adj.* vaidoso; cheio de si.

fin.gi.mien.to *s.m.* fingimento; hipocrisia; simulação.
fi.ni.qui.tar *v.t.* liquidar, saldar; *Fig.* terminar.
fi.ni.qui.to *s.m.* documento de liquidação de conta.
fi.no *adj.* finc, delgado, sutil, arguto.
fi.nu.ra *s.f.* finura, sutileza, argúcia; sagacidade.
fir.ma *s.f.* firma, rubrica, assinatura; chancela.
fir.mal *s.m.* broche, jóia.
fir.ma.men.to *s.m.* firmamento, céu.
fir.man.te *s.m., s.f.* e *adj.* pessoa que assina.
fir.me.za *s.f.* firmeza; *Fig.* solidez, resistência.
fis.cal *adj. For.* fiscal; tributário; *s.m.* promotor, procurador.
fis.ca.li.za.ción *s.f.* fiscalização; superintendência; inspeção.
fis.ca.li.zar *v.t.* fiscalizar, inspecionar.
fis.co *s.m.* fisco, fazenda pública.
fis.gar *v.t.* fisgar; agarrar; segurar; bisbilhotar; mexericar.
fis.gón *adj.* trocista, zombeteiro, chocarreiro.
fis.go.ne.ar *v.t.* bisbilhotar.
fí.si.ca *s.f.* física (ciência).
fí.si.co *s.m.* e *adj.* físico; *Ant.* médico.
fis.tol *s.m.* fisto, ladino, astuto, espertalhão.
fi.su.ra *s.f. Cir.* fissura, racha, greta, fresta, frincha, sulco, fisga, abertura, fenda ou fratura.
fi.zar *v.t.* picar, ferrar.
fla.ci.dez *s.f.* flacidez, relaxação; languidez.
fla.co *adj.* fraco; *Fig.* frouxo; débil; magro; delicado.

fla.cu.ra *s.f.* magreza; debilidade.

fla.man.te *adj.* flamante, flamejante; resplandente.

fla.men.co *adj.* flamengo (de Flandres); andaluz, cigano; *s.m. Zool.* flamingo.

flá.mu.la *s.f.* galhardete, flâmula.

flan *s.m.* pudim.

flan.co *s.m.* flanco, banda.

flan.que.ar *v.t. Mil.* flanquear, ladear, contornar, defender.

fla.que.ar *v.i.* fraquejar, enfraquecer, debilitar-se.

fla.que.za *s.f.* fraqueza, debilidade, delicadeza.

fla.to *s.m.* flato, ventosidade, flatulência.

flau.ta *s.f. Mús.* flauta.

flau.tín *s.m. Mús.* flautim.

fle.char *v.t.* flechar.

fle.co *s.m.* franja.

fle.je *s.m.* arco; aro.

fle.ma *s.f.* fleuma; humor; pachorra.

fle.má.ti.co *adj.* fleumático, pachorrento; impassível.

fle.qui.llo *s.m.* franja de cabelo.

fle.tar *v.t.* fretar, alugar; equipar.

fle.te *s.m.* frete, aluguel; recado.

fle.xi.ble *adj.* flexível, dobrável.

fle.xión *s.f.* flexão; curvatura.

flo.je.ar *v.i.* afrouxar; debilitar; enfraquecer; diminuir.

flo.je.ra *s.f. Fam.* frouxidão; preguiça; indolência.

flo.jo *adj.* frouxo; débil; fraco; indolente.

flo.que.a.do *adj.* franjado.

flo.rar *v.i.* florir; florescer.

flo.re.cer *v.i.* florescer; *Fig.* prosperar.

flo.re.o *s.m. Fig.* floreio; conversa vã.

flo.re.ro *adj.* floreira; porta-flores.

flo.res.te.ro *s.m.* guarda-florestal.

flo.ris.te.rí.a *s.f.* floricultura.

flo.ta *s.f.* frota; armada.

flo.ta.ción *s.f.* flutuação.

flo.tar *v.i.* flutuar; sobrenadar; boiar; pairar.

flo.te *s.m.* flutuação.

flo.ti.lla *s.f. dim.* flotilha.

fluc.tua.ción *s.f.* flutuação; *Fig.* hesitação; volubilidade.

fluc.tuar *v.i.* flutuar, boiar.

flui.dez *s.f.* fluidez; *Fig.* espontaneidade.

flu.jo *s.m.* fluxo; abundância; arroio; regato; corrente.

fo.co *s.m.* foco; centro; ponto.

fo.ga.ta *s.f.* fogacho; fogueira.

fo.gón *s.m.* boca de fogão; queimador.

fo.go.ne.ro *s.m.* fogueiro, foguista.

fo.gue.ar *v.t.* limpar com fogo uma arma.

fo.ja *s.f. For.* folha.

fol.clor ou **fol.clo.re** *s.m.* folclore.

fo.lia.ción *s.f.* numeração das páginas de um livro.

fo.lio *s.m.* fólio; folha de livro ou caderno.

fol.klo.re *s.m.* folclore.

fo.lla.je *s.m.* folhagem.

fo.lle.tín *s.m. dim.* folhetim, folheto, panfleto.

fo.lle.to *s.m.* folheto, opúsculo.

fo.llón *adj.* preguiçoso, folgado.

fo.men.tar *v.t.* aquecer, esquentar, *Fig.* promover, estimular.

fon.da *s.f.* estalagem, hospedaria.

fon.de.a.de.ro *s.m.* ancoradouro, fundeadouro.

fon.de.ar *v.t.* fundear, ancorar, atracar, aportar.

fon.dis.ta *s.m. e s.f.* hospedeiro, estalajadeiro.

fon.do *s.m.* fundo, profundidade; intimidade; capital; índole, inclinação; *Inform.* fundo, *background*.

fo.nil *s.m.* funil.

fon.je *adj.* mole, brando; esponjoso.

fo.ra.ji.do *adj.* foragido; homiziado.

fo.rá.ne.o *adj.* estrangeiro, forasteiro, alienígena; adventício; ádvena.

fo.ras.te.ro *adj.* forasteiro, estrangeiro; estranho.

for.ce.jar *v.i.* forcejar, esforçar-se; contradizer.

for.ce.je.o *s.m.* forcejo, esforço; oposição; resistência.

fo.ren.se *adj.* forense.

fo.res.tal *adj.* florestal.

for.ja *s.f.* forja; frágua; fornalha.

for.jar *v.t.* forjar; fraguar; caldear; inventar; fingir.

for.ma.ción *s.f.* formação; constituição; desfile, parada.

for.ma.li.dad *s.f.* formalidade; cerimônia; praxe.

for.mar *v.t.* formar; constituir; adestrar; desenvolver.

for.ma.te.ar *v.t. Inform.* formatar.

for.ma.te.o *s.m. Inform.* formatação.

for.ma.to *s.m.* formato; feitio.

for.mi.da.ble *adj.* formidável.

for.món *s.f.* formão, goiva.

for.mu.lar *adj.* formular; expor; redigir.

for.ne.lo *s.m.* braseira manual de ferro.

for.ni.do *adj.* fornido; membrudo; vigoroso.

fo.ro *s.m.* foro, jurisdição; cúria; feudo; indulto; privilégio; pensão (paga ao senhorio).

fo.rra.je *s.m.* forragem, palha, feno.

fo.rrar *v.t.* forrar; fartar.

fo.rro *s.m.* forro; entretela, reforço; engano.

for.ti.fi.ca.ción *s.f.* fortificação, praça-de-guerra.

for.ti.fi.car *v.t.* fortificar; guarnecer; armar, fortalecer.

fo.rún.cu.lo *s.m. Med.* furúnculo.

for.zar *v.t.* forçar, obrigar; violentar.

for.zo.so *adj.* forçoso, obrigatório; necessário.

for.zu.do *adj.* forçudo, robusto, vigoroso, forte.

fo.sa *s.f.* fossa, cova.

fo.sal *s.m.* cemitério.

fos.ca *s.f.* bosque ou selva emaranhada.

fos.fo.re.ra *s.f.* fosforeira, caixa para fósforos que se traz no bolso.

fó.sil *adj.* fóssil; desusado; antiquado.

fo.so *s.m.* fosso; cova; valado.

fo.to.co.pia *s.f.* fotocópia.

fo.to.gra.ba.do *s.f.* fotogravura.

frac *s.m.* fraque.

fra.ca.sar *v.t.* fracassar; ser mal-sucedido.

fra.ca.so *s.m.* fracasso; baque; ruína; desgraça.

frac.ción *s.f.* fracção; número quebrado.

frac.cio.na.mien.to *s.m.* fracionamento.

frac.tu.ra *s.f.* fratura, ruptura.

fra.dar *v.t.* podar uma árvore.

fra.ga *s.f.* penhasco, brenha.

fra.gan.te *adj.* fragrante, odorífero, aromático.

fra.guar *v.t.* forjar.

frai.le *s.m.* frade.

fram.bue.sa *s.f.* framboesa.

fran.ca.che.la *s.f. Fam.* pândega; patuscada; comezaina.

fra.ne.la *s.f.* flanela.

fran.ja *s.f.* franja, guarnição, faixa.

fran.que.o *s.m.* franquia; selo postal.

fran.qui.cia *s.f.* franquia, isenção de direitos; imunidade.

fras.ca *s.f.* folharada, folhas secas ou lenha miúda.

fras.que.ra *s.f.* frasqueira; garrafeira.

fra.ter.na *s.f.* correção ou repreensão áspera.

fra.ter.ni.dad *s.f.* fraternidade; harmonia.

frau.de *s.f.* fraude, logro.

fray *s.m.* frei; frade.

fra.za.da *s.f.* cobertor grosso e quente.

fre.cuen.cia *s.f.* freqüência; aceleração; assiduidade.

fre.cuen.ta.ción *s.f.* frequentação.

fre.cuen.te *adj.* freqüente; continuado; assíduo.

fre.ga.de.ro *s.m.* pia; lavatório para louças.

fre.ga.do *p.p. de fregar; adj.* esfrega; esfregação; embrulhada.

fre.ga.jo *s.m.* esfregão.

fre.gar *v.t.* esfregar; limpar.

fre.go.na *s.f.* esfregão.

frei.du.ra *s.f.* ação e efeito de frigir ou de fritar; fritada.

frei.la *s.f.* freira.

fre.ír *v.t.* frigir.

fré.jol *s.m.* feijão.

fre.nar *v.t.* frear, brecar; parar.

fre.na.zo *s.m.* freada, brecada brusca.

fre.no *s.m.* freio; travão; sujeição.

fren.tal *adj. Anat.* frontal.

fre.o *s.m. Mar.* canal, braço de mar.

fres *s.m.* franja.

fre.sa *s.f.* morango.

fres.ca.les *s.m.* e *s.f.* pessoa ousada, desavergonhada.

fres.que.dal *s.m.* terreno úmido que mantém o seu verdor na época do estio.

fres.que.ra *s.f.* guarda-comida pequeno, com tela de arame.

frey *s.m.* frei; frade.

fre.za *s.f.* esterco.

frial.dad *s.f.* frialdade, frieza.

fri.ca *s.f. Chile* sova, surra.

fric.cio.nar *v.t.* friccionar, esfregar.

frie.ga *s.f.* fricção, atrito, esfrega; tunda.

frie.ra *s.f.* frieira.

fri.gi.dez *s.f.* frigidez.

fri.go.rí.fi.co *adj.* frigorífico, geladeira.

fri.jol *s.m. Bot. Amér.* feijão.

frí.o *adj.* frio; gélido.

frio.le.ra *s.f.* frioleira; bagatela, coisa sem valor.

fri.sar *v.t.* frisar.

fri.so *s.m. Arq.* friso.

fri.ta.da *s.f.* fritada.

fri.tan.ga *s.f.* fritada com muita banha.

fri.vo.li.dad *s.f.* frivolidade.

frí.vo.lo *adj.* frívolo.

fron.da *s.f.* fronde, ramagem; *Cir.* ligadura.

fron.do.so *adj.* frondoso.

fron.ta.le.ra *s.f.* frontaleira, testeira.

fron.te.ra *s.f.* fronteira; frontispício, fachada.

fron.te.ri.zo *adj.* fronteiriço.

fron.tis.pi.cio *s.m.* frontispício, fachada.

fro.ta.mien.to *s.m.* fricção, atrito.

fro.tar *v.t.* esfregar, friccionar.
fruc.ti.fi.car *v.i.* frutificar.
fruc.tuo.so *adj.* frutuoso, frutífero; fértil.
fru.ga.li.dad *s.f.* frugalidade.
frui.ción *s.f.* fruição, gozo.
frun.ce *s.m.* franzido, ruga, prega.
frun.cir *v.t.* franzir, enrugar; encrespar.
frus.le.ra *s.f.* limalha.
frus.le.rí.a *s.f.* ninharia, frioleira, bagatela.
fru.te.ro *adj.* vendedor de frutas.
fru.ti.lla *s.f. Arg.* e *Chile* morango.
fu.ci.lar *v.i.* fuzilar; relampejar.
fu.ci.la.zo *s.m.* fuzilada; relâmpagos longínquos.
fue.go *s.m.* fogo; lume; lareira.
fue.lle *s.m.* fole.
fuen.te *s.m.* fonte; manancial; nascente; origem; tipo de letra; *fuente patrón* fonte-padrão.
fue.ra *adv.* fora, na parte exterior.
fue.ro *s.m.* foro; jurisdição; privilégio; imunidade.
fuer.te *adj.* forte.

fuer.za *s.f.* força; poder; valentia; motivo.
fu.ga *s.f.* fuga; escapada; *Mús.* fuga, tipo de composição.
fu.gar.se *v.r.* fugir, escapar-se; safar-se.
fu.gui.llas *s.m. Fam.* homem impaciente, de gênio vivo.
fu.la.na *s.f.* prostituta.
ful.gu.ra.ción *s.f.* fulguração; cintilação.
fu.lle.rí.a *s.f.* logro, artimanha.
fu.lle.ro *adj.* fulheiro, trapaceiro.
fu.llo.na *s.f. Fam* rusga; briga.
fu.ma.da *s.f.* fumaça, fumada.
fu.ma.de.ro *s.m.* lugar onde se fuma.
fu.ma.dor *s.m.* e *adj.* fumante.
fu.mar *v.t.* e *v.i.* fumar.
fu.ma.ra.da *s.f.* baforada.
fu.mar.se *v.r. Fig.* esbanjar, gastar.
fu.mi.ga.ción *s.f.* fumigação; defumação.
fun.ción *s.f.* função; espetáculo; festa.
fun.cio.na.mien.to *s.m.* funcionamento.
fun.da *s.f.* capa, coberta; estojo.
fun.da.ción *s.f.* fundação; instituição; alicerce.

fun.di.ción *s.f.* fundição; ferro coado.
fu.ñi.que *adj.* inábil; atrapalhado; medroso.
fur.cia *s.f.* prostituta.
fur.gón *s.m.* furgão.
fur.go.ne.ta *s.f.* furgão pequeno.
fu.ria *s.f.* fúria, ira, raiva.
fu.rio.so *adj.* furioso; bravo; danado.
fu.ro *s.m.* misantropo.
fu.ror *s.m.* furor, ira.
fu.si.ble *adj.* que pode fundir-se; *s.m. Eletr.* fusível.
fu.sil *s.m.* fuzil.
fu.si.le.rí.a *s.f.* fuzilaria; tiroteio.
fu.si.le.ro *adj.* fuzileiro.
fu.sión *s.f.* fusão; derretimento; mistura.
fu.sio.nar *v.t.* fundir, derreter.
fus.tán *s.m.* fustão; *Amér.* anágua.
fus.ti.ga.ción *s.f.* fustigação.
fút.bol *s.m.* futebol.
fu.ti.li.dad *s.f.* futilidade, frivolidade.
fu.tre *s.m. Amér.* elegante, janota, casquilho.
fu.tu.ro *adj.* e *s.m.* futuro.

G

g *s.f.* sétima letra do alfabeto espanhol; G, g.

ga.bán *s.m.* capote; sobretudo.

ga.ba.zo *s.m.* bagaço.

ga.ce.la *s.f.* gazela.

ga.ce.ta *s.f.* gazeta.

ga.ce.te.ro *s.m.* jornalista, jornaleiro.

ga.cha *s.f.* papas (de farinha etc.).

ga.chí *s.m. Pop.* moçoila, moça.

ga.cho *adj.* curvado; arcado.

ga.chón *adj. Fam.* simpático; gracioso; atraente.

ga.fa *s.f.* tenaz; gancho; *pl.* óculos.

gai.ta *s.f.* gaita de fole; *Fam.* trabalho difícil.

ga.je *s.m.* soldo; honorários; salário.

ga.jo *s.m.* galho, rama.

ga.lán *adj.* galã; galanteador; homem galante.

ga.la.no *adj.* galante; elegante; espirituoso; garboso.

ga.lan.te.ar *v.t.* galantear, cortejar, namorar, damejar.

ga.lan.te.o *s.m.* galanteio, requebro; namoro; madrigal.

ga.la.nu.ra *s.f.* graça; elegância; gentileza.

ga.lá.pa.go *s.m. Zool.* cágado, pequena tartaruga.

ga.lar.dón *s.m.* galardão, prêmio, láurea, glória, recompensa.

ga.la.xia *s.f. Astron.* galáxia.

gal.ba.na *s.f. Fam.* descuido; preguiça; desídia; negligência.

ga.le.no *s.f. Fam.* galeno, médico; *adj. Mar.* bonançoso.

ga.le.ón *s.m.* galeão.

ga.le.ra *s.f.* galera; prisão feminina; coxia; *Impr.* peça tipográfica; *Arg.* cartola; pena.

ga.le.rí.a *s.f.* galeria, corredor, varanda; *Fig.* coleção de estátuas, pinacoteca; claustro; público.

ga.ler.na *s.f.* galerna; borrasca.

gal.fa.rro *s.m.* galfarro, vagabundo.

gal.go *s.m. Zool.* galgo.

ga.llar.dí.a *s.f.* galhardia; gentileza, bizarria; bravura.

ga.llar.do *adj.* galhardo, garboso; bizarro.

ga.lle.ar *v.t.* galar (um galo); *Fig.* elevar a voz.

ga.lle.ta *s.f.* bolacha; *Fam.* galheta; bofetada.

ga.lli.na *s.f.* galinha.

ga.lli.pa.vo *s.m.* peru; *Fig.* nota falsa de um cantor.

ga.llo *s.m.* galo.

ga.llo.fe.ar *v.i.* esmolar; mendigar.

ga.llo.fe.ro *adj.* vagabundo; folgazão; mendigo, pedinte.

ga.lo *adj.* galo, das Gálias.

ga.lón *s.m.* galão.

ga.lo.pe *s.m.* galope.

ga.lo.po *s.m.* vadio; moleque.

gal.pi.to *s.m.* frango doente e magro.

gal.pón *s.m.* galpão; senzala.

gam.ba.lú.a *s.m. Fam.* pessoa muito magra e mole.

gam.ba *s.f. Ictiol.* espécie de camarão.

gam.be.to *s.m.* capote.

gam.bi.to *s.m.* gambito, lance no jogo de xadrez.

gam.bu.jo *s.m.* touca de nenê.

ga.me.lla *s.f.* gamela, vasilha de madeira.

ga.mu.za *s.f. Zool.* camurça (inclusive a pele do animal).

ga.na *s.f.* vontade, desejo; apetite, gana.

ga.na.de.rí.a *s.f.* manada de gado, rebanho; criação e comércio de gado.

ga.na.de.ro *adj.* ganadeiro, vaqueiro; fazendeiro; pastor, criador de gado; relativo ao gado.

ga.na.do *s.m.* gado, rebanho; enxame; *p.p. de ganar; adj.* ganho, ganhado.

ga.nan.cia *s.f.* ganho; *pl.* lucro, benefício.

ga.nan.cio.so *adj.* lucrativo, que dá ganho.

ga.na.pán *s.m.* ganha-pão; carregador, moço de fretes, mariola.

ga.nar *v.t.* ganhar.

gan.cho *s.m.* gancho, engate; isca.

gan.du.jar *v.t.* preguear, franzir.

gan.dul *adj. Fam.* gandulo, tratante, vadio.

gan.du.le.ar *v.i.* gandular, vadiar.

gan.dum.bas *s.m.* e *adj. Fam.* idiota, tolo, bobo; madraço, mandrião, vadio.

gan.fo.rro *s.m.* e *adj.* tratante; malandro; rufião; pulha.

gan.ga *s.f. Min.* e *Zool.* ganga, escória, borra; *Fig.* pechincha.

gan.go.so *adj.* fanhoso, nasalado.

gan.gre.na *s.f.* gangrena.

gan.gre.nar.se *v.r.* gangrenar-se.

gan.so *s.m.* ganso; *adj. Fam.* estúpido.

gan.zú.a *s.f.* gazua.

ga.ñán *s.m.* ganhão; camarada; empregado de lavoura; labrego.

ga.ñi.do *s.m.* ganido.

ga.ñi.les *s.m. pl.* goela, gorgomilos.

ga.ñir *v.i.* ganir; grasnar.

ga.ño.te *s.m. Fam.* pescoço, garganta, gasnete, gasganete.

ga.o *s.m.* piolho.

ga.ra.ba.te.ar *v.t.* garatujar, rabiscar.

ga.ra.ba.to *s.m.* garavato; gancho; garatuja.

ga.ra.bi.to *s.m.* quiosque para venda de frutas.

ga.ra.je *s.m.* garagem.

ga.ram.bai.na *s.f.* enfeite de mau gosto; *Fam.* caretas; ademanes; garatujas.

ga.ran.tí.a *s.f.* garantia; *Com.* aval, fiança.

ga.ran.tir ou **ga.ran.ti.zar** *v.t.* garantir; abonar; afiançar.

ga.ra.ñón *s.m. Zool.* garanhão.

ga.ra.pi.ña *s.f.* refresco; refrigerante.

ga.ra.tu.sa *s.f.* ternura; meiguice.

gar.ban.zo *s.m.* grão-de-bico.

gar.bi.no *s.m.* vento sudoeste.

gar.bo *s.m.* garbo; elegância.

gar.du.ño *s.m.* ladrão esperto.

gar.fa *s.f.* garra (de aves).

gar.fe.ar *v.i.* fisgar; agafanhar.

gar.fio *s.m.* gancho de ferro.

gar.ga.je.ar *v.i.* escarrar, expectorar.

gar.ga.jo *s.m.* escarro.

gar.gan.te.o *s.m.* garganteio; trinado.

gar.gan.ti.lla *s.f.* gargantilha; colar.

gár.ga.ra *s.f.* gargarejo.

gar.ga.ri.zar *v.i.* gargarejar.

gar.ga.ve.ro *s.m.* garganta.

gár.gol *s.m.* entalhe; encaixe; caixilho; *Fig.* goro (ovo).

gar.go.te.ro *s.m.* vendedor ambulante.

ga.ri.ta *s.f.* guarita; latrina.

ga.ri.to *s.m.* casa de jogo; ganho ou lucro (desse estabelecimento); casa, residência.

gar.la *s.f. Fam.* conversa, charla.

gar.li.to *s.m.* espécie de rede para pesca; *Fig.* cilada.

ga.rra *s.f.* garra; pata; unha.

ga.rra.fa *s.f. Amer.* butijão de gás; garrafão.

ga.rra.pa.ta *s.f. Zool.* carrapato; carraça; sendeiro; *Fam.* cavalo velho.

ga.rra.pa.to *s.m.* traço; rabisco, gatafunho.

ga.rri.do *adj.* garrido, faceiro, janota.

ga.rro.cha *s.f.* farpa, aguilhão, azagaia; garrocha.

ga.rro.ta.zo *s.m.* paulada, porretada.

ga.rro.te *s.m. Med.* garrote; torniquete.

gá.rru.lo *adj.* gárrulo, tagarela, paroleiro.

gar.za *s.f. Zool.* garça; *Méx.* pescoço comprido.

gar.zo *adj.* garço; zarco; esverdeado; verde-azulado.

gas *s.m. Quím.* gás; fluido; *gas de alumbrado* gás de iluminação.

ga.sa *s.f.* gaze.

ga.se.o.so *adj.* gasoso.

ga.so.le.o *s.m.* óleo diesel.

ga.so.li.na *s.f.* gasolina.

ga.so.li.ne.ra *s.f.* posto de gasolina.

gas.ta.do *adj.* gasto, gastado; velho; consumido; fraco; esgotado.

gas.tar *v.t.* gastar; despender; consumir; usar.

gas.to *s.m.* gasto; consumo; despesa.

ga.tas *s.m.* de gatas, de gatinhas.

ga.te.ra *s.f.* gateira; fresta; bueiro; *Fam.* ratoeira; trapeira.

ga.ti.llo *s.m.* gatilho, percutidor; boticão; *Fam.* gato; gatuno.

ga.to *s.m.* gato; *Fam.* esperto; *Fam.* gatuno; *Mec.* macaco (de automóvel).

ga.tu.pe.rio *s.m.* enredo, mixórdia.

gau.cha.da *s.f. Fam. Arg., Chile* e *Peru* gauchada; ação própria de gaúcho; gesto de astúcia ou audácia.

gau.cho *adj. Amér.* gaúcho, habitante dos pampas.

ga.vi.lán *s.m. Zool.* gavião.

ga.vio.ta *s.f.* gaivota.

ga.yo *adj.* gaio, alegre, jovial.

ga.yo.la *s.f.* gaiola; jaula; prisão.

ga.za.pa *s.f. Fam.* intrujice; mentira.

ga.za.pe.ra *s.f.* toca, covil; antro.

ga.za.pi.na *s.f. Fam.* matula; súcia; corja.

ga.za.po *s.m.* coelho novo; *Fig.* erro; equívoco.

gaz.ná.pi.ro *adj.* boçal; tolo, simplório, lorpa.

gaz.pa.cho *s.m.* sopa fria.

ga.zu.za *s.f. Fam.* fome, apetite devorador.

ge.me.lo *adj.* gêmeo.

ge.mir *v.i.* gemer; padecer.

ge.ne.ra.ción *s.f.* geração; descendência; linhagem.

ge.ne.ra.dor *adj.* gerador.

ge.ne.ral *adj.* geral; *s.m. Mil.* general.

gé.ne.sis *s.m.* gênese; Gênesis.

ge.né.ti.ca *s.f.* genética.

ge.né.ti.co *adj.* genético.

ge.nial *adj.* genial; *Fam.* ótimo.

ge.nio *s.m.* gênio, índole; temperamento; talento.

gen.te *s.f.* gente; população; equipe; *Fam.* o pessoal; *Amér.* pessoa decente.

gen.te.ci.lla *s.f. depr.* gentinha, gentalha.

gen.til *adj.* cortês, amável; elegante; idólatra; pagão; gentílico.

gen.ti.le.za *s.f.* cortesia; elegância.

gen.til.hom.bre *s.m.* gentil-homem; fidalgo; cavalheiresco.

gen.ti.li.cio *adj.* gentílico.

gen.tí.o *s.m.* aglomeração de gente; multidão.

ge.o.gra.fí.a *s.f.* geografia.

ge.o.lo.gí.a *s.f.* geologia.

ge.o.me.trí.a *s.f.* geometria.

ge.ren.cia *s.f.* gerência; administração; função de gerente.

ge.ren.te *adj.* gerente.

ger.ma.ní.a *s.f.* gíria; jargão.

ger.men *s.m.* germe; embrião.

ges.ta.ción *s.f.* gestação; gravidez; *Fig.* elaboração.

ges.tión *s.f.* gestão, gerência, administração.

ges.to *s.m.* gesto; sinal; atitude.

gi.ba *s.f.* corcunda.

gi.ba.do *adj.* corcovado; corcunda.

gi.lí *adj. Fam.* bobo; tolo.

gi.li.po.llas *adj.* e *s.m. Fam.* idiota; estúpido; tolo; imbecil.

gim.na.sia *s.f.* ginástica.

gim.na.sio *s.m.* ginásio.

gi.mo.te.o *s.m. Fam.* gemido; lamúria.

gi.ne.bra *s.f.* genebra (bebida); *Fig.* confusão.

gi.ra *s.f.* passeio; giro; excursão.

gi.ral.da *s.f.* grimpa; catavento.

gi.rán.du.la *s.f.* girândola.

gi.rar *v.i.* girar, rodar; *Com.* girar, sacar, tranferir fundos.

gi.ra.sol *s.m.* girassol.

gi.ro *s.m.* giro, rotação; *Com.* saque, transferência.

gis *s.m.* giz.

gi.ta.no *s.m.* cigano.

glo.rie.ta *s.f.* caramanchão; pequena praça (nos jardins).

go.ber.na.ción *s.f* governação, governança, governo.

go.ber.na.dor *adj.* governador.

go.ber.na.lle *s.m. Mar.* leme, timão.

go.ber.nar *v.t.* governar, dirigir, guiar.

go.bier.na *s.f.* catavento, grimpa.

go.bier.no *s.m.* governo, governança; ordem; direção.

go.cho *s.m. Fam.* porco.

go.des.co *adj.* prazenteiro, satisfeito, alegre.

go.fo *adj.* rude, grosseiro, ignorante.

gol *s.m. Desp.* gol.

go.la *s.f.* gola, garganta, gorjal, gorgueira; canal de acesso; entrada de forte.

gol.dre *s.m.* coldre, aljava.

go.le.ta *s.f. Mar.* goleta; escuna.

golf *s.m. Desp.* golfe.

gol.fo *s.m. Geogr.* golfo; enseada; baía; mar; *Fig.* vagabundo.

go.li.lla *s.f. dim.* golinha, cabeção, colar.

go.lle.te *s.m.* gargalo; viela; pescoço; passagem apertada.

go.lon.dri.na *s.f. Zool.* andorinha; *Chile* carro de mudanças.

go.lon.dri.no *s.m. Med.* furúnculo (no sovaco); *Fig.* borboleta; desertor; vadio.

go.lo.si.na *s.f.* guloseima, gulodice; petisco.

go.lo.so *s.m.* e *adj.* guloso; apetitoso; saboroso; gastrônomo; cobiçoso.

gol.pa.zo *s.m. aum.* pancada.

gol.pe *s.m.* golpe; baque; quantidade; toque; soco; crise.

gol.pe.te.o *s.m.* golpes seguidos; série de pancadas.

gor.di.flón *adj. Fam.* gorducho; barrigudo; gordaço.

gor.go.jo *s.m. Zool.* gorgulho; *Fig.* pessoa, animal ou coisa miúda.

gor.go.ri.to *s.m. Fam.* trinado, garganteio.

go.ri.go.ri *s.m. Fam.* cantilena, choradeira.

gor.je.o *s.m.* gorjeio; trinado.

go.rra.da *s.f.* barretada.

go.rri.no *s.m. Fig.* sujo.

go.rrión *s.m. Zool.* pardal.

go.rro *s.m.* gorro.

go.rrón *s.m.* e *adj.* malandrim; parasita.

go.rro.na *s.f.* rameira.

go.ta *s.f.* gota, pingo; *Med.* gota.

go.te.ar *v.i.* gotejar.

go.te.ra *s.f.* goteira.

goz.ne *s.m.* gonzo, dobradiça; bisagra.

go.za.da *s.f. Fam.* gozo ou prazer intenso.

go.zar *v.i.* gozar; sentir prazer; ter, desfrutar.

go.zo *s.m.* gozo; prazer; *mi gozo en un pozo* alegria de pobre dura pouco.

gra.ba.do *p.p. de grabar; adj.* gravura.

gra.bar *v.t.* gravar; esculpir; estampar; *Eletr.* e *Inform.* gravar em meio magnético ou em dispositivo de armazenamento.

gra.cia *s.f.* graça; gracejo; favor; atrativo; mercê.

gra.cia.ble *adj.* afável, amável; generoso.

gra.da *s.f.* degrau.

gra.da.ción *s.f.* gradação.

gra.do *s.m.* grau; vontade; gosto; degrau.

grá.fi.co *adj.* gráfico; *s.m.* gráfico; esquema.

gra.fi.to *s.m. Miner.* grafita; plumbagina.

gra.ge.a *s.f.* confeitos miúdos.

gra.ja *s.f. Zool.* gralha.

gra.je.ar *v.i.* grasnar; crocitar.

gra.mo *s.m.* grama, unidade de peso.

gra.mó.fo.no *s.m.* gramofone; fonógrafo.

gra.na *s.f.* cochonilha; escarlate; carmesim.

gra.na.da *s.f. Bot.* romã (fruta); *Mil.* granada.

gra.na.de.ro *s.m. Mil.* granadeiro.

gra.na.do *adj.* granado; *Fig.* crescido; escolhido; ilustre; *Fam.* avultado; espigado.

gran.de *adj.* grande; grã; grão.

gran.dor *s.m.* grandeza, magnificência, importância.

gran.du.llón *adj. Fam.* grandalhão.

gra.ne.a.do *adj.* granitoso; granulado; sarapintado.

gra.nel *adv. Fig.* abundância, a granel.

gra.ne.ro *s.m.* granel, celeiro, tulha, galpão, depósito.

gra.ni.to *s.m. dim.* granito, rocha, pedra; granizo; pedrinha, grânulo.

gra.ni.zo *s.m.* granizo, saraiva, pedrisco.

gran.ja *s.f.* granja; celeiro; quinta, sítio, herdade; aprisco.

gran.je.ar *v.t.* granjear; amanhar; cultivar; adubar; mondar; conseguir; adquirir; procurar.

gran.je.ro *s.m.* granjeiro; cultivador; lavrador; sitiante; rendeiro; colono.

gra.no *s.m.* grão, cereal, bago, baga, semente, caroço; peso, borbulha; *al grano* ao assunto.

gra.nu.ja *s.f.* uva (desbagoada); semente de uva; *s.m. Fig.* súcia de vadios; velhaco.

gra.nu.ja.da *s.f.* malandrice, velhacada.

gra.nu.jien.to *adj.* granuloso, granulado; espinhoso.

gra.pa *s.f.* grampo; gancho.

gra.sien.to *adj.* graxo, gorduroso; ensebado.

gra.so *adj.* graxo, gorduroso.

gra.ti.fi.car *v.t.* gratificar; agradar; remunerar.

gra.ti.tud *s.f.* gratidão, reconhecimento.

gra.to *adj.* grato, agradecido, reconhecido; gratuito; grado; aceito, obrigado; suave.

gra.tui.to *adj.* gratuito, gracioso; espontâneo; arbitrário, sem razão.

gra.tu.la.ción *s.f.* gratulação, felicitação, cumprimento; gratidão.

gra.va *s.f.* cascalho; entulho.

gra.va.men *s.m.* gravame; vexame; encargo; carga; ônus; opressão; imposto.

gra.ve.dad *s.f. Fís.* gravidade; seriedade; sisudez.

gra.vi.ta.ción *s.f.* gravitação.

graz.nar *v.i.* grasnar; gracitar; crocitar.

graz.ni.do *s.m.* grasnido; grasnada.

gre.gue.rí.a *s.f.* algaraviada; berreiro.

gre.ña *s.f.* grenha.

gres.ca *s.f.* algazarra; motim; barulho.

grie.go *adj.* grego.

grie.ta *s.f.* greta, fenda.

gri.fo *adj.* crespo (o cabelo); *s.m.* torneira, grifo.

gri.fón *s.m.* torneira.
gri.lle.te *s.m.* grilheta.
gri.llo *s.m.* grilo.
gri.mo.so *adj.* inquietante; desgostoso; horroroso.
gri.ñón *s.m.* touca (de freira); espécie de pêssego.
gri.te.rí.a *s.f.* gritaria; barulho; confusão.
gro.se.rí.a *s.f.* grosseria.
gro.se.ro *adj.* grosseiro, tosco; incivil.
gro.sor *s.m.* grossura; corpulência.
grue.sa *s.f.* grosa: doze dúzias.
grue.so *adj.* grosso.
gru.ñi.do *s.m.* grunhido.
gru.ñir *v.i.* grunhir; resmungar.
gru.pa *s.f.* garupa.
gru.pa.da *s.f.* borrasca; rajada; aguaceiro.
guá.cha.ro *adj.* enfermiço, doentio; achacado.
gua.cia *s.f.* acácia.
gua.da.ña *s.f. Agr.* gadanha; foice.
gua.da.ñe.ro *s.m.* ceifeiro; segador.
gual.do *adj.* jalde; amarelo.
guan.che *adj.* guancho.
guan.ta.da *s.f.* palmada; *Fam.* bofetada.
guan.te *s.m.* luva.
gua.pe.rí.a *s.f.* bravata; fanfarronada; galanteio.
gua.po.te *adj. Fam.* bonachão.
guar.da *s.m.* guarda; vigia; amparo; custódia.
guar.da.ba.rros *s.m.* pára-lamas.
guar.da.pol.vo *s.m.* guarda-pó.
guar.dar *v.t.* guardar; vigiar; proteger; pôr, colocar; conservar.
guar.dia *s.f.* guarda; vigilância; defesa; custódia.
guar.dián *s.m.* guardião; guarda.

guar.di.lla *s.f.* sobrecostura; água-furtada; trapeira, sótão.
gua.re.cer *v.t.* amparar; acolher.
gua.ri.da *s.f.* guarida; defesa; amparo; covil.
gua.ris.mo *s.m.* algarismo.
guar.ne.cer *v.t.* guarnecer; vestir; adornar; dotar; equipar; prover, estar de guarnição.
guar.ni.ción *s.f.* guarnição, enfeite; acompanhamento de um prato; *pl.* arreios, jaezes.
gua.rro *s.m. Zool.* porco, suíno.
gua.sa *s.f. Fam.* zombaria, chacota, troça, chalaça.
gua.son *adj. Fam.* caçoador, zombeteiro; insípido.
gua.ta *s.f.* manta de algodão em rama; *Chile* pança.
gua.ya.ba *s.f.* goiaba.
gua.ya.bo *s.m. Bot.* goiabeira.
gu.ber.na.men.tal *adj.* governamental.
gu.bia *s.f.* goiva.
gue.de.ja *s.f.* guedelha; juba.
gue.rra *s.f.* guerra; luta.
gue.rre.ar *v.i.* guerrear; *Fig.* rebater; combater; contradizer.
gue.rre.ro *adj.* guerreiro.
gue.rri.lla *s.f.* guerrilha.
guí.a *s.m.* e *s.f.* guia.
gui.ar *v.t.* e *v.i.* guiar, conduzir, dirigir.
gui.ja *s.f.* calhau; pedregulho.
gui.ja.rro *s.m.* cascalho.
gui.jo *s.m.* cascalho; pedras próprias para calçamento.
gui.llar.se *v.r.* fugir; ensandecer.
guin.di.lla *s.f.* tipo de pimenta; *depr.* agente de polícia.
gui.ña.da *s.f.* guinada; piscadela.
gui.ña.po *s.m.* farrapo; *Fig.* sujeito vil; pessoa decaída.

gui.ñar *v.t.* guinar; piscar o olho.
gui.ño *s.m.* piscadela; sinal que se faz com o olho.
gui.ón *s.m.* guião, estandarte; pendão; sinal musical; esboço, roteiro; *Gram.* hífen, travessão.
guio.na.je *s.m.* ofício ou mister de guia; direção.
gui.ri.gay *s.m. Fam.* gíria, geringonça; algaravia; gritaria; confusão.
guir.la.che *s.m.* doce de amêndoas torradas e açúcar.
guir.nal.da *s.f.* grinalda, girândola, coroa de flores.
gui.sa *s.f.* guisa, modo, jeito, feição, maneira.
gui.sa.do *p.p.* de guisar; *adj.* guisado, refogado.
gui.san.te *s.m.* ervilha ou respectiva semente.
gui.sar *v.t.* guisar, refogar.
gui.so *s.m.* guisado.
gui.ta *s.f.* guita, cordel, cordão, barbante, fio; corda fina de cânhamo; grana, dinheiro.
gui.ta.rra *s.f.* guitarra; violão.
gui.to.ne.ar *v.i.* vadiar.
gu.sa.no *s.m.* verme; minhoca; lombriga.
gu.sa.ra.pien.to *adj.* bichoso; carunchoso; podre.
gus.ta.ción *s.f.* gustação.
gus.tar *v.t.* degustar, provar; *v.i.* gostar; agradar.
gus.ta.zo *s.m. Fam.* satisfação em fazer mal.
gus.ti.llo *s.m. dim.* gostinho; sabor.
gus.to *s.m.* gosto, sabor; prazer; capricho.
gus.to.so *adj.* gostoso, saboroso; agradável; divertido; de bom grado, de boa vontade.

h *s.f.* oitava letra do alfabeto espanhol; H, h.

ha.ba *s.f. Bot.* fava.

ha.ba.no *adj.* havano, de Havana; *s.m.* havano, charuto.

ha.ber *s.m.* haveres, bens; *Com.* saldo bancário; *v.t.* ter, possuir; *v. aux.* haver; *v. impessoal* haver, existir.

ha.bi.chue.la *s.f.* feijão.

há.bil *adj.* hábil; habilidoso; esperto; capaz.

ha.bi.li.tar *v.t. For.* habilitar, dar aptidão legal; prover.

ha.bi.lla *s.f. Fig.* balela; boato; tagarelice.

ha.bi.ta.ción *s.f.* habitação, casa; aposento; quarto.

ha.bla *s.f.* fala; palavra; estilo; idioma.

ha.bla.du.rí.a *s.f.* tagarelice; balela; boato.

ha.blan.te *adj.* falante.

ha.blar *v.i.* falar, dizer, proferir.

ha.bón *s.m.* empola; bolha.

ha.cen.da.do *adj.* rico, abastado; *Amér.* fazendeiro.

ha.cen.dis.ta *s.m.* economista, administrador público.

ha.cer *v.t.* fazer; realizar; produzir.

ha.cha *s.f.* machado; tocha, archote; velha dança espanhola.

ha.cia *prep.* para, onde, no sentido de.

ha.cien.da *s.f.* fazenda; bens, propriedades; finanças.

ha.ci.nar *v.t.* amontoar, empilhar.

ha.da *s.f.* fada.

ha.da.do *adj.* fadado, predestinado.

ha.do *s.m.* fado, destino, sorte; fortuna; dita.

ha.la *interj.* indica ânimo.

ha.la.gar *v.t.* adular, lisonjear; afagar, acariciar.

ha.la.go *s.m.* afago, carícia, mimo; adulação, lisonja.

hal.cón *s.m. Zool.* falcão.

há.li.to *s.m.* hálito; sopro; vapor; bafo; exalação.

ha.llar *v.t.* achar, encontrar; inventar; julgar; pensar; entender.

ha.llaz.go *s.m.* descobrimento; invento; achado.

ha.ma.ca *s.f.* maca, rede.

ham.bre *s.f.* fome; miséria, penúria.

ham.brón *ad. Fam.* faminto, glutão.

ham.bur.gue.sa *s.f.* hambúrguer.

ham.pa *s.f.* malandragem, vadiagem; súcia, caterva.

ham.pón *adj.* valentão, pimpão, brigão, malandro, vagabundo.

ha.ra.gán *adj.* mandrião, madraço, vadio, folgado.

ha.ra.ga.ne.ar *v.i.* vagabundar, mandriar, vadiar, preguiçar.

ha.ra.pien.to *adj.* esfarrapado, roto, andrajoso, farrapento.

ha.ra.po *s.m.* trapo, farrapo, andrajo.

ha.ri.na *s.f.* farinha, pó miúdo.

har.ne.ar *v.t.* peneirar, crivar.

har.pi.lle.ra *s.f.* serrapilheira.

har.tar *v.t.* bastar, fartar, saciar, satisfazer.

har.to *p.p. de hartar; adj.* basto, farto, harto, cheio, repleto, saciado, satisfeito.

har.tón *s.m. Germ.* pão.

har.tu.ra *s.f.* fartura, repleção, abundância, saciedade.

has.ta *prep.* até.

has.tiar *v.t.* enfastiar, enjoar.

has.tí.o *s.m.* fastio, saciedade.

ha.to *s.m.* fato; roupa branca; bando; quadrilha; *Cuba* e *Venez.* fazenda de criação.

haz *s.f.* feixe, molho; tropa (em fileira); face; fronte; cara.

ha.za *s.f.* terra para semeadura.

ha.za.ña *s.f.* façanha, proeza.

haz.me.rre.ír *s.m. am* bobo; palhaço; ridículo.

he *adv.* eis; aqui está.

he.bi.lla *s.f.* fivela.

he.bra *s.f.* fibra; fio; linha; febra.

he.bre.o *adj.* hebreu; hebraico.

he.ces *s.f. pl.* fezes.

he.cha *s.f.* feita, ocasião, vez.

he.chi.ce.rí.a *s.f.* feitiçaria, bruxedo.

he.chi.ce.ro *adj.* feiticeiro; *Fig.* encantador; simpático.

he.chi.zar *v.t.* enfeitiçar; *Fig.* seduzir; encantar.

he.chi.zo *s.m.* feitiço; *Fig.* encanto; fascinação.

he.cho *p.p. de hacer; adj.* fato; coisa ou ação; acontecimento.

he.chu.ra *s.f.* feitio; confecção.

hec.tá.re.a *s.f.* hectare.

he.den.ti.na *s.f.* fedentina, fedor.

he.der *v.i.* feder.

he.dor *s.m.* fedor.

he.la.ble *adj.* congelável.

he.la.da *s.f.* geada.

he.la.de.ra *s.f. Amér.* geladeira.

he.la.de.rí.a *s.f. Amér.* sorveteria

he.la.de.ro *s.m. Amér.* sorveteiro.

he.lar *v.t.* gelar; congelar.

he.le.cho *s.m. Bot.* samambaia.

he.le.ro *s.m.* geleira.

he.lio.gra.ba.do *s.m.* heliogravura.

hem.bra *s.f.* fêmea.

he.mo.rroi.de *s.f.* hemorróida.

hen.chir *v.t.* encher.

hen.der *v.t.* fender, rachar, gretar.

hen.di.du.ra *s.f.* fenda, greta, racha.

he.no *s.m. Bot.* feno.

he.ñir *v.t.* amassar (com os punhos).

he.pa.ti.tis *s.f. Med.* hepatite.

her.ba.je *s.m.* erva; relva.

he.re.dad *s.f.* herdade, quinta; herança.

he.re.dar *v.t.* herdar.

he.re.de.ro *adj.* herdeiro.

he.re.je *s.m.* e *s.f.* herege.

he.re.jí.a *s.f.* heresia; contra-senso.

he.ren.cia *s.f.* herança.

he.ri.da *s.f.* ferida, chaga, úlcera.

he.rir *v.t.* ferir.

her.ma.nar *v.t.* irmanar; juntar, unir.

her.man.dad *s.f.* irmandade, confraria.

her.ma.no *s.m.* irmão.

her.mo.so *adj.* formoso, belo; perfeito.

her.mo.su.ra *s.f.* formosura; beleza.

hé.ro.e *s.m.* herói.

her.pe *amb. Med.* herpes.

he.rra.dor *s.m.* ferrador.

he.rra.du.ra *s.f.* ferradura.

he.rra.je *s.m.* ferragem.

he.rra.mien.ta *s.f.* ferramenta.

he.rrar *v.t.* ferrar.

he.rrén *s.m.* forragem que se dá ao gado.

he.rre.rí.a *s.f.* ferraria; forja.

he.rre.ro *s.m.* ferreiro.

he.rre.te *s.m. dim.* agulheta.

he.rrum.bre *s.f.* ferrugem

her.vi.de.ro *s.m.* fervura, ebulição; *Fig.* agitação.

her.vir *v.i.* ferver; *Fig.* agitar-se; excitar-se.

her.vor *s.m.* fervor; ardência; zelo.

he.te.ro.gé.neo *adj.* heterogêneo.

hez *s.f.* fezes; borra; sedimento.

hi.ber.ni.zo *adj.* invernal.

hi.dal.go *s.m.* fidalgo, nobre; *Fig.* generoso.

hi.dal.guí.a *s.f.* fidalguia, nobreza; *Fig.* generosidade.

hi.dra.tar *v.t.* hidratar.

hie.dra *s.f.* hera.

hiel *s.f.* fel; bilis; *Fig.* azedume.

hie.lo *s.m.* gelo; *Fig.* frieza.

hien.da *s.f.* esterco; estrume.

hier.ba *s.f.* erva.

hier.ba.bue.na *s.f. Bot.* menta; hortelã.

hie.rro *s.m.* ferro.

hi.ga *s.f.* figa; amuleto.

hí.ga.do *s.m. Anat.* fígado.

hi.gie.ne *s.f.* higiene.

hi.go *s.m.* figo.

hi.gue.ra *s.f. Bot.* figueira.

hi.gue.re.ta *s.f.* rícino.

hi.jas.tro *s.m.* enteado.

hi.jo *s.m.* filho.

hi.jue.la *s.f. dim.* valeta, canaleta; *For.* inventário.

hi.jue.lo *s.m.* muda, broto.

hi.la *s.f.* fila, fileira.

hi.la.cha *s.f.* fio retirado de um tecido.

hi.la.da *s.f.* fiada; fila; enfiada.

hi.lan.de.ro *s.m.* fiandeiro, fiadeiro.

hi.lar *v.t.* fiar, tecer; *Fig.* raciocinar, pensar.

hi.le.ra *s.f.* fileira, fieira, fila, cumeeira.

hi.lo *s.m.* fio, fibra; arame; baba fina; filete.

hil.ván *s.m.* alinhavo.

hil.va.nar *v.t.* alinhavar; pontilhar.

him.no *s.m.* hino, cântico.

hin.ca.pié *s.m.* finca-pé, porfia, pé firme; apoio, base.

hin.car *v.t.* fincar; introduzir, meter, botar; cravar; enfiar; apoiar.

hin.cha *s.f. Fam.* ódio, rancor.

hin.cha.da *s.f.* torcida, galera.

hin.char *v.t.* inchar, inflar, encher-se de ar; enfatuar-se.

hin.cha.zón *s.f.* inchação; presunção soberba.

hi.no.jo *s.m. Bot.* funcho, erva-doce, anis.

hi.par *v.i.* impar, soluçar, ofegar, esbaforir.

hi.per.ten.sión *s.f. Med.* hipertensão.

hi.per.tex.to *s.m. Inform.* hipertexto: sistema que permite acessar e manipular qualquer informação escrita no computador.

hi.po *s.m.* soluço, ofego.

hi.po.cre.sí.a *s.f.* hipocrisia.

hi.pó.te.sis *s.f.* hipótese.

hi.rien.te *adj.* que fere, dilacerante.

hir.su.to *adj.* hirsuto.

hir.vien.te *adj.* fervente, ardente; veemente.

his.pá.ni.co *adj.* hispânico.

his.pa.no *adj.* hispanoamericano.

his.to.rie.ta *s.f.* conto, narração, fábula.

his.trión *s.m.* histrião.

hi.to *s.m.* poste, marco, frade-de-pedra; *adj.* unido; contíguo, imediato, firme, fixo.

ho.ci.car *v.t.* fossar, afocinhar; beijocar; tropeçar.

ho.ci.co *s.m.* focinho, fuças; *Fig.* cara feia, tromba.

ho.ga.ño *adj. Fam.* este ano, esta época, nestes tempos.

ho.gar *s.m.* lar; lareira; fogão; fogueira; *Fig.* casa; vida doméstica.

ho.ga.za *s.f.* fogaça; grande pão cozido.

ho.gue.ra *s.f.* fogueira, labareda, lume.

ho.ja *s.f.* folha; lâmina; pétala; página; *hoja de cálculo* planilha de cálculo; *hoja de servicios* folha de serviço.

ho.ja.la.ta *s.f.* folha-de-flandres, lata.

ho.ja.la.te.ro *s.m.* latoeiro, funileiro.

ho.jal.dra.do *p.p. de hojaldrar; adj.* folhado, revestido de lata.

ho.jal.drar *s.t.* cobrir ou revestir de lata.

ho.jal.dre *s.m.* massa folhada, mil-folhas.

ho.ja.ras.ca *s.f.* folhagem, folhedo, folhada; *Fig.* bagatela, inutilidade.

ho.je.ar *v.t.* folhar, folhear; revestir de placa ou chapa de lata.

ho.jue.la *s.f. dim.* folícula; lamínula, folhinha; sonho, filhó.

ho.la *interj.* oi, olá.

hol.ga.do *p.p. de holgar; adj.* folgado; amplo, largo, espaçoso; desocupado; abastado.

hol.gan.za *s.f.* folgança, pândega, folia, folguedo, diversão; folga; sossego; ócio, descanso.

hol.gar *v.i.* folgar, mandriar; descansar; tomar fôlego.

hol.ga.zán *adj.* folgazão.

hol.ga.za.ne.ar *v.t.* folgar, mandriar, vadiar, preguiçar.

hol.go.rio *s.m. Fam.* regozijo; folia; prazer.

hol.gu.ra *s.f.* folguedo; regozijo; folga; amplitude.

ho.llar *v.t.* pisar; magoar; calcar; humilhar.

ho.lle.jo *s.m.* folhelho.

ho.llín *s.m.* fuligem.

hom.bre *s.m.* homem.

hom.bre.ra *s.f.* ombreira; espaldar.

hom.bro *s.m.* ombro, espádua.

hom.bru.no *adj. Fam.* diz-se da mulher que possui maneiras de homem.

ho.me.na.je *s.m.* homenagem; *Fig.* preito.

hon.da *s.f.* estilingue; funda.

hon.di.llo *s.m.* fundilho.

hon.do *adj.* fundo; *Fig.* profundo.

hon.dón *s.m.* fundo; buraco (da agulha).

hon.do.na.da *s.f.* fundura; terreno fundo.

hon.du.ra *s.f.* fundura; profundidade; dificuldade.

hon.go *s.m. Bot.* cogumelo; fungo.

ho.nor *s.m.* honra; virtude; culto; graça; dignidade.

hon.ra *s.f.* honra, estima; pudor; prestígio.

hon.rar *v.t.* honrar; respeitar.

hon.ri.lla *s.f. dim.* melindre; recato; suscetibilidade.

ho.po *s.m.* rabo peludo; custoso; difícil; trabalhoso.

ho.ra *s.f.* hora.

ho.ra.dar *v.t.* esburacar; furar.

hor.ca *s.f.* forca; patíbulo.

hor.cha.ta *s.f.* refresco.

hor.co *s.m.* réstea (de alhos ou cebolas).

hor.ma *s.f.* forma, molde.

hor.ma.za *s.f.* parede de pedra seca.

hor.ma.zo *s.m.* ponte de pedras soltas.

hor.mi.ga *s.f. Zool.* formiga.

hor.mi.gón *s.m.* concreto.

hor.mi.gue.ar *v.i.* formigar, comichar; abundar.

hor.mi.gue.o *s.m.* formigamento; comichão; prurido.

hor.mi.gue.ro *s.m.* formigueiro.

hor.món *s.m. Med.* hormônio.

hor.na.cho *s.m.* escavação.

hor.na.da *s.f.* fornada.

hor.na.gue.ra *s.f.* hulha; carvão-de-pedra.

hor.na.gue.ro *adj.* folgado; amplo.

hor.ne.ci.no *adj.* bastardo.

hor.ne.ro *s.m.* forneiro; *Zool.* joão-de-barro.

hor.ni.ja *s.f.* cavacos; gravetos; acendalhas.
hor.ni.lla *s.f.* fornilho; grelha; .
hor.ni.llo *s.m.* fogareiro; fornilho; queimador..
hor.no *s.m.* forno.
hor.qui.lla *s.f.* forquilha; grampo (para o cabelo).
hó.rre.o *s.m.* celeiro.
ho.rri.ble *adj.* horrível.
ho.rro *adj.* forro, liberto; desobrigado.
hor.ta.li.za *s.f.* hortaliça; legume.
hor.te.la.no *s.m.* hortelão; horteloa.
hor.te.ra *adj.* brega, de mau gosto; *s.f.* escudela (de madeira).
hos.co *adj.* fosco; fusco; escuro.
hos.co.so *adj.* eriçado; áspero.
hos.pe.da.je *s.m.* hospedagem; hospitalidade.
hos.pe.de.rí.a *s.f.* hospedaria.
hos.pi.tal *s.m.* hospital.
hos.pi.ta.la.rio *adj.* hospitalar.
hos.tal *s.m.* hospedaria; pousada.
hos.te.le.ro *s.m.* hoteleiro; estalajadeiro.
hos.te.rí.a *s.f.* estalagem, pousada, hospedaria.
hos.ti.gar *v.t.* fustigar, vergastar.
hoy *adv.* hoje.
ho.ya *s.f.* fossa, cova; concavidade.
ho.yan.ca *s.f. Fam.* vala comum (no cemitério).
ho.yo *s.m.* cova; sepultura.
ho.yue.lo *s.m. dim.* covinha (do rosto).
hoz *s.f.* foice; estreiteza de um vale.
ho.zar *v.t.* cavar; esburacar.
hu.cha *s.f.* mealheiro; arca de grande tamanho.
hu.che.ar *v.i.* chamar; açular (cães).
hue.ca *s.f.* rosca (do fuso).

hue.co *adj.* oco; vazio; côncavo; *s.m.* vão; espaço vazio; buraco.
hue.cú *s.m.* lamaçal; atoleiro.
huel.ga *s.f.* greve.
huel.go *s.m.* fôlego, respiração.
hue.lla *s.f.* pegada; vestígio; rastro.
huér.fa.no *adj.* órfão.
hue.ro *adj.* oco; vazio; chocho; goro.
huer.ta *s.f.* horta.
huer.to *s.m.* horto; pequena horta; jardim.
hue.sa *s.f.* sepultura.
hue.so *s.m.* osso.
hue.so.so *adj.* ósseo.
hués.ped *s.m.* e *s.f.* hóspede.
hues.te *s.f.* hoste, tropa; bando.
hue.su.do *adj.* ossudo.
hue.va *s.f.* ova de peixe.
hue.ve.ra *s.f.* oveiro.
hue.ve.ro *s.m.* vendedor de ovos.
hue.vo *s.m.* ovo.
hu.go.no.te *adj.* huguenote.
huí.da *s.f.* fuga, fugida; saída.
hui.di.zo *adj.* fugidio, arredio.
huir *v.i.* fugir; livrar-se; escapar-se.
hu.le *s.m.* oleado, encerado (pano ou tela).
hu.lla *s.f.* hulha; carvão-de-pedra.
hu.man.te *adj.* fumegante.
hu.ma.re.da *s.f.* fumarada, fumaça.
hu.me.an.te *adj.* fumegante.
hu.me.ar *v.i.* fumegar.
hu.me.dad *s.f.* umidade.
hu.me.de.cer *v.t.* umedecer.
hú.me.do *adj.* úmido.
hu.mil.dad *s.f.* humildade.
hu.mi.lla.ción *s.f.* humilhação.
hu.mi.lla.de.ro *s.m.* cruzeiro; capela; nicho; oratório.

hu.mi.llan.te *adj.* humilhante.
hu.mi.llar *v.t.* humilhar; *Fig.* vexar, rebaixar, aviltar.
hu.mo *s.m.* fumo, fumaça; *pl.* lares; lumes; fogos; famílias.
hu.mor *s.m.* humor; disposição.
hu.mo.ra.da *s.f.* pilhéria, gracejo, piada.
hu.mo.ris.mo *s.m.* humorismo.
hun.di.do *adj.* fundido, fundo; *Fig.* deprimido, derrotado.
hun.di.mien.to *s.m.* afundamento, submersão; derrocada, derrubada.
hun.dir *v.t.* afundar, soçobrar; submergir, vir abaixo.
hún.ga.ro *adj.* húngaro.
hu.no *adj.* huno, bárbaro, selvagem.
hu.ra.cán *s.m.* furacão, vendaval.
hu.ra.ño *adj.* rude; intratável.
hur.gar *v.t.* esgaravatar; remexer.
hu.rón *s.m. Zool.* furão; *Fig.* intrometido, enxerido; misantropo.
hu.ro.ne.ar *v.i.* caçar com o furão; *Fig.* bisbilhotar; furoar.
hu.ro.ne.ra *s.f.* furoeira, esconderijo, toca.
hur.tar *v.t.* furtar; *v.r.* furtar-se, esquivar-se.
hur.to *s.m.* furto, roubo.
hú.sar *s.m. Mil.* hussardo, hussar.
hus.ma *s.f.* farejo, faro, percepção.
hus.me.ar *v.t.* farejar, olfatear; *Fig.* bisbilhotar.
hu.so *s.m.* fuso.
hu.ta *s.f.* cabana; barraca (em geral para caça).
hu.tí.a *s.f. Zool.* cutia.
hu.yen.te *adj.* fugitivo, trânsfuga; fugidio.
hu.yu.yo *adj. Cuba* insociável, arredio, desconfiado.

i *s.f.* nona letra do alfabeto espanhol; I, i.

i.be.ro.a.me.ri.ca.no *adj.* e *s.m.* ibero-americano.

i.co.no *s.m.* ícone; imagem religiosa; ídolo; signo que representa um objeto; *Inform.* ícone: figura usada para identificar ou acionar um programa.

i.de.a *s.f.* idéia; conceito; conhecimento; projeto; opinião.

i.de.al *adj.* ideal, imaginário; perfeito; *s.m.* ideal, sonho; protótipo, modelo.

i.de.a.li.zar *v.t.* idealizar; fantasiar.

i.de.ar *v.t.* idealizar, planejar, programar, inventar.

i.dén.ti.co *adj.* idêntico.

i.den.ti.dad *s.f.* identidade; *carné de identidad* carteira/cédula de identidade.

i.den.ti.fi.car *v.t.* identificar.

i.dio.ma *s.m.* idioma.

i.dio.ta *s.m.* idiota; ignorante; imbecil; *Med.* deficiente mental.

i.dio.tez *s.f. Med.* idiotia; idiotice; estupidez.

í.do.lo *s.m.* ídolo.

i.dó.ne.o *adj.* idôneo.

i.dus *s.m. pl.* idos.

i.gle.sia *s.f.* igreja.

ig.ni.ción *s.m.* ignição.

ig.no.ran.cia *s.f.* ignorância; desconhecimento; imcopetência.

ig.no.ran.te *adj.* ignorante; estúpido.

ig.no.rar *v.t.* ignorar; desconhecer; ser idiferente.

i.gual *adj.* igual; idêntico; equivalente; invariável; constante; *s.m. Mat.* sinal de igualdade; *adv.* igualmente, do mesmo modo, como.

i.gua.la *s.f.* avença; ajuste.

i.gual.dad *s.f.* igualdade; paridade, identidade; equivalência, equilíbrio.

i.ja.da *s.f.* ilharga.

i.la.ción *s.f.* ilação, dedução; conclusão.

i.lé.ce.bra *s.f.* afago enganoso.

i.le.gi.ble *adj.* ilegível.

i.lí.ci.to *adj.* ilícito, ilegal; ilegítimo.

i.lu.mi.na.ción *s.f.* iluminação.

i.lu.sión *s.f.* ilusão.

i.lu.sio.nar.se *v.r.* iludir-se.

i.lus.tra.ción *s.f.* ilustração; saber; revista.

i.ma.gi.na.ción *s.f.* imaginação; concepção; fantasia.

i.mán *s.m. Fís.* ímã; ímane.

im.bo.rra.ble *adj.* indelével; indestrutível.

im.pa.ga.ble *adj.* impagável, inestimável; ridículo.

im.par.tir *v.t.* distribuir; repartir; comunicar.

im.pe.ler *v.t.* impelir; empurrar.

im.pen.der *v.t.* despender, gastar.

im.per.di.ble *adj.* imperdível; *s.m.* alfinete de gancho.

im.per.do.na.ble *adj.* imperdoável.

im.per.fec.to *adj.* imperfeito; incorreto.

im.per.me.a.ble *adj.* impermeável; *s.m.* capa de chuva impermeável.

im.pe.trar *v.t.* impetrar; rogar.

im.pe.tuo.si.dad *s.f.* impetuosidade; fúria; violência.

im.pla.ca.ble *adj* implacável; inexorável.

im.po.ner *v.t.* impor; infligir; imputar.

im.por.ta.ción *s.f.* importação.

im.por.tan.cia *s.f.* importância; relevância; influência.

im.por.tar *v.t.* importar, trazer do exterior; ter importância; custar; *Inform.* importar: trazer informações de um sistema ou programa para outro.

im.por.te *s.m.* importe, montante, valor, quantia; custo, preço.

im.por.tu.nar *v.t.* importunar, incomodar.

im.po.si.ble *adj.* impossível; impraticável, inviável; *Fig.* insuportável; incrível.

im.po.si.ción *s.f.* imposição; obrigação; ordem, mandato; *Com.* aplicação, investimento, depósito; contribuição.

im.pos.tor *adj.* e *s.m.* impostor, farsante; caluniador, difamador; falso.

im.po.ten.te *adj.* impotente, incapaz; *adj.* e *s.m.* estéril; *Med.* impotente.

im.pra.ti.ca.ble *adj.* impraticável, irrealizável; intransitável.

im.preg.nar *s.m.* impregnar; embeber; ensopar; penetrar

im.pre.ci.sión *s.f.* imprecisão; obscuridade.

im.pren.ta *s.f.* imprensa; gráfica; tipografia.

im.pre.sión *s.f.* impressão.

im.pre.sio.nar *v.t.* impressionar.

im.pre.so *adj.* impresso.

im.pre.sor *s.m.* impressor.

im.pre.so.ra *s.f. Inform.* impressora: equipamento que imprime em papel os dados de saída do computador.

im.pre.vi.si.ble *adj.* imprevisível.

im.pre.vi.sión *s.f.* imprevisão.

im.pre.vis.to *adj.* imprevisto, inesperado; *s.m.* despesa inesperada.

im.pri.mir *v.t.* imprimir.

im.pro.ba.ble *adj.* improvável.

im.pro.bar *v.t.* desaprovar, improbar.

im.pro.pio *adj.* impróprio.

im.pú.ber *adj.* impúbere.

im.pú.di.co *adj.* impudico.

im.pul.sión *s.f.* impulsão.

i.nac.ce.si.ble *adj.* inacessível.

i.nac.ción *s.f.* inação.

i.nad.mi.si.ble *adj.* inadmissível.

i.na.go.ta.ble *adj.* inesgotável, inexaurível.

i.na.guan.ta.ble *adj.* insuportável, insofrível.

i.na.je.na.ble *adj.* inalienável.

i.na.lám.bri.co *adj. Eletr.* sem fio (referente a sistema de comunicação elétrica, telefone).

i.na.mi.si.ble *adj.* inadmissível.

i.na.pe.la.ble *adj.* inapelável.

i.na.per.ci.bi.do *adj.* despercebido.

i.na.pre.cia.ble *adj.* inapreciável.

i.nap.ti.tud *s.f.* inépcia, inaptidão.

i.nar.mó.ni.co *adj.* inarmônico, desarmônico.

i.na.se.qui.ble *adj.* inexeqüível.

i.na.si.ble *adj.* inatingível.

in.cau.ta.ción *s.f.* depósito, fiança.

in.cau.tar.se *v.r.* reter ou receber (valor em fiança).

in.cer.ti.dum.bre *s.f.* incerteza, indecisão.

in.ce.sa.ble *adj.* incessante; contínuo; permanente.

in.cien.so *s.m.* incenso.

in.cier.to *adj.* incerto.

in.ci.ta.men.to *s.m.* incitação, incitamento.

in.clu.sa *s.f.* roda (de enjeitados).

in.clu.se.ro *adj. Fam.* rodeiro (de casa de expostos).

in.clu.sión *s.f.* inclusão.

in.co.ar *v.t.* começar.

in.co.er.ci.ble *adj.* incoercível; irreprimível.

in.co.lo.ro *adj.* incolor; descolorido.

in.com.pren.si.ble *adj.* incompreensível; enigmático.

in.com.pren.sión *adj.* incompreensão.

in.con.ci.no *adj.* desarranjado; incôndito.

in.con.du.cen.te *adj.* contraproducente.

in.cons.cien.te *adj.* inconsciente; desacordado; irresponsável; instintivo; *s.m.* inconsciente, subconsciente.

in.cons.tan.te *adj.* inconstante; instável; volúvel.

in.con.ve.nien.te *adj.* inconveniente; importuno; *s.m.* inconveniente; empecilho.

in.cor.po.rar *v.t.* incorporar; incluir; *v.r.* incorporar-se; engajar-se.

in.co.rrec.ción *s.f.* incorreção; erro.

in.cre.í.ble *adj.* incrível; inexplicável.

in.cre.men.tar *v.t.* incrementar; aumentar; *v.i.* e *v.r.* crescer.

in.cre.men.to *s.m.* incremento; crescimento; aumento; acréscimo.

in.cues.tio.na.ble *adj.* inquestionável, indiscutível.

in.cu.rrir *v.i.* incorrer; cometer; implicar-se.

in.da.gar *v.t.* indagar; perguntar.

in.de.bi.do *adj.* indevido; impróprio; imerecido.

in.de.cen.te *adj.* indecente; indecoroso; indelicado.

in.de.ci.so *adj.* indeciso; inseguro; vacilante; incerto; impreciso.

in.de.fen.so *adj.* indefeso.

in.de.fi.ni.do *adj.* indefinido; vago; indeterminado.

in.de.le.ble *adj.* indelével; indestrutível.

in.dem.ni.za.ción *s.f.* indenização.

in.dem.ni.zar *v.t.* indenizar.

in.de.pen.den.cia *s.f.* independência.

in.de.pen.dien.te *adj.* independente; autônomo; emancipado; *adv.* independentemente.

in.de.se.a.ble *adj.* indesejável.

in.de.xa.ción *s.f. Com.* indexação; correção monetária.

in.de.xar *v.t. Com.* indexar; *Inform.* indexar, atribuir índices a varáveis.

in.di.ca.ción *s.f.* indicação; sinal; instrução.

in.di.ca.dor *adj.* e *s.m.* indicador; *s.m.* índice.

in.di.car *v.t.* indicar; mostrar; informar; instruir.

in.di.cio *s.m.* indício; sinal; vestígio.

in.di.fe.ren.te *adj.* indiferente, indistinto; desinteressado.

in.dí.ge.na *amb.* indígena

in.di.gen.te *amb.* indigente.

in.di.ges.tión *s.f.* indigestão.

in.dig.na.ción *s.f.* indignação, irritação.

in.dig.no *adj.* indigno; traquinas; descarado.

in.dio *adj.e s.m.* índio, indígena; indiano.

in.di.rec.to *adj.* indireto; *s.f.* indireta, insinuação.

in.dis.ci.pli.na *s.f.* indisciplina.

in.dis.po.ner *v.t.* indispor; *v.r.* adoentar; malquistar.

in.dis.pues.to *p.p. de indisponer; adj.* indisposto; incomodado; desavindo.

in.di.vi.dual *adj.* individual.

in.di.vi.duo *s.m.* indivíduo.

in.doc.to *adj.* indouto, inepto.

ín.do.le *s.f.* índole.

in.do.len.te *adj.* indolente.

in.do.ma.ble *adj.* indomável; implacável; invencível.

in.dos.ta.nés *adj.* indu; indiano.

in.du.cia *s.f.* tréguas; dilação; indúcias.

in.du.cir *v.t.* induzir; incutir; inferir.

in.duc.ti.vo *adj.* indutivo.

in.dus.tria *s.f.* indústria; fábrica; *Amér.* habilidade, destreza.

in.dus.trial *adj.* industrial

i.né.di.to *adj.* inédito, não-publicado; desconhecido.

i.ne.fi.caz *adj.* ineficaz; ineficiente; incompetente.

i.nep.to *adj.* inapto; incompetente; inepto.

i.ner.cia *s.f.* inércia.

i.nes.pe.ra.do *adj.* inesperado.

i.nex.pe.rien.cia *s.f.* inexperiência.

in.fa.li.ble *adj.* infalível; inevitável.

in.fa.me *adj.* infame.

in.fan.cia *s.f.* infância.

in.fec.ción *s.f.* infecção..

in.fe.li.ci.dad *s.f.* infelicidade.

in.fe.liz *adj.* infeliz.

in.fe.rior *adj.* inferior.

in.fe.rir *v.t.* inferir.

in.fiel *adj.* infiel; desleal; pagão.

in.fil.tra.ción *s.f.* infiltração.

in.fil.trar *v.t.* infiltrar.

in.fi.ni.ti.vo *adj. Gram.* infinitivo.

in.fi.ni.to *adj.* infinito; ilimitado; eterno; *s.m.* céu, firmamento; espaço.

in.fla.ción *s.f.* inflação; *Fig.* soberba; excesso de emissão de papel-moeda.

in.fla.mar *v.i.* inflamar; arder; queimar; *v.t.* estimular.

in.fluen.cia *s.f.* influência.

in.fluen.za *s.f.* influenza, gripe.

in.flu.ir *v.t. e v.i.* influir; influenciar.

in.flu.jo *s.m.* influxo, influência.

in.flu.yen.te *adj.* influente.

in.fo.gra.fí.a *s.f.* arte ou técnica que consiste na aplicação da informática ao projeto gráfico e à animação.

in.fo.pis.ta *s.f.* sistema ou rede que permitem pôr em contato uma série de computadores em todo o mundo.

in.for.ma.ción *s.f.* informação.

in.for.má.ti.ca *s.f.* informática.

in.for.ma.ti.za.ción *s.f. Inform.* informatização.

in.for.ma.ti.zar *v.t. Inform.* informatizar.

in.frac.ción *s.f.* infração.

in.fre.cuen.te *adj.* infreqüente.

in.fu.sión *s.f.* infusão.

in.ga *adj.* inca; diz-se da marcassita.

in.ge.ne.ra.ble *adj.* que não pode ser gerado ou engendrado.

in.ge.niar *v.t.* engenhar, engendrar; imaginar, inventar; excogitar.

in.ge.nie.rí.a *s.f.* engenharia.

in.ge.nia.tu.ra *s.f. Fam.* indústria; arte; ofício; artimanha; estratagema.

in.ge.nie.ro *s.m.* engenheiro.

in.ge.nio *s.m.* engenho, inventividade; arte; inteligência, gênio; talento.

in.ge.nio.so *adj.* engenhoso, inventivo.

in.ge.rir *v.t.* ingerir, inserir; introduzir; inculcar.

in.ges.tión *s.f.* ingestão; deglutição.

in.gi.na *s.f.* queixada, maxilar, mandíbula.

in.gle *s.f. Anat.* virilha.

in.glés *adj.* e *s.m.* inglês.

in.go.ber.na.ble *adj.* ingovernável; insubmisso.

in.gra.ti.tud *s.f.* ingratidão.

in.gre.sar *v.i.* ingressar, entrar.

in.gre.so *s.m.* ingresso, entrada; admissão.

in.ha.lla.ble *adj.* que não se pode encontrar.

in.he.ren.cia *s.f.* inerência.

in.he.ren.te *adj.* inerente.

in.hi.bi.ción *s.f.* inibição.

in.hi.bir *v.t. For.* inibir; proibir; vetar; reprimir.

in.hu.mar *v.t.* inumar, desenterrar.

i.ni.cia.ción *s.f.* iniciação; começo; introdução.

i.ni.cia.li.za.ción *s.f. Inform.* inicializar, iniciar a execução de um programa.

i.ni.ciar *v.t.* iniciar, começar; introduzir; *Dir.* mover ação.

i.ni.cia.ti.va *s.f.* iniciativa; decisão, impulso.

i.ni.cio *s.m.* início, começo, princípio; origem.

i.ni.cuo *adj.* iníquo; injusto.

in.je.ren.cia *s.f.* ingerência, interferência.

in.je.rir *v.t.* e *v.r.* ingerir (-se), inserir, introduzir, intercalar.

in.jer.tar *v.t.* enxertar; inserir, introduzir.

in.jer.to *p.p. de injertar; adj.* enxerto; inserção; enxertado.

in.ju.ria *s.f.* injúria; ofensa.

in.jus.ti.cia *s.f.* injustiça.

in.jus.to *adj.* injusto.

in.ma.te.rial *adj.* imaterial, insubstancial.

in.ma.tu.ro *adj.* imaturo.

in.me.dia.ción *s.f.* imediação.

in.me.dia.to *adj.* imediato.

in.men.so *adj.* imenso, enorme.

in.mer.sión *s.f.* imersão; mergulho.

in.mi.gra.ción *s.f.* imigração.

in.mi.sión *s.f.* imissão; infusão; inspiração.

in.mo.bi.lia.ria *s.f.* imobiliária; construtora.

in.mó.vil *adj.* imóvel, parado.

in.mo.vi.li.zar *v.t.* imobilizar.

in.mue.ble *s.m.* imóvel.

in.mun.di.cia *s.f.* imundície; imundícia.

in.mu.ni.dad *s.f.* imunidade; isenção.

in.mu.ta.ble *adj.* imutável.

in.ne.ce.sa.rio *adj.* desnecessário, dispensável.

in.no.ble *adj.* ignóbil, vil, desprezível.

in.no.mi.na.ble *adj.* inominável.

i.no.cen.tón *adj. Fig.* papalvo; simplório.

i.no.cui.dad *s.f.* inocuidade.

i.no.pe *adj.* indigente; pobre.

i.no.xi.da.ble *adj.* inoxidável.

in.quie.to *adj.* inquieto; agitado.

in.qui.li.no *s.m.* inquilino.

in.qui.na *s.f.* aversão; antipatia.

in.qui.si.ción *s.f.* inquisição, inquirição.

in.sa.cia.ble *adj.* insaciável; ávido.

in.sa.cu.lar *v.t.* sortear.

in.sa.li.va.ción *s.f.* insalivação.

in.sa.na.ble *adj.* insanável, incurável.

in.sa.tis.fe.cho *adj.* insatisfeito.

in.ser.ción *s.f.* inserção.

in.ser.tar *v.t.* inserir, intercalar.

in.si.nua.ción *s.f.* insinuação.

in.si.nuar *v.t.* insinuar.

in.so.la.ción *s.f. Med.* insolação.

in.so.len.tar *v.t.* descarar; ser insolente.

in.so.len.tón *s.m. e adj. Fam.* muito insolente, audacioso, atrevido.

in.so.lu.ble *adj.* insolúvel.

in.som.ne *adj.* insone.

in.som.nio *s.m.* insônia.

in.so.por.ta.ble *adj.* insuportável.

in.sos.pe.cha.ble *adj.* insuspeitável.

in.sos.te.ni.ble *adj.* insustentável.

ins.pec.ción *s.f.* inspeção; supervisão.

ins.pec.tor *s.m.* inspetor, fiscal; auditor.

ins.pi.ra.ción *s.f.* inspiração, aspiração; estímulo criativo; infuência.

ins.pi.rar *v.t.* inspirar, aspirar; estimular a ciatividade.

ins.ta.ble *adj.* instável.

ins.ta.la.ción *s.f.* instalação, colocação; dispositivo, sistema; *pl.* instalações, dependências.

ins.tan.cia *s.f. Dir.* instância, requerimento; solicitação; jurisdição.

ins.ta.lar *v.t.* instalar, pôr em funcionamento; montar; acomodar.

ins.tan.tá.ne.a *s.f.* instantâneo, fotografia instantânea.

ins.tan.tá.ne.o *adj.* instantâneo, fugaz; imediato.

ins.tau.ra.ción *s.f.* instauração, instituição.

ins.ti.ga.ción *s.f.* instigação.

ins.tin.to *s.m. Fisiol.* instinto.

ins.ti.tu.ción *s.f.* instituição.

ins.ti.tu.ir *v.t.* instituir; criar; fundar; designar.

ins.ti.tu.to *s.m.* instituto; instituição cultural; escola de 2º grau.

ins.ti.tu.yen.te *adj.* instituinte, que institui; instituidor.

ins.tri.den.te *adj.* estridente, estrídulo.

ins.truc.ción *s.f.* instrução.

ins.tru.ir *v.t.* instruir; educar; ensinar; orientar.

ins.tru.men.to *s.m.* instrumento; ferramenta; meio, recurso.

in.su.dar *v.i.* suar; mourejar, trabalhar rijo.

in.su.mi.sión *s.f.* desobediência.

in.su.mi.so *adj.* insubmisso.

in.su.rrec.ción *s.f.* insurreição.

in.su.rrec.to *adj.* insurreto, rebelde.

in.ta.cha.ble *adj.* irrepreensível.

in.tac.to *adj.* intacto; inteiro.

in.te.grar *v.t.* integrar, compor; participar; *Amér.* pagar, reembolsar.

in.te.gri.dad *s.f.* integridade.

in.te.lec.ción *s.f.* intelecção.

in.te.li.gen.cia *s.f.* inteligência, intelecto; perspicácia; pessoa inteligente.

in.tem.pe.ran.cia *s.f.* intemperança.

in.tem.pe.rie *s.f.* intempérie; *a la intemperie*: ao ar livre; ao relento.

in.ten.ción *s.f.* intenção, intento.

in.ten.sión *s.f.* intensidade.

in.te.rac.ción *s.f.* interação.

in.te.rac.ti.vo *adj.* interativo.

in.ter.ca.la.du.ra *s.f.* intercalação.

in.ter.ce.sión *s.f.* intercessão.

in.ter.ce.sor *adj.* intercessor.

in.ter.cu.rren.te *adj. Med.* intercorrente.

in.ter.dic.ción *s.f.* interdição, interdito.

in.te.rés *s.m.* interesse; lucro; proveito, vantagem; juro; *pl.* rendimentos.

in.te.re.sa.ble *adj.* interesseiro, cobiçoso, interessado.

in.te.re.sa.do *adj.* interessado, preocupado; interesseiro; *Fig.* egoísta.

in.te.re.sar *v.t.* interessar, causar interesse; afetar; atingir; *v.i.* atrair; *v.r.* interessar-se, ter interesse.

in.ter.faz *s.f. Inform.* interface.

in.ter.fe.rir *v.t.* interferir; intervir; produzir interferência.

in.te.rior *adj.* interior, interno; íntimo; *s.m.* interior, parte interna; intimidade.

in.ter.jec.ción *s.f. Gram.* interjeição.

in.ter.lo.cu.tor *s.m.* interlocutor.

in.ter.me.diar *v.i.* intermediar; *Amér.* interceder.

in.ter.me.dia.rio *adj.* intermediário, mediador; médio; *s.m.* atravessador.

in.ter.me.dio *adj.* médio; *s.m.* intervalo.

in.ter.mi.sión *s.f.* intermissão, interrupção.

in.ter.nar *v.t.* internar, introduzir; hospitalizar.

in.ter.nau.ta *s.m. Inform.* internauta.

in.ter.net *s.f.* Internet.

in.ter.no *adj.* interno, interior; residente.

in.ter.no.dio *s.m.* entrenó.

in.ter.po.ner *v.t.* interpor; intrometer.

in.ter.pre.tar *v.t.* interpretar, explicar; representar; julgar.

in.tér.pre.te *s.m.* intérprete; tradutor; comentarista; *Mús.* cantor.

in.te.rro.ga.ción *s.f.* interrogação, pergunta; *Gram.* frase interrogativa.

in.te.rrum.pir *v.t.* interromper; sustar; estorvar.

in.te.rrup.ción *s.f.* interrupção; suspensão.

in.te.rrup.tor *adj.* interruptor, que interrompe; *s.m. Eletr.* interruptor, comutador, chave.

in.ter.sec.ción *s.f. Geom.* intersecção; corte.

in.ter.va.lo *s.m.* intervalo.

in.ter.ven.ción *s.f.* intervenção.

in.ter.ve.nir *v.i.* intervir; ingerir-se; operar.

in.tes.ti.no *s.m. Med.* intestino.

in.ti.mar *v.t.* ficar íntimo; *For.* intimar, interpelar.

in.ti.mi.dad *s.f.* intimidade, amizade íntima; prvacidade.

in.ti.mi.dar *v.t.* intimidar, amedrontar.

ín.ti.mo *adj.* íntimo; particular; pessoal.

in.tro.duc.ción *s.f.* introdução; apresentação; prefácio.

in.tro.du.cir *v.t.* introduzir, meter.

in.tu.ba.ción *s.f. Med.* tubagem.

in.tui.ción *s.f.* intuição, pressentimento.

i.nun.da.ción *s.f.* inundação, alagamento; *Fig.* invasão.

i.nú.til *adj.* inútil, imprestável; ineficaz; *Fam.* inválido.

in.va.dir *v.t.* invadir; conquistar; espalhar.

in.vá.li.do *adj.* inválido, paralítico; sem validade, nulo.

in.va.ria.ble *adj.* invariável, constante; *Gram.* invariável.

in.ven.ción *s.f.* invenção; astúcia; ficção; fábula.

in.ven.tar *v.t.* inventar; criar.

in.ven.ta.rio *s.m.* inventário; relação de bens.

in.ver.so *adj.* inverso, contrário, oposto.

in.ver.tir *v.t.* inverter; alterar; aplicar (capitais).

in.ves.ti.ga.ción *s.f.* investigação; pesquisa.

in.ves.ti.gar *v.t.* investigar, pesquisar.

in.vier.no *s.m.* inverno.

in.vi.tar *v.t.* convidar; incitar.

in.vo.ca.ción *s.f.* invocação; alegação; chamado.

in.vo.lun.ta.rio *adj.* involuntário.

in.yec.ción *s.f.* injeção.

in.yec.tar *v.t.* injetar.

ir *v.i.* ir, dirigir-se; caminhar; funcionar; levar, conduzir; *v.r.* dirigir-se; partir; morrer

i.ra *s.f.* ira, raiva.

i.ras.ci.ble *adj.* irascível.

i.ris *s.m. Astron.* arco-íris; *Anat.* íris.

i.ro.ní.a *s.f.* ironia.

i.rra.cio.nal *adj.* irracional; ilógico.

i.rra.diar *v.t.* irradiar; *Fig.* propagar, difundir.

i.rre.gu.lar *adj.* irregular, desigual; inconstante; anormal; *Gram.* irregular.

i.rre.pro.cha.ble *adj.* irrepreensível.

i.rres.pon.sa.ble *adj.* irresponsável; inconseqüente.

i.rre.vo.ca.ble *adj.* irrevocável; irrevogável.

i.rri.ga.ción *s.f.* irrigação.

i.rri.tar *v.t.* irritar, enervar; *Med.* inflamar; *v.r.* irritar-se.

i.rrum.pir *v.i.* irromper.

i.rrup.ción *s.f.* irrupção, invasão súbita.

is.la *s.f.* ilha.

is.le.o *s.m.* ilhota.

is.lo.te *s.m.* ilhota.

ist.mo *s.m.* istmo.

i.tá.li.co *adj.* italiano; *Tip.* itálico, cursivo

í.tem *s.m.* item.

i.ti.ne.ra.rio *adj.* itinerário.

i.zar *v.t. Mar.* içar, alar; suspender, alçar.

iz.quier.da *s.f.* esquerda.

iz.quier.de.ar *v.i. Fig.* desviar; tomar rumo errado.

iz.quier.dis.ta *s.m.* e *s.f.* esquerdista.

iz.quier.do *adj.* esquerdo, sinistro; torto; oblíquo; canhoto.

j *s.f.* décima letra do alfabeto espanhol; J; j.

ja.ba.lí *s.m. Zool.* javali.

ja.ba.li.na *s.f.* dardo; *Zool.* fêmea do javali.

ja.bar.di.llo *s.m.* enxame; *Fig.* multidão ruidosa.

ja.ba.to *s.m. Zool.* filhote de javali.

já.be.ga *s.f.* rede de pescar.

ja.bón *s.m.* sabão.

ja.bo.ne.ra *s.f.* saboneteira.

ja.bo.ne.te *s.m.* sabonete.

ja.bo.no.so *adj.* saponáceo.

ja.ca *s.f.* égua; pônei.

já.ca.ra *s.f.* xácara; romance cômico; dança; *Fig.* mentira; conto.

já.ca.ro *adj.* fanfarrão; esbelto; airoso.

ja.co *s.m.* cavalo pequeno e ruim; *Germ.* heroína.

ja.de.ar *v.i.* ofegar, arquejar.

ja.ez *s.m.* jaez; *Fig.* caráter, índole.

ja.guar *s.m.* jaguar; onça.

ja.huel *s.m. Amér.* poço ou balsa de água.

ja.lar *v.t. Fam.* atrair; atirar; arremessar.

jal.be.gar *v.t.* caiar.

jal.be.gue *s.m.* caiadura, caiação.

jal.ca *s.f. Peru* geléia.

ja.le.a *s.f.* geléia, gel.

ja.le.ar *v.t.* animar; fazer barulho; aplaudir; açular os cães.

ja.le.o *s.m.* ação de animar.

ja.le.ti.na *s.f.* gelatina.

ja.lón *s.m. Top.* baliza; marco; bandeirola.

ja.mar *v.t. Fam.* comer.

ja.más *adv.* jamais; nunca.

ja.món *s.m.* presunto.

ja.mo.na *s.m.* quarentona.

ja.mu.rar *v.t.* extrair água; esgotar um dique, mina, embarcação, etc.

ja.po.nés *adj.* japonês.

ja.que *s.m.* xeque (no jogo de xadrez); *jaque-mate* xeque-mate.

ja.que.ca *s.f. Med.* enxaqueca; hemicrania.

ja.que.ro *s.m.* pente pequeno e muito fino.

ja.que.ti.lla *s.f.* jaqueta curta.

ja.que.tón *s.m.* jaquetão.

já.qui.ma *s.f.* cabeçada de corda que substitui o cabresto.

ja.ra *s.f. Bot.* esteva.

ja.ra.be *s.m.* xarope.

ja.ral *s.m.* esteval.

ja.ra.na *s.f. Fam.* algazarra; barulho; gritaria.

ja.ra.ne.ar *v.i. Fam.* andar em pândegas; brigar; trapacear.

ja.ra.ne.ro *adj.* pândego; barulhento; desordeiro.

jar.dín *s.m.* jardim; parque; *Germ.* feira, loja.

jar.di.ne.ra *s.f.* jardineira, floreira (móvel); veículo coletivo.

jar.di.ne.rí.a *s.f.* jardinagem.

ja.re.ta *s.f.* dobra, bainha; *Mar.* xareta.

ja.ri.fo *adj.* belo; vistoso; adornado.

ja.ro.pe *s.m. Fam.* xarope; beberagem.

ja.rra *s.f.* jarra; *en jarras* de mãos às ilhargas.

ja.rro *s.m.* jarro; cântaro.

jas.pe *s.m.* jaspe.

jau.ja *s.f.* abundância.

jau.la *s.f.* jaula, gaiola.

jau.rí.a *s.f.* matilha; malta.

ja.yán *s.m.* homenzarrão, brutamontes; *Germ.* rufião.

jaz.mín *s.m. Bot.* jasmim.

je.fa.tu.ra *s.f.* chefatura, chefia.

je.fe *s.m.* chefe; diretor; gerente.

je.jén *s.m.* cupim, broca; *Chile* espécie de mosquito.

jen.gi.bre *s.m. Bot.* gengibre.

jer.ga *s.f.* burel; xerga, colchão, enxergão; gíria; geringonça.

jer.gón *s.m.* enxergão; *Fig.* pessoa pesada de corpo ou desgraciosa.

je.ri.gon.za *s.f.* gíria; linguagem difícil de entender.

je.rin.ga *s.f.* seringa.

je.ro.glí.fi.co *adj.* hieroglífico; *s.m.* hieróglifo.

jer.sey *s.m.* malha de lã.

je.ta *s.f.* torneira; beiço grosso, focinho (de porco e similares).

ji.bia *s.f. Zool.* siba (animal marinho, parecido com a lula).

jí.ca.ra *s.f.* chávena, xícara.

jil.gue.ro *s.m. Zool.* pintassilgo.

ji.ne.ta *s.f. Zool.* gineta, gato do mato; jarreteira.

ji.ne.te *s.m.* ginete; cavaleiro armado; cavalo de boa raça.

ji.ra *s.f.* tira, retalho, trapo; piquenique.

ji.ra.fa *s.f. Zool.* girafa.

ji.rón *s.m.* girão; pendão, estandarte.

jo.co.so *adj.* jocoso, alegre, engraçado.

jo.der *Vulg. v.t.* foder, encher a paciência; *interj.* expressão de satisfação ou desgosto.

jo.fai.na *s.f.* bacia.

jo.llín *s.m. Fam.* pândega; rixa.

jo.lli.nes *interj.* caramba!

jor.na.da *s.f.* jornada; dia de trabalho.

jor.na.le.ro *s.m.* jornaleiro; diarista.

jo.ro.ba *s.f.* corcova, bossa, giba, corcunda; *Fig.* incômodo.

jo.ro.bar *v.t.* importunar, molestar.

jo.ven *adj.* jovem, moço.

jo.via.li.dad *s.f.* jovialidade, alegria.

jo.ya *s.f.* jóia; mimo; adorno, adereço.

jo.ye.ra *s.f.* joalheira; bordadeira.

jo.ye.rí.a *s.f.* joalheria.

jo.ye.ro *s.m.* joalheiro, ourives.

jua.ne.te *s.m. Med.* joanete.

ju.bi.la.ción *s.f.* jubilação; júbilo; aposentadoria; reforma (militar).

ju.bi.lar *v.i.* aposentar.

ju.bón *s.m.* gibão.

ju.dí.a *s.f.* feijão.

ju.dí.o *adj.* judeu.

jue.go *s.m.* jogo.

jue.ves *s.m.* quinta-feira.

juez *s.m.* juiz, julgador, árbitro.

ju.gar *v.t* e *v.i* jogar; participar de jogo; brincar.

ju.glar *s.m.* e *adj.* jogral; bobo; truão; chocarreiro.

ju.go *s.m.* suco; sumo; seiva.

ju.go.so *adj.* suculento; sumarento.

ju.gue.te *s.m.* brinquedo; folguedo; brincadeira.

ju.gue.te.rí.a *s.f.* loja de brinquedos.

ju.gue.tón *adj.* brincalhão; folgazão.

jui.cio *s.m.* juízo.

ju.lio *s.m.* julho.

jun.co *s.m.* junco; bengala.

jun.cia *s.f.* junça.

ju.nio *s.m.* junho.

jun.ta *s.f.* junta; reunião; junção; *Com.* assembléia, reunião.

jun.tar *v.t.* juntar, reunir; amontoar; anexar.

jun.to *adj.* junto, unido; *adv.* junto, em conjunto; perto; ao lado.

ju.ra.do *adj.* jurado; juramentado; *s.m.* júri; jurado; juiz; *traductor jurado* tradutor juramentado.

ju.rar *v.t.* jurar, prometer.

ju.ris.dic.ción *s.f.* jurisdição; competência; alçada.

jus.ti.cia *s.f.* justiça.

jus.ti.cie.ro *adj.* justiceiro.

jus.ti.fi.ca.ción *s.f.* justificação; fundamento; justificativa; *Tip.* e *Inform.* justificação.

jus.ti.fi.car *v.t.* justificar; legitimar; provar; *Tip.* e *Inform.* justificar, igualar as linhas na largura.

jus.to *adj.* justo; imparcial; legal; preciso; *adv.* justamente, exatamente.

ju.ven.tud *s.f.* juventude, mocidade.

juz.ga.do *s.m.* juízo; tribunal; jurisdição.

juz.ga.mun.dos *s.m. Fig.* murmurador; mexeriqueiro; difamador.

juz.gar *v.t.* julgar.

K

k *s.f.* décima primeira letra do alfabeto espanhol; K, k.
ka.yak *s.m.* caiaque.
ke.pis *s.m.* quépi, boné.
ker.més ou **ker.me.se** *s.f.* quermesse.
ke.ro.se.ne *s.m.* querosene.
ki.lo *s.m.* quilo.
ki.lo.gra.mo *s.m.* quilograma.
ki.lo.me.tra.je *s.m.* quilometragem.
ki.ló.me.tro *s.m.* quilômetro.
ki.lo.va.tio *s.m. Eletr.* quilovate.
ki.mo.no *s.m.* quimono.
kios.co *s.m.* quiosque; banca de jornal.

l *s.f.* décima segunda letra do alfabeto espanhol; L, l.

la *art.* e *pron. pess.* a; *s.m. Mús.* lá.

la.be.rín.ti.co *adj.* labiríntico; *Fig.* confuso, intrincado.

la.be.rin.to *s.m.* labirinto.

la.bia *s.f. Fam.* lábia, manha; conversa persuasiva.

lá.bil *adj.* lábil; débil; frágil; instável; escorregadio; caduco.

la.bio *s.m.* lábio; beiço.

la.bor *s.f.* labor; lavoura; amanho da terra.

la.bo.ran.te *adj.* laborioso; que labora; trabalhador.

la.bo.rar *v.t.* laborar; lavrar, cultivar.

la.bo.ra.to.rio *s.m.* laboratório.

la.bo.rio.so *adj* laborioso, trabalhador.

la.brar *v.t.* lavrar, lapidar.

la.ca.ya *s.f.* casa sem teto.

la.ca.yo *s.m.* lacaio.

la.cio *adj.* liso (cabelo); murcho.

la.cón *s.m.* presunto; *bacon*; pernil.

la.có.ni.co *adj.* lacônico.

la.cra *s.f.* marca, cicatriz; defeito; vício; imperfeição.

lac.tan.cia *s.f.* lactância.

lác.te.o *adj.* lácteo.

la.de.ar *v.t.* ladear; inclinar; torcer.

la.de.ra *s.f.* ladeira, declive.

la.di.no *adj. Fig.* ladino, esperto.

la.do *s.m.* lado, flanco, costado, ilharga; sítio, lugar.

la.drar *v.i.* ladrar.

la.dri.do *s.m.* ladradura, latido; voz do cão.

la.dri.llar *s.m.* olaria, lugar onde se fabricam tijolos ou ladrilhos.

la.dri.llo *s.m.* tijolo; ladrilho.

la.drón *adj.* ladrão.

lá.gri.ma *s.f.* lágrima.

la.gri.me.ar *v.i.* lacrimejar; choramingar.

lam.bri.ja *s.f.* lombriga.

la.men.ta.ción *s.f.* lamentação; gemido, lamento.

la.mer *v.t.* lamber.

la.mi.do *adj.* lambido (pintura); *Fig.* magro; pálido; desbotado.

la.mis.car *v.t. Fam.* lamber com avidez.

lám.pa.ra *s.f.* lâmpada.

lam.pi.ño *adj.* imberbe.

la.na *s.f.* lã.

la.na.ria *s.f. Bot.* saboeiro.

lan.ce *s.m.* lance; lançamento; jogada.

lan.char *s.m.* pedreira.

lan.chón *s.m. aum.* lanchão.

lan.da *s.f.* charneca, terreno baldio.

lan.dre *s.f.* íngua; bubão.

lan.ga.ru.to *adj. Fam.* esgrouviado, pernalta.

lan.gos.ta *s.f. Zool.* lagosta; *Arg.* gafanhoto.

lan.guor *s.m.* langor; languidez.

lan.za *s.f.* lança.

lan.za.de.ra *s.f.* lançadeira.

lan.za.lla.mas *s.m. Mil.* lança-chamas.

lan.zar *v.t.* lançar, arremessar; atirar; vomitar.

lan.za.zo *s.m.* lançaço.

la.ña *s.f.* grampo; coco verde.

la.ñar *v.t.* prender com grampos.

la.pa.char *s.m.* terreno lamacento; paul.

la.pe *adj. Chile* emaranhado, enredado.

la.pi.ce.ra *s.f. Amér.* caneta esferográfica.

la.pi.ce.ro *s.m.* lapiseira; porta-lápis.

lá.pi.da *s.f.* lápide; pedra lisa com qualquer inscrição.

la.pi.da.ción *s.f.* lapidação.

lá.piz *s.m.* lápis; grafite.

lar.gar *v.t.* largar; soltar; *v.r.* dar no pé.

lar.go *adj.* comprido; longo; liberal; *s.m.* comprimento.

lar.gui.ru.cho *adj. Fam.* esgrouviado; magricela.

la.rin.gi.tis *s.f.* laringite.

lá.ser *s.m. laser.*

la.so *adj.* lasso, cansado; frouxo; gasto.

lás.ti.ma *s.f.* lástima, pena, dó; lamento.

las.ti.mar *v.t.* lastimar, lamentar; magoar.

las.tre *s.m.* lastro.

la.ta *s.f.* maçada, aborrecimento causado por discurso ou conversação fastidiosa.

la.te.ar *v.t. Chile* molestar com uma conversação enfadonha.

la.te.bra *s.f.* cova; esconderijo; abrigo.

lá.ti.go *s.m.* látego, chicote, azorrague.

la.ti.na.jo *s.m. Fam.* latinório; mau latim.

la.tón *s.m.* latão.

la.to.ne.ro *s.m.* latoeiro.

lau.cha *s.f. Arg.* e *Chile* rato; esperto; *Fig.* rapazote.

la.úd *s.m. Mús.* alaúde; *Mar.* laúde.

lau.da.ble *adj.* louvável.

láu.da.no *s.m.* láudano, ópio.

lau.do *s.m. For.* laudo; sentença.

lau.re.ar *v.t.* laurear; *Fig.* honrar, premiar.

lau.rel *s.m. Bot.* louro; *Fig.* laurel.

la.va *s.f.* lava.

la.va.ble *adj.* lavável.

la.va.bo *s.m.* lavabo; lavatório.

la.va.ca.ras *s.m.* e *Fig.* bajulador, adulador; puxa-saco.

la.var *v.t.* lavar; *Fig.* purificar.

la.va.ti.va *s.f.* clister; clisma, lavagem intestinal.

la.xo *adj.* lasso, laxo, frouxo.

la.ya *s.f.* laia; *Fig.* espécie; jaez, qualidade, casta.

la.za.da *s.f.* laçada, nó.

la.za.re.to *s.m.* lazareto; *Chile* hospital de variolosos.

la.za.ri.llo *s.m.* guia de cego.

la.zo *s.m.* laço; armadilha.

le *pron.* lhe.

le.a *s.f. Fam.* rameira, prostituta.

le.al.tad *s.f.* lealdade, fidelidade.

lec.ción *s.f.* lição, ensinamento.

le.che *s.f.* leite.

le.cho *s.m.* leito, cama.

le.chón *s.m.* leitão; *Fig.* homem desmazelado.

le.cho.na *s.f.* leitoa; *Fig.* mulher porca, imunda, desmazelada.

le.cho.so *adj.* leitoso, lácteo.

le.chu.ga *s.f.* alface.

le.chu.gui.na *s.f. Fig.* elegante, janota.

le.chu.za *s.f. Zool.* coruja; *Fig.* mulher velha e feia; *Gír.* ladrão que age de noite.

lec.tor *adj.* e *s.m.* leitor.

lec.tu.ra *s.f.* leitura.

le.er *v.t.* ler; entender; perceber o sentido.

le.ga.do *s.m.* legado.

le.ga.jo *s.m.* fichas; documentos classificados.

le.gal *adj.* legal, lídimo, legítimo.

le.ga.li.za.ción *s.f.* legalização; autenticação.

le.ga.li.zar *v.t.* legalizar.

le.gar *v.t.* legar; deixar; transmitir.

le.gión *s.f.* legião; corte.

le.gis.la.ción *s.f.* legislação.

le.gí.ti.mo *adj.* legítimo, legal; genuíno.

le.go *adj.* leigo.

le.gón *s.m.* enxadão, alvião.

le.grón *s.m. Vet.* legra grande.

le.gum.bre *s.f.* legume; hortaliça.

le.ja *s.f.* terra que fica em uma das margens ao mudar-se o curso de um rio.

le.ja.ní.a *s.f.* ponto longínquo; parte distante.

le.ja.no *adj.* longínquo.

le.jí.a *s.f.* lixívia, barrela; água sanitária; *Fam.* bronca.

le.jos *adv.* longe, distante.

le.lo *adj.* tolo; atoleimado; simples.

len *adj.* fio frouxo; mole.

le.na *s.f.* alento, vigor.

len.ce.rí.a *s.f.* lençaria; roupa branca.

len.dre.ra *s.f.* pente fino, de dentes curtos e muito juntos.

len.gua *s.f.* língua.

len.gua.do *s.m. Zool.* linguado.

len.gua.je *s.m.* linguagem, fala; dialeto.

len.guaz *adj.* tagarela; linguarudo.

len.te *s.m.* e *s.f.* lente; *s.m. pl.* óculos.

len.te.ja *s.f. Bot.* lentilha.

len.te.jue.la *s.f. dim.* lantejoula.

len.ti.tud *s.f.* lentidão, pachorra, vagar.

len.to *adj.* lento; lerdo. *s.m.* lentamente; devagar.

le.ña *s.f.* lenha.

le.ña.dor *s.m.* lenhador.

le.ño *s.m.* lenho, madeiro, tronco.

le.ón *s.m.* leão.

le.o.ne.rí.a *s.f.* bravata, fanfarronada.

le.pi.dia *s.m. Chile Vulg.* indigestão, diarréia.

le.sión *s.f.* lesão; pancada; prejuízo.

le.tra *s.f.* letra; caligrafia; versos; *pl.* letras; instrução.

le.tri.na *s.f.* latrina, privada, sentina.

leu.dar *v.t.* levedar.

le.va.di.zo *adj.* levadiço; móvel, movediço.

le.van.ta.mien.to *s.m.* levantamento; insurreição.

le.van.tar *v.t.* levantar; erguer; construir; recolher; *v.r.* erguer-se; levantar da cama; revoltar-se.

le.ve *adj.* leve; suave.

le.vi.ga.ción *s.f.* levigação.
le.vo.sa *s.f. Fam.* sobrecasaca.
ley *s.f.* lei; norma.
le.yen.da *s.f.* lenda; legenda.
lez.na *s.f.* sovela, furador.
li.be.ra.ción *s.f.* liberação; quitação de dívida.
li.bran.za *s.f.* ordem de pagamento.
li.brar *v.t.* livrar, soltar; expedir.
li.bre *adj.* livre, solto, desembaraçado.
li.bre.ro *s.m.* livreiro.
li.bre.ta *s.m. dim.* caderneta.
li.bro *s.m.* livro.
li.cen.cia *s.f.* licença, permissão; liberdade.
li.ci.ta.ción *s.f. For.* licitação.
lí.ci.to *adj.* lícito; legal.
li.cua.do.ra *s.f.* liquidificador.
li.cuar *v.t.* liquefazer, liquescer.
li.cur.go *adj. Fig.* hábil, destro; astuto; inteligente.
lid *s.f.* lida, conflito, luta, lide, combate, peleja.
li.diar *v.i.* lidar, lutar, pelejar.
lie.bre *s.f.* lebre; *Fig.* covarde.
lien.zo *s.m.* lenço; pintura em tela; fachada de edifício; *Fort.* cortina, lanço de muralha.
li.ge.ro *adj.* ligeiro, rápido; leve.
li.ja *s.f.* lixa.
li.ja.du.ra *s.f.* lesão de uma parte do corpo.
li.jar *v.t.* lixar, esmerilar; polir com lixa.
li.la *s.f. Bot.* lila ou lilás; *adj.* lilás; *Fam.* bobo, tolo.
li.lai.la *s.f.* algazarra, gritaria.
li.ma *s.f.* lima (fruta e ferramenta).
li.ma.lla *s.f.* limalha; metal pulverizado por meio da lima.
li.mar *v.t.* limar, polir com lima.
li.ma.za *s.f.* lesma.

li.ma.zo *s.m.* baba, viscosidade.
li.me.ta *s.f.* garrafa de bojo largo e gargalo comprido.
li.mi.ta.ción *s.f.* limitação; termo ou fronteira.
li.mi.tar *v.t.* limitar, cercear; *v.r.* restringir-se.
lí.mi.te *s.m.* limite, linde, fronteira.
li.mí.tro.fe *adj.* limítrofe, fronteiriço.
li.món *s.m.* limão.
li.mo.na.da *s.f.* limonada.
li.mos.na *s.f.* esmola.
lim.pia.bo.tas *s.m.* engraxador, engraxate.
lim.pia.chi.me.ne.as *s.m.* limpa-chaminés.
lim.pia.de.ra *s.f.* plaina; ferro da arguilhada, instrumento para limpar o arado.
lim.piar *v.t.* limpar; *v.r. Fig.* purificar-se; lavar-se.
lim.pie.za *s.f.* limpeza; *Fig.* pureza; probidade; perfeição.
lim.pio *adj.* limpo, puro; *Fig.* probo, perfeito, imaculado.
li.na.je *s.m.* linhagem; prosápia.
li.nar *s.m.* linhal, linhar; terreno semeado de linho.
li.na.za *s.f.* linhaça; semente de linho.
lin.ce *s.m. Zool.* lince; pessoa muito arguta.
lin.ce.ar *v.t. Fig.* descobrir ou notar o que dificilmente pode ver-se.
lin.cha.mien.to *s.m.* linchamento, execução.
lin.char *v.t.* linchar; justiçar e executar sumariamente.
lin.dar *v.i.* lindar, confinar, ter fronteira com.
lin.da.zo *s.m.* linda, extrema, raia; marca, padrão.
lin.de *amb.* limite, raia.
lin.de.ro *adj.* confinante; vizinho, limítrofe.

lin.do *adj.* lindo.
lí.ne.a *s.f. Geom.* linha; extensão; traço.
li.no *s.m. Bot.* linho.
li.nón *s.m.* cambraia.
lin.ter.na *s.f.* lanterna.
li.nue.zo *s.m. Fam.* linhaça.
li.ño *s.m.* fileira de árvores.
lí.o *s.m.* trouxa, embrulho; embrulhada.
lior.na *s.f. Fig.* algazarra; confusão; barafunda.
li.sia.do *p.p. de lisiar; adj.* aleijado; estropiado; manco.
li.siar *v.t.* lesar, ferir.
li.son.je.ro *adj.* lisonjeiro; satisfatório.
lis.ta *s.f.* lista, listra, tira comprida e estreita de pano ou papel.
lis.ta.do *adj.* listrado, riscado.
lis.te.ro *s.m.* apontador; aquele que é encarregado de marcar falta ou presença.
lis.to *adj.* pronto; esperto; inteligente; diligente.
lis.tón *s.m.* listão; faixa; *Carp.* régua de carpintaria; ripa; listrado.
li.te *s.f. For.* lide; questão; litígio.
li.te.ra *s.f.* liteira; beliche.
li.te.ra.tu.ra *s.f.* literatura.
li.tis *s.f. For.* litígio; pleito; discussão.
li.to.ral *adj.* litorâneo; *s.m.* litoral, beira-mar.
liu.dez *s.f. Chile* frouxidão, lassidão.
li.vian.dad *s.f.* leviandade, irreflexão.
li.via.no *adj.* leviano, ligeiro, leve.
lí.vi.do *adj.* livor; lividez.
li.za *s.f.* liça, lice; luta.
llá.ba.na *s.f.* pedra chata, lisa e escorregadia, laje.

lla.ga *s.f.* chaga.

lla.gar *v.t.* chagar, fazer ou causar chagas, ulcerar.

lla.ma *s.f.* chama; *Fig.* paixão; *s.m. Zool.* lhama, mamífero ruminante.

lla.ma.da *s.f.* chamada, chamamento.

lla.ma.de.ra *s.f.* aguilhada, vara delgada e comprida com aguilhão.

lla.ma.dor *s.m.* chamador, avisador; botão de campainha elétrica.

lla.ma.mien.to *s.m.* chamado, convocação.

lla.mar *v.t.* chamar; invocar.

lla.ma.ra.da *s.f.* relâmpago; labareda.

lla.ma.ti.vo *adj.* chamativo; atraente.

lla.ma.zar *s.m.* lamaçal, lodaçal.

lla.me *s.m. Chile* armadilha para caçar pássaros.

lla.me.an.te *adj.* chamejante; que deita chamas; flamejante.

lla.me.ar *v.i.* chamejar, arder.

lla.na *s.f.* trolha.

lla.na.da *s.f.* planície.

lla.ne.za *s.f. Fig.* franqueza; afabilidade.

lla.no *adj.* amável; chão; plano.

llan.que *s.m. Peru* espécie de sandália.

llan.ta *s.f.* aro; calota.

llan.ta *s.f. Bot.* variedade de couve.

llan.te.rí.a *s.f. Chile* choradeira; choro simultâneo de várias pessoas.

llan.to *s.m.* choro, pranto; lágrimas.

lla.nu.ra *s.f.* planície, planura.

lla.pa *s.f. Min.* adição de mercúrio a um metal; desconto ou donativo feito pelo vendedor ou comprador.

lla.ve *s.f.* chave, clave.

lla.ve.ro *s.m.* chaveiro.

lla.vín *s.m.* chave pequena para abrir o trinco.

lle.co *adj.* virgem; natural.

lle.ga *s.f.* ação de recolher ou juntar.

lle.ga.da *s.f.* chegada, vinda.

lle.gar *v.i.* chegar; *v.t.* aproximar.

lle.na *s.f.* cheia; enchente.

lle.na.dor *adj. Chile* porção de comida ou bebida que satisfaz.

lle.nar *v.t.* encher; ocupar dignamente em lugar; satisfazer; parecer bem.

lle.ne.ro *adj.* pleno; cabal; completo.

lle.no *adj.* cheio, repleto, pleno.

lle.nu.ra *s.f.* abundância; cópia.

lleu.lle *adj. Chile* inútil, inepto.

lle.va.da *s.f.* levada, condução.

lle.va.de.ro *adj.* suportável.

lle.var *v.t.* levar; conduzir; dar-se.

lle.nar *v.t.* encher, tornar cheio; estofar.

llo.ra.de.ra *s.f. depr.* choradeira, choro fútil, lamúria.

llo.ra.due.los *s.m. Fig.* choramingas, choramingador; lamentador.

llo.rar *v.i.* chorar.

llo.ri.que.ar *v.i.* choramingar.

llo.ro *s.m.* choro, pranto.

llo.rón *adj.* chorão.

llo.ro.na *s.f.* carpideira, choradeira.

llo.ver *v.i.* chover.

llo.vi.do *p.p. de llover; adj.* chovido; passageiro clandestino.

llo.vio.so *adj.* chuvoso.

llo.viz.na *s.f.* chuvisco.

llo.viz.nar *v.i.* chuviscar.

llue.ca *adj.* choca.

llu.qui *adj. Equad.* canhoto.

llu.via *s.f.* chuva; abundância.

lo.ar *v.t.* louvar, enaltecer, elogiar.

lo.ba.ni.llo *s.m.* lobinho; tumor.

lo.bre.guez *s.f.* escuridão.

lo.ca.ción *s.f. For.* locação, arrendamento.

lo.ca.li.dad *s.f.* localidade; lugar determinado.

lo.ca.li.za.ción *s.f.* localização.

lo.ción *s.f.* loção; ablução; ato de lavar; lavagem.

lo.co *adj.* louco, doido, maluco, lunático.

lo.co.mo.ción *s.f.* locomoção.

lo.co.mo.to.ra *adj.* locomotiva; máquina de trem.

lo.cro *s.m. Amér.* guisado de carne, batatas e milho.

lo.cuaz *adj.* loquaz, tagarela.

lo.cu.ción *s.f.* locução.

lo.cu.ra *s.f.* loucura, estultície.

lo.da.zal *s.m.* lodaçal, lamaçal.

lo.gar *v.t.* e *v.r.* justar ou ajustar com uma pessoa para que esta realize um trabalho por certo preço.

lo.gre.ar *v.i.* lograr; lucrar; tirar proveito com dinheiro dado a juro.

lo.gre.ro *s.m.* logreiro, pessoa que dá dinheiro a juro; usurário, agiota.

lo.gro *s.m.* lucro, ganho.

lo.ma *s.f.* lomba, lombada, montículo.

lo.ma.je *s.m. Chile* lombada, lomba.

lo.na *s.f.* lona; pano de vela.

lon.ge.vi.dad *s.f.* longevidade.

lon.gi.tud *s.f.* longitude; extensão, comprimento.

lo.que.rí.a *s.f. Chile e Peru* manicômio.

lo.ques.co *adj.* amalucado, adoidado; chalaceiro, brincalhão.

lo.ro *s.m. Zool.* papagaio, louro; *adj.* moreno, escuro.

los *art. det.* os.

lo.sa *s.f.* lousa; laje; armadilha para aves ou ratos.

lo.za *s.f.* louça; produtos de cerâmica.

lo.za.no *adj.* loução; garrido; fresco; viçoso.

lu.bri.ca.ción *s.f.* lubrificação.

lu.bri.cán *s.m.* crepúsculo; ocaso.

lu.bri.can.te *adj.* lubrificante.

lu.bri.car *v.t.* lubrificar, olear, untar.

lu.ce.ra *s.f.* clarabóia.

lu.ce.ro *s.m.* luzeiro; fresta; *Fig.* esplendor.

lu.cha *s.f.* luta, lida, pugna, peleja, esforço.

lu.cha.dor *s.m.* lutador, pessoa que luta.

lu.char *v.i.* lutar, pugnar, pelejar.

lu.cir *v.i.* luzir, brilhar.

lu.crar *v.i.* lucrar; beneficiar-se.

lu.cro *s.m.* lucro; proveito; ganho.

lu.dir *v.t.* esfregar, roçar, friccionar.

lue.go *adv.* logo; *conj.* então; portanto, por conseguinte.

luen.go *adj.* longo; comprido; demorado.

lu.ga.re.jo *s.m. dim.* lugarejo; casal; aldeola.

lu.gar *s.m.* lugar; localidade; local; espaço; posição.

lu.ga.re.ño *adj.* aldeão; natural de aldeia ou lugar.

lu.gar.te.nien.te *s.m.* lugar-tenente.

lu.ir *v.t.* redimir, remir.

lu.jo *s.m.* luxo; esplendor.

lu.ju.ria *s.f.* luxúria, lascívia; dissolução.

lum.bar *adj. Anat.* lombar.

lum.bre *s.f.* lume, luz, fogo.

lum.bre.ra *s.f.* lumieira; pessoa talentosa.

lu.na *s.f.* Lua.

lu.nes *s.m.* segunda-feira.

lus.tra.ción *s.f.* lustração.

lus.trar *v.t.* lustrar, dar brilho.

lus.tre *s.m.* lustro; brilho; esplendor; honra, glória.

lu.to *s.m.* luto.

lu.xa.ción *s.f.* luxação.

luz *s.f.* luz; claridade; iluminação.

m *s.f.* décima terceira letra do alfabeto espanhol; M, m.

ma.ca *s.f.* pisadura (de fruta); nódoa; mancha; *Fig.* fraude; engano.

ma.ca.bro *adj.* macabro.

ma.can.che *adj.* enfermo; delicado de saúde.

ma.ca.nu.do *adj.* formidável, enorme; que provoca espanto.

ma.ca.re.lo *s.m.* homem briguento.

ma.ca.rrón *s.m.* macarrão.

ma.car.se *v.r.* apodrecer (as frutas).

ma.ca.tru.llo *adj.* tonto, néscio.

ma.ce.lo *s.m.* matadouro.

ma.ce.ra.ción *s.f.* maceração.

ma.cha.ca.de.ra *s.f.* pilão.

ma.cha.car *v.i. Fig.* pisar; repisar; maçar.

ma.cha.cón *adj.* maçador.

ma.chi.na *s.f.* guindaste, martinete; bate-estacas.

ma.cho *adj.* e *s.m.* macho; másculo, viril; *Mec.* bigorna quadrada; malho; banco de bigorna.

ma.cho.rro *adj.* estéril; infrutífero.

ma.chu.cho *adj* sossegado; ajuizado; velho.

ma.ci.len.to *adj.* pálido, descorado; triste.

ma.ci.zo *adj.* maciço, sólido, firme, compacto.

ma.de.ja *s.f.* madeixa; *Fig.* meada.

ma.de.ra *s.f.* madeira.

ma.dre.per.la *s.f.* madrepérola.

ma.dre.sel.va *s.f. Bot.* madressilva.

ma.dri.gue.ra *s.f.* toca, covil.

ma.dri.na *s.f.* madrinha.

ma.du.ra.ción *s.f.* maduração; maturação.

ma.es.tra *s.f.* mestra; professora.

ma.es.tre *s.m.* mestre; *Mar.* superior.

ma.es.tre.sa.la *s.m.* mestre-sala.

ma.es.tro *adj.* magistral; completo; *s.m.* mestre.

ma.fri.to *adj. Fam. Méx.* cobarde; pusilânime; efeminado.

ma.gan.ce.rí.a *s.f.* engano, trapaça.

ma.gan.cés *adj. Fig.* traidor; prejudicial.

ma.gan.to *adj.* triste; pensativo; macilento.

ma.ga.ña *s.f.* ardil; engano.

ma.gín *s.m. Fam.* imaginação.

mag.ne.to.fón ou **mag.ne.tó.fo.no** *s.m.* gravador.

mag.ni.tud *s.f.* magnitude, grandeza.

ma.gra *adj. Fam.* fatia de presunto.

ma.gu.lla.mien.to *s.m.* machucação, machuca.

ma.gu.llar *v.t.* machucar, magoar, pisar.

ma.ho.me.ta.no *adj.* muçulmano, islamita, maometano.

ma.íz *s.m. Bot.* milho, maís.

ma.ja *s.f.* pilão.

ma.ja.da *s.f.* malhada, redil, curral; gado ovino; esterco.

ma.ja.de.rí.a *s.f.* baboseira, tolice.

ma.ja.de.ro *adj. Fig.* malhadeiro; maçadiço; tolo; *s.m.* maça.

ma.ja.gran.zas *s.m. Fig.* néscio, inepto, inoportuno; grosseiro, rústico.

ma.jar *v.t.* malhar, maçar, pisar, moer.

ma.jes.tad *s.f.* majestade, magnificência.

ma.jes.tuo.so *adj.* majestoso; augusto, sublime.

ma.jo *s.m.* e *adj. Fam.* vistoso, lindo; peralta; fanfarrão; vulgar; plebeu.

ma.la.ve.ni.do *adj.* desavindo, mal-avindo; desacorde.

ma.la.ven.tu.ra *s.f.* desventura, infortúnio; adversidade.

mal.ba.ra.tar *v.t.* malbaratar, malgastar; vender com prejuízo.

mal.ca.sa.do *adj.* malcasado.

mal.dad *s.f.* maldade.

mal.de.cir *v.t.* maldizer, praguejar; amaldiçoar; *v.i.* murmurar.

mal.di.cien.te *adj.* maldizente; amaldiçoador.

mal.di.ción *s.f.* maldição.

mal.di.to *p.p. de maldecir; adj.* maldito, maligno.

ma.le.an.te *adj.* malvado, maligno, burlador.

ma.le.ar *v.t.* viciar, corromper, perverter.

ma.le.cón *s.m.* paredão; molhe; represa, dique.

ma.le.jo *adj.* adoentado; incomodado de saúde.

ma.les.tar *s.m.* incômodo, mal-estar.

ma.le.ta *s.f.* maleta, malinha; bolsa; pessoa incompetente; *s.m.* mau toureiro.

ma.le.te.ro *s.m. Chile* ladrão de malas.

ma.le.tín *s.m. dim.* valise; pasta.

ma.lé.vo.lo *adj.* malévolo.

ma.le.za *s.f.* erva daninha; moita; espinhal.

mal.ga.ma *s.f. Quím.* amálgama; liga de mercúrio com outro metal.

mal.gas.tar *v.t.* esbanjar.

mal.ha.bla.do *adj.* maldizente; malfalante.

mal.ha.da.do *adj.* malfadado, desditoso, infeliz.

mal.he.chor *adj.* malfeitor.

mal.hu.mo.ra.do *adj.* mal-humorado.

ma.lo *adj.* mau, ruim, perverso.

mal.par.to *s.m.* aborto.

mal.que.ren.cia *s.f.* malquerença; animadversão.

mal.ro.tar *v.t.* dissipar; estragar; esbanjar.

mal.sa.no *adj.* malsão, insalubre.

mal.ta *s.m.* malte.

mal.to.sa *s.f. Quím.* maltose.

mal.tra.ba.ja *s.m. e s.f. Fam.* preguiçoso; mandrião.

mal.tra.pi.llo *s.m.* maltrapilho, vagabundo.

mal.tra.tar *v.t.* maltratar.

mal.tre.cho *adj.* maltratado.

ma.lu.cho *adj. Fam.* um tanto adoentado.

mal.ver.sa.ción *s.f.* malversação.

ma.ma *s.f.* mama.

ma.me.lu.ca *s.f. Chile* rameira, meretriz.

ma.mi.la *s.f.* mamilo.

ma.mo.la *s.f.* meiguice; carícia.

ma.món *adj.* mamão.

ma.mo.ne.ar *v.t.* bater com um pau.

mam.pa.ra *s.f.* biombo; guarda-vento.

mam.pos.te.rí.a *s.f.* obra de alvenaria.

man.ci.lla *s.f. Fig.* mancha, mácula; desonra.

man.da *s.f.* promessa; doação; legado.

man.da.do *s.m.* recado; encargo; *hacer los mandados* fazer compras/pagamentos/pequenos encargos.

man.da.mien.to *s.m.* mandamento, preceito.

man.dar *v.t.* mandar; ordenar; enviar; comandar; encomendar.

man.da.ri.na *s.f.* tangerina.

man.de.re.cha *s.f.* mão direita.

man.do *s.m.* comando; controle; *mando a distancia* controle remoto; *tablero de mando* painel de comando.

man.dra.cho *s.m.* casa de jogo, tavolagem.

man.dria *adj. Fam.* apoucado; inútil; de pouco valor.

ma.ne.jar *v.t.* manejar; manusear; manipular; *Fig.* dirigir, administrar; dominar.

ma.ne.jo *s.m.* manuseio; uso; funcionamento; *Fig.* direção de um negócio.

ma.ne.ra *s.f.* maneira, modo, forma; *pl.* modos.

man.flo.ta *s.f. Germ.* bordel.

man.ga *s.f.* manga (de roupa); tubo flexível; mangueira.

man.ga.ne.so *s.m.* manganês.

man.go *s.m.* cabo (de instrumento); *s.m. Bot.* mangueira; manga (fruta).

man.gón *s.m.* revendedor.

man.go.na.da *s.f.* cotovelada.

man.go.ne.ro *adj. Fam.* intrometido.

man.gui.to *s.m.* manguito; chumaceira; regalo; biscoito.

ma.niá.ti.co *adj.* maníaco.

ma.ni.cu.ro *s.m.* manicuro.

ma.ni.do *adj.* murcho, amolecido; passado; em decomposição (carne ou pescado).

ma.ni.lla *s.f.* manilha; bracelete, pulseira; grilheta; algema.

ma.nio.bra *s.f.* manobra.

ma.nio.brar *v.i.* manobrar.

ma.nio.bris.ta *adj. Mar.* manobrista.

ma.ni.pu.la.ción *s.f.* manipulação, preparação manual.

ma.ni.pu.le.o *s.m. Fig.* ação e efeito de organizar ou gerir negócios.

ma.ni.quí *s.m.* manequim; autômato.

ma.ni.rro.to *s.m. e adj.* manirroto, pródigo, perdulário.

ma.no *s.f. Anat.* mão; tromba de elefante; *Fig.* repreensão, castigo, valimento.

ma.no.jo *s.m.* maço; molho; feixe; *Cuba* amarrado de tabaco.

ma.no.pla *s.f.* manopla, chicote curto.

ma.no.se.ar *v.t.* manusear, amarrotar; tocar; enxovalhar.

ma.no.ta.da *s.f.* palmada, bofetada, pancada com a mão.

ma.no.ta.zo *s.m.* palmada.

ma.no.te.ar *v.t.* dar palmadas; gesticular.

man.que.dad *s.f.* manqueira; aleijão; *Fig.* falta; defeito.

man.sal.va *adv.* sem risco; impunemente.

man.sión *s.f.* mansão, solar; casarão.

man.so *adj.* manso; tranqüilo; dócil; *s.m.* animal castrado.

man.te.ca *s.f.* banha, gordura; pomada; unto; manteiga (Espanha).

man.te.ca.da *s.f.* fatia de pão com manteiga.

man.te.ca.do *s.m.* espécie de sorvete.

man.te.cón *s.m. Fig.* pessoa comodista.

man.te.le.rí.a *s.f.* jogo de toalhas e guardanapos.

man.te.le.ta *s.f.* mantelete; capinha (para senhoras).

man.te.ner *v.t.* manter, sustentar; conservar.

man.te.qui.lla *s.f. dim.* manteiga.

man.tés *adj. Fam.* pícaro, patife, malandro.

man.to *s.m.* manto; capa; hábito religioso; *Fig.* proteção.

man.tón *s.m. aum.* xale; lenço grande (para enfeite ou agasalho).

ma.nu.brio *s.m.* manivela; cabo de instrumentos.

ma.nual *adj.* manual; artesanal; *s.m.* manual; compêndio.

ma.nue.la *s.f. Mar.* barra ou alavanca do cabrestante.

ma.nu.fac.tu.ra *s.f.* manufatura.

man.za.na *s.f. Bot.* maçã.

ma.ña.na *s.f.* manhã; amanhã.

ma.que *s.m.* laca (verniz).

ma.qui.na.ción *s.f.* maquinação, trama; conluio.

mar.be.te *s.m.* etiqueta (de papel).

mar.car *v.t.* marcar, indicar; anotar; discar.

mar.ce.ar *v.t.* tosquiar (as bestas).

mar.cha *s.f.* marcha; caminhada; andamento; *Mús.* peça musical.

mar.char *v.i.* e *v.r.* caminhar; retirar-se; ir-se embora.

mar.chi.tar *v.t.* murchar.

ma.re.a *s.f.* maré.

ma.re.o *s.m. Fam.* enjôo; enfado; tédio.

mar.fil *s.m.* marfim.

mar.fi.le.ño *adj.* ebúrneo; de marfim.

mar.ga.ri.ta *s.f.* margarita (planta e pérola); caracol pequeno.

mar.gen *s.m.* margem; beira; beirada.

ma.ri.ca *s.f. Fam.* maricas, maricão; pega; urraca.

ma.ri.cón *s.m. Fig.* maricão, sodomita, pederasta; *adj.* covarde, maricas.

ma.ri.dar *v.i.* maridar, contrair matrimônio, casar.

ma.ri.do *s.m.* marido.

ma.ri.jua.na *s.f.* maconha.

ma.ri.ma.cho *s.m. Fam.* marimacho, virago, mulher atirada a homem.

ma.ri.ne.ro *adj.* marinheiro; marinhesco; de marinha.

ma.ri.no *adj.* marinho; *s.m.* marinheiro, marujo; marítimo, nareante.

ma.ri.po.sa *s.f. Zool.* mariposa; borboleta; lamparina.

ma.ri.qui.ta *s.f. Zool.* joaninha (inseto); periquito; maricas, afeminado.

ma.ri.sa.bi.di.lla *s.f. Fam.* sabichona.

ma.ris.cal *s.m. Mil.* marechal.

mar.lo *s.m. Arg.; Colom.* e *Venez.* espiga de milho debulhada.

már.mol *s.m.* mármore.

mar.qués *s.m.* marquês.

mar.que.sa *s.f.* marquesa.

mar.que.si.na *s.f.* toldo; alpendre.

ma.rra.jo *s.m. Zool.* marraxo; tubarão; *adj.* matreiro; manhoso (o boi).

ma.rra.na *s.f.* porca; *Fig.* mulher suja ou de mau proceder.

ma.rra.na.da *s.f. Fam.* cochinada; porcaria.

ma.rra.no *s.m. Zool.* porco; *Fig.* homem sujo e de baixa categoria, ou mau proceder.

ma.rrar *v.i. Fig.* desviar-se (do caminho certo); faltar; errar.

ma.rras (de) *loc. Fam.* antanho; então, outrora; *la noche de marras* a noite de então.

mar.ta *.f. Zool.* marta.

mar.tes *s.m.* terça-feira.

mar.ti.llar *v.t.* martelar; *Fig.* atormentar; oprimir; caminhar (gíria).

mar.ti.llo *s.m.* martelo; chave para afinar instrumentos; *Fig.* leilão.

mar.tín.pes.ca.dor *s.m.* martim-pescador.

már.tir *s.m.* e *s.f.* mártir.

mar.ti.rio *s.m.* martírio, suplício.

mar.zo *s.m.* março.

más *adj.* mais; em excesso; *s.m. Mat.* mais.

ma.sa *s.f.* massa, volume; *Fig.* índole branda.

ma.sa.je *s.m.* massagem; amassamento.

ma.sa.jis.ta *s.m.* e *s.f.* massagista.

más.ca.ra *s.f.* máscara; disfarce.

mas.cu.li.no *adj.* masculino; *Fig.* varonil; enérgico; viril.

mas.cu.llar *v.t. Fam.* resmungar; falar entre dentes; pronunciar mal.

ma.se.ra *s.f.* masseira, amassadeira.

mas.ti.car *v.t.* mastigar.

más.til *s.m.* mastro; mastaréu.

mas.tuer.zo *adj. Fig.* maçador; estúpido; bronco.

ma.ta.chín *s.m Fig.* provocador; briguento.

ma.ta.de.ro *s.m.* matadouro.

ma.ta.pe.rros *s.m. Fig.* malandro; vadio.

ma.ta.pol.vo *s.m.* chuva passageira e miúda.

ma.tar *v.t.* matar; abater; acabar com; *Fig.* cansar.

ma.ta.ri.fe *s.m.* magarefe.

ma.ta.se.llos *s.m.* carimbo de correio.

ma.te.ria *s.f.* matéria; substância; material; *Fig.* assunto; disciplina.

ma.te.rial *adj.* material; *s.m.* material; apetrecho; ingrediente.

ma.ter.ni.dad *s.f.* maternidade.

ma.tón *s.m.* valentão; guarda-costas.

ma.to.rral *s.m.* mato; moita.

ma.tre.ro *adj.* matreiro, astuto, sabido.

ma.tu.te *s.m.* contrabando.

mau.la *s.f.* minúcia; bagatela; caloteiro; trapaceiro.

mau.llar *v.i.* miar.

mau.lli.do ou **ma.ú.llo** *s.m.* miado; mio.

ma.xi.mi.zar *v.t.* maximizar.

ma.yo *s.m.* maio.

ma.yo.ne.sa *s.f.* maionese.

ma.yo.ral *s.m.* capataz.

ma.yor.do.mo *s.m.* mordomo.

ma.yo.ri.dad *s.f.* maioridade.

ma.za.co.te *s.m.* argamassa.

ma.za.pán *s.m.* maçapão; marzipã.

ma.zar *v.t.* bater o leite para fazer manteiga.

maz.mo.rra *s.f.* masmorra; prisão subterrânea e escura.

ma.zor.ca *s.f.* maçaroca; espiga de milho.

me.a.ja *s.f.* migalha; mealha (moeda).

me.ar *v.i.* mijar; urinar.

me.ca.nó.gra.fo *s.m.* datilógrafo.

me.ce.do.ra *s.f.* cadeira de balanço.

me.cer *v.t.* balançar, balouçar; sacudir.

me.che.ra *s.f. Fig.* ladra (de lojas).

me.che.ro *s.m.* mecheiro (bico); isqueiro.

me.chón *s.m. aum.* madeixa; trança; porção.

me.da.llón *s.m. aum.* medalhão.

me.dia *s.f.* meia.

me.dia.ción *s.f.* mediação; intervenção.

me.dia.ne.rí.a *s.f.* parede-meia média; divisória; cerca comum.

me.dia.ne.ro *adj.* medianeiro, mediador.

me.dia.no.che *s.f.* meia-noite.

me.di.ca.ción *s.f.* medicação.

me.di.ción *s.f.* medição.

me.dro *s.m.* medra; medrança.

me.go *adj.* meigo, terno, suave.

me.ja.na *s.f.* ilhota num rio.

me.ji.do *adj.* mexido; revolvido.

me.ji.lla *s.f.* face; maçã do rosto, bochecha.

me.ji.llón *s.m.* mexilhão.

me.jor *adj.* e *adv.* melhor; antes.

me.jo.ra *s.f.* melhora, aumento; lanço (ao leilão).

me.jo.rar *v.t.* melhorar, aperfeiçoar.

me.jo.rí.a *s.f.* melhoria, melhoramento; alívio; vantagem.

me.lan.co.lí.a *s.f.* melancolia.

me.la.za *s.f.* melaço.

me.li.sa *s.f.* melissa; erva-cidreira.

me.lla *s.f.* falha; fenda; mossa; *Fig.* menoscabo.

me.lla.do *adj.* desdentado, banguela.

me.llar *v.t.* fazer mossas; embotar; tirar o fio ou corte; *Fig.* menoscabar.

me.lli.zo *s.m.* gêmeo.

me.lo.co.tón *s.m. Bot.* pêssego.

me.lo.dí.a *s.f. Mús.* melodia.

me.lón *s.m. Bot.* melão; meloeiro; *melón de agua* melancia.

me.lo.so *adj.* meloso; *Fig.* melífluo, suave.

mem.bre.te *s.m.* lembrete, anotação; endereço; timbre, cabeçalho.

mem.bri.llo *s.m. Bot.* marmelo; marmeleiro; *membrilla* gamboa.

me.mo *adj.* parvo, mentecapto, estúpido.

me.mo.ria *s.f.* memória; lembrança; *Inform.* memória, área do computador onde se armazenam dados.

me.mo.rial *s.m.* memorial.

me.na.je *s.m.* móveis, alfaias; material escolar.

men.cio.nar *v.t.* mencionar, citar.

men.daz *adj.* mendaz, falso.

men.di.gar *v.t.* mendigar, esmolar.

men.di.go *s.m.* mendigo, pedinte.

men.dru.go *s.m.* mendrugo, pão duro; restos de pão que se dão de esmola.

me.ne.ar *v.t.* menear; *Fig.* manejar; *Peru* rebolar.

me.ne.o *s.m.* meneamento; manejamento; meneio; rebolado.

me.nes.ter *s.m.* mister, necessidade; exercício; ministério; ocupação; *Fam.*utensílios, ferramentas.

me.nes.tra *s.f.* guisado de carne com hortaliças e presunto; *pl.* legumes secos.

men.ga.no *s.m.* beltrano; um certo sujeito (correlativo de fulano).

men.gua *s.f.* míngua; desonra; descrédito; miséria.

men.gua.do *adj.* minguado; parco; covarde; tolo; miserável.

men.guan.te *p.p. de menguar; adj.* minguante, vazante; decréscimo; *Fig.* míngua; minguante, que míngua.

men.guar *v.i.* minguar, reduzir-se, diminuir.

me.ni.no *s.m.* aio, pajem.

me.nor *adj.* menor; franciscano.

me.nos.pre.ciar *v.t.* menosprezar.

men.sa.je *s.m.* mensagem.

men.sa.je.ro *s.m.* mensageiro, enviado.

mens.truo *adj.* mênstruo; *Quím.* dissolvente; excipiente líquido.

men.ta.do *adj.* afamado, célebre, famoso.

men.tar *v.t.* nomear, indicar, designar.

men.te *s.f.* mente, intelecto; desígnio; intuito.

men.te.ca.to *adj.* idiota, mentecapto.

men.ti.ri.llas *s.f. dim.* de brincadeira; de mentirinha.

men.ti.ro.so *adj.* mentiroso; *s.m.* falso, fingido.

me.nú *s.m.* menu; cardápio; *Inform.* menu, lista de comandos de um aplicativo ou programa.

me.nu.de.ar *v.t.* amiudar, repetir; ser minucioso e frívolo; *Colomb.* vender a varejo.

me.nu.den.cia *s.f.* minudência, bagatela; *pl.* miúdos de porco.

me.nu.de.o *s.m.* repetição; venda a varejo.

me.nu.di.llo *s.m.* travadouro; *pl.* miúdos de aves.

me.nu.do *adj.* miúdo; reles, insignificante; pequeno; fino; desprezível.

me.ñi.que *s.m.* mínimo.

me.o.llo *s.m.* miolo; medula; cérebro; *Fig.* âmago, cerne.

me.ón *adj.* mijão; que urina muito; *meona* menina recém-nascida.

mer.ca.de.rí.a *s.f.* mercadoria; furto (gíria).

mer.ced *s.f.* mercê.

mer.ce.rí.a *s.f.* mercearia.

me.re.ci.mien.to *s.m.* merecimento.

me.rien.da *s.f.* merenda.

mer.lu.za *s.f. Zool.* pescada.

me.ro.de.o *s.m.* saqueio; roubo.

me.sa *s.f.* mesa; bancada.

me.sar *v.t.* arrepelar, arrancar (os cabelos).

me.són *s.m.* estalagem.

me.te.du.ri.a *s.f.* introdução de contrabando.

me.tró.po.li *s.f.* metrópole.

mez.co.lan.za *s.f. Fam.* misturada; miscelânea.

mez.quin.dad *s.f.* mesquinhez, mesquinharia.

mez.qui.no *adj.* mesquinho, insignificante.

mia.ja *s.f.* migalha.

mic.ción *s.f.* micção.

mi.cha *s.f.* gata.

mi.cho *s.m.* gato (animal).

mi.cro.com.pu.ta.dor *s.m.* ou **mi.cro.com.pu.ta.do.ra** *s.f. Inform.* o mesmo que **microordenador**.

mi.cró.fo.no *s.m.* microfone.

mi.cro.or.de.na.dor *s.m. Inform.* microcomputador.

mi.cro.pro.ce.sa.dor *s.m. Inform.* microprocessador.

mie.do *s.m.* medo, receio; terror.

miel *s.f.* mel.

miem.bro *s.m.* membro.

mien.te *s.f.* mente; pensamento; imaginação.

mien.tras *adv.* enquanto; entretanto.

miér.co.les *s.m.* quarta-feira.

mies *s.f.* messe, seara, ceifa.

mi.ga.ja *s.f.* migalha.

mi.la.gro *s.m.* milagre; maravilha.

mi.llón *s.m.* milhão.

mi.llo.na.rio *adj.* milionário.

mim.brar *v.t.* oprimir; molestar; humilhar.

mim.bre *amb. Bot.* vime; vimeiro.

mim.bre.ar *v.i e v.r.* mover-se ou agitar-se com flexibilidade, como o vime.

mi.na.dor *adj.* mineiro; *s.m.* engenheiro de minas.

mi.ne.ral *adj.* mineral.

mi.ne.rí.a *s.f.* mineração; conjunto de minas, ou mineiros de uma lavra.

mi.ne.ro *adj.* mineiro.

min.gi.to.rio *s.m.* mictório; urinol em forma de coluna.

min.go *s.m.* bola vermelha de bilhar.

mi.ni.mi.zar *v.t.* minimizar.

mi.ni.no *s.m. Fam.* gato.

mi.nué *s.m.* minueto, minuete.

mi.nús.cu.lo *adj.* minúsculo.

mi.nu.te.ro *s.m.* ponteiro dos minutos.

mi.nu.to *s.m.* e *adj.* minuto; miúdo.

mío *pron. pos.* meu (mía, míos, mías).

mio.pe *adj.* míope.

mi.ra *s.f.* mira; intuito; interesse; alvo; *interj.* olha!

mi.ra.da *s.f.* mirada; olhadura; olhadela.

mi.ra.do *p.p. de mirar; adj.* cauteloso, circunspecto.

mi.ra.dor *adj.* olhador, que olha; *s.m.* mirante, varanda envidraçada.

mi.rar *v.t.* mirar, vigiar; olhar; refletir.

mi.ra.sol *s.m.* girassol.

mi.ri.lla *s.f. dim.* janelinha; vigia (em porta ou janela).

mi.ri.ña.que *s.m.* saia balão; merinaque; jóia barata.

mir.lo *s.m. Zool.* melro.

mi.rón *s.m.* e *adj.* mirão, curioso.

mi.rra.do *adj.* composto ou misturado com mirra.

mi.sa *s.f.* missa.

mi.sal *adj.* missal.

mi.se.ria *s.f.* miséria.

mi.sión *s.f.* missão.

mi.sio.na.rio *s.m.* missionário.

mis.te.rio *s.m.* mistério; segredo; enigma.

mi.tad *s.f.* metade.

mi.ti.gar *v.t.* mitigar, suavizar.

mix.to *adj.* misto; *s.m.* fósforo, lume.

mo.ce.dad *s.f.* mocidade; diversão desonesta.

mo.ción *s.f.* moção, movimento; vogal (em línguas semíticas).

mo.ci.to *adj.* mocinho.

mo.co *s.m.* monco; ranho; muco.

mo.co.sa *s.f.* mucosa.

mo.co.so *adj.* mucoso; ranhoso.

mo.da.les *s.m. pl.* maneiras; modos.

mo.de.lar *v.t.* modelar; moldar.

mo.dem *s.m. Inform.* modem.

mo.fle.te *s.m. Fam.* bochecha volumosa, inchada.

mo.ga.te *s.m.* camada, capa, verniz.

mo.go.te *s.m.* outeiro cônico; pilha de lenha.

mo.ha.rra *s.f.* ponta, ferro de lança.

mo.ha.tra *s.f.* venda fingida ou simulada; fraude; engano; trapaça.

mo.ha.trar *v.i.* trapacear.

mo.hín *s.m.* gesto, trejeito; careta, esgar.

mo.hi.no *adj.* mofino, infeliz, triste.

mo.ho *adj.* mofo, bolor; bafio.

mo.ja.du.ra *s.f.* molhadura, molhadela; banho.

mo.jar *v.t.* molhar; umedecer.

mo.je *s.m.* molho.

mo.ji.cón *s.m.* murro, soco.

mo.ji.ga.to *adj.* hipócrita, dissimulado.

mo.jón *s.m.* marco, baliza.

mo.jo.na *s.f.* medição (de terras); *Ant.* arrendamento do imposto sobre o vinho.

mo.le.dra *s.f. Fig.* canseira; cansaço.

mo.le.do.ra *s.f.* e *adj. Fam.* moedor; maçador.

mo.ler *v.t.* moer; esmagar; *Fig.* importunar.

mo.li.cie *s.f.* moleza.

mo.li.do *p.p. de moler; adj.* moído, triturado; maçado; cansado.

mo.lien.da *s.f.* moenda, moedura, moagem.

mo.li.no *s.m.* moinho.

mo.lla *s.f.* parte mole da carne, miolo do pão etc.

mo.lle.ar *v.i.* amolecer, abrandar.

mo.lle.ja *s.f.* moela (das aves), moleja.

mo.lle.ra *s.f. Anat.* moleira; *Fig.* juízo, siso.

mo.lle.te *s.m.* pão fino.

mo.lon.dro *s.m. Fam.* molengão, preguiçoso.

mo.mia *s.f.* múmia.

mo.mio *adj.* magro; seco; descarnado.

mo.na.gui.llo *s.m.* coroinha.

mo.nas.te.rio *s.m.* mosteiro, convento.

mon.da.dien.tes *s.m.* palito.

mon.do *adj.* limpo; puro.

mon.dar *v.t.* limpar, purificar; descascar frutas ou tubérculos; *mondar los dientes* palitar.

mon.don.ga *s.f. depr.* criada grosseira.

mo.ne.ar *v.i. Fam.* fazer momices; macaquear.

mo.ne.da *s.f.* moeda.

mo.ne.rí.a *s.f.* momices, macaquice.

mo.nes.co *adj. Fam.* simiesco.

mo.ni.go.te *s.m. Fam.* boneco ridículo; imagem malfeita.

mo.nís *s.f.* bugiganga, objeto de pequeno valor; espécie de massa feita de ovos e açúcar; *s.m. Fam.* dinheiro.

mó.ni.ta *s.f.* astúcia; manha; artifício.

mo.ni.tor *s.m.* monitor, instrutor; *Eletr.* monitor, receptor de televisão; *Inform.* tela do computador.

mo.ni.to.ri.zar *v.t. Inform.* monitorar, monitorizar, controlar através do monitor.

mo.no *adj.* bonito.

mo.no.sí.la.bo *adj. Gram.* monossílabo.

mon.se.ñor *s.m.* monsenhor.

mon.ser.ga *s.f. Fam.* algaravia; linguagem confusa.

mons.truo *s.m.* monstro.

mon.ta *s.f.* monta; valor; preço.

mon.ta.dor *s.m.* cavaleiro.

mon.ta.je *s.m.* montagem; preparação; *pl.* reparos de artilharia.

mon.ta.ña *s.f.* montanha.

mon.ta.ñés *adj.* montanhês.

mon.te *s.m.* monte; *Fig.* obstáculo; *Fam.* jogo de azar.

mon.te.ra *s.f.* carapuça; coberta envidraçada sobre um pátio; capitel, capacete de alambique.

mon.te.rí.a *s.f.* montaria (de caça grossa); arte venatória.

mon.tés *adj.* montês, silvestre.

mon.to *s.m.* montante; valor total; soma.

mon.tón *s.m.* montão; *Fig.* pessoa idosa, fraca ou doente.

mon.tu.ra *s.f.* montada, cavalgadura; arreios; montagem, ato de montar.

mo.ña *s.f.* boneca, brinquedo, manequim; mona; *Fig.* bebedeira.

mo.ño *s.m.* topete, rolo de cabelo natural; laço de fita; penacho; *Chile* cabelo de homem; *hacerse una el moño* pentear-se (mulher).

mo.que.ro *s.m.* lenço (de assoar).

mo.ra *s.f. For.* mora; moratória; *Bot.* amora.

mo.ra.da *s.f.* morada, vivenda, residência.

mo.ra.do *adj.* morado, cor de amora, roxo.

mo.ra.dor *adj.* morador, residente.

mo.ral *adj.* moral; *s.f. Bot.* amoreira.

mo.ra.le.ja *s.f.* moral; lição; ensinamento ou moralidade de uma fábula ou conto.

mo.ra.li.zar *v.t.* moralizar; reformar os maus costumes.

mo.rar *v.i.* morar, habitar, residir.

mo.ra.to.ria *s.f.* moratória; dilatação de prazo.

mor.ce.lla *s.f.* faísca, fagulha de morrão.

mor.ci.lla *s.f.* morcela, moura, espécie de chouriço; *Fig.* enxerto que os atores fazem em seus textos.

mor.daz *adj.* mordaz; satírico; picante.

mor.da.za *s.f.* mordaça.

mor.de.du.ra *s.f.* mordedura; mordimento; dentada.

mor.der *v.t.* morder, consumir; gastar insensivelmente; *Fig.* difamar.

mor.dis.car *v.t.* mordiscar, mordicar.

mor.dis.co *s.m.* mordisco, mordedura leve; dentada; picada; ofensa.

mo.re.na *s.f. Zool.* moréia.

mo.re.ra *s.f. Bot.* amoreira.

mor.fe.a *s.f.* morféia, lepra.

mor.la.co *adj.* ignorante; *s.m. Amér.* moeda de prata.

mo.rir *v.i.* morrer, falecer.

mo.ris.que.ta *s.f.* astúcia; ardil, engodo.

mo.rón *s.m.* montículo de terra.

mo.ron.do *adj.* desfolhado; pelado.

mo.rra *s.f.* alto da cabeça, cocuruto.

mo.rra.da *s.f.* cabeçada; *Fig.* bofetada.

mo.rral *s.m.* mochila; bornal.

mo.rra.lla *s.f. Fig.* plebe; populacho.

mo.rro.co.tu.do *adj. Fam.* difícil; importante; custoso.

mo.rru.do *adj.* focinhudo; trombudo.

mor.ta.ja *s.f.* mortalha.

mor.te.ci.no *adj.* esmorecido, débil; moribundo.

mor.te.ro *s.m.* morteiro.

mor.tuo.rio *adj.* mortuário; relativo ao morto ou às exéquias.

mo.rue.co *s.m.* carneiro reprodutor.

mos.ca *s.f. Zool.* mosca; *Fam.* dinheiro, grana.

mos.cón *s.m.* mosquitão.

mos.co.na *s.f.* mulher desavergonhada.

mos.co.ne.ar *v.i.* importunar.

mos.que.te.ro *s.m.* mosqueteiro.

mos.qui.te.ro *s.m.* mosquiteiro.

mos.ta.cho *s.m.* bigode volumoso e comprido.

mos.ta.za *s.f. Bot.* mostarda.

mos.tren.co *adj.* mostrengo; estafermo.

mo.ta *s.f. Fig.* argueiro; defeito ligeiro.

mo.tor *s.m.* motor.

mou.se *s.m. Inform.* mouse; o mesmo que *ratón*.

mo.ver *v.t.* mover; movimentar; mudar de posição.

mó.vil *adj.* móvel, móbil; causa; *teléfono móvil* telefone celular.

mo.vi.li.zar *v.t.* mobilizar.

mo.vi.mien.to *s.m.* movimento.

mo.zo *adj.* moço, jovem; *s.m.* garçom; *s.f.* empregada doméstica.

mu.cha.cho *s.m.* rapaz.

mu.che.dum.bre *s.f.* multidão; populacho.

mu.cho *adj.* muito.

mue.ble *s.m.* móvel.

mue.ca *s.f.* esgar; trejeito.

mue.la *s.f.* mó; dente molar.

mue.lle *adj.* mole; delicado, brando; mola; molhe.

muer.te *s.f.* morte.

mues.ca *s.f.* entalhe; concavidade.

mues.tra *s.f.* amostra; indício; tabuleta de loja.

mues.tra.rio *s.m.* mostruário.

mu.gre *s.f.* imundície, sujidade.

mu.grien.to *adj.* sujo; sebento; imundo.

mu.jer *s.f.* mulher.

mu.lli.do *p.p. de mullir; s.m.* almofada ou colchão, bastante mole.

mu.llir *v.t.* amolecer; afofar.

mul.ti.tud *s.f.* multidão.

mul.ti.me.dia *s.m. Inform.* multimídia, apresentação combinada de informações (textos, imagens, sons,etc.) em um único sistema.

mul.ti.fun.cio.nal *adj.* multifuncional.

mul.ti.pli.car *v.t.* multiplicar.

múl.ti.plo *s.m.* múltiplo.

mul.ti.u.sua.rio *adj. Inform.* multiusuário.

mu.ni.ción *s.f.* munição.

mu.ñe.co *s.m.* boneco, títere.

mu.ñón *s.m.* munhão, coto.

mur.cié.la.go *s.m. Zool.* morcego.

mur.cio *s.m.* ladrão (gíria).

mur.ga *s.f.* banda de músicos ordinários.

mur.mu.llo *s.m.* murmúrio; sussurro.

mu.ro *s.m.* muro; parede; *Fig.* defesa.

mu.rrio *adj.* triste, descontente, melancólico.

mu.se.o *s.m.* museu.

mú.si.ca *s.f.* música; melodia; harmonia.

mu.si.tar *v.i.* sussurrar; cochichar.

mus.lo *s.m. Anat.* coxa.

mus.tio *adj.* murcho; *Fig.* melancólico, triste, lânguido; *Fig. Méx.* hipócrita.

mu.sul.mán *adj.* muçulmano.

mu.ta *s.f.* matilha (de cães de caça).

mu.ta.ción *s.f.* mutação.

mu.ti.lar *v.t.* mutilar; *Fig.* truncar.

muy *adv.* mui, muito.

N

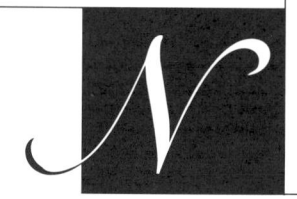

n *s.f.* décima quarta letra do alfabeto espanhol; N, n.

na.bo *s.m. Bot.* nabo.

na.ca.te.te *s.m. Méx.* pinto ainda implume.

na.cen.cia *s.f.* nascimento; *Fig.* nascida.

na.cer *v.i.* nascer; *Fig.* surgir.

na.cho *adj.* chato, achatado.

na.ci.da *s.f.* espécie de tumor, abscesso.

na.cien.te *adj.* nascente, que nasce.

na.ci.mien.to *s.m.* nascimento; origem, estirpe.

na.ción *s.f.* nação.

na.cio.na.li.dad *s.f.* nacionalidade, naturalidade.

na.cio.na.li.za.ción *s.f.* nacionalização.

na.da *s.f.* e *pron. indef.* nada, coisa nenhuma.

na.da.de.ra *s.f.* bóia (para aprender a nadar).

na.dar *v.i.* nadar.

na.de.rí.a *s.f.* ninharia; bagatela.

na.die *pron. indef.* ninguém.

na.do (a) *loc. adv.* nadando; a nado.

naf.ta *s.f.* gasolina.

na.gual *s.m. Méx.* nagual, bruxo, feiticeiro.

nai.pe *s.m.* baralho; naipe.

nai.pe.ra *s.f.* mulher que trabalha na fabricação de cartas de jogar.

nal.ga *s.f.* nádega.

nal.gue.ar *v.i.* mover com exagero as ancas ao andar.

na.ne.ar *v.t.* saracotear.

nan.go *adj. Méx.* forasteiro; tonto, néscio.

nan.sa *s.f.* aquário pequeno para peixes.

na.o *s.f.* nau.

na.ran.ja *s.f.* laranja.

na.ran.ja.da *s.f.* laranjada; *Fig.* ação grosseira.

na.ran.ja.do *adj.* alaranjado.

na.ran.jo *s.f.* laranjeira.

nar.có.ti.co *s.m.* e *adj.* narcótico.

nar.co.trá.fi.co *s.m.* narcotráfico.

na.ri.gón *adj.* narigudo; *s.m.* narigão.

na.riz *s.f.* nariz.

na.rra.ción *s.f.* narração, narrativa.

na.rrar *v.t.* narrar, contar.

na.rra.ti.va *s.f.* conto, história.

na.ta.ción *s.f.* natação.

na.tal *adj.* natal, do lugar de nascimento.

na.te.rón *s.m.* requeijão.

na.ti.llas *s.f. pl.* creme.

na.tí.o *adj.* natural, nativo.

na.to *adj.* nato, puro, de nascença.

na.tu.ral *adj.* relativo à natureza.

na.tu.ra.le.za *s.f.* natureza.

na.tu.ra.li.zar *v.t.* e *v.r.* ficar residente no país.

nau.fra.gar *v.i.* naufragar, afundar.

nau.fra.gio *s.m.* naufrágio.

náu.se.a *s.f.* enjôo, náusea.

na.va.ja *s.f.* navalha.

na.ve *s.f.* navio, embarcação.

na.ve.ga.ción *s.f.* navegação; *Inform.* navegação, deslocamento na rede de Internet através de um hipertexto.

na.ve.gan.te *adj* y *s.m.* navegante; *Inform.* navegador, leitor de hipertexto.

na.ve.gar *v.i. Inform.* percorrer a rede de Internet através de hipertexto.

na.vi.dad *s.m.* Natal.

na.vi.de.ño *adj.* natalino.

na.zis.mo *s.m.* nazismo.

na.zis.ta *s.m.* e *adj.* nazista; *abrev.* **na.zi**.

ne.bli.na *s.f.* neblina.

ne.bu.lón *s.m.* homem hipócrita.

ne.bu.lo.si.dad *s.f.* nebulosidade; sombra.

ne.ce.dad *s.f.* disparate; estupidez.

ne.ce.sa.ria *s.f.* latrina, privada.

ne.ce.sa.rio *adj.* necessário; inevitável; indispensável.

ne.ce.ser *s.m.* estojo com objetos de toucador.

ne.ce.si.dad *s.f.* necessidade; precisão.

ne.ce.si.tar *v.t.* e *v.i.* necessitar, precisar; reclamar.

ne.cio *adj.* néscio, estúpido.

ne.fas.to *adj.* funesto, fatal.

ne.ga.ción *s.f.* negação; carência ou falta total de algo.

ne.gar *v.t.* não aceitar, negar.

ne.ga.ti.vo *adj.* negativo; desfavorável; *s.m.* imagem ou filme invertido em fotografia.

ne.gli.gé *adj.* pedantismo utilizado em vez de descuidado, desalinhado.

ne.gli.gen.cia *s.f.* negligência, preguiça, incúria.

ne.go.cia.ción *s.f.* negociação, negócio; comércio, ajuste.

ne.go.cian.te *s.m.* comerciante.

ne.go.cio *s.m.* negócio; ocupação; trabalho.

ne.gre.cer *v.i.* enegrecer, escurecer.

ne.gre.ro *adj.* negreiro, dedicado ao tráfico de negros.

ne.gri.lla o **ne.gri.ta** *s.f.* negrito (letra).

ne.gro *s.m.* e *adj.* preto, negro; da raça negra.

ne.ne *s.m.* nenê, menino, bebê.

ner.va.du.ra *s.f. Arq.* nervura.

ner.vio *s.m.* nervo.

ner.vio.so *adj.* nervoso.

nes.cien.cia *s.f.* ignorância.

ne.to *adj.* limpo; nítido; líquido.

neu.mo.tó.rax *s.m.* pneumotórax.

neu.má.ti.co *s.m.* pneu de veículos.

neu.mo.ní.a *s.f.* pneumonia.

neu.ral.gia *s.f. Med.* nevralgia.

neu.ró.lo.go *s.m.* neurologista.

neu.tral *adj.* neutro; não alinhado.

ne.ve.ra *s.f.* geladeira, refrigerador.

ne.ve.rí.a *s.f.* sorveteria.

ne.ve.ro *s.m.* sorveteiro; geleira (das montanhas).

ni *conj.* nem.

ni.do *s.m.* ninho; abrigo.

nie.bla *s.f.* névoa, bruma, nevoeiro, neblina.

nie.tas.tro *s.m.* filho do enteado ou da enteada.

nie.to *s.m.* neto; descendente.

nie.ve *s.f.* neve; brancura.

ni.gro.man.te *s.m.* necromante, nigromante, invocador de mortos.

nin.gún *adj.* apócope de *ninguno*; *pron. indef.* nulo e sem valor.

nin.gu.no *adj.* e *pron. indef.* nenhum, ninguém.

ni.ña.da *s.f.* criancice, infantilidade.

ni.ñe.ar *v.i.* fazer criancices ou portar-se como uma criança.

ni.ñe.ra *s.f.* ama-seca; babá; aia.

ni.ñe.rí.a *s.f.* criancice; *Fig.* ninharia; insignificância.

ni.ñez *s.f.* meninice; infância.

ni.ño *s.m.* menino, garoto.

nís.pe.ro *s.m.* nêspera, ameixa.

ní.ti.do *adj.* nítido, claro.

ni.tró.ge.no *s.m. Quím.* nitrogênio, azoto.

ni.vel *s.m.* nível.

ni.ve.la.ción *s.f.* nivelação, nivelamento.

no *adv.* não.

no.ble *adj.* nobre, fidalgo, patrício.

no.ble.za *s.f.* nobreza, fidalguia.

no.che *s.f.* noite.

no.che.bue.na *s.f.* noite de Natal.

no.ci.ble *adj.* nocivo.

no.ción *s.f.* noção, conhecimento, idéia.

no.ci.vo *adj.* prejudicial, nocivo.

noc.tur.no *adj.* noturno.

no.dri.za *s.f.* nutriz, ama-de-leite.

no.gal *s.f.* nogueira.

nom.bra.dia *s.f.* fama, renome, reputação, nomeada; crédito.

nom.bra.mien.to *s.m.* nomeação.

nom.brar *v.t.* nomear; citar; *v.t.* designar, mencionar.

nom.bre *s.m.* nome, fama, reputação; crédito.

no.men.clá.tor *s.m.* nomenclador; catálogo.

nó.mi.na *s.f.* lista, relação; enumeração; folha de pagamento.

no.mi.na.ción *s.f.* nomeação.

no.mi.na.dor *adj.* nomeador.

no.mi.nar *v.t.* nomear.

non *adj. Mat.* ímpar.

no.na.da *s.f.* bagatela, ninharia, insignificância.

nor.des.te ou **no.res.te** *s.m.* nordeste.

no.ria *s.f.* nora, aparelho para tirar água dos poços; roda-gigante.

nor.ma *s.f.* regra; padrão.

nor.mal *adj.* normal; que segue a regra; comum.

nor.ma.li.za.ción *s.f.* normalização.

nor.mar *v.t.* regular, regulamentar.

no.ro.es.te *s.m.* noroeste.

nor.te.ño *adj.* nortista.

nos *pron. pers. pl.* nos.

no.so.tros *pron. pers. pl.* nós.

no.ta *s.f.* sinal; nota; marca; crédito; vício; mácula, nódoa.

no.ta.ble *adj.* notável.

no.ta.ción *s.f.* anotação; notação.

no.tar *v.t.* perceber.

no.ta.rí.a *s.f.* cartório, notariado.

no.ta.rio *s.m.* notário, tabelião.

no.ti.cia *s.f.* noção, notícia, conhecimento.

no.ti.cie.ro *s.m.* noticiário; noticioso, noticiador.

no.ti.ción *s.m. aum.* notícia extraordinária.

no.ti.fi.ca.ción *s.f.* notificação.

no.to.rie.dad *s.f.* notoriedade, celebridade, fama.

no.va.ción *s.f. For.* novação, inovação.

no.var *s.f. For.* inovar, renovar.

no.va.ta.da *s.f.* trote (de estudantes); vaia.

no.ve.dad *s.f.* novidade; notícia.

no.ve.la *s.f.* romance literário.

no.via *s.f.* noiva, namorada.

no.viaz.go *s.m.* noivado; boda.

no.vi.cio *s.m.* noviço, principiante.

no.viem.bre *s.m.* novembro.

no.vio *s.m.* noivo; recém-casado.

nu.ba.rra.da *s.f.* aguaceiro.

nu.ba.rrón *s.m.* nuvem carregada.

nu.be *s.f.* nuvem.

nu.blar.se *v.r.* ficar nublado.

nu.bo.so *adj.* coberto de nuvens.

nu.ca *s.f.* nuca.

nu.cle.o *s.m.* núcleo.

nu.di.llo *s.m.* cotos; nós dos dedos.

nu.do *s.m.* nó.

nue.ra *s.f.* nora.

nues.tro *pron. pos.* nosso, nossa.

nue.va *s.f.* nova; notícia; novidade.

nue.ve *adj.* nove.

nue.vo *adj.* novo.

nuez *s.f. Bot.* noz.

nu.lo *adj.* sem valor, nulo.

nu.me.ra.rio *adj.* numerário.

nú.me.ro *s.m.* número

nun.ca *adv.* nunca.

nup.cias *s.f. pl.* núpcias, casamento.

nu.tria *s.f. Zool.* lontra.

nu.tri.ción *s.f.* nutrição.

nu.trir *v.t.* nutrir, sustentar, alimentar; *Fig.* educar; desenvolver.

nu.tri.ti.vo *adj.* nutritivo, alimentício, revigorante.

ñ *s.f.* décima quinta letra do alfabeto espanhol; Ñ, ñ; correspondente ao "nh" em português.

ña.co *s.m.* papa de farinha; espécie de mingau.

ña.me *s.m. Bot.* inhame; cará.

ñan.dú *s.m. Amér.* nhandu, ema; avestruz dos campos.

ña.que *s.m.* miscelânea de bugigangas.

ña.to *adj. Amér.* liso; plano; chato; de nariz chato.

ñe.que *s.m. Amér.* força, energia; *adj. Amér.* forte, vigoroso.

ño.ña *s.f.* irmã mais velha, babá.

ño.ño *adj. Fam.* parvo, paspalha, tolo, bobo.

ño.qui *s.m.* nhoque.

ñu *s.m.* antílope.

ñu.do *adj.* e *s.m.* nú, pelado; *Amér.* inútil.

ñu.to *adj. Amér.* moído.

O

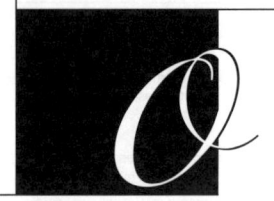

o *s.f.* décima sexta letra do alfabeto espanhol; O, o.

o.a.sis *s.m.* oásis.

ob.ce.ca.ción *s.f.* obcecação; cegueira tenaz; teimosia.

o.be.de.cer *v.t* obedecer.

o.be.dien.cia *s.f.* obediência.

o.be.dien.te *adj.* obediente.

o.ber.tu.ra *s.f. Mús.* abertura.

o.be.so *s.m* e *adj.* obeso, gordo.

o.bis.pa.do *s.m.* bispado; dignidade episcopal.

o.bis.po *s.m.* bispo.

ó.bi.to *s.m.* óbito.

o.bi.tua.rio *s.m.* obituário; registro de óbitos.

ob.je.ción *s.f.* objeção; contestação.

ob.je.tar *v.t.* objetar.

ob.je.ti.vo *adj.* justo; preciso; *s.m.* objetivo; alvo; meta; objetiva, lente fotográfica.

ob.je.to *s.m.* objeto, coisa; peça.

o.bli.cuo *adj.* oblíquo, inclinado, de esguelha.

o.bli.ga.ción *s.f.* obrigação; dever imposto; exigência.

o.bli.gar *v.t.* obrigar; sujeitar; atrair.

o.bra *s.f.* trabalho, criação.

o.bra.je *s.m.* manufatura; obra; oficina.

o.bra.je.ro *s.m.* contramestre, capataz ou chefe.

o.brar *v.i.* agir, trabalhar, atuar.

o.bre.ro *adj.* obreiro; operário.

obs.ce.no *adj.* obsceno.

obs.cu.ri.dad *s.f.* obscuridade, escuridão.

ob.se.cuen.te *adj.* dócil, obediente; submisso.

ob.se.quio *s.m.* obséquio, presente.

ob.ser.va.ción *s.f.* observação.

ob.ser.var *v.t.* observar.

ob.ser.va.to.rio *s.m.* observatório.

ob.se.sión *s.m.* obsessão.

ob.se.sio.nar.se *v.r.* obcecar-se.

obs.tru.ir *v.t.* obstruir, impedir.

ob.te.ner *v.t.* obter; conseguir; adquirir.

ob.ven.ción *s.f.* obvenção; provento ou receita eventual.

ob.vio *adj.* óbvio, patente, claro, manifesto.

o.ca.sión *s.f.* ocasião, oportunidade; conjuntura; ensejo.

occ.ci.den.tal *adj.* ocidental.

oc.ci.den.te *s.m.* ocidente.

o.cé.a.no *s.m.* oceano, mar.

o.chen.ta *adj.* oitenta.

o.chen.tón *adj. Fam.* oitentão; octogenário.

o.cho *adj.* oito.

o.cho.cien.tos *adj.* oitocentos.

o.cio *s.m.* ócio, folga, lazer.

o.clu.sión *s.f.* oclusão.

o.co.sial *s.m. Peru* terreno deprimido, úmido e com alguma vegetação.

oc.ta.va *s.f.* oitava.

oc.ta.vo *adj.* oitavo.

oc.tu.bre *s.m.* outubro.

o.cul.tar *v.t.* esconder, ocultar.

o.cul.to *adj.* escondido, oculto.

o.cu.pa.ción *s.f.* ocupação, emprego.

o.cu.rren.cia *s.f.* ocorrência, acontecimento; lembrança; idéia engenhosa.

o.cu.rrir *v.i.* ocorrer; suceder; sobrevir; vir à memória, lembrar; *no se me ocurre*: não me ocorre.

o.diar *v.t.* detestar.

o.dio *s.m.* ódio, antipatia, aversão, rancor.

o.di.se.a *s.f. Fig.* odisséia, viagem de aventuras.

o.don.to.lo.gí.a *s.f.* odontologia.

o.dre *s.m.* saco feito de pele para transportar líquidos.

o.es.te *s.m.* oeste.

o.fen.der *v.t.* ofender.

o.fen.si.vo *adj.* ofensivo.

o.fer.to.rio *s.m. Ret.* ofertório.

o.fi.cial *adj.* oficial; *s.m.* funcionário; auxiliar; *Mil.* oficial.

o.fi.ci.na *s.f.* escritório; repartição; agência; sala, conjunto.

o.fi.ci.nes.co *adj.* burocrático.

o.fi.ci.nis.ta *s.m.* empregado de escritório; funcionário público.

o.fi.cio *s.m.* ofício; ocupação habitual; cargo; dever.

o.fi.cio.nis.ta *s.m.* escriturário.

o.fi.cio.so *adj.* ofocioso, não-oficial.

o.fre.cer *v.t.* oferecer; prometer; obrigar-se.

o.fre.ci.mien.to *s.m.* oferecimento; dedicatória.

of.tal.mó.lo.go *s.m.* oftalmologista.

o.í.ble *adj.* audível.

o.í.da *s.f.* oitiva; audição.

o.í.do *s.m.* ouvido.

oi.dor *adj.* ouvidor, auditor, ouvinte.

o.ír *v.t.* ouvir, escutar.

o.jal *s.m.* botoeira, casa (de botão); buraco, abertura, orifício.

o.ja.lá *interj.* oxalá!; tomara!

o.je.a.da *s.f.* olhada, relance, vista de olhos.

o.je.ar *v.t.* mirar, fitar os olhos; bater o mato; espantar a caça.

o.je.ra *s.f.* olheiras.

o.je.te *s.m. dim.* olhete, ilhó; *Fam.* ânus.

o.ji.tuer.to *adj.* estrábico, vesgo, zarolho.

o.ji.va *s.f. Arq.* ogiva.

o.jo *s.m.* olho; cuidado; atenção; vista; buraco (agulha).

o.la *s.f.* onda; vaga.

o.lé *interj.* olê!

o.le.a.da *s.f.* vaga; vagalhão; ondulação.

o.le.ar *v.t.* ungir, administrar a extrema-unção.

o.le.de.ro *adj.* cheiroso; que exala cheiro.

o.le.dor *adj.* cheirador; que cheira.

ó.le.o *s.m.* óleo, azeite.

o.le.o.duc.to *s.m.* oleoduto.

o.le.o.si.dad *s.f.* oleosidade.

o.ler *v.t.* cheirar; *Fig.* pressentir; farejar.

ol.fa.te.ar *v.t.* cheirar, farejar; bisbilhotar.

ol.fa.to *s.m.* olfato, faro.

o.li.gar.quí.a *s.f.* oligarquia.

o.lim.pia.da *s.f.* olimpíada.

o.lis.car *v.t.* farejar, fariscar.

o.li.vo *s.m. Bot.* oliva, azeitona; oliveira.

o.lla *s.f.* panela, caçarola; olha, remoinho.

o.lor *s.m.* aroma, cheiro; esperança.

o.lo.ri.zar *v.t.* aromatizar, perfumar.

o.lo.ro.so *adj.* cheiroso, aromático.

ol.vi.da.di.zo *adj.* esquecido; *Fig.* ingrato.

ol.vi.dar *v.t.* esquecer; *v.r.* esquecer-se.

ol.vi.do *s.m.* esquecimento; falta de memória.

om.bli.go *s.m. Anat.* umbigo.

o.mi.no.so *adj.* ominoso, aziago, agourento.

o.mi.so *adj.* omisso, faltoso.

óm.ni.bus *s.m.* ônibus.

om.ni.po.ten.cia *s.f.* onipotência.

om.ni.po.ten.te *adj.* onipotente.

om.nis.cien.te *adj.* onisciente.

o.mó.pla.to *s.m. Anat.* omoplata.

on.ce *adj.* onze.

on.ce.no *adj.* onzeno, undécimo, décimo primeiro.

on.da *s.f.* onda, vaga; ondulação.

on.du.la.ción *s.f.* ondulação.

o.no.ma.to.pe.ya *s.f.* onomatopéia.

on.za *s.f.* onça.

op.ción *s.f.* opção, livre escolha.

o.pe.ra.ción *s.f.* operação, execução; negociação.

o.pe.ra.dor *adj. y s.m.* que opera; *s. m.* operador, técnico; *Med.* cirurgião; *Inform.* operador de computador; telefonista; *operador de entrada de datos/de teclado* digitador.

o.pe.ra.do.ra *s.f.* agência de viagens.

o.pe.rar *v.t.* operar, atuar; *Com.* comercializar; *Mat.* realizar operacões; *Med.* operar.

o.pe.ra.rio *s.m.* operário, obreiro, trabalhador.

o.pi.nión *s.f.* opinião, parecer, ponto de vista.

o.po.ner *v.t.* opor; objetar.

o.por.to *s.m.* vinho do Porto.

o.por.tu.ni.dad *s.f.* oportunidade; ensejo; ocasião.

o.po.si.ción *s.f.* oposição, resistência; obstáculo.

o.pre.sión *s.f.* opressão; tirania.

o.pues.to *p.p. de oponer; adj.* oposto; contrário.

o.que.dad *s.f.* vão; vazio.

o.ra.je *s.m.* temporal.

o.ran.gu.tán *s.m. Zool.* orangotango.

or.den *s.m.* ordem, arrumação; disposição; *Biol.* categoria; *s.f.* ordem, comando; congregação religiosa; grêmio.

or.de.na.dor *adj.* ordenador, organizador; *s.m. Inform.* computador; *ordenador portátil* notebook.

o.ré.ga.no *s.m.* orégão.

o.re.ja *s.f.* orelha.

or.fan.dad *s.f.* orfandade.

or.fe.bre *s.m.* ourives.

or.ga.ni.gra.ma *s.m.* organograma.

or.ga.ni.llo *s.m.* órgão pequeno; realejo.

or.ga.ni.za.ción *s.f.* organização; ordem.

ór.ga.no *s.m. Mús.* órgão.

or.gu.llo *s.m.* orgulho, arrogância; vaidade.

or.gu.llo.so *adj.* orgulhoso; vaidoso; arrogante.

o.rien.ta.ción *s.f.* orientação, direção.

o.rí.fi.ce *s.m.* ourives.

o.ri.lla *s.f.* termo; limite; extremo; borda; ourela; beira-mar; margem; calçada.

o.rín *s.m.* ferrugem.

o.ri.na *s.f. Fisiol.* urina.

o.ri.nal *s.m.* urinol.

o.riun.do *adj.* oriundo; originário; procedente.

or.na.men.ta.ción *s.f.* ornamentação, adorno, enfeite.

or.na.to *s.m.* enfeite, ornamento.

o.ro *s.m.* ouro.

o.ron.do *adj.* bojudo; inchado; *Fig.* presumido.

o.ro.pel *s.m.* ouropel; lâmina de latão que imita o ouro.

or.ques.ta.ción *s.f.* orquestração.

o.rre *adv.* à farta.

or.ti.ga *s.f.* urtiga.

o.ru.ga *s.f.* lagarta.

o.ru.jo *s.m.* bagaço.

or.va.llo *s.m.* orvalho; chuvisco.

or.za *s.f.* pote de barro vidrado, alto e sem asas.

or.zue.lo *s.m.* terçol.

o.sa *s.f.* ursa.

o.sa.dí.a *s.f.* ousadia, atrevimento, audácia.

o.sa.do *p.p. de osar; adj.* ousado, atrevido; resoluto.

o.sa.men.ta *s.f.* ossada, esqueleto.

o.sar *v.i.* ousar; atrever-se.

os.ci.la.ción *s.f.* oscilação.

os.cu.re.cer *v.t.* obscurecer; turvar; *v.i.* escurecer.

os.cu.ro *adj.* obscuro; escuro; sombrio.

ós.mo.sis *s.f. Biol.* osmose.

o.so *s.m. Zool.* urso.

os.ten.ta.ción *s.f.* ostentação; jactância; pompa.

os.tra *s.f. Zool.* ostra.

o.te.ar *v.t.* observar; esquadrinhar.

o.te.ro *s.m.* outeiro, colina.

o.ti.tis *s.f.* otite.

o.to.ño *s.m.* outono.

o.tor.gar *v.t.* outorgar, conceder.

o.to.rri.no.la.rin.gó.lo.go *s.m.* otorrinolaringologista.

o.tro *adj.* outro.

o.tro.ra *adv.* outrora; em outros tempos.

o.tro.sí *adv.* outrossim; também; igualmente.

o.va.ción *s.f.* ovação, aplauso.

o.va.cio.nar *v.t.* aclamar.

o.va.la.do *adj.* ovalado, oval, ovóide.

ó.va.lo *s.m.* figura de formato oval.

o.va.rio *s.m.* ovário.

o.ve.ja *s.f.* ovelha.

o.ve.rol *s.m. Amér.* macacão (vestimenta).

o.vi.llo *s.m.* novelo; confusão, enredo, emaranhado.

o.xi.da.ción *s.f.* oxidação.

o.xí.ge.no *s.m.* oxigênio.

o.yen.te *adj.* ouvinte.

o.zo.no *s.m.* ozônio, ozone.

p *s.f.* décima sétima letra do alfabeto espanhol; P, p.

pa.be.lIón *s.m.* pavilhão.

pa.bi.lo ou **pá.bi.lo** *s.m.* pavio; mecha.

pa.ca *s.f.* pacote, embrulho; *Zool.* paca.

pa.ce.du.ra *s.f.* pastagem.

pa.cer *v.i.* pastar.

pa.chón *adj.* pachorrento; espécie de cão perdigueiro.

pa.cien.cia *s.f.* paciência; serenidade.

pac.tar *v.t.* pactuar; convencionar.

pac.to *s.m.* pacto, acordo, tratado.

pa.di.lla *s.f.* frigideira pequena; forno próprio para cozer pão.

pa.dras.tro *s.m.* padrasto.

pa.dra.zo *s.m. Fam.* pai indulgente, tolerante.

pa.dre *s.m.* pai.

pa.e.lla *s.f.* paelha, prato típico espanhol.

pa.gar *v.t.* pagar; remunerar; recompensar; expiar.

pa.ga.ré *s.m.* nota promissória.

pa.go *s.m.* pagamento, remuneração; paga, recompensa; fazenda, casa rural.

pa.go.da *s.f.* pagode; templo pagão.

pa.go.te *s.m. Fam.* bode expiatório.

pai.la *s.f.* espécie de tacho redondo.

pai.sa.je *s.m.* paisagem. panorama.

pa.ja *s.f.* palha; canudinho de refresco.

pá.ja.ro *s.m.* pássaro.

pa.je *s.m.* pajem; criado de cavaleiro.

pa.jue.ra.no *s.m.* e *adj. Arg.* provinciano; jeca, caipira.

pa.la *s.f.* pala (calçado); pá; raqueta.

pa.la.bra *s.f.* palavra.

pa.la.bro.ta *s.f. depr.* palavrão; expressão rude ou vulgar.

pa.la.cio *s.m.* palácio.

pa.la.de.ar *v.t.* saborear; *v.i.* fazer a criança movimentos com a boca como querendo mamar.

pa.la.dial *adj.* palatal.

pa.la.dín *s.m.* paladino; *Fig.* cavaleiro andante.

pa.lan.ca *s.f. Fís.* alavanca.

pa.lan.ga.na *s.f.* bacia.

pal.co *s.m.* camarote (teatro); palanque.

pa.len.que *s.m.* estacada, paladiça; trincheira defensiva.

pa.le.ta *s.f.* paleta, palheta; colher (de pedreiro); pá (de hélice); *Anat.* omoplata.

pa.liar *v.t.* paliar, mitigar; encobrir.

pa.lia.ti.vo *adj.* paliativo.

pa.li.de.cer *v.i.* empalidecer.

pa.li.llo *s.m.* palito de dentes.

pa.li.que *s.m. Fam.* cavaco, conversa leve.

pa.li.za *s.f.* sova, bordoada, pancadaria.

pa.li.za.da *s.f.* tapume, tabique.

pal.ma *s.f. Bot.* palmeira, palma; tamareira; palma da mão.

pal.mar *v.i. Fam.* morrer.

pal.ma.rio *adj.* claro; evidente.

pal.me.ra *s.f.* palmeira.

pa.lo *s.m.* pau, mastro.

pa.lo.ma *s.f.* pomba.

pa.lo.mar *s.m.* pombal.

pa.lo.mi.na *s.f.* excremento de pombos.

pa.lo.mi.ta *s.f.* pipoca.

pa.lo.mo *s.m.* pombo.

pa.lo.ta.da *s.f.* paulada, cacetada.

pal.ta *s.f. Amér.* abacate.

pa.lu.dis.mo *s.m. Med.* paludismo, malária.

pa.lur.do *adj.* palúrdio; estúpido.

pa.me.ma *s.f.* futilidade; bagatela, ninharia.

pám.pa.na *s.f.* folha de videira.

pam.pli.na *s.f. Fig.* frioleira; pretensão tola.

pam.pli.no.so *adj.* tolo, néscio, fútil.

pam.po.sa.do *adj.* mole, frouxo, preguiçoso.

pan *s.m.* pão.

pa.na *s.f.* tecido de algodão que imita o veludo.

pa.na.de.ar *v.t.* fabricar pão.

pa.na.de.rí.a *s.f.* padaria.

pa.nal *s.m.* colméia.

pa.na.rra *s.m. Fam.* homem simples, tolo, simplório.

pan.ca.da *s.f.* venda por atacado.

pan.de.ar *v.i.* empenar-se.

pan.do *adj.* empenado; lerdo.

pa.ne.ci.llo *s.m.* pãozinho.

pa.nel *s.m.* painel, placa; *Amér* painel, discussão em grupo; *panel de control* painel de comando.

pa.ne.ra *s.f.* tulha, celeiro; cesta.

pán.fi.lo *adj.* pachorrento, demorado; frouxo, tolo.

pa.no.cha *s.f.* maçaroca do milho.

pan.que.que *s.m.* panqueca.

pan.ta.lla *s.f.* tela de projeção, telão; *Inform.* tela do monitor; *pantallas de ayuda* telas de ajuda; *pequeña pantalla* televisão.

pan.ta.lón *s.m.* calça comprida.

pan.te.ón *s.m.* panteão; jazigo monumental de finados ilustres.

pan.to.rri.lla *s.f.* panturrilha, barriga da perna.

pan.tu.fla *s.f.* chinelo.

pan.za *s.f.* pança, barriga, ventre; bojo.

pa.ñal *s.m.* cueiro, fralda.

pa.ño *s.m.* pano, tecido de lã; mancha (córnea ou pele); reboco; lanço de parede; vela de navio; vestido.

pa.ño.le.ta *s.f.* lenço grande; lenço triangular para o pescoço.

pa.ñue.lo *s.m.* lenço comum.

pa.pa *s.m.* papa, o Santo Padre.

pa.pá *s.m. Fam.* papai.

pa.pa.da *s.f.* papada, papeira, gordura sob o queixo.

pa.pa.ga.yo *s.m.* papagaio, arara; *Fig.* tagarela.

pa.pa.hue.vos *s.m. Fig.* paspalhão, simplório.

pa.pa.lo.te *s.m. Méx.* papagaio de papel.

pa.pa.na.tas *s.m. Fig.* paspalho, pacóvio, papalvo.

pa.pa.rru.cha *s.f. Fam.* atoarda, boato, rebate falso; obra malfeita.

pa.pe.le.rí.a *s.f.* papelaria; papelada.

pa.pe.le.ta *s.f.* cédula; caderneta; papeleta.

pa.pe.lón *s.m.* e *adj. Fam.* papelão; escrito sem valor; parlapatão, vaidoso, bazófio.

pa.pe.ra *s.f.* caxumba; bócio.

pa.pi.lla *s.f.* papinha; *Fig.* astúcia.

pa.que.te *s.m.* pacote, embrulho, maço.

pa.ra.bién *s.m.* congratulação, cumprimento, parabéns.

pa.ra.bri.sa *s.m.* pára-brisa.

pa.ra.ca.í.das *s.m.* pára-quedas.

pa.ra.cho.ques *s.m.* pára-choque.

pa.ra.de.ro *s.m.* paradeiro, paragem.

pa.ra.do.ja *s.m.* paradoxo.

pa.ra.guas *s.m.* guarda-chuva.

pa.ra.guay *s.m. Zool.* papagaio (de espécie muito comum no Paraguai).

pa.ra.je *s.m.* paragem.

pa.rá.li.sis *s.f.* paralisia.

pa.ra.li.zar *v.t.* paralisar.

pa.ran.gón *s.m.* comparação, semelhança.

pa.rar *v.i.* parar, imobilizar; deter; ficar; tornar-se.

pa.rá.si.to *adj.* parasita.

pa.ra.sol *s.m.* guarda-sol.

par.ce.la.ción *s.f.* loteamento; parcelamento.

par.che *s.m.* curativo, emplastro.

pa.re.cer *s.m.* juízo, opinião; *v.i.* parecer; achar; opinar; *v.r.* parecer-se, ser parecido.

pa.red *s.f.* parede, muro.

pa.re.ja *s.f.* parelha; par, casal.

pa.re.jo *adj.* idêntico, igual.

pa.rén.te.sis *s.m.* parêntese, pausa.

pa.re.o *s.m.* emparelhamento.

pa.rien.te *adj.* parente.

pa.ri.gual *adj.* igual ou semelhante.

pa.ri.pé *s.m. Pop.* fingimento, simulação; *hacer el paripé* simular, fingir.

par.lan.chín *adj. Fam.* palrador; tagarela.

par.le.ro *adj.* palrador.

par.lo.te.ar *v.t. Fam.* palrar, parolar.

par.me.sa.no *adj.* parmesão.

par.né *s.m. Germ.* dinheiro.

pa.ro *s.m. Fam.* parada, greve.

par.pa.de.ar *v.i.* piscar, pestanejar.

pár.pa.do *s.m.* pálpebra.

par.par *v.i.* grasnar.

par.que.ar *v.t.* estacionar.

par.que.dad *s.f.* parcimônia, economia.

pá.rra.fo *s.m.* parágrafo.

pa.rran.da *s.f.* pândega, folia, patuscada.

pa.rri.lla *s.f.* grelha (de fogão).

pa.rri.lla.da *s.f.* comida composta de peixes, mariscos ou carne grelhados; *Arg.* prato típico à base de miúdos de boi.

pá.rro.co *s.m.* pároco, vigário.

pa.rro.quia *s.f.* paróquia.

par.te *s.f.* parte, porção; cota, lugar; *s.m.* relatório; *s.f. pl.* partes íntimas.

par.te.ro *s.m.* parteiro.

par.ve.dad *s.f.* parvidade, pequenez.

pár.vu.lo s. e adj. criança.

pa.sa s.f. fruta seca.

pa.sa.ca.lle s.m. Mús. marcha popular.

pa.sa.da s.f. passagem.

pa.sa.de.ro adj. passável, tolerável, sofrível.

pa.sa.je s.m. passagem, transição.

pa.sa.je.ro adj. passageiro, efêmero.

pa.sa.ma.no s.m. corrimão.

pa.san.tí.a s.f. estágio.

pa.sar v.t. passar, levar; transportar; ultrapassar, exceder; v.i. passar, propagar-se (uma doença etc.); morrer; v.r. passar para o partido oposto; *pase lo que pase* aconteça o que acontecer.

pa.sa.tiem.po s.m. passatempo, entretenimento.

pas.cua s.f. Páscoa.

pa.se.ar v.i. passear; v.t. levar a passeio; Fig. mostrar, exibir; v.r. vagar.

pa.se.o s.m. passeio.

pa.si.ble adj. passível.

pa.si.llo s.m. corredor, galeria.

pa.sión s.f. paixão.

pas.món s.m. basbaque, palerma, paspalhão.

pa.so s.m. passo, passada.

pas.ta s.f. massa, macarrão.

pas.tel s.m. bolo, torta doce.

pas.te.le.rí.a s.f. confeitaria, doceria.

pas.ti.lla s.f. pastilha.

pas.to s.m. pasto.

pa.ta s.f. pata; pé de móvel; Fam. pé.

pa.ta.da s.f. chute, pontapé.

pa.ta.le.ar v.i. patear, espernear.

pa.ta.le.ta s.f. Fam. faniquito, chilique.

pa.tán s.f. Fam. aldeão, campesino; rústico, grosseiro.

pa.ta.ta s.f. batata.

pa.ta.tús s.m. Fam. faniquito, chilique.

pa.te.ar v.t. Fam. patear, dar pontapés; Fig. reprovar; palmilhar.

pa.ti.lla s.f. costeleta.

pa.tín s.m. dim. patim; patiozinho; Zool. palmípede marinho.

pa.ti.na.de.ro s.m. pista para patinação.

pa.tio s.m. pátio, quintal; platéia (teatro).

pa.ti.tie.so adj. Fam. retesado, surpreendido, atordoado; transido de susto.

pa.ti.zam.bo adj. zambro, cambaio, de pernas tortas.

pa.to s.m. pato.

pa.to.te.ro s.m. Arg. Fam. batoteiro; valentão de conversa.

pa.tra.ña s.f. patranha; mentira.

pa.trón s.m. patrão, patrono, padroeiro, protetor, defensor; amo, senhor.

pa.tro.na.to s.m. patronato, padroado.

pa.tro.no s.m. patrão, patrono, padroeiro, protetor, defensor; amo, senhor.

pa.tru.lla s.f. patrulha.

pau.la.ti.no adj. paulatino.

pau.sa s.f. pausa.

pau.ta s.f. pauta; modelo.

pa.va s.f. perua; mulher sem graça; caldeira, cafeteira, Arg. chaleira.

pa.va.da s.f. tolice, parvoíce.

pa.ve.sa s.f. cinzas; faísca, faúlha, fagulha; borralho.

pa.vi.men.to s.m. pavimento.

pa.vo s.m. Zool. peru; Fig. tolo, bobo, néscio, idiota.

pa.vo.ne.o s.m. pavonada; jactância.

pa.vor s.f. pavor, terror; pânico.

pa.ya.da s.f. Amér. desafio musical.

pa.ya.so s.m. palhaço.

paz s.f. paz, concórdia; tranqüilidade, sossego.

pe.a s.f. bebedeira; borracheira.

pe.a.je s.m. pedágio.

pe.a.tón s.m. pedestre; carteiro rural.

pe.be.te s.m. pivete; pastilha aromática.

pe.ca s.f. sarda (da pele).

pe.car v.i. pecar.

pe.ce.ra s.f. aquário.

pe.char v.t. pagar tributo.

pe.che.ra s.f. peitilho.

pe.chi.na s.f. concha.

pe.cho s.m. peito.

pe.chu.ga s.f. peito (de ave).

pe.ci.no.so adj. lodoso; lamacento.

pé.co.ra s.f. rês; pessoa má.

pe.co.so adj. sardento.

pe.da.le.ar v.i. pedalar.

pe.da.zo s.m. pedaço, fragmento.

pe.do s.m. peido; Arg. bebedeira.

pe.dre.ra s.f. pedreira.

pe.dre.rí.a s.f. pedraria; jóias.

pe.dre.ro s.m. pedreiro.

pe.dris.co s.m. granizo.

pe.ga.da s.f. Desp. batida, golpe, murro.

pe.gar v.t. colar, grudar; unir; pregar; passar doença; dar; v.i. bater; combinar; v.r. grudar; apegar-se.

pe.ga.ti.na s.f. adesivo.

pe.go.te s.m. emplastro pegajoso.

pe.gu.jal s.m. pecúlio; Fig. pequena porção de terras.

pei.na.do *s.m.* e *adj.* penteado.
pei.na.dor *adj.* penteador; *s.m.* roupão.
pei.nar *v.t.* pentear.
pei.ne *s.m.* pente; aspa.
pei.ne.ta *s.f.* pente usado como enfeite; travessa para o cabelo.
pe.je *s.m. Zool.* peixe.
pe.ji.gue.ra *s.f. Fam.* coisa inútil e embaraçosa.
pe.la.do *adj.* sem cabelo; sem pêlos; sem casca; número redondo; *s.m.* careca.
pe.la.ga.tos *s.m.* pobre-diabo.
pe.la.je *s.m.* pelame, pelagem.
pe.lam.bre *s.m.* pelame; courama.
pe.lam.bre.ra *s.f.* cabeleira.
pe.lan.dus.ca *s.f.* rameira.
pe.lar *v.t.* pelar, raspar; descascar; *v.r.* cortar o cabelo.
pe.laz.ga *s.f. Fam.* pendência, rixa, disputa.
pel.da.ño *s.m.* degrau.
pe.le.a *s.f.* peleja, combate.
pe.le.o.na *s.f. Fam.* pendência, rixa, contenda, briga.
pe.le.te *s.m.* boneco de palha; tolo.
pe.lia.gu.do *adj. Fig.* complicado, difícil.
pe.li.gro *s.m.* perigo, risco.
pe.li.llo *s.m. Fig.* causa de desgosto; ninharia.
pe.li.rro.jo *adj.* ruivo.
pe.li.tri.que *s.m. Fam.* ninharia, bagatela.
pe.lle.jo *s.m.* couro; pele; odre; borracha.
pe.lli.ca *s.f.* pelica.
pe.lli.za *s.f.* peliça.
pe.lliz.car *v.t.* beliscar; pegar com cuidado; agarrar de leve.
pel.ma.ce.rí.a *s.f.* moleza, demora, lentidão.
pel.ma.zo *s.m.* maçador, molenga.
pe.lón *adj.* calvo.
pe.lo.ta *s.f.* bola, pelota; bala (munição); pelouro; *Fig.* rameira.
pe.lo.tón *s.m. aum.* pelotão; maranha de cabelos; *Fig.* tropel de gente sem ordem; *Mil.* pelotão.
pe.lo.tu.do *adj. Arg.* tonto, negligente.
pe.lu.ca *s.f.* peruca, cabeleira postiça.
pe.lu.que.rí.a *s.f.* barbearia, salão de barbeiro ou cabeleireiro.
pe.lu.que.ro *s.m.* cabeleireiro.
pe.lu.sa *s.f.* penugem, lanugem; inveja infantil.
pen.de.jo *s.m.* e *adj.* covarde, *Arg. Fam.* garoto, fedelho.
pen.dien.te *adj.* pendente, dependurado; *s.m.* brinco, pingente, arrecada; *s.f.* ladeira, encosta, inclinação, declive.
pen.dil *s.m.* manto de mulher; candeia.
pe.ne *s.m. Anat.* pênis; órgão genital masculino.
pe.ne.tra.ción *s.f.* penetração.
pe.ne.trar *v.t.* penetrar.
pe.nín.su.la *s.f.* península.
pe.ni.ten.cia *s.f.* penitência.
pe.ni.ten.cia.rí.a *s.f.* penitenciária, prisão.
pe.ni.ten.te *adj.* penitente.
pe.no.so *adj.* penoso, difícil, trabalhoso, árduo.
pen.sa.mien.to *s.m.* pensamento.
pensar *v.t.* pensar; fazer curativo; dar o penso; dar ração; refletir.
pen.sa.ti.vo *adj.* pensativo.
pen.sión *s.f.* pensão, hospedagem; renda; foro.
pen.sio.na.do *adj.* pensionado, pensionário; pensionato; internato.
pen.sio.nis.ta *s.m.* pensionista; aluno interno.
pe.núl.ti.mo *adj.* penúltimo.
pe.num.bra *s.f.* penumbra.
pe.nu.ria *s.f.* penúria, indigência, miséria.
pe.ña *s.f.* penha, rochedo, penhasco; associação, grêmio; *Amér.* bar, cantina folclórica.
pe.ñas.co *s.m.* penhasco.
pé.ño.la *s.f.* pena de escrever.
pe.ón *s.m.* infante; colméia, cortiço; peça de xadrez (peão); empregado de fazenda ou estância, peão.
pe.o.na.da *s.f.* jeira; obra que um jornaleiro ou peão executa num dia.
pe.or *adj.* pior.
pe.pi.ta *s.f. Bot.* semente de certas frutas.
pe.po.na *s.f.* grande boneca de papelão.
pe.que.ñez *s.f.* pequenez.
pe.que.ño *adj.* pequeno, humilde.
per.can.ce *s.m.* percalço; lucro eventual; contratempo.
per.ca.tar *v.i.* precatar, prevenir, acautelar.
per.cep.ción *s.f.* percepção.
per.cha *s.f.* percha; vara; cabide; *Zool.* perca.
per.ci.bir *v.t.* perceber.
per.co.la.dor *s.m* máquina de fazer café.
per.cu.dir *v.i.* manchar, sujar, encardir.
per.cu.sión *s.f.* percussão.
per.cu.tir *v.t.* percutir.
per.der *v.t.* perder; extraviar; ser derrotado; *v.r.* perder-se, extraviar-se; corromper-se.
per.di.ción *s.f.* perdição, perda, ruína; *Fig.* imoralidade.

pér.di.da *s.f.* perda, dano.

per.diz *s.f. Zool.* perdiz.

per.dón *s.m.* perdão, desculpa, indulto.

per.do.na.vi.das *s.m. Fig.* valentão, fanfarrão.

pe.re.ce.ar *v.t. Fam.* dilatar; protelar; diferir.

pe.re.cer *v.i.* perecer; acabar; morrer; *v.r.* desejar imensamente.

pe.re.jil *s.f. Bot.* salsinha.

pe.ren.ne *adj.* perene, incessante, eterno.

pe.re.za *s.f.* preguiça, moleza, indolência.

per.fec.cio.nar *v.t.* aperfeiçoar, melhorar.

per.fec.to *adj.* perfeito, primoroso.

per.fo.rar *v.t.* perfurar, penetrar.

per.ga.mi.no *s.m.* pergaminho.

per.ge.ñar *v.t.* dispor ou executar com habilidade.

per.ge.ño *s.m. Fam.* aparência, aspecto ou disposição exterior.

pe.ri.co *s.m. Zool.* periquito.

pe.ri.fé.ri.co *adj.* periférico, da periferia; *s.m. Inform.* perférico, qualquer dispositivo ligado a componentes centrais de um computador.

pe.ri.lla *s.f. dim.* cavanhaque; maçaneta.

pe.rió.di.co *adj.* periódico; *s.m.* jornal, periódico.

pe.ri.que.te *s.m. Fam.* instante.

pe.ri.ta.je *s.m.* perícia, laudo pericial.

per.ju.di.car *v.t.* prejudicar.

per.jui.cio *s.m.* prejuízo, dano.

per.la *s.f.* pérola.

per.lá.ti.co *adj.* paralítico.

per.le.sí.a *s.f. Med.* paralisia.

per.me.a.ble *adj.* permeável.

per.mi.sión *s.f.* permissão, licença, consentimento.

per.mi.so *s.m.* licença.

per.mu.ta.ción *s.f.* permuta, troca.

per.ne.ra *s.f.* perna (da calça).

per.no *s.m.* parafuso.

per.noc.tar *v.i.* pernoitar, dormir.

pe.ro *conj.* mas; porém.

pe.ro.gru.lla.da *s.f. Fam.* lugar-comum; truísmo.

pe.rol *s.m.* tacho, caçarola.

pe.ro.né *s.m. Anat.* perônio.

pe.ro.ra.ta *s.f.* aranzel; lenga-lenga.

pe.rra *s.f.* dinheiro.

pe.rre.ra *s.f.* canil.

pe.rri.llo *s.m.* gatilho (de arma de fogo).

pe.rro *s.m.* cão, cachorro; *adj.* muito mau; indigno.

pe.rru.no *adj.* canino.

per.se.cu.ción *s.f.* perseguição.

per.se.ve.ran.cia *s.f.* perseverança.

per.so.na *s.f.* pessoa.

per.so.na.je *s.m.* personagem.

per.so.nal *adj.* pessoal.

per.so.na.li.zar *v.t.* personalizar, personificar, individualizar; adaptar às características pessoais; *Inform.* personalizar, customizar, definir o conjunto de parâmetros ou programas para atender a um usuário específico.

per.so.nar.se *v.r.* apresentar-se, comparecer.

per.te.ne.cer *v.i.* pertencer; fazer parte.

per.tre.chos *s.m. pl.* petrechos.

per.tur.ba.ción *s.f.* perturbação, desordem; aturdimento.

per.ver.tir *v.i.* perverter, depravar, corromper.

per.vi.gi.lio *s.m.* insônia, vigília.

pe.sa *s.f.* peso (de balança).

pe.sa.dez *s.f.* peso; carga; enfado; impertinência.

pe.sa.di.lla *s.m.* pesadelo.

pe.sa.dum.bre *s.f.* pesadume, pesar; má-vontade.

pé.sa.me *s.m.* pêsames.

pe.san.tez *s.f. Fís.* gravidade.

pes.ca.de.rí.a *s.f.* peixaria; mercado ou lugar onde se vende peixe.

pes.cue.zo *s.m.* pescoço.

pe.se.ta *s.f.* moeda espanhola.

pe.si.mis.ta *adj.* pessimista.

pé.si.mo *adj.* péssimo.

pe.so *s.m.* peso; *Fig.* cansaço; *Com.* encargo; *Fig.* importância.

pes.ta.ña *s.f.* pestana.

pé.ta.lo *s.m.* pétala.

pe.ta.te *s.m.* esteira.

pe.ti.ción *s.f.* petição.

pe.ti.so *adj. Arg.* pequeno, baixo.

pe.tro.le.ro *adj.* petroleiro; incendiário, anarquista.

pe.yo.ra.ti.vo *adj.* pejorativo.

pez *s.m. Zool.* peixe; pez, piche, breu.

pe.zón *s.m. Bot.* pedúnculo; mamilo, bico de peito; *Fig.* cabo, chavelho; cordão de bolsa (gíria).

pia.do.so *adj.* pio, piedoso.

pia.no *s.m.* piano.

pi.be *s.m. Fam. Arg.* menino.

pi.ca.cho *s.m.* pico, cume, cimo, de montanha.

pi.ca.da *s.f.* picada, bicume, trilha.

pi.ca.di.llo *s.m.* picadinho.

pi.ca.du.ra *s.f.* picada de mosquito.

pi.ca.flor *s.m. Zool.* beija-flor, colibri.

pi.ca.jo.so *adj.* melindroso.

pi.ca.na *s.f. Amér.* aguilhão.

pi.can.te *adj.* apimentado.

pi.ca.por.te *s.m.* trinco, aldrava, maçaneta.

pi.car *v.t.* picar; ferir; furar; debicar, bicar; tocar o gado com aguilhão.

pí.ca.ro *adj.* e *s.m.* pícaro, ardiloso, maroto, patife; descarado; cômico.

pi.ca.zón *s.m.* comichão, coceira, prurido; *Fig.* zanga.

pi.chin.cha *s.f. Amér.* pechincha; negócio da china.

pic.nic *s.m.* piquenique.

pi.co *s.m.* bico ou pico de ave; pouco; bolada.

pi.co.ta.zo *s.m.* picada, bicada.

pi.co.te.ar *v.t.* bicar, petiscar.

pi.dón *adj. Fam.* pedinchão.

pie *s.m.* pé.

pie.dad *s.f.* piedade, compaixão.

pie.dra *s.f.* pedra.

piel *s.f.* pele, epiderme.

pier.na *s.f.* perna.

pie.za *s.f.* peça; pedaço, parte; quarto de dormir.

pig.no.rar *v.t.* penhorar, empenhar.

pi.gri.cia *s.f.* preguiça.

pi.jo.ta *s.f.* pescadinha.

pi.jo.te.ro *adj. Amér.* mesquinho, miserável.

pi.la *s.f.* pia; pilha.

píl.do.ra *s.f.* pílula.

pi.lla.da *s.f. Fam.* patifaria, maroteira.

pi.lla.je *s.m.* pilhagem.

pi.lle.ar *v.i. Fam.* vadiar.

pi.llo *adj. Fam.* malandro, vadio, astuto.

pi.lon.go *adj.* magro; extenuado; macilento.

pi.lo.te *s.m.* estaca.

pil.tra.fa *s.f.* pelanca.

pi.men.tón *s.m.* colorau; pimentão.

pi.mien.ta *s.f.* pimenta.

pi.mien.to *s.m.* pimentão.

pim.plar *v.i. Fam.* beber vinho.

pim.po.llo *s.m.* broto; botão de rosa; *Fam.* pessoa jovem e atraente.

pin.char *v.t.* picar; perfurar; ferir.

pin.cha.ú.vas *s.m. Fig. Fam.* homem desprezível.

pin.cha.zo *s.m.* picada.

pin.che *s.m.* ajudante de cozinheiro.

pin.cho *s.m.* agulhão; zaguncho, dardo.

pin.ga.jo *s.m. Fam.* frangalho; farrapo.

pin.gue *s.m.* barco de carga.

pi.no *s.m. Bot.* pinho; pinheiro.

pi.no.cha *s.f.* folha de pinheiro.

pin.ta.rra.je.ar *v.t. Fam.* pintar sem gosto nem arte.

pi.ña *s.f.* abacaxi.

pi.ñón *s.m.* pinhão.

pio.jo *s.m.* piolho.

pi.pa *s.f.* cachimbo.

pi.pio.lo *s.m. Fam.* ingênuo; novato.

pi.que *s.m.* mágoa, ressentimento.

pi.que.ta *s.f.* enxadão.

pi.que.te *s.m.* ferida ou picada leve; piquete.

pi.ra.gua *s.f.* piroga.

pi.ra.ta *adj.* pirata; clandestino, ilegal; *Fam.* ladrão; *s.m.* pirata, corsário.

pi.ra.te.ar *v.i.* e *v.t.* piratear, assaltar ou roubar barcos no mar; apropriar-se de trabalhos alheios para usá-los ou comercializá-los como próprios.

pi.ra.te.o *s.m. Fam.* pirataria, roubo de trabalhos alheios para proveito próprio.

pi.ra.te.rí.a *s.f.* pirataria.

pi.ro.po *s.m. Fam.* galanteria, lisonja.

pis.ci.cul.tu.ra *s.f.* piscicultura.

pis.ci.na *s.f.* piscina.

pi.so *s.m.* piso, pavimento, andar (de edifício).

pi.so.te.ar *v.t.* pisotear, espezinhar; calçar.

pis.ta.de.ro *s.m.* pilão.

pis.tar *v.t.* pisar; espremer; tirar o suco.

pis.to.le.ra *s.f.* coldre.

pis.to.le.ro *s.m. Vulg.* pistoleiro, assassino, matador.

pi.tar *v.i.* apitar, tocar apito.

pi.to *s.m.* apito, assobio.

pi.xel *s.m.* pixel, ponto de luz mínimo na tela do monitor.

pi.ya.ma *s.m. Amér.* pijama.

pi.za.rra *s.f.* ardósia, lousa.

piz.ca *s.f. Fam.* migalha.

pla.cen.te.ro *adj.* prazenteiro.

pla.cer *v.t.* prazer, agradar; *s.m.* gozo, satisfação.

pla.ga *s.f.* praga, calamidade, peste.

plan *s.m.* plano, projeto.

pla.na *s.f.* planura; página, lauda.

plan.cha *s.f.* plancha, lâmina; ferro de engomar; prancha; *Fig.* erro.

plan.char *v.t.* passar a ferro; engomar.

plan.che.ar *v.t.* chapear, revestir de lâminas metálicas.

pla.ni.lla *s.f. Amér.* planilha, lista, listagem; formulário; *Com.* demonstrativo financeiro; *planilla de cálculo* o mesmo que *hoja de cálculo. planilla electrónica* planilha de computador.

plan.ta.ción *s.f.* plantação.

plan.te *s.m.* motim.

plan.te.ar *v.t.* estabelecer, traçar, delinear, expor, propor.

plan.tel *s.m.* viveiro; escola; ambiente em que se formam especialistas ou peritos.

plan.tón *s.m.* plantão (médico, guarda etc.).

pla.ñi.de.ro *adj.* plangente, queixoso, lastimoso.

plas.te *s.m.* massa de gesso e cola.

plas.te.cer *v.i.* encher; fechar; tapar.

pla.ta *s.f.* prata; dinheiro.

pla.ta.for.ma *s.f.* plataforma; tablado; terraço; programa político; *Fam.* desculpa, pretexto; *Inform.* estrutura geral de um sistema operacional e/ou de um computador.

plá.ta.no *s.m. Bot.* banana.

pla.te.ar *v.t.* pratear.

pla.te.rí.a *s.f.* prataria; ourivesaria.

plá.ti.ca *s.f.* prática; conversa; sermão.

pla.ti.car *v.t.* conversar; praticar.

pla.ti.llo *s.m. dim.* pratinho; prato de balança ou de música.

pla.ti.no *s.m.* platina.

pla.to *s.m.* prato.

plau.si.ble *adj.* plausível, razoável.

pla.ya *s.f.* praia.

pla.za *s.f.* praça.

pla.zo *s.m.* prazo.

pla.zue.la *s.f. dim.* pracinha.

ple.a.mar *s.f. Mar.* preamar.

ple.be.yo *adj.* plebeu.

ple.ga.di.zo *adj.* dobrável.

ple.ga.du.ra *s.f.* dobra; prega; dobradiça.

ple.gar *v.t.* dobrar; enrolar; preguear.

ple.ga.ria *s.f.* prece, oração.

plei.to *s.m. For.* pleito, litígio, processo; discussão, briga..

ple.no *adj.* pleno, cheio; *s.m.* sessão plenária.

ple.pa *s.f. Fam.* pessoa ou coisa defeituosa.

plie.go *s.m.* folha de papel; ofício; documento; contrato.

plie.gue *s.m.* prega, dobra, vinco.

plo.ma.da *s.f.* prumo; chumbada.

plo.mar *v.t.* chumbar.

plo.mo *s.m.* chumbo.

plo.te.o *s.m.* plotagem, processamento em *plotter*.

plot.ter *s.m. Inglês* plotadora, impressora para desenhos gráficos de grande dimensão.

plu.ma.je *s.m.* plumagem.

plu.me.ro *s.m.* espanador.

plus.cuam.per.fec.to *adj. Gram.* mais-que-perfeito.

po.bla.ción *s.f.* povoação; população.

po.blar *v.t.* povoar.

po.bre *adj.* pobre, necessitado; maldotado; *s.m.* e *s.f.* pobre, mendigo.

po.ce.ro *s.m.* poceiro.

pó.ci.ma *s.f.* poção; beberagem desagradável.

po.ción *s.f.* poção.

po.co *adj.* pouco.

po.dar *v.t.* podar, cortar, carpir.

po.der *s.m.* poder; potência; procuração; governo; *v.t.* poder; ter autoridade; ter capacidade; *v.t.* e *v. impess.* poder, ser possível.

po.dre.dum.bre *s.f.* podridão.

po.dri.do *adj.* podre; deteriorado.

po.e.ma *s.m.* poema.

po.e.sí.a *s.f.* poesia.

po.e.ta *s.m.* poeta.

po.le.a *s.f.* polé, roldana, polia.

pó.li.za *s.f.* apólice.

po.li.zón *s.m.* vagabundo, vadio; clandestino.

po.li.zon.te *s.m. depr.* secreta; tira.

po.lla *s.f.* galinhola nova, franga; *Fig. Fam.* mocinha; frangainha.

po.lle.ra *s.f.* mulher que vende frangos; capoeira de aves; espécie de cesto de vime em que as crianças aprendem a andar; *Amér.* saia de mulher.

po.lle.ro *s.m.* vendedor ou criador de frangos, galinheiro; capoeira.

po.lli.no *s.m.* jumento.

po.lli.to *s.m. Fig. Fam.* menino de pouca idade, criança.

po.llo *s.m.* frango.

pol.trón *adj.* poltrão, covarde.

pol.ve.ra *s.f.* porta-pó.

pol.vo *s.m.* pó.

pol.vo.rien.to *adj.* poeirento.

pol.vo.ris.ta *s.m.* pirotécnico.

pol.vo.ro.so *adj.* poeirento, pulverulento.

pó.mez *s.f. Min.* pedra-pomes.

pon.cho *s.m.* preguiçoso, indolente.

po.nen.cia *s.f.* comunicação apresentada em congresso.

po.nen.te *adj.* relator (magistrado, funcionário).

po.ner *v.t.* pôr, colocar.

po.nien.te *s.m.* poente; ocidente.

pon.zo.ña *s.f.* peçonha, veneno.

po.par *v.t.* desprezar.

po.po.te *s.m. Méx.* espécie de palha para fazer vassouras.

po.pu.lar *adj.* popular.

po.que.dad *s.f.* timidez; miséria.

por.cen.ta.je *s.m.* porcentagem.

por.ción *s.f.* porção; *Fig.* parcela; ração.

por.que *conj.* porquanto, porque, para que.

por.qué *s.m.* causa, razão.

por.que.rí.a *s.f. Fam.* porcaria, sujidade.

po.rra *s.f.* porrete; bastão; cacete.

po.rra.zo *s.m.* cacetada, pancada, bordoada; *Fig.* tombo, baque.

por.ta.da *s.f.* frontispício, portada, frontaria, página de rosto; capa (livro).

porta-equipaje *s.f.* porta-malas; bagageiro.

por.ta-fo.lio *s.m.* pasta (para guardar papéis).

por.tal *s.m.* saguão; pórtico; átrio.

por.ta-lám.pa.ras *s.m.* soquete.

por.tá.til *adj.* portátil; *teléfono portátil* telefone celular.

por.te.ar *v.t.* levar, conduzir, transportar, portar; bater portas ou janelas.

por.ten.to *s.m.* portento, maravilha.

por.te.ro *s.m.* porteiro.

pór.ti.co *s.m.* pórtico.

por.tu.gués *adj.* português, luso.

por.ve.nir *s.m.* porvir, futuro.

po.sa.da *s.f.* pousada; estalajem.

po.sa.de.ras *s.f. pl.* nádegas, traseiro.

po.sar *v.i.* pousar, alojar-se, hospedar-se; repousar.

pos.da.ta *s.f.* pós-escrito; aditamento à carta pronta.

po.se.er *v.t.* possuir, ter.

po.se.sión *s.f.* possessão, posse.

po.se.sio.nar *v.t.* empossar, dar posse.

po.se.si.vo *adj.* possessivo.

po.si.ble *adj.* possível; viável.

po.si.ción *s.f.* posição, situação.

po.si.ti.vo *adj.* positivo.

po.so *s.m.* sedimento, lia, borra; descanso; quietude.

pos.po.ner *v.t.* pospor, protelar, postergar.

pos.te *s.m.* poste, madeiro, coluna; *Fig.* castigo escolar em que o aluno fica de pé por algum tempo.

pos.te.ri.dad *s.f.* posteridade.

pos.ti.zo *adj.* postiço, artificial.

pos.tor *s.m.* licitador, lançador.

pos.tre *s.f.* sobremesa.

pos.tri.me.rí.a *s.f.* último período; últimos anos da vida.

po.tes.tad *s.f.* potestade.

po.tran.ca *s.f.* poldra, potranca.

po.tri.lla *s.m. Fig. Fam.* velho com ares de rapaz.

po.zo *s.m.* poço, cisterna, cacimba.

prác.ti.ca *s.f.* prática, exercício, experiência.

prac.ti.car *v.t.* praticar.

prác.ti.co *adj.* prático.

pra.de.ra *s.f.* prado, pradaria.

pre.cau.ción *s.f.* precaução.

pre.ca.ver *v.t.* precaver; prevenir; *v.r.* precaver-se.

pre.cep.to *s.m.* preceito, injunção; ordem; mandato.

pre.cia.do *adj.* prezado, precioso, excelente, de preço.

pre.ciar *v.t.* apreciar, envaidecer, jactanciar-se.

pre.cio *s.m.* preço, valor.

pre.ci.sión *s.f.* precisão, obrigação; justeza; necessidade urgente.

pre.ci.to *adj.* precito, condenado, réprcbo, maldito.

pre.co.ni.zar *v.t.* preconizar, louvar.

pre.coz *adj.* precoce, temporão, prematuro.

pre.cur.sor *adj.* precursor.

pre.de.cir *v.t.* predizer, vaticinar.

pre.des.ti.nar *v.t.* predestinar.

pre.di.car *v.t.* pregar, admoestar.

pre.dic.ción *s.f.* predição, vaticínio, profecia.

pre.di.lec.ción *s.f.* predileção.

pre.dis.po.ner *v.t.* predispor.

pre.fec.to *s.m.* prefeito.

pre.fec.tu.ra *s.f.* prefeitura.

pre.fi.jo *adj.* prefixo; exato.

pre.gón *s.m.* pregão, proclamação pública, divulgação.

pre.go.nar *v.t.* apregoar; divulgar; publicar.

pre.ju.di.cial *adj.* prévio.

pre.jui.cio *s.m.* prejuízo; preconceito.

pre.juz.gar *v.t.* prejulgar.

pre.mio *s.m.* prêmio; recompensa.

pre.mio.so *adj.* penoso, apertado; molesto; *Fig.* rígido.

pre.mu.ra *s.f.* pressa, urgência.

pren.dar *v.t.* penhorar; agradar; cativar, *v.r.* afeiçoar-se, enamorar-se.

pren.de.de.ro *s.m.* broche; alfinete.

pren.der *v.t.* prender; aprisionar; segurar; *v.i.* pegar, brotar; *Amér.* acender, ligar.

pren.de.ro *s.m.* ferro-velho.

pren.sión *s.f.* preensão.

pre.ña.do *adj.* prenhe; pleno, repleto, cheio.

pre.pa.rar *v.t.* preparar; aprontar; predispor.

pre.po.ner *v.t.* prepor; antepor; preferir.

pre.po.si.ción *s.f. Gram.* preposição.

pre.sa *s.f.* presa; garra; barragem.

pres.cin.di.ble *adj.* prescindível.

pres.cri.bir v.t. prescrever; preceituar.

pres.crip.ción s.f. prescrição; preceito; extinção.

pre.sen.cia s.f. presença.

pre.sen.ta.ción s.f. apresentação.

pre.sen.tar v.t. apresentar.

pre.sión s.f. pressão; coação; violência.

pres.ta.ción s.f. prestação; tributo; empréstimo.

prés.ta.mo s.m. empréstimo.

pre.sun.ción s.f. presunção; vaidade.

pre.sun.to adj. presumido.

pre.sun.tuo.so adj. presunçoso; vaidoso.

pre.su.pues.to adj. pressuposto; dado; s.m. pressuposto; suposição; *Com.* orçamento; balanço comercial.

pre.ten.der v.t. pretender, tencionar.

pre.ten.sión s.f. pretensão.

pre.va.le.cer v.i. prevalecer; v.r. prevalecer-se; valer-se de.

pre.ven.ción s.f. prevenção.

pre.ve.ni.do p.p. de prevenir; adj. prevenido; desconfiado; avisado; abundante, cheio, provido.

pre.ve.nir v.t. prevenir; surpreender.

pre.ver v.t. prever.

pre.vio adj. prévio.

pri.ma.cí.a s.f. primazia.

pri.maz.go s.m. primazia; parentesco entre primos.

pri.mer adj. primeiro.

pri.mi.ti.vo adj. primitivo.

pri.mo adj. primo; *Fam.* tolo; néscio, bobo, pacóvio, crédulo.

pri.mo.gé.ni.to adj. primogênito.

pri.mor s.m. primor, esmero, apuro; habilidade.

pri.mor.dial adj. primordial.

prin.ce.sa s.f. princesa.

prin.ci.pal adj. principal.

prín.ci.pe s.m. príncipe.

prin.ci.piar v.t. principiar, iniciar, começar.

prin.ci.pio s.m. princípio, início, começo.

prin.go.so adj. graxo, gorduroso, ensebado.

prior s.m. prior.

prio.ri.dad s.f. prioridade.

pri.sa s.f. pressa, rapidez; urgência.

pri.sión s.f. prisão.

pri.sio.ne.ro s.m. prisioneiro.

pri.va.ción s.f. privação.

pro.ba.ble adj. provável; verossímil.

pro.ba.ción s.f. provação, transe, prova.

pro.bar v.t. provar.

pro.be.ta s.f. proveta.

pro.ca.ci.dad s.f. insolência.

pro.ce.der s.m. procedimento, conduta; v.i. proceder, agir; provir; ser oportuno; dar procedimento.

pro.ce.sa.dor s.m. *Inform.* processador, circuito integrado que realiza funções de processamento e controle; programa capaz de processar informações.

pro.ce.sa.mien.to s.m. *Inform.* processamento, tratamento da informação; *Dir.* processo.

pro.ce.sar v.t. *Dir.* processar, autuar; submeter a um processo de elaboração; *Inform.* processar (informações).

pro.ce.sión s.f. procissão.

pro.ce.so s.m. processo; processamento.

pro.cli.ve adj. propenso; inclinado; tendente.

pro.duc.ción s.f. produção.

pro.fe.sión s.f. profissão; mister.

pro.fe.sio.nal adj. profissional.

pro.fi.la.xis s.f. *Med.* profilaxia.

pro.fu.sión s.f. profusão, exuberância.

pro.gra.ma s.m. programa; plataforma política; projeto; cronograma; *Inform.* programa, conjunto de instruções para serem executadas pelo computador; *programa de aplicación* programa aplicativo, aplicativo.

pro.gra.ma.ción s.f. programação.

pro.gra.mar v.t. programar; planejar; *Inform.* programar, elaborar um programa.

pro.gre.sar v.i. progredir; avançar.

pro.gre.sión s.f. progressão; continuação.

pro.hi.bi.ción s.f. proibição.

pro.hi.jar v.t. perfilhar, adotar.

pró.ji.mo s.m. próximo; semelhante.

pro.li.fe.ra.ción s.f. proliferação.

pro.li.jo adj. prolixo; arrumado.

pro.lon.ga.ble adj. prolongável.

pro.me.dio s.m. média; meio-termo.

pro.mi.nen.cia s.f. proeminência, saliência.

pro.mi.sión s.f. promissão, promessa.

pro.mo.ción s.f. promoção.

pro.nom.bre s.m. *Gram.* pronome.

pron.ti.tud s.f. prontidão; rapidez; desembaraço.

pro.nun.cia.ción s.f. pronúncia.

pro.pa.ga.ción s.f. propagação.

pro.pa.sar v.t. exceder; ultrapassar.

pro.pen.sión *s.f.* propensão, tendência.

pro.pie.dad *s.f.* propriedade.

pro.pio *adj.* próprio; *s.m.* mensageiro (próprio).

pro.po.ner *v.t.* propor; determinar; dispor; alvitrar.

pro.por.ción *s.f.* proporção.

pro.por.cio.nar *v.t.* proporcionar.

pro.po.si.ción *s.f.* proposição.

pro.pó.si.to *s.m.* propósito.

pro.pues.ta *s.f.* proposta.

pro.pul.sor *adj.* propulsor; hélice.

pró.rro.ga *s.f.* prorrogação, dilação; adiamento.

pro.rrum.pir *v.t.* prorromper.

pro.se.guir *v.t.* prosseguir, continuar.

pro.sé.li.to *s.m.* prosélito.

pros.pec.to *s.m.* prospecto, programa.

pros.pe.rar *v.t.* e *v.i.* prosperar.

pros.pe.ri.dad *s.f.* prosperidade.

prós.pe.ro *s.m.* próspero.

pros.ter.nar.se *v.r.* prosternar-se.

pros.ti.tu.ir *v.t.* prostituir; *Fig.* aviltar.

pros.ti.tu.ta *s.f.* prostituta, rameira.

pro.ta.go.nis.ta *s.m.* e *s.f.* protagonista.

pro.tec.ción *s.f.* proteção.

pro.tec.cio.nis.mo *s.m.* protecionismo.

pro.tec.tor *adj.* protetor.

pro.te.ger *v.t.* proteger.

pro.tes.ta *s.f.* protesto.

pro.tes.tan.te *adj.* protestante.

pro.tes.tar *v.t.* protestar; afirmar; confessar fé publicamente.

pro.to.co.lo *s.m.* protocolo.

pro.to.ti.po *s.m.* protótipo.

pro.tu.be.ran.cia *s.f.* protuberância.

pro.ve.cho *s.m.* proveito, vantagem.

pro.ve.e.dor *s.m.* provedor; fornecedor; *Inform.* provedor de acesso à Internet.

pro.ve.er *v.t.* prover; dispor; resolver; abastecer.

pro.ve.nir *v.i.* provir, promanar, emanar.

pro.ver.bial *adj.* proverbial, exemplar.

pro.ver.bio *s.m.* provérbio, prolóquio.

pro.vi.den.cia *s.f.* providência.

pro.vin.cia *s.f.* província.

pro.vin.cia.no *adj.* provinciano.

pro.vi.sión *s.f.* provisão, suprimento, reserva.

pro.vi.sio.nal *adj.* provisional, provisório, interino, temporário.

pro.yec.ción *s.f.* projeção.

pro.yec.til *s.m.* projétil.

pro.yec.to *adj.* projeto, plano.

prue.ba *s.f.* prova.

pru.ri.to *s.m. Med.* prurido, comichão.

psi.co.a.ná.li.sis *s.m.* psicanálise.

psi.co.lo.gí.a *s.f.* psicologia.

psi.có.lo.go *s.m.* psicólogo.

psi.quia.tra *s.m. Med.* psiquiatra.

psi.quia.trí.a *s.f.* psiquiatria.

pú.a *s.f.* pua; farpa; ponta de arame farpado; *Fig.* pessoa astuta.

pu.ber.tad *s.f.* puberdade, pubescência.

pu.bli.ca.ción *s.f.* publicação; divulgação.

pu.bli.car *v.t.* publicar; divulgar.

pu.bli.ci.dad *s.f.* publicidade.

pú.bli.co *s.m.* público.

pu.cha.da *s.f.* cataplasma de farinha; comida para porcos.

pu.che.ro *s.m.* panela, caçoula; guisado de carnes e hortaliças; beicinho.

pu.cho *s.m.* guimba, toco ou ponta de cigarro ou charuto.

pú.di.co *adj.* pudico, envergonhado.

pu.dien.te *adj.* poderoso, rico, abastado.

pu.drir *v.t.* apodrecer, deteriorar; corromper.

pue.blo *s.m.* povo; povoado, povoação.

puen.te *amb.* ponte; cavalete de instrumento de cordas.

puer.co *s.m. Zool.* porco.

pue.ril *adj.* pueril, infantil.

puer.ta *s.f.* porta; portão; entrada.

puer.to *s.m.* porto; angra.

pues *conj.* pois, portanto, por conseguinte.

pues.ta *s.f.* ocaso, pôr do sol; aposta; posta de carne; parada (no jogo).

pues.to *s.m.* posto; colocado; situado.

pú.gil *s.m.* pugilista, boxeador; púgil.

pug.nar *v.i.* pugnar; lutar.

pu.ja *s.f.* ação de lutar contra obstáculos; lance em leilão.

pu.jan.za *s.f.* pujança.

pul.ga.da *s.f.* polegada.

pul.gar *s.m.* polegar.

pul.gón *s.m. Zool.* pulgão.

pu.lir *v.t.* polir; *Fig.* civilizar; aprimorar, aperfeiçoar.

pul.món *s.m.* pulmão.

pul.pa *s.f.* polpa.

pul.po *s.m. Zool.* polvo.

pul.sa.ción *s.f.* pulsação.

pul.se.ra *s.f.* pulseira, bracelete.

pun.ta *s.f.* ponta.

pun.ta.da *s.f.* ponto (furo feito com uma agulha); ponto (de costura); *Fig.* alusão.

pun.tal *s.m.* pontal; esteio; pontalete.

pun.ta.pié *s.m.* pontapé.

pun.tar *v.t.* pontuar.

pun.te.ar *v.t.* pontear; alinhavar; coser.

pun.te.ra *s.f.* ponteira.

pun.te.ri.a *s.f.* pontaria.

pun.te.ro *adj.* que tem boa pontaria; que se destaca; *s.m.* ponteiro; haste.

pun.tia.gu.do *adj.* pontiagudo.

pun.ti.lla *s.f.* espiguilha; renda estreita; *de puntillas* na ponta dos pés.

pun.ti.llo *s.m.* minúcia, ninharia, insignificância.

pun.to *s.m.* ponto, lugar; *Gram.* ponto, pingo; item; questão.

pun.tual *adj.* pontual.

pun.za.da *s.f.* picada; pontada.

pun.zón *s.f.* punção.

pu.ñe.ta.zo *s.m.* punhada, murro.

pu.pi.tre *s.m.* carteira escolar; estante inclinada para escrever.

pu.re.ar *v.i. Fam.* fumar charuto.

Q

q *s.f.* décima oitava letra do alfabeto espanhol; Q, q.

que *pron. rel* que, qual, aquele.

qué *pron. interr.* que?, o que?; *interj.* o quê!

que.bra.do *adj.* quebrado, falido; irregular.

que.bran.tar *v.t. Fig.* amansar; subjugar.

que.brar *v.t.* quebrar, romper; *Fig.* temperar, abrandar, violar, torcer, dobrar, fraquejar, empalidecer, interromper; *v.t.* e *v.i. Fig.* falir comercialmente.

que.da *s.f.* toque de recolher.

que.dar *v.i.* quedar, ficar, permanecer, restar; terminar, acabar; *v.r.* ficar, permanecer; tornar-se.

que.do *adj.* mudo, calado, quieto, tranqüilo; *de quedo* devagar.

que.ha.cer *s.m.* ocupação, tarefa, serviço; canseira; negócio; que fazer.

que.ja *s.f.* queixa, queixume, lamento, lamúria; ofensa; *For.* querela; acusação.

que.jar *v.t.* e *v.r.* afligir, magoar, lamentar-se, queixar-se.

que.ji.do *s.m.* lamentação, gemido, queixume, lamúria.

que.jum.bre *s.f.* queixume, lamento.

que.ma *s.f.* queima, incêndio.

que.ma.du.ra *s.f.* queimadura.

que.mar *v.t.* queimar, abrasar, arder; picar; escaldar.

que.ma.rro.pa (a) *loc. adv.* à queima roupa.

que.ma.zón *s.f.* queimação, queimadura, queima; *Fig. Fam.* mágoa, prurido; dito picante; liquidação (casa comercial).

que.re.lla *s.f.* querela, briga, pendência; *For.* acusação.

que.rer *v.t.* amar; desejar; gostar de, querer.

que.ro.sén *s.m.* querosene.

que.so *s.m.* queijo.

qui.cio *s.m.* dobradiça.

quie.bra *s.f.* quebra; falência.

quie.bro *s.m.* requebro (do corpo).

quien *pron. indef. e rel.* quem.

quién *pron. interr.* quem?

qui.ja.da *s.f.* queixada.

qui.la.te *s.m.* medida para ouro e pedras preciosas.

quin.ca.lla *s.f.* quinquilharia; miudeza.

quin.ca.lle.rí.a *s.f.* fábrica ou armazém de quinquilharias.

quin.ce *adj.* quinze.

quin.ce.na *s.f.* quinzena.

qui.nie.las *s.f. pl.* loto; loteria de esportes.

qui.nien.tos *adj.* quinhentos.

quin.qué *s.m.* lampião ou lâmpada a querosene.

quin.que.nio *s.m.* período de cinco anos.

quin.ta *s.f.* granja; sítio; chácara.

quin.ta.ñón *adj. Fam.* centenário.

qui.ñón *s.m.* quinhão; porção; partilha.

quios.co *s.m.* banca de jornais ou revistas.

qui.ró.fa.no *s.m.* sala de operações.

qui.rúr.gi.co *adj.* cirúrgico.

qui.rur.go *s.m.* cirurgião.

qui.si.co.sa *s.f. Fam.* enigma; adivinha.

quis.qui.lla *s.f.* ninharia; camarão.

quis.qui.llo.so *adj.* melindroso, suscetível.

quis.te *s.m. Cir.* quisto.

qui.ta *s.f. For.* quitação.

qui.ta.man.chas *s.m.* e *s.f.* tira-manchas.

qui.ta.mo.tas *s.m.* e *s.f. Fig. Fam.* bajulador.

qui.tar *v.t.* sacar, retirar.

qui.ta.sol *s.m.* chapéu-de-sol.

qui.te *s.m.* tirada; resistência.

qui.to *p.p. de quitar; adj.* quite; livre; isento.

qui.zá *adv.* quiçá, talvez, porventura, acaso, possivelmente; (também **quizás**).

r *s.f.* décima nona letra do alfabeto espanhol; R, r.

rá.ba.no *s.m.* rabanete; *importar un rábano* não ter importância.

ra.be.ra *s.f.* rabeira, traseira.

ra.bia *s.f.* raiva, hidrofobia; ira, cólera.

ra.biar *v.i.* zangar-se.

ra.bie.ta *s.f. dim. Fig. Fam.* acesso de cólera, zanga.

ra.bil *s.m.* manivela; moinho a braço.

ra.bi.lar *v.t.* peneirar.

ra.bión *s.m.* rápido.

ra.bo.so *adj.* desfiado na extremidade; desgastado.

ra.cha *s.f.* rajada; ímpeto; onda de má-sorte.

ra.ci.mo *s.m.* cacho de uvas; penca.

ra.cio.ci.nar *v.i.* raciocinar.

ra.ción *s.f.* ração.

ra.cio.na.li.zar *v.t.* racionalizar; fazer eficiente.

ra.cio.na.mien.to *s.m.* racionamento.

ra.cio.nar *v.t.* limitar o consumo.

ra.da *s.f.* enseada; porto de abrigo.

ra.dar *s.m.* radar.

ra.dia.ción *s.f.* radiação.

ra.di.ca.ción *s.f.* estabelecimento em um lugar ou país; permanência.

ra.di.cal *adj.* extremo; de idéias radicais.

ra.dio *s.f.* estação transmissora; *s.m.* aparelho de rádio; *Geom.* o raio da circunferência; *Anat.* rádio, osso.

ra.dio.a.fi.cio.na.do *s.m.* radioamador.

ra.dio.ca.se.te *s.m.* radiogravador.

ra.dio.gra.fí.a *s.f.* radiografia.

ra.dio.ta.xi *s.m.* radiotáxi.

ra.er *v.t.* raspar, rapar.

rá.fa.ga *s.f.* rajada, lufada.

ra.í.do *adj.* muito usado; *Fig.* velho; gasto.

rai.gam.bre *s.f.* raizada, raizame.

ra.íz *s.f.* raiz.

ra.ja *s.f.* racha, lasca, fenda, greta.

ra.já *s.m.* marajá, soberano.

ra.ja.bro.que.les *s.m. Fig. Fam.* fanfarrão, valentão.

ra.ja.du.ra *s.f.* racha, fenda.

ra.jar *v.t.* rachar, lascar.

ra.le.a *s.f.* espécie, gênero; *depr.* qualidade; ralé.

ra.le.ar *v.i.* ralear, tornar-se ralo; manifestar más intenções.

ra.lo *adj.* ralo, raro; pouco espesso.

ra.ma *s.f. Bot.* ramo, galho; rama (tipografia).

ra.mal *s.m.* ramal, ramificação (ferrovia, estrada).

ram.bla *s.f.* margem arenosa dos rios; leito de águas pluviais.

ram.bli.zo *s.m.* barranco.

ra.mi.fi.car.se *v.r.* ramificar-se.

ra.mi.lle.te *s.m.* ramalhete, ramilhete; *Fig.* prato de doces enfeitados.

ra.mi.llo *s.m.* moeda de pouco valor.

ra.mo *s.m.* ramo, raminho, galho; divisão; ornamento; descendência.

ra.mo.ne.ar *v.i.* podar, desramar, decotar.

ra.mo.ne.o *s.m.* poda, desbaste, desrame.

ram.plón *s.m.* rompão (de ferradura); *adj.* tosco; grosseiro.

ra.na *s.f.* rã.

ran.cho *s.m.* rancho (refeição e casebre); cabana, choupana.

ran.cio *adj.* rançoso; de cheiro ou sabor penetrante.

ra.nu.ra *s.f.* ranhura, sulco.

ra.pa.du.ra *s.f.* raspadura, raspagem.

ra.pe *s.m. Fam.* rapa; cabelo ou barba mal-cortados.

ra.pé *adj.* rapé.

ra.pi.dez *s.f.* rapidez.

rá.pi.do *adj.* rápido; impetuoso.

ra.pin.ga.cho *s.m. Peru.* omeleta de queijo.

ra.pi.ña *s.f.* rapina, saque, roubo.

ra.pi.ñar *v.t. Fam.* saquear, rapinar, rapinhar.

ra.pis.ta *s.m.* barbeiro.

ra.que.ta *s.f.* raquete.

ra.re.fa.cer *v.t.* rarefazer; desaglomerar.

ra.re.fac.to *p.p. de rarefacer*; *adj.* rarefeito.
ra.re.za *s.f.* extravagância.
ra.ro *adj.* estranho, esquisito.
ras *s.m.* superfície rasa; igualdade de nível; arrais (de uma companhia).
ras.ca.cie.los *s.m.* arranha-céu.
ras.ca.de.ra *s.f.* raspador.
ras.ca.dor *s.m.* alfinete, debulhador.
ras.ca.mo.ño *s.m.* alfinete feminino.
ras.car *v.t.* coçar.
ras.ca.zón *s.f.* comichão.
ras.cón *adj.* áspero (ao paladar).
ras.gar *v.t.* rasgar; romper; arrancar.
ras.go *s.m.* traço, risco; *Fig.* arroubo, ímpeto; *pl.* traços, feição.
ras.gón *s.m.* rasgão, rasgadura.
ras.gu.ñar *v.t.* arranhar.
ras.gu.ño *s.m.* arranhão.
ras.pa.do *s.m.* curetagem.
ras.pa.du.ra *s.f.* rasura.
ras.pe.ar *v.i.* correr com aspereza e dificuldade a pena; arranhar o papel.
ras.que.ta *s.f. Amér.* plaina.
ras.tre.ar *v.t.* rastrear; rastejar.
ras.tre.ro *adj.* rasteiro.
ras.tro *s.m.* rastro, *Fig.* evidência.
ra.ta *s.f. Zool.* rato, ratazana; *s.m.* vigarista; *Fam.* pão-duro.
ra.te.ar *v.t.* dividir proporcionalmente.
ra.te.o *s.m.* divisão, rateio.
ra.te.rí.a *s.f.* ladroeira; baixeza, vileza.
ra.te.ro *adj.* ratoneiro; *s.m.* larápio; rasteiro; *Fig.* baixo; vil e desprezível.

ra.ti.ha.bi.ción *s.f. For.* ratificação, confirmação do que está feito.
ra.to *s.m.* curto espaço de tempo; instantes, momentos.
ra.tón *s.m. Zool.* rato; *Inform.* mouse.
ra.to.ne.ra *s.f.* ratoeira, armadilha.
rau.dal *s.m.* torrente, caudal de água que corre violentamente.
rau.do *adj.* impetuoso; violento; rápido; precipitado.
rau.ta *s.f. Fam.* rota, caminho.
ra.vio.les *s.m. pl.* ravióli.
ra.ya *s.f.* raia, risca.
ra.yar *v.t.* raiar, riscar; cobrir de traços; sublinhar.
ra.yo *s.m.* raio; raio de luz.
ra.yue.la *s.f.* jogo da amarelinha.
ra.za *s.f.* raça, casta; origem; estirpe.
ra.za.do *adj.* listrado; riscado (um tecido).
ra.zón *s.f.* razão.
ra.zo.na.mien.to *s.m.* raciocínio; argumento.
ra.zo.nar *v.i.* raciocinar.
re.ac.ción *s.f.* reação; resistência.
re.a.cio *adj.* renitente, teimoso, pertinaz.
re.ad.mi.sión *s.f.* readmissão.
re.al *adj.* real, verdadeiro.
re.al.ce *s.m.* realce, distinção.
re.a.li.dad *s.f.* realidade.
re.a.li.zar *v.t.* executar, realizar, efetuar; *v.r.* realizar-se; atingir os próprios objetivos.
re.al.zar *v.t.* realçar.
re.a.nu.dar *v.t. Fig.* renovar; relembrar (estudo, tratado etc.).
re.ar.me *s.m.* rearmamento.
re.ba.la.je *s.m.* corrente das águas.

re.bal.sa *s.f.* água estagnada; porção de humor detido em uma parte do corpo.
re.ba.nar ou **re.ba.ne.ar** *v.t.* fatiar.
re.ba.ña.du.ra *s.f. Fam.* restos de comida.
re.ba.ñar *v.t.* arrebanhar; comer as sobras que ficam nos pratos.
re.ba.sar *v.t.* trasbordar, transbordar.
re.ba.tir *v.t.* rebater, refutar; *Fig.* resistir.
re.ba.to *s.m.* rebate; convocação do povo; alarme.
re.be.ca *s.f.* blusa de lã aberta na frente.
re.be.lión *s.f.* rebelião, revolta.
re.ben.que *s.m.* chicote
re.bis.nie.to *s.m.* tetraneto.
re.blan.de.cer *v.t.* amolecer, abrandar.
re.blar *v.i.* titubear, oscilar.
re.bo.ño *s.m.* sujeira, lama.
re.bo.sar *v.i.* transbordar.
re.bo.ta.ción *s.f. Fam.* exasperação; sufocação; irritação.
re.bo.tar *v.i.* ricochetear; pular (a bola).
re.bo.te *s.m.* ricochete; repulsão; rebote.
re.bo.zar *v.t.* rebuçar; *v.r.* passar pela farinha (peixe, carne).
re.bo.zo *s.m.* rebuço; disfarce; *de rebozo* secretamente; *sin rebozo* francamente, às claras.
re.bu.jar *v.t.* amarrotar, amarfanhar.
re.bu.lli.cio *s.m.* rebuliço, desordem; bulha.
re.bu.llir *v.t.* reanimar-se.
re.bus.ca.do *p.p. de repuscar*; *adj.* afetado; falso.

re.bus.car *v.t.* buscar com esmero; *Fam.* afetar, falsear.

re.bu.tir *v.t.* embutir; encher, rechear.

re.buz.nar *v.i.* zurrar, ornear, ornejar.

re.ca.bar *v.t.* obter; alcançar com súplicas o que se deseja.

re.ca.de.ro *s.m.* mensageiro.

re.ca.er *v.i.* recair.

re.cal.ci.trar *v.i.* recalcitrar, retroceder; revoltar-se; desobedecer.

re.ca.len.ta.mien.to *s.m.* reaquecimento.

re.ca.len.tar *v.t.* requentar.

re.cal.vas.tro *adj. depr.* calvo, careca.

re.cam.biar *v.t.* trocar; repor uma peça.

re.ca.pa.ci.tar *v.t.* reconsiderar; rever uma posição.

re.ca.pi.tu.la.ción *s.f.* recapitulação.

re.ca.tar *v.t.* recatar, resguardar; encobrir, ocultar.

re.ca.to *s.m.* cautela, cuidado.

re.cau.da.ción *s.f.* arrecadação; cobrança.

re.cau.da.dor *s.m.* arrecadador; cobrador.

re.cau.dar *v.t.* arrecadar; guardar; cobrar.

re.cau.do *s.m.* cautela, cuidado.

re.ce.lar *v.t.* recear, temer.

re.ce.lo *s.m.* receio, temor.

re.cep.ción *s.f.* recepção.

re.cep.tar *v.t. For.* receptar, encobrir delinqüentes ou coisas que são matéria de delito.

re.cep.ti.vo *adj.* receptivo.

re.cep.tor *adj.* receptor.

re.ce.sión *s.f.* recessão.

re.ce.so *s.m.* recesso.

re.ce.ta *s.f.* receita.

re.ce.tar *v.t.* receitar; ordenar; prescrever.

re.cha.zar *v.t.* rejeitar; repelir.

re.cha.zo *s.m.* rejeição.

re.chi.fla *s.f. Fam.* mofa; zombaria.

re.chi.nar *v.i.* ranger.

re.chon.cho *adj. Fam.* rechonchudo; nédio.

re.cial *s.m.* corrente forte e impetuosa dos rios.

re.ci.bi.de.ro *adj.* aceitável.

re.ci.bi.dor *adj.* recebedor; *s.m.* hall, vestíbulo.

re.ci.bi.mien.to *s.m.* recebimento, recepção, acolhimento.

re.ci.bir *v.t.* receber.

re.cie.dum.bre *s.f.* força, vigor.

re.cién *adv.* recém.

re.cien.te *adj.* recente, novo.

re.cin.char *v.t.* enfaixar uma coisa com outra, cingindo-a.

re.cin.to *s.m.* recinto.

re.cio *adj.* rijo; forte; áspero; grosseiro.

re.ci.pro.ci.dad *s.f.* reciprocidade.

re.cí.pro.co *adj.* recíproco, mútuo.

re.ci.tar *v.t.* recitar, declamar.

re.cla.ma.ción *s.f.* reclamação.

re.cla.mar *v.t.* reclamar; exigir.

re.cla.mo *s.m.* reclamo, berrante; reclamação; reclame, anúncio.

re.cli.nar *v.t.* reclinar, recostar.

re.clu.ir *v.t.* recluir, encerrar, enclausurar.

re.clu.sión *s.f.* reclusão, recolhimento.

re.clu.ta *s.f.* recruta.

re.clu.ta.mien.to *s.m.* recrutamento.

re.co.brar *v.t.* recobrar, recuperar.

re.co.cer *v.t.* recozer.

re.co.cho *adj.* recozido; muito cozido.

re.co.ci.do *adj. Fig.* muito experiente; *s.m.* recozimento.

re.co.do *s.m.* ângulo; cotovelo; dobra, curva; lance de duas tabelas (no bilhar).

re.co.ger *v.t.* recolher, apanhar.

re.co.lec.ción *s.f.* colheita; cobrança, arrecadação; recompilação.

re.co.lec.tar *v.t.* recolher; arrecadar.

re.co.men.dar *v.t.* aconselhar; indicar.

re.co.men.zar *v.t.* reiniciar, recomeçar.

re.com.pen.sa *s.f.* recompensa, compensação.

re.con.ci.liar *v.t.* reconciliar.

re.cón.di.to *adj.* recôndito, secreto.

re.co.no.cer *v.t.* reconhecer; examinar; *v.r.* confessar.

re.co.no.ci.do *p.p. de reconocer*; *adj.* reconhecido; agradecido.

re.con.quis.tar *v.t.* reconquistar, recuperar, reaver.

re.con.si.de.rar *v.t.* reavaliar, repensar.

re.cons.ti.tu.ir *v.t.* reconstituir.

re.cor.da.ción *s.f.* recordação.

re.cor.dar *v.t.* recordar, relembrar, rememorar.

re.co.rrer *v.t.* percorrer.

re.co.rri.do *s.m.* trajeto; itinerário; conserto.

re.cor.tar *v.t.* recortar, aparar; reclinar; perfilar.

re.cos.tar *v.t.* recostar; inclinar; encostar.

re.co.ve.co *s.m.* rodeio, desvio; ângulo, canto, voltas e reviravoltas de um beco, ruela etc.

re.cre.ar *v.t.* e *v.r.* recrear, divertir.

re.cre.o *s.m.* recreio, divertimento, entretenimento.

re.cri.mi.nar *v.t.* recriminar.

re.cru.de.cer *v.i.* recrudescer.

rec.tan.gu.lar *adj. Geom.* retangular.

rec.tán.gu.lo *adj. Geom.* retângulo.

rec.ti.fi.car *v.t.* retificar.

rec.ti.tud *s.f.* retidão; correção.

rec.to *adj.* reto, correto, direito.

rec.tor *s.m.* e *adj.* reitor.

re.cua.dro *s.m.* quadrado, quadratura.

re.cu.brir *v.t.* recobrir.

re.cuen.to *s.m.* reconto; inventário.

re.cuer.do *s.m.* recordação, lembrança.

re.cu.lar *v.i.* recuar, retroceder, *Fig. Fam.* ceder.

re.cu.lo.nes *adv. Fam.* para trás, recuando.

re.cu.pe.ra.ción *s.f.* recuperação.

re.cu.pe.rar *v.t.* reaver, recuperar.

re.cu.rrir *v.i.* recorrer, apelar.

re.cur.so *s.m.* recurso; meio.

re.cu.sar *v.t.* negar-se a, recusar.

red *s.f.* rede; ardil; engano; *Inform.* rede de computadores, Internet; *red inalámbrica* rede sem fio; *red informática* rede de computadores; *red internet* Internet.

re.dac.ción *s.f.* redação.

re.dac.tar *v.t.* redigir, escrever.

re.de.dor *s.m.* contorno; *al* ou *en rededor* ao redor, em volta.

ré.di.to *s.m.* rédito, lucro, juro, renda, rendimento, produto.

re.do.blar *v.t.* redobrar.

re.do.ble *s.m.* redobramento; rufo (tambor).

re.don.de.ar *v.t.* arredondar; *Fig.* quitar.

re.du.cir *v.t.* reduzir, diminuir.

re.dun.dan.cia *s.f.* redundância.

re.dun.dar *v.i.* redundar; sobejar; reverter.

re.em.bol.sar *v.t.* reembolsar, pagar.

re.em.pla.zar *v.t.* substituir; fazer as vezes de.

re.fac.ción *s.f.* refeição, lanche; *Amér.* reparo, conserto, refação.

re.fi.na.mien.to *s.m.* refinamento.

re.fi.nar *v.t. Fig.* refinar; aperfeiçoar.

re.flec.tor *adj.* e *s.m.* refletor.

re.fle.jar *v.i. Fís.* refletir; *v.t.* reflexionar; repercutir.

re.fle.jo *adj.* reflexo; repercussão.

re.fle.xión *s.f.* reflexão; reflexo; pensamento.

re.fle.xio.nar *v.t.* refletir, ponderar, considerar, meditar.

re.flu.jo *s.m.* refluxo.

re.fo.res.ta.ción *s.f.* reflorestamento.

re.for.ma *s.f.* reforma; protestantismo.

re.for.mar *v.t.* reformar.

re.for.zar *v.t.* reforçar.

re.frac.ción *s.f. Fís.* refração.

re.frac.ta.rio *adj.* refratário.

re.frán *s.m.* provérbio; ditado.

re.fre.gar *v.t.* esfregar, friccionar, roçar.

re.fre.nar *v.t.* refrear, conter.

re.fres.car *v.t.* refrescar, refrigerar.

re.fres.co *s.m.* refresco; refrigério; bebida fria.

re.frie.ga *s.f.* refrega, recontro, peleja.

re.fri.ge.rar *v.t.* refrigerar.

re.fri.ge.rio *s.m.* refrigério.

re.fuer.zo *s.m.* reforço.

re.fu.giar *v.t.* refugiar, abrigar; esconder-se.

re.fu.gio *s.m.* refúgio; esconderijo; abrigo.

re.fun.dir *v.t.* refundir.

re.fun.fu.ñar *v.i.* resmungar, rezingar.

re.fu.tar *v.t.* refutar; impugnar; rebater.

re.ga.dí.o *adj.* terra irrigada; regadio.

re.ga.lar *v.t.* presentear, mimosear, regalar.

re.ga.lo *s.m.* regalo, presente; dádiva; brinde.

re.ga.ña.dien.tes *adv.* a contragosto.

re.ga.ñar *v.i.* ralhar; repreender.

re.ga.ñón *adj. Fam.* rabugento; impertinente.

re.ga.te *s.m.* furtadela (com o corpo); escapatória; pretexto; *Fig. Fam.* subterfúgio.

re.ga.te.ar *v.t.* pechinchar, regatear.

re.ga.zar *v.t.* arregaçar.

ré.gi.men *s.m.* regime; dieta.

re.gi.mien.to *s.m.* regimento.

re.gio *adj.* régio, real.

re.gión *s.f.* região; território; lugar.

re.gir *v.t.* reger; dirigir.

re.gis.trar *v.t.* vistoriar; *Com.* lançar nos livros; marcar; *Inform.* gravar dados.

re.gis.tro *s.m.* registro, livro de transcrições; válvula; *Mús.* timbre; *Inform.* registro, gravação de dados; unidade completa de armazenamento.

re.gla *s.f.* régua; regra; pauta; menstruação.

re.gla.men.to *s.m.* regulamento; regra.

re.glar *v.t.* regrar; alinhar; pautar; *v.r.* regrar-se; moderar-se; regular-se.

re.go.ci.jar *v.t.* regozijar.

re.go.ci.jo *s.m.* regozijo, contentamento.

re.go.de.ar.se *v.r. Fam.* deleitar-se; recrear-se.

re.go.de.o *s.m.* deleite; delícia.

re.go.la.je *s.m.* bom humor.

re.gon.gón *adj.* rabugento, resmungão.

re.gor.de.te *adj. Fam.* gorducho; baixo e gordo.

re.gre.sión *s.f.* regressão, retrocesso.

re.gu.la.ción *s.f.* regulagem.

re.gur.gi.ta.ción *s.f.* regurgitação.

re.ha.bi.li.tar *v.t.* reabilitar; restabelecer.

re.ha.cer *v.t.* refazer; corrigir; consertar.

re.he.le.o *s.m.* amargor.

re.hén *s.m.* refém.

re.he.rir *v.t.* rebater; rechaçar, repelir.

re.ho.gar *v.t.* refogar.

re.ho.yo *s.m.* barranco ou cova funda.

re.hu.ir *v.t.* evitar; afastar; fugir (a um perigo ou obrigação).

re.hu.sar *v.t.* refusar, recusar.

rei.de.ro *adj. Fam.* risível, engraçado.

rei.na *s.f.* rainha.

rei.nal *s.m.* barbante muito forte, de cânhamo, de dois ramais.

rei.ni.cia.li.zar ou **rei.ni.ciar** *v.t. Inform.* reiniciar, reinicializar um computador.

re.lea.se *s.f. Inform. Inglês* release, versão atualizada de um aplicativo.

rein.te.gro *s.m.* reembolso.

re.ír *v.i.* rir.

rei.te.ra.ción *s.f.* reiteração.

re.ja *s.f.* grade; tabique; relha de arado.

re.ji.lla *s.f.* grade; ralo; rede; anteparo.

re.jo *s.m.* aguilhão; ferrão.

re.jón *s.m.* rojão.

re.la.ción *s.f.* relação.

re.la.ja.ción *s.f.* relaxamento, distensão.

re.la.jar *v.t.* relaxar, afrouxar; *v.r.* depravar.

re.la.jo *s.m.* relaxamento, desleixo.

re.la.mer *v.t.* relamber.

re.len.te *s.m.* relento.

re.le.var *v.t.* revezar; exonerar; destacar.

re.le.vo *s.m.* revezamento.

re.lie.ve *s.m.* relevo; saliência.

re.li.gión *s.f.* religião.

re.lla.no *s.m* patamar de uma escada.

re.lle.nar *v.t* rechear, encher, preencher.

re.lle.no *s.m.* e *adj.* recheio; descanso.

re.loj *s.m.* relógio.

re.lo.je.rí.a *s.f.* relojoaria.

re.lu.cir *v.i.* reluzir, resplandecer.

re.lum.brar *v.i.* relumbrar, reluzir, resplandecer, cintilar.

re.lum.bro *s.m.* clarão; relâmpago.

re.ma.cha.do *p.p. de remachar;* *adj.* fila de rebites; junta rebitada.

re.ma.char *v.t.* rebitar.

re.ma.nen.te *s.m.* remanescente.

re.man.gar *v.t.* arregaçar as mangas.

re.me.ro *s.m.* remeiro; remador.

re.mien.do *s.m.* remendo; emenda.

re.mil.ga.do *adj.* afetado.

re.mil.go *s.m.* afetação; gesto afetado.

re.mi.sión *s.f.* remissão; perdão.

re.mi.te *s.m.* nome e endereço do remetente.

re.mi.ti.do *s.m.* matéria paga para jornal ou revista.

re.mo.ción *s.f.* remoção.

re.mo.jar *v.t.* molhar; embeber; deixar de molho.

re.mo.jo *s.m.* molho; *a/en remojo* de molho.

re.mo.la.cha *s.f. Bot.* beterraba.

re.mol.car *v.t. Mar.* rebocar.

re.mo.li.no *s.m.* remoinho.

re.mo.llar *v.t. Germ.* forrar; guarnecer.

re.mo.lle.rón *s.m. Germ.* capacete.

re.mo.lón *adj.* lento; preguiçoso.

re.mol.que *s.m.* reboque.

re.mon.tar *v.t.* subir, escalar.

re.mo.que.te *s.m.* murro, punhada.

re.mor.di.mien.to *s.m.* remorso.

re.na.cer *v.i.* renascer; ressurgir.

re.na.cua.jo *s.m. Zool.* girino (da rã); *Fig.* qualificativo dos rapazes malcomportados.

ren.ci.lla *s.f.* rixa; desordem.

ren.ci.llo.so *adj.* brigão; desordeiro.

ren.cor *s.m.* rancor, ódio.

ren.di.bú *s.m.* acatamento; consideração.

ren.di.ción *s.f.* rendimento, renda; rendição.

ren.di.ja *s.f.* renda; fenda, racha, fresta.

ren.di.mien.to *s.m.* abatimento; fadiga, cansaço; subordinação.

ren.dir *v.t.* render; vencer; sujeitar; submeter; entregar; restituir; cansar; fatigar; *v.r.* vomitar; entregar-se; render-se.

ren.glón *s.m.* uma linha inteira escrita; item.

ren.go *adj.* coxo.

re.no *s.m.* rena.

re.nom.bre *s.m.* renome, fama, nomeada.

re.no.va.ción *s.f.* renovação; renovamento.

ren.ta *s.f.* renda, rendimento.

ren.tar *v.t* e *v.i* produzir renda, render; *Améric.* alugar.

ren.tis.ta *s.m.* financista; economista; capitalista; quem vive de rendas.

re.nun.cio *s.m.* renúncia; *Fig. Fam.* mentira ou contradição em que se surpreende outrem.

re.ñir *v.i.* renhir, brigar, disputar.

re.o *s.m. Zool.* espécie de truta marinha; *s.m.* e *adj.* réu; demandado, querelado.

re.o.jo *loc.* de soslaio.

re.or.ga.ni.zar *v.t.* reorganizar.

re.pan.ti.gar.se *v.r.* refestelar-se, repimpar-se.

re.pa.ra.ción *s.f.* reparação, conserto; desagravo.

re.pa.rar *v.t.* reparar; compor; consertar.

re.pa.ro *s.m.* reparo; observação; restauração; remédio; dúvida.

re.par.ti.ción *s.f.* repartição, dependência; partilha.

re.par.tir *v.t.* repartir; distribuir.

re.pa.sar *v.t.* repassar; rever; recoser; remendar; examinar.

re.pa.so *s.m.* repasse; revisão; *Fam.* repreensão.

re.pa.triar *v.t.* repatriar.

re.pe.lar *v.t.* puxar o cabelo.

re.pe.ler *v.t.* repelir, rejeitar.

re.pe.lús *s.m.* calafrio.

re.pen.ti.no *adj.* repentino, súbito.

re.per.cu.sión *s.f.* repercussão.

re.per.cu.tir *v.i.* repercutir; refletir; ecoar.

re.per.to.rio *s.m.* repertório.

re.pe.tir *v.t.* repetir; repisar.

re.pi.car *v.t.* repicar; repenicar; *v.r.* prezar-se de, presumir.

re.pi.sa *s.f.* prateleira.

re.plan.te.ar *v.t.* reformular.

re.ple.gar *v.t.* recuar, encolher-se.

re.ple.to *adj.* repleto, cheio.

ré.pli.ca *s.f.* réplica; resposta; revide.

re.pli.car *v.i.* replicar; responder; revidar.

re.plie.gue *s.m.* prega dupla; *Mil.* recuo de tropas.

re.po.blar *v.t.* repovoar; povoar de novo.

re.po.llo *s.m.* repolho.

re.po.llu.do *adj.* repolhudo; *Fig.* gordo, anafado.

re.po.ner *v.t.* repor, recolocar; *v.r.* restabelecer.

re.por.tar *v.t.* refrear, moderar, reprimir; *v.r.* conseguir, obter; passar uma prova litográfica à pedra.

re.por.te *s.m.* informe; notícia; *Amér.* relatório.

re.por.te.ro *s.m.* e *adj.* repórter.

re.po.sar *v.i.* repousar, descansar; assentar.

re.po.si.ción *s.f.* reposição; restabelecimento da saúde.

re.po.so *s.m.* repouso; sossego; tranqüilidade.

re.pos.te.rí.a *s.f.* confeitaria, doceira.

re.pren.der *v.t.* repreender, admoestar.

re.pren.sión *s.f.* repreensão.

re.pre.sa.lia *s.f.* represália.

re.pre.sen.ta.ción *s.f.* representação.

re.pre.sen.tan.te *adj.* representante.

re.pre.sión *s.f.* repressão.

re.pro.bar *v.t.* reprovar; condenar.

re.pro.char *v.t.* reprovar; censurar.

re.pro.che *s.m.* recriminação, censura, desaprovação.

re.pro.duc.ción *s.f.* reprodução.

re.pro.du.cir *v.t.* reproduzir.

re.pues.to *s.m.* reserva de provisões; aparador; guarda-comida.

re.pug.nar *v.t.* repugnar.

re.pug.nan.cia *s.f.* repugnância.

re.pu.jar *v.t.* trabalhar uma chapa metálica para dar-lhe um relevo.

re.pul.sión *s.f.* repulsão; repulsa.

re.pul.si.vo *adj.* repulsivo, repelente, nojento, abjeto.

re.pu.ta.ción *s.f.* reputação, renome.

re.pu.tar *v.t.* reputar; avaliar, estimar; julgar.

re.que.rir *v.t.* requerer; intimar; exigir.

re.que.són *s.m.* requeijão.

re.quie.bro *s.m.* requebro, galanteio; namoro, corte.

re.qui.sa *s.f.* revista, inspeção; requisição; viagem de inspeção.

re.qui.si.ción *s.f.* requisição.

re.qui.si.to *adj.* requisito, requisitado.

re.qui.ve *s.m.* adorno; guarnição.

res *s.f.* rês, cabeça de gado.

re.sa.ca *s.f.* ressaca; *Com.* ressaque (câmbio).

re.sal.tar *v.i.* ressaltar; sobressair; repinchar.

re.sar.cir *v.i.* ressarcir; indenizar; compensar, refazer.

res.ba.la.di.zo *adj.* escorregadio.

res.ba.lar *v.i.* resvalar; deslizar, escorregar; *Fig.* incorrer em falta.

res.ba.lón *s.m.* resvalo, escorregão.

res.ca.tar *v.t.* resgatar; remir; trocar; cambiar.

res.ca.te *s.m.* resgate.

res.cin.dir *v.t.* rescindir; invalidar.

res.ci.sión *s.f.* rescisão; anulação.

re.se.co *adj.* resseco; muito seco; magro; *s.m.* parte seca de uma planta.

re.sen.tir.se *v.r.* ressentir-se.

re.se.ña *s.f.* resenha, resumo.

re.ser.va *s.f.* reserva; discrição.

re.se.te.ar *v.t. Inform.* ressetar, reiniciar, reinicializar.

res.friar.se *v.r.* resfriar-se.

re.so.bri.no *s.m.* filho de sobrinho; sobrinho-neto.

re.so.lu.ción *s.f.* resolução; deliberação; *Inform.* resolução, qualidade de imagem.

re.so.pli.do *s.m.* bufido.

re.sor.te *s.f.* mola; *Fig.* meio, recurso.

res.pal.dar *s.m.* espaldar, encosto; *v.t.* endossar.

res.pal.do *s.m.* encosto, espaldar.

res.pec.ti.va *adv.* respectivamente.

res.pec.to *s.m.* respeito; relação.

res.pe.to *s.m.* respeito; reverência.

res.pe.tuo.so *adj.* respeitoso.

rés.pi.ce *s.m. Fam.* resposta intempestiva; admoestação.

res.pi.gón *s.m.* respigão; espigão; espiga (junto da raiz das unhas).

res.pi.ra.de.ro *s.m.* respiradouro; abertura.

res.pi.ro *s.m.* respiração; *Fig.* descanso; folga; alívio.

res.plan.dor *s.m.* resplendor, resplandor.

res.pon.sa.ble *adj.* responsável.

res.pues.ta *s.f.* resposta; réplica.

res.que.bra.jar *v.t.* rachar, fender; quebrar.

res.que.brar *v.i.* começar a quebrar-se; fender-se ou rachar-se (alguma coisa).

res.que.mor *s.m.* despeito; desgosto, ardor.

res.ta *s.f.* diminuição; subtração.

res.ta.ble.cer *v.t.* restabelecer; restaurar.

res.ta.ble.ci.mien.to *s.m.* restabelecimento.

res.ta.ñar *v.t.* estancar o sangue; deter o curso (de líquidos).

res.ta.ño *s.m.* estancamento (de líquido ou humor); remanso (das águas).

res.tar *v.t.* subtrair; diminuir.

res.tau.ra.ción *s.f.* restauração, restabelecimento.

res.tau.rar *v.t.* restaurar; consertar; reinstalar.

res.ti.tu.ción *s.f.* restituição.

res.tre.gar *v.t.* esfregar com força.

res.tric.ción *s.f.* restrição.

res.tri.ñi.dor *adj.* restringente; restritivo.

re.su.ci.tar *v.t.* ressuscitar.

re.sue.llo *s.m.* anélito; ofego; respiração difícil.

re.suel.to *adj.* resolvido; resoluto; audaz.

re.su.men *s.m.* resumo.

re.su.rrec.ción *s.f.* ressurreição.

re.ta.blo *s.m.* retábulo.

re.ta.ce.rí.a *s.f.* conjunto de retalhos de fazenda.

re.ta.dor *adj.* reptador, desafiador.

re.ta.guar.dia *s.f.* retaguarda.

re.ta.hi.la *s.f.* fileira.

re.tal *s.m.* retalho de tecido; pele; chapa metálica etc.

re.tar *v.t.* reptar, desafiar.

re.tar.da.ta.rio *adj.e s.m.* retardador.

re.tar.do *s.m.* atraso.

re.ta.zo *s.m.* retalho; fração; *Fig.* trecho, fragmento.

re.te.ner *v.t.* reter; guardar; conservar.

re.to *s.m.* repto; desafio.

re.to.ño *s.m.* rebento, broto, renovo.

re.tor.ci.jón *s.m.* espasmo, cólica.

re.to.zar *v.i.* traquinar; saltar alegremente.

re.to.zón *adj.* brincalhão, galhofeiro.

re.trac.ción *s.f.* retração.

re.tra.er *v.t.* retrair.

re.tra.sar *v.t.* atrasar; demorar.

re.tra.so *s.m.* atraso; demora.

re.tre.char *v.i.* recuar (o cavalo).

re.tre.che.rí.a *s.f. Fam.* astúcia; velhacaria.

re.tre.te *s.m.* banheiro, privada.

re.tro.ce.sión *s.f.* retrocesso.

re.tro.nar *v.i.* retroar, retumbar, atroar.

re.trué.ca.no *s.m.* jogo de palavras; trocadilho.

reu.nión *s.f.* reunião, concentração, ajuntamento, agrupamento.

re.va.luar *v.t.* elevar o valor (principalmente em uma unidade monetária).

re.van.cha *s.f.* revanche, desforra.

re.ven.dón *s.m.* revendedor, revendão.

re.ven.ta *s.f.* revendedora.

re.ven.tar *v.i.* rebentar, estalar.

re.ven.ta.zón *s.f.* rebentação.

re.ven.tón *adj. Fig.* circunstância difícil; canseira; trabalho fatigante; arrebentamento.

re.ver.de.cer *v.i.* reverdecer; *Fig.* rejuvenescer.

re.ver.so *s.m.* reverso; costas.

re.vés *s.m.* revés, reverso; infortúnio.

re.ves.ti.mien.to *s.m.* revestimento, cobertura.

re.vi.sar *v.t.* revisar; rever; conferir; checar.

re.vi.sión *s.f.* revisão; ação de rever.

re.vi.vir *v.i.* reviver.

re.vo.car *v.t.* revogar; rebocar.

re.vol.car *v.t.* derrubar; revolver; fazer rebolar.

re.vo.lo.te.ar *v.i.* revolutear; esvoaçar.

re.vol.ti.llo *s.m.* desordem, bagunça.

re.vol.to.so *adj.* revoltoso, rebelde.

re.vo.lu.ción *s.f.* revolução, rebelião.

re.vol.ver *v.t.* revolver, remexer.

re.vól.ver *s.m.* revólver.

re.vo.que *s.m.* reboco; argamassa.

re.vue.lo *s.m.* revôo; agitação; *de revuelo* prontamente.

re.vuel.ta *s.f.* revolta, sedição; alvoroço; rixa.

rey *s.m.* rei.

re.yer.ta *s.f.* rixa, altercação, briga, contenda.

re.za.gar *v.t.* deixar para trás; *v.r.* atrasar; protelar.

re.zar *v.t.* rezar, orar.

rez.no *s.m.* rícino; mamona; *Zool.* larva de carrapato.

re.zo *s.m.* reza, oração; ofício eclesiástico.

ria.chue.lo *s.m.* riacho, ribeiro, regato.

ria.da *s.f.* cheia, enchente, inundação.

ri.be.ra *s.f.* ribeira, praia; margem de mar ou rio.

ri.be.te *s.m.* debrum; orla; acréscimo; assomo.

rí.ci.no *s.m. Bot.* rícino.

ri.co *adj.* rico, opulento; abastado; fértil; belo; nobre; caro; querido.

ri.di.cu.li.zar *v.t.* ridicularizar; chacotear.

ri.dí.cu.lo *s.m.* e *adj.* ridículo.

rie.go *s.m.* rega, regadura.

riel *s.m.* trilho, carril; barra de metal bruto.

rien.da *s.f.* rédea; *Fig.* sujeição; moderação.

ries.go *s.m.* risco; azar.

ri.fa *s.f.* rifa, sorteio; rixa, contenda.

ri.far *v.t.* rifar; zangar-se; inimizar-se.

ri.fi.rra.fe *s.m. Fam.* rezinga; contenda; barulho.

rí.gi.do *adj.* rígido.

ri.gor *s.m.* rigor, severidade.

ri.gu.ro.so *adj.* rigoroso; severo; exigente.

ri.ja *s.f.* rixa; pendência; briga; *Med.* fístula no canto do olho.

ri.jo *s.m.* sensualidade, volúpia.

ri.jo.so *adj.* rixento, brigão; sensual, voluptuoso; luxurioso, saído.

rim.bom.ban.cia *s.f.* retumbância.

rim.bom.bar *v.i.* retumbar, ressoar.

rin.che *adj. Chile* repleto até às bordas.

rin.cón *s.m.* rincão, recanto.

rin.gar *v.t.* derrear.

rin.gla *s.f.* fileira.

rin.gle.ro *s.m.* pauta; cada uma das linhas do papel pautado.

ri.no.ce.ron.te *s.m. Zool.* rinoceronte.

ri.ña *s.f.* rixa, briga, pendência.

ri.ñón *s.m.* rim; *tener el riñón bien cubierto* estar ou ser rico.

ri.pia *s.f.* ripa, sarrafo.

ri.pio *s.m.* entulho.

ri.sa *s.m.* riso, risada.

ris.co *s.m.* penhasco, rochedo.

ri.si.ble *adj.* risível, ridículo.

ri.so.ta.da *s.f.* risada, gargalhada.

ris.tra *s.f.* réstia.

ri.sue.ño *adj.* alegre, risonho, brejeiro, *Fig.* prazenteiro, próspero.

ri.to *s.m.* rito, seita, culto, cerimônia.

ri.val *s.m.* e *s.f.* rival, êmulo.

ri.va.li.dad *s.f.* rivalidade.

ri.ve.ra *s.f.* ribeiro, regato.

ri.zar *v.t.* riçar, ondear, encrespar.

ri.zo *s.m.* cacho (de cabelo).

rob *s.m. Fam.* xarope, arrobe.

ró.ba.lo *s.m. Zool.* robalo (peixe).

ro.bar *v.t.* roubar; raptar; corroer; chanfrar uma aresta.

ro.ble *s.m.* carvalho.

ro.blón *s.m.* rebite.

ro.bo *s.m.* roubo (ato e coisa roubada), furto.
ro.bus.te.cer *v.t.* robustecer; revigorar.
ro.ca *s.f.* roca, rocha, rochedo, pedra, penedo.
ro.ca.lla *s.f.* cascalho que se desprende das rochas por erosão.
ro.ce *s.m.* roçadura, atrito; *Fig.* intimidade.
ro.ce.ro *adj.* diz-se de gente ordinária ou que tem trato com gente baixa.
ro.cia.de.ra *s.f.* regador; vaso próprio para regar.
ro.ciar *v.i.* rociar; *v.t.* rorejar; esborrifar.
ro.ci.nan.te *s.m.* rocinante; cavalo reles.
ro.cí.o *s.m.* rocío, orvalho; chuvisco; borrifo.
ro.co.so *adj.* rochoso (também: **roqueño**).
ro.da.ja *s.f.* rodela.
ro.da.je *s.m.* rodagem.
ro.da.pié *s.m.* rodapé.
ro.de.no *adj.* vermelho; diz-se de terras, rochas etc.
ro.de.o *s.m.* rodeio.
ro.di.lla *s.f.* joelho; rótula.
ro.di.lle.ra *s.f.* joelheira (para proteger); remendo (nas calças).
ro.di.llo *s.m. Mec.* rolo; *Tip.* rolo, cilindro.

ro.jo *s.m.* vermelho.
rol.de *s.m.* roda, círculo (de gente).
ro.llo *s.m.* rolo.
rom.bo *s.m.* losango, rombo.
ro.me.rí.a *s.f.* romaria, peregrinação.
ro.mo *adj.* sem ponta.
rom.pe.ca.be.zas *s.m.* quebra-cabeça.
rom.pe.o.las *s.m.* quebra-mar.
ron *s.m.* rum.
ron.cha *s.f.* rodela (talhada fina e redonda).
ron.co *adj.* rouco.
ron.cón *adj.* fanfarrão.
ron.dón *adv.* de roldão; de repente.
ron.que.ar *v.i.* rouquejar; estar rouco.
ron.que.ra *s.f.* rouquidão.
ro.ña *s.f.* sarna, sujeira.
ro.pa *s.f.* roupa.
ro.pón *s.m. aum.* roupão; roupa comprida.
ro.que.ro *adj.* roqueiro.
ro.rro *s.m. Fam.* criança pequenina.
ros.cón *s.m.* rosca, pão; bolo.
ro.sa *adj.* cor-de-rosa; *s.f. Bot.* rosa.
ros.tro *s.m.* rosto, cara.
ro.za.du.ra *s.f.* atrito, fricção.
ro.zar *v.t.* roçar, tocar de leve; desgastar pelo atrito; roçar.

ru.bio *adj.* louro, loiro.
ru.da *s.f.* arruda.
ru.do *adj.* rude; áspero.
rue.ca *s.f.* roca.
rue.da *s.f.* roda.
rue.do *s.m.* circuito; orla; franja; barra.
rue.go *s.m.* rogo; súplica.
ru.go.so *adj.* rugoso; enrugado.
rui.na *s.f.* ruína; escombros; *Fig.* falência.
ruin.dad *s.f.* ruindade; ação ruim.
rui.se.ñor *s.m.* rouxinol.
ru.lo *s.m.* cacho de cabelo; rolo para pôr nos cabelos.
rum.bo *s.m.* rumo; fausto; pompa.
ru.mian.te *adj.* e *s.* ruminante.
ru.miar *v.t.* ruminar; remoer.
rup.tu.ra *s.f.* ruptura, rompimento.
ru.ral *adj.* rural.
rús.ti.co *adj.* rústico; *Fig.* roceiro, jeca; *s.m.* campesino.
rus.tir *v.t.* assar, tostar; *Venez.* suportar com paciência.
ru.ta *s.f.* rota; estrada; itinerário, roteiro; rumo.
ru.tar *v.i.* rotar; arrotar; resmungar; rezingar.
ru.te *s.m.* boato, rumor.
ru.ti.na *s.f.* rotina, hábito, costume; *Inform.* rotina, subprograma.
ru.ti.na.rio *adj.* rotineiro; conservador.

S

s *s.f.* vigésima letra do alfabeto espanhol; S, s.

sa.ba.na *s.f. Amér.* savana.

sá.ba.na *s.m.* lençol.

sa.ban.di.ja *s.f.* réptil pequeno; inseto; parasita.

sa.ba.ñón *s.m.* frieira.

sa.ba.ya *s.f.* desvão, sótão.

sa.be.lo.to.do *s.m.* e *s.f.* sabichão, sabe-tudo.

sa.ber *s.m.* saber, sabedoria; *v.i.* ter sabor, *v.t.* saber, ter capacidade.

sa.bi.du.rí.a *s.f.* sabedoria.

sa.bien.das *adv.* de propósito, deliberadamente.

sa.bi.hon.do *adj. Fam.* sabichão.

sa.bio *adj* e *s.m.* sábio; culto; sensato; *adj.* amestrado (animal).

sa.ble *s.m.* sabre, terçado.

sa.ble.ar *v.i.* dar tiros; cravar.

sa.bor *s.m.* sabor; paladar; *Fig.* impressão, semelhança; deleite.

sa.bo.re.ar *v.t.* saborear, deleitar-se.

sa.bo.ta.je *s.m.* sabotagem.

sa.bro.so *adj.* saboroso, gostoso.

sa.bue.so *s.m.* e *adj.* sabujo.

sá.bu.lo *s.m.* saibro, areia grossa e pesada.

sa.ca.cor.chos *s.m.* saca-rolhas.

sa.ca.mue.las *s.m. Fam.* dentista.

sa.ca.po.tras *s.m. Fig.* mau cirurgião.

sa.ca.pun.tas *s.m.* apontador de lápis.

sa.car *v.t.* tirar, retirar; arrancar.

sa.ciar *v.t.* saciar, extinguir, satisfazer.

sa.cie.dad *s.f.* saciedade, satisfação.

sa.co *s.m.* saco; *Amér.* paletó, casaco.

sa.cris.tán *s.m.* sacristão.

sa.cro *adj.* sacro.

sa.cro.san.to *adj.* sacrosanto.

sa.cu.di.da *s.f.* sacudida, sacudidura.

sa.cu.di.do *p.p.* de sacudir; *adj. Fig.* sacudido; desembaraçado; indócil.

sa.cu.dión *s.m.* safanão, sacudidela.

sa.cu.dir *v.t.* sacudir; agitar; abanar.

sa.e.ta *s.f.* seta, flecha, ponteiro; bússola.

sa.e.te.ra *s.f.* seteira.

sa.e.tín *s.m. dim.* pequena seta; calha, cale; cetim.

sa.ga *s.f.* saga, bruxa ou feiticeira, entre os romanos.

sa.gaz *adj.* sagaz, perspicaz.

sa.gra.do *adj.* sagrado.

sa.gra.rio *s.m.* sacrário.

sa.hu.mar *v.t.* defumar.

sa.hu.me.rio *s.m.* defumação (aromática).

sa.jar *v.t.* sarjar, escarificar.

sal *s.f.* sal, cloreto de sódio.

sa.la *s.f.* sala; tribunal.

sa.la.do *p.p.* de salar; *adj.* salgado, *Fig.* engraçado, gaiato, chistoso; *Arg.* caro; *Amér. Central* desgraçado.

sa.lar *v.t.* salgar, temperar com sal.

sa.la.rio *s.m.* salário.

sal.chi.cha *s.f.* salsicha; *Mil.* rastilho (pólvora).

sal.chi.chón *s.m.* salsichão; paio.

sal.dar *v.t.* saldar, liquidar; vender saldos.

sal.do *s.m.* saldo, liquidação; baixa de preços.

sa.le.ro *s.m.* saleiro; *Fig. Fam.* graça, elegância.

sa.le.ro.so *adj.* gracioso.

sa.li.da *s.f.* saída; desculpa; saliência.

sa.li.na *s.f.* salina; marinha de sal.

sa.lir *v.i.* sair; partir; brotar; salientar-se, proceder, terminar.

sa.li.tre *s.m.* salitre; nitro.

sa.li.va.ción *s.f.* salivação.

sa.li.va.jo *s.m.* cusparada.

sal.món *s.m. Zool.* salmão.

sal.mue.ra *s.f.* salmoura.

sa.lo.bre *adj.* salobro, salobre.

sa.lón *s.m. aum.* salão, sala grande.

sal.pi.ca.de.ro *s.m.* painel do automóvel.

sal.pi.ca.du.ra *s.f.* mancha, respingo.

sal.pi.car *v.i* e *v.t.* respingar; borrifar; espalhar.

sal.sa *s.f.* salsa, molho.

sal.se.ra *s.f.* salseira, molheira.

sal.ta.mon.tes *s.m. Zool.* gafanhoto, saltão.

sal.tar *v.i.* saltar, pular; rebentar; *Fig.* sobressair.

sal.ta.rín *s.m.* e *adj.* saltarilho, bailarino; *Fig.* inquieto; trêfego.

sal.te.a.mien.to *s.m.* salteamento, assalto.

sal.te.ar *v.t.* saltear, assaltar, atacar; *Fig.* fritar em fogo vivo e levemente.

sal.te.rio *s.m.* saltério.

sal.tim.ban.qui *s.m.* saltimbanco.

sal.to *s.m.* salto.

sa.lu.bri.dad *s.f.* salubridade.

sa.lud *s.f.* saúde.

sa.lu.da.ble *adj.* saudável.

sa.lu.da.dor *adj.* curandeiro.

sa.lu.dar *v.t.* saudar, cumprimentar; *Mil.* dar salvas.

sa.lu.do *s.m.* saudação, cumprimento.

sa.lu.ta.ción *s.f.* saudação, cumprimento.

sal.va *s.f.* ação de provar a comida; saudação.

sal.va.ba.rros *s.m.* pára-lama.

sal.va.ción *s.f.* salvação.

sal.va.do *p.p. de salvar; s.m.* sêmea, farelo; *adj.* salvado, salvo.

sal.va.guar.dia *s.m.* salvaguarda, salvo-conduto; *Fig.* garantia.

sal.va.je *adj.* selvagem, selvático; bárbaro; inculto; bravio.

sal.va.jis.mo *s.m.* selvageria, selvatiqueza.

sal.va.ma.no *adv.* sem perigo.

sal.var *v.t.* salvar; *v.r.* ressalvar; ultrapassar a marca.

sal.va.vi.das *s.m.* salva-vidas.

sal.ve *interj.* saudação angélica; oração à Virgem; salve.

sal.ve.dad *s.f.* ressalva, escusa, desculpa.

sal.vo.con.duc.to *s.m.* salvoconduto.

san *adj.* são (santo).

sa.nar *v.t* sanar, sarar, curar; moralizar.

sa.na.to.rio *s.m.* sanatório; hospital.

san.ción *s.f.* sanção.

san.da.lia *s.f.* sandália.

san.dez *s.f.* sandice, tolice.

san.dí.a *s.f.* melancia.

san.dio *adj.* sandeu, bobalhão.

san.dun.ga *s.f. Fam.* garbo, graça; boa aparência.

sánd.wich *s.m.* sanduíche.

sa.ne.a.do *adj.* desonerado, livre de impostos.

sa.ne.a.mien.to *s.m.* saneamento.

sa.ne.ar *v.t.* sanear.

san.gra.dor *s.m.* sangrador.

san.grar *v.t.* sangrar; *Fam.* furtar.

san.gre *s.f.* sangue; raça; estirpe; fazenda; ferimento.

san.grí.a *s.f.* sangria; *Fig.* roubo, furto; corte; bebida.

san.grien.to *adj.* sangrento, cruento, ensangüentado.

san.gui.jue.la *s.f.* sanguessuga.

sa.ni.dad *s.f.* sanidade.

sa.ni.ta.rio *adj.* sanitário; relativo à saúde; *s.m* funcionário do serviço de saúde.

sa.no *adj.* são; sã.

san.se.a.ca.bó *expr. Fam.* e fim de papo.

san.tia.mén (en un) *expr. Fam.* rapidamente.

san.ti.fi.car *v.t.* santificar, canonizar.

san.ti.gua.de.ra *s.f.* benzedura, benzedeira.

san.ti.guar *v.t.* benzer-se.

san.tu.rrón *s.m.* e *adj.* beato, santarrão.

sa.que.o *s.m.* saqueio; saque.

sa.ram.pión *s.m. Med.* sarampo.

sa.ra.sa *s.m. Fam.* homem efeminado; maricas.

sar.cia *s.f.* carga; fardo.

sar.di.na *s.f.* sardinha.

sar.ga *s.f.* sarja (tecido).

sar.ga.ti.llo *s.m. Bot.* espécie de salgueiro.

sar.pu.lli.do *s.m.* erupção cutânea.

sa.rro *s.m.* tártaro.

sar.ta *s.f.* série, fileira.

sar.tén *s.f.* frigideira.

sas.tre *s.m.* alfaiate.

sa.tén *s.m.* cetim.

sa.ti.na.do *adj.* acetinado.

sa.ti.nar *v.t.* acetinar.

sa.tis.fac.ción *s.f.* prazer, alegria, contentamento.

sa.tis.fe.cho *adj.* satisfeito; contente.

sau.ce *s.m. Bot.* chorão; salgueiro.

sa.via *s.f.* seiva.

sa.xo.fón *s.m.* saxofone.

sa.zón *s.m.* maturação; ocasião; gosto e sabor das comidas.

sa.zo.nar *v.t.* temperar.

se.bo *s.m.* sebo, gordura.

se.ca.de.ro *adj.* secadouro, enxugadouro.

se.ca.dor *s.m.* secadora (de roupa); secador de cabelo; *Amér.* rodo.

se.ca.no *s.m.* região seca; banco de areia.

sec.ción *s.f.* secção.

sec.cio.nar *v.t.* seccionar.

se.cre.ta.ria.do *s.m.* secretaria.

se.cre.to *s.m.* segredo; *adj.* secreto; oculto.

se.cre.to.rio *adj.* secretor, que segrega.

sec.ta *s.f.* seita, doutrina defendida por algum mestre célebre que é seguida por outros; falsa religião.

sec.tor *s.m.* setor; parte de uma classe ou coletividade.

se.cuaz *adj.* sequaz, partidário de uma doutrina ou opinião.

se.cue.la *s.f.* seqüela; resultado; consequência.

se.cues.trar *v.t.* seqüestrar; isolar.

sed *s.f.* sede.

se.da.ción *s.f.* sedação, sedativo; calmante.

se.dar *v.t.* sedar; acalmar; tranqüilizar.

se.de.ra *s.f.* escovinha; broxa de cerdas.

se.di.cien.te *adj.* pretenso, fingido; imaginado; suposto.

se.di.ción *s.f.* sedição; perturbação da ordem pública.

se.dien.to *adj.* sedento, sequioso.

se.du.cir *v.t.* seduzir; encantar; atrair.

se.ga.dor *s.m.* ceifador; *s.f.* colheitadeira.

se.glar *adj.* secular; mundano; leigo, temporal; civil.

se.gui.de.ro *s.m.* pauta (para escrever).

se.gui.mien.to *s.m.* seguimento, acompanhamento.

se.guir *v.t.* seguir; perseguir; acompanhar; continuar; atender; aderir.

se.gún *prep.* segundo, conforme, consoante.

se.gur *s.f.* machado grande; machada; foice.

se.gu.ran.za *s.f.* segurança.

se.gu.ri.dad *s.f.* segurança; *Com.* caução, fiança.

se.lec.ción *s.f.* seleção; eleição.

se.lec.cio.nar *v.t.* selecionar.

se.lec.ti.vi.dad *s.f.* seletividade; exame vestibular.

se.llar *v.t.* selar; carimbar.

se.llo *s.m.* selo; sinete; carimbo.

se.ma.na.rio *adj.* semanal.

sem.blan.za *s.f.* semelhança; aparência.

sem.bra.de.ra *s.f.* semeador (máquina).

sem.bra.dí.o *adj.* terra boa para semear ou destinada à sementeira.

sem.brar *v.t.* semear.

se.me.jan.te *adj.* semelhante.

se.me.jan.za *s.f.* semelhança; parecença.

se.men.te.ra *s.f.* sementeira, semeadura.

se.mes.tral *adj.* semestral.

se.mi.cír.cu.lo *s.f. Geom.* semicírculo; hemiciclo.

se.mi.cor.che.a *s.f. Mús.* semicolcheia.

se.mi.diós *s.m.* semideus.

se.mi.fu.sa *s.f. Mús.* semifusa.

se.mi.lla *s.f.* semente; *Fig.* origem, procedência.

se.mi.lle.ro *s.m.* seminário; viveiro.

se.mi.to.no *s.m. Mús.* semitom, gradação.

se.mi.vo.cal *s.f.* semivogal.

sé.mo.la *s.f.* sêmola; trigo candial descascado.

se.na.dor *s.m.* senador.

sen.ci.llez *s.f.* simplicidade.

sen.ci.llo *adj.* simples, singelo; ingênuo, simplório; *Chile* troco, dinheiro miúdo.

sen.da *s.f.* senda, vereda.

sen.de.ro *s.m.* vereda, caminho, senda.

sen.dos *adj. pl.* distributivo: um para cada um; cada um com o seu.

se.nil *adj.* relativo à velhice.

se.ni.li.dad *s.f.* senilidade.

se.no *s.m.* seio, peito; *Fig.* abrigo.

sen.sa.ción *s.f.* sensação; percepção.

sen.sa.tez *s.f.* sensatez.

sen.sa.to *adj.* sensato.

sen.si.bi.li.zar *v.t.* sensibilizar.

sen.si.ble *adj.* sensível.

sen.si.ble.rí.a *s.f.* sentimentalismo exagerado ou falso.

sen.si.ti.vo *s.m.* e *adj.* sensitivo, sensível.

sen.so.rio *adj.* sensório, sensível.

sen.ta.do *p.p. de sentar; adj.* sentado; sensato; discreto.

sen.tar *v.t.* sentar; agradar; *v.i.* assentar; *v.r.* sentar-se, assentar-se.

sen.ten.cia *s.f.* sentença; ditame; decisão.

sen.ten.ciar *v.t.* sentenciar, condenar.

sen.ti.do *p.p.de sentir; adj.* sentido; percebido; magoado; *s.m.* sentido; senso; bom-senso; significado; direção; propósito.

sen.ti.mien.to *s.m.* sentimento; desgosto; mágoa.

sen.tir *s.m.* opinião, ponto de vista; *v.t.* sentir; perceber; *v.r.* sentir-se.

se.ña *s.f.* senha, sinal; *Mil.* palavra de passe; aceno, gesto; dobre (sino); *pl.* endereço.

se.ñal *s.f.* sinal; limite; nota; cicatriz; adiantamento (dinheiro); portento.

se.ña.la.do *p.p. de señalar; adj.* assinalado, insigne, famoso.

se.ña.lar *v.t.* assinalar; assinar; anunciar; marcar; distinguir-se.

se.ña.li.za.ción *s.f.* sinalização.

se.ña.li.zar *v.t.* sinalizar.

se.ñe.ro *adj.* só; único, isolado.

se.ñor *s.m.* senhor, amo; dono; patrão.

se.ño.ra *s.f.* senhora, dama; esposa; dona; sogra.

se.ño.re.ar *v.t.* senhorear, dominar; tomar (algo de alguém).

se.ño.rí.a *s.f.* senhoria; soberania; mando; domínio.

se.ño.rial *adj.* senhorial, senhoril; nobre; de fidalgo ou senhor.

se.ño.rí.o *s.m.* domínio, senhorio; gravidade, seriedade; ar imponente.

se.ño.ri.ta *s.f.* senhorita, senhorinha, moça, donzela; filha; menina; nhazinha.

se.ño.ri.to *s.m.* senhorito, rapaz mimado, *play-boy*, nhozinho.

se.ñue.lo *s.m.* isca, chamariz, engodo.

se.o *s.f.* sé, igreja matriz; catedral.

se.pa.ra.ción *s.f.* separação, afastamento.

se.pa.ra.do *p.p. de separar; adj.* separado; divorciado, afastado.

se.pa.rar *v.t.* afastar; separar.

se.pe.lio *s.m.* enterro, inumação.

sep.tiem.bre *s.m.* setembro.

sép.ti.mo *adj.* sétimo.

se.pul.tu.ra *s.f.* sepultura, túmulo.

se.pul.tu.re.ro *s.m.* coveiro.

se.que.dad *s.f.* sequidão, secura; *Fig.* aspereza (de voz ou maneiras).

se.que.ro.so *adj.* sequioso; ressequido.

se.quí.a *s.f.* sequidão, estiagem, seca.

sé.qui.to *s.m.* séquito, comitiva, cortejo.

ser *s.m.* ser, ente; *v. pred.* ser; *v.i.* acontecer; pertencer; custar.

se.ra.no *s.m.* serão; sarau; passatempo.

se.re.na *s.f.* sereno; música de serenata.

se.rial *s.f.* novela (rádio ou TV) por capítulos.

se.rie *s.f.* série; ordem.

se.rie.dad *s.f.* seriedade, gravidade.

se.rio *adj.* sério, severo, grave; real.

ser.món *s.m.* sermão, prédica.

ser.mo.ne.ar *v.i.* pregar; admoestar, repreender.

ser.na *s.f.* herdade; terra de semeadura.

ser.pen.te.ar *v.i.* avançar em ziguezague.

ser.pen.ti.na *s.f.* conduto metálico para esfriar líquidos; fita colorida de papel.

ser.pien.te *s.f.* serpente; *Fig.* o demo.

se.rra.llo *s.m.* serralho, harém, gineceu; prostíbulo, alcoice, bordel.

se.rra.no *adj.* serrano, montanhês, montesino.

se.rrar *v.t.* serrar.

se.rrín *s.m.* serragem.

se.rru.cho *s.m.* serrote.

ser.vi.ble *adj.* servível, útil.

ser.vi.cial *adj.* prestimoso, prestativo.

ser.vi.cio *s.m.* serviço; proveito, favor; clister; baixela; estado de servo ou criado.

ser.vi.dor *s.m.* servente; *Inform.* servidor, computador que provê uma rede.

ser.vi.dum.bre *s.f.* servidão.

ser.vi.lle.ta *s.f.* guardanapo.

ser.vir *v.i.* servir, prestar; *v.r.* servir-se; dignar-se

se.se.ar *v.i.* pronunciar a letra *c* como *s*.

se.se.ra *s.f.* cérebro; crânio.

ses.gar *v.t.* enviesar, esguelhar; inclinar.

ses.go *adj.* torcido; oblíquo; inclinado; tranqüilo; *s.m.* rumo, direção.

se.sión *s.f.* sessão.

se.so *s.m.* miolo; siso; juízo.

se.su.do *adj.* sisudo; prudente; sensato.

se.ta *s.f. Bot.* cogumelo comestível.

se.te.ar *v.t. Inform.* setar, ajustar, configurar.

se.to *s.m.* sebe, cerca.

seu.do *pref.* pseudo, suposto, falso.

seu.dó.ni.mo *adj.* pseudônimo.

se.ve.ri.dad *s.f.* severidade; rigor e aspereza.

si *conj.* se; *s.m. Mús.* si, nota musical.

sí *adv.* sim; *pron. pes.* si.

si.da *s.m.* aids, síndrome da imunodeficiência adquirida.
si.de.rur.gía *s.f.* siderurgia.
sie.ga *s.f.* sega, ceifa.
siem.bra *s.f.* sementeira, semeadura.
siem.pre *adv.* sempre.
sien *s.f.* têmpora.
sier.pe *s.f.* serpente, serpe, cobra.
sie.rra *s.f.* serra.
sier.vo *s.m.* servo.
sies.ta *s.f.* sesta.
sie.te *adj.* sete.
si.gla *s.f.* sigla.
si.glo *s.m.* século.
sig.no *s.m.* signo, sinal.
si.guien.te *adj.* seguinte.
sí.la.ba *s.f.* sílaba, divisão da palavra em fonemas ou conjunto de fonemas.
sí.la.bo *s.m.* lista; índice; catálogo.
sil.ba *s.f.* assobio; vaia; apupo.
sil.bar *v.i.* assobiar; vaiar.
sil.ba.to *s.m.* apito; assobio.
sil.bi.do *s.m.* silvo; assobio.
si.len.cio *s.m.* silêncio, ausência de som; sigilo; *interj.* silêncio!
si.li.co.na *s.f.* silicone.
si.lla *s.f.* cadeira; sela.
si.lli.co *s.m.* urinol.
si.llín *s.m.* selim.
si.llón *s.m. aum.* poltrona; cadeira de braços.
si.lue.ta *s.f.* silhueta; perfil.
sím.bo.lo *s.m.* símbolo; emblema.
si.mien.te *s.f.* semente.
sim.pa.tí.a *s.f.* simpatia.
sim.pa.ti.zar *v.i.* ter simpatia.
sim.ple *adj.* simples.

sim.pli.ci.dad *s.f.* simplicidade; candura.
sim.pli.fi.ca.ción *s.f.* simplificação.
sim.plón *adj. Fam.* simplório.
si.mu.la.ción *s.f.* simulação, fingimento, disfarce.
si.mu.la.cro *s.m.* representação.
sin *prep.* sem.
sin.ce.rar *v.t.* e *v.r.* defender(-se); justificar(-se).
sin.ce.ro *adj.* sincero; aberto.
sín.co.pe *s.m. Gram.* síncope.
sin.cro.ni.zar *v.t.* sincronizar.
sin.di.ca.to *s.m.* sindicato.
sín.di.co *s.m.* síndico; auditor.
sín.dro.me *s.m.* síndrome.
sin.fín *s.m.* sem-fim; sem-número.
sin.glar *v.i.* singrar; navegar.
si.no *conj.* senão; mas.
si.no *s.m.* sina, fado, sorte, destino.
sin.ra.zón *s.f.* sem-razão; injustiça.
sin.sa.bor *s.m.* sensabor; desgosto.
sin.ta.xis *s.f. Gram.* sintaxe.
sín.te.sis *s.f.* síntese.
sin.to.ní.a *s.f.* sintonia, adequação de sons; vinheta musical, *jingle*; audiência; *Fig.* harmonia.
si.nu.si.tis *s.f.* sinusite.
sin.ver.güen.za *adj.* e *s. amb. Fam.* sem-vergonha.
si.quie.ra *conj.* sequer.
si.re.na *s.f.* sereia, sirene.
sir.vien.te *adj.* servente; criado.
sis.te.ma *s.m.* sistema; método; maneira; *Inform.* conjunto de programas e dados; *sistema operativo* sistema operacional.

si.tiar *v.t.* cercar; assediar; sitiar.
si.tio *s.m.* lugar, local, sítio; *Inform. site*, qualquer servidor ou endereço da *web* (Internet).
si.tua.ción *s.f.* situação, localização.
si.tuar *v.t.* colocar; destinar.
so.ba *s.f.* sovadura; sova; surra; tunda.
so.ba.co *s.m.* sovaco, axila.
so.ba.do *adj.* sovado, surrado.
so.ba.jar *v.t.* amarrotar, amarfanhar; enxovalhar.
so.bar *v.t.* sovar; esfregar; surrar.
so.be.ra.no *s.m.* soberano; *adj.* excelente; *Pop.* a libra esterlina.
so.ber.bio *adj.* soberbo.
so.bi.na *s.f.* prego de madeira.
so.bor.nar *v.t.* dar propina; subornar.
so.bor.no *s.m.* suborno.
so.bra *s.f.* excesso, sobra.
so.bra.di.llo *s.m.* alpendre (sobre uma porta ou janela).
so.bra.do *p.p. de sobrar; adj.* em excesso, abundante.
so.bran.te *adj.* restante.
so.brar *v.i.* exceder; ficar sobrando, restar.
so.bre *prep.* acerca de, sobre, por volta de, em cima.
so.bre *s.m.* envelope.
so.bre.cal.za *s.f.* plaina.
so.bre.ca.ma *s.f.* colcha.
so.bre.car.ga *s.f.* sobrecarga.
so.bre.ce.ja *s.f.* sobrolho.
so.bre.ce.jo *s.m.* sobrecenho; cenho.
so.bre.ce.ño *s.m.* sobrecenho (muito severo).
so.bre.co.ger *v.t.* surpreender; colher desprevenido.

so.bre.do.sis *s.f.* overdose.

so.bre.lle.no *adj.* muito cheio; superabundante; transbordante.

so.bre.lle.var *v.t.* sobrelevar; exceder.

so.bre.ma.ne.ra *adv.* excessivamente.

so.bre.nom.bre *s.m.* apelido; pseudônimo.

so.bren.ten.der *v.t.* subentender.

so.bre.pa.ga *s.f.* sobrepaga; sobre o salário, abono.

so.bre.pa.sar *v.t.* exceder.

so.bre.pe.so *s.m.* sobrecarga.

so.bre.po.ner *v.t.* sobrepor.

so.bre.pre.cio *s.m.* aumento no preço comum.

so.bre.pro.duc.ción *s.f.* superprodução.

so.bre.pu.jar *v.t.* sobrepujar.

so.bre.sa.lir *v.i.* sobressair; avultar.

so.bre.sal.tar *v.t.* sobressaltar.

so.bre.sal.to *s.m.* sobressalto.

so.bres.cri.bir *v.t.* sobrescrever; endereçar.

so.bres.cri.to *p.p. de sobrescribir; adj.* sobrescrito; *s.m.* endereço.

so.bres.drú.ju.la *s.f.* palavra ou vocábulo com acento na quarta sílaba, ex: *envíaselo*.

so.bre.se.er *s.m.* sobrestar; cessar; desistir.

so.bre.sei.mien.to *s.m.* desistência; suspensão.

so.bres.ti.mar *v.t.* superestimar.

so.bre.suel.do *s.m.* gratificação; paga extra.

so.bre.to.do *s.m.* sobretudo.

so.bre.ve.nir *v.i.* sobrevir; suceder, acontecer.

so.bre.vi.vien.te *adj.* sobrevivente.

so.bre.vi.vir *v.i.* sobreviver.

so.brie.dad *s.f.* sobriedade; frugalidade; temperança.

so.bri.no *s.m.* sobrinho.

so.brio *adj.* sóbrio; comedido, parco; frugal.

so.ca.li.ña *s.f.* ardil.

so.ca.pa *s.f.* socapa; pretexto; disfarce; desculpa.

so.ca.rrar *v.t.* chamuscar.

so.ca.rrón *adj.* socarrão, astuto.

so.ca.vón *s.m.* socavão, socava; cova escavada, escavação.

so.cie.dad *s.f.* sociedade.

so.cio *s.m.* sócio, associado.

so.cio.lo.gí.a *s.f.* sociologia.

so.co.rrer *v.t.* ajudar, socorrer, acudir.

so.co.rro *s.m.* ajuda, socorro.

so.da *s.f.* soda.

so.ez *adj.* vil; ruim.

so.fá *s.f.* sofá; divã.

so.fis.ti.ca.ción *s.f.* sofisticação.

so.fis.ti.car *v.t.* sofisticar, esnobar.

so.fo.car *v.t.* sufocar.

so.fo.co *s.m.* sufocação; mágoa, aflição.

so.fre.ír *v.t.* frigir de leve; refogar.

so.fre.nar *v.t.* sofrear, reprimir.

so.fri.to *p.p. de sofreír; s.m.* condimento refogado.

so.ga *s.f.* soga; baraço, laço de forca, corda ou correia grossa; *Fig.* pessoa inescrupulosa.

so.ja *s.f.* soja.

so.juz.gar *v.t.* subjugar.

sol *s.m.* sol (astro, nota musical e moeda peruana).

so.la.dor *s.m.* assoalhador, ladrilhador.

so.la.men.te *adv.* somente.

so.la.na *s.f.* soalheiro; galeria ou ponto onde se apanha sol.

so.la.ne.ra *s.f.* insolação.

so.la.pa *s.f.* lapela; *Fig.* ardil, simulação, artimanha.

so.la.par *v.t.* pôr lapela; *Fig.* dissimular, disfarçar.

so.lar *s.m.* solar, mansão; linhagem; casa nobre; terreno para construção; *adj.* solar (do sol); *v.t.* assoalhar, pôr sola.

so.laz *s.m.* alívio, conforto, solaz, distração, recreio.

so.la.zar *v.t.* aliviar, confortar; recrear.

so.la.zo *s.m. Fam.* sol forte e ardente.

so.la.zo.so *adj.* que causa distração ou prazer.

sol.da.da *s.f.* soldo, salário.

sol.da.do *s.m.* soldado.

sol.da.du.ra *s.f.* soldadura.

sol.dar *s.f.* soldar.

so.le.ar *v.t.* assoalhar; apanhar insolação.

so.le.dad *s.f.* soledade, solidão.

so.le.dum.bre *s.f.* lugar solitário e estéril; deserto.

so.lem.ne *adj.* solene.

so.lem.ni.zar *v.t.* solenizar.

so.ler *v.i.* soer, costumar.

so.le.ra *s.f.* soleira.

so.le.ta *s.f.* palmilha.

so.le.va.ción *s.f.* sublevação; levantamento.

sol.fa *s.f.* solfa, solfejo.

sol.fe.ar *v.t.* solfejar.

sol.fe.o *s.m.* solfejo, *Fam.* surra; tunda.

so.li.ci.tar *v.t.* solicitar.

so.lí.ci.to *adj.* solícito.

so.li.ci.tud *s.f.* solicitude.

so.li.dar *v.t.* consolidar; firmar.

so.li.da.ri.dad *s.f.* solidariedade.

so.li.da.rio *adj.* solidário.

so.li.de.o *s.m.* solidéu.

so.li.dez *s.f.* solidez.

só.li.do *adj.* sólido.

so.li.ta.ria *s.f.* solitária; tênia parasita.

so.li.ta.rio *adj.* solitário.

so.lla.do *s.m. Mar.* porão de navio.

so.lla.mar *v.t.* chamuscar.

so.llo.zar *v.i.* soluçar.

so.llo.zo *s.m.* soluço.

so.lo *adj.* só, sozinho; solitário; único; *s.m. Mús.* solo.

só.lo *adv.* só, somente, apenas.

so.lo.mi.llo *s.m.* acém; lombinho.

sol.tar *v.t.* soltar, desprender.

sol.te.ro *adj.* solteiro, celibatário.

sol.te.rón *adj.* solteirão.

sol.tu.ra *s.f.* soltura; agilidade.

so.lu.ble *adj.* solúvel.

so.lu.ción *s.f.* solução.

so.lu.cio.nar *v.t.* resolver, solucionar.

sol.ven.cia *s.f.* solvência.

sol.ven.tar *v.t.* resolver; solver; pagar o devido.

sol.ven.te *adj.* solvente.

so.ma *s.f.* rolão, parte mais grossa da farinha.

so.man.ta *s.f. Fam.* tunda; surra.

som.bra *s.f.* sombra.

som.bre.ar *v.t.* sombrear.

som.bre.ro *s.m.* chapéu, sombreiro.

som.bri.lla *s.f.* sombrinha; guarda-sol.

som.brí.o *adj.* sombrio.

so.me.ro *adj.* aparente; *Fig.* ligeiro; superficial.

so.me.ter *v.t.* submeter; sujeitar.

som.ní.fe.ro *adj.* sonífero.

som.no.len.cia *s.f.* sonolência.

so.na.ble *adj.* sonoro, ruidoso; famoso, notável.

so.na.de.ro *s.m.* lenço (para assoar o nariz).

so.na.je.ro *s.m.* guizo; chocalho.

so.nám.bu.lo *s.m.* sonâmbulo.

so.nar *v.i.* soar; ecoar.

son.da *s.f.* sonda.

son.dar *v.t.* sondar; medir o fundo.

son.de.ar *v.t.* sondar; medir o fundo.

son.de.o *s.m.* sondagem.

so.ni.do *s.m.* som; *Fig.* notícia; fama.

so.no.ro *adj.* sonoro; com som.

son.re.ír *v.i.* sorrir.

son.rien.te *adj.* sorridente, risonho; alegre.

son.ri.sa *s.f.* sorriso.

son.ro.dar.se *v.r.* atolarem-se as rodas de um veículo.

son.ro.jar *v.t.* envergonhar; ruborizar, corar.

son.ro.jo *s.m.* rubor; pejo.

son.ro.sar *v.t.* tornar cor-de-rosa; *v.r.* rosar-se; ruborizar-se.

son.ro.se.o *s.m.* rubor (das faces).

so.ña.dor *adj.* sonhador, idealista.

so.ñar *v.i.* sonhar, ter sonhos; *Fig.* fantasiar, idealizar.

so.ño.len.to *adj.* sonolento.

so.pa *s.f.* sopa.

so.par *v.t.* ensopar.

so.pe.ra *s.f.* sopeira.

so.pe.sar *v.t.* avaliar o peso; sopesar.

so.pe.tón *s.m.* sopapo, bofetão; *de sopetón* de supetão; de súbito.

so.plar *v.i.* assoprar.

so.ple.te *s.m.* maçarico.

so.plo *s.m.* sopro; bafejo; aragem.

so.plón *adj. Fam.* delator.

so.plo.ne.ar *v.t. Fam.* acusar, denunciar.

so.pon.cio *s.m. Fam.* desmaio; delíquio.

so.por *s.m. Med.* torpor, adormecimento.

so.po.rí.fe.ro *s.m.* soporífero, sonífero.

so.por.tar *v.t.* suportar.

so.pun.tar *v.t.* pontear; destacar.

so.que.te *s.m. Amér.* meia curta.

sor *s.f.* sóror.

sor.ber *v.t.* sorver.

sor.be.te *s.m.* sorvete.

sor.bo *s.m.* sorvo, gole, trago.

sor.de.ra *s.f.* surdez.

sór.di.do *adj.* sórdido; sujo; repugnante.

sor.di.na *s.f. Mús.* surdina.

sor.do *adj.* surdo.

sor.do.mu.do *s.m.* e *adj.* surdo-mudo.

sor.pren.der *v.t.* surpreender.

sor.pre.sa *s.f.* surpresa.

sor.te.ar *v.t.* sortear.

sor.te.o *s.m.* sorteio.

sor.ti.ja *s.f.* anel.

so.sa *s.f. Quím.* soda.

so.se.ra ou **so.se.rí.a** *s.f.* insipidez; tolice; falta de graça.

so.sias *s.f.* sósia.

so.sie.go *s.m.* sossego; descanso.

sos.la.yo *s.m.* de lado; de soslaio.

so.so *adj.* insosso; insípido.

sos.pe.cha *s.f.* suspeita.

sos.pe.char *v.t.* suspeitar; supor.

sos.pe.cho.zo *adj.* suspeito.

sos.quín *s.m.* golpe dado de esguelha, enviesadamente.

sos.tén *s.m.* sutiã; sustento; suporte; *Fig.* apoio; arrimo.

sos.te.ner *v.t.* sustentar, suster.

sos.te.ni.do *p.p. de sostener; adj.* sustentado.

so.ta.na *s.f.* sotaina, batina.

só.ta.no *s.m.* porão.

so.te.cha.do *s.m.* telheiro; alpendre.

so.te.rrar *v.t.* enterrar, soterrar.

so.ya *s.f.* soja.

stan.dar(d) *s.m. standard*, padrão.

stan.da.ri.zar *v.t.* padronizar.

su *pron. pos.* e *conj.* seu, sua.

sua.ve *adj.* e *adv.* suave; *Fig.* delicado.

sua.vi.zar *v.t.* abrandar, suavizar.

su.bal.ter.no *s.m.* subordinado.

su.ba.rren.dar *v.t.* subarrendar; sublocar.

su.bas.ta *s.f.* leilão.

su.bas.tar *v.t.* vender em hasta pública ou leilão.

sub.de.sa.rro.lla.do *adj.* subdesenvolvido; atrasado.

sub.de.sa.rro.llo *s.m.* subdesenvolvimento; atraso.

súb.di.to *adj.* súdito.

su.bes.ti.mar *v.t.* e *v.r.* subestimar(-se).

su.bir *v.i.* subir.

sú.bi.to *adj.* súbito, brusco.

sub.je.ti.vo *adj.* não objetivo; parcial; subjetivo.

sub.jun.ti.vo *s.m. Gram.* subjuntivo, modo verbal.

su.bli.me *adj.* sublime; máximo.

sub.ra.yar *v.t.* sublinhar.

sub.sa.nar *v.t.* remediar; reparar.

subs.cri.bir *v.t.* subscrever; assinar em baixo.

subs.crip.ción *s.f.* assinatura de revista; publicação.

subs.crip.tor *s.m.* assinante.

sub.si.dia.rio *adj.* subsidiário.

sub.si.dio *s.m.* subsídio, subvenção.

sub.si.guien.te *adj.* subseqüente.

sub.sis.ten.cia *s.f.* subsistência.

subs.tan.cia *s.f.* substância.

subs.tan.cio.so *adj.* substancioso; que tem substância.

subs.tra.er *v.t.* subtrair; subtrair-se; esquivar-se.

sub.sue.lo *s.m.* subsolo.

sub.te.nien.te *s.m. Mil.* subtenente.

sub.ter.fu.gio *s.m.* subterfúgio.

sub.te.rrá.ne.o *adj.* subterrâneo.

sub.tí.tu.lo *s.m.* subtítulo.

su.bur.bio *s.m.* subúrbio.

sub.ve.nir *v.t.* socorrer; amparar; ajudar.

sub.ver.si.vo *adj.* subversivo.

sub.yu.gar *v.t.* subjugar.

suc.ción *s.f.* sucção.

suc.cio.nar *v.t.* sugar, chupar.

su.ce.dá.ne.o *adj.* sucedâneo.

su.ce.der *v.i.* suceder; proceder; descender; realizar; acontecer.

su.ce.di.do *p.p. de suceder; adj.* sucedido; *s.m.* acontecimento.

su.ce.sión *s.f.* sucessão; série; transmissão; prole.

su.ce.si.vo *adj.* sucessivo, seguinte; posterior.

su.ce.so *s.m.* sucesso; evento; acontecimento.

su.cie.dad *s.f.* sujidade, imundície, porcaria; *Fig.* obscenidade.

su.cin.to *adj.* sucinto; resumido, conciso.

su.cio *adj.* sujo, imundo; porco; obsceno.

su.cum.bir *v.i.* sucumbir, perecer.

su.dar *v.i.* suar, transpirar; destilar; fatigar-se.

su.da.rio *s.m.* sudário; mortalha.

su.do.es.te *s.m.* sudoeste.

su.dor *s.m.* suor, transpiração; *Fig.* fadiga.

sue.gro, gra *s.m.* e *s.f.* sogro(a).

sue.la *s.f.* sola, couro de boi; linguado (peixe); *pl.* sandálias.

suel.do *s.m.* soldo, paga estipêndio, salário; moeda antiga.

sue.lo *s.m.* solo, chão; piso, andar; casco de cavalo.

suel.ta *adj.* soltura, desembaraço, agilidade; sítio, local; peia.

suel.to *p.p. de soltar; adj.* solto, livre; desatado; avulso; pouco compacto; *s.m.* trocado (dinheiro), troco; pequeno artigo de um jornal.

sue.ño *s.m.* sonho; divagação; coisa fantástica.

sue.ro *s.m.* soro.

suer.te *s.f.* sorte, dita, fado; maneira, modo; condição; bilhete lotérico.

su.fi.cien.cia *s.f.* suficiência; idoneidade.

su.fi.cien.te *adj.* suficiente; idôneo.

su.fra.gar *v.t.* sufragar; favorecer; custear.

su.fra.gio *s.m.* auxílio; voto, sufrágio.

su.fri.mien.to *s.m.* sofrimento, padecimento; paciência.

su.frir *v.t.* sofrer; consentir; tolerar, suportar; ter paciência; conformar-se.

su.ge.ren.cia *s.f. Amér.* sugestão, inspiração, insinuação.

su.ge.rir *v.t.* sugerir, insinuar.

su.ges.tión *s.f.* sugestão; ato de sugestionar.

su.ges.tio.nar *v.t.* e *v.r.* sugestionar(-se); impressionar(-se).

sui.ci.dar.se *v.r.* suicidar-se; cometer suicídio.

sui.ci.dio *s.m.* suicídio.

sui.zo *adj.* suíço.

su.je.ción *s.f.* sujeição; subordinação.

su.je.ta.dor *s.m.* sutiã; que segura.

su.je.tar *v.t.* sujeitar.

su.je.to *p.p. de sujetar; adj.* e *s.m.* sujeito.

sul.fu.rar *v.t.* sulfurar, enxofrar; *v.t.* e *v.r.* irritar(-se).

su.ma *s.f.* soma; produção; recopilação.

su.mar *v.t.* somar, adicionar; juntar; sumariar; recopilar.

su.ma.ria *s.f. For.* sumário; processo escrito.

su.mer.gir *v.t.* submergir; afundar.

su.mi.de.ro *s.m.* sumidouro.

su.mi.nis.tro *s.m.* abastecimento, fornecimento.

su.mir *v.t.* afundar; *Fig.* abstrair; *v.r* afundar-se em um assento, em um pensamento.

su.mi.sión *s.f.* submissão, sujeição.

su.mi.so *adj.* submisso, humilde, obediente.

su.mo *adj.* máximo, supremo.

sun.tuo.so *adj.* suntuoso, faustoso.

su.pe.di.tar *v.t. Fig.* sujeitar, submeter; oprimir.

sú.per *adj.* excelente, super.

su.per.che.ri.a *s.f.* dolo, fraude, engano, embuste.

su.pe.rior *s.m.* e *adj.* superior, chefe.

su.per.po.ner *v.t.* sobrepor, superpor.

su.per.po.si.ción *s.f.* superposição, sobreposição.

su.per.vi.sar *v.t.* fiscalizar, inspecionar.

su.per.vi.ven.cia *s.f.* sobrevivência.

su.ple.men.ta.rio *adj.* suplementar.

su.pli.ca.to.ria *s.f. For.* precatória.

su.plir *v.t.* suprir, abastecer; remediar.

su.po.ner *v.t.* supor, simular.

su.po.si.ción *s.f.* suposição, simulação; hipótese.

su.pues.to *p.p. de suponer; adj.* suposto, hipotético; *s.m.* suposição; *¡por supuesto!* evidentemente! claro!

su.pu.rar *v.i.* supurar.

sur *s.m.* sul; vento meridional.

sur.car *v.t.* sulcar, riscar.

sur.co *s.m.* sulco, rego, risco; ruga; fenda.

sur.ti.do *adj.* sortimento.

sur.ti.dor *adj.* fornecedor; *s.m.* repuxo (de água).

sus.cep.ti.ble *adj.* suscetível; capaz.

sus.ci.tar *v.t.* provocar, causar.

sus.cri.bir *v.t.* subscrever.

su.so.di.cho *adj.* sobredito; aludido.

sus.pi.ro *s.m.* suspiro, aspiração forte e prolongada; suspiro, bolo muito leve feito de farinha, ovo e açúcar.

su.su.rrar *v.i.* murmurar; *Fig.* fofocar.

su.ti.le.za ou **su.ti.li.dad** *s.f.* sutileza; delicadeza; *Fig.* perspicácia.

t *s.f.* vigésima primeira letra do alfabeto espanhol; T, t.

ta.ba.co *s.m. Bot.* tabaco; charuto; fumo.

ta.ba.na.zo *s.m. Fam.* pancada com a mão; bofetada.

ta.ba.o.la *s.f.* algazarra, bulha, barulho.

ta.ba.que *s.m.* cestinha, açafate; tachinha.

ta.ber.na *s.f.* taberna, bodega, bar.

ta.bla *s.f.* tábua, prancha; mesa; balcão; barra; tabuleiro; canteiro; tela, quadro; tabuada; tabela; mapa; catálogo; índice; *Inform.* tabela; *pl.* empate (no xadrez).

ta.bla.da *s.f.* tabuleiro, canteiro; *Arg.* tablada (feira de gado).

ta.bla.do *s.m.* tablado, estrado; palco; tabuado.

ta.bla.zón *s.f.* tabuado, madeirame; tapume de tábuas; soalho.

ta.ble.ro *s.m.* tabuleiro; pranchera; quadro de avisos; balcão; painel; *tablero de mando* painel de comando.

ta.ble.ta *s.f. dim. Fam.* pastilha, pílula, comprimido.

ta.bli.lla *s.f. dim.* tabela, tablilha; barra (chocolate); matraca de mendigo.

ta.blón *s.m. aum.* tábua forte e resistente.

ta.ca.ño *adj.* tacanho, mesquinho.

ta.cha *s.f.* tacha, mancha, defeito, nódoa; brocha (prego); *Amér.* tacho.

ta.char *v.t.* tachar; censurar; apagar; riscar; cancelar.

ta.cho.nar *v.t.* colocar rebites.

ta.chue.la *s.f.* tachinha, *Col.* tachinho; *Chile* pessoa baixota; *Col.* caneca de latão.

tá.ci.to *adj.* tácito.

ta.co *s.m.* taco; tarugo; cacete; *Fig.* refeição ligeira entre o almoço e o jantar; voto; juramento; blasfêmia; *adj. Amér.* peralta; diz-se da pessoa que se veste segundo a última moda.

ta.cón *s.m.* salto (dos sapatos).

ta.co.ne.ar *v.i.* pisar; andar fazendo barulho.

tác.ti.ca *s.f.* plano, tática.

tac.to *s.m.* tato, habilidade, discernimento.

ta.ho.na *s.f.* atafona, azenha; padaria.

ta.húr *s.m.* jogador trapaceiro; taful.

tai.fa *s.f.* bando; parcialidade.

tai.ma.do *s.m.* e *adj.* maroto, matreiro, velhaco.

ta.ja *s.f.* talha, corte; distribuição, repartição.

ta.ja.da *s.f.* fatia, porção.

ta.jo *s.m.* talho, corte; tarefa.

tal *adj.* tal; *adv.* assim mesmo.

ta.la *s.f.* tala, talo, corte; *Arg.* árvore.

ta.lan.te *s.m.* ânimo, disposição, humor.

ta.lar *adj.* talar (diz-se da roupa que toca os calcanhares).

ta.le.ga *s.f.* taleiga, touca; cueiro; dinheiro abundante.

ta.len.to *s.m. Fig.* aptidão, capacidade.

ta.lis.mán *s.m.* amuleto, talismã.

ta.lla *s.f.* entalhe, talha; resgate, prêmio, recompensa; altura, corte.

ta.llar *v.t.* talhar, operar, cortar, esculpir, avaliar.

ta.lle *s.m.* talhe, feitio, estatura.

ta.ller *s.m.* oficina, fábrica.

ta.llis.ta *s.m.* e *s.f.* entalhador.

ta.llo *s.m. Bot.* talo, haste de uma planta; caule.

ta.lón *s.m.* calcanhar; *Com.* talão, canhoto, folha de cheque.

ta.lo.na.rio *adj.* livro de talões; talão de cheques.

ta.ma.ñi.to *adj. dim.* tamanho pequeno; *Fig.* amedrontado; confuso,

ta.ma.ño *s.m.* tamanho, dimensão; *adj.* tão grande.

tam.ba.le.ar *v.i.* cambalear.

tam.bién *adj.* e *interj.* também.

tam.bor *s.m.* tambor; instrumento musical.

ta.miz *s.m.* peneira, coador.

ta.mo *s.m.* felpa; pêlo; cotão; pó ou palha muito miúda.

tam.po.co *adv.* também não; tampouco.

tam.pón *s.m.* almofada de tinta para carimbos; absorvente higiênico para conter o fluxo menstrual.

tan adv. tão; tanto.

tan.da s.f. vez, turno.

tan.gen.te s.f. e adj. Geom. tangente; irse ou escapar por la tangente escapar pela tangente.

tan.que s.m. tanque de guerra; caixa d´água.

tan.te.a.dor s.m. apontador; marcador (pessoa ou aparelho que marca os tentos de um jogo).

tan.te.ar v.t. tentear, calcular, tentar, ensaiar, marcar tentos; v.r. optar.

tan.te.o s.m. sondagem; Desp. placar; número indeterminado; al tanteo a olho.

tan.to adj. tanto; s.m. cópia, ficha, tento.

ta.ñer v.t. tanger, tocar, tamborilar.

ta.pa s.f. tampa; cobertura; capa de livro; aperitivo.

ta.pa.de.ra s.m. tampa; teto.

ta.pa.di.llo s.m. rebuço, disfarce; de tapadillo às ocultas.

ta.pa.do adj. tampado, coberto; Fam. tapado, bobo; s.m. Amér. abrigo feminino.

ta.par s.f. tampar; fechar; entupir; Fig. encobrir, ocultar.

ta.pia s.f. taipa, muro; adobe.

ta.pi.ce.rí.a s.f. tapeçaria.

ta.pi.ce.ro s.m. tapeceiro.

ta.pis.car v.t. debulhar.

ta.piz s.m. tapete; pano grande; tapeçaria.

ta.pi.zar v.t. cobrir com tapeçaria ou tapetes; estofar móveis.

ta.pón s.m. tampão; rolha.

ta.qui.car.dia s.f. taquicardia.

ta.qui.gra.fí.a s.f. taquigrafia.

ta.qui.lla s.f. bilheteria.

ta.ra s.f. tara, falha moral.

ta.ras.ca.da s.f. mordedura, mordida.

tar.dan.za s.f. demora, atraso.

tar.dar v.i. tardar, demorar.

tar.de s.f. tarde.

tar.dí.o adj. tardio, lento, pausado.

ta.re.a s.f. tarefa, serviço, encargo, empreitada.

ta.ri.ma s.f. tarimba.

tar.je.ta s.f. cartão; convite; cartão de visita; ficha; Inform. placa; tarjeta de cajero automático cartão de caixa eletrônico; tarjeta de crédito cartão de crédito; tarjeta de video placa de vídeo. tarjeta de visita cartão de visita; tarjeta perforada Inform. cartão perfurado; tarjeta postal cartão postal.

ta.rro s.m. pote, jarro.

tar.ta s.f. bolo, torta doce.

tar.ta.mu.do adj. e s.m. gago.

ta.ru.go s.m. tarugo; naco.

ta.rum.ba adj. Fam. atordoado; confuso; volverle a uno tarumba tarantar, estontear, confundir.

ta.sa s.f. taxa, imposto; regra; medida.

ta.sar v.t. taxar.

tas.ca s.f. taberna.

tas.que.ra s.f. taberna, tasca; Fam. contenda, rixa.

tas.to s.m. sabor de comida requentada.

ta.ta.ra.bue.lo s.m. tataravô, tetravô.

ta.ta.ra.deu.do s.m. antepassado.

ta.ta.ra.nie.to s.m. tataraneto; tetraneto.

ta.tua.je s.m. tatuagem.

ta.za s.f. xícara.

té s.m. chá.

te.a s.f. teia, archote.

te.a.tro s.m. teatro.

te.be.o s.m. gibi.

te.cho s.m. teto, telhado.

te.cla s.f. tecla.

te.cle.ar v.t. Inform. digitar, teclar.

te.cle.o s.m. Inform. digitação.

te.clis.ta s.m. e s.f. Inform. digitador.

téc.ni.co s.m. e adj. técnico.

te.ja s.f. telha.

te.ja.do s.m. telhado.

te.ja.no s.m. e adj. texano; do Texas; s.m. jeans.

te.je.ma.ne.je s.m. Fam. destreza, agilidade; sagacidade.

te.jer v.t. tecer.

te.ji.do p.p. de tejer; adj. e s.m. tecido; pano.

te.jo s.m. malha (para jogar); jogo da malha; Bot. teixo.

te.lar s.m. tear.

te.la.ra.ña s.f. teia de aranha; Fig. preocupação.

te.le.fo.na.zo s.m. chamada telefônica; telefonema.

te.le.fo.ne.ar v.t. telefonar.

te.le.fo.ne.ma s.m. telegrama fonado.

te.le.fo.ní.a s.f. telefonia, sistema telefônico.

te.lé.fo.no s.m. telefone; teléfono celular/móvil/portátil telefone celular; teléfono inalámbrico telefone sem fio.

te.lé.gra.fo s.m. telégrafo.

te.le.gra.ma s.m. telegrama.

te.len.do adj. vivaz, brioso, galhardo.

te.le.ob.je.ti.vo s.m. teleobjetiva.

te.le.si.lla *s.f.* teleférico.

te.le.ta *s.f.* folha de papel mata-borrão.

te.le.vi.sión *s.f.* televisão.

te.lón *s.m.* tela; pano de boca (de teatro); telão; cortina.

tem.blar *v.i.* tremer.

tem.blón *s.m.* trêmulo; tímido.

tem.blor *s.m.* tremor, tremedeira.

te.me.ri.dad *s.f.* temeridade; juízo sem fundamento.

te.me.rón *adj. Fam.* fanfarrão, valentão.

te.mo.so *adj.* teimoso, tenaz, porfiado.

tem.pe.ra.men.to *s.m.* temperamento; caráter.

tem.pe.ra.tu.ra *s.f.* temperatura.

tem.pla *s.f.* têmpera.

tem.pla.do *p.p. de templar; adj.* temperado, moderado; tépido, morno.

tem.pla.du.ra *s.f.* aquecimento rápido; têmpera.

tem.plar *v.t.* temperar; amornar.

tem.ple *s.m.* têmpera; temperamento.

tem.po.re.ro *adj.* interino (num ofício ou emprego); temporário.

tem.pra.nal *adj.* temporão, temporã.

tem.pra.ni.to *adv. Fam.* muito cedo; cedinho.

tem.pra.no *adj.* temporão; *adv.* cedo.

te.na.ci.llas *s.f. pl.* pequeno alicate, pinça.

te.na.za *s.f.* tenaz; alicate.

ten.ción *s.f.* retenção.

ten.de.de.ro *s.m.* estendedouro; varal.

ten.del *s.m.* nível de pedreiro; nível de bolha.

ten.der *v.t.* estender, esticar; pendurar; tender, ter tendência.

ten.de.re.te *s.m.* barraca; posto de venda ao ar livre.

ten.de.ro *s.m.* tendeiro.

ten.dón *s.m. Anat.* tendão.

te.ne.dor *s.m.* possuidor; portador; garfo.

te.ne.du.rí.a *s.f.* contabilidade.

te.ner *v.t.* ter; segurar; possuir; sentir; supor; deter.

te.ne.rí.a *s.f.* curtume.

te.nien.te *adj.* possuidor; *s.m. Mil.* tenente.

te.nor *s.m.* teor; norma; maneira; conteúdo de um escrito ou discurso; *Mús.* tenor.

te.no.rio *s.m. Fig.* galanteador, audaz e fanfarrão.

ten.sar *v.t.* estirar, alongar, estender.

ten.sión *s.f.* tensão; estado de rigidez; *Fig.* tensão de espírito.

ten.ta.ción *s.f.* tentação.

ten.tem.pié *s.m. Fam.* merenda; refeição ligeira; aperitivo.

ten.te.tie.so *s.m.* joão-bobo, brinquedo que possui um peso em sua base e que se caracteriza pelo seu movimento de vaivém.

te.ñir *v.t.* tingir.

ter.ce.ro *adj.* terceiro.

ter.ce.rón *s.m.* filho de branco e de mulata.

ter.cia.do *p.p. de terciar; s.m.* compensado.

ter.ciar *v.t.* terçar, cruzar; *v.i.* intervir.

ter.cio *adj.* e *s.m.* terço.

ter.cio.pe.lo *s.m.* veludo.

ter.co *adj.* teimoso.

ter.gi.ver.sar *v.t.* distorcer, deturpar.

ter.mi.na.ción *s.f. Gram.* terminação, desinência.

ter.mi.nal *adj.* terminal, final; *s.m. Eletr.* terminal, conector; *Inform.* terminal (de computador).

ter.mi.ta *s.f.* cupim, broca.

ter.mo *s.f.* garrafa térmica.

ter.mo.si.fón *s.m.* aquecedor de água.

ter.ne.ra *s.f.* vitela, novilha; carne de vitela.

ter.ne.ro *s.m.* bezerro.

ter.que.dad *s.f.* teima, teimosia; insistência, obstinação.

te.rra.do *s.m.* terrado, terraço.

te.rra.ja *s.f.* tarraxa.

te.rra.plén *s.m.* aterro; trincheira, reduto.

te.rra.te.nien.te *s.m.* e *s.f.* o que tem terras; fazendeiro, latifundiário.

te.rra.za *s.f.* terraço; passagem; jarro de duas alças.

te.rre.no *adj.* terreno, terrestre; terráqueo; mundano; *s.m.* terreno, solo.

te.rri.ble *adj.* terrível, estarrecedor.

te.rror *s.m.* terror.

te.rru.ño *s.m.* torrão; terreno; terra; comarca.

ter.sar *v.t.* polir, limpar, lustrar.

ter.so *adj.* terso, puro, limpo.

ter.su.ra *s.f.* lustre, limpeza, brilho.

ter.tu.lia *s.f.* tertúlia; *Arg.* platéia.

te.si.na *s.f.* dissertação; monografia.

te.sis *s.f.* tese, dissertação.

te.so.ne.rí.a *s.f.* teimosia, pertinácia, obstinação.

te.so.re.rí.a *s.f.* tesouraria.

te.so.ro *s.m.* tesouro, riqueza, erário.

tes.ta *s.f.* testa, frontada, fronte, frente.

tes.tar *v.i.* testar, legar; *v.t.* safar.

tes.ta.ru.do *adj.* cabeçudo, teimoso.

tes.te.ro *s.m.* testeira.

tes.ti.fi.car *v.t.* testificar, testemunhar; depor; declarar.

tes.ti.go *s.m. e s.f.* testemunho; marco, pedra; testemunha.

tes.ti.mo.niar *v.t.* testemunhar.

tes.ti.mo.nio *s.m.* testemunho, depoimento.

tes.tuz *s.m. e s.f.* testa, fronte.

te.ta *s.f.* teta, mamilo, úbere.

te.te.ra *s.f.* bule; chaleira.

té.tri.co *adj.* tétrico.

tez *s.f.* tez, cútis, pele.

te.za.do *adj.* moreno.

tí.a *s.f.* tia; *Fam.* prostituta, meretriz.

tí.bar *s.m.* ouro puro.

ti.be.rio *s.m. Fam.* ruído, confusão.

ti.bie.za *s.f.* tibieza, dúvida, tibiez.

ti.bio *adj.* tíbio, duvidoso, indeciso; frouxo, tépido, morno.

ti.bu.rón *s.m. Zool.* tubarão.

tiem.po *s.m.* tempo, oportunidade, época, estação.

tien.da *s.f.* tenda, barraca.

tien.ta *s.f. Cir.* tenta, sonda, estilete; *Fig.* tato, astúcia.

tien.to *s.m.* tento; bordão, firmeza; tino; *Mús.* prelúdio.

tier.no *adj.* terno, mole, brando, fresco; *Fig.* carinhoso.

tie.rra *s.f.* terra, solo, terreno, pátria, país.

tie.so *adj.* teso; duro, firme.

ties.to *s.m.* teso, rijo; vasilha de argila.

ti.fón *s.m.* tufão.

ti.fus *s.m. Med.* tifo; doença contagiosa.

ti.je.ra *s.f.* tesoura.

ti.la *s.f. Bot.* tília.

til.dar *v.t.* pontuar.

til.de *amb.* til; acento gráfico; *s.f.* insignificância; *Fig.* censura.

ti.ma.dor *s.m.* vigarista.

tim.bre *s.m.* campainha.

ti.mo *s.m.* timo; vigarice, conto-do-vigário; *Zool.* espécie de salmão.

ti.món *s.m.* timão, leme.

ti.mo.nel *s.m.* timoneiro.

ti.mo.ra.to *adj.* timorato.

ti.na *s.f.* tina; cuba.

ti.na.ja *s.f.* tinalha, tina, dorna.

ti.ne.ra *s.f.* lareira.

tin.gla.do *s.m.* alpendre, coberto, telhado; *Fig.* enredo, trama.

ti.nie.bla *s.f.* treva.

tin.te *s.m.* tom, matiz, cor, tintura, tinta, tingimento.

tin.te.ro *s.m.* tinteiro; mancha preta (nos dentes dos cavalos).

tin.to *p.p. de teñir*; *adj.* tinto, tingido.

tin.to.re.rí.a *s.f.* tinturaria.

ti.ña *s.f.* traça; *Med.* tinha (doença); *Fam.* cainhice, sovinice.

tí.o *s.m. Fam.* tio; bruto, rústico, caipira.

tio.vi.vo *s.m.* carrossel.

ti.ra *s.f.* faixa, fita, banda, ourela, orla.

ti.ra.bo.tas *s.m.* calçadeira.

ti.ra.bu.zón *s.m.* saca-rolhas; *Fig.* cacho ou caracol de cabelo.

ti.ra.da *s.f.* tirada, tiro, arremesso, lançamento, jato; estirão.

ti.ra.de.ra *s.f.* frecha, flecha, seta.

ti.ra.de.ro *s.m.* tocaia, espera.

ti.ra.do *adj.* jogado, caído; *Fam.* quase de graça; *s.m.* decidido, atirado.

ti.ra.dor *s.m.* atirador, régua, tira-linhas, fisga; impressor, cordão, puxador.

ti.ra.go.mas *s.m.* estilingue.

ti.ra.lí.ne.as *s.m.* tira-linhas.

ti.ra.no *adj.* tirano, opressor.

ti.ran.te *s.m.* tirante; suspensórios.

ti.ran.tez *s.f.* tensão, comprimento, extensão.

ti.rar *v.t.* tirar, atirar, arremessar, puxar, sacar, *Fig.* esbanjar, gastar, jogar fora.

ti.re.la *s.f.* tecido listrado.

ti.ri.tar *v.i.* tiritar, tremer (de frio).

ti.ro *s.m.* tiro, disparo; talha; tirante; folga; *Fig.* dano; lanço de escadas, furto, motejo.

ti.rón *s.m.* puxão, tirada, esticão.

ti.rria *s.f.* birra, teimosia, pirraça.

ti.sis *s.f. Med.* tísica, tuberculose.

tí.te.re *s.m.* títere.

ti.ti.ri.te.ro *s.m.* palhaço; saltimbanco.

ti.tu.be.ar *v.i.* titubear.

tí.tu.lo *s.m.* título, nome; diploma; *Com.* título, papel negociável; certidão.

ti.za *s.f.* giz.

ti.zar *v.t. Chile* desenhar, traçar, esboçar.

tiz.nar *v.t.* tisnar, manchar, enegrecer.

tiz.ne *amb.* tisna, fuligem.

tiz.nón *s.m.* fuligem, nódoa, mancha.

ti.zón *s.m.* tição.

to.a.lla *s.f.* toalha.

to.a.lle.ro *s.m.* toalheiro.

to.ar *v.t. Mar.* atoar, rebocar.

to.bi.llo *s.m. Anat.* tornozelo.

to.ca *s.f.* touca; *pl.* pensão (a herdeiros de empregados públicos).

to.ca.do *adj.* tocado, louco, ébrio; *s.m.* penteado, toucado.

to.ca.dor *s.m.* toucador.

to.car *v.t.* tocar, apalpar; encostar; produzir som; *Fig.* aludir; comover.

to.ca.yo *s.m.* xará, homônimo.

to.ci.no *s.m.* toicinho.

to.da.ví.a *adv.* ainda.

to.do *adj.* todo, inteiro; qualquer; *adv.* completamente; *s.m.* todo, o conjunto; tudo; *s.m. pl.* todos, todas as pessoas.

tol.di.lla *s.f. Mar.* tombadilho.

to.le *s.m. Fig.* gritaria, balbúrdia; *tomar uno el tole* fugir; passar a pé.

to.lli.na *s.f.* surra, sova, coça.

tol.mo *s.m.* penedo; penhasco.

to.lon.dro *adj.* atordoado; maluco; *s.m.* galo (na cabeça).

tol.va.ne.ra *s.f.* torvelinho (de pó).

to.ma *s.f.* tomada (de eletricidade).

to.na.da *s.f.* toada; ruído.

to.nar *v.i.* trovejar.

to.ne.la.da *s.f.* tonelada.

to.ne.la.je *s.m.* tonelagem.

to.ne.le.rí.a *s.f.* tanoaria; tonelaria.

to.ne.le.ro *s.m.* tanoeiro.

ton.ga *s.f.* rima, ruma, camada.

ton.ga.da *s.f.* capa, camada.

ton.ta.da *s.f.* tontice, tolice.

ton.te.rí.a *s.f.* tonteira, tontice, tolice.

ton.to *adj.* e *s.m.* tonto, bobo, tolo; *Fam.* palhaço de circo; disparatado.

to.pe *s.m.* topo, cume; batente; amortecedor; pára-choque.

to.pe.ra *s.f.* toupeira.

to.pe.tón *s.m.* encontrão, embate, choque.

to.pi.na.da *s.f. Fam.* distração; atrapalhação; erro.

to.po *s.m. Zool.* toupeira.

tor.be.lli.no *s.m.* torvelinho; redemoinho.

tor.ce.du.ra *s.f.* torção.

tor.cer *v.t.* torcer, retorcer; entortar; *Fig.* deturpar.

tor.ci.jón *s.m.* espasmo, cólica.

to.re.ar *v.i.* tourear.

to.re.o *s.m.* tourada.

to.re.ra *s.f.* colete curto.

to.re.ro *adj.* e *s.m.* toureiro.

tor.nar *v.t.* tornar, devolver; *v.i.* regressar; *v.r.* tornar-se, converter-se em.

tor.na.sol *s.m.* girassol.

tor.ne.o *s.m.* torneio; justa, combate.

tor.ni.llo *s.m.* parafuso.

tor.nis.cón *s.m.* murro; bofetada com o dorso da mão.

tor.no *s.m.* torno; morsa; roda de convento; giro.

to.ro *s.m.* touro.

tor.pe *adj.* desajeitado; lerdo; tonto.

tor.pe.de.ro *adj. Mar.* torpedeiro.

tor.pe.za *s.m.* torpor, entorpecimiento.

to.rre *s.f.* torre.

to.rre.fac.ción *s.f.* torrefação.

tor.sión *s.f.* torção.

tor.so *s.m.* torso, tronco do corpo humano; torso, obra de arte que representa o tronco do corpo humano, sem a cabeça nem membros; corpo de uma estátua.

tor.ta.zo *s.m. Fam.* bofetada.

tor.ti.ce.ro *adj.* injusto; contra as leis ou a razão.

tor.tí.co.lis *s.f. Med.* torcicolo.

tor.ti.lla *s.m. dim.* omelete.

tór.to.la *s.f. Zool.* rolinha (pássaro).

tór.to.lo *s.m. Zool.* macho da rola; *Fig.* homem apaixonado, enamorado.

tor.tu.ga *s.f. Zool.* tartaruga.

tor.tuo.so *adj.* sinuoso.

tor.tu.ra *s.f.* suplício, tortura.

tor.va *s.f.* remoinho; turbilhão de chuva ou neve.

tor.zal *s.m.* fio torcido; fio dobrado.

tos *s.f.* tosse.

tos.co *adj.* tosco, não-polido; rude.

to.ser *v.i.* tossir.

tó.si.go *s.m.* peçonha; angústia.

tos.ta.da *s.f.* torrada.

tos.ta.do *adj.* bronzeado.

to.tal *s.m.* total; *adj.* completo.

to.ta.li.dad *s.f.* totalidade, soma.

to.xi.car *v.t.* intoxicar, envenenar.

to.zo *adj.* anão.

to.zu.do *adj.* teimoso.

tra.ba *s.f.* trava; peia.

tra.ba.cuen.ta *s.f.* erro de contas.

tra.ba.jar *v.i.* trabalhar.

tra.ba.jo *s.m.* trabalho.

tra.ba.len.guas *s.m.* travalínguas.

tra.bar *v.t.* travar.

tra.be *s.f.* trave, viga.

tra.bu.ca.ción *s.f.* transtorno, perturbação, confusão.

tra.bu.car *v.t.* confundir; atrapalhar.

trac.ción *s.f.* tração.

tra.duc.ción *s.f.* tradução, versão.

tra.du.cir *v.t.* traduzir; interpretar.

tra.er *v.t.* trazer.

trá.fa.go *s.m.* tráfego.

trá.fi.co *s.m.* tráfego, trânsito; tráfico.

tra.gal.da.bas *s.m.* e *s.f. Fam.* comilão.

tra.ga.luz *s.m.* clarabóia.

tra.gan.to.na *s.f. Fam.* comezaina; *Fig.* violência; coibição.

tra.ga.pe.rras *s.f.* caça-níqueis.

tra.gar *v.t.* tragar, engolir; devorar; submergir.

tra.ga.zón *s.m. Fam.* glutonaria, gula.

tra.ge.dia *s.f.* tragédia.

trá.gi.co *adj.* trágico.

tra.gón *s.m.* e *adj. Fam.* glutão.

trai.ción *s.f.* traição, perfídia.

trai.cio.nar *v.t.* trair, atraiçoar.

trai.cio.ne.ro *adj.* traiçoeiro, pérfido, traidor.

trai.dor *adj.* traiçoeiro, traidor.

trai.ne.ra *adj.* traineira.

tra.í.ña *s.f.* rede de arrasto.

tra.je *s.m.* vestimenta, terno.

tra.jín *s.m.* tráfego, trânsito; azáfama.

tra.ji.nar *v.t.* carregar, transportar; *v.i.* trafegar; afadigar-se.

tra.lla *s.f.* corda; látego, chicote.

tra.lla.zo *s.m.* chicotada.

tra.ma *s.f.* trama, enredo.

tra.mi.ta.ción *s.f.* tramitação, trâmite; via; diligência.

tra.mo *s.m.* trato; lanço; canal; trecho; tramo.

tra.mo.ya *s.f.* tramóia.

tram.pa *s.f.* trapaça; armadilha, alçapão; *Fig.* cilada, ardil.

tram.pal *s.m.* atoleiro, lameiro, pântano.

tram.pe.ar *v.i. Fam.* trampear; calotear; trapacear.

tram.pe.rí.a *s.f.* trapaçaria, trapaça.

tram.po.lín *s.m.* trampolim.

tram.po.so *adj.* trampolineiro; batoteiro, caloteiro.

tran.ca *s.f.* tranca, pau, cacete; *Amér.* bebedeira.

tran.ca.hi.lo *s.m.* nó cego.

tran.ca.zo *s.m.* pancada, trancada; *Fig.* porretada; gripe.

tran.co *s.m.* tranco; umbral; salto; limiar; *Fam.* passada ampla.

tran.qui.li.zan.te *s.m.* e *adj.* sedativo, tranqüilizante.

tran.qui.li.zar *v.t.* tranqüilizar, aquietar.

tran.qui.lla *s.f. dim.* tranquinha, tranqueta.

tran.qui.llo *s.m. Fig.* jeito, jeito próprio.

tran.qui.lo *adj.* tranqüilo, sereno.

tran.sac.ción *s.f.* transação; convênio; negócio.

trans.cri.bir *v.t.* transcrever, copiar.

trans.cu.rrir *v.i.* transcorrer, decorrer.

tran.se *s.m.* arrebatamento; momento crítico; transe, agonia; crise.

trans.for.ma.ción *s.f.* transformação.

trans.fu.sión *s.f.* transfusão.

tran.si.do *adj.* transido.

tran.si.gir *v.i.* transigir.

trans.po.ner *v.t.* transpor.

tran.ví.a *s.m.* bonde.

tra.pa.ce.rí.a *s.f.* trapaça.

tra.pa.lón *s.m.* e *adj. Fam.* tagarela, embusteiro.

tra.pi.che.ar *v.i. Fam.* engenhar, inventar.

tra.pi.son.da *s.f. Fam.* confusão, barulho, balbúrdia.

tra.po *s.m.* trapo; rodilha, farrapo; velame.

tra.que.te.o *s.m.* estalo, estouro.

tras *prep.* trás, atrás; *s.m. Fam.* pódice, traseiro, nádegas, sesso.

tras.cuen.ta *s.f.* erro numa conta.

tras.cur.so *s.m.* transcurso.

tra.se.cha.dor *adj.* espreitador.

tra.se.gar *v.t.* trasfegar, transvasar.

tra.se.ro *adj.* traseiro; *pl. Fam.* antepassados.

tras.luz *s.m.* luz que passa por corpos translúcidos.

tras.no.char *v.i.* tresnoitar; pernoitar.

tras.pa.pe.lar.se *v.r.* confundir-se.

tras.pa.sar *v.t.* traspassar, transpassar.

tras.pa.so *s.m.* traspasso; *Fig.* aflição.

tras.pié *s.m.* tropeção, escorregão; rasteira.

tras.plan.tar *v.t.* transplantar.

tras.plan.te *s.m.* transplante.

tras.po.ner *v.t.* transpor.

tras.pun.te *s.m.* contra-regra.

tras.qui.lar *v.t.* tosquiar, tosar; *Fig.* esbulhar, depenar.

tras.ta.bi.llón *s.m.* tropeção; esbarrão; escorregão.

tras.ta.da *s.f. Fam.* fraude, tratantada.

tras.te *s.m.* traste; pequeno copo.

tras.te.ja.dor *s.m. e adj.* que conserta telhados.

tras.te.sa.do *adj.* endurecido, rijo, túmido.

tras.tien.da *s.f.* depósito contíguo a uma loja.

tras.tor.nar *v.t.* transtornar.

tras.tor.no *s.m.* transtorno, confusão.

tras.tro.car *v.t.* subverter; confundir; transtrocar.

tra.su.dar *v.t.* transudar, transpirar.

tra.su.dor *s.m.* suor (leve).

tra.ta *s.f.* tráfico de escravos.

tra.ta.do *s.m.* tratado, convênio.

tra.ta.mien.to *s.m.* tratamento; *tratamento de textos Inform.* processamento de textos.

tra.tan.te *s.m.* tratante, negociante.

tra.tar *v.t.* tratar, negociar, ajustar.

tra.to *s.m.* trato, acordo, ajuste, negócio.

tra.vés *s.m.* través, soslaio, esguelha; *Fig.* revés; *Mar.* costado (navio); *a través* através.

tra.ve.sa.ño *s.m.* travessa, travessão; travesseiro.

tra.ve.se.ro *adj.* travesso, atravessado.

tra.ve.sí.a *s.f. Mar.* travessia; travessa; travessão; esguelha; través.

tra.ve.su.ra *s.f.* travessura, traquinice.

tra.vie.sa *s.f.* travessa; travessia.

tra.vie.so *adj.* travesso, traquinas; *Fig.* esperto, buliçoso.

tra.yec.to *s.m.* trajeto.

tra.yec.to.ria *s.f.* trajetória.

tra.za *s.f.* traço, traça, traçado, plano; *Fig.* alvitre, ardil.

tra.za.do *s.m.* traçado, esquema, esboço.

tra.zar *v.t.* traçar, desenhar, delinear; projetar; *Fig.* tramar.

tra.zo *s.m.* traço, risco, linha; traçado; *Fig.* traço, feição.

tré.bol *s.m. Bot.* trevo.

tre.ce *adj.* treze.

tre.cho *s.m.* trecho, distância.

tre.fe *adj.* frouxo, ligeiro, falso.

tre.gua *s.f.* trégua, descanso.

trein.ta *adj.* trinta.

tre.mo.lar *v.t.* tremular.

tre.mo.li.na *s.f.* movimento (do ar).

tré.mo.lo *s.m. Mús.* trêmulo.

tren *s.m.* trem; conjunto de utensílios; bagagem; pompa; trem (ferroviário).

tre.na.do *adj.* entrançado, gradeado.

tre.no *s.m.* treno (canto fúnebre), jeremiada, lamúria; *Germ.* cadeia.

tren.que *s.m.* represa de um rio; açude.

tren.za *s.f.* trança.

tren.zar *v.t.* trançar.

tre.pa.de.ra *s.f. e adj.* trepadeira.

tre.pe *s.m. Fam.* repreensão, reprimenda.

tre.pi.da.ción *s.f.* trepidação.

tres.do.blar *v.t.* triplicar.

tres.do.ble *adj.* triplo.

tre.si.llo *s.m.* terno, jogo de sofá e duas poltronas.

tri.bu *s.f.* tribo, clã.

tri.ful.ca *s.f. Fig.* desordem; briga.

tri.gue.ño *adj.* trigueiro.

tri.gue.ro *adj.* triguenho; *s.m.* crivo ou peneira para o trigo; comerciante de trigo.

tri.lla.do.ra *s.f.* máquina debulhadora.

tri.lli.zo *adj.* trigêmeo.

trin.car *v.t. Fam.* beber vinho ou licor.

trin.cha *s.f.* presilha (na roupa).

tri.ne.o *s.m.* trenó.

tri.ni.dad *s.f. Rel.* trindade.

tri.ple *adj.* triplo; *s.m.* cesta de três pontos (no basquete).

trí.po.de *amb.* tripé.

tri.qui.ñue.la *s.m. Fam.* subterfúgio; evasiva; rodeio.

tri.za *s.f.* migalha, fragmento.

tri.zar *v.t.* despedaçar, espedaçar.

tro.cha *s.f.* atalho, vereda.

tro.je *s.f.* celeiro.

tro.la *s.f. Fam.* engano, falsidade, mentira.

tro.le.ro *adj. Fam.* mentiroso.

trom.bón *s.m.* trombone.

trom.pa.da *s.f. Fam.* trombada, esbarro; murro.

trom.pa.zo *s.m.* pancada.

trom.pe.ta *s.f.* trombeta.

trom.pi.car *v.i.* tropicar, tropeçar.

trom.pi.cón *s.m.* tropeção, tropeçamento.

trom.pis *s.m. Fam.* soco, murro; trombada.

trom.po *s.m.* pião.

tro.na.da *s.f.* trovoada.

tro.nar *v.i.* troar, trovoar, trovejar.

tron.car *v.t.* truncar; mutilar.

tron.cho *s.m.* talo das hortaliças.

tró.ni.ca *s.f.* falatório, mexerico.

tro.ni.do *s.m.* trovão, ribombo, estampido (do trovão).

tron.zar *v.t.* dividir; quebrar, despedaçar; *Fig.* cansar, fatigar excessivamente; derrear.

tro.pe.zón *adj. Fam.* tropeção.

tro.pie.zo *s.m.* tropeço; obstáculo; *Fig.* falta; deslize.

tro.que.lar *v.t.* cunhar (moedas).

tro.ta.mun.dos *s.m.* andarilho.

tro.zo *s.m.* bloco, pedaço.

tru.cha *s.f. Zool.* truta (peixe).

tru.cho *adj.* vivo, astuto, *Amér.* falsificado.

tru.co *s.m.* truque.

true.no *s.m.* trovão.

true.que *s.m.* troca; troco.

tru.fa.dor *s.m. e adj.* mentiroso.

tru.hán *s.m. e adj.* truão; palhaço; patife.

tru.lla *s.f.* bulha, barulho, pândega, algazarra; turba; tropel.

tuer.ca *s.f.* porca (de parafuso).

tuer.to *adj.* torto; zarolho, vesgo.

tué.ta.no *s.m.* tutano, medula.

tu.fo *s.m.* vapor de água.

tu.llir *v.t.* tolher; embaraçar; *v.r.* aleijar.

tum.bar *v.t.* tombar, derrubar.

tum.bo *s.m.* tombo, queda.

tun.dir *v.t.* tosar, aparar; igualar a felpa do pano; *Fam.* surrar.

tungs.te.no *s.m.* tungstênio.

tu.no *s.m. e adj.* pessoa astuta, travessa ou sem-vergonha; grupo de estudantes que formam um conjunto musical e vestem-se com roupas de época.

tu.pi.do *adj.* apertado; denso; curto (de inteligência).

tur.ba *s.f.* turfa; turba.

tur.ba.ción *s.f.* turvação; turbação, confusão.

tur.bio *adj.* turvo, embaciado, opaco.

tur.bión *s.m.* aguaceiro; *Fam.* chuveiro.

tur.nar *v.i.* alternar, revezar.

tu.rrón *s.m.* nogado, doce de nozes, de amêndoas e de pinhões misturados com mel; *Fig.* emprego ou benefício que se obtém do Estado.

tu.te *s.m.* jogo de cartas que se joga com o baralho espanhol e em que um cavalo e um rei do mesmo naipe valem vinte ou quarenta pontos; reunião dos quatro reis e quatro cavalos; *Fig.* esforço ou trabalho excessivo ou intenso.

tu.te.ar *v.t.* tutear; tratar por tu.

tu.te.o *s.m.* tratamento por tu.

tu.tor *s.m.* tutor.

tu.ya *pron. pes.* tua.

tu.yo *pron. pes.* teu.

u *s.f.* vigésima segunda letra do alfabeto espanhol; U, u; *conj.* ou, empregada no lugar do *o* para evitar cacofonia: *siete u ocho*.

u.bi.ca.ción *s.f.* situação, posição, colocação.

u.bi.car *v.i.* situar; *v.t.* instalar; *v.i.* situar-se.

u.bre.ra *s.f.* afta na boca das crianças de peito.

uf *interj.* ufa!

u.fa.nar.se *v.r.* ufanar-se, vangloriar-se, jactar-se.

u.jier *s.m.* porteiro; contínuo.

úl.ce.ra *s.f. Med.* úlcera.

ul.ti.ma.ción *s.f.* ultimação, acabamento, conclusão.

ul.ti.mar *v.t.* ultimar, arrematar.

ul.ti.má.tum *s.m.* ultimato, resolução definitiva.

úl.ti.mo *adj* último; extremo; definitivo.

ul.tra.jar *v.t.* ultrajar, injuriar.

ul.tra.jo.so *adj.* ultrajante.

ul.tran.za *adv.* a todo o transe; sem quartel.

ul.tra.rro.jo *adj. Fís.* infravermelho.

ul.tra.so.ni.do *s.m.* ultra-som.

ul.tra.tum.ba *adv.* além-túmulo.

ul.tra.vio.le.ta *adj. Fís.* ultravioleta.

u.lu.la.to *s.m.* clamor; lamento; alarido.

um.bral *s.m.* soleira, limiar.

um.brí.o *adj.* sombrio, umbroso.

u.na.ni.mi.dad *s.f.* unanimidade.

un.ción *s.f.* unção.

un.cir *v.t.* jungir; atar; submeter.

un.du.la.ción *s.f.* ondulação.

un.du.lar *v.i.* ondular, ondear, serpentear.

u.ni.dad *s.f.* unidade.

u.ni.fi.ca.ción *s.f.* unificação.

u.ni.for.me *adj.* uniforme; inalterável; *s.m.* uniforme, traje; *Mil.* farda.

u.nión *s.f.* união, junção; adesão.

u.ni.per.so.nal *adj.* unipessoal.

u.ni.se.xual *adj.* unissexual.

u.ni.són *adj.* uníssono.

u.ni.ta.rio *adj.* unitário; partidário da unidade em matéria política.

u.ni.ver.si.dad *s.f.* universidade.

u.ni.ver.si.ta.rio *adj.* pertencente ou relativo à universidade; universitário; *s.m.* catedrático ou estudante de universidade.

u.ni.ver.so *adj.* universo, orbe.

u.no *adj.* um, único, singular; algum.

un.tar *v.t.* untar; engordurar; lubrificar.

un.ta.za *s.f.* banha, gordura de animal.

un.to *s.m.* graxa; banha.

un.to.so *adj.* untuoso, escorregadio, pegajoso.

u.ña *s.f.* unha, garra, casco.

u.ña.da *s.f.* unhada, traço, arranhadura.

u.ñe.ro *s.m. Med.* unheiro, panarício.

u.ñir *v.t.* jungir.

u.pa *loc.* colo.

u.ra.nio *s.m. Quím.* urânio.

ur.ba.ni.za.ción *s.f.* urbanização.

ur.be *s.f.* cidade, metrópole.

ur.dim.bre *s.f.* urdidura; *Fig.* trama; enredo, intriga.

ur.dir *v.t.* urdir; dispor os fios para tecer.

u.re.a *s.f. Quím.* uréia.

ur.gen.cia *s.f.* urgência.

ú.ri.co *adj. Med.* úrico.

u.ró.lo.go *s.m.* urologista.

ur.pi.la *s.f. Zool.* pomba pequena.

u.rra.ca *s.f. Zool.* urraca, gralha.

u.sa.do *p.p. de usar; adj.* usado, gasto pelo uso, deteriorado.

u.san.za *s.f.* usança, uso, costume.

u.sar *v.t.* usar, utilizar, gastar; trajar; *v.i.* usar; acostumar.

us.go *s.m.* asco.

u.sier *s.m.* porteiro, contínuo.

u.si.na *s.f.* usina, fábrica, instalação.

us.le.ro *s.m.* rolo, pau cilíndrico de madeira.

u.so *s.m.* uso, aplicação.

us.ted *s.m.* e *s.f.* senhor, senhora.

us.ti.ble *adj.* combustível.

us.tión *s.f.* combustão.
u.sua.rio *adj. For.* e *Inform.* usuário.
u.su.ca.pión *s.f. For.* usucapião.
u.su.fruc.to *s.m.* usufruto.
u.su.re.ro *s.m.* usurário, agiota.
u.sur.pa.ción *s.f.* usurpação.
u.ten.si.lio *s.m.* utensílio.
ú.til *adj.* útil; proveitoso.
u.ti.li.dad *s.f.* utilidade.
u.ti.li.ta.rio *adj.* utilitário *s.m.* utilitário, veículo de carga.
u.ti.li.zar *v.t.* utilizar, usar..
u.va *s.f.* uva.
u.ve *s.f.* nome da letra *v*.

V

v *s.f.* vigésima terceira letra do alfabeto espanhol; V, v.

va.ca *s.f.* vaca; vaquinha (dinheiro arrecadado).

va.ca.ción *s.f. pl.* férias; feriado.

va.cia.de.ro *s.m.* cano de despejo, esgoto.

va.ciar *v.t.* vazar; vaziar, esvaziar.

va.cí.o *adj.* vazio, vácuo.

va.cu.na *s.f.* vacina.

va.ga.bun.de.o *adj.* preguiça, indolência.

va.gón *s.m.* vagão.

va.gue.ar *v.i.* vagabundear, vaguear, perambular.

va.gue.dad *s.f.* coisa indeterminada; expressão ou frase vaga.

va.ha.je *s.m.* vento suave; aragem.

va.ha.ri.na *s.f. Fam.* vapor; névoa; emanação.

va.he.ar *v.i.* vaporar; exalar vapor.

va.hí.do *s.m.* vertigem, desmaio.

va.ho *s.m.* vapor tênue; bafo; hálito; baforada.

vai.na *s.f.* bainha.

vai.ni.lla *s.f. Bot.* baunilha.

va.ji.lla *s.f.* baixela, louça

va.le *s.m. Com.* vale, documento representativo de dinheiro; prêmio escolar; obrigação escrita de pagar uma quantia.

va.len.tón *adj.* e *s.* valentão; fanfarrão; *s.f.* arrogância; bravata.

va.ler *v.t.* valer, custar; ter determinado valor.

va.le.ro.so *adj.* valoroso, valente; eficiente; esforçado.

va.li.dez *s.f.* validez, valia, validade.

va.lien.te *adj.* valente, forte; robusto; valentão; corajoso.

va.li.ja *s.f.* mala; malote.

va.lla *s.f.* valo; parapeito; fosso; estacada; valado; *Fig.* óbice, dificuldade.

va.lla.do *s.m.* valado; sebe; paliçada; muro; cerca.

va.lle *s.m.* vale.

va.lor *s.m.* valor, mérito, coragem; importância.

va.lo.rar *v.t.* valorizar, avaliar; dar preço; estimar; acrescer o valor.

va.lua.ción *s.f.* avaliação.

va.na.glo.ria *s.f.* vanglória, vaidade, fatuidade, bazófia.

va.na.glo.riar.se *v.r.* vangloriar-se, jactar-se.

van.guar.dia *s.f.* vanguarda, dianteira, frente.

va.ni.dad *s.f.* vaidade, futilidade.

va.no *adj.* vão, tolo, fútil, vaidoso, vazio, chocho, oco; *s.m.* joeira, peneira, crivo.

va.pu.le.o *s.m.* surra; repreensão.

va.ra.pa.lo *s.m.* varapau, vara, estaca.

va.rar *v.i. Mar.* varar, encalhar; *Fig.* parar, enguiçar.

va.re.ar *v.t.* varejar; picar de vara.

va.riar *v.t.* variar; mudar de aspecto.

vá.ri.ce *s.f. Med.* variz.

va.ri.lla *s.f. dim.* varinha, vareta, vareta de leque, guarda-chuva etc.

va.rio *adj.* vário, diverso; mutável; diferente.

va.rón *s.m.* varão, macho, homem; *Mar.* corrente do leme.

va.ro.nil *adj.* varonil, másculo.

va.sa.llo *adj.* vassalo, submisso, dependente, tributário.

va.sar *s.m.* floreira; cantoneira (para vasos).

va.si.ja *s.f.* vasilha, utensílio.

va.so *s.m.* copo.

vás.ta.go *s.m.* vergôntea, renovo, rebento.

vas.to *adj.* vasto, grande, imenso, extenso.

va.te *s.m.* bardo, vate, poeta, adivinho.

va.ti.ci.nio *s.m.* vaticínio, prognóstico, augúrio.

va.tio *s.m. Eletr.* watt.

ve.ci.nal *adj.* vizinho, vicinal.

ve.cin.dad *s.f.* vizinhança, proximidade.

ve.ci.no *s.m.* e *adj.* vizinho; chegado; apegado; *Fig.* análogo, próximo.

ve.da *s.f.* veda, vedação, proibição.

ve.he.men.te *adj.* veemente, firme, incisivo.

ve.ja.ción *s.f.* vexação, vexame, afronta, humilhação.

ve.jar *v.t.* vexar, envergonhar, afrontar, insultar, humilhar.

ve.ja.to.rio *adj.* vexatório, humilhante, afrontoso.

ve.jez *s.f.* velhice, vetustez.

ve.ji.ga *s.f. Anat.* bexiga, empola, bolha.

ve.la *s.f.* vela; serão; romaria noturna; velório.

ve.la.da *s.f.* veladura, serão.

ve.la.dor *s.m.* e *adj.* castiçal de um só pé; velador.

ve.la.men *s.m. Mar.* velame, conjunto de velas (navio).

ve.lar *v.i.* e *v.t.* velar, vigiar, zelar; *adj.* palatal (som).

ve.lei.dad *s.f.* veleidade, fatuidade; volubilidade.

ve.lei.do.so *adj.* fátuo, veleidoso, volúvel, versátil.

ve.le.ro *s.m.* veleiro.

ve.le.ta *s.f.* veleta, grimpa, cata-vento.

ve.llo *s.m.* velo, pêlo, lanugem, penugem, buço.

ve.llón *s.m.* velo, velocino, tosão; bilhão (moeda); liga de cobre e prata.

ve.llu.do *adj.* veludo; peludo, veloso.

ve.lo *s.m.* véu, manto, mantilha; *Fig.* desculpa, pretexto.

ve.lo.ci.dad *s.f.* velocidade, rapidez, ligeireza, celeridade.

ve.lón *s.m.* candeeiro de óleo; lamparina.

ve.na *s.f. Anat.* veia, vaso; veio, filão; *Bot.* nervura; *Fig.* inspiração.

ve.na.do *s.m. Zool.* veado, gamo, cervo.

ven.ce.dor *s.m.* e *adj.* vencedor.

ven.cer *v.t.* vencer; derrotar; *v.i.* caducar, expirar (o prazo).

ven.ci.mien.to *s.m.* vencimento, prazo.

ven.dar *v.t. Gír.* vendar, amarrar, atar; *Fig.* cegar, ofuscar.

ven.der *v.t.* vender, negociar, fazer alguma coisa por interesse.

ven.dí *s.m.* certificado de venda.

ven.di.mia *s.f.* vindima.

ve.ne.ro *s.m.* fonte, manancial, origem; fuso horário.

ven.ga.dor *adj.* vingador.

ven.gan.za *s.f.* vingança, desforra.

ven.gar *v.t.* vingar.

ve.ni.da *s.f.* vinda, chegada.

ve.ni.de.ro *adj.* vindouro.

ve.nir *v.i.* vir, chegar; transigir; ajustar-se.

ven.ta *s.f.* venda; pousada, hospedaria, estalagem.

ven.ta.da *s.f.* rajada de vento; lufada.

ven.ta.ja *s.f.* vantagem.

ven.ta.na *s.f.* janela; *Inform.* janela, região retangular na tela do monitor destinada para exibir ou solicitar informações.

ven.ta.ni.lla *s.f. dim.* janelinha; guichê; venta, narina.

ven.ta.rrón *s.m.* ventania; ventaneira.

ven.te.ar *v.i.* ventar.

ven.ti.la.ción *s.f.* ventilação; abertura que serve para ventilar um aposento.

ven.tis.ca *s.f.* borrasca de neve.

ven.tis.que.ro *s.m.* lugar onde se acumula a neve; glacial; geleira.

ven.to.le.ra *s.f.* lufada; rajada de vento.

ven.to.rro *s.m. depr.* hospedaria pequena ou ruim.

ven.tre.ra *s.f.* cinta (para apertar o ventre).

ver *s.m.* ver, opinião; aparência; *v.t.* ver; enxergar; perceber; descobrir; analisar; assistir.

ve.ra *s.f.* beira.

ve.ra.nie.go *adj.* estival, do verão.

ve.ra.no *s.m.* verão; estio.

ver.ba *s.f.* lábia, astúcia, solércia.

ver.dad *s.f.* verdade, realidade.

ver.de *adj.* verde, de cor verde; não-maduro; *Fig.* imaturo, principiante; picante; *s.m.* verde, vegetação.

ver.di.no *adj.* muito verde ou esverdeado.

ver.di.se.co *adj.* meio seco.

ver.du.le.ro *s.m.* verdureiro.

ver.gon.zan.te *adj.* envergonhado.

ver.gon.zo.so *adj.* vergonhoso.

ver.gue.ar *v.t.* varar; chibatar, vergastar.

ver.güen.za *s.f.* vergonha; acanhamento, timidez.

ver.gue.ta *s.f.* varinha delgada, vergasta.

ve.ri.fi.car *v.t.* comprovar, confirmar.

ver.ja *s.f.* grade, gradil.

ver.ná.cu.lo *adj.* vernáculo, pátrio, nacional, nativo; *Fig.* genuíno; puro; correto.

ve.ro.si.mi.li.tud *s.f.* verossimilhança.

ve.rrion.do *adj.* no cio, aluado.

ve.rru.ga *s.f. Med.* verruga.

ve.rru.go *s.m. Fam.* homem mesquinho e avarento.

ver.sa.li.lla *adj. Impr.* versalete.

ver.sión *s.f.* versão; tradução; interpretação; *Inform.* versão, cópia de um programa ligeiramente diferente da original.

ver.so *s.m.* verso, frase poética; face oposta da folha.

ver.te.de.ro *s.m.* vertedouro.

ver.te.dor *adj.* vertedouro.

ver.tien.te *adj.* vertente.

vér.ti.go *s.m.* vertigem, tontura; desmaio.

ve.ta *s.f.* listra, nervura; veio, filão.

ve.tar *v.t.* vetar; proibir.

vez *s.f.* vez; ocasião; momento; turno.

ví.a *s.f.* via, caminho; estrada; meio de transporte; itinerário; pista; *Fig.* meio.

via.je *s.m.* viagem.

via.je.ro *adj.* viageiro, viajante.

vial *adj.* viário.

ví.bo.ra *s.f. Zool.* serpente.

vi.bra.ción *s.f.* vibração, oscilação.

vi.ca.rio *s.m.* e *adj.* vigário.

vid *s.f. Bot.* vide, videira.

vi.da *s.f.* vida; existência; vitalidade; modo de viver; entusiasmo.

vi.de.o ou **ví.de.o** *s.m.* vídeo, videocassete; fita de vídeo.

vi.de.o.cá.ma.ra *s.f.* videocâmara.

vi.de.o.ca.se.te *s.m.* o mesmo que **videocinta**.

vi.de.o.ca.se.te.ra *s.f.* aparelho de videocassete.

vi.de.o.cin.ta *s.f.* fita de videocassete.

vi.de.o.clip *s.m.* videoclipe.

vi.driar *v.t.* vidrar.

vi.drie.ra *s.f.* vidraça; vitrina, escaparate.

vi.drio *s.m.* vidro.

vi.drio.so *adj.* vidroso; vidrento, quebradiço.

vie.jo *adj.* ancião.

vien.to *s.m.* vento, ar; *Fig.* faro, jactância, basófia; *Fam.* flato.

vien.tre *s.m. Anat.* ventre, barriga, abdome; *Fig.* prenhez, bojo.

vier.nes *s.m.* sexta-feira.

vi.go.rar *v.t.* vigorar, vigorizar; fortalecer; *Fig.* reanimar.

vi.go.ro.so *adj.* vigoroso, robusto, forte.

vi.hue.lis.ta *s.m.* e *s.f.* violeiro, guitarrista.

vil *s.m.* e *adj.* vil, torpe, infame, indigno, desprezível.

vi.la.no *s.m.* lanugem; penugem.

vi.le.za *s.f.* vileza, vilania.

vi.li.pen.dio *s.m.* vilipêndio, desprezo, menoscabo.

vi.lla *s.f.* vila; conselho municipal; casa campestre; povoado.

vi.lla.ní.a *s.f.* vilania, vileza.

vi.lla.no *s.m.* e *adj.* vilão, plebeu; gente baixa.

vi.llo.rrio *s.m. depr.* vilarejo, lugarejo.

vi.na.gre.ra *s.f. pl.* vinagreira; galheteiro.

vín.cu.lo *s.m.* vínculo, laço, união, morgado.

vin.di.car *v.t.* vindicar, vingar, desforrar, desagravar; reivindicar.

vin.dic.ta *s.f.* vingança; castigo; represália; perseguição.

vi.no *s.m.* vinho.

vi.ña *s.f.* vinha.

vi.ñe.ta *s.f.* vinheta, logotipo; etiqueta.

vio.la.ción *s.f.* violação, estupro, profanação, arrombamento.

vio.len.cia *s.f.* violência.

vio.len.to *adj.* violento.

vio.lín *s.m.* violino, violinista.

vio.lón *s.m.* violão.

vi.ra.je *s.m.* virada, rodada, mudança.

vir.gen *s.m.* e *s.f.* virgem, imaculado, puro.

vir.go *s.m. Astrol.* Virgem, signo do zodíaco.

vir.gu.li.lla *s.f.* apóstrofo, cedilha.

vi.ro.sis *s.f.* virose.

vi.rrei.na.to *s.m.* vice-reinado.

vir.tual *adj.* virtual.

vir.tud *s.f.* virtude, vigor, força, influência, capacidade, qualidade.

vi.rue.la *s.f.* varíola, bexigas.

vi.rus *s.m. Med.* vírus; *Inform.* vírus, programa concebido para se instalar no computador e causar danos ao seu funcionamento.

vi.ru.ta *s.f.* apara; serragem.

vi.sa.je *s.m.* visagem, careta, esgar.

vis.co.sa *s.f.* viscose.

vi.se.ra *s.f.* viseira, pala de boné.

vi.si.llo *s.m.* cortina.

vi.sio.na.rio *adj.* visionário, utopista, sonhador.

vi.so *s.m.* reflexo; aparência; anágua.

vís.pe.ra *s.f.* véspera.

vis.ta *s.f.* vista; visão; aparência; olhada.

vis.ta.zo *s.m.* vista de olhos, exame, relance.

vis.to *adj.* usado, surrado; *s.m.* visto.

vi.sual *adj.* visual.

vi.sua.li.zar *v.t.* visualizar, tornar visível; *Inform.* visualizar, representar na tela.

vi.te.la *s.f.* pele lisa de vitela ou vaca.

vi.to.la *s.f.* bitola, padrão.

vi.to.re.ar *v.t.* aplaudir, aclamar, ovacionar.

ví.tre.o *adj.* vítreo.

vi.tu.pe.rar *v.t.* vituperar, injuriar, insultar.

vi.tu.pe.rio *s.m.* vitupério, afronta, insulto, ultraje.

viu.de.dad *s.f.* pensão por viuvez; alimentos, pensão que se dá à viúva.

viu.dez *s.f.* viuvez.

viu.do *adj.* viúvo.

vi.va.ci.dad *s.f.* vivacidade, esperteza, viveza; *vivacidad de los ojos* ardor, viveza dos olhos.

vi.va.ra.cho *adj. Fam.* trêfego, buliçoso, avivado.

ví.ve.res *s.m. pl.* mantimentos, provisões.

vi.ve.ro *s.m.* viveiro; seminário.

vi.ve.za *s.f.* vivacidade, viveza, esperteza, brilho.

vi.vi.dor *adj.* vivedor, vivaz, espertalhão, vigarista, vivaldino.

vi.vien.da *s.f.* vivenda, morada, casa.

vi.vi.fi.car *v.t.* vivificar, animar, revigorar, dar vida.

vi.vir *v.i.* viver, existir, morar, residir, manter, passar.

vi.vo *adj.* vivo, forte, brilhante, animado, real; *s.m.* orla, aresta, borda.

viz.con.de *s.m.* visconde.

viz.con.de.sa *s.f.* viscondessa.

vo.ca.blo *s.m.* vocábulo, termo, palavra, expressão.

vo.ca.ción *s.f.* vocação, talento, tendência, queda, inclinação.

vo.cal *s.m.; s.f.* e *adj.* vogal; vocal, que tem voz ativa ou autoridade.

vo.ce.a.dor *adj.* vozeador, gritador; *s.m.* pregoeiro.

vo.ce.ar *v.i.* gritar; *v.t.* divulgar, aplaudir.

vo.ce.rí.o *s.m.* algazarra, alarma; gritaria.

vo.ci.fe.rar *v.t.* e *v.i.* bradar, esbravejar, gritar, vociferar.

vo.la.dor *adj.* voador; *s.m.* foguete; *Zool.* peixe-voador.

vo.lan.das *adv. Fam.* no ar; acima do solo, flutuante.

vo.lan.te *adj.* volante, móvel, voador, *s.m.* adorno.

vo.lar *v.i.* voar, propagar, disseminar, sumir, desaparecer.

vo.la.ti.ne.ro *s.m.* acróbata; equilibrista.

vol.cán *s.m.* vulcão.

vol.car *v.t.* entornar, emborcar; perturbar, transtornar.

vol.que.te *s.m.* vagoneta, carreta.

vol.ta.je *s.m.* voltagem.

vol.te.ar *v.i.* rodar, girar; *v.t.* rodear; *Amér.* virar, inverter; derrubar.

vol.te.re.ta *s.f.* pirueta, cambalhota.

vo.lu.ble *adj.* volúvel, inconstante.

vo.lu.men *s.m.* volume; massa; tamanho; intensidade (som); livro.

vo.lu.mi.no.so *adj.* volumoso.

vo.lun.tad *s.f.* vontade, arbítrio.

vol.ver *v.t.* virar, inverter; *v.i.* voltar, regressar.

vó.mi.to *s.f.* vômito.

vo.rá.gi.ne *s.f.* voragem; sorvedouro.

vos *pron. pes. Amér.* você; tratamento arcaico de respeito.

vo.za.rrón *s.m.* vozeirão.

vue.lo *s.m.* vôo.

vuel.ta *s.f.* volta.

vues.tro *pron.* seu, vossos.

vul.gar *adj.* vulgar, comum; ordinário.

vul.ga.ri.zar *v.t.* vulgarizar; tornar vulgar; tornar acessível; divulgar.

W

w *s.f.* vigésima quarta letra do alfabeto espanhol; só consta em vocábulos estrangeiros. É chamada *uve doble*.

wa.ter *s.m.* banheiro.

wa.ter.po.lo *s.m.* pólo aquático.

watt *s.f. Eletr.* watt.

web *s.f. Inform.* web (abrev. de *worldwide web* – www), o conjunto das informações e recursos disponibilizados na *Internet*.

wes.tern *s.m.* western, gênero de filme americano.

wis.ke.rí.a *s.f.* uisqueria.

wis.ky *s.m.* uísque.

X

x *s.f.* vigésima quinta letra do alfabeto espanhol; X, x.

xe.no.fo.bia *s.f.* xenofobia.

xe.nó.fo.bo *adj.* xenófobo.

xe.ro.co.pia *s.f.* xerocópia.

xe.ro.co.piar *v.t.* xerocopiar.

xe.ro.gra.fí.a *s.f.* xerografia.

xe.ro.grá.fi.co *adj.* xerográfico; *copia xerográfica* cópia xerox.

xi.ló.fa.go *adj. Zool.* xilófago.

xi.ló.fo.no *s.m.* xilofone.

xi.lo.gra.fí.a *s.f.* xilografia.

y *s.f.* vigésima sexta letra do alfabeto espanhol; Y, y.

ya *adv.* já.

ya.cer *v.i.* jazer.

ya.ci.ja *s.f.* jazida; leito; jazigo; sepultura.

ya.ci.mien.to *s.m. Geol.* jazida.

ya.guar *s.m. Zool.* jaguar.

yan.tar *v.t.* jantar.

yar.da *s.f.* jarda.

ya.te *s.m.* iate.

ye.dra *s.f. Bot.* hera.

ye.gua *s.f.* égua.

ye.ma *s.f. Bot.* gema, olho, botão; gema (do ovo); *Fig.* centro.

yer.ba *s.f.* erva, grama.

yer.mo *adj.* ermo.

yer.no *s.m.* genro.

ye.rro *s.m.* erro; engano; falta.

yer.to *adj.* hirto; teso.

ye.so *s.m.* gesso.

ye.yu.no *s.m. Anat.* jejuno.

yo *pron. pes.* eu.

yo.do *s.m.* iodo.

yo.ga *s.m.* ioga.

yo.gur ou **yo.gurt** *s.m.* iogurte.

yo.quey *s.m.* jóquei.

yo.yó *s.m.* ioiô.

yu.do *s.m.* judô.

yu.go *s.m.* jugo, canga; opressão.

yun.que *s.m.* bigorna; ossinho auricular.

yun.ta *s.f.* junta, parelha.

yu.te *s.m.* juta.

yux.ta.po.ner *v.t.* justapor.

yux.ta.po.si.ción *s.f.* justaposição.

yu.yo *s.m. Amér.* joio; mato, capim.

z *s.f.* vigésima sétima letra do alfabeto espanhol; Z, z.

za.bo.rro *s.m.* homem gorducho.

za.ca.pe.la *s.f.* briga; contenda.

za.fa.do *p.p. de zafar; adj.* atrevido.

za.far *v.t.* safar; *Mar.* desembaraçar, tirar os estorvos de alguma coisa; extrair; *v.r.* safar-se.

za.fio *adj.* sáfio; grosseiro; desconfiado.

za.fi.ro *s.m.* safira.

za.fra *s.f.* safra, colheita.

za.guán *s.m.* saguão.

za.gue.ro *adj.* último, postremo; extremo.

za.he.rir *v.t.* insultar; motejar; repreender; censurar.

za.hon.dar *v.t.* afundar a terra; cavar.

za.hur.da *s.f.* pocilga; casa imunda.

zai.no *adj.* traidor; falso; traiçoeiro.

za.la.gar.da *s.f.* emboscada; cilada.

za.la.me.rí.a *s.f.* salamaleque; bajulação.

za.la.me.ro *adj.* bajulador; lisonjeador.

za.le.ma *s.f. Fam.* salamaleque.

za.ma.rra *s.f.* samarra; blusão de pele.

zam.ba *s.f. Arg.* dança e ritmo popular.

zam.bom.ba *s.f.* cuíca; zabumba.

zam.bom.ba.zo *s.m.* golpe; cacetada.

zam.bra *s.f.* zambra, espécie de dança mourisca; *Fig.* barulho, algazarra; *Mar.* espécie de embarcação mourisca.

zam.bu.lli.da *s.f.* mergulho rápido.

zam.bu.llir *v.t.* mergulhar.

zam.pa *s.f.* estaca (de edifício).

zam.par *v.t.* comer ou beber rapidamente e com excesso; devorar; *v.r.* esconder-se; escapar-se.

zam.po.ña *s.f. Mús.* sanfona.

za.na.ho.ria *s.f. Bot.* cenoura.

zan.ca.da *s.f.* pernada, passada.

zan.ca.jo *s.m.* calcanhar.

zan.co *s.m.* andas; perna-de-pau.

zan.ga.man.ga *s.f. Fam.* treta, ardil.

zán.ga.na *s.f. Fam.* pessoa folgada que tenta trabalhar o menos possível.

zán.ga.no *s.m. Zool.* zangão; *Fam.* parasita.

zan.ga.ri.lle.ja *s.f. Fam.* rapariga pouco asseada e vagabunda.

zan.guan.go *adj. Fam.* indolente, preguiçoso.

zan.ja *s.f.* valeta; canal; sulco.

zan.za.na.da *s.f.* bobagem.

za.pa *s.f.* sapa, pá; escavação de galeria subterrânea; pele de peixe; trabalho em metal que imita as granulações da lixa.

za.pa.lli.to *s.m. Amér.* abobrinha.

za.pa.llo *s.m. Amér.* abóbora.

za.pa.pi.co *s.m.* alvião, picareta.

za.pa.ta *s.f.* botim; calço de couro.

za.pa.te.a.do *s.m.* sapateado.

za.pa.te.rí.a *s.f.* sapataria.

za.pa.te.ro *s.m.* sapateiro; *adj.* encruado, amolecido.

za.pa.ti.lla *s.f.* sapatilha, chinela.

za.pa.to *s.m.* sapato.

za.pe.ar *v.t.* zapear, mudar continuamente de canal de tevê com o controle remoto.

za.pe.o *s.m. zapping*, mudança contínua de canais pelo controle remoto; o mesmo que **canaleo**.

za.qui.za.mí *s.m.* sótão, desvão; *Fig.* cubículo.

za.ra.ban.da *s.f.* sarabanda,tipo de música e dança; *Fig.* confusão.

za.ra.ga.ta *s.f. Fam.* zaragata, algazarra, barulho.

za.ra.ga.te *s.m. Amér.* pessoa desprezível.

za.ran.da.jas *s.f. pl. Fam.* ninharias; bagatelas; quinquilharias.

za.ran.de.ar *v.t.* sacudir; chacoalhar; *Amér. Fam.* saracotear.

zar.ci.llo *s.m.* brincos; pingente.

zar.pa *s.f.* garra; *echar la zarpa* agarrar.

zar.par *v.t.* e *v.i.* zarpar, partir.

zar.pe.ar *v.t. Amér.* salpicar de lama.

za.rra.pas.tro.so *s.m.* e *adj. Fam.* roto, andrajoso, esfarrapado, desalinhado.

zar.za.mo.ra *s.f. Bot.* amora.

zar.za.pa.rri.lla *s.f. Bot.* salsaparrilha.

zar.zue.la *s.f. Mús.* zarzuela; prato típico à base de peixes.

zas.can.dil *s.m. Fam.* intrometido, enxerido.

zig.zag *s.m.* ziguezague.

zi.pi.za.pe *s.m. Fam.* confusão, bagunça.

zó.ca.lo *s.m. Arq.* base; pedestal; friso.

zo.co *adj.* canhoto; *s.m.* mercado árabe.

zo.o *s.m.* zoológico.

zoom *s.m. Inform.* zum, *zoom*, ampliação de imagem na tela do monitor.

zo.pe *s.m.* abutre.

zo.pen.co *adj. Fam.* grosseiro, bronco.

zo.po *s.m.* e *adj.* que tem a mão ou o pé tortos.

zo.que.te *s.m.* toco, pedaço de madeira curto; *Fig.* estúpido; pessoa que tarda em compreender ou perceber alguma coisa.

zo.rra *s.f. Zool.* raposa; *Fig.* prostituta; pessoa astuta; bebedeira.

zo.rro *s.m. Zool.* raposo; *adj.* astuto.

zo.te *adj.* zote, vagaroso, ignorante.

zo.zo.bra *s.f.* soçobro; *Fig.* angústia.

zo.zo.brar *v.i.* soçobrar, afundar, ir a pique; *v.r.* estar em aflição.

zue.co *s.m.* tamanco.

zum.ba *s.f.* guiso, chocalho, vaia; *Fig.* sarcasmo; *Amér.* tunda.

zum.bar *v.i.* zumbir, zumbar; *Fam.* zombar.

zu.mo *s.m.* sumo, suco; *Fig.* lucro, vantagem.

zun.cho *s.m.* braçadeira metálica.

zur.cir *v.t.* cerzir, costurar.

zur.do *adj.* canhoto.

zum *s.m. Inform.* zum, *zoom*.

zu.rra *s.f. Fam.* surra, sova, tunda, pancadaria.

zu.rria.go *s.m.* látego, chicote.

zu.rrón *s.m.* surrão; bolsa de pastores.

zu.rum.bá.ti.co *adj.* sorumbático; apatetado.

zu.ta.no *s.m.* sicrano.

Português
Espanhol

A

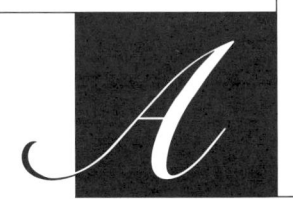

a *s.m.* primera letra del abecedario portugués; *art.* la; *art. det. pers.*, cuando determina un sustantivo; *pron. pers.*, cuando substituye *ela* o palabra mencionada antes; *pron. dem.*, cuando usada en vez de *aquela*; *prep.*, expresa varias relaciones; indica el complemento de la acción del verbo; *pref.*, designa aproximación, intensidad, separación.

à contracción de la *prep. a* con el artículo femenino *a*.

a.ba *s.f.* ala del sombrero, ala del vestido; *Fig.* protección, favor.

a.ba.ca.te *s.m.* aguacate, palta, guacamole.

a.ba.ca.xi *s.m.* piña, ananás; *Fig.* tarea complicada.

á.ba.co *s.m.* aparato para cálculos numéricos.

a.ba.de *s.m.* abad, superior del monasterio.

a.ba.fa.do *adj.* sofocado, tapado, irrespirable; oculto.

a.ba.far *v.t.* sofocar; ahogar; impresionar; *Fig.* ocultar, disimular.

a.bai.xar *v.t.* rebajar, abatir, bajar, humillar, agacharse.

a.bai.xo *adv.* abajo/bajo (de), en menor grado; *abaixo assinado* petitorio.

a.ba.jur *s.m.* pantalla; lámpara.

a.ba.la.do *adj.* inseguro; abatido, conmovido.

a.ba.lar *v.t.* conmover; debilitar.

a.ba.li.zar *v.t.* demarcar, señalar; *v.r.* sobresalirse.

a.ba.lo *s.m.* temblor (de tierra); susto, conmoción.

a.ba.nar *v.t.* abanicar, menear, abanicarse.

a.ban.do.nar *v.t.* dejar, desamparar, renunciar, abandonarse.

a.ban.do.no *s.m.* renuncia; desprecio; negligencia; *Com.* abandono.

a.bar.ro.tar *v.t.* llenar, atestar, colmar; hartarse.

a.bas.ta.do *adj.* rico; abastecido.

a.bas.tar *v.t.* proveer con abundancia.

a.bas.tar.dar *v.t.* bastardear, falsificar.

a.bas.te.cer *v.t.* proveer, suministrar, provisionar; aprovisionarse.

a.bas.te.ci.men.to *s.m.* provisión de víveres, suministro.

a.ba.te *s.m.* matadero, matanza (de ganado).

a.ba.ti.do *adj.* desalentado; disminuido, rebajado (precio).

a.ba.ti.men.to *s.m.* postración, abatimiento; descuento de precio.

ab.di.ca.ção *s.f.* renuncia.

ab.di.car *v.t.* y *v.i.* dejar un cargo, renunciar, dimitirse.

ab.do.me *s.m.* abdomen, vientre, panza (en animales).

a.be.ce.dá.rio *s.m.* abecedario, alfabeto.

a.bei.rar *v.t.* acercar, arrimar, aproximar; *v.r.* acercarse.

a.be.lha *s.f.* abeja (insecto).

a.be.lhu.do *adj.* curioso, entrometido.

a.ben.ço.ar *v.t.* bendecir, amparar.

a.ber.ra.ção *s.f.* aberración, extravío.

a.ber.to *adj.* abierto, ostensible; despejado (tiempo); libre (mente); sincero.

a.ber.tu.ra *s.f.* grieta, anchura; acceso; apertura, comienzo, inauguración.

a.bis.mar *v.t.* hundir en un abismo; causar espanto; *v.r.* engolfarse.

a.bis.mo *s.m.* profundidad insondable; precipicio.

ab.je.to *adj.* abyecto, despreciable, bajo.

ab.ju.ra.ção *s.f.* retractación, abjuración.

ab.ju.rar *v.t.* renunciar, renegar, retractarse.

ab.ne.ga.ção *s.f.* abnegación, desprendimiento, altruísmo.

a.bó.ba.da *s.f.* bóveda.

a.bo.ba.do *adj.* atontado, hecho un bobo.

a.bó.bo.ra *s.f. Bot.* calabaza; *Arg.* zapallo; *Méx.* ayote.

a.bo.ca.nhar *v.t.* agarrar con la boca, morder; *Fig.* abarcar, incluir, incorporar.

ABOLIÇÃO • ABUNDANTE

a.bo.li.ção *s.f.* abolición, anulación; indulto.

a.bo.lir *v.t.* suprimir, revocar, anular, prohibir.

a.bo.mi.na.ção *s.f.* repulsión, abominación, aversión.

a.bo.mi.nar *v.t.* detestar, tener aversión, abominar, aborrecer.

a.bo.mi.ná.vel *adj.* abominable, execrable, odioso.

a.bo.na.do *adj.* rico; *Bras.* idóneo; que tiene crédito.

a.bo.nar *v.t.* afianzar; justificar (faltas).

a.bo.no *s.m.* fianza, garantía; gratificación; falta justificada.

a.bor.da.gem *s.f. Mar.* abordaje, asalto a navío; *Fig.* enfoque, planteamiento.

a.bor.dar *v.t. Mar.* chocar un navío con otro; acercarse; *Fig.* plantear una cuestión, enfocar un asunto.

a.bo.rí.gi.ne *adj.* indígena, nativo, autóctono.

a.bor.re.cer *v.t.* fastidiar, molestar; *v.r.* disgustarse, enojarse.

a.bor.re.ci.men.to *s.m.* fastidio, molestia, enojo, hastío.

a.bor.tar *v.i.* abortar, fracasar (proyecto); parir fuera de tiempo; *Inform.* interrumpir la ejecución de un programa de forma inusual.

a.bor.to *s.m.* aborto; malparto; *Fig.* monstruosidad.

a.bo.to.a.do *adj.* cerrado con botones; gemelos.

a.bo.to.a.du.ras *s.f. pl.* gemelos; mancuernas.

a.bo.to.ar *v.t.* y *v.r.* abotonarse, abrocharse, ceñir, echar botones (plantas); *Bras. abotoar o paletó* morirse.

a.bra.ça.dei.ra *s.f.* abrazadera.

a.bra.çar *v.t.* ceñir con los brazos; *Fig.* adoptar; *v.r.* abrazarse.

a.bra.ço *s.m.* abrazo.

a.bran.dar *v.t.* y *v.i.* ablandar, aliviar; bajar el fuego de la cocina.

a.bran.gên.cia *s.f.* amplitud, alcance.

a.bran.gen.te *adj.* de gran alcance, amplio, abarcante.

a.bran.ger *v.t.* contener, abarcar, incluir, alcanzar, englobar.

a.bra.sa.do *adj.* quemado; *Fig.* exaltado.

a.bra.sar *v.t.* poner en brasas, quemar; exaltar; desbastar.

a.bra.si.lei.ra.do *adj.* abrasileñado, parecido con el brasileño.

a.bra.si.vo *s.m.* y *adj.* abrasivo.

a.breu.gra.fi.a *s.f. Med.* radiografia del tórax.

a.bre.vi.ar *v.t.* abreviar, reducir, resumir.

a.bre.vi.a.tu.ra *s.f.* resumen, abreviatura.

a.bri.có *s.m.* fruto comestible brasileño, parecido al damasco; albericoque.

a.bri.dor *s.m.* y *adj.* abrelatas, instrumento para abrir (botellas).

a.bri.gar *v.t.* proteger, acoger; *v.r.* cobijarse, albergarse.

a.bri.go *s.m.* protección, acogida, refugio, asilo.

a.bril *s.m.* abril; *pl.* juventud; *Fig.* años.

a.brir *v.t.* abrir, descubrir, inaugurar, desabrochar, instalar; hacer confidencias; *Inform.* acceder a un archivo para leerlo, modificarlo o agregar datos; crear un nuevo archivo.

a.bro.char *v.t.* abrochar, abotonar.

a.brup.to *adj.* abrupto, repentino.

abs.ces.so *s.m.* absceso (tumor).

ab.so.lu.to *adj.* completo, con pleno poder.

ab.sol.ver *v.t.* absolver, perdonar, remitir.

ab.sol.vi.ção *s.f.* acción de absolver; perdón, gracia, indulto.

ab.sol.vi.do *adj.* absuelto, perdonado.

ab.sor.ção *s.f.* absorción; *Fig.* contemplación, ensueño.

ab.sor.to *adj.* arrobado, extasiado, pensativo.

ab.sor.ven.te *adj.* absorbente; *s.m.* toalla femenina.

ab.sor.ver *v.t.* absorber, aspirar, embeber; *v.r.* concentrarse.

abs.tê.mio *adj.* que no bebe, que se abstiene; abstemio.

abs.ten.ção *s.f.* acción de abstenerse; renuncia.

abs.ter-se *v.r.* abstenerse, refrenarse.

abs.ti.nên.cia *s.f.* ayuno, dieta; acción de abstenerse.

abs.tra.ção *s.f.* acción de abstraer o abstraerse; hipótesis.

abs.tra.ir *v.t.* y *v.r.* abstraer, separar, excluir; concentrarse; prescindir, omitir.

abs.tra.to *adj.* abstracto, no concreto.

ab.sur.do *s.m.* contrario a la razón; desrazonable.

a.bu.li.a *s.f.* debilidad de la voluntad.

a.bun.dân.cia *s.f.* abundancia, hartura, opulencia.

a.bun.dan.te *adj.* copioso, rico, fecundo.

a.bu.sa.do *adj.* atrevido; aprovechado.

a.bu.sar *v.t.* y *v.i.* abusar; faltar a la confianza; exagerar; ultrajar el pudor.

a.bu.so *s.m.* abuso; mal uso de una cosa; error.

a.bu.tre *v.t. Zool.* buitre, ave rapaz; *Fig.* hombre avaro, usurero.

a.ca.bar *v.t.* acabar, terminar, poner fin; *v.i.* rematar, morir; *v.r.* agotarse.

a.ca.bru.nhar *v.t.* fastidiar, abrumar, agobiar, atormentar, molestar.

a.ca.de.mi.a *s.f.* academia; sociedad de artistas u hombres de letras; escuela.

a.ça.frão *s.m. Bot.* azafrán (planta).

a.ca.len.tar *v.t.* acunar, mecer, arrullar; *Fig.* alimentar, esperar, tener esperanzas.

a.cal.mar *v.t.* apaciguar, aplacar, calmar; *v.r.* aplacarse, aquietarse.

a.ca.lo.ra.do *adj.* lleno de calor; irritado; *Fig.* entusiasmado.

a.cam.pa.men.to *s.m. Mil.* campamento.

a.cam.par *v.t.* acampar; estacionar.

a.ca.nha.do *adj.* tímido; apocado; humilde.

a.ção *s.f.* acción, acto, demanda; actitud; cuota de capital; fuerza con que un cuerpo actúa sobre otro.

a.ca.re.a.ção *s.f.* careo de testigos.

a.ca.re.ar *v.t.* acarear, carear, cotejar (una y otra cosa).

a.ca.ri.ci.ar *v.t.* hacer caricias, halagar.

a.car.re.tar *v.t.* ocasionar, ser motivo de algo; acarrear; transportar un carro o carreta.

a.ca.sa.lar *v.t.* aparear, acoplar, emparejar; unir las hembras de los animales con los machos.

a.ca.so *s.m.* acaso; casualidad, eventualidad; *adv.* tal vez, quizá; *por acaso:* por casualidad, accidentalmente.

a.ca.tar *v.t.* respetar, venerar, cumplir; vigilar.

a.cau.te.lar *v.t.* prevenir, precaver; *v.r.* resguardarse.

a.ce.der *v.t.* acceder, consentir.

a.cé.fa.lo *adj.* sin cabeza; sin jefe; idiota.

a.cei.tá.vel *adj.* aceptable.

a.ce.le.ra.ção *s.f.* acción de acelerar; rapidez; aumento o variación de velocidad.

a.ce.le.ra.dor *s.m. Mec.* y *Quím.* acelerador, que o el que acelera.

a.ce.le.rar *v.t.* adelantar; aumentar la velocidad; *v.r.* apresurarse, darse prisa.

a.cel.ga *s.f.* acelga (planta de huerta)

a.ce.nar *v.t.* hacer señales, hacer gestos o ademanes; señalar.

a.cen.de.dor *s.m.* aparato para encender, encendedor, mechero.

a.cen.der *v.t.* encender, pegar fuego; incendiar, conectar (luz); *Fig.* instigar, inflamar.

a.ce.no *s.m.* seña, ademán, gesto.

a.cen.to *s.m. Gram.* acento; signo ortográfico para indicar el valor de las vocales; inflexión (de la voz); pronunciación.

a.cen.tu.a.ção *s.f.* acción de acentuar; sistema de los acentos ortográficos; *Fig.* énfasis, tono.

a.cen.tu.ar *v.t. Gram.* usar acentos, poner tilde; *Fig.* dar relieve, señalar, subrayar; *v.r.* ir creciendo.

a.cep.ção *s.f.* acepción, sentido de una palabra o frase; interpretación.

a.ce.ra.do *adj.* afilado, agudo, punzante; *Fig.* mordaz, satírico.

a.ce.rar *v.t.* afilar, acerar, aguzar; dar al fierro las propiedades del acero.

a.cer.bar *v.t.* exacerbar, irritar.

a.cer.ca de *loc.* respecto a; relativo a.

a.cer.car *v.t.* aproximar; rodear.

a.cer.tar *v.t.* y *v.i.* ajustar, regular (cuentas); atinar, acertar; igualar, contratar.

a.cer.to *s.m.* acierto; acuerdo, ajuste, corrección.

a.cer.vo *s.m.* acervo; gran cantidad.

a.ce.so *adj.* ardiente, encendido; *Fig.* excitado, ansioso.

a.ces.sar *v.t. Inform.* acceder; obtener o utilizar datos, informaciones, archivos, programas almacenados en computador.

a.ces.sí.vel *adj.* accesible, de fácil acceso; tratable.

a.ces.so *s.m.* acceso, entrada, llegada, ingreso; *Med.* ataque (de tos, epilepsia, etc.); *acesso aleatório* acceso aleatorio; *acesso direto* acceso directo; *acesso seqüencial* acceso secuencial.

a.ces.só.rio *adj.* anejo, secundario, que depende de otro; accesorio.

a.ce.to.na *s.f.* acetona, líquido incoloro, volátil, usado como disolvente.

a.cha.car *v.t.* encontrar defectos en; infamar.

a.cha.do *adj.* hallado, encontrado; hallazgo, lo que se halló.

a.cha.que *s.m.* achaque; enfermedad crónica; pretexto, vicio.

a.char *v.t.* encontrar; hallar, suponer; inventar; estimar, parecer; *v.r.* hallarse.

a.cha.tar *v.t.* aplastar, aplanar, poner chata alguna cosa; abatir, con argumentos; *Fig. v.r.* intimidarse, achicarse.

a.ci.den.tal *adj.* accidental; eventual, casual.

a.ci.den.te *s.m.* accidente; contratiempo, suceso imprevisto, repentino o casual; desgracia; disposición variada de un terreno.

a.ci.dez *s.f.* acidez.

á.ci.do *s.m. Quím.* ácido.

a.ci.ma *adv.* en la parte superior; encima, arriba.

a.ci.o.nar *v.t.* accionar; activar (motor); *For.* promover demanda judicial; demandar.

a.ci.o.nis.ta *s.m.* el que participa de sociedad o compañía abierta; que tiene acciones de una compañía industrial o comercial; accionista.

a.cir.ra.do *adj.* intransigente; terco; contumaz.

a.cir.rar *v.t.* estimular, irritar, incitar.

a.cla.mar *v.t.* aprobar, aplaudir, saludar, elegir por aclamación.

a.cla.rar *v.t.* explicar, dilucidar; *v.i.* ponerse claro (el cielo)

a.cli.mar *v.t.* adaptar al clima; *v.r.* acostumbrarse, habituarse, aclimatarse.

a.cli.ve *s.m.* cuesta, ladera, declive; *adj.* inclinado.

a.ço *s.m.* acero. *Fig.* fuerza, dureza; superficie reflectora del espejo.

a.ço.da.men.to *s.m.* apresuramiento; instigación.

a.çoi.te *s.m.* azote, látigo, para castigar.

a.co.lá *adv.* allá, en aquel lugar.

a.col.cho.ar *v.t.* acolchar, tapizar.

a.co.lher *v.t.* acoger; refugiar, asilar.

a.co.lhi.men.to *s.m.* acogimiento, hospitalidad.

a.co.me.ter *v.t.* embestir, emprender; insultar.

a.co.mo.da.ção *s.f.* alojamiento, aposento (de una casa); adaptación.

a.co.mo.da.do *adj.* alojado, acondicionado; *Fig.* quieto, resignado, pacífico.

a.co.mo.dar *v.t.* instalar, adaptar, alojar; *v.r.* instalarse, alojarse; *Fig.* resignarse.

a.com.pa.nha.men.to *s.m.* supervisión; escolta, séquito.

a.com.pa.nhar *v.t.* acompañar; ir o estar en compañía de otra persona; escoltar, supervisar; *Mús.* acompañar.

a.con.che.gar *v.t.* agasajar, acoger, halagar, arrimar.

a.con.che.go *s.m.* confort, bienestar; abrigo, comodidad.

a.con.di.ci.o.nar *v.t.* acomodar, disponer; recoger en lugar conveniente.

a.con.se.lhar *v.t.* aconsejar; dar consejos; sugerir, amonestar; *v.r.* asesorarse.

a.con.te.cer *v.i.* ocurrir, suceder; sobrevenir, acaecer.

a.con.te.ci.men.to *s.m.* ocurrencia, suceso, acaecimiento; hecho, evento; acaso.

a.co.plar *v.t.* y *v.r.* unirse, acoplarse.

a.cor.da.do *adj.* despierto; hecho con acuerdo; prudente.

a.cor.dar *v.t.* y *v.i.* despertarse; ajustar; dejar de dormir; *v.r.* ponerse de acuerdo.

a.cor.de.ão *s.m. Mús.* armónica; acordeón.

a.cor.do *s.m.* acuerdo, resolución, pacto, arreglo; conformidad.

a.cor.ren.tar *v.t.* encadenar, atar con cadenas; *Fig.* sujetar, esclavizar.

a.cor.rer *v.i.* acudir; recurrir. *v.t.* amparar, socorrer.

a.cos.sar *v.t.* acosar, perseguir, molestar.

a.cos.ta.men.to *s.m.* vereda de la ruta.

a.cos.tu.mar *v.t.* acostumbrar, habituar; *v.r.* acostumbrarse.

a.co.to.ve.lar *v.t.* dar con el codo en; codear; *v.r.* empujarse con los codos.

a.çou.gue *s.m.* carnicería; lugar donde se vende carne al pormenor; matadero.

a.co.var.dar *v.t.* y *v.r.* acobardarse; amedrentar.

a.cre *adj.* ácido, agrio, áspero; *sup.* acérrimo; *s.m.* antigua medida agraria.

a.cre.di.tar *v.t.* creer, abonar a alguien; acreditar; *v.r.* ganar reputación.

a.cres.cen.tar *v.t.* adicionar, aumentar, añadir.

a.crés.ci.mo *s.m.* aumento, añadidura.

a.crí.li.co *adj. Quím.* acrílico, ácido de cuyos derivados se obtienen diversos plásticos.

a.cro.ba.ci.a *s.f.* acrobacia.

a.cro.ba.ta *s.m.* acróbata, saltimbanco.

a.çú.car *s.m.* azúcar.

a.çu.ca.rei.ro *s.m.* azucarero, relativo al azúcar.

a.çu.de *s.m.* embalse.

a.cu.dir *v.t.* acudir; ir o venir en socorro de otro.

a.cu.mu.lar *v.t.* amontonar, juntar; *v.r.* amontonarse, aglomerarse.

a.cú.mu.lo *s.m.* amontonamiento.

a.cu.sa.ção *s.f.* acusación; denuncia; imputación.

a.cu.sar *v.t.* culpar, acusar, notificar.

a.cús.ti.ca *s.f. Fís.* acústica, ciencia del sonido.

a.dá.gio *s.m.* adagio, proverbio.

a.dap.ta.ção *s.f.* adaptación.

a.dap.tar *v.t.* apropiar, ajustar, acomodar; *v.r.* aclimatarse, amoldarse.

a.de.ga *s.f.* despensa; lugar donde se guarda el vino y provisiones; bodega.

a.del.ga.çar *v.t.* adelgazar; desbastar; depurar; emagrecer.

a.den.do *s.m.* suplemento, aditamento.

a.dep.to *s.m.* adepto, secuaz, partidario; adicto.

a.de.quar *v.t.* adecuar, apropiar, amoldar; *v.r.* sujetarse.

a.de.rên.cia *s.f.* adherencia; *Fig.* adhesión.

a.de.ren.te *adj.* adherente, adicto; *s.m.* adepto.

a.de.rir *v.t.* y *v.r.* adherirse, pegarse; *v.i.* filiarse.

a.de.são *s.f.* acción de adherir; unión, ligación, acuerdo.

a.de.si.vo *adj.* que se adhiere; adhesivo; *s.m.* esparadrapo, emplasto.

a.des.trar *v.t.* adiestrar, amaestrar.

a.deus *interj.* ¡adiós¡; *s.m.* adeus, despedida.

a.di.a.men.to *s.m.* postergación, aplazamiento; reprovación en los exámenes.

a.di.an.ta.do *adj.* adelantado, anticipado; *Pop.* atrevido; *adv.* con o por anticipación.

a.di.an.ta.men.to *s.m.* adelantamiento, anticipación; anticipo del sueldo.

a.di.an.tar *v.t.* anticipar, adelantar; aventajar; *v.r.* anticiparse.

a.di.an.te *interj.* y *adv.* adelante.

a.di.ar *v.t.* postergar, retrasar, diferir; reprobar en examen.

a.di.ção *s.f.* adición, suma; apéndice.

a.di.ci.o.nar *v.t.* adicionar, añadir, agregar, sumar.

a.di.do *s.m.* agregado, adicto.

a.di.ti.vo *adj. Quím.* agregado, añadido; *s.m.* la sustancia que se agrega.

a.di.vi.nha.ção *s.f.* acción y efecto de adivinar, adivinación.

a.di.vi.nhar *v.t.* adivinar, predecir.

ad.ja.cên.cia *s.f.* adyacencia, inmediato, próximo, vecindad; *pl.* alrededores, cercanías.

ad.je.ti.vo *s.m. Gram.* adjetivo.

ad.ju.di.car *v.t.* conceder, otorgar.

ad.jun.to *s.m.* agregado, auxiliar; *Gram.* complemento.

ad.mi.nis.tra.ção *s.f.* administración; gobierno; gestión; aplicación (de medicamentos).

ad.mi.nis.trar *v.t.* administrar, dirigir, gobernar.

ad.mi.ra.ção *s.f.* admiración; sorpresa; contemplación.

ad.mi.rar *v.t.* contemplar, admirar; *v.r.* asombrarse, extrañarse.

ad.mis.são *s.f.* admisión, recepción, entrada, ingreso.

ad.mi.tir *v.t.* admitir, recibir, permitir, aceptar, reconocer.

ad.mo.es.tar *v.t.* amonestar, avisar, censurar.

a.do.ção *s.f.* adopción, prohijamiento.

a.do.çar *v.t.* poner dulce, azucarar, endulzar.

a.do.ci.car *v.t.* endulzar; *Fig.* hablar afectadamente.

a.do.e.cer *v.t.* enfermarse, adolecer.

a.do.en.ta.do *adj.* con enfermedad ligera, algo enfermo, achacoso, debilitado.

a.doi.dar *v.t.* y *v.i.* enloquecer, alocar.

a.do.les.cên.cia *s.f.* adolescencia, mocedad, juventud.

a.do.rar *v.t.* venerar, amar mucho, reverenciar.

a.do.rá.vel *adj.* adorable, admirable.

a.dor.me.cer *v.i.* dormir, adormecer, entorpecer.

a.dor.nar *v.t.* embellecer, ornar, ataviar.

a.do.tar *v.t.* adoptar, seguir una doctrina; prohijar.

ad.qui.rir *v.t.* obtener, alcanzar, ganar; *v.r.* apropiarse de algo.

a.dre.de *adv.* con intención deliberada, de propósito.

a.du.bar *v.t.* abonar, estercolar.

a.du.bo *s.m.* abono, estiércol, fertilizante.

a.du.la.ção *s.f.* adulación, lisonja, halago.

a.du.lar *v.t.* halagar, alabar con exceso.

a.dul.te.ra.ción *s.f.* falsificación.

a.dul.te.rar *v.t.* corromper, falsificar, falsear; *v.i.* cometer adulterio.

a.dul.té.rio *s.m.* adulterio; falsificación.

a.dul.to *s.m.* adulto.

a.du.to.ra *s.f.* acueducto.

a.du.zir *v.t.* aducir, presentar pruebas, conducir.

ad.ven.tí.cio *s.m.* y *adj.* forastero, adventicio, advenedizo.

ad.ven.to *s.m.* advento, llegada, arribo; advenimiento.

ad.vér.bio *s.m. Gram.* adverbio.

ad.ver.sá.rio *s.m.* adversario, opositor, rival, enemigo.

ad.ver.si.da.de *s.f.* adversidad, calidad de adverso; infortunio.

ad.ver.tên.cia *s.f.* advertencia, aviso, amonestación.

ad.ver.tir *v.t.* llamar la atención, avisar, amonestar; *v.i.* reparar.

ad.vin.do *adj.* advenido, que llegó después.

ad.vir *v.i.* advenir, sobrevenir; llegar después.

ad.vo.ca.cia *s.f.* abogacía, profesión de abogado.

a.é.re.o *adj.* del aire, aéreo; *Fig.* vano, fútil.

a.e.ro.mo.ça *s.f.* azafata.

a.e.ro.nau.ta *s.m.* aviador; persona que navega por el aire.

a.e.ro.náu.ti.ca *s.f.* aeronáutica, parte de la física que trata del estudio de la navegación aérea.

a.e.ro.por.to *s.m.* aeropuerto, aeródromo.

a.e.ros.sol *s.m.* aerosol.

a.fã *s.m.* afán, trabajo demasiado; deseo vehemente.

a.fa.gar *v.t.* mimar, acariciar, halagar, lisonjear; adular.

a.fa.ma.do *adj.* renombrado, famoso, notable.

a.fa.nar *v.t. Pop.* hurtar, robar.

a.fas.ta.do *adj.* retirado, distante.

a.fas.ta.men.to *s.m.* alejamiento, ausencia, separación, aislamiento, retiro.

a.fas.tar *v.t.* apartar; alejar, separar; *v.r.* alejarse, aislarse.

a.fa.ze.res *s.m. pl.* ocupación, quehaceres.

a.fei.ção *s.f.* inclinación, afección, propensión.

a.fei.ço.a.do *adj.* afecto, aficionado, amigo, partidario.

a.fei.ço.ar-se *v.r.* apegarse, encariñarse.

a.fe.ri.ção *s.f.* acto y efecto de conferir; cotejo, comparación.

a.fe.ri.dor *adj.* aferidor, fiel, contraste; inspector de pesas y medidas.

a.fe.rir *v.t.* contrastar, cotejar (pesas, medidas).

a.fer.ra.do *adj.* agarrado, asiduo, apegado (al dinero).

a.fer.rar *v.t.* agarrar, asegurar, asir; prender con hierro; *v.r.* obstinarse.

a.fe.tar *v.t.* perjudicar, afectar, aparentar; incidir sobre; *v.i.* apurarse ridículamente; carecer de naturalidad.

a.fe.to *s.m.* amistad, simpatía, afecto; *adj.* amigo, subordinado, adicto.

a.fe.tu.o.so *adj.* afectuoso, cariñoso, delicado.

a.fi.a.do *adj.* afilado, adelgazado por el corte, aguzado; cabal, perfecto; *Fig.* dispuesto a ofender.

a.fi.an.ça.do *adj.* afianzado, garantizado, de que alguien es fiador.

a.fi.an.çar *v.t.* dar fianza, abonar, garantizar; *v.r.* certificarse.

a.fi.ar *v.t.* afilar, sacar filo, embestir; ejercitar; *Fig.* aguzar (el oído).

a.fim *adj.* afín, pariente por afinidad, que tiene afinidad, próximo.

a.fi.na.ção *s.f.* armonía, acción y efecto de afinar; tono; *Fig.* enfado.

a.fi.nal *adv.* Por fin, finalmente; *afinal de contas* al fin de cuentas; al fin y al cabo.

a.fi.nar *v.t.* y *v.i. Mús.* afinar, templar (instrumentos); purificar (metales); hacer fino; *v.r.* tener afinidad, armonizarse.

a.fin.co *s.m.* ahínco, obstinación, tenacidad.

a.fi.ni.da.de *s.f.* afinidad; vínculo que une cada cónyuge a los parientes del otro; parentesco; atracción.

a.fir.ma.ção *s.f.* afirmación, aseveración.

a.fir.mar *v.t.* asegurar, afirmar, afianzar, asentar.

a.fi.xar *v.t.* fijar, poner, colocar en lugar público.

a.fli.ção *s.f.* tribulación, aflicción, congoja, pesar.

a.fli.gir *v.t.* afligir, abrumar, acongojar; *v.r.* apurarse, amargarse.

a.fli.to *adj.* aflicto, acongojado, afligido.

a.flu.ên.cia *s.f.* afluencia, acción de afluir; abundancia; gran concurrencia.

a.flu.en.te *s.m.* y *adj.* que afluye; copioso, río que desemboca en otro principal.

a.fo.ba.do *adj.* apurado, agitado.

a.fo.ga.do *adj.* ahogado, asfixiado; *Fig.* sobrecargado.

a.fo.gar *v.t.* y *v.r.* ahogar, estrangular, sumergir.

a.foi.to *adj.* osado, valiente, audaz.

a.fo.ra *adv.* afuera, hacia fuera; *prep.* excepto, salvo, aparte, además de.

a.fo.ris.mo *s.m.* axioma, apotegma, máxima.

a.for.mo.se.ar *v.t.* hermosear, embellecer.

a.for.tu.na.do *adj.* dichoso, venturoso, afortunado.

a.fro *adj.* africano, afro.

a.fro.di.sí.a.co *adj.* sustancia que excita el apetito sexual.

a.fron.ta *s.f.* afrenta, ultraje, amenaza, violencia.

a.frou.xar *v.t.* y *v.i.* aflojar, ablandar.

a.fu.gen.tar *v.t.* ahuyentar, poner en fuga.

a.fun.dar *v.t.* ahondar, hundir; *v.i.* naufragar, hundirse.

a.fu.ni.lar *v.t.* dar forma de embudo; estrechar; *v.r.* tomar forma de embudo.

a.ga.char *v.r.* agacharse, humillarse, rebajarse.

a.gar.ra.do *adj.* seguro, asido, preso; obstinado; *Fig.* tacaño, avaro.

a.gar.rar *v.t.* asir, hacer presa, quitar alguna cosa con violencia; *v.r.* unirse.

a.ga.sa.lhar *v.t.* abrigar, cubrir con ropa; acoger; *v.r.* abrigarse.

a.gas.tar *v.t.* encolerizar, aburrir; *v.r.* irarse.

a.gên.cia *s.f.* agencia, oficina de agente; gestión, diligencia.

a.gen.ci.ar *v.t.* tratar de negocio ajeno; agenciar.

a.gen.da *s.f.* agenda, libro diario en el que se apuntan cosas que se han de hacer.

a.gen.te *s.m.* y *adj.* agente; agente consular; canciller, cónsul.

á.gil *adj.* ágil, ligero, expedito; *Fig.* activo, vivo.

a.gi.li.zar *v.t.* agilizar, facilitar, abreviar.

á.gio *s.m. Com.* ágio, porcentaje, especulación.

a.gi.o.ta *s.m.* y *s.f., adj.* usurero, prestamista.

a.gir *v.t.* hacer, actuar, obrar.

a.gi.ta.ção *s.f.* agitación, perturbación, ajetreo, turbulencia.

a.gi.tar *v.t.* agitar, sublevar, excitar, sacudir; *v.r.* turbarse, alborotarse.

a.glo.me.rar *v.t.* reunir, aglomerar, acumular, amontonar; *v.r.* amontonarse.

a.go.ni.a *s.f.* agonía, angustia, aflicción, trance.

a.go.ni.zan.te *adj.* moribundo, que está en la agonía.

a.go.ni.zar *v.i.* estar moribundo; *v.t.* causar agonía; *v.r.* afligirse.

a.go.ra *adv.* ahora, en el presente; en este momento.

a.gou.rar *v.t.* presagiar, vaticinar.

a.gou.ren.to *adj.* de mal agüero.

a.gou.ro *s.m.* agüero, presagio, adivinación, pronóstico.

a.gra.ci.ar *v.t.* condecorar, amnistiar; *v.i.* mostrar gracia; *v.r.* enriquecerse.

a.gra.dar *v.t.* agradar, adular, halagar; *v.i.* hacerse querido.

a.gra.de.cer *v.t.* y *v.i.* agradecer, rendir gracias, mostrar gratitud.

a.gra.de.ci.men.to *s.m.* agradecimiento, gratitud, recompensa.

a.gra.do *s.m.* agrado, cariño, halago; satisfacción.

a.grá.rio *adj.* agrario, campestre; relativo al campo.

a.gra.van.te *adj.* que agrava, que hace más grave.

a.gra.var *v.t.* agraviar, oprimir, gravar, empeorar; *Com.* onerar; *v.r.* agudizarse.

a.gre.dir *v.t.* herir, atacar a alguno (de obra o de palabra); *Fig.* hostilizar.

a.gre.ga.do *s.m.* asociado; mescla, composición; labrador que trabaja en la hacienda de otro.

a.gre.gar *v.t.* unir, juntar, amontonar, añadir.

a.gre.mi.a.ção *s.f.* agremiación, asociación.

a.gres.são *s.f.* agresión, provocación, golpe, ataque.

a.gri.ão *s.m. Bot.* berro (planta crucífera).

a.gri.cul.tor *s.m.* agricultor, labrador, *adj.* agrícola.

a.gri.do.ce *adj.* agridulce; *Fig.* que causa tristeza y alegría, al mismo tiempo.

a.gru.pa.men.to *s.m.* agrupación, reunión.

a.gru.par *v.t.* y *v.r.* agruparse, reunirse; juntar en grupo.

á.gua *s.f.* agua, lluvia; *Arq.* agua, vertiente.

a.gua.cei.ro *s.m.* aguacero, lluvia fuerte y pasajera.

a.guar *v.t.* disolver en agua; regar; *Fig.* frustrar, causar disgusto.

a.guar.dar *v.t.* esperar, aguardar, acatar.

a.guar.den.te *s.f.* aguardiente (bebida alcohólica).

a.gu.çar *v.t.* aguzar, amolar, afilar; *Fig.* avivar, incitar; *v.r.* aguzarse.

a.gu.do *adj.* agudo, afilado, que termina en punta.

a.güen.tar *v.t.* y *v.i.* aguantar, sufrir, tolerar, resistir, sostener; *v.r.* sostenerse.

a.guer.ri.do *adj.* ejercitado, para la guerra; *Fig.* valiente, animoso.

á.guia *s.f. Zool.* águila (ave rapaz); *Fig.* persona de mucha viveza.

a.gu.lha *s.f.* aguja (de coser, bordar o tejer); campanario, manecilla.

a.gu.lha.da *s.f.* pinchazo, punzada, puntada, agujazo.

ah *interj.* expresa alegría, espanto o admiración.

ai *s.m.* suspiro, quejido; *interj.* ah! (expresa aflicción o dolor).

aí *adv.* ahí, en ese lugar; *interj.* eso.

aids *s.f.* sida (síndrome de la inmuno deficiencia adquirida).

a.in.da *adv.* aún, todavía, incluso, también; *ainda bem* felizmente, menos mal; *ainda assim* a pesar de eso; *ainda que* aunque; *ainda por cima* encima.

ai.ro.so *adj.* garboso, gallardo, gentil, digno.

a.jei.tar *v.t.* acomodar, adaptar, adequar; *v.r.* arreglarse.

a.jo.e.lhar *v.t.* y *v.r.* arrodillarse; *v.i.* ponerse de rodillas; *Fig.* humillarse.

a.ju.da *s.f.* ayuda, auxilio, socorro, favor; *Inform.* conjunto de instrucciones disponibles para orientar el usuario de un programa; *ajuda de custo* ayuda de costo, anticipo.

a.ju.dan.te *s.m.* ayudante, auxiliar, asistente.

a.jui.za.do *adj.* sensato, ajuiciado, juicioso, prudente; *For.* llevado a juicio.

a.jui.zar *v.t.* apreciar, juzgar; *For.* demandar.

a.jun.tar *v.t.* ayuntar, acrecentar, coligar, economizar.

a.jus.ta.men.to *s.m.* ajuste, contrato, arreglo.

a.jus.tar *v.t.* ajustar, adaptar, acertar, arreglar (precio, cuentas); *v.r.* ajustarse.

a.jus.te *s.m.* acción o efecto de ajustar; pacto, contrato: *Fig.* represalia (ajuste de cuentas).

a.la *s.f.* ala, hilera, facción, fila; *Mil.* ala, flanco; *Arq.* fachada; *Fig.* ocasión.

a.la.ga.di.ço *adj.* alagadizo, encharcado, inundado; pantanoso.

a.la.gar *v.t.* alagar, inundar; sumergir, anegar; *v.r.* inundarse, sumergirse, anegarse.

a.la.me.da *s.f.* alameda; paseo arbolado.

a.la.ran.ja.do *s.f.* anaranjado (color de naranja).

a.lar.de *s.m.* alarde, ostentación.

a.lar.gar *v.t.* alargar, ensanchar, ampliar, dilatar; *v.r.* alargarse.

a.la.ri.do *s.m.* alarido, gritería.

a.lar.mar *v.t.* alarmar; *v.r.* alarmarse.

a.lar.me *s.m.* alarma; señal de peligro; *Fig.* inquietud, sobresalto.

a.las.trar *v.t.* diseminar, difundir, propagar; *v.r.* diseminarse, propagarse, difundirse.

a.la.van.ca *s.m. Fís.* palanca; barra para mover o levantar pesos.

ál.bum *s.m.* álbum.

al.ça *s.f* alza; tirantes; presilla; tirador.

al.ca.cho.fra *s.f. Bot.* alcachofa; alcaucil.

al.ça.da *s.f.* alzada; fuero; recurso de apelación.

al.ca.güe.te *s.m.* y *s.f.* alcahuete.

al.can.çar *v.t.* alcanzar; llegar; obtener.

al.ca.par.ra *s.f. Bot.* alcaparra.

al.çar *v.t.* alzar, edificar; *v.r.* alzarse, rebelarse.

al.ca.trão *s.m. Quím.* alquitrán.

ál.co.ol *s.m. Quím.* alcohol.

al.co.ó.la.tra *adj.* alcohólico.

al.co.va *s.f.* alcoba, dormitorio, cuarto.

al.dei.a *s.f.* aldea.

a.le.a.tó.rio *adj.* aleatorio.

a.le.ga.ção *s.f. Dro.* alegación; alegato.

a.le.gar *v.t.* alegar, aducir; citar.

a.le.grar *v.t.* alegrar; causar alegría; *v.r.* alegrarse.

a.le.gre *adj.* alegre, contento; festivo.

a.le.gri.a *s.f.* alegría.

a.lei.ja.do *adj.* herido, contusionado; tullido; paralítico.

a.lei.jar *v.t.* herir; mutilar; deformar; *v.i.* quedar herido; *Fig.* perjudicarse.

a.lém *adv.* después de, más allá, para adelante, aparte, además; *s.m. Fig.* la otra vida.

a.lém-tú.mu.lo *s.m.* la otra vida, la eternidad.

a.len.tar *v.t.* alentar, incentivar, estimular; *v.i.* respirar; *v.r.* animarse.

a.ler.gi.a *s.f. Med.* alergia.

a.ler.ta *adv.* alerta, atento; *s.m.* señal para estar vigilante.

a.ler.tar *v.t.* alertar, avisar, advertir.

al.fa.be.to *s.m.* alfabeto.

al.fa.ce *s.f. Bot.* lechuga.

al.fai.a.ta.ri.a *s.f.* taller de sastre; sastrería.

al.fai.a.te *s.m.* sastre.

al.fân.de.ga *s.f* aduana.

al.fa.ze.ma *s.f. Bot.* lavanda, alhucema, espliego.

al.fi.ne.ta.da *s.f.* punzada (de afiler); *Fig.* crítica mordaz, indirecta.

al.fi.ne.te *s.m.* alfiler.

al.for.ri.ar *v.t.* libertar.

al.ga.ris.mo *s.m.* guarismo, cifra, número.

al.ga.zar.ra *s.f.* algazara, vocerío, gritería, algarabía, jaleo.

ál.ge.bra *s.f. Mat.* álgebra.

al.ge.ma *s.f.* cadena; grilletes; esposas.

al.go *pron. indef.* algo; *adv.* un tanto, un poco, algo.

al.go.dão *s.m.* algodón.

al.goz *s.m.* verdugo, *Fig.* persona muy cruel.

al.guém *pron. indef.* alguien, alguna persona, alguno; *Fig.* persona importante.

al.gum *pron. indef.* algún, alguno; *s.m. pl.* unos, algunos.

a.lheio *adj.* ajeno, extraño; *Fig.* abstraído, absorto.

a.lho *s.m. Bot.* ajo.

a.li *adv.* allí; en otro lugar; allá.

a.li.an.ça *s.f.* alianza, coalición; liga, mezcla.

a.li.ar *v.t.* unir, coligar, confederar; *v.r.* mezclarse, unirse.

a.li.ás *adv.* de otro modo, mejor dicho, dicho sea de paso, por otra parte.

á.li.bi *s.m. For.* alibi, coartada.

a.li.ca.te *s.m.* alicates (herramienta); pinzas.

a.li.cer.ce *s.m.* cimiento, zanja; *Fig.* apoyo, base, fundamento.

a.li.ci.a.dor *s.m.* seductor, sobornador.

a.li.e.na.ção *s.f.* alienación; *Patol.* enajenación.

a.li.e.nar *v.t.* enajenar, desviar, enloquecer; *v.r.* alienarse.

a.li.men.tar *v.t.* alimentar, nutrir; *v.r.* alimentarse.

a.li.men.to *s.m.* alimento, sustento, comida.

a.li.ne.a *s.f.* párrafo; subdivisión de un artículo.

a.li.nha.do *adj.* alineado; puesto en línea recta; arreglado, bien puesto.

a.li.nha.men.to *s.m.* alineación.

a.li.nhar *v.t.* alinear; *v.r.* arreglarse; *v.i.* ponerse en buen camino.

a.li.nha.var *v.t* hilvanar.

a.li.nha.vo *s.m.* hilván; costura provisional.

a.li.nho *s.m.* arreglo; aseo.

a.lí.quo.ta *s.f.* y *adj. Mat.* alícuota.

a.li.sar *v.t.* alisar; poner liso.

a.lis.tar *v.t.* alistar; inscribir en lista; *v.r.* alistarse.

a.li.vi.ar *v.t.* aliviar, dar alivio; aplacar, calmar.

a.lí.vio *s.m.* alivio, consuelo, descanso; un momento de respiro; un momento de descanso.

al.ma *s.f.* alma, espíritu, parte inmaterial del cuerpo humano; *Fig.* entusiasmo; esencia, parte principal, núcleo.

al.ma.ço *s.m.* y *adj.* papel con rayas.

al.ma.na.que *s.m.* almanaque, calendario.

al.mei.rão *s.m. Bot.* achicoria; escarola.

al.me.jar *v.t.* anhelar, desear, ansiar.

al.mo.çar *v.t.* y *v.i.* almorzar, comer.

al.mo.ço *s.m.* almuerzo.

al.mo.fa.da *s.f.* almohada, cojín.

al.môn.de.ga *s.f.* albóndiga.

al.mo.xa.ri.fa.do *s.m.* almojarifazgo.

a.lô *inter.* ¡hola!

a.lo.ja.men.to *s.m.* alojamiento; hospedaje.

a.lo.jar *v.t.* alojar; dar alojamiento; hospedar; *v.r.* alojarse.

a.lon.gar *v.t.* alargar; prolongar; *v.r.* estirarse, alargarse.

al.par.ga.ta *s.f.* alpargata.

al.pen.dre *s.m.* alpende; alero, porche.

al.que.bra.do *adj.* cansado, exhausto, alicaído.

al.ta.nei.ro *adj.* altanero, altivo, soberbio.

al.tar *s.m.* altar, ara consagrada; altar mayor, el principal.

al.te.ar *v.t.* alzar, elevar; *v.r.* alzarse, elevarse.

al.te.ra.ção *s.f.* alteración; descomposición; desorden, falsificación.

al.te.rar *v.t.* modificar, afectar, falsificar; *v.r.* irritarse.

al.ter.ca.ção *s.f.* altercado; alteración, discordia.

al.ter.nar *v.t.* alternar, cambiar; *v.r.* alterarse.

al.ter.na.ti.vo *adj.* alternativo; *s.f.* opción entre dos cosas o más.

al.ti.tu.de *s.f.* altitud.

al.ti.vo *adj.* altivo; que tiene altivez, altanero; elevado.

al.to *adj.* alto, elevado; *Fig.* importante; *s.m.* alto, altura, cumbre, cima; *interj.* ¡alto!, ¡basta!; *alto-falante* altavoz; *alto-mar* alta mar; *alto-relevo* altorrelieve; *por alto* por encima.

al.tu.ra *s.f.* altura, elevación; dimensión vertical de un cuerpo; *Fig.* momento, circunstancia.

a.lu.ci.na.ção *s.f.* alucinación; ilusión; devaneo.

a.lu.dir *v.t.* y *v.i.* aludir; referirse.

a.lu.gar *v.t.* alquilar, arrendar.

a.lu.guel *s.m.* alquiler, arrendamiento.

a.lu.no *s.m.* alumno, educando.

a.lu.são *s.f.* alusión, referencia.

al.ve.jar *v.t.* albear, blanquear; disparar al blanco.

al.ve.na.ri.a *s.f.* albañilería, mampostería.

al.vo *adj.* albo, blanco; *Fig.* puro; *s.m.* albura, blancura; blanco (para ejercitarse en el tiro y puntería); *Fig.* objetivo, meta, fin.

al.vo.ra.da *s.f.* alborada, alba; *Mil.* diana, toque al amanecer.

al.vo.re.cer *s.m.* y *v.i.* amanecer; *Fig.* comenzar a manifestarse.

al.vo.ro.çar *v.t.* alborozar, causar alvorozo; inquietar; *v.r.* agitarse, alborozarse, inquietarse.

al.vo.ro.ço *s.m.* alboroto, agitación.

a.ma.ci.ar *s.f.* ablandar, suavizar.

a.ma.dor *adj.* amador, amante, persona que ama; aficionado a una cosa.

a.ma.du.re.cer *v.t.* y *v.i.* madurar, sazonar; adquirir juicio y prudencia; *Fig.* tomar juicio; pensar antes de decidirse.

a.ma.du.re.ci.men.to *s.m.* maduración, sazonamiento, madurez.

â.ma.go *s.m. Bot.* cerno; *Fig.* meollo, esencia.

a.mai.nar *v.t.* y *v.i.* sosegar, calmar; *Fig.* serenar.

a.mal.di.ço.a.do *adj.* maldecido, maldito.

a.mal.di.ço.ar *v.t.* maldecir.

a.ma.men.tar *v.t.* amamantar.

a.ma.nhã *adv.* mañana.

a.ma.nhe.cer *v.i.* amanecer; *s.m.* amanecer; *Fig.* el principio de algo.

a.man.sar *v.t.* domesticar, amansar.

a.man.te *s.m.* y *s.f., adj.* quien ama, amante; aficionado.

a.man.tei.ga.do *adj.* mantecoso.

a.mar *v.t.* amar, tener amor a, querer, gustar mucho; *v.i.* estar amando.

a.ma.re.li.nha *s.f.* rayuela.

a.ma.re.lo *adj.* amarillo; *s.m.* tercer color del espectro solar.

a.mar.go *s.m.* y *adj.* amargo, penoso, doloroso.

a.mar.gu.ra *s.f.* sabor o gusto amargo; *Fig.* tristeza, disgusto.

a.mar.ra *s.f. Mar.* amarra; *Fig.* cuerda, cadena.

a.mar.ra.do *adj.* atado, amarrado. *Pop.* comprometido, casado.

a.mar.ro.tar *v.t.* aplastar; arrugar (tejido); *v.r.* vencer en discusión; estrujar (papel).

a.má.sia *s.f.* concubina.

a.mas.sa.do *adj.* que se amasó; aplastado, amasado; abollado (metal); estrujado (papel); arrugado (tejido).

a.má.vel *adj.* amable, delicado, agradable.

am.bi.en.tar *v.t.* adaptar, ambientar; *v.r.* ambientarse, adaptarse.

am.bi.en.te *s.m.* ambiente; lo que rodea a las personas o cosas; medio físico o moral; *Inform.* conjuto de características de un computador, sistema operativo o programa.

âm.bi.to *s.m.* ámbito.

am.bu.lân.cia *s.f.* ambulancia.

am.bu.la.tó.rio *s.m. Med.* dispensario, ambulatorio.

a.me.a.ça *s.f.* amenaza; intimidación; amago.

a.me.a.lhar *v.t.* economizar; ahorrar.

a.me.dron.tar *v.t.* amedrentar, infundir miedo; *v.r.* atemorizarse.

a.mei.xa *s.f. Bot.* ciruela.

a.mém *interj.* amén, así sea; de acuerdo.

a.mên.do.a *s.f. Bot.* almendra.

a.men.do.im *s.m. Bot.* cacahuete; mandobí, maní.

a.me.no *adj.* placentero; ameno.

a.mi.do *s.m.* almidón.

a.mi.go *s.m.* amigo.

a.mis.to.so *adj.* amigable, amistoso.

a.mi.ú.de *adv.* a menudo.

a.mi.za.de *s.f.* amistad.

a.mo.fi.nar *v.t.* amohinar, aburrir, enfadar; *v.r.* afligirse, aburrirse.

a.mo.lar *v.t.* afilar, amolar; *Fam.* fastidiar, molestar, jorobar.

a.mol.dar *v.t.* amoldar, moldar; ajustar; *v.r.* conformarse.

a.mo.le.cer *v.t.* y *v.i.* ablandar, aflojar; *v.r.* ablandarse; *Fig.* conmoverse.

a.mon.to.ar *v.t.* amontonar; poner en montón; acumular; *v.r.* acumularse, amontonarse.

a.mor *s.m.* amor, afecto, pasión.

a.mo.ra *s.f. Bot.* mora, fruto del moral.

a.mo.rei.ra *s.f. Bot.* moral, morera.

a.mo.ro.so *adj.* tierno, amoroso.

a.mor.te.ce.dor *s.m. y adj.* amortiguador.

a.mor.te.cer *v.t.* amortiguar; *v.i. Fig.* debilitar, aplacar; *v.r.* amortecerse, desmayarse.

a.mos.tra *s.f.* muestra.

a.mos.tra.gem *s.f.* muestreo.

am.pa.rar *v.t.* amparar; favorecer; apoyar, sustentar; *v.r.* acogerse, abrigarse.

am.pli.ar *v.t.* dilatar, ampliar, *v.r.* ampliarse.

am.pli.dão *s.f.* amplitud; gran extensión; amplio.

am.pli.fi.ca.dor *s.f. Eletr.* amplificador.

am.pli.tu.de *s.f.* amplitud.

am.plo *adj.* amplio.

am.po.la *s.f.* ampolla.

am.pu.tar *v.t. Cir.* amputar.

a.mu.o *s.m.* enojo; mal-humor; mohina.

a.ná.gua *s.f.* enagua.

a.nais *s.m. pl.* anales.

a.nal.fa.be.to *s.m. y adj.* analfabeto.

a.nal.gé.si.co *s.m. y adj.* analgésico.

a.na.li.sar *v.t.* analizar; *v.r.* analizarse.

a.na.lis.ta *s.m. y s.f., adj.* analista; psicoanalista.

a.na.lo.gi.a *s.f.* analogía.

a.não *s.m.* enano.

a.nar.qui.a *s.f.* anarquía.

a.na.to.mi.a *s.f.* anatomía.

an.ces.tral *adj.* remoto; ancestral.

an.cho.va *s.f. Ictiol.* anchoa (pez).

an.ci.ão *s.m.* anciano; *adj.* viejo, antiguo.

an.ci.nho *s.m. Agr.* rastrillo.

an.co.ra.dou.ro *s.m. Mar.* ancladero, atracadero, fondeadero.

an.dai.me *s.m.* andamio.

an.da.men.to *s.m.* acción de andar, andadura, marcha, paso.

an.dan.ça *s.f.* jornada, caminata.

an.dar *v.i.* andar; dar pasos; caminar; funcionar; *s.m.* piso.

an.do.ri.nha *s.f. Ornit.* golondrina.

a.ne.do.ta *s.f.* anécdota.

a.nel *s.m.* anillo; argolla; eslabón.

a.ne.lo *s.m.* anhelo, deseo.

a.ne.mi.a *s.f. Patol.* anemia.

a.ne.xar *v.t.* anexar, agregar, juntar.

an.ga.ri.ar *v.t.* cautivar; reclutar; adquirir, alistar.

ân.gu.lo *s.m. Geom.* ángulo.

an.gús.tia *s.f.* congoja; angustia.

a.ni.ma.ção *s.f.* animación.

a.ni.mal *s.m.* animal.

a.ni.mar *v.t.* animar, alegrar, entusiasmar; *v.r.* animarse.

â.ni.mo *s.m.* ánimo.

a.ni.nhar *v.t.* poner en el nido, anidar; *v.r.* abrigarse; *Fig.* acoger; *v.i.* hacer nido.

a.ni.qui.lar *v.t.* aniquilar.

a.nis *s.m. Bot.* anís.

a.nis.tia *s.f.* amnistía.

a.ni.ver.sá.rio *s.m.* cumpleaños.

an.jo *s.m.* ángel.

a.no *s.m.* año.

a.noi.te.cer *v.i.* anochecer; obscurecer; *s.m.* el anochecer.

a.nô.ma.lo *adj.* extraño; anómalo.

a.nô.ni.mo *adj.* anónimo, incógnito; *s.m.* escrito que no lleva el nombre del autor.

a.nor.mal *s.m. y s.f., adj.* anormal.

a.no.ta.ção *s.f.* anotación.

a.no.tar *v.t.* apuntar.

an.sei.o *s.m.* anhelo; deseo vehemente; ambición.

ân.sia *s.f.* anhelo, ansiedad, ansia, inquietud; *pl.* náuseas.

an.te *prep.* delante de; ante.

an.te.ce.den.te *s.m. y adj.* precedente, antecedente.

an.te.ci.pa.ção *s.f.* antelación, anticipación.

an.te.ci.par *v.t.* anticipar, adelantar; *v.r.* anticiparse.

an.te.mão *adv.* previamente; de antemano.

an.te.na *s.f.* antena.

an.te.on.tem *adv.* anteayer.

an.te.pas.sa.do *s.m.* antepasado.

an.te.pas.to *s.m.* aperitivo, antepasto.

an.te.ri.or *adj.* anterior.

an.tes *adv.* antes, anteriormente; mejor, al contrario, con preferencia.

an.ti.con.cep.cio.nal *s.m. y adj.* anticonceptivo, contraceptivo.

an.ti.cor.po *s.m. Biol.* anticuerpo.

an.ti.go *adj.* antiguo; arcaico.

an.ti.gui.da.de *s.f.* antigüedad; *pl.* objetos o instituciones antiguos, antigüedades.

an.ti.pa.ti.a *s.f.* aversión; tirria; antipatía.

an.ti.qua.do *adj.* anticuado, arcaico.

an.tí.te.se *s.f.* antítesis.

an.ti.ví.rus *s.m. Inform.* antivirus, cazavirus.

an.tô.ni.mo *s.m. y adj. Gram.* antónimo.

an.tro *s.m.* antro.

an.tro.po.lo.gi.a *s.f.* antropología.

a.nu.al *adj.* anual.

a.nui.da.de *s.f.* anualidad.

a.nu.lar *s.m.* y *adj.* anular (dedo); *v.t.* eliminar, destruir; *v.r.* anularse.

a.nun.ci.ar *v.t.* y *v.i.* anunciar, divulgar; pronosticar; presagiar, declarar; publicar.

a.nún.cio *s.m.* anuncio.

â.nus *s.m. Anat.* ano, culo.

a.nu.vi.ar *v.t.* anublar; cubrir de nubes.

an.zol *s.m.* anzuelo; *Fig.* ardid.

ao *contr. de la prep.* a y *el art.* o: al.

a.on.de *adv.* a que parte, a donde, donde.

a.pa.dri.nhar *v.t.* apadrinar.

a.pa.ga.dor *s.m.* apagador, que apaga o sirve para apagar; *Amér.* borracha para apagar.

a.pa.gar *v.t.* borrar, apagar (la luz, la pizarra); *Inform.* eliminar, borrar un archivo, información, etc.; *v.r.* borrarse, apagarse.

a.pai.xo.nar *v.t.* apasionar, sentir o excitar; *v.r.* apasionarse.

a.pal.par *v.t.* palpar; tocar con las manos.

a.pa.nhar *v.t.* coger; tomar; recoger; agarrar; capturar; robar.

a par *loc. adv.* al lado uno de otro; a la par.

a.pa.ra *s.f.* viruta; recortes.

a.pa.ra.dor *s.m.* aparador, alacena, armario de comedor.

a.pa.ra.fu.sar *v.t.* atornillar.

a.pa.rar *v.t.* recoger; aparar; recortar.

a.pa.ra.to *s.m.* aparato.

a.pa.re.cer *v.i.* hacerse visible; aparecer, asomarse; concurrir; *v.r.* presentarse, mostrarse.

a.pa.re.lhar *v.t.* aparejar; aprestar; *v.r.* prepararse para partir.

a.pa.re.lho *s.m.* aparejo, aparato, utensilio; máquina.

a.pa.rên.cia *s.f.* apariencia.

a.pa.ren.tar *v.t.* ostentar, aparentar; *v.r.* emparentarse.

a.pa.ri.ção *s.f.* aparición.

a.par.ta.men.to *s.m.* piso, departamento; apartamento.

a.par.te *s.m.* aparte; interrupción que se hace al orador.

a.pa.ti.a *s.f.* indeferencia, apatía.

a.pa.vo.rar *v.t.* aterrorizar, aterrar; *v.r.* sentir terror, pánico.

a.pa.zi.guar *v.t.* y *v.i.* apaciguar; *v.r.* apaciguarse.

a.pe.dre.jar *v.t.* apedrear.

a.pe.gar-se *v.r. Fig.* agarrarse, apegarse.

a.pe.la.ção *s.f. For.* apelación.

a.pe.lar *v.t. For.* apelar; recurrir; interponer apelación.

a.pe.li.do *s.m.* apodo.

a.pe.lo *s.m.* recurso, apelación; convocación.

a.pe.nas *adv.* apenas, sólo, solamente, únicamente; casi no; *conj.* luego que.

a.per.fei.ço.ar *v.t.* perfeccionar, mejorar; *v.r.* corregirse, perfeccionarse.

a.pe.ri.ti.vo *s.m.* y *adj.* aperitivo.

a.per.tar *v.t.* apretar, comprimir, estrechar; *v.r.* apretarse.

a.per.to *s.m.* aprieto, apuro, ahogo, apretón.

a.pe.sar de *loc. prep.* a pesar de, no obstante.

a.pe.te.cer *v.t.* desear, apetecer; tener ganas de algo; *v.i.* antojarse.

a.pe.ti.te *s.m.* apetito.

a.pi.á.rio *s.m.* colmenar; lugar para la cría de abejas.

a.pi.cul.tor *s.m.* apicultor.

a.pi.nhar *v.t.* apiñar; agrupar; apilar.

a.pi.to *s.m.* instrumento para silbar; pito, silbato.

a.pla.car *v.t* y *v.i.* calmar, aplacar.

a.plai.nar *v.t. Carp.* cepillar, desbastar, pulir.

a.plau.dir *v.t.* y *v.i.* aplaudir, elogiar.

a.plau.so *s.m.* aplauso.

a.pli.ca.ção *s.f.* aplicación.

a.pli.car *v.t.* aplicar; poner en práctica; emplear; recetar.

a.pli.ca.ti.vo *s.m. Inform.* aplicación, cada uno de los programas que, una vez ejecutados, permiten trabajar con el computador.

a.po.de.rar-se *v.r.* adueñarse, apoderarse.

a.po.do *s.m.* apodo; mote; sobrenombre.

a.po.dre.cer *v.t.* y *v.i.* pudrir, corromper, podrecer.

a.po.geu *s.m. Astron.* apogeo, auge.

a.poi.ar *v.t.* apoyar, sostener; *v.r.* asegurarse, arrimarse.

a.poi.o *s.m.* apoyo; protección; *Fig.* soporte.

a.pó.li.ce *s.f.* póliza.

a.pon.tar *v.t.* anotar, apuntar; sacar punta; marcar, citar, indicar.

a.po.ple.xi.a *s.f. Med.* apoplegía.

a.po.quen.tar *v.t.* afligir, incomodar, enfadar.

a.por *v.t.* yuxtaponer; añadir; poner junto a.

a.pós *prep.* después de, tras; *adv.* más tarde, en seguida, después.

a.po.sen.ta.do *s.m. y adj.* jubilado; pensionista.

a.po.sen.ta.do.ri.a *s.f.* jubilación, retiro.

a.po.sen.tar *v.t.* jubilar; *v.r.* retirarse.

a.pos.sar *v.t.* tomar posesión; *v.r.* apoderarse.

a.pos.ta *s.f.* apuesta.

a.pos.tar *v.t.* apostar; jugar.

a.pos.ti.la *s.f.* apostilla; anotación; apuntes de clase.

a.pós.to.lo *s.m.* apóstol.

a.po.te.o.se *s.f.* apoteosis.

a.pou.car *v.t.* apocar.

a.pra.zi.vel *adj.* apacible.

a.pre.ci.ar *v.t.* apreciar.

a.pre.ço *s.m.* aprecio.

a.pre.en.der *v.t.* aprehender; atrapar; secuestrar; asimilar.

a.pre.en.são *s.f.* aprehensión, recelo, preocupación.

a.pre.en.si.vo *adj.* aprehensivo, preocupado, receloso.

a.pre.go.ar *v.t.* predicar, pregonar; divulgar.

a.pren.der *v.t.* aprender; adquirir conocimientos; *v.i.* estudiar, instruirse.

a.pren.diz *s.m.* aprendiz.

a.pren.di.za.do *s.m.* aprendizaje.

a.pre.sar *v.t.* aprisionar; hacer presa.

a.pre.sen.ta.ção *s.f.* presentación.

a.pre.sen.tar *v.t.* presentar; *v.r.* presentarse.

a.pres.sar *v.t.* dar prisa; apresurar.

a.pri.mo.rar *v.t.* mejorar, perfeccionar; *v.r.* esmerarse.

a.pron.tar *v.t.* dejar listo; preparar (la cena) ; *v.r.* arreglarse.

a.pro.pri.ar *v.t.* adecuar, atribuir, adaptar; *v.r.* apropiarse.

a.pro.va.ção *s.f.* aprobación.

a.pro.var *v.t.* aprobar.

a.pro.vei.ta.men.to *s.m.* aprovechamiento.

a.pro.vei.tar *v.t.* aprovechar; *v.i.* tener progreso; *v.r.* utilizarse.

a.pro.xi.ma.ção *s.f.* aproximación.

a.pro.xi.mar *v.t.* aproximar; *v.r.* aproximarse, acercarse.

ap.ti.dão *s.f.* aptitud.

ap.to *adj.* capaz, apto.

a.pu.nha.lar *v.t.* apuñalar.

a.pu.rar *v.t.* purificar, computar, recabar, recibir (dinero, votos); *v.r.* esmerarse.

a.pu.ro *s.m.* apuro, aflicción, aprieto.

a.que.ce.dor *s.m.* calentador, estufa, calefactor.

a.que.cer *v.t.* calentar; *v.r.* calentarse.

a.que.ci.men.to *s.m.* calentamiento.

a.que.le *adj. y pron. dem.* aquél.

a.que.la *pron. dem.* aquela.

a.quém *adv.* aquende; de la parte de acá; abajo de.

a.qui *adv.* aquí, acá; en este lugar; en eso; sobre eso.

a.qui.e.tar *v.t.* sosegar, calmar, apaciguar.

a.qui.lo *pron. dem.* aquello.

a.qui.si.ção *s.f.* adquisición.

ar *s.m.* aire, viento; *Fig.* apariencia, aspecto; vanidad; ademanes.

a.ra.do *s.m. Agr.* arado.

a.ra.me *s.m.* alambre.

a.ra.nha *s.f. Zool.* araña; *teia de aranha* telaraña.

a.rar *v.t. Agr.* labrar, arar.

ar.bi.tra.gem *s.f.* arbitraje.

ar.bi.trá.rio *adj.* arbitrario.

ár.bi.tro *s.m.* árbitro.

ar.ca *s.f.* baúl, arca.

ar.ca.bou.ço *s.m.* osamenta, esqueleto; *Arq.* andamio.

ar.can.jo *s.m.* arcángel.

ar.ce.bis.po *s.m.* arzobispo.

ar.cho.te *s.m.* hacha; antorcha.

ar.co *s.m. Geom.* arco.

ar.den.te *adj.* ardiente.

ar.der *v.i.* quemar, arder.

ar.di.do *adj.* picante.

ar.dil *s.m.* ardid, astucia.

ár.duo *adj.* árduo.

á.rea *s.f. Geom.* área, superficie.

a.rei.a *s.f.* arena.

a.re.jar *v.t.* ventilar, airear, orear; *v.r.* orearse.

a.re.na *s.f.* arena; lugar de lucha; ruedo de la plaza de toros.

a.res.ta *s.f.* arista.

ar.far *v.t.* jadear.

ar.gi.la *s.f. Geol.* arcilla.

ar.go.la *s.f.* argolla.

ar.gu.men.to *s.m.* argumento, razonamiento.

á.ri.do *adj.* árido, estéril.

a.ris.co *adj.* arisco, esquivo, huraño.

a.ris.to.cra.cia *s.f.* aristocracia.

a.ris.to.cra.ta *s.m. y s.f.* aristócrata.

a.rit.mé.ti.ca *s.f. Mat.* aritmética.

ar.ma *s.f.* arma; instrumento de ataque o defensa.

ar.ma.ção *s.f.* armazón; *Pop.* enredo, engaño.

ar.ma.di.lha *s.f.* trampa; emboscada.

ar.mar *v.t.* armar; equipar o proveer de armas; *v.i.* maquinar, tramar; *v.r.* armarse.

ar.má.rio *s.m.* armario; mueble con puertas.

ar.ma.zém *s.m.* almacén, depósito.

ar.ma.ze.na.men.to *s.m.* almacenaje, almacenamiento; *Inform.* introducción de datos o de informaciones en el disco de un computador o en la unidad adecuada para almacenarlos.

ar.ma.ze.nar *v.t.* almacenar; *Inform.* introducir un dato o una información en el disco de un computador o en su unidad de almacenamiento.

a.ro *s.m.* aro, anillo.

a.ro.ma *s.m.* aroma, fragancia, olor.

ar.que.ar *v.t.* curvar, arquear; *v.r.* doblarse.

ar.que.jar *v.i.* jadear, hipar.

ar.qui.ban.ca.da *s.f. Dep.* y *Teat.* gradería, grada.

ar.qui.pé.la.go *s.m.* archipiélago.

ar.qui.te.tar *v.t.* planear, idear, *Fig.* tramar; *v.i.* trazar planos.

ar.qui.te.to *s.m.* arquitecto.

ar.qui.var *v.t.* archivar.

ar.qui.vo *s.m.* fichero, archivo; *Inform.* conjunto de informaciones o de instrucciones grabadas como una sola unidad de almacenamiento que puede manejarse en bloque y es identificado por un nombre.

ar.ra.bal.de *s.m.* arrabal.

ar.rai.gar *v.t.* enraizar, arraigar.

ar.ran.ca.da *s.f.* aceleración violenta; arranque.

ar.ran.car *v.t.* arrancar, desarraigar, sacar violentamente, extirpar; *v.r.* alejarse.

ar.ra.nhão *s.m.* araño, arañazo.

ar.ra.nhar *v.t.* rasguñar, arañar, rayar; *v.r.* arañarse.

ar.ran.jar *v.t.* componer, arreglar, negociar.

ar.ra.sar *v.t.* arrasar; allanar; aniquilar.

ar.ras.tar *v.t.* arrastrar; tirar; mover con dificultad; *v.r.* humillarse.

ar.ra.zo.ar *v.t.* alegar; razonar.

ar.re.ba.tar *v.t.* arrebatar, precipitar, arrancar; *v.r.* irarse.

ar.re.ben.tar *v.t.* estallar; romper; reventar.

ar.re.ca.dar *v.t.* recolectar, recaudar.

ar.re.dor *adv.* alrededor; *s.m. pl.* alrededores, suburbios.

ar.re.ga.çar *v.t.* arremangar.

ar.re.mes.sar *v.t.* lanzar, arrojar; *v.r.* lanzarse.

ar.ren.dar *v.t.* alquilar, arrendar.

ar.re.pen.der-se *v.r.* arrepentirse; des-decirse.

ar.re.pen.di.men.to *s.m.* arrepentimiento.

ar.re.pi.ar *v.i.* erizar, encrespar; *v.r.* erizarse.

ar.re.pi.o *s.m.* escalofrío.

ar.ri.ar *v.t.* arriar, apear; aflojar; bajar.

ar.ris.car *v.t.* arriesgar, aventurar; *v.r.* aventurarse.

ar.ro.ba *s.f.* arroba, unidad de peso que equivale a 15 kg aproximadamente; *Inform.* nombre del signo gráfico @.

ar.ro.gân.cia *s.f.* arrogancia; presunción.

ar.roi.o *s.m.* arroyo, riachuelo.

ar.ro.ja.do *adj.* arrojado, osado, audaz.

ar.ro.jar *v.t.* arrojar, lanzar.

ar.ro.lhar *v.t.* encorchar, taponar, tapar.

ar.rom.bar *v.t.* romper; abrir a la fuerza, despedazar.

ar.ro.tar *v.i.* eructar.

ar.ru.a.cei.ro *s.m.* callejero; gamberro.

ar.ru.e.la *s.f. Mec.* arandela.

ar.ru.i.nar *v.t.* arruinar.

ar.ru.ma.dei.ra *s.f.* camarera.

ar.ru.mar *v.t.* poner en orden; arreglar, organizar, disponer; obtener.

ar.te.sa.na.to *s.m.* artesanía.

ar.te.são *s.m.* artesano.

ar.ti.cu.lar *adj.* relativo a artículo; *v.i.* unir, articular, enlazar; *v.r.* estructurarse.

ar.ti.fi.ci.al *adj.* artificial.

ar.ti.go *s.m. Gram.* artículo.

ar.ti.lha.ri.a *s.f.* artillería.

ar.ti.ma.nha *s.f.* artimaña.

ar.tro.se *s.f. Med.* artrosis.

ár.vo.re *s.f.* árbol.

ar.vo.re.do *s.m.* arboleda.

a.sa *s.f.* ala (para volar); asa (de vasija, cesta etc.).

as.cen.den.te *adj.* ascendente; *Fig.* influyente; *s.m.* y *s.f.* antecesor.

as.cen.der *v.t.* y *v.i.* subir, ascender; *Fig.* ser promovido.

as.cen.são *s.f.* ascensión.

as.co *s.m.* asco, repugnancia; *Fig.* aversión.

as.fal.tar *v.t.* asfaltar.

as.fi.xi.ar *v.t.* y *v.i.* asfixiar, sofocar; *v.r.* sofocarse, asfixiarse.

as.ma *s.f. Med.* asma.

as.nei.ra *s.f.* tontería, idiotez, burrada.

as.no *s.m. Zool.* asno, burro.

as.par.go *s.m. Bot.* espárrago.

as.pas *s.f. pl. Gram.* comillas o dos comas; brazos de un molino de viento; aspas.

as.pec.to *s.m.* aspecto, apariencia, semblante, aire; *Pop.* facha.

ás.pe.ro *adj.* áspero.

as.pi.rar *v.t.* aspirar, sorber, inhalar; *Fig.* desear, pretender algo.

as.sa.dei.ra *s.f.* molde de asar.

as.sa.du.ra *s.m.* quemadura.

as.sa.la.ri.a.do *s.m. y adj.* proletariado, asalariado.

as.sal.tan.te *s.m. y s.f., adj.* agresor, ladrón, asaltante.

as.sal.to *s.m.* asalto; embestida; robo.

as.sar *v.t.* quemar; hornear, asar.

as.sas.si.nar *v.t.* matar, asesinar.

as.se.ar *v.t.* limpiar, asear.

as.se.di.ar *v.t.* sitiar, asediar; *Fig.* importunar.

as.se.gu.rar *v.t.* asegurar, certificar, aseverar; *v.r.* certificarse; abonarse.

as.sem.bléi.a *s.f.* asamblea.

as.sen.tar *v.t.* asentar; instalar; afirmar; sentar; escribir; decidir; *v.r.* ganar juicio.

as.sen.to *s.m.* asiento.

as.ses.sor *s.m.* asesor.

as.sim *adv.* así, de este modo, de esta manera.

as.si.mi.la.ção *s.f.* asimilación.

as.si.na.lar *v.t.* indicar, señalar.

as.si.nar *v.t.* firmar; *v.r.* subscribirse; abonarse.

as.si.na.tu.ra *s.f.* firma, signatura, subscripción.

as.sis.tên.cia *s.f.* amparo; asistencia.

as.sis.tir *v.t.* presenciar, asistir.

as.so.a.lho *s.m.* entarimado; suelo.

as.so.ar *v.t.* limpiar la nariz; sonar; *v.r.* expirar con fuerza por la nariz.

as.so.bi.ar *v.t.* silbar.

as.so.ci.a.ção *s.f.* asociación.

as.so.mar *v.t.* asomar, aparecer; *v.r.* mostrarse.

as.so.prar *v.t. y v.i.* soplar, resoplar.

as.su.mir *v.t.* asumir; hacerse cargo; tomar posesión; *v.r.* encargarse.

as.sun.to *s.m.* asunto.

as.sus.tar *v.t.* intimidar, asustar; *v.r.* asustarse.

as.tro *s.m.* astro.

as.tro.lo.gi.a *s.f.* astrología.

as.tro.no.mi.a *s.f.* astronomía.

as.tú.cia *s.m.* astucia.

a.ta *s.f.* acta.

a.ta.ca.dis.ta *s.m. y s.f., adj. Com.* mayorista.

a.ta.ca.do *adj.* acometido (de enfermedades); *comércio de atacado* comercio al por mayor.

a.ta.car *v.t.* agredir, atacar.

a.ta.lho *s.m.* atajo, senda, vereda; *Inform.* procedimiento facilitador que permite acceder a archivos o programas por medio de un ícono o un conjunto de teclas.

a.tar *v.t.* liar, atar.

a.ta.re.fa.do *adj.* atareado; muy ocupado; lleno de tareas.

a.ta.za.nar *v.t. Pop.* molestar, importunar.

a.té *prep.* hasta; *adv.* también, mismo, aún, sin excepción.

a.te.mo.ri.zar *v.t.* atemorizar, asustar; *v.r.* atemorizarse.

a.ten.ção *s.f.* atención.

a.ten.der *v.t.* acoger, atender.

a.ten.tar *v.t.* atentar, reparar; cometer un atentado.

a.ten.to *adj.* atento, cortés.

a.te.nu.ar *v.t.* hacer tenue; suavizar; *v.r.* ablandarse.

a.ter-se *v.r.* adherirse, arrimarse, atenerse.

a.ter.ris.sa.gem *s.f.* aterrizaje.

a.ter.ro *s.m.* terraplén.

a.tes.ta.do *s.m.* declaración escrita; certificado; *adj.* lleno, abarrotado.

a.tes.tar *v.t. For.* testificar, atestar; *v.i.* extender certificados; *v.r.* abarrotarse.

a.teu *s.m. y adj.* ateo.

a.ti.çar *v.t.* atizar, avivar.

a.tin.gir *v.t.* lograr; alcanzar (objetivo); afectar.

a.ti.rar *v.t.* tirar, despeñar, lanzar; *v.r.* tirarse, lanzarse.

a.ti.tu.de *s.f.* actitud.

a.ti.var *v.t.* activar, impulsar.

a.ti.vi.da.de *s.f.* actividad.

a.ti.vo *adj.* diligente, activo.

a.tle.ta *s.m. y s.f. Dep.* atleta.

at.mos.fe.ra *s.f.* atmósfera.

a.to *s.m.* acto.

a.to.lar *v.t.* atollar, embarrancar; *v.t.* atascar; meter en lodazal; *v.r.* atascarse.

a.to.lei.ro *s.m.* lodazal, atolladero.

a.tor *s.m.* actor.

a.tor.men.tar *v.t.* acosar, atormentar; *v.r.* atormentarse, amargarse.

a.tra.ção *s.f.* atracción, atractivo.

a.tra.en.te *adj.* atrayente, seductor.

a.trai.ço.ar *v.t.* engañar, traicionar.

a.tra.ir *v.t.* llamar, atraer; *Fig.* hechizar; persuadir.

a.tra.pa.lhar *v.t.* estorbar, embarazar, entorpecer; *v.r.* aturdirse.

a.trás *adv.* atrás, detrás, después; *prep.* tras.

a.tra.sar *v.t.* retardar, retrasar; *v.r.* retrasarse.

a.tra.vés *adv.* de lado a lado; por medio de.

a.tra.vés de *loc. prep.* por entre; a través.

a.tra.ves.sar *v.t.* atravesar, pasar; *v.r.* entrometerse; oponerse.

a.tre.ver-se *v.r.* osar, atreverse.

a.tre.vi.do *adj.* atrevido.

a.tri.bui.ção *s.f.* atribución.

a.tri.bu.ir *v.t.* atribuir, asignar; *v.r.* atribuirse.

a.tri.to *s.m. Fís.* fricción por contacto; roce; *Fig.* discusión.

a.triz *s.f.* actriz.

a.tro.ci.da.de *s.f.* atrocidad.

a.tro.fi.a *s.f. Med.* atrofia.

a.tro.pe.lar *v.t.* atropellar.

a.tu.a.ção *s.f.* actuación.

a.tu.al *adj.* actual.

a.tu.a.li.zar *v.t.* modernizar, actualizar; *Inform.* reemplazar o complementar con nuevos datos un archivo, un programa, etc.

a.tum *s.m. Zool.* atún.

a.tu.rar *v.t.* aguantar, soportar, tolerar.

a.tur.di.do *adj. Fig.* atolondrado; aturdido.

au.dá.cia *s.f.* osadía, audacia.

au.di.ção *s.f.* audición.

au.di.ên.cia *s.f.* audiencia.

au.di.tor *s.m.* auditor.

au.dí.vel *adj.* audible.

au.ge *s.m.* apogeo, auge.

au.la *s.f.* clase, lección.

au.men.tar *v.t.* aumentar; acrecentar.

au.men.to *s.m.* incremento, aumento.

au.ro.ra *s.f.* alba, madrugada.

au.sen.tar-se *v.r.* apartarse, irse, ausentarse.

aus.pí.cio *s.m.* presagio, auspicio, agüero.

aus.te.ri.da.de *s.f.* austeridad.

au.ten.ti.car *v.t.* autenticar, legalizar.

au.tên.ti.co *adj.* verdadero, legítimo, auténtico.

au.to-es.co.la *s.f.* autoescuela.

au.to.crí.ti.ca *s.f.* autocrítica.

au.to.ges.tão *s.f.* autogestión.

au.to.ma.ti.zar *v.t.* mecanizar, automatizar.

au.tô.ma.to *s.m.* androide, autómata.

au.to.mó.vel *s.m.* automóvil.

au.to.no.mi.a *s.f.* autonomía.

au.tô.no.mo *adj.* autónomo.

au.to.pe.ça *s.f. Mec.* repuesto, pieza de recambio; *pl.* venta de repuestos.

au.tor *s.m.* autor, escritor.

au.to.ri.da.de *s.f.* autoridad.

au.to.ri.zar *v.t.* permitir, apoyar, autorizar.

au.tu.ar *v.t. For.* preparar los autos judiciales, actuar; procesar.

au.xi.li.ar *v.t.* ayudar, apoyar; *s.m.* y *s.f.*; *adj.* asistente.

au.xí.lio *s.m.* socorro, auxilio.

a.va.ca.lhar *v.t.* desmoralizar, bajar el nivel, ridiculizar.

a.val *s.m.* aval, garantía.

a.va.li.a.ção *s.f.* valoración; avaluación, apreciación.

a.va.li.ar *v.t.* evaluar, valorar.

a.va.lis.ta *s.m.* y *s.f., adj.* avalista.

a.van.çar *v.t.* y *v.i.* progresar, avanzar.

a.van.ço *s.m.* avance.

a.van.te *interj.* y *adv.* adelante.

a.va.ren.to *adj.* avaricioso, codicioso; avariento.

a.va.re.za *s.f.* avaricia.

a.va.ri.a *s.f.* avería.

a.vei.a *s.f. Bot.* avena.

a.ve.lã *s.f. Bot.* avellana.

a.ven.ça *s.f.* acuerdo, avenencia.

a.ve.ni.da *s.f.* alameda, avenida.

a.ven.tal *s.m.* delantal.

a.ven.tu.ra *s.f.* aventura.

a.ve.ri.gua.ção *s.f.* investigación, averiguación.

a.ver.são *s.f.* aversión.

a.vi.a.ção *s.m.* aviación.

a.vi.ão *s.m.* avión.

a.vi.ar *v.t.* ejecutar; despachar, aviar; concluir; arreglar.

a.vi.sar *v.t.* prevenir, notificar, avisar.

a.vi.so *s.m.* aviso.

a.vi.zi.nhar *v.t.* avecindar; *v.r.* acercarse, aproximarse.

a.vô *s.m.* abuelo.

a.vul.so *s.m.* suelto, separado.

a.za.ra.do *adj.* desdichado, infortunado.

a.ze.dar *v.t.* fermentar, agriar.

a.ze.do *adj.* ácido, agrio.

a.zei.te *s.m.* aceite, óleo.

a.zei.to.na *s.f. Bot.* aceituna.

a.zi.a *s.f. Med.* acidez estomacal.

a.zul *s.m.* azul.

a.zu.le.jo *s.m.* azulejo.

b *s.m.* segunda letra del alfabeto portugués.

ba.ba *s.f.* baba, saliva.

ba.bá *s.f.* niñera.

ba.ba.dor *s.m.* babero, babador.

ba.bar *v.t.* babear, ensuciar con baba; *Fig.* estar apasionado.

ba.bo.sei.ra *s.f.* disparate, tontería, majadería.

ba.ca.lhau *s.m. Zool.* bacalao (pez), abadejo.

ba.ca.lho.a.da *s.f.* guisado hecho con bacalao.

ba.ca.na *adj. Fam.* bueno, distinto.

ba.cha.rel *s.m.* bachiller, el que ha recibido cierto grado académico.

ba.ci.a *s.f.* bacía, vasija, palangana, cuenca (río); *Anat.* pelvis.

ba.ço *s.m. Anat.* bazo; *adj.* sin brillo, bazo, empañado.

bac.té.ria *s.f.* bacteria, microbio.

ba.de.jo *s.m.* abadejo, pez semejante al bacalao.

ba.du.la.que *s.m. Fam.* badulaque.

ba.fi.o *s.m.* moho.

ba.fo *s.m.* hálito, vaho, aliento; *Fig.* protección, cariño.

ba.fo.ra.da *s.f.* vaharada; bocanada, pitada.

ba.ga.ço *s.m.* bagazo, residuo de los frutos prensados.

ba.ga.gem *s.f.* equipaje, bagaje; *Fig.* suma de conocimientos.

ba.ga.te.la *s.f.* bagatela, cosa de poco valor, niñería.

ba.gun.ça *s.f.* desorden, entrevero, confusión.

bah *interj.* ¡bah! (expresa desdén).

bai.a *s.f.* valla, travesaño en las caballerizas.

ba.í.a *s.f.* bahía, ensenada; pequeño golfo.

bai.ão *s.m. Bras.* danza y canto popular al son de instrumentos (nordeste del Brasil).

bai.lar *v.i.* danzar, bailar; *Fig.* oscilar.

bai.la.ri.no *s.m.* bailarín, el que baila por profesión; danzarín.

bai.le *s.m.* baile; danza.

ba.i.nha *s.f.* vaina.

bai.o.ne.ta *s.f.* bayoneta (arma de infantería).

bair.ro *s.m.* barrio.

bai.xa *s.f.* baja; disminución del precio o valor; baja (de fondos, de puesto, del servicio militar); *Fig.* decadencia.

bai.xa.da *s.f.* bajada, pendiente, cuesta; llano.

bai.xar *v.t.* bajar; apear; rebajar, humillarse; *Inform.* traer e bajar un archivo o programa existente en otro computador de una red; *v.i.* perder el prestigio; *Fig.* abatir, humillar; *baixar à sepultura*: ser sepultado.

bai.xa.ri.a *s.f. Fam.* grosería, bajeza.

bai.xe.la *s.f.* vajilla.

bai.xo *adj.* de poca altura, bajo, pequeño, despreciable, menudo; *adv.* bajo, en voz baja; *Mús.* bajo, grave (sonido); *Fig.* humilde, abatido; *altos y baixos*: alternativas; *baixo relevo*: bajorrelieve; *para baixo*: hacia abajo; *por baixo*: humillado, por lo bajo; *estar em baixo*: estar en decadencia.

ba.ju.la.ção *s.f.* adulación, zalamería, lisonja.

ba.ju.la.dor *adj.* zalamero, adulador, halagador, servil, adulón; chupa-medias; chaquetero.

ba.ju.lar *v.t.* lisonjear, adular, alisar, chaquetear; *Fig.* halagar.

ba.la *s.f.* proyectil, bala, plomo; *Bras.* caramelo; fardo de mercaderías; *sair feito bala*: salir en disparada.

ba.lai.o *s.m.* balay, cesta.

ba.lan.ça *s.f.* balanza (instrumento para pesar); libra, signo del zodíaco; *Fig.* símbolo de la justicia; ponderación, equilibrio.

ba.lan.ce.te *s.m.* resumen del balance general.

ba.lan.ço *s.m. Com.* balance, arqueo, oscilación, balance, columpio, vaivén; *Fig.* duda; *cadeira de balanço*: mecedora.

ba.lão *s.m.* globo; balón, pelota grande forrada de cuero.

bal.bu.ci.ar *v.t.* balbucear, balbucir, hablar con

pronunciación dificultosa y vacilante.

bal.co.nis.ta *s.m.* y *s.f.* vendedor, dependiente.

bal.de.a.ção *s.f.* transbordo.

bal.de.ar *v.t.* transbordar; baldear, mojar, lavar, echando agua con balde; *v.r.* pasarse de un lado a otro.

bal.di.o *s.m.* baldío, inculto, estéril; yermo.

ba.le.ar *v.t.* tirotear, herir con bala, balear; *Pop. estar baleado*: estar agorado.

ba.lei.a *s.f. Zool.* ballena (cetáceo mamífero); *Fig.* mujer muy gorda.

ba.li.za *s.f. Mar.* boya; baliza; estaca; señal; jalón; mojón que marca límite; persona que abre desfile.

bal.ne.á.rio *s.m.* balneario, establecimiento de baños.

bal.sa *s.f. Mar.* balsa; *ferry-boat* (inglês), chalana.

bam.bo *adj.* flojo, irresoluto, vacilante.

bam.bo.le.ar *v.t.* y *v.r.* bambolear, balancear, oscilar sin cambiar de sitio.

bam.bu *s.m. Bot.* caña, bambú.

ba.nal *adj.* banal, trivial, vulgar, común.

ba.na.na *s.f. Bot.* plátano, banana, banano (fruta); cartucho de dinamita; *Fig.* hombre flojo; *Vulg.* gesto indecente.

ban.ca *s.f.* pupitre, banco; mesa rectangular, banca (de juegos, apuestas); *banca de jornais e revistas* kiosco; *banca de advogado* estudio o despacho de abogado; *banca de marreteiro*: tenderete.

ban.cá.rio *s.m.* bancario, empleado de banco.

ban.co *s.m.* asiento, banco, escabel; *Com.* establecimiento de crédito; *banco de dados Inform.* banco de datos, banco de información; *banco de sangue* banco de sangre.

ban.da *s.f.* lista, faja, cinta; costado, lado, flanco; *Mús.* conjunto musical.

ban.dei.ra *s.f.* bandera, estandarte, pabellón, pendón; bandorilla (de taxímetro); *Fig.* lema; *dar bandeira* llamar la atención; *rir a bandeiras despregadas* reír a carcajadas.

ban.de.ja *s.f.* bandeja.

ban.di.do *s.m.* bandolero, bandido, ladrón, malhechor.

ban.do *s.m.* bando, facción, pandilla (de personas); camarilla, cuadrilla; multitud (de aves).

ban.do.lei.ro *s.m.* bandolero, salteador de caminos.

ba.nha *s.f.* grasa animal, unto, manteca (de cerdo), lardo; *Pop.* obesidad, gordura.

ba.nhar *v.t.* bañar, lavar, regar, mojar, inundar, tocar; *v.r.* bañarse, lavarse.

ba.nhei.ra *s.f.* bañera, tina.

ba.nhei.ro *s.m.* baño, cuarto de baño.

ba.nho *s.m.* baño; *tomar banho*: bañarse; *banho-maria* baño María, baño de María.

ba.nir *v.t.* desterrar; expulsar, exilar, deportar, prohibir.

ban.quei.ro *s.m.* banquero, propietario de banco; banquero (en el juego); *Fig.* hombre rico.

ban.que.te *s.m.* banquete, festín, ágape.

ba.que *s.m.* baque, golpe de un cuerpo que cae; *Fig.* fracaso, revés.

ba.que.ar *v.i.* caer con estrépito; arruinarse; *v.r.* postrarse.

ba.que.ta *s.f.* baqueta (de tambor); palillo, varilla.

bar *s.m.* bar; café, taberna; *Arg.* boliche; armario para bebidas.

ba.ra.lhar *v.t.* barajar (en juego de naipes); *v.r.* mezclarse; *Fig.* poner en desorden.

ba.ra.lho *s.m.* baraja, naipes.

ba.rão *s.m.* barón.

ba.ra.ta *s.f.* cucaracha; corredera.

ba.ra.to *adj.* barato, que cuesta poco; *adv.* barato, de bajo precio; *ser um barato* ser divertido.

bar.ba *s.f.* barba; *pôr as barbas de molho* poner las barbas a remojar, prevenirse.

bar.ban.te *s.m.* cordel, cordón, guita, bramante, pita, piola.

bar.ba.ri.da.de *s.f.* barbaridad, atrocidad, crueldad.

bar.be.ar *v.t.* cortar la barba, afeitar; *v.r.* afeitarse, rasurarse.

bar.be.a.ri.a *s.f.* barbería.

bar.bei.ro *s.m.* barbero, el que tiene por oficio afeitar la barba; *Biol.* vinhuca; *Pop.* conductor torpe.

bar.ca *s.f.* embarcación ancha y poco honda; *dim.* barqueta.

bar.co *s.m.* barco, embarcación pequeña sin cubierta; barca; *estar no mesmo barco* estar en la misma situación.

ba.rí.to.no *s.m. Mús.* barítono (entre tenor y bajo).

ba.rô.me.tro *s.m.* instrumento para medir la presión atmosférica; barómetro.

bar.quei.ro *s.m.* barquero, el que gobierna un barco; remador.

bar.ra *s.f.* pieza de madera o metal; palanca, barra; tableta (de chocolate); banda de un

bar.ra.ca *s.f.* vestido, dobladillo; borde, orilla; entrada estrecha de un puerto, boca de un río; aparato de gimnasia; friso; lingote, riel (de metal); pastilla (de jabón); *barra de ferramentas* barra de herramientas; *barra pesada*: situación difícil.

bar.ra.ca *s.f.* carpa, tienda de campaña; sombrilla de playa, quitasol; tenderete.

bar.ra.co *s.m.* habitación rústica, choza.

bar.ran.co *s.m.* barranco, precipicio, despeñadero; *Fig.* embarazo.

bar.rar *v.t.* impedir (el paso); guarnecer con barras; embarrar; *Bras.* barrear.

bar.rei.ra *s.f.* barrera, trinchera, valla; *Fig.* estorbo, límite.

bar.ri.ca *s.f.* barril, barrica, tonel.

bar.ri.ca.da *s.f.* atrincheramientos hechos con barricas, carros volcados, piedras; estacas, etc.

bar.ri.ga *s.f.* vientre, panza, barriga; *barriga da perna* pantorrilla.

bar.ril *s.m.* cuba, barril, barrica, candiota, tonel.

bar.ro *s.m.* barro, arcilla, lodo.

ba.ru.lhen.to *adj.* ruidoso, rumoroso, alborotador.

ba.ru.lho *s.m.* alboroto, ruido, confusión, barullo; *Fig.* notoriedad.

ba.se *s.f.* base; apoyo, pedestal, origen, pie, sostén, zócalo; *base de dados Inform.* base de datos.

ba.se.ar *v.t.* basar, establecer bases, fundamentar; *v.r.* basarse, consistir.

bá.si.co *adj.* básico, esencial, fundamental.

ba.sí.li.ca *s.f.* iglesia principal; templo majestuoso.

bas.que.te.bol *s.m. Dep.* baloncesto; *Bras.* basquete.

bas.ta *interj.;* ¡no más!; ¡basta!

bas.tan.te *adv.* y *adj.* bastante, no poco, suficientemente.

bas.tão *s.m.* bastón, bordón, báculo, cayado, palo, vara; cetro.

bas.tar *v.i.* bastar, llegar, ser suficiente, satisfacer.

bas.tar.do *s.m.* bastardo, ilegítimo; bastardilla; *adj.* degenerado.

bas.ti.dor *s.m.* armazón (para pintar, bordar, etc.); bastidor; *pl.* bastidores (teatro); *Fig.* intimidad (de la finanza, de la política, etc.).

ba.ta *s.f.* bata (prenda de vestir).

ba.ta.lha *s.f.* batalla, lucha, refriega, pelea, discusión, combate; *Fig.* empeño.

ba.ta.lhão *s.m. Mil.* batallón; *Fig.* multitud.

ba.ta.lhar *v.i.* combatir, pelear con armas, luchar, esforzarse; *Fig.* porfiar.

ba.ta.ta *s.f. Bot. Esp.* patata; *Amér.* papa; tubérculo; *batata-doce* boniato, camote; *vá plantar batatas* déjame en paz.

ba.te-bo.ca *s.m. Bras.* discusión violenta.

ba.te.dei.ra *s.f.* batidora (aparato para batir alimentos).

ba.ten.te *s.m.* batiente, marco (de puerta o ventana), aldaba, tope; *Bras.* empleo, trabajo diario.

ba.ter *v.t.* batir, golpear, llamar; martillar; denotar; chocar, estrellar; sonar (reloj, campana); sacar (fotos); mecer, agitar; *v.r.* batirse.

ba.te.ri.a *s.f.* batería, pila, acumulador eléctrico.

ba.ti.da *s.f.* golpe, colisión, tortazo; pulsación, latido (del corazón); allanamiento, cateo, rastreo, registro policial; *Bras.* bebida hecha con aguardiente, limón y azúcar.

ba.ti.do *adj.* usado, desgastado, batido.

ba.tis.mo *s.m.* bautismo, bautizo; *Pop.* falsificación (del vino o la leche con agua).

ba.ti.zar *v.t.* administrar el bautismo, bautizar; servir de padrino o madrina de bautismo; *Pop.* adulterar bebida.

ba.tu.ca.da *s.f. Mús.* toque de batuque; ritmo y danza de los negros brasileños con este instrumento.

ba.tu.ta *s.f. Mús.* batuta, bastoncillo para marcar el compás; *Fig.* dominio, poder.

ba.ú *s.m.* baúl, arca, cofre, maleta grande.

bau.ni.lha *s.f. Bot.* vainilla.

ba.zar *s.m.* bazar, tienda, emporio, mercería; feria caritativa.

bê *s.f.* nombre de la letra *b*.

be-a-bá *s.m.* abecedario; primeras nociones.

bê.ba.do *s.m.* y *adj.* borracho, ebrio, chupado, mamado.

be.bê *s.m.* bebé, niño pequeño, *Amér.* guagua.

be.ber *v.t.* beber, tomar, absorber, ingerir (líquidos); tomar vino y otra bebida, con frecuencia.

be.bi.da *s.f.* bebida (vino, licor, agua, etc.); acción de beber.

be.ca.pe *s.m. Inform.* copia de seguridad, *back-up*.

be.ca.pe.ar *v.t.* y *v.i. Inform.* hacer copia de seguridad.

be.co *s.m.* callejón, calleja (sin salida); *Fig.* dificultad insuperable.

be.del *s.m.* bedel, celador de las universidades.

be.ge *adj.* beige, color crema.

bei.ço *s.m.* bezo, labio grueso; *Pop.* herico, trompa, veta.

bei.ja-flor *s.m. Ornit.* colibrí, pica-flor.

bei.jar *v.t.* y *v.r.* besarse, oscular.

bei.jo *s.m.* beso, ósculo; acción de besar.

bei.jo.ca *s.f. Fam.* beso ruidoso.

bei.jo.car *v.t. Fam.* besuquear, besucar, dar besos repetidos y ruidosos.

bei.jo.quei.ro *s.m.* besuqueador, besucón, cariñoso.

bei.ra *s.f.* orilla, margen, vera, borde; *à beira de* al borde de; *beira-mar* orilla del mar; costa marítima; litoral.

bel.da.de *s.f.* hermosura, mujer bella, beldad.

be.le.za *s.f.* belleza, hermosura, mujer hermosa, perfección.

be.li.che *s.m.* litera; camarote; archeta; camilla o catre.

bé.li.co *adj.* belico; belicoso; relativo a la guerra.

be.lis.car *v.t.* pellizcar (apretar la carne entre dos dedos); quitar una pequeña cantidad con los dedos; *v.i.* picar, picotear.

be.lo *adj.* bello, hermoso, lindo, gentil, noble, estético; *s.m.* perfección.

bem *s.m.* bien, felicidad, virtud, bienestar; *pl* haberes, patrimonio; *adv.* bien, con salud; mucho.

bem-a.ven.tu.ra.do *adj.* bienaventurado; dichoso; santo.

bem-es.tar *s.m.* bienestar, confort, comodidad, tranquilidad.

bem-in.ten.ci.o.na.do *adj.* con buena intención, sin malicia, sincero.

bem-vin.do *adj.* bienvenido, bien acogido.

bên.ção *s.f.* bendición, gracia divina.

ben.di.zer *v.t.* bendecir, alabar, glorificar; *Fig.* santificar.

be.ne.fi.cen.te *adj.* caritativo, benéfico, beneficiador, filantrópico.

be.ne.fi.ci.ar *v.t.* favorecer, beneficiar, hacer beneficio a; mejorar.

be.ne.fi.cio *s.m.* provecho, favor, ventaja, beneficio, lucro, mejora, gracia; *em benefício de* en provecho de.

be.né.fi.co *adj.* benéfico, favorable.

be.ne.mé.ri.to *adj.* benemérito, ilustre, digno de honras.

be.ne.vo.lên.cia *s.f.* benevolencia, caridad, bondad, afecto, estima.

ben.fei.tor *s.m.* y *adj.* filántropo, bienhechor, benefactor.

ben.ga.la *s.f.* bastón, junco, bengala.

be.nig.no *adj.* benigno, bondadoso, favorable, indulgente.

ben.ja.mim *s.m. Electr.* enchufe multiple para extensión; hijo menor o predilecto.

ben.zer *v.t.* bendecir; echar la bedición; *v.r.* santiguarse, persignarse; *Fig.* admirarse.

ben.zi.na *s.f. Quím.* bencina.

ber.ço *s.m.* cuna; *Fig.* infancia, origen.

be.rin.je.la *s.f. Bot.* berenjena.

ber.mu.da *s.f.* pantalón corto, bermudas.

ber.rar *v.i.* gritar, bramar, berrear, chillar, vociferar.

ber.ro *s.m.* grito, bramido, berrido, chillido.

bes.ta *s.f.* bestia; *adj.* estúpido, ignorante, zopenco.

bes.tei.ra *s.f. Fam.* burrada, tontería, estupidez.

be.xi.ga *s.f.* vejiga; ampolla; burbuja (de la piel); balón, globo; *pl.* viruela.

be.zer.ro *s.m.* becerro, novillo; toro que no tiene un año.

bi *pref.* latino; designa la idea de dos veces.

bí.blia *s.f.* biblia.

bi.bli.o.gra.fi.a *s.f.* bibliografía; descripción y conocimiento de los libros; noticia acerca de las obras de un autor o asunto.

bi.bli.o.te.ca *s.f.* biblioteca.

bi.car *v.t.* y *v.i.* picotear, golpear con el pico.

bi.car.bo.na.to *s.m. Quím.* bicarbonato.

bi.cha *s.f. Fam.* maricón, marica, mariposón; homosexual masculino; *Arg.* puto, trolo; *Mex. y Am. Central* hueco.

bi.cho *s.m.* bicho, fiera, animal; gusano, insecto.

bi.cho-pa.pão *s.m.* bu, ogro, coco.

bi.cho-pre.gui.ça *s.m.* perezoso.

bi.ci.cle.ta *s.f.* bicicleta, bici.

bi.co *s.m.* pico, punta, puntilla, boquilla; *Pop.* trabajo extra; *col.* trompa, hocico; *adj.* cosa fácil, tontería; *abrir o bico* confesar; *fazer bico* poner trompa o hacer trabajo extra.

bi.co.lor *adj.* de dos colores; bicolor.

bi.dê *s.m.* bidé.

bi.fe *s.m.* bistec (lonja de carne asada).

bi.fur.ca.ção *s.f.* bifurcación; vértice; horquilla.

bi.fur.car *v.t.* separar en dos ramos, bifurcar; *v.r.* dividirse en dos.

bi.ga.mi.a *s.f.* estado de bígamo (hombre casado con dos mujeres a un tiempo); bigamia.

bí.ga.mo *s.m.* bígamo, el que comete bigamia.

bi.go.de *s.m.* bigote; *dim.* bigotillo.

bi.go.du.do *adj.* bigotudo.

bi.ju.te.ri.a *s.f.* bisutería, quincallería, fantasia.

bi.lhão *s.m.* billón; mil millones.

bi.lhar *s.m.* billar; casa donde se juega el billar.

bi.lhe.te *s.m.* billete, mensaje, carta breve; ticket (pasaje); boleto, ingresso; cédula de lotería.

bi.lhe.te.ri.a *s.f.* boletería, ventanilla, taquilla.

bi.lín.güe *s.m.* y *s.f.*, *adj.* bilingüe, que habla dos lenguas; escrito en dos idiomas.

bi.mes.tre *s.m.* bimestral, bimestre (periodo que dura dos meses).

bi.mo.tor *s.m.* y *adj.* bimotor (avión con dos motores).

bi.nó.cu.lo *s.m.* binóculo.

bi.o.de.gra.dá.vel *adj.* biodegradable.

bi.o.gra.fi.a *s.f.* *Liter.* biografía (historia de la vida de una persona).

bi.o.lo.gi.a *s.f.* biología, ciencia de los seres vivos.

bi.ó.lo.go *s.m.* biólogo, estudioso de la biología.

bi.om.bo *s.m.* mampara plegable, biombo, cancel, antipara.

bi.ó.psia *s.f.* biopsia (procedimiento de diagnóstico médico).

bí.pe.de *s.m.* y *s.f.*, *adj.* bípedo; que tiene dos pies.

bi.quí.ni *s.m.* bikini.

bir.ra *s.f.* obstinación, capricho, birria, maña, berrinche, rabieta, pataleo.

bi.ru.ta *s.m.* y *s.f.*, *adj.* tocado, chiflado, alocado; *s.f.* indicador de viento; manga.

bis *s.m.* duplicación, bis; *interj.* bis; *adv.* dos veces ; elemento de composición de palabras con la significación de: en dos partes.

bi.sa.vô *s.m.* bisabuelo; *s.f.* bisabuela.

bis.coi.to *s.m.* bizcocho, galleta.

bis.na.ga *s.f.* tubo de hoja de plomo para sustancias medicinales y otras.

bis.ne.to *s.m.* bisnieto.

bis.po *s.m.* obispo; alfil (ajedrez); *trabalhar para o bispo* perder el tiempo.

bis.sex.to *adj.* bisiesto (el año con 29 días en febrero).

bis.se.xu.al *adj.* hermafrodita, bisexual, que tiene dos sexos.

bis.sí.la.bo *s.m.* y *adj.* *Gram.* bisílabo (palabra que tiene dos sílabas); disílabo.

bis.tu.ri *s.m.* bisturí, escalpelo.

blas.fe.mar *v.t.* blasfemar, maldecir, vituperar.

blas.fê.mia *s.f.* blasfemia, improperio; ultraje a la divinidad.

ble.far *v.i.* mentir (en el juego); farolear; hacer bluff (blefe).

blin.da.do *adj.* acorazado, blindado.

blin.da.gem *s.f.* blindaje, acción de blindar (revestimiento protector o aislante).

blo.co *s.m.* bloc; bloque (ladrillo de cemento); coligación de partidos políticos; conjunto de casas; comparsa (en el carnaval); taco de papel; *em bloco* en masa, en globo.

blo.que.ar *v.t.* bloquear, asediar, sitiar; *Com.* inmobilizar bienes o crédito de alguien.

blo.quei.o *s.m.* bloqueo; cerco a una plaza.

blu.sa *s.f.* blusa.

bo.a *s.f.* boa, serpiente; *adj.* buena.

bo.as-vin.das *s.f. pl.* bienvenida.

bo.a.to *s.m.* rumor, noticia, hablilla, runrún.

bo.ba.gem *s.f.* tontería, majadería; sandez; necedad; pavada, babosada.

bo.ba.lhão *adj.* asno, tonto, bobalicón, bobarrón.

bo.bi.na *s.f.* carrete, bobina; carrilla.

bo.bo *s.m.* y *adj.* tonto, bufón, bobo, pavo; otario, baboso; hazmerreír, zopenco; *Fam.* panoli, melón.

bo.ca *s.f.* boca, abertura, labios; desembocadura de un río; boquilla; *Fig.* boca, número de personas por mantener.

bo.ca.do *s.m.* bocado, pedazo, trozo; alimento que cabe en la boca de una sola vez; rato, espacio de tiempo.

bo.ce.jar *v.t.* bostezar; *Fig.* fastidiarse.

bo.ce.jo *s.m.* bostezo; boqueada.

bo.che.cha *s.f.* cachete, buchete, mejilla.

bo.che.char *v.t.* enjuagar, gargarizar.

bo.da *s.f.* boda, casamiento; *pl.* núpcias.

bo.de.ga *s.f.* tasca, taberna, bodega.

bo.ê.mio *s.m.* bohemio, que vive descuidado del día de la mañana; *adj.* o habitante de Bohemia.

bo.fe.ta.da *s.f.* bofetada, bofetón, sopapo, cachete, tortazo; *Fig.* insulto.

boi *s.m.* buey, rumiante; *Fam.* persona bruta y rutinaria.

bói.a *s.f.* flotador, baliza, boya; *Bras.* comida; *bóia-fria*: peón de campo, jornalero.

boi.a.da *s.f.* bueyada, boyada, rebaño, manada de bueyes.

boi.ar *v.i.* boyar, flotar; *Fig.* vacilar; *Bras.* almorzar, cenar; *Pop.* no entender.

boi.co.te *s.m.* boicot, boicoteo.

bo.la *s.f.* balón, bola, pelota, esfera; *Fig.* persona baja y gorda.

bo.la.cha *s.f.* galleta, galletita; *Fam.* bofetada, cachetazo.

bo.lar *v.t. Fam.* idear, inventar, ingeniarse.

bo.le.ro *s.m. Mús.* bolero (danza); chaleco (ropa).

bo.le.tim *s.m.* boletín, informativo; boleta (de calificación escolar).

bo.lha *s.f.* ampolla, vejiga, burbuja, vesícula.

bo.lo *s.m.* bollo, pastel, tarta, torta; *Fam.* confusión.

bol.sa *s.f.* bolsa; saco pequeño; cartera; beca (estudios); bolsa (de valores).

bol.sis.ta *s.m. y s.f., adj.* becario; bolsista; jugador de bolsa.

bol.so *s.m.* bolsillo.

bom *adj.* bueno, bondadoso, benigno; favorable, saludable; gustoso; lucrativo; sano; competente; *bom senso* sensatez, prudencia, juicio.

bom.ba *s.f.* bomba, proyectil, explosivo; máquina para elevar líquidos o para llenar pneumáticos; *Fig.* cosa de mala calidad; *levar bomba* ser reprobado en un examen.

bom.bar.de.ar *v.t.* fulminar, torpedear, bombardear; disparar bombas; cañonear.

bom.be.ar *v.t.* bombardear, disparar bombas; trasvasar líquido con una bomba.

bom.bei.ro *s.m.* bombero, plomero, fontanero; *Bras.* soldado que apaga incendio; encanador.

bom.bom *s.m.* bombón (golosina de chocolate y azúcar).

bo.na.chão *adj.* bonachón, bonazo, que tiene bondad natural.

bo.nan.ça *s.f.* bonanza, sosiego, calma; buen tiempo.

bon.da.de *s.f.* bondad, blandura, benevolencia, docilidad.

bon.do.so *adj.* bondadoso, bueno, lleno de bondad.

bo.né *s.m.* bonete, gorra, quepis.

bo.ne.co *s.m.* muñeco, maniquí, títere, fantoche; *Fam.* muñeca; *Fig.* mujer hermosa.

bo.ni.fi.ca.ção *s.f.* gratificación, compensación; *Com.* dividendo.

bo.ni.fi.car *v.t.* beneficiar, mejorar, premiar, bonificar.

bo.ni.to *adj.* bonito, hermoso, bello, galante, cuco, jarifo; *s.m.* bonito (pez).

bô.nus *s.m.* bono, premio, descuento.

bo.qui.a.ber.to *adj.* boquiabierto, pasmado.

bor.bo.le.ta *s.f.* mariposa; *Fig.* mujer voluble, liviana.

bor.bu.lhar *v.i.* borbollar, burbujear, hacer burbujas o cubrir de ellas, hervir.

bor.da *s.f.* borde, orla, margen, playa, orilla, vera.

bor.da.do *s.m.* bordado, lavor en relieve en la ropa, con hilo, *adj.* guarnecido.

bor.dar *v.t.* bordar (tela o piel), adornar con bordados; *v.i.* ejecutar bordados.

bor.del *s.m.* burdel, prostíbulo.

bor.do.a.da *s.f.* bordonazo (golpe con bordón); golpetazo, gresca.

bor.ra.cha *s.f.* goma, caucho, hule, borrador, goma de borrar.

bor.ra.cha.ri.a *s.f.* taller donde se reparan pneumáticos; *Arg.* gomería.

bor.rão *s.m.* borrón (gota o mancha de tinta); *Pint.* rebozo, boceto.

bor.rar *v.t.* ensuciar, pingar, manchar; *v.r.* ensuciarse; *Vulg.* cagarse (de miedo).

bos.que *s.m.* bosque, arboleda, arbolado.

bos.ta *s.f.* boñiga; bosta, excremento (de ganado bovino); estiércol; *Vulg.* mierda, porquería.

bo.ta *s.f.* bota (tipo de calzado); *bater as botas* morir.

bo.ta-fo.ra *s.m.* despedida, acción de asistir al embarque de una persona.

bo.tão *s.m.* botón (para cerrar o adornar vestidos); pieza que se presiona para accionar mecanismos; *Bot.* capullo, botón, renuevo; especie de juego popular.

bo.tar *v.t.* poner, colocar, verter, lanzar, arrojar; vestir; *v.i.* poner huevos.

bo.te *s.m.* barca, lancha, bote; salto, imbestida.

bo.te.quim *s.m.* taberna, bar.

bo.ti.ca *s.f.* farmacia; botica (donde se preparan y venden medicamentos).

bo.ti.jão *s.m.* bombona, garrafa.

bo.ti.na *s.f.* botín, calzado que cubre la mitad de la pierna.

bo.xe *s.m. Dep.* boxeo, pugilismo; compartimiento; mampara para baño.

bo.xe.a.dor *s.m.* boxeador, pugilista.

bra.ça.da *s.f.* brazada (movimiento de los brazos en el agua); brazado.

bra.ce.jar *v.t.* bracear, mover los brazos; nadar a brazadas; *v.i.* agitarse, criar brazos (los vegetales); *Fig.* luchar.

bra.ce.le.te *s.m.* brazalete; pulsera.

bra.ço *s.m.* brazo; ramificación (de río, mar); rama de árbol; *não dar o braço a torcer* no admitir un error.

bra.gui.lha *s.f.* bragueta, pretina.

bra.mi.do *s.m.* rugido, bramido, estruendo.

bran.co *adj.* blanco, lívido, níveo, cándido; blanco (raza o color).

bran.do *adj.* blando, suave, tierno, flojo, flexible, dulce, agradable; *em fogo brando* a fuego lento.

bra.sa *s.f.* ascua, leña, carbón encendido; *Fig.* ardor, inflamación, ansiedad.

bra.vo *adj.* enojado, furioso, nervioso, valiente, intrépido, bravo, que manifiesta bravura, corajoso; *s.m.* hombre valeroso; *interj.* bravo.

bra.vu.ra *s.f.* valentía, valor, bravura, intrepidez.

bre.car *v.i.* frenar, refrenar.

bre.cha *s.f.* brecha, rotura o abertura, grieta, quiebra; laguna; *Fig.* daño.

bre.jo *s.m.* pantano, ciénaga, matorral.

bre.que *s.m.* freno.

bre.ve *adv.* pronto, en breve, a la brevedad; *adj.* breve, corto, que dura poco; *s.m.* breve (pontificio); *s.f. Gram.* breve (vocal o sílaba); *Mús.* breve (nota con el valor de dos semibreves).

bri.ga *s.f.* lucha, disputa, choque, riña, pelea, refriega; pleito, discusión; brega.

bri.ga.dei.ro *s.m. Mil.* general de brigada; brigadier.

bri.gar *v.t.* pelearse, luchar, reñir, enemistar; *v.i.* pelearse.

bri.guen.to *adj.* peleador, altercador.

bri.lhan.te *adj.* excelente, brillante, pomposo, reluciente, luminoso; *s.m.* diamante tallado en facetas.

bri.lhar *v.i.* brillar, lucir, relucir, relumbrar; *Fig.* notabilizarse.

bri.lho *s.m.* esplendor, brillo, vivacidad, cintilación, realce.

brin.ca.dei.ra *s.f.* chiste, broma; juego, jugueteo, farra, gansada, burla, alegría.

brin.ca.lhão *adj.* bromista; juguetón, travieso, alegre.

brin.car *v.i.* brincar, jugar, bromear, juguetear, holgar; hacer chistes.

brin.co *s.m.* pendiente; arete, aro, zarcillo.

brin.dar *v.i.* brindar, saludar, beber a la salud de; regalar, obsequiar.

brin.de *s.m.* brindis; regalo, ofrenda, cortesía.

brin.que.do *s.m.* juguete.

bri.o *s.m.* brío, decisión, valor.

bro.ca *s.f.* barrena, taladro, fresa, púa.

bro.che *s.m.* broche (joya); corchete; alfiler.

bro.chu.ra *s.f.* arte de encuadernar en rústica (libro); folleto.

bró.co.les *s.m. pl. Bot.* brócolis (planta de huerta).

bron.ca *s.f. Fam.* reprensión, jabón, bronca.

brôn.quio *s.m.* bronquio.

bron.qui.te *s.f.* bronquitis (inflamación en los bronquios).

bron.ze *s.m.* bronce.

bron.ze.a.do *s.m. y adj.* bronceado, del color del bronce.

bron.ze.ar *v.t. y v.r.* broncearse; tostarse.

bro.tar *v.i.* brotar, germinar, salir (la planta de la tierra), producir, generar, reventar.

bro.to *s.m.* brote, yema; pimpollo.

bro.xa *s.f.* brocha (pincel para pintura ordinária); *s.m. y adj. Vulg.* impotente.

bru.ços *s.m. pl.* bruces, boca abajo; *de bruços* de bruces.

bru.ma *s.f.* niebla, bruma, *Fig.* oscuridad, misterio.

brus.co *adj.* brusco, súbito, rudo, desagradable, áspero.

bru.tal *adj.* violento, salvaje, brutal.

bru.to *adj.* bruto, estúpido, tosco, violento, rudo, irracional.

bru.xa.ri.a *s.f.* brujería, hechicería.

bru.xo *s.m.* brujo, mago, hachicero, curandero.

bu.cal *adj.* bocal, bucal (relativo a la boca).

bu.cho *s.m.* estómago, panza, buche, vientre.

bu.dis.mo *s.m.* la religión de Buda; budismo.

bu.ei.ro *s.m.* alcantarilla, sumidero.

bu.fão *s.m.* bobo, bufón, truhán.

bu.far *v.i.* soplar, alardear, bufar; *v.t.* blasonar.

bu.fê *s.m.* aparador; cubierto (servicio de buffet).

bu.jão *s.m.* tapón; bombona, garrafa (de gás).

bu.la *s.f. Med.* fórmula, receta, bula; cello; carta pontifícia.

bu.le *s.m.* cafetera, tetera; pava.

bu.lí.cio *s.m.* murmullo, agitación, motín, bullício.

bum.bum *s.m. Fam.* nalgas, trasero; pandero.

bun.da *s.f. Fam.* trasero, nalgas, posaderas.

bu.quê *s.m.* ramillete, ramo, buqué; bouquet (aroma de un vino).

bu.ra.co *s.m.* agujero, hoyo, ojal; cueva, orificio; tipo de juego de naipes; *Fig.* lugar feo; casa pequeña.

bur.lar *v.t.* engañar, defraudar, timar, zumbar, hacer burla.

bu.ro.cra.ci.a *s.f.* burocracia.

bu.ro.cra.ta *adj.* burócrata.

bur.ri.ce *s.f.* burrada, estupidez, asnería.

bur.ro *s.m.* asno, jumento; *Fig. adj.* hombre, ignorante, estúpido.

bus.ca *s.f.* busca, búsqueda, demanda; cateo, revista (policial).

bus.ca-pé *s.m.* buscapiés (cohete rastrero).

bus.car *v.t.* buscar, examinar, investigar, catar, pesquisar.

bús.so.la *s.f.* brújula; aguja de marcar; *Fig.* guía.

bus.to *s.m.* busto (de la cintura para arriba).

bu.ti.que *s.f.* tienda de moda femenina.

bu.zi.na *s.f.* bocina, claxon; portavoz.

bu.zi.nar *v.i.* tocar la bocina; bocinar.

c *s.f.* tercera letra del alfabeto portugués; señal de cien en la numeración romana (en mayúscula).

cá *adv.* aquí; para este lugar; acá.

cã *s.f.* cabello blanco; casa; pelo blanco.

ca.ba.na *s.f.* cabaña, casa rústica; choza.

ca.ba.ré *s.m.* cabaret.

ca.be.ça *s.f.* cabeza, parte superior del cuerpo; extremidad superior; *Fig.* jefe, dirigente, cabecilla, capital; tino.

ca.be.ça.da *s.f.* cabezazo, cabezada; *Fig.* tontería, locura, disparate.

ca.be.ça.lho *s.m.* cabezal, cabecera, encabezamiento.

ca.be.ce.ar *v.i.* inclinarse, cabecear (con sueño).

ca.be.cei.ra *s.f.* cabecera (de la cama, de la mesa); lomo de libro; nacimiento (del rio).

ca.be.ço.te *s.m. Elect.* y *Mec.* cabezal, cabeza; *Mec.* culata; parte superior y extremidades del banco de carpintero.

ca.be.çu.do *adj.* testarudo, terco, cabezudo, obstinado.

ca.be.lei.ra *s.f.* cabellera.

ca.be.lei.rei.ro *s.m.* peluquero.

ca.be.lo *s.m.* pelo, cabello.

ca.be.lu.do *adj.* cabelludo, peludo; *Fig.* difícil, complicado; *Pop.* obsceno.

ca.ber *v.i.* caber; entrar, tener espacio; corresponder, tocar, comprender, entender.

ca.bi.de *s.m.* percha.

ca.bi.men.to *s.f.* cabida, cabimiento, aceptación, acogimiento; *Fig.* oportunidad; *não ter cabimento* no tener sentido.

ca.bi.na *s.f.* cabina, camarote.

ca.bis.bai.xo *adj.* cabizbajo, abatido; *Fig.* vejado, avergonzado.

ca.bo *s.m.* extremidad, cabo, manija; mango de un objeto; cuerda gruesa; ramal, cola, fin; cable; cordón; *Geogr.* punta de tierra que se mete en el mar; *Mil.* cabo (graduación).

ca.bo.gra.ma *s.m.* cablegrama (telegrama transmitido por cable submarino).

ca.bra *s.f.* cabra; *Bras.* criollo (hijo de mulata y negro).

ca.ca *s.f. Fam.* excremento de los niños; porquería, caca.

ca.ça *s.f.* caza; cacería; dícese de los animales cazados; busca cateo; persecución del enemigo; investigación.

ca.ça.dor *s.m.* cazador, el que caza.

ca.çam.ba *s.f.* cangilón; cubo; carrocería basculante.

ca.ção *s.m. Zool.* cazón (pez marino).

ca.çar *v.t.* cazar, seguir animales, aves, para cogerlos o matarlos; coger, alcanzar; andar a la caza.

ca.ca.re.co *s.m.* trasto, cachivache.

ca.ca.re.jar *v.t.* cacarear.

ca.cau *s.m. Bot.* cacao (árbol y semilla).

ca.ce.ta.da *s.f.* bastonazo, porrazo, trompada.

ca.ce.te *s.m.* taco, palo, porra; *Vulg.* pene; *adj.* aburrido, fastidioso.

ca.cha.ça *s.f.* aguardiente de melazo de caña.

ca.che.a.do *adj.* crespo; rizado, en forma de *cacho.*

ca.che.col *s.m.* bufanda.

ca.chim.bo *s.m.* cachimbo, pipa.

ca.cho *s.m.* racimo (de fruta); rizo (de cabello).

ca.choei.ra *s.f.* cascada, catarata, salto de agua.

ca.chor.ra.da *s.f.* cachorrada, bando de cachorros; cabronada, cochinada, mala jugada; *Fig.* acción indigna, indecorosa; gente caballa, infame.

ca.chor.ro *s.m.* perro; *Fig.* hombre malo, bellaco, cabrón; *cachorro-quente* hot dog.

ca.ci.que *s.m.* cacique (jefe indígena); persona de influjo político.

ca.co *s.m.* añicos, tiesto (pedazo de loza, teja, etc.);

cachivache, trasto viejo; *Fig.* persona vieja o enferma.

ca.ço.ar *v.t.* y *v.i.* burlarse, bromear, chancear, escarnecer, guasearse, reír.

cac.to *s.m. Bot.* cacto, cactus (planta espinosa, vascular).

ca.çu.la *s.m.* y *s.f. Bras.* el hijo menor, más joven o predilecto; benjamín; jocoyote.

ca.da *pron.* cada.

ca.dar.ço *s.m.* cordón, hiladillo, cinta estrecha.

ca.das.tro *s.m.* catastro, registro; padrón; padronamiento.

ca.dá.ver *s.m.* difunto, cadáver, cuerpo sin vida.

ca.de.a.do *s.m.* candado, cerradura movible.

ca.dei.a *s.f.* cadena; conjunto de es-labones metálicos; serie, red (de tiendas, emisoras, etc.); cárcel, calabozo, prisión.

ca.dei.ra *s.f.* silla, disciplina, asignatura; cátedra; asiento, butaca; *pl. Anat.* caderas, nalgas, posaderas; *cadeira com braços* sillón; *cadeira cativa* silla abonada; *cadeira de balanço* mecedora.

ca.de.la *s.f. Zool.* perra, hembra del perro; *Fig.* mujer disoluta.

ca.der.ne.ta *s.f.* cuadernillo, libreta de apuntes, cuaderno de estudio; *caderneta de poupança* cartilla de ahorros.

ca.der.no *s.m.* cuaderno.

ca.du.car *v.t.* prescribir, caducar, envejecer; *v.i.* chochear.

ca.du.co *adj.* viejo, chocho, nulo, decrépito, caduco.

ca.fa.jes.te *s.m.* y *adj.* bellaco, vil, cabrón, ordinario.

ca.fé *s.m.* café (semilla y bebida hecha con ella); establecimiento donde se sirve esta bebida; *café da manhã* desayuno; *café cremoso* café exprés.

ca.fe.tão *s.m. Pop.* rufián, mantenido, chulo.

ca.fe.tei.ra *s.f.* cafetera (recipiente donde se hace o se sirve el café).

ca.fo.na *s.m.* y *s.f., adj.* de malgusto, cursi.

ca.fu.né *s.m. Bras.* castañeteo con los dedos en la cabeza.

ca.fu.zo *s.m. Bras.* hijo de mulato y negra o viceversa; descendiente; cafuso.

ca.ga.nei.ra *s.f.* cagalera; diarrea; *Fig.* miedo.

ca.gão *adj. Fam.* miedoso, cagón; cobarde.

ca.gar *v.i. Vulg.* cagarse, ensuciar, defecar.

cãi.bra *s.f.* calambre, contracción involuntaria.

cai.pi.ra *s.m. Bras.* hombre del campo; lugareño; patán.

ca.ir *v.i.* caer, bajar, tumbar, pender, acontecer, incurrir; venirse abajo, dejarse coger, ser engañado.

cai.xa *s.f.* arca, caja, estuche; receptáculo postal; *Com.* ventanilla, libro haber; *s.m.* recaudador; *caixa postal* apartado, casilla; *caixa de correio* buzón; *caixa econômica* caja de ahorros; *caixa d'água* depósito de agua; tanque; pila.

cai.xão *s.m.* cajón, féretro; ataúd.

cai.xei.ro *s.m.* cajero; encargado de caja comercial; tenedor de libros.

cai.xi.nha *s.f. Pop.* propina.

cai.xo.te *s.m.* cajón, caja tosca de madera.

cal *s.f.* cal (óxido de cal).

ca.la.bou.ço *s.m.* cárcel, prisión, calabozo.

ca.la.do *adj.* silencioso, discreto, sosegado, callado, sigiloso.

ca.la.fri.o *s.m.* escalofrío, calofrío.

ca.la.mi.da.de *s.f.* calamidad, desgracia, plaga.

ca.la.mi.to.so *adj.* lleno de calamidades; funesto, desgraciado.

ca.lar *v.t.* callar, enmudecer, ocultar; penetrar; reprimir, disimular; *v.r.* callarse, guardar silencio; *quem cala, consente* quien calla otorga.

cal.ça *s.f.* pantalón.

cal.ça.da *s.f.* acera, vereda.

cal.ça.do *s.m.* calzado, zapato.

cal.ca.nhar *s.m.* calcañar, talón.

cal.ção *s.m.* pantalón corto.

cal.çar *v.t.* calzar, vestir (zapatos, guantes); meter calzo o cuña en; empedrar, pavimentar; *v.i.* ajustarse bien.

cal.ci.fi.car *v.t.* convertir en carbonato de calcio; calcificar; *v.r.* tomar la consistencia o el color de la cal.

cal.ci.nha *s.f.* bragas; calzón, bombacha.

cal.ço *s.m.* cuña, calce, calzo, traba.

cal.cu.la.do.ra *s.f.* calculadora (máquina).

cal.cu.lar *v.t.* apreciar, valorar, presumir, calcular, precisar, hacer cálculos.

cál.cu.lo *s.m.* cuenta, cálculo; *Fig.* plano, conjetura; *pl.* cálculos, mal de piedras.

cal.da *s.f.* almíbar, jarabe; zumo hervido de ciertos frutos para guardarlos en conserva; *pl.* termas.

cal.dei.rão *s.m.* caldero, caldera de cocinar.

cal.do *s.m.* caldo, sopa, salsa, zumo, potaje.

ca.le.fa.ção *s.f.* calefacción, calentamiento, acción de calentar.

ca.len.dá.rio *s.m.* calendario, almanaque.

ca.lha *s.f.* canal, canalón, caño para conducción de agua.

ca.lham.be.que *s.m.* trasto viejo.

ca.lhar *v.i.* coincidir, ser oportuno, venir a tiempo, quedar bien.

ca.li.brar *v.t.* dar el calibre conveniente; medir el calibre de.

ca.li.bre *s.m.* calibre, dimensión, vitola, tamaño, valor.

ca.li.gra.fi.a *s.f.* caligrafía (arte de escribir bien a mano).

ca.lis.ta *s.m.* y *s.f.* callista, pedicuro.

cal.ma *s.f.* calma, serenidad, tranquilidad, sosiego, paz, bonanza; bochorno.

cal.man.te *adj.* sedante, analgésico, calmante.

cal.mo *adj.* sereno, calmoso, sosegado, calmo.

ca.lo *s.m.* callo; callosidad; *Fig.* insensibilidad.

ca.lor *s.m.* calor, ardor; *Fig.* vehemencia, entusiasmo.

ca.lo.ren.to *adj.* caluroso.

ca.lo.ri.a *s.f.* caloría; *Fís.* medida de cantidad de calor.

ca.lo.te *s.m. Fam.* deuda no pagada; estafa; petardo; trampa.

ca.lo.tei.ro *s.m.* estafador, tramposo, ladrón.

ca.lou.ro *s.m.* y *adj.* neófito, novato, principiante, aprendiz, novicio.

ca.lú.nia *s.f.* difamación, calumnia, falsa acusación.

ca.lu.ni.ar *v.t.* calumniar, infamar; *v.i.* decir calumnias.

cal.va *s.f.* parte de la cabeza sin cabellos; calva.

cal.ví.ci.e *s.f.* alopecia, calvicie o calvez.

cal.vo *s.m.* y *adj.* pelado, calvo, el que no tiene cabello en la cabeza o en parte de ella.

ca.ma *s.f.* lecho, cama, tálamo; sitio de descanso de los animales.

ca.ma.da *s.f.* estrato, camada; capa, clase.

ca.ma.le.ão *s.m. Zool.* camaleón (réptil saurio); *Fig.* persona voluble.

câ.ma.ra *s.f.* cámara, cuarto de dormir; asamblea legislativa; aparato óptico; compartimiento, habitación.

ca.ma.ra.da *s.m.* y *s.f.* compañero, camarada, amigo; *Fam.* compinche.

ca.ma.ra.da.gem *s.f.* familiaridad, camaradería.

ca.ma.rão *s.m. Zool.* camarón (pequeño crustáceo).

ca.ma.rei.ro *s.m.* camarero.

ca.ma.rim *s.m.* camarín (en el teatro); gabinete.

ca.ma.ro.te *s.m.* camarote (de navio); palco (en el teatro).

cam.ba.la.cho *s.m. Fam.* cambalache, chanchullo, prendería.

cam.ba.le.ar *v.i.* oscilar andando, tambalear, cambalear; *Fig.* vacilar.

cam.bi.ar *v.t.* trocar, cambiar (monedas); permutar, variar; *v.i.* cambiar de colores, opinión o sistema.

câm.bio *s.m.* trueque de monedas, letras; permuta; agio; *câmbio negro* estraperlo, cambio libre.

cam.bis.ta *s.m.* y *s.f.* cambista, banquero.

ca.mé.lia *s.f. Bot.* camelia (planta ornamental y su flor).

ca.me.lo *s.m. Zool.* camello; *Fig.* hombre estúpido.

ca.me.lô *s.m. Pop.* vendedor ambulante.

ca.mi.nha.da *s.f.* jornada, caminata, acción de caminar.

ca.mi.nhão *s.m.* camión, carreta de transportes, vehículo grande y resistente destinado a transportar grandes carga; *caminhão-tanque* autobomba.

ca.mi.nhar *v.i.* caminar, seguir, marchar, andar; correr bien o mal (un negocio).

ca.mi.nho *s.m.* camino, paso, distancia, dirección, trillo, senda, trayecto; *Fig.* vía o medio para obtener un fin.

ca.mi.nho.ne.te *s.f.* camioneta, camión pequeño; autocar.

ca.mi.sa *s.f.* camisa, envoltorio, involucro.

ca.mi.se.ta *s.f.* camiseta.

ca.mi.si.nha *s.f.* condón, preservativo.

ca.mi.so.la *s.f.* camisón (pieza de vestir interior).

cam.pai.nha *s.f.* campanilla, timbre; *Bot.* campanilla (planta y flor).

cam.pa.ná.rio *s.m.* torre, campanario.

cam.pa.nha *s.f.* campaña, campo; *Mil.* guerra, batalla; *Fig.* gran esfuerzo por un fin social, caritativo.

cam.pe.o.na.to *s.m.* campeonato, competición deportiva.

cam.pes.tre *adj.* campesino, pastoril, bucólico, rústico.

cam.pi.na *s.f.* campiña, llanura, descampado, planicie extensa sin población ni árboles.

cam.pis.mo *s.m.* permanencia en el campo en tienda o abrigo por recreo.

cam.po *s.m.* campo; *campo santo* cementerio.

cam.po.nês *s.m.* paisano, campesino; el que vive o trabaja en el campo; *adj.* campestre, aldeano, rústico.

cam.pus *s.m.* campus, zona universitaria.

ca.mu.fla.gem *s.f.* camuflaje, disfraz.

ca.mu.flar *v.t.* disfrazar, camuflar, disimular.

ca.mun.don.go *s.m.* *Zool.* especie de ratón pequeño del Brasil.

ca.na *s.m.* *Bot.* caña, tallo. *Pop.* aguardiente; prisión, carcel.

ca.nal *s.m.* canal, caz; banda de frecuencia por la que se capta emisión de televisión; cauce, acequia; *Mar.* estrecho, canal; *Med.* tubo, conducto; *Fig.* modo, vía, medio.

ca.na.lha *s.f.* y *adj.* canalla, vil, despreciable, sin vergüenza; gente vil.

ca.na.li.zar *v.t.* encañonar, guiar, conducir, canalizar.

ca.ná.rio *s.m.* canario (pájaro).

ca.na.vi.al *s.m.* *Bot.* cañaveral, plantío de cañas.

can.ção *s.f.* canción, canto, cantiga, poesía lírica.

can.ce.la.men.to *s.m.* acción de cancelar, cancelamiento, canceladura.

can.ce.lar *v.t.* cancelar, anular, terminar, borrar, enjugar.

cân.cer *s.m.* *Med.* cáncer, tumor, carcinoma (tumor maligno); signo del zodíaco.

can.cha *s.f.* pista de juego, cancha; terreno llano.

can.de.la.bro *s.m.* candelero, araña, lámpara de cristal, candelabro.

can.di.da.tar-se *v.r.* proponerse como candidato.

can.di.da.to *s.m.* candidato.

cân.di.do *adj.* blanco, cándido; *Fig.* puro, sincero, inocente.

can.dom.blé *s.m.* culto afrobrasileño.

can.du.ra *s.f.* candor, albura, inocencia, ingenuidad, pureza.

ca.ne.ca *s.f.* taza, pocillo.

ca.ne.la *s.f.* canela (árbol aromático); *Anat.* tibia, canilla.

ca.ne.ta *s.f.* pluma, portaplumas; *caneta esferográfica* bolígrafo, esferográfica, lapicera; *caneta-tinteiro* estilográfica; pluma fuente.

can.go.te *s.m.* cogote.

can.gu.ru *s.m.* *Zool.* canguro (marsupial de Australia).

câ.nha.mo *s.m.* *Bot.* cáñamo (planta y semilla); hilos o tejidos hechos con sus fibras.

ca.nhão *s.m.* *Mil.* cañón (pieza de artillería); valle estrecho, desfiladero; caña de la bota; *Fig.* mujer fea.

ca.nho.to *adj.* zurdo, izquierdo; *Com.* resguardo, contraseña; *Fig.* demonio.

ca.ni.bal *s.m.* antropófago, caníbal; *Fig.* hombre feroz.

ca.nil *s.m.* perrera (lugar donde se alojan perros).

ca.ni.no *adj.* canino (relativo al perro); *s.m.* colmillo, diente; *Fig.* maligno.

ca.ni.ve.te *s.m.* cortaplumas; navaja pequeña (de bolsillo).

can.ja *s.f.* caldo de gallina con arroz; *Fig.* cosa fácil.

ca.no *s.m.* caño, tubo, cañón; atanor, alcantarilla.

can.sa.ço *s.m.* cansancio, debilidad, fatiga.

can.sar *v.i.* fatigar, debilitar, cansar, aburrir, rendir; *v.r.* empeñarse; *Fig.* moler.

can.sei.ra *s.f.* cansera, cansancio, moledera.

can.ta.da *s.f.* *Bras.* labia; tentativa de seducción.

can.tar *v.i.* entonar, gorjear, cantar; alabar; *Fig.* confesar algo.

can.ta.ro.lar *v.t.* y *v.i.* canturrear, cantusar, tatarear.

can.tei.ro *s.m.* cantero, el que trabaja en cantería; bancal, cuadro de flores.

can.til *s.m.* instrumento de carpintero; guilame; frasco.

can.ti.na *s.f.* cantina, bar, local para venta de bebidas y comidas.

can.to *s.m.* canto, rincón; canción; ángulo, filo o bordo de un objeto.

can.tor *s.m.* cantor, cantante; *Fig.* poeta.

ca.nu.do *s.m.* canuto, tubo; paja, pajilla; *Pop.* diploma, título.

cão *s.m.* *Zool.* perro, can, chucho; gatillo (en las armas).

ca.o.lho *adj.* *Fam.* tuerto.

ca.os *s.m.* caos, confusión, desorden; *Fig.* anarquía.

cá.o.ti.co *adj.* caótico; *Fig.* desordenado, confuso.

ca.pa *s.f.* manto, capa (prenda de vestir); cubierta, manta, forro; portada, tapa, carátula; *capa de chuva* impermeable.

ca.pa.ce.te *s.m.* casco, capacete.

ca.pa.cho *s.m.* estera, felpudo, peludo (para limpiar el calzado); *Fig.* hombre servil.

ca.pa.ci.da.de *s.f.* capacidad, extensión, suficiencia; *Fig.* talento, habilidad.

ca.pa.ci.tar *v.t.* capacitar; persuadir; *v.r.* convencerse.

ca.pan.ga *s.m. Bras.* el que se presta a maltratar a alguien; valentón; guardaespaldas, matón; *s.f.* bolsa usada por hombres.

ca.pão *s.m.* capón; *adj.* castrado, capado.

ca.par *v.t.* castrar, capar.

ca.pa.taz *s.m.* capataz, jefe o encargado de los trabajadores; mayoral.

ca.paz *adj.* apto, capaz, suficiente, espacioso, amplio, grande, suficiente.

cap.ci.o.so *adj.* artificioso, engañoso, capcioso.

ca.pe.la *s.f.* capilla, pequeña iglesia; santuario; guirnalda de flores; cantores o músicos adscritos a una iglesia.

ca.pe.lão *s.m.* capellán, clérigo.

ca.pen.ga *s.m. y s.f., adj.* cojo, rengo, destartalado.

ca.pe.ta *s.m.* diablo; *s.m. y s.f., adj.* chiquillo travieso.

ca.pi.lar *s.m. y s.f., adj.* capilar (relativo al cabello); fino como un cabello.

ca.pim *s.m. Bot.* pasto, hierba, (nombre de varias especies de gramíneas).

ca.pi.tal *adj.* fundamental, principal; capital (dícese de la pena de muerte); relativo a la cabeza; *s.f.* capital (de un país); *s.m.* bienes de alguien, posesiones, dinero, caudal.

ca.pi.ta.lis.mo *s.m.* capitalismo (régimen social).

ca.pi.ta.li.zar *v.t.* convertir en capital, agregar al capital, capitalizar.

ca.pi.tão *s.m.* capitán, oficial del ejército; el que manda un buque mercante; jefe en un grupo deportivo; *capitão-de-mar-e-guerra* capitán de navío, oficial superior de marina, que manda un navío de guerra.

ca.pí.tu.lo *s.m.* capítulo (del libro); cabildo; *For.* asamblea.

ca.pô *s.m.* capó, cubierta del motor (en los automóviles).

ca.po.ei.ra *s.f. Dep.* especie de arte marcial afrobrasileña; gallinero.

ca.po.tar *v.i.* volcar, capotar; *Fam.* adormecer profundamente.

ca.po.te *s.m.* abrigo, capote, gabás; *Fig.* disfraz.

ca.pri.char *v.i.* tener un capricho; obstinarse, esmerarse, aplicarse.

ca.pri.cho *s.m.* capricho, antojo, obstinación, bizarría, velocidad; esmero.

ca.pri.cho.so *adj.* que tiene caprichos; voluble, inconstante, mutable; extravagante.

ca.pri.cór.nio *s.m.* capricornio (constelación zodiacal); signo; *adj.* que tiene cuernos como la cabra.

cáp.su.la *s.f.* cápsula, involucro, receptáculo; estuche.

cap.tar *v.t.* obtener, atraer, captar, interceptar; *Fig.* granjear, coger.

cap.tu.ra *s.f.* captura; apresamiento; prisión; acción de capturar.

cap.tu.rar *v.t.* prender, aprehender, capturar, apresar, aprisionar.

ca.puz *s.m.* capucha, caperuza, cobertura para la cabeza.

ca.qui *s.m. Bot.* caqui (árbol cuyo fruto es rojo).

cá.qui *s.m. y adj.* caqui (tejido); kaki (color).

ca.ra *s.f.* rostro, cara, semblante, lado (de la moneda con la efigie); *Fam.* tío; fachada, jeta, descaro, osadía; *cara ou coroa* cara o cruz.

ca.ra-de-pau *s.m. y adj. Fam.* sinvergüenza, caradura.

ca.ra.col *s.m.* caracol (molusco); bucle, rizo (del pelo); *Anat.* parte del oído interno; escalera.

ca.rac.te.re *s.m. Inform.* cualquier símbolo, signo, guarismo, letra o espacio digitable.

ca.rac.te.rís.ti.co *adj.* propio, típico, característico, distintivo; *s.f.* característica.

ca.rac.te.ri.zar *v.t.* individualizar, poner en evidencia; pintar y vestir (al actor).

ca.ra.man.chão *s.m.* pérgola, glorieta, enramada, pabellón en los jardines; caramanchón.

ca.ram.ba *interj.* ¡caramba!, ¡caray!

ca.ra.me.lo *s.m.* caramelo; almíbar, hielo, carámbano.

ca.ra.mu.jo *s.m.* escaramujo, caramujo, caracol (molusco); *Fig.* hombre ensimismado.

ca.ran.go *s.m. Bras.* carro viejo de estimación.

ca.ran.gue.jo *s.m.* cangrejo (crustaceo).

ca.ra.tê *s.m. Dep.* kárate.

ca.rá.ter *s.m.* cuño, cualidad, índole, personalidad, carácter, señal; particularidad, característica; genio, expresión; dignidad; temperamento; templo, trazo; *Fig.* firmeza, jaez; *Impr.* tipo.

ca.ra.va.na *s.f.* caravana; grupo excursionista.

car.bo.i.dra.to *s.m. Quím.* carbohidrato.

car.bô.ni.co *adj. Quím.* carbónico (cuerpos en los que entra el carbono).

car.bo.ni.zar *v.t.* reducir a carbón; carbonizar.

car.bu.ra.ção *s.f.* carburación (mezcla de aire con líquido inflamable en el carburador).

car.bu.ra.dor *s.m. Mec.* carburador (aparato donde se produce la carburación).

car.ca.ça *s.f.* esqueleto, armazón, armadura; caparazón.

cár.ce.re *s.m.* cárcel, prisión.

car.ce.rei.ro *s.m.* carcelero; llavero, guardián de la cárcel.

car.co.mi.do *adj.* corroído, carcomido, gastado.

car.dá.pio *s.m. Bras.* menú, minuta, relación de platos a servirse.

car.dar *v.t.* desenredar, peinar con carda, cardar; preparar materia textil para el hilado; *Fam.* hurtar, ratear.

car.di.nal *adj.* principal, cardinal.

car.di.o.lo.gis.ta *s.m.* cardiólogo, cardiologista (especialista en enfermedades del corazón).

car.du.me *s.m.* cardumen, cardume, multitud de cosas, cantidad de peces; enjambre, montón.

ca.re.ca *s.f.* calva, pelada, *s.m. y s.f.* persona calva, sin pelo.

ca.re.cer *v.t.* necesitar, tener necesidad, no tener, carecer.

ca.rên.cia *s.f.* necesidad, carencia, privación de algo; período de gracia.

ca.res.ti.a *s.f.* escazez, falta.

ca.re.ta *s.f.* molhin, careta, gesto; mueca, máscara; *s.m. y s.f. Fig.* persona moralista, anticuada.

car.ga *s.f.* cargamento, carga, capacidad; peso, fardo; *Eletr.* acumulación de electricidad; *Fig.* obligación.

car.go *s.m.* empleo, función, puesto, oficio; gasto, peso, obligación, responsabilidad.

car.guei.ro *s.m.* carguero (buque mercante).

ca.ri.ca.to *adj.* ridículo, burlesco; *s.m.* actor cuyo papel es ridiculizarar; bufo.

ca.ri.ca.tu.ra *s.f.* caricatura, imitación cómica.

ca.rí.cia *s.f.* mimo, caricia, halago.

ca.ri.da.de *s.f.* caridad, amor al prójimo, benevolencia, compación; limosma.

ca.ri.do.so *adj.* compasivo, caritativo.

cá.rie *s.f.* caries, caroncho, caresma.

ca.rim.bo *s.m.* timbre, sello; *carimbo de correio* matasellos.

ca.ri.nho *s.m.* afecto, cariño, halago, caricia.

ca.ri.nho.so *adj.* afectuoso, afable, amoroso.

ca.ris.ma *s.m.* carisma.

ca.ris.má.ti.co *adj.* carismático, que tiene carisma.

car.na.val *s.m.* carnaval; *Fig.* orgía.

car.na.va.les.co *adj.* relativo al carnaval; caricato; *s.m.* persona que prepara el desfile de la escuela de samba.

car.ne *s.f.* tejido muscular; carne; sensualidad; materia (en oposición al espíritu); pulpa (de los frutos); *carne-de-sol Bras.* carne salada y seca.

car.nê *s.m. Com.* libreta de pagos; carnet.

car.nei.ro *s.m.* carnero, aries (signo del zodíaco); osario; sepultura, carnero.

car.ni.fi.ci.na *s.f.* carnificina, matanza, mortandad, degollina, hecatombe.

ca.ro *adj.* costoso, caro, subido de precio; querido, estimado; *adv.* caro, precio subido.

ca.ro.ço *s.m. Bot.* carozo; hueso de las frutas; *Med.* bulto, haba, grano (en la piel).

ca.ro.na *s.f.* autostop.

ca.ro.nis.ta *s.m. y s.f.* autostopista.

car.pe.te *s.m.* alfombra, moqueta.

car.pin.ta.ri.a *s.f.* carpintería.

car.pin.tei.ro *s.m.* carpintero.

car.pir *v.t.* mondar, carpir, limpiar; *v.t. y v.i.* llorar, lamentándose; *v.r.* dolerse, lamentarse.

car.ran.ca *s.f.* cara fea, mascarón, semblante enfurruñado; cara de piedra, madera o metal que sirva de adorno en embarcaciones y construcciones.

car.ran.cu.do *adj.* ceñudo, huraño, aferruzado, malhumorado.

car.ras.co *s.m.* verdugo, ejecutor de la justicia; *Fig.* hombre cruel.

car.re.ga.dor *s.m. y adj.* cargador, maletero; portador; fletador.

car.re.ga.men.to *s.m.* carga, cargamento; *Fig.* opresión.

car.re.gar *v.t.* cargar; acumular (electricidad); transportar; meter projectiles en; poner carga, llenar; *Inform.* abrir, bajar un archivo o programa, hacer *download*; v.r. cargarse (la atmósfera); *v.i.* atacar con ímpetu.

car.rei.ra *s.f.* carrera, profesión; paso rápido de un sitio a otro; curso de los astros; línea de puntos; ruta de un buque.

car.re.ta *s.f.* carreta; carretón (de artillería); camión de gran carrocería; remolque.

car.re.tel *s.m.* carrete, bobina, carretel, cilindro de madera.

car.re.to *s.m.* acarreo, transporte; flete.

car.ro *s.m.* coche, automóvil, auto, carro, vagón.

car.ro.ça *s.f.* carretón, carroza, carreta; *Fig.* persona muy lenta.

car.ro.ce.ri.a *s.f.* carrocería.

car.ta *s.f.* carta, epístola, comunicación escrita; constitución, estatuto, mapa; naipe; licencia para conducir; *dar cartas* disponer libremente el futuro.

car.tão *s.m.* cartón, tarjeta de visita, de crédito; *cartão postal* postal.

car.taz *s.m.* anuncio, letrero, cartel; *cartaz de propaganda* valla publicitaria; *ter cartaz* tener fama.

car.tei.ra *s.f.* pupitre; cartera, bolsa; monedero; *batedor de carteira* carterista.

car.tei.ro *s.m.* cartero, estafeta, buzonero, correo.

car.ti.la.gem *s.f. Med.* cartílago, ternilla.

car.ti.lha *s.f.* cartilla, abecedario, catecismo.

car.to.gra.fi.a *s.f.* cartografía (arte de hacer mapas).

car.to.la *s.f.* sombrero alto, de copa; *s.m. Fig. Bras.* dirigente de clube deportivo.

car.to.li.na *s.f.* cartulina.

car.to.man.ci.a *s.f.* cartomancia (adivinación por medio de cartas o naipes).

car.to.man.te *s.m.* y *s.f.* cartomántico; persona que practica la cartomancia.

car.tó.rio *s.m.* archivo (de documentos públicos; notaría; oficina de escribano; registro civil.

car.tu.cho *s.m.* paquete, cartucho (de armas); repuesto intercambiable de una máquina, un aparato o un instrumento.

ca.run.cho *s.m. Zool.* polilla (insecto coleóptero); polvo de las maderas procedente de la acción destructora de este insecto; podredumbre.

car.vão *s.m.* carbón, brasa apagada; dibujo hecho a carbón; *carvão-de-pedra* hulla.

ca.sa *s.f.* moradía, vivienda, casa, posada, rincón, familia noble, residencia; ojal (para botones); establecimiento comercial o industrial.

ca.sa.ca *s.f.* casaca, frac (vestidura masculina de etiqueta).

ca.sa.co *s.m.* mantón, abrigo, chaqueta, chaquetón, sobretodo; saco.

ca.sal *s.m.* pareja, matrimonio; casa de campo.

ca.sa.men.to *s.m.* casamiento, nupcias, matrimonio, boda, alianza.

ca.sar *v.t.* y *v.i.* casarse, desposar, unir por casamiento; v.r. combinarse, adaptarse; *Fig.* tomar estado, enlazarse.

ca.sa.rão *s.m.* caserón, casarón.

cas.ca *s.f.* cáscara, piel, corteza o cubierta (frutas); corcho, costra; *casca-grossa* grosero.

cas.ca.ta *s.f.* cascada (salto de agua); *Fig.* bravata, fanfarronada, mentira.

cas.co *s.m.* casco, craneo, envase, vaso; *Fig.* juicio, talento.

ca.sei.ro *adj.* hecho en casa, casero; que le gusta la casa; *s.m.* encargado de casa de campo, casero.

ca.so *s.m.* suceso, caso, hipótesis, acontecimiento, cuento, anécdota; *Pop.* lío amoroso; *Med.* cuadro; *criar caso* generar polémica.

cas.pa *s.f.* caspa.

cas.sar *v.t.* retirar, anular, quitar derechos políticos o profesionales.

cas.se.te *s.m.* y *adj.* casete (cinta y aparato).

cas.ta *s.f.* clase, casta, género; raza; variedad, cualidad.

cas.ta.nho *adj.* castaño (madera y color).

cas.te.lo *s.m.* castillo.

cas.ti.çal *s.m.* candelero, arandela, bujía.

cas.ti.da.de *s.f.* virginidad, pureza, castidad, continencia.

cas.ti.gar *v.t.* castigar, afligir, condenar, disciplinar, penalizar.

cas.ti.go *s.m.* punición, penalidad, pena, castigo, sanción.

cas.to *adj.* puro, inocente, virginal, púdico, casto.

cas.trar *v.t.* castrar, capar.

ca.su.al *adj.* eventual, incidental, fortuito, casual.

ca.su.a.li.da.de *s.f.* acaso, eventualidad; accidente, azar.

ca.su.lo *s.m.* capullo, alvéolo; *Bot.* cápsula que envuelve las semillas.

ca.ta.lo.gar *v.t.* clasificar, ordenar, alistar, inscribir.

ca.tá.lo.go *s.m.* lista, registro, tabla, inventario; rol, elenco, catálogo, índice, nomenclatura.

ca.ta.po.ra *s.f. Med.* varicela.

ca.tar *v.t.* buscar, procurar, catar, provar, examinar; *v.r.* despiojarse.

ca.ta.ra.ta *s.f.* cascada, catarata, salto grande de agua; *Med.* opacidad del cristalino del ojo.

ca.tar.ro *s.m.* catarro, coriza, constipado.

ca.tás.tro.fe *s.f.* hecatombe, desgracia, catástrofe.

cá.te.dra *s.f.* cátedra; asiento magistral; sede pontifical.

ca.te.dral *s.f.* catedral (iglesia sede del obispo).

ca.te.drá.ti.co *s.m.* y *adj.* catedrático (profesor que tiene cátedra).

ca.te.go.ri.a *s.f.* categoría; clase, jerarquía, carácter, condición.

ca.te.que.se *s.f.* catequesis.

ca.te.qui.zar *v.i.* evangelizar, catequizar, buscar convencer, instruir en el cristianismo.

ca.tin.ga *s.f.* olor desagradable, catinga.

ca.ti.var *v.t.* cautivar, atraer, seducir, encantar; *v.r.* caer en cautiverio.

ca.ti.vei.ro *s.m.* cautiverio, esclavitud, prisión.

ca.ti.vo *adj.* cautivo, esclavo, prisionero, semetido, atraído.

ca.tó.li.co *s.m.* y *adj.* universal, que profesa el catolicismo.

ca.tra.ca *s.f.* torniquete, molinete.

cau.ção *s.f.* caución, cautela, fianza; garantía, aval.

cau.da *s.f.* cola, rabo.

cau.dal *adj.* caudal, perteneciente a la cola; caudaloso, abundante.

cau.da.lo.so *adj.* torrencial, abundante, caudaloso.

cau.le *s.m. Bot.* tallo, tronco, caule.

cau.sa *s.f.* origen, razón, motivo, materia, raíz, agente, presupuesto; *For.* acción judicial, demanda.

cau.sar *v.t.* producir, ocasionar, traer, hacer, causar; *Fig.* acarrear.

cau.te.la *s.f.* precaución, cautela, cuidado; recibo.

caute.ri.zar *v.t.* aplicar cautério; cauterizar.

ca.va *s.f.* excavación, cava; sisa (de las prendas de vestir).

ca.va.la.ri.a *s.f.* caballería; equitación; proeza.

ca.va.lei.ro *s.m.* caballero, jinete; yoquey.

ca.va.le.te *s.m.* caballete (para pintar).

ca.val.gar *v.i.* cabalgar, montar a caballo.

ca.va.lhei.ro *s.m.* y *adj.* caballero, hombre noble, cortés; caballeroso.

ca.va.lo *s.m.* caballo, solípedo; caballo (pez y pieza del juego de ajedrez).

ca.va.qui.nho *s.m. Mús.* guitarra pequeña de cuatro cuerdas.

ca.var *v.t.* cavar, excavar, ahondar, ahuecar, penetrar; conseguir, obtener con esfuerzo; investigar.

ca.vei.ra *s.f.* calavera; *Fig.* persona flaca.

ca.ver.na *s.f.* antro, gruta, cripta, cueva, caverna.

ca.vi.ar *s.m.* caviar (huevos de esturjón salados).

ca.vi.da.de *s.f.* cueva, cavidad, fosa, recipiente, depresión.

ca.xi.as *s.m.* y *s.f.*, *adj. Bras.* muy dedicado a sus actividades; empollón.

ce.bo.la *s.f.* cebolla, bulbo de algunas plantas; *Pop.* reloj de bolsillo.

ce.den.te *s.m.* y *s.f.* cesionista, el que cede.

ce.der *v.t.* y *v.i.* ceder, renunciar, desistir, sucumbir, conceder; *v.r.* aflojarse.

ce.di.lha *s.f. Gram.* cedilla.

ce.do *adv.* temprano; de prisa; pronto, al instante.

ce.dro *s.m.* cedro (árbol y su madera).

cé.du.la *s.f.* cédula, billete, boleto para votar, documento impreso; póliza.

ce.gar *v.t.* volver ciego, cegar, encandilar, ofuscar, embotar; *v.r.* alucinarse, irarse.

ce.go *s.m.* y *adj.* ciego, persona que no ve; alucinado sin corte o filo.

ce.go.nha *s.f. Zool.* cigüeña.

ce.guei.ra *s.f.* ceguera, ceguedad; *Fig.* pasión violenta; fanatismo.

cei.a *s.f.* cena.

cei.far *v.t.* cortar los cereales; segar; *Fig.* arrebatar la vida.

ce.la *s.f.* hueco, cavidad, celda (de convento o penitenciaria); alcoba, cámara.

ce.le.brar *v.t.* exaltar, conmemorar, celebrar.

cé.le.bre *adj.* célebre, famoso, afamado, notable, renombrado ilustre.

ce.les.ti.al *adj.* celeste, celestial, del color del cielo, sobrenatural; *Fig.* delicioso.

ce.li.ba.to *s.m.* estado de soltero; soltería, celibato.

ce.lo.fa.ne *s.m.* celofán.

cé.lu.la *s.f. Biol.* célula; *Anat.* y *Patol.* cavidad, huevo; celdilla (en las colmenas); *Inform.* unidad básica de almacenamiento y manejo de informaciones en una planilla electrónica.

ce.lu.lar *adj.* celular, relativo a la célula; formado por células; *telefone celular* teléfono celular o móvil.

ce.lu.li.te *s.f.* celulitis.

cem *s.m. num.* cien, ciento, centena; *Fig.* muchos.

ce.mi.té.rio *s.m.* cementerio, camposanto, necrópolis.

ce.na *s.f.* escena, cenario, arte dramático; *Teat.* división de un acto; decoración teatral; lugar donde ocurre algún acontecimiento; *Fig.* escándalo.

ce.ná.rio *s.m. Teat.* escenario, decoración, teatral, tabla; relativo a la cena.

ce.nho *s.m.* ceño, rostro grave, severo.

ce.nó.gra.fo *s.m.* escenógrafo.

ce.nou.ra *s.f. Bot.* zanahoria.

cen.so *s.m.* censo, padrón, empadronamiento.

cen.su.ra *s.f.* represión, amonestación, crítica, censura.

cen.su.rar *v.t.* censurar, condenar, reprochar, criticar; ejercer la censura.

cen.ta.vo *s.m.* centavo (moneda), centésimo.

cen.tei.o *s.m. Bot.* centeno (planta y semilla).

cen.te.lha *s.f.* chispa, centella; *Fig.* inspiración, talento.

cen.te.na *s.f.* centena (cien unidades); centenar.

cen.te.ná.rio *s.m.* y *adj.* secular, centenario.

cen.tí.gra.do *s.m.* y *adj.* centígrado.

cen.tí.me.tro *s.m.* centímetro.

cen.tral *adj.* central, céntrico; principal; relativo al centro; *s.f.* central; planta; *central de abastecimento* mercado de abasto.

cen.tra.li.zar *v.t.* unificar, concentrar, centralizar.

cen.tri.fu.gar *v.t.* centrifugar, separar por medio de la fuerza centrífuga.

cen.tro *s.m.* centro, nucleo; *Fig.* ombligo.

ce.ra *s.f.* cera; cerilla, cera de los oídos.

ce.râ.mi.ca *s.f.* cerámica (arte de fabricar loza de barro); alfarería.

cer.ca *s.f.* vallado, valla, cercado, cerca, reja, enrejado, alambrado; *adv.* cerca, casi.

cer.ca.ni.a *s.f.* proximidad, cercanía; *pl.* inmediaciones, contornos.

cer.car *v.t.* cercar, abrazar, circunvalar; sitiar, acorralar; *v.r.* rodearse.

cer.ce.ar *v.t.* cercenar, cortar por la raíz o las extremidades; *Fig.* disminuir, acortar.

cer.co *s.m.* asedio, sitio, cerco; bloqueo, cordón; acción de cercar; círculo, rueda.

cer.da *s.f.* pelo grueso, áspero, cerda.

cer.do *s.m.* puerco, marrano, cochino, cerdo.

ce.re.al *s.m. Bot.* grano, cereal, mies; *adj.* cereal.

cé.re.bro *s.m. Anat.* cerebro, seso; *Fig.* intelecto, juicio.

ce.re.ja *s.f.* cereza (fruto del cerezo).

ce.ri.mô.nia *s.f.* ceremonia, cortesía, pompa, formalidades rituales.

ce.ri.mo.ni.al *s.m.* y *adj.* ceremonial, etiqueta.

ce.ri.mo.ni.o.so *adj.* solemne, ceremonioso, que le gustan las ceremonias; *Fig.* fastidioso.

ce.rou.la *s.f.* calzoncillos largos.

cer.ra.ção *s.f.* cerrazón, niebla espesa, bruma.

cer.rar *v.t.* vedar, tapar, ocultar, terminar.

cer.ta.me *s.m.* certamen, lucha, debate, discusión, concurso.

cer.ta.men.te *adv.* ciertamente, en verdad; de juro; es natural; por supuesto; desde luego.

cer.tei.ro *adj.* certero, exacto, cierto.

cer.te.za *s.f.* certeza, certidumbre, acierto, convicción, evidencia, realidad.

cer.ti.dão *s.f.* certificado, certificación, asiento (documento), testimonio, partida.

cer.ti.fi.car *v.t.* asegurar, certificar; *For.* atestiguar; *v.r.* asegurarse, convencerse.

cer.to *adj.* cierto, exacto, verdadero, infalible, puntual; *s.m.* cierto, correcto; *pron. indef.* alguno, cierto; *adv.* ciertamente, seguramente.

cer.ve.ja *s.f.* cerveza.

cer.ve.ja.ri.a *s.f.* cervecería (fábrica o lugar de venta de cerveza).

cer.vi.cal *adj.* cervical (relativo a la cerviz).

cer.viz *s.f.* cerviz, nuca, pescuezo.

cer.vo *s.m.* ciervo, venado.

cer.zir *v.t.* coser, recoser, zurcir.

ce.sa.ri.a.na *s.f. Med.* cesárea (operação).

ces.sar *v.i.* desistir, acabar, abolir, parar, cesar; *v.t.* dejar de hacer.

ces.ta *s.f.* cesta, canasto.

ces.to *s.m.* cesto; cesta con tapa.

ce.ti.cis.mo *s.m.* escepticismo; indiferencia.

ce.tim *s.m.* satén, razo; *adj.* lustroso, suave.

céu *s.m.* cielo, firmamento, paraíso, atmósfera, bienaventuranza.

ce.va.da *s.f. Bot.* cebada (gramínea).

chá *s.m.* té, infusión; *chá-mate* yerba mate.

chá.ca.ra *s.f.* sitio, quinta, chacra, granja, alquería.

cha.ci.na *s.f.* chacina, matanza, masacre, cecina.

cha.co.a.lhar *v.i. Bras.* mecer, sacudir, zarandear.

cha.co.ta *s.f.* burla, vaya, chanza, chacota.

cha.fa.riz *s.m.* fuente, chafariz, fuente pública.

cha.ga *s.f.* llaga, plaga, herida abierta; *Fig.* dolor, aflicción.

cha.lé *s.m.* chalé, chalet.

cha.lei.ra *s.f.* tetera; pava.

cha.ma *s.f.* llama, soflama, lumbre, fogonazo; *Fig.* ardor, pasión.

cha.ma.da *s.f.* llamada, apelación; comunicación telefónica; *Mil.* toque de reunir; acotación (en textos); *Pop.* reproche, regaño.

cha.mar *v.t.* nombrar, llamar, apelar, denominar, invocar, convocar, mandar venir, evocar; *v.r.* llamarse.

cha.ma.ti.vo *adj.* vistoso, llamativo, vivo.

cha.mi.né *s.f.* chimenea.

cha.mus.car *v.t.* chamuscar, quemar superficialmente.

chan.ce *s.f.* ocasión, oportunidad; *sem chance* ni hablar.

chan.ce.la *s.f.* sello, rubrica, estampilla.

chan.ce.ler *s.m.* canciller, chanciller.

chan.ta.ge.ar *v.t.* extorsionar, chantajear.

chan.ta.gem *s.f.* chantaje, extorsión.

chan.ta.gis.ta *s.m.* y *s.f.* chantajista.

chão *s.m.* suelo, tierra, piso, solera; *adj.* llano, liso, sincero.

cha.pa *s.f.* lámina, hoja, chapa, distintivo, emblema; nómina (de candidatos); *Med.* radiografía; *Pop.* amigo, camarada.

cha.pa.da *s.f.* planicie, llanura, altiplanicie, meseta.

cha.péu *s.m.* sombrero, chapeo; *chapéu de palha* panamá, jipi.

cha.pi.nhar *v.i.* chapotear, rociar, salpicar.

cha.ra.da *s.f.* enigma, acertijo, advinanza, charada; *matar a charada* adivinar.

char.co *s.m.* charco, lodazal, cilanco.

char.la.tão *adj.* charlatán, impostor, embaucador; curandero.

char.que *s.m. Bras.* cecina, charqui.

cha.ru.ta.ri.a *s.f. Bras.* fábrica o establecimiento donde se venden charutos; expendeduría; cigarrería.

cha.ru.to *s.m.* tabaco, cigarro puro; *Arg.* toscano.

chas.si *s.m.* chasis.

cha.te.ar *v.t. Pop.* molestar, enfadar, enojar, aburrir; *v.r.* fregarse, jorobarse.

cha.ti.ce *s.f. Pop.* lata, fastidio, impertinencia, bajeza.

cha.to *s.m.* y *adj.* achatado, plano, liso; *Pop.* importuno, aburrido, indeseable.

chau.vi.nis.ta *s.m.* y *s.f.* chauvinista; patriota exaltado.

cha.vão *s.m.* llave grande; vulgaridad, cliché, frase hecha, muletilla.

cha.ve *s.f.* llave, corchete; llave (herramienta) de tuerca; interruptor, botón; clave, código; *Fig.* explicación, solución; *chave de fenda* destornillador.

cha.vei.ro *s.m.* llavero, portallaves.

che.car *s.f.* chequear

che.fa.tu.ra *s.f.* jefatura, cargo de jefe.

che.fe *s.m.* jefe, comandante, conductor, líder, caudillo, cabeza.

che.fi.ar *v.t.* mandar como jefe; comandar, dirigir.

che.ga.da *s.f.* advenimiento, advento, llegada, venida; arribo.

che.ga.do *adj.* allegado, pariente, cercano; acostumbrado.

che.gar *v.i.* venir, llegar, regresar; bastar, ser suficiente; *v.r.* resolverse, aproximarse.

chei.o *adj.* lleno, completo; *Pop.* harto, fastidiado; *s.f.* inundación, crecida; *em cheio* de lleno, por entero; *lua cheia* luna llena.

chei.rar *v.t.* oler, inhalar, husmear, meter la nariz; *v.i.* exhalar olor.

chei.ro *s.m.* exhalación, olor, aroma, olfato; hedor; *cheiro-verde* perejil.

chei.ro.so *adj.* aromático, oloroso.

che.que *s.m. Com.* cheque, talón; jaque (lance de ajedrez); chequeo, revisión; *Fig.* peligro, riesgo.

chi.a.do *s.m.* chillido, chirrido, chillón.

chi.ar *v.i.* chirriar, gruñir, crugir, rechinar; *Fig.* lastimarse.

chi.cle.te *s.m.* chicle.

chi.có.ria *s.f.* achicoria; escarola.

chi.co.ta.da *s.f.* azotazo, latigazo.

chi.co.te *s.m.* azote, flagelo, látigo.

chi.fre *s.m.* cuerno, asta, gajo.

chi.li.que *s.m. Pop.* desmayo, mareo, achaque.

chi.mar.rão *s.m.* mate; cimarrón.

chim.pan.zé *s.m.* chimpancé, mono.

chi.ne.lo *s.m.* pantufla, zapatilla, chancleta.

chip *s.m. Inform.* chip, pastilla.

chi.quei.ro *s.m.* chiquero, pocilga, cuchitril; *Fig.* lugar sucio, inmundo.

chis.pa *s.f.* centella, chispa; *Fig.* talento.

chis.par *v.i.* chispear, faiscar; *Bras.* correr, salir rápidamente.

chis.te *s.m.* chiste, broma, burla, chanza.

cho.ça *s.f.* cabaña, choza, rancho.

cho.ca.lho *s.m.* cencerro; esquilla, sonajero; *Fig.* lenguaraz.

cho.can.te *adj.* sorprendente, estraño, chocante.

cho.car *v.t.* y *v.r.* estrellarse, chocar; incubar, empollar (gallina); perder el gas (cerveza); *Fig.* impresionar.

cho.co *adj.* clueco, empollado; huero (hablando de huevo); *Fig.* podrido; *s.m.* período de incubación.

cho.co.la.te *s.m.* chocolate.

cho.fer *s.m.* chofer, conductor.

cho.pe *s.m. Bras.* cerveza de barril.

cho.que *s.m.* colisión, choque; *Eletr.* descarga eléctrica; conmoción, impacto.

cho.ra.dei.ra *s.f.* lamentación, lloriques, gimoteo.

cho.ra.min.gar *v.i.* lloriquear, gimotear.

cho.rão *s.m.* y *adj.* llorón, chillón; *s.m. Bot.* sauce llorón.

cho.rar *v.t.* llorar, derramar lágrimas; *v.r.* quejarse.

cho.ri.nho *s.m. Mús.* ritmo brasileño; dosis extra de bebida, caidita, chorrito.

cho.ro *s.m.* lloro, llanto.

chou.pa.na *s.f.* choza, quincho, barraca.

chou.ri.ço *s.m.* chorizo, embutido; morcilla.

cho.ver *v.i.* llover; *Fig.* venir en abundancia; producir; *v.t.* gotear, derramar, lanzar.

chu.chu *s.m. Bot.* chayote; guisquil; chayotera (planta y fruto).

chulé *s.m. Pop.* mal olor en los pies, sudor de los pies.

chu.le.ar *v.t.* sobrehilar, coser ligeramente.

chu.le.ta *s.f.* chuleta.

chu.lo *adj.* grosero, bajo.

chum.ba.do *adj.* empotrado; *Pop.* embriagado.

chum.bar *v.t.* empotrar; *Pop.* embriagar.

chum.bo *s.m.* plomo; reprobación; *Fig.* lo que pesa mucho.

chu.par *v.t.* sorber, absorber, chupar, empapar, mamar; *v.r.* adelgazar.

chu.pe.ta *s.f.* chupete, chupador, chupeta.

chur.ras.ca.ri.a *s.f.* restaurante que sirve carne asada; parrilla.

chur.ras.co *s.m.* carne a la brasa; churrasco; asado.

chur.ras.quei.ra *s.f.* parrilla.

chu.tar *v.t.* y *v.i.* dar puntapiés; patear; *Dep.* tirar; *Pop.* arriesgar una respuesta; adivinar.

chu.te *s.m.* chute, puntapiés; *Dep.* tiro; *Pop.* intento de respuesta.

chu.va *s.f.* lluvia, temporal, aguacero; *Fig.* abundancia.

chu.vei.ro *s.m.* ducha.

chu.vis.co *s.m.* llovizna, rocío, lluvia menuda.

ci.be.res.pa.ço *s.m.* ciberespacio.

ci.ber.né.ti.ca *s.f.* cibernética.

ci.ca.triz *s.f.* cicatriz, lacra, señal; *Fig.* resentimiento.

ci.ca.tri.zar *v.t.* y *v.r.* cicatrizarse; *Fig.* desvanecer.

ci.ce.ro.ne *s.m.* guía, cicerón, cicerone.

cí.cli.co *adj.* cíclico, relativo al ciclo.

ci.clis.mo *s.m.* ciclismo.

ci.clis.ta *s.m. Dep.* ciclista.

ci.clo *s.m.* ciclo, período.

ci.clo.ne *s.m.* ciclón, huracán, torbellino.

ci.da.da.ni.a *s.f.* ciudadanía, cualidad de ser ciudadano.

ci.da.dão *s.m.* y *adj.* ciudadano; habitante de la ciudad.

ci.da.de *s.f.* ciudad, población grande, pueblo, nucleo urbano, centro.

ci.dra *s.f.* cidra (fruto del cidro); *doce de cidra* acitrón.

ci.ên.cia *s.f.* ciencia, erudición, saber, conocimiento, instrucción.

ci.en.te *adj.* sabedor, ciente, enterado.

ci.en.tí.fi.co *adj.* científico, relativo a la ciencia.

ci.en.tis.ta *s.m.* y *s.f.* cientista, persona dedicada a la ciencia, sabio.

ci.fra *s.f.* número, cifra; llave, cuantía; código secreto; *pl.* cálculo.

ci.frar *v.t.* escribir con cifra; cifrar; *Fig.* reducir, resumir.

ci.ga.no *s.m.* gitano.

ci.gar.ra *s.f.* cigarra, chicharra.

ci.gar.rei.ra *s.f.* cigarrera, petaca, pitillera; obrera de la fábrica de tabacos.

ci.gar.ro *s.m.* cigarrillo; pitillo, tabaco, cigarro de papel; pucho; *toco de cigarro* colilla; *maço de cigarros* cajetilla de cigarrillos; *cigarro com filtro* emboquillado.

ci.la.da *s.f.* emboscada, trampa, celada, ardid, trapaza.

ci.lin.dro *s.m. Geom.* cilindro, aparato cuya pieza central tiene la forma de rollo; émbolo de máquina de vapor o motores de explosión; rollo, rulo, tambor.

cí.lio *s.m.* pestaña.

ci.ma *adv.* encima, arriba; *s.f.* cima, cumbre, alto.

ci.men.to *s.m.* cemento; *Fig.* fundamento; *cimento armado* hormigón armado.

ci.ne.as.ta *s.m.* y *s.f.* cineasta.

ci.ne.clu.be *s.m.* cineclub.

ci.ne.ma *s.m.* cine.

ci.ne.ma.te.ca *s.f.* filmoteca, lugar donde se guarda colección de filmes.

cí.ni.co *adj.* amoral, desvergonzado, cínico (individuo de una escuela de filósofos griegos).

ci.nis.mo *s.m.* descaro, desvergüenza; sistema filosófico de los cínicos.

cin.qüen.tão *s.m.* cincuentón, el que tiene o apariencia tener cincuenta años.

cin.qüen.te.ná.rio *s.m.* cincuentenario, quincuagésimo aniversario.

cin.ta *s.f.* cinta, liga, tira de papel, cintura.

cin.ti.lan.te *adj.* centellante, vivo, fulgurante, chispeante.

cin.ti.lar *v.i.* cintilar, brillar, destellar, relucir, chispear.

cin.to *s.m.* cinto, cinturón, zona, cerca.

cin.tu.ra *s.f.* cintura, talle.

cin.za *s.f.* gris, ceniza; *Fig.* dolor, mortificación, luto; *pl.* cenizas, restos mortales.

cin.zei.ro *s.m.* cenicero.

ci.ran.da *s.f.* zaranda, criba, cedazo; canción y danza popular.

cir.co *s.m.* circo, anfiteatro.

cir.cui.to *s.m.* trayecto, circuito; *Eletr.* circuito; perímetro, contorno; *circuito integrado* circuito integrado; *circuito impresso* circuito impreso.

cir.cu.lar *adj.* circular; *s.m.* autobús que vuelve al inicio del recorrido; *s.f.* carta circular; *v.t.* y *v.i.* circular, propagarse, transitar.

cir.cu.la.tó.rio *adj.* circulatorio.

cir.cu.lo *s.m.* círculo; *Fig.* gremio, asamblea.

cir.cun.ci.dar *v.t.* circuncidar.

cir.cun.ci.são *s.f.* circuncisión.

cir.cun.dar *v.t.* rodear, ceñir, cercar, circundar.

cir.cun.fe.rên.cia *s.f. Geom.* circunferencia.

cir.cun.fle.xo *adj. Gram.* circunflejo (acento gráfico); curvo, en arco.

cir.cuns.pec.to *adj.* circunspecto, respetable, prudente.

cir.cuns.tân.cia *s.f.* condición, motivo, requisito, particularidad, circunstancia.

cir.ro.se *s.f. Med.* cirrosis.

ci.rur.gi.a *s.f. Med.* cirugía.

ci.rur.gi.ão *s.m. Med.* cirujano.

ci.rúr.gi.co *adj. Med.* quirúrgico.

ci.são *s.f.* cisión, separación, incisión.

cis.car *v.t.* sacar cisco o leña menuda; revolver la basura; *v.i.* circarse, evacuar el vientre.

cis.co *s.m.* cisco, basura.

cis.mar *v.t.* y *v.i.* desconfiar; andar cismado; andar desconfiado; preocupado.

cis.ne *s.m.* cisne.

cis.ter.na *s.f.* cisterna, pozo; depósito, estaque.

cis.ti.te *s.f. Med.* cistitis (inflamación de la vejiga).

cis.to *s.m. Med.* quiste, especie de tumor.

ci.ta.ção *s.f.* cita, citación, alusión, alegación, transcripción; *For.* notificación, intimación judicial; emplazamiento.

ci.tar *v.t.* mencionar, citar, aludir, alegar; convocar; transcribir; interpelar; *For.* emplazar, notificar.

cí.tri.co *adj.* cítrico.

ci.ú.me *s.m.* celos, envidia, rivalidad.

ci.u.men.to *adj.* celoso, envidioso.

cí.vel *adj. For.* civil, del derecho civil; jurisdicción de los tribunales que juzgan causas civiles.

ci.vil *adj.* civil, urbano; *s.m.* civil, no militar.

ci.vi.li.za.ção *s.f.* civilización, progreso.

ci.vi.li.zar *v.t.* instruir; pulir; urbanizar; civilizar.

ci.zâ.nia *s.f.* cizaña, discordia, enemistad.

clã *s.m.* clán, tribu formada por familias; partido.

cla.mar *v.t.* clamar, reclamar, exigir, implorar; *v.i.* protestar, gritar, vociferar.

cla.mor *s.m.* alarma, clamor, acción de clamar; voz pública.

clan.des.ti.no *adj.* furtivo, pirata, clandestino, oculto, escondido.

cla.ra *s.f.* clara (del huevo); esclerótica; *às claras* sin ocultación, delante de todos, a la luz del día.

cla.ra.bói.a *s.f.* claraboya, tragaluz; *Arq.* linterna.

cla.re.ar *v.t.* clarear, aclarar, clarificar, alumbrar, blanquear; *v.r.* aclararse.

cla.rei.ra *s.f.* claro (en un bosque); claro, espacio vacío.

cla.re.za *s.f.* evidencia, lucidez, nitidez, transparencia.

cla.ri.da.de *s.f.* claridad, lumbre.

cla.ri.ne.te *s.m. Mús.* clarinete (instrumento).

cla.ro *adj.* claro, limpio, neto, evidente; iluminado; obvio, visible, cierto; *Fig.* penetrante; *s.m.* espacio en blanco; *adv.* desde luego, claro.

clas.se *s.f.* categoría, orden, clase, especie, jerarquía, grupo, aula.

clás.si.co *adj.* clásico; impecable; relativo a las literaturas griega y latina; *s.m.* autor clásico.

clas.si.fi.ca.ção *s.f.* clasificación, graduación, sistema; distribución por clases; calificación.

clas.si.fi.car *v.t.* clasificar, coordinar, graduar, encasillar, calificar.

clau.di.car *v.i.* claudicar, dudar; *Fig.* faltar al cumplimiento de los deberes.

claus.tro.fo.bi.a *s.f. Med.* claustrofobia.

cláu.su.la *s.f.* cláusula, artículo.

clau.su.ra *s.f.* reclusión, encierro, clausura (estado monástico).

cla.ve *s.f. Mús.* llave; clave; explicación.

cle.mên.cia *s.f.* clemencia, indulgencia, benignidad, disposición para perdonar.

clep.to.ma.ni.a *s.f.* cleptomanía (manía de robar sin necesidad).

cle.ri.cal *adj.* relativo al clero; del clero.

cle.ro *s.m.* la clase sacerdotal; clerecía, clero.

cli.car *v.t.* hacer un clic con el botón del *mouse* o ratón.

cli.chê *s.m.* cliché, matriz, hoja estereotipada, prueba negativa.

cli.en.te *s.m. y s.f.* parroquiano, cliente.

cli.en.te.la *s.f.* clientela.

cli.ma *s.m.* clima; *Fig.* ambiente, circunstancias.

cli.ma.té.rio *s.m.* climaterio.

cli.ma.ti.zar *v.t.* adaptar al clima, aclimatar.

clí.max *s.m.* clímax, punto culminante; gradación.

clí.ni.ca *s.f.* práctica de la medicina; consultorio médico.

clí.ni.co *s.m.* clínico, médico; *adj.* relativo a la clínica.

cli.pe *s.m.* clip, sujetapapeles.

cli.tó.ris *s.m. Anat.* clítoris.

clo.a.ca *s.f.* alcantarilla, letrina, cloaca.

clo.ro *s.f. Quím.* cloro.

clu.be *s.m.* club, junta, asamblea, círculo, sociedad de recreo, casino.

co-pi.lo.to *s.m.* copiloto.

co.a.bi.tar *v.i.* cohabitar, vivir en común.

co.a.ção *s.f.* coacción, violencia, imposición.

co.ad.ju.var *v.i.* coadyuvar, ayuda, cooperar, trabajar con.

co.a.dor *s.m.* colador; escurridor.

co.a.gir *v.t.* coaccionar, amenazar, forzar, coercer, coartar.

co.a.gu.la.ção *s.f.* coagulación.

co.a.gu.lar *v.t.* coagular, solidificar, cuajar; llenar, coagular; *Fig.* entupir, obstruir.

co.á.gu.lo *s.m.* coágulo, cuajo, grumo, coagulación.

co.a.lha.da *s.f.* cuajada.

co.a.lhar *v.t.* cuajar; *Fig.* obstruir, entupir; *v.r.* cuajarse.

co.a.li.zão *s.f.* coalición, acuerdo (entre partidos políticos y naciones); liga.

co.ar *v.t.* filtrar, colar; *v.r.* introducirse, colarse; *Fig.* huir.

co.bai.a *s.f.* cobrayo, conejillo de indias; *Fig.* animal para experiencias.

co.ber.to *adj.* abrigado, cubierto, tapado; lleno; resguardado.

co.ber.tor *s.m.* manta, frazada.

co.ber.tu.ra *s.f.* cubierta, cobertura, tejado, techo, tapa, capa, embalaje; revestimiento; garantía.

co.bi.ça *s.f.* codicia, avaricia.

co.bi.çar *v.t.* codiciar, desear con vehemencia, ambicionar.

co.bra *s.f.* cobra, culebra, víbora.

co.bra.dor *s.m.* cobrador, recaudador.

co.bran.ça *s.f.* cobranza; recaudo, recolección.

co.brar *v.t.* cobrar, recoletar, recibir.

co.bre *s.m. Min.* cobre (mineral maleable); *Fam. pl.* dinero, plata, pasta, guita.

co.brir *v.t.* recubrir, cubrir, tapar; techar, cobijar; fecundar el macho a la hembra; *v.r.* abrigarse, defenderse, resguardarse.

co.ca.da *s.f.* dulce de coco; cocada.

co.ca.í.na *s.f.* cocaína; *Abrev.* coca.

co.çar *v.t.* rascar; *v.r.* rascarse; *v.i.* escocer, picar; *Fam.* sobar, batir.

có.ce.gas *s.f. pl.* cosquillas; *Fig.* deseo, tentación.

co.cei.ra *s.f.* picazón, comezón.

co.che *s.m.* coche, carruaje antiguo y suntuoso.

co.chei.ra *s.f.* cochera, establo; cuadra, caballeriza.

co.chi.char *v.t. y v.i.* susurrar, cuchichear, decir secretos, musitar.

co.chi.lar *v.i. Bras.* sestear, dormitar, cabecear (durmiendo), parpadear; oscilar; *v.r.* adormilarse; *Fig.* descuidarse.

co.co *s.m. Bot.* coco, fruto del cocotero; nombre de baile popular; *Fam.* juicio, cabeza.

co.cô *s.m. Pop.* caca, mierda, excremento.

co.cu.ru.to *s.m.* coronilla (la parte más alta de la cabeza); *Fig.* pináculo, cumbre.

co.di.fi.car *v.t.* codificar (hacer o formar un cuerpo de leyes).

có.di.go *s.m.* código, compilación de leyes; norma; cifra; sistema de signos; *código de barras* código de barras.

co.dor.na *s.f.* codorniz.

co.e.fi.ci.en.te *s.m. Mat.* coeficiente.

co.e.lho *s.m. Zool.* conejo.

co.e.rên.cia *s.f.* coherencia, consistencia, nexo, conformidad.

co.e.são *s.f.* cohesión, ligazón; *Fig.* armonía.

co.e.tâ.neo *adj.* coevo, coetáneo, contemporáneo.

co.e.xis.tên.cia *s.f.* coexistencia, existencia simultánea.

co.e.xis.tir *v.i.* coexistir, existir juntamente con otro o al mismo tiempo.

co.fre *s.m.* arca, cofre, caja de caudales, baúl; *Fig.* tesoro.

co.gu.me.lo *s.m.* champiñón, hongo.

coi.bir *v.t.* cohibir, coartar, reprimir, impedir; *v.r.* contenerse.

coin.ci.dên.cia *s.f.* coincidencia; simultaneidad.

coin.ci.dir *v.t.* ocurrir al mismo tiempo; coincidir; concordar.

coi.sa *s.f.* cosa, objeto, asunto, negocio; *pl.* intereses, valores, pertenencias.

coi.ta.do *adj.* desdichado, pobre, infeliz, infortunado, apocado.

coi.to *s.m.* cópula, coito.

co.la *s.f.* cola, engrudo, pegamento, pasta para pegar.

co.la.bo.ra.ção *s.f.* colaboración, ayuda, cooperación, apoyo.

co.la.bo.rar *v.t.* apoyar, cooperar, auxiliar, participar, colaborar.

co.la.ção *s.f.* colación, graduación; comparación; conferencia.

co.la.gem *s.f.* acción de *colar*; coladura, pegadura, pega.

co.lap.so *s.m. Patol.* colapso; *Fig.* caída repentina.

co.lar *v.t.* conglutinar, unir, encolar; *v.i.* copiar (en examen); *v.r.* pegarse; *s.m.* collar; *colar grau* recibir la investidura de grado.

co.la.ri.nho *s.m.* cuello (de camisa), colarín.

col.cha *s.f.* colcha, cubrecama, sobrecama.

col.chão *s.m.* colchón; *colchão de ar* colchón de viento; *colchão de penas* plumazo; *colchão de molas* colchón de muelles, resortes.

col.che.te *s.m.* corchete; broche de metal; gancho doble (em que se cuelga la carne).

co.le.ção *s.f.* colección.

co.le.ci.o.nar *v.t.* coleccionar.

co.le.ga *s.m. y s.f.* colega, compañero, camarada, amigo.

co.le.gi.al *s.m. y s.f., adj.* relativo a colegio; colegial (alumno de colegio); curso secundario.

co.lé.gio *s.m.* escuela secundária, colegio; gremio; conjunto de electores.

có.le.ra *s.f.* ira, enojo, enfado, cólera; violencia, furia, indignación; hipo, irritación, berrinche; *Patol.* cólera.

co.lé.ri.co *adj.* violento, irascible, encolerizado, colérico (enfermo de cólera).

co.les.te.rol *s.m.* colesterol.

co.le.ta *s.f.* colecta, contribución, recolección, recopilación, recaudación, aporte; *coleta de dados* pesquisa, recopilación de datos; *coleta de lixo* recogida de basuras.

co.le.te *s.m.* chaleco (prenda de vestir).

co.le.ti.vo *adj.* colectivo; *Gram.* colectivo (nombre); *s.m.* autobús, ómnibus; micro; camión, camioneta.

co.le.tor *s.m.* y *adj.* colector; recaudador; coleccionador.

co.lhei.ta *s.f.* cosecha, granjeo, recolección.

co.lhei.ta.dei.ra *s.f.* cosechadora.

co.lher *s.f.* cuchara.

co.lher *v.t.* coger, recolectar, asir, tomar, apañar, agarrar.

có.li.ca *s.f. Méd.* cólico.

co.li.na *s.f.* colina, elevación de terreno.

co.lí.rio *s.m.* colirio (medicamento).

co.li.são *s.f.* choque, colisión; lucha.

co.li.seu *s.m.* coliseo (anfiteatro romano); circo, teatro.

co.li.te *s.f. Med.* colitis (inflamación del colon); enterocolitis.

col.méi.a *s.f.* colmena; enjambre; *Fig.* casa muy llena.

co.lo *s.m. Anat.* cuello, seno, regazo; desfiladero, paso estrecho; *pedir colo* querer upa el nene, que se le lleve en brazos.

co.lo.ca.ção *s.f.* empleo, colocación; puesto, posición.

co.lo.car *v.t.* situar, meter, poner, colocar; *v.r.* colocarse.

co.lô.nia *s.f.* colonia (región bajo el dominio de una nación); grupo de extranjeros en un país; perfume; *colônia de férias* colonia de vacaciones.

co.lo.ni.za.ção *s.f.* colonización.

co.lo.ni.zar *v.t.* establecer colonia en un país; promover la civilización; habitar como colono.

co.lo.no *s.m.* colono, chacarero, poblador; el que habita una colonia.

co.lo.ra.ção *s.f.* coloración, acción de dar color; efecto que los colores producen; pigmentación; tonalidad.

co.lo.ri.do *adj.* coloreado, de varios colores; colorido, coloración.

co.lo.rir *v.t.* colorear, matizar, pigmentar, pintar.

co.los.sal *adj.* colosal, de desmedida grandeza; *Fig.* desmedido, enorme; *Pop.* formidable.

co.los.so *s.m.* coloso, estatua de grandeza extraordinaria; cosa grande; *Fig.* individuo agigantado.

co.los.tro *s.m.* colostro (leche que la hembra segrega después del parto).

co.lu.na *s.f.* columna; pilar; *Tip.* división vertical de una página; *Mil.* tropa; *Med.* espinazo; *Fig.* apoyo, sostén, protección; *coluna de concreto* pilote.

com *prep.* con, expresa la idea de compañía; significa el medio, modo o instrumento que sirve para hacer alguna cosa.

co.ma *s.f. Med.* coma; cabellera, crines; las ramas más altas de los árboles; *Mús.* coma; *pl.* colmillas.

co.ma.dre *s.f.* comadre; matrona; *Fam.* vecina, amiga; *Pop.* mujer chismosa; bacín.

co.man.dan.te *s.m.* comandante; *adj.* el que comanda.

co.man.dar *v.t.* dirigir, comandar, mandar; *Fig.* dominar.

co.man.do *s.m. Mil.* comando, acto de comandar; autoridad de quien comanda; control, mando; *painel de comandos* tablero de mandos.

co.mar.ca *s.f.* comarca; districto judicial; confines.

com.ba.te *s.f.* batalla, lucha, combate, pelea.

com.ba.ter *v.t.* combatir, luchar, pelear; *Fig.* oponerse, contender, batallar.

com.bi.na.ção *s.f.* composición, arreglo; contrato, acuerdo; combinación (prenda de vestir).

com.bi.nar *v.t.* componer, estipular, convenir, conciliar.

com.bus.tão *s.f.* combustión, ignición; *Fig.* conflagración, guerra civil.

com.bus.tí.vel *s.m.* y *adj.* combustible, leña, carbón; que arde con facilidad.

co.me.çar *v.t.* comenzar, empezar, entrar, iniciar, principiar.

co.me.ço *s.m.* comienzo, origen, inicio, estreno; principio, causa, raíz; *Fig.* las primeras experiencias.

co.mé.dia *s.f.* comedia; *Fig.* disimulación, hipocresía.

co.me.di.an.te *s.m.* y *s.f.* actor, comediante; *Fig.* impostor.

co.me.di.do *adj.* moderado, paciente, metódico, sobrio.

co.me.mo.ra.ção *s.f.* fiesta, conmemoración.

co.me.mo.rar *v.t.* conmemorar, festejar, celebrar, solemnizar.

co.men.tar *v.t.* hacer comentarios; criticar, analizar, comentar.

co.men.tá.rio *s.m.* análisis, anotación, comentario, crítica.

co.mer *v.t.* y *v.i.* comer, tomar como alimento, almorzar.

co.mer.cial *adj.* comercial, mercantil.

co.mer.ci.a.li.zar *v.t.* comercializar, poner a la venta.

co.mer.ci.an.te *s.m.* y *s.f.* negociante, mercader, tendero, feriante, comerciante, vendedor.

co.mer.ci.ar *v.t.* negociar, comerciar, vender, comercializar.

co.mér.cio *s.m.* comercio, negocio, mercado; la clase de los comerciantes; *comércio no atacado* comercio al por mayor; *comércio no varejo* comercio al pormenor.

co.mes e be.bes *s.m.* comidas y bebidas.

co.me.ta *s.m.* cometa.

co.me.ter *v.t.* perpetrar, cometer, realizar; confiar; incurrir en yerro; *v.r.* arriesgarse, aventurarse.

co.mi.chão *s.f.* comezón, picazón, escocedura, hormigueo; *Fig.* ansiedad.

co.mí.cio *s.m.* mitin, comicio, reunión de ciudadanos.

cô.mi.co *adj.* hilarante, cómico, ridículo, divertido; *s.m.* y *adj.* comediante, cómico.

co.mi.da *s.f.* comida, alimento, sustento.

co.mi.go *pron. pes.* conmigo, en mi compañía, de mi para ti.

co.mi.lão *adj.* comilón, comedor, glotón, tragón.

co.mis.são *s.f.* comisión, orden, encargo, encomienda; junta, comité; gratificación; porcentaje; cometido.

co.mis.sá.rio *s.m.* comisario; jefe de policía; comisario de vuelo.

co.mi.tê *s.m.* comité.

co.mi.ti.va *s.f.* séquito, acompañamiento, comitiva.

co.mo *adv.* como, de que manera; cómo (interrogación y exclamación); *conj.* como, así como, lo mismo que.

co.mo.ção *s.f.* conmoción, perturbación, emoción.

cô.mo.da *s.f.* cómoda (mueble).

cô.mo.do *adj.* cómodo, favorable, fácil, a gusto; *s.m.* habilitación, pieza.

co.mo.ver *v.t.* emocionar, conmover, tocar, impresionar; *v.r.* enternecerse.

com.pac.tar *v.t.* compactar; comprimir.

com.pac.to *adj.* conciso, denso, macizo, comprimido, compacto.

com.pa.de.cer *v.t.* despertar la compasión, conmover; *v.i.* consentir, sufrir, tener compasión de: *v.r.* apiadarse.

com.pa.dre *s.m.* compadre; amigo íntimo.

com.pai.xão *s.f.* compasión, piedad, pena, lástima; conmiseración.

com.pa.nhei.ro *adj.* y *s.m. s.f.* camarada, compañero.

com.pa.nhi.a *s.f.* compañía, comitiva; acompañante; sociedad; *Mil.* sección de un regimiento.

com.pa.rar *v.t.* confrontar, comparar, aproximar, tantear; *v.r.* rivalizar, igualarse.

com.pa.re.cer *v.i.* presentarse, ir, aparecer, comparecer, concurrir.

com.par.ti.lhar *v.t.* compartir, repartir, distribuir, dividir.

com.par.ti.men.to *s.m.* compartimiento, pieza, apartamento, cuarto.

com.pas.so *s.m.* compás, ritmo; compás (de dibujo); *Fig.* regla.

com.pa.tí.vel *adj.* conciliable, compatible; *Inform.* referido a un aparato, esp. un computador que es capaz de trabajar con los mismos programas que otro estándar o de referencia.

com.pe.lir *v.t.* compeler, empujar, forzar, obligar.

com.pên.dio *s.m.* compendio, resumen, síntesis, manual.

com.pe.ne.trar *v.t.* persuadir; hacer penetrar bien; *v.r.* convencerse, compenetrarse.

com.pen.sa.ção *s.f.* recompensa, compensación; enmienda, contrapartida, indemnización; *em compensação* en pago, en cambio, por otra parte.

com.pen.sar *v.t.* compensar, indemnizar, resarcir, equilibrar; remunerar; resultar, valer.

com.pe.tên.cia *s.f.* capacidad, poder, atribución; jurisdicción; competencia.

com.pe.ten.te *adj.* apto, suficiente, competente; legal; debido.

com.pe.ti.ção *s.f.* competición, torneo; rivalidad.

com.pe.tir *v.i.* competir con otro; rivalizar, emular; cumplir.

com.pla.cên.cia *s.f.* tolerancia, benevolencia.

com.ple.men.tar *adj.* complementar.

com.ple.tar *v.t.* concluir, completar, acabar, consumar.

com.ple.to *adj.* íntegro, rematado, cumplido, completo.

com.ple.xo *adj.* complejo, complicado; *s.m.* complejo (industrial); sentimiento de inferioridad o superioridad.

com.pli.ca.ção *s.f.* complicación, acción y efecto de complicar; embarazo, dificultad.

com.pli.car *v.t.* dificultar, complicar; *v.r.* enredarse; *v.i.* ser incompatible.

com.plô *s.m.* conspiración, complot.

com.po.nen.te *s.m.* y *s.f., adj.* ingrediente, principio, componente.

com.por *v.t.* componer, crear, arreglar, aderezar; *v.r.* avenirse, conformarse.

com.por.ta.men.to *s.m.* conducta, comportamiento, procedimiento, manera de comportarse.

com.por.tar *v.t.* comportar, admitir, soportar, contener en si, sufrir; *v.r.* portarse, conducirse.

com.po.si.ção *s.f.* composición, melodía; formación; acuerdo, ajuste, arreglo.

com.po.si.tor *s.m. Mús.* autor, compositor.

com.pos.to *adj.* constituído, compuesto, arreglado, ordenado; mixto; *s.m. Quím.* combinación de elementos heterogéneos.

com.pra *s.f.* adquisición, compra; *Fig.* soborno.

com.prar *v.t.* adquirir, comprar, alcanzar; quitar cartas de la baraja; *Fig.* sobornar; *comprar briga* meterse en líos.

com.pra.zer *v.t.* complacer, transigir, condescender.; *v.r.* tener gusto; *s.m.* amabilidad.

com.pre.en.der *v.t.* entender, saber, comprender, abarcar, contener, encerrar, penetrar, adivinar; *v.r.* estar contenido o incluido.

com.pre.en.são *s.f.* comprensión, perspicacia, aprehensión, percepción.

com.pres.sa *s.f.* lienzo, compresa, fomento; masaje.

com.pres.sor *s.m.* compresor (instrumento para comprimir); *adj.* que comprime.

com.pri.do *adj.* largo, extenso, dilatado, crecido; *Fig.* prolijo.

com.pri.men.to *s.m.* extensión, tamaño, distancia; extensión longitudinal entre dos extremidades.

com.pri.mi.do *adj.* apretado, compreso, comprimido; *s.m.* pastilla, píldora.

com.pri.mir *v.t.* prensar, comprimir, apelmazar, oprimir; *Fig.* afligir; *Inform.* compactar; *v.r.* encogerse.

com.pro.me.ter *v.t.* enredar, implicar, comprometer; *v.r.* enredarse.

com.pro.mis.so *s.m.* compromiso, comprometimiento; promesa mutua; ajuste, acuerdo.

com.pro.van.te *s.m.* y *adj.* comprobante, resguardo; comprobatorio.

com.pro.var *v.t.* probar, confirmar, comprobar, acreditar, testificar, constatar.

com.pu.ta.ção *s.f. Inform.* computación; acción de computar.

com.pu.ta.dor *s.m. Inform.* ordenador; computadora, computador.

com.pu.ta.do.ri.zar *v.t. Inform.* computarizar, procesar información.

com.pu.tar *v.t.* contar, calcular, computar; *computar dados*: tabular; *computar votos*: escrutar.

com.pu.tá.vel *adj.* computable, calculable.

côm.pu.to *s.m.* cómputo, cuenta; razón, cálculo.

co.mum *adj.* común, frecuente, ordinario, regular, corriente, banal.

co.mun.gar *v.t.* y *v.i.* comulgar, recibir, administrar la comunión; *Fig.* tomar parte, estar de acuerdo.

co.mu.nhão *s.f.* comunión, acción de comulgar.

co.mu.ni.ca.ção *s.f.* comunicación, acción y efecto de comunicar; transmisión, pasaje, aviso.

co.mu.ni.ca.do *s.m.* aviso, comunicado, información.

co.mu.ni.car *v.t.* comunicar, participar, hacer común, dar parte, ligar, transmitir; *v.r.* propagarse, abrirse.

co.mu.ni.da.de *s.f.* comunidad, sociedad, agremiación, corporación.

co.mu.nis.mo *s.m.* comunismo.

co.mu.ni.tá.rio *adj.* comunitario.

co.mu.ta.ção *s.f.* conmutación; alteración de pena; mudanza.

co.mu.tar *v.t.* permutar, conmutar, cambiar, sustituir, atenuar.

côn.ca.vo *adj.* excavado, cóncavo; *s.m.* concavidad.

con.ce.der *v.t.* otorgar, dar, conceder; asentir; transigir; ceder, admitir.

con.cei.to *s.m.* concepto, opinión, juicio; idea, definición, apreciación.

con.cei.tu.a.do *adj.* afamado, conceptuado.

con.cei.tu.ar *v.t.* conceptuar, valorar, formar opinión; analizar.

con.cen.tra.ção *s.f.* concentración, concentramiento; *Fig.* recogimiento, meditación.

con.cen.trar *v.t.* centralizar, reunir en un centro, concentrar; *v.r.* vivir aislado, concentrarse.

con.cên.tri.co *adj.* concéntrico (que tiene un mismo centro).

con.cep.ção *s.f.* concepción, percepción, idea, imaginación; acción de concebir.

con.cer.nen.te *adj.* concerniente, referente, relativo a, pertinente.

con.cer.tis.ta *s.m.* y *s.f. Mús.* solista; ejecutante de un concierto; concertista.

con.cer.to *s.m. Mús.* concierto, recital.

con.ces.são *s.f.* otorgamiento, gracia, concesión; autorización, permiso.

con.cha *s.f.* concha; caparazón (moluscos), coraza.

con.ci.li.ar *v.t.* poner de acuerdo, conciliar, convenir, reconciliar, armonizar; *v.r.* congraciarse; *adj.* relativo a concilio.

con.ci.so *adj.* lacónico, sucinto, preciso, conciso, breve.

con.clu.ir *v.t.* terminar, finalizar, acabar, completar; deducir, inferir; rematar, poner fin a.

con.clu.são *s.f.* conclusión, remate, término, fin, epílogo.

con.co.mi.tân.cia *s.f.* coincidencia de una cosa con otra; concomitancia.

con.cor.dân.cia *s.f.* concordancia, conformidad; *Gram.* identidad de género y número entre ciertas palabras y de número y personas entre otras.

con.cor.dar *v.i.* concordar, coincidir; acceder, admitir, aprobar; *v.t.* ajustar, concertar; formar concordancia.

con.cor.da.ta *s.f. Com.* acuerdo el comerciante quebrado y sus acreedores; concordata, concordato; suspensión de pagos.

con.cór.dia *s.f.* concordia, paz, buena armonía, acuerdo.

con.cor.rên.cia *s.f.* concurrencia, licitación, competición; afluencia (diez personas); competencia: *concorrência pública* licitación.

con.cor.rer *v.t.* competir, afluir, concurrir; *v.i.* presentarse.

con.cre.ti.zar *v.t.* efectuar, concretar, formalizar; *v.r.* realizarse, materializarse.

con.cre.to *adj.* consistente, concreto, material; *s.m.* hormigón.

con.cu.bi.na *s.f.* concubina, amante.

con.cur.so *s.m. Dep.* certamen, concurso; concurrencia, afluencia (de personas).

con.de *s.m.* conde (título nobiliario).

con.de.co.ra.ção *s.f.* condecoración; insignia honorífica; placa, orden.

con.de.co.rar *v.t.* condecorar, realzar, decorar; distinguir con una condecoración.

con.de.na.ção *s.f. For.* sentencia, condena; reprobación, condenación; censura.

con.de.nar *v.t. For.* pronunciar sentencia condenatoria; condenar, castigar; penar, abominar, reprobar.

con.den.sar *v.t.* condensar, resumir, compendiar; hacer más denso; *v.r.* tornarse denso.

con.des.cen.dên.cia *s.f.* condescendencia.

con.des.cen.der *v.i.* condescender, transigir, acomodarse al gusto de otro; dignarse.

con.di.ção *s.f.* modo, condición, requisito; clase social; carácter; cláusula.

con.di.ci.o.nal *adj.* que incluye una condición; *Gram.* modo de verbo.

con.di.ci.o.nar *v.t.* acondicionar, arreglar, limitar, condicionar; imponer condición.

con.di.men.tar *v.t.* aderezar, cocinar, adobar, alinear, condimentar.

con.di.men.to *s.m.* aderezo, aliño, condimento, salsa, sazón.

con.dis.cí.pu.lo *s.m.* condiscípulo.

con.do.lên.cia *s.f.* compasión, condolencia; pésames.

con.do.mí.nio *s.m.* condominio, dominio de cosa común a dos o más propietarios; *Bras.* gastos de administración en edificios.

con.du.ção *s.f.* conducción; vehículo, transporte; gobierno.

con.du.ta *s.f.* conducta, acción de conducir; manera, procedimiento.

con.du.to *s.m.* canal, conducto, vía, medio.

con.du.tor *s.m.* y *adj.* conductor, aquel que conduce; *Fís.* cuerpo dotado de conductibilidad.

con.du.zir *v.t.* conducir, llevar, guiar, transportar, encaminar, transmitir; *v.r.* portarse, comportarse, proceder bien o mal.

co.ne *s.m. Geom.* cono; *Cone Sul* Cono Sur.

co.nec.tar *v.t.* enchufar, conectar; *Inform.* establecer comunicación en la red.

co.ne.xão *adj.* conexión, vínculo.

con.fa.bu.la.ção *s.f.* confabulación; conversación; charla.

con.fa.bu.lar *v.t.* y *v.i.* confabular, conversar, referir, narrar fábulas.

con.fec.ção *s.f.* confección, obra hecha; conclusión.

con.fec.ci.o.nar *v.t.* hacer confección, confeccionar, organizar.

con.fe.de.ra.ção *s.f.* confederación, coligación, liga, alianza.

con.fei.ta.ri.a *s.f.* confitería, dulcería, bombonería, bollería; repostería.

con.fe.rên.cia *s.f.* acto de conferir; conferimiento, cotejo; comparación; alocución, discurso.

con.fe.ren.cis.ta *s.m.* y *s.f.* conferenciante, el que pronuncia conferencias.

con.fe.rir *v.t.* confrontar; dar, conceder; atribuir; administrar; otorgar; *v.i.* estar en conformidad, coincidir.

con.fes.sar *v.t.* confesar, reconocer; declarar en confesión; oír la confesión de; *v.r.* confesarse.

con.fi.an.ça *s.f.* confianza, crédito, fe, seguridad; familiaridad; *Fam.* atrevimiento.

con.fi.ar *adj.* confiar, revelar, comunicar, fiar; *v.i.* tener confianza, creer; *v.r.* remitirse.

con.fi.dên.cia *s.f.* confidencia, secreto, confianza.

con.fi.den.ci.al *adj.* confidencial, con carácter de secreto o confidencia.

con.fi.den.ci.ar *v.t.* decir en secreto o confidencia; secretar.

con.fi.gu.ra.ção *s.f.* configuración, aspecto; *Inform.* conjunto de los equipos, periféricos, aparatos y programas que funcionan como un todo.

con.fim *adj.* confín, confinante; *s.m. pl.* confines, límites, fronteras; sitios muy lejanos.

con.fir.ma.ção *s.f.* confirmación, convalidación, notificación, reiteración.

con.fir.mar *v.t.* corroborar, confirmar, reconocer, ratificar.

con.fis.car *v.t.* incautar, decomisar, confiscar; privar de sus bienes a un reo.

con.fis.co *s.m.* confiscación.

con.fis.são *s.f.* confesión, reconocimiento, acción de confesar; profesión de fe.

con.fli.to *s.m.* embate, lucha, conflicto, antagonismo, oposición.

con.flu.ên.cia *s.f.* concurrencia de dos ríos o caminos.

con.flu.ir *v.i.* unirse en un mismo punto; afluir, converger.

con.for.ma.ção *s.f.* conformación, configuración; resignación.

con.for.mar *v.t.* configurar, conformar; *Fig.* moldear; *v.r.* acomodarse, conformarse.

con.for.me *adj.* conforme, idéntico, acordo, semejante, conforme; *conj.* según, conforme.

con.for.mi.da.de *s.f.* conformidad, proporción.

con.for.mis.mo *s.m.* resignación, actitud acomodadiza, apatía, conformismo.

con.for.tar *v.t.* confortar, fortalecer, robustecer; animar, consolar.

con.for.tá.vel *adj.* cómodo, que conforta, confortable.

con.fra.ter.ni.za.ção *s.f.* confraternidad, fraternización.

con.fra.ter.ni.zar *v.t.* fraternizar, confraternizar.

con.fron.ta.ção *s.f.* confrontación; cotejo; careo; *pl.* límites de una propiedad.

con.fron.tar *v.t.* confrontar, cotejar, comparar; afrontar.

con.fron.to *s.m.* cotejo, comparación, confrontación, careo.

con.fun.dir *v.t.* confundir, mezclar, barajar, complicar, embarullar; embrollar, desordenar; *v.i.* equivocar.

con.fu.são *s.f.* lío, confusión, desorden, embrollo, tumulto, enredo.

con.fu.so *adj.* confuso, horroroso; impreciso, indistinto; promiscuo, dudoso; *Fig.*obscuro.

con.ge.la.do *adj.* congelado, frío como el hielo; dícese de los créditos que no se pueden transferir.

con.ge.la.dor *s.m.* congelador, nevera, frigorífico; *adj.* que congela.

con.ge.la.men.to *s.m.* congelación, congelamiento.

con.ge.lar *v.t.* y *v.i.* helar, congelar, solidificar; embargar

con.gê.ne.re *adj.* congénere, idéntico, del mismo género.

con.gê.ni.to *adj.* innato, congénito, natural.

con.ges.tão *s.f.* congestión; *Fig.* aglomeración.

con.ges.ti.o.na.men.to *s.m. Med.* congestión; embotellamiento, atasco.

con.ges.ti.o.nar *v.t.* congestionar, causar y sufrir congestión; *v.r.* acumularse la sangre en alguna parte del cuerpo; *Fig.* inyectar.

con.glo.me.ra.do *s.m.* conglomerado, fusión, unión, íntima; *adj.* que se conglomeró; *pl. Miner.* masa de fragmentos redondeados de diversas rocas.

con.glo.me.rar *v.i.* aglomerar, conglomerar, unirse, juntarse.

con.gra.tu.la.ção *s.f.* congratulación, felicitación.

con.gra.tu.lar *v.t.* felicitar, congratular; *v.r.* congratularse.

con.gre.ga.ção *s.f.* congregación, unión, combinación; confradía, asamblea.

con.gre.gar *v.t.* juntar, congregar, reunir, unir; *v.r.* reunirse.

con.gres.so *s.m.* asamblea, congreso, convención, junta.

con.gru.ên.cia *s.f.* congruencia, armonía, coherencia, propiedad.

co.nha.que *s.m.* coñac.

co.nhe.cer *v.t.* saber, conocer; evaluar, distinguir, apreciar; *v.i.* tomar conocimiento.

co.nhe.ci.do *adj.* conocido, notorio, manifiesto; *s.m.* conocido, camarada.

co.nhe.ci.men.to *s.m.* conocimiento, saber; noción; experiencia; *pl.* instrucción, pericia.

con.je.tu.ra *s.f.* suposición, conjetura, previsión.

con.ju.ga.ção *s.f.* conjugación, ligación; *Gram.* conjugación.

con.ju.gar *v.t.* conjugar, unir, ligar; *Gram.* conjugar, flexionar.

côn.ju.ge *s.m.* y *s.f.* cónyuge, consorte.

con.jun.ção *s.f.* unión, conjunción; oportunidad, conyuntura; *Gram.* conjunción.

con.jun.to *s.m.* conjunto, serie, grupo de elementos, reunión.

con.jun.tu.ra *s.f.* coyuntura, pasaje, oportunidad.

co.nos.co *pron. pes.* con nosotros.

co.no.ta.ção *s.f.* connotación.

con.quis.ta *s.f.* conquista, acto de conquistar; obtención, tema; *Fam.* noviazgo.

con.quis.tar *v.t.* conquistar, dominar, ganar; *Fam.* conseguir noviazgo.

con.sa.gra.ção *s.f.* consagración, dedicación.

con.sa.grar *v.t.* dedicar, consagrar, inmortalizar; *v.r.* sacrificarse.

con.san.güí.neo *s.m.* y *adj.* consanguineo, de la misma sangre; pariente por consanguinidad.

cons.ci.ên.cia *s.f.* conciencia; integridad, escrúpulo, honradez.

cons.ci.en.te *adj.* conciente.

cons.ci.en.ti.zar *v.t.* tomar conciencia; concienciar.

con.se.cu.ti.vo *adj.* consecutivo, sucesivo, consecuente.

con.se.guir *v.t.* adquirir, conseguir, alcanzar, atinar, llegar, llevar, obtener.

con.se.lhei.ro *s.m.* consejero, consejador.

con.se.lho *s.m.* consejo, amonestación, advertencia; junta; nombre de cuerpos consultivos.

con.sen.so *s.m.* consenso.

con.sen.ti.men.to *s.m.* permiso, consentimiento.

con.sen.tir *v.t.* autorizar, consentir, admitir, acceder, tolerar.

con.se.qüên.cia *s.f.* resultado, secuela, consecuencia.

con.ser.tar *v.t.* arreglar, reparar, concertar, componer, corregir, enmendar.

con.ser.to *s.m.* concierto, reparación, arreglo, compostura, reparo.

con.ser.va *s.f.* conserva.

con.ser.va.ção *s.f.* manutención, subsistencia, conservación.

con.ser.va.dor *s.m.* y *adj.* conservador; el que se opone a reformas políticas; tradicional, reaccionario.

con.ser.var *v.t.* almacenar, conservar, preservar, cuidar; *v.r.* durar, permanecer.

con.ser.va.tó.rio *s.m. Mús.* conservatorio.

con.si.de.ra.ção *s.f.* aprecio, consideración, estima, atención, crédito.

con.si.de.rar *v.t.* y *v.i.* considerar, examinar; estimar.

con.sig.nar *v.t.* consignar (entregar por vía de depósito), dejar en consignación; señalar, registrar.

con.si.go *pron. pers.* consigo, en su compañía, de si para si.

con.sis.tên.cia *s.f.* consistencia, solidez, estabilidad.

con.sis.ten.te *adj.* fuerte, espeso, consistente, duro, fijo

con.sis.tir *v.i.* consistir, tener por objeto; ser formado de; contar.

con.so.an.te *s.f. Gram.* consonante (letra); *adj.* que suena conjuntamente; *prep.* según, conforme.

con.so.lar *v.t.* confortar, consolar, aliviar; *v.r.* consolarse.

con.so.li.dar *v.t.* asegurar, hacer firme, consolidar; *v.r.* afirmarse.

con.so.lo *s.m.* consuelo.

con.sór.cio *s.m.* consorcio, participación.

con.sor.te *s.m.* y *s.f.* cónyuge, compañero.

cons.pi.ra.ção *s.f.* conspiración, colusión, conjuración.

cons.pi.rar *v.t.* y *v.i.* maquinar, conspirar, tramar, confabular.

cons.tân.cia *s.f.* empeño, paciencia, constancia, persistencia.

cons.tan.te *adj.* constante, que consta; inmutable, firme, perseverante; *s.f. Mat.* constante, cantidad de valor fijo.

cons.tar *v.i.* estar registrado, constar, figurar.

cons.ta.tar *v.t.* comprobar, reconocer, constatar, certificarse de.

cons.te.la.ção *s.f.* constelación.

cons.ter.na.ção *s.f.* consternación, abatimiento, tristeza.

cons.ter.nar *v.i.* desalentar, entristecer, consternar, afligir.

cons.ti.tui.ção *s.f.* constitución, ley fundamental de un país; composición; complexión física.

cons.ti.tu.ir *v.t.* constituir, instituir, fundar, señalar, componer; *For.* nombrar, elegir, designar; *v.r.* componerse.

cons.tran.ger *v.t.* violentar, forzar, constreñir, coartar, apremiar.

cons.tran.gi.men.to *s.m.* coacción, constreñimiento, embarazo.

cons.tran.gir *v.t.* ceñir, consternir; *v.r.* encogerse, contraerse.

cons.tri.ção *s.f.* constricción, aprieto.

cons.tru.ção *s.f.* construcción, edificación, edificio, fábrica; *construção civil* albañilería.

cons.tru.ir *v.t.* construir, edificar, formar, obrar.

côn.sul *s.m.* cónsul.

con.sul.ta *s.f.* consulta, consejo, parecer; *Inform.* busca, búsqueda.

con.sul.tar *v.t.* pedir consejo, consultar, investigar.

con.sul.tó.rio *s.m. Med.* consultorio, gabinete, clínica.

con.su.ma.ção *s.f.* consumación, realización.

con.su.mar *v.t.* y *v.r.* consumarse, efectuarse, acabar, terminar, perfeccionarse.

con.su.mi.dor *s.m.* y *s.f., adj.* consumidor.

con.su.mir *v.t.* consumir, agotar, devorar, comer, gastar; *v.r.* desvivirse; *Fig.* minar.

con.su.mis.mo *s.m.* consumismo, impulso, incontrolable para el consumo.

con.su.mo *s.m.* gasto, uso, empleo, consumo, venta.

con.ta *s.f.* cuenta, suma de gastos, cálculo; competencia.

con.ta-go.tas *s.m.* cuentagotas.

con.ta.bi.li.da.de *s.f. Com.* contabilidad; teneduría; cálculo.

con.ta.bi.li.zar *v.t.* contabilizar.

con.ta.dor *s.m.* contador; tenedor, narrador; contable; medidor (luz, agua).

con.ta.gem *s.f.* cuento, cómputo, escrutinio, enumeración, recuento.

con.ta.gi.ar *v.t.* inocular, lacrar, corromper, pegar; *v.r.* contagiarse.

con.tá.gio *s.m.* contagio, infección, epidemia.

con.ta.gi.o.so *adj.* contagioso, infeccioso, epidémico.

con.ta.mi.na.ção *s.f.* contaminación, impureza.

con.ta.mi.nar *v.t.* contaminar, infectar; *v.r.* contaminarse.

con.tan.to que *loc. conj.* una vez que, con la condición que, con tal que, siempre y cuando.

con.tar *v.t.* contar, calcular, enumerar; referir, narrar, hablar, relatar; disponer de; esperar, confiar, considerar, tener interés; *v.r.* incluirse.

con.ta.to *s.m.* contacto, toque, roce, relación, ignición, promotor de publicidad.

con.tem.pla.ção *s.f.* contemplación; *Fís.* consideración, benevolencia.

con.tem.plar *v.t.* admirar, mira, contemplar; agraciar, otorgar.

con.tem.po.râ.neo *s.m.* y *adj.* contemporáneo, que es del mismo tiempo; contemporáneo, de nuestros días.

con.ten.da *s.f.* contienda, altercación, riña, debate, pelea, disputa.

con.ten.der *v.i.* pleitear, contender, altercar, debatir, luchar, oponerse.

con.ten.ta.men.to *s.m.* contentamiento, satisfacción, placer, alegría.

con.ten.tar *v.t.* contentar, llenar de satisfacción; *v.i.* complacer, agradar.

con.ten.te *adj.* contento, alegre, satisfecho, gozoso.

con.ter *v.t.* comportar, contener; comprender, debelar; implicar, reprimir; sujetar; *v.r.* moderarse, medirse.

con.ter.râ.neo *adj.* compatriota, conterráneo (de la misma tierra).

con.tes.tar *v.t.* contradecir, contestar, refutar, impugnar.

con.te.ú.do *s.m.* y *adj.* contenido *Fig.* asunto.

con.tex.to *s.m.* contexto, contextura.

con.ti.go *pron. pes.* contigo, en tu compañía.

con.tí.guo *adj.* contiguo, cercano, vecino, próximo.

con.ti.nên.cia *s.f.* continencia, moderación; *Mil.* saludo militar.

con.ti.nen.te *s.m.* continente, aquello que contiene alguna cosa; *Geogr.* continente; *adj.* que contiene; casto, moderado.

con.tin.gên.cia *s.f.* eventualidad, riesgo, contingencia.

con.tin.gen.te *adj.* contingente, eventual, dudoso; *s.m.* parte.

con.ti.nu.a.ção *s.f.* secuencia, continuación, continuidad, sucesión.

con.ti.nu.ar *v.t.* seguir, continuar; *v.i.* durar, proseguir.

con.tí.nuo *adj.* incesante, continuo, sucesivo, perenne;
s.m. mensajero, ayudante de oficina.

con.to *s.m.* fábula, cuento, narración, mentira.

con.tor.nar *v.t.* modelar, contornar, rodear, circundar; *Fig.* eludir (problema).

con.tor.no *s.m.* contorno, perfil; derredor.

con.tra *prep.* contra, hacia; *s.m.* contra, objeción, contrariedad.

con.tra-se.nha *s.f.* contraseña.

con.tra.bai.xo *s.m. Mús.* contrabajo, violón.

con.tra.ban.de.ar *v.t.* contrabandear, pasar contrabando, dedicarse al contrabando.

con.tra.ban.do *s.m.* contrabando, matute, comercio prohibido.

con.tra.di.ção *s.f.* contradicción, discordancia, contrariedad.

con.tra.di.zer *v.t.* contradecir, desmentir, contestar, contrarrestar.

con.tra.gos.to *s.m.* oposición al gusto y a la voluntad; *a contragosto* a disgusto.

con.tra.ir *v.t.* contraer, encoger; adquirir (enfermedad); *Fig.* asumir (compromiso).

con.tra.mão *s.f.* contramano, contra la vía.

con.tra.par.ti.da *s.f.* compensación, equivalencia, contrapartida.

con.tra.po.si.ção *s.f.* contraposición, resistencia, contraste.

con.tra.ri.ar *v.t.* refutar, contradecir, disgustar, contrariar.

con.tra.ri.e.da.de *s.f.* contrariedad, aburrimiento; pesadumbre, dificultad.

con.trá.rio *adj.* opuesto, contrario, dañoso, nocivo; *s.m.* adversario, enemigo.

con.tras.tar *v.t.* contrastar; *v.i.* hacer contraste; *v.r.* oponerse.

con.tra.tar *v.t.* contratar, ajustar, negociar, comerciar.

con.tra.tem.po *s.m.* contratiempo, chasco.

con.tra.to *s.m.* contrato, acuerdo, pacto, negociación.

con.tri.bu.i.ção *s.f.* contribución, auxilio, aportación, subsidio.

con.tri.bu.in.te *s.m.* y *s.f., adj.* contribuyente, contribuidor.

con.tri.bu.ir *v.t.* contribuir, subscribir, aportar, auxiliar, prestar.

con.tri.to *adj.* triste, afligido, contrito.

con.tro.lar *v.t.* controlar, fiscalizar, verificar.

con.tro.le *s.m.* control, examen, fiscalización (galicismo reprobable); *controle remoto* control remoto.

con.tro.vér.sia *s.f.* controversia, debate, discusión, polémica.

con.tro.ver.ti.do *adj.* dudoso, polémico, controvertido.

con.tu.do *conj.* sin embargo, no obstante, todavía.

con.tur.ba.ção *s.f.* conturbación, inquietud, turbación, agitación.

con.tur.bar *v.t.* turbar, perturbar, conturbar, agitar, amotinar.

con.tu.são *s.f.* contusión.

con.va.les.cen.ça *s.f. Med.* convalecencia.

con.va.les.cer *v.t.* convalecer, recuperar la salud; *Fig.* arribar.

con.va.li.dar *v.t.* convalidar.

con.ven.ção *s.f.* pacto, ajuste, norma, convención, reunión, congreso.

con.ven.cer *v.t.* persuadir, convencer, demostrar; *v.r.* convencerse.

con.ven.ci.do *adj.* persuadido, convencido; *s.m.* y *s.f., adj.* creído, presumido, vanidoso.

con.ven.ci.o.nal *adj.* convencional, relativo a convención; pactado; *s.m.* persona de una convención.

con.ven.ci.o.nar *v.t.* ajustar, convenir, combinar, pactar, contratar; *v.r.* convenirse, acordar.

con.ve.ni.ên.cia *s.f.* conveniencia, conformidad, proporción, utilidad, provecho.

con.ve.ni.en.te *adj.* conveniente, adecuado, cómodo, oportuno, decente.

con.vê.nio *s.m.* pacto, convenio, trato, ajuste, acuerdo.

con.ven.to *s.m.* monasterio, convento.

con.ver.sa *s.f.* conversa, conversación, plática, charla, diálogo.

con.ver.sa.ção *s.f.* conversación, conversa.

con.ver.são *s.f.* conversión, mudanza, transformación.

con.ver.sar *v.i.* conversar, charlar, dialogar, platicar, comunicar.

con.ver.sí.vel *adj.* conversible, descapotable.

con.ver.sor *s.m. Electr.* convertidor.

con.ver.ter *v.t.* convertir, cambiar, mudar, transformar; *Inform.* alterar el formato o la versión de un archivo; *v.r.* convertirse.

con.vi.dar *v.t.* convidar, invitar, solicitar; *v.r.* ofrecerse.

con.vin.cen.te *adj.* convincente, persuasivo.

con.vir *v.t.* convenir, ser conveniente; aceptar.

con.vi.te *s.m.* invitación, convite.

con.vi.vên.cia *s.f.* convivencia, familiaridad.

con.vi.ver *v.t.* y *v.i.* convivir, tener intimidad.

con.vo.ca.ção *s.f.* convocación, convite.

con.vo.car *v.t.* convocar, pedir, llamar.

con.vo.ca.tó.ria *s.f.* convocatoria (carta o despacho con que se convoca).

con.vos.co *pron. pes.* con vosotros.

con.vul.são *s.f.* convulsión, transtorno, tumulto; *Fig.* revolución.

co.o.pe.ra.ção *s.f.* cooperación, colaboración, solidaridad.

co.o.pe.rar *v.t.* colaborar, cooperar, trabajar junto.

co.o.pe.ra.ti.va *s.f.* cooperativa (sociedad que busca ventajas económicas a los que la constituyen).

co.or.de.na.ção *s.f.* coordinación, arreglo, composición.

co.or.de.nar *v.t.* coordinar, organizar, componer, arreglar.

co.pa *s.f. Dep.* trofeo, copa, copa (árbol); despensa, aparador; parte hueca del sombrero; *pl.* uno de los naipes de las cartas de jugar.

có.pia *s.f.* copia, ejemplar, imitación; transcripción; *s.m.* duplicado; *cópia autenticada* copia certificada/legalizada; *cópia de segurança* copia de seguridad.

co.pi.ar *v.t.* imitar, copiar, duplicar, reproducir.

co.pis.ta *s.m.* y *s.f.* persona que hace copia; plagiario, copista.

co.po *s.m.* vaso (para beber).

có.pu.la *s.f.* copulación, unión carnal, cópula, coito.

co.pu.lar *v.t.* copular, mantener cópula; unir, ligar.

co.quei.ro *s.m. Bot.* cocotero, palmera, coco.

co.que.tel *s.m.* cóctel.

co.que.te.lei.ra *s.f.* coctelera.

cor *s.f.* color, coloración, apariencia.

co.ra.ção *s.m. Anat.* corazón; *Fig.* ánimo, valor, amor, benevolencia.

co.ra.do *adj.* colorado, que tine color; blanqueado al sol (ropas); *Fig.* avergonzado.

co.ra.gem *s.f.* coraje, ánimo, brío, bravura, decisión, valor.

co.ra.jo.so *adj.* animoso, valiente, resuelto, corajoso.

co.ral *adj. Mús.* coral, relativo a coro; *s.m. Mús.* coral; *s.f. Amér.* coral (serpiente).

co.ran.te *s.m.* y *s.f., adj.* colorante.

co.rar *v.t.* colorear, colorar; *v.i.* enrojecer, ruborizar sonrojar.

cor.co.va *s.f.* joroba, chepa, giba, corcova.

cor.da *s.f.* cuerda, cordón, tirante; pieza de los relojes; cuerda de los instrumentos musicales.

cor.dão *s.m.* cordón, cordel, hilera.

cor.dei.ro *s.m.* cordero; *Fig.* persona dócil, hombre manso.

cor.di.al *adj.* afectuoso, cordial, amistoso, sincero; *s.m.* cordial (bebida).

cor.di.a.li.da.de *s.f.* sinceridad, cordialidad, afectuosidad, ternura.

cor.di.lhei.ra *s.f.* cordillera, sierra, cadena de montañas.

co.re.o.gra.fi.a *s.f.* coreografía (arte de la danza).

cór.nea *s.f. Anat.* córnea.

cor.ne.ar *v.t.* herir con los cuernos; *Pop.* poner los cuernos a; ser la mujer infiel al marido.

cor.ne.ta *s.f. Mús.* corneta, trompeta, trompa; *s.m.* trompeta.

cor.no *s.m.* cuerno; *Pop.* marido a quien la mujer fue infiel.

co.ro *s.f. Mús.* y *Teat.* coro.

co.ro.a *s.f.* corona (adorno real), cumbre; corona dentaria, guirnalda de flores; *Fig.* reino; *s.m.* y *s.f. Pop.* viejo.

co.ro.ar *v.t.* coronar; ceñir con corona la cabeza; rematar; premiar.

co.ro.i.nha *s.m.* monaguillo.

co.ro.la *s.f.* envoltura floral, corola.

co.ro.nel *s.m.* coronel; *Fig.* caudillo, jefe político.

cor.po *s.m.* cuerpo (estructura física animal); materia; cadáver; densidad; corporación; tamaño de letra; *Mil.* batallón.

cor.po.ra.ção *s.f.* corporación; colegio, asociación; comunidad.

cor.po.ral *adj.* corporal, material.

cor.pu.len.to *adj.* gordo, obeso, corpulento, grueso.

cor.re-cor.re *s.m.* correría, desbandada.

cor.re.ção *s.f.* corrección, enmienda, ratificación; cualidad de quien es correcto.

cor.re.dor *s.m.* pasillo, galería; corredor (atleta); *adj.* que corre mucho.

cor.rei.a *s.f.* cincha, correa; *Mec.* polea, correa.

cor.rei.o *s.m.* correo, correspondencia; dependencia pública; *caixa de correio postal* buzón; *correio eletrônico* correo electrónico.

cor.re.la.ção *s.f.* correlación, analogía.

cor.re.la.to *adj.* correlato, análogo.

cor.ren.te *s.f.* corriente, actual, en curso, flujo; cadena.

cor.ren.te.za *s.f.* corriente, torrente; *Fig.* desembarazo.

cor.ren.tis.ta *s.m. Com.* correntista.

cor.rer *v.i.* correr; caminar rápido; fluir (líquido).

cor.re.ri.a *s.f.* ajetreo, trajín, carrera, disparada, correría.

cor.res.pon.dên.cia *s.f.* correspondencia (cartas); reciprocidad; equivalencia.

cor.res.pon.den.te *adj.* correspondiente, respectivo, pertinente, adecuado, equivalente.

cor.res.pon.der *v.i.* corresponder, pertenecer, adecuar, incumbir; proporcionar, responder, equivaler, relacionar.

cor.re.to *adj.* correcto, justo, exacto, puntual, digno, limpio.

cor.re.tor *s.m. Com.* corredor, agente.

cor.re.to.ra *s.f.* agencia de valores.

cor.ri.da *s.f.* carrera; corrida (de toros); *de corrida* a prisa, por alto.

cor.ri.gir *v.t.* corregir; amonestar, enmendar, rehacer, reprender, templar; *Fig.* enderezar.

cor.ri.mão *s.m.* baranda, barandilla, pasamanos.

cor.ri.men.to *s.m.* corrimiento, acumulación morbosa de humores.

cor.ro.er *v.t.* consumir, corroer, desgastar, destruir, roer; *v.r.* consumirse, viciarse.

cor.rom.per *v.t.* corromper, adulterar, depravar, viciar; *Inform.* alterar el contenido de un archivo de modo a inutilizarlo.

cor.rup.ção *s.f.* corrupción, depravación.

cor.rup.to *adj.* corrupto, viciado, corrompido, perverso.

cor.tar *v.t.* cortar.

cor.te (ó) *s.f.* residencia de soberano; séquito; corte (tribunal); galanteo.

cor.te *s.m.* corte, tajo; hacer incisión a.

cor.te.jar *v.t.* cortejar, galantear, hacer la corte, pretender.

cor.tês *adj.* amable, cortés, afable, atencioso.

cor.te.si.a *s.f.* cortesía, delicadeza, atención, regalo, amabilidad.

cor.ti.ço *s.m.* casa pequeña habitada por muchas personas; colmena de corcho.

cor.ti.na *s.f.* cortina.

co.ru.ja *s.f.* lechuza, curuja, coruja (ave nocturna).

co.ser *v.t.* y *v.i.* coser; zurcir, unir con puntadas; remendar.

cos.mé.ti.co *s.m.* cosmético.

cós.mi.co *adj.* cósmico, perteneciente al universo.

cos.mo *s.m.* cosmos, universo.

cos.mo.na.ve *s.f.* cosmonave (aparato para viaje espacial).

cos.mo.po.li.ta *adj.* cosmopolita, de todas las naciones; *s.m.* persona que anda por todos los países.

cos.ta *s.f.* cuesta, pendiente; costa (litoral); *pl.* espaldas, lomo, dorso, costillas.

cos.ta.do *s.m.* bordo, flanco, lado, costado.

cos.te.ar *v.t.* rodear, costear.

cos.tei.ro *adj.* costero, costeño; relativo a la costa.

cos.te.la *s.f.* costilla; *Fig.* origen, raza.

cos.tu.me *s.m.* costumbre, hábito, uso; *pl.* tradiciones.

cos.tu.ra *s.f.* costura, labor que se cose; conjunto de puntadas; *Fig.* cicatriz.

cos.tu.rar *v.t.* y *v.i.* coser; zurcir.

cos.tu.rei.ra *s.f.* costurera.

co.ta *s.f.* cota, nivel; aporte; diferencia.

co.ti.di.a.no *s.m.* y *adj.* diario, cotidiano; el día a día.

co.to.ne.te *s.m.* hisopo.

co.to.ve.la.da *s.f.* codazo (golpe dado con el codo).

co.to.ve.lo *s.m.* codo, recodo, ángulo; *dor-de-cotovelo* celos.

cou.ra.ça *s.f.* blindaje, coraza.

cou.ro *s.m.* cuero, pellejo; piel.

cou.ve *s.f. Bot.* col, berza (planta hortense); *couve-flor* coliflor.

co.va *s.f.* cueva, caverna, bache, fosa.

co.var.de *s.m.* y *s.f., adj.* miedoso, cobarde.

co.var.di.a *s.f.* cobardía, miedo.

co.vei.ro *s.m.* sepulturero, cuevero.

co.xa *s.f.* muslo, parte de la pierna entre la rodilla y el tronco.

co.zer *v.t.* cocer, guisar; rehogar.

co.zi.do *adj.* cocido, hervido, que coció; *s.m.* comida hecha de carne, arroz, patatas y legumbres.

co.zi.nha *s.f.* cocina.

co.zi.nhar *v.t.* y *v.i.* cocer, cocinar, preparar los alimentos, guisar.

co.zi.nhei.ro *s.m.* cocinero, aquel que cocina o guisa.

cra.chá *s.m.* tarjeta de identificación, de asistencia; credencial.

crâ.nio *s.m. Med.* cráneo; *Fig.* perito, genio, conocedor.

crá.pu.la *s.m.* indivíduo de malas costumbres; vicioso; *s.f.* depravación, libertinaje.

cra.que *s.m.* y *s.f.* as, estrella; *crack* (de fútbol).

cra.te.ra *s.f.* cráter, abertura en el suelo; boca; apertura de los volcanes.

cra.var *v.t.* clavar, enclavar, espetar, hincar, fijar, engastar (piedras), chantar.

cra.vo *s.m. Bot.* clavel; *Mús.* clave, clavicordio; espina (en el rostro); *cravo-da-índia*: clavo de olor.

cre.che *s.f.* guardería infantil, asilo de niños pobres.

cre.den.cial *s.f.* y *adj.* carta credencial; credencial.

cre.di.á.rio *s.m. Com.* sistema de ventas a plazo; crédito.

cre.di.tar *v.t. Com.* abonar, acreditar; *v.r.* constituirse acreedor.

cré.di.to *s.m.* crédito, fe, creencia, confianza, nombre, buena reputación.

cre.dor *s.m.* y *adj.* acreedor; merecedor.

cré.du.lo *adj.* sencillo, crédulo, ingenuo.

cre.ma.tó.rio *s.m.* crematorio.

cre.me *s.m.* crema, natilla, pasta; pomada; color beige claro; dulce; *Fig.* la nata de la sociedad.

cre.mo.so *adj.* cremoso.

cren.ça *s.f.* creencia, religión, confianza, convicción.

cren.te *s.m.* y *s.f., adj.* creyente, religioso, sectario de una religión; el que cree.

cre.pe *s.m.* crespón, gasa; gasa negra que se usa en señal de luto; *Fig.* luto.

cre.pi.tar *v.i.* crepitar, chasquear, chisporrotear, estallar.

cre.pús.cu.lo *s.m.* crepúsculo, anochecer, ocaso; *Fig.* decadencia.

crer *v.t.* y *v.i.* creer, tener fe, confiar, juzgar; estimar, figurarse.

cres.cen.te *adj.* creciente; *s.m.* designación de una fase de la luna; bandera turca.

cres.cer *v.i.* crecer, aumentar, subir, estirar.

cres.ci.do *adj.* crecido, desarrollado, importante, maduro.

cres.po *adj.* encrespado, rizado (cabello), ondulado, rizo, grifo; ensortijado; picado (mar).

cre.ti.no *adj.* imbécil, idiota, cretino, tonto.

cri.a.ção *s.f.* cría, criadero, creación, crianza (animais); educación (personas); invento.

cri.a.da *s.f.* criada, sirvienta, moza, doméstica, sierva.

cri.a.da.gem *s.f.* servidumbre, conjunto de criados.

cri.a.do *s.m.* y *adj.* criado; educado; inventado; *criado-mudo* mesa de noche, mesa de luz.

cri.a.dor *s.m.* creador; productor.

cri.an.ça *s.f.* chiquillo, niño, nene, niña, crío, pibe, chico.

cri.ar *v.t.* crear, elaborar, inventar, educar, alimentar, criar, sostener; generar, producir; fundar; desarrollar; *v.r.* educarse, sustentarse.

cri.a.ti.vo *adj.* ingenioso, ocurrente, creativo.

cri.a.tu.ra *s.f.* individuo, criatura.

cri.me *s.m.* crimen, transgresión de la ley; delito previsto y castigado por ley penal; *adj.* criminal.

cri.mi.no.so *s.m.* y *adj.* malhechor, delincuente, criminoso, criminal.

cri.se *s.f. Med.* crisis, ataque; momento peligroso; carencia, falta, escasez.

cris.ta *s.f.* cresta, copete (de ave); penacho, cima de una montaña, de una ola.

cris.tal *s.m.* cristal.

cris.ta.lei.ra *s.f.* cristalera, armario.

cris.ta.li.no *s.m.* y *adj.* transparente, límpido, claro, cristalino; cuerpo lenticular entre el humor acuoso y el cristalino.

cris.ta.li.zar *v.t.* cristalizar, convertir en cristal; *v.i.* tomar la forma del cristal; *Fig.* estacionar, no progresar.

cris.tão *s.m.* y *adj.* cristiano.

cri.te.ri.o.so *adj.* sensato, que tiene buen criterio.

crí.ti.ca *s.f.* arte de juzgar, apreciación, crítica, comentario; acusación.

cri.ti.car *v.t.* comentar, criticar; maldecir, vituperar.

crí.ti.co *adj.* crucial, grave, crítico; relativo a la crítica o a la crisis; *s.m.* crítico.

cro.chê *s.m.* labor de aguja de gancho, croché.

cro.co.di.lo *s.m.* cocodrilo; *Fig.* traidor.

cro.mos.so.mo *s.m.* cromosoma.

crô.ni.ca *s.f. Liter.* crónica (género literario).

crô.ni.co *adj.* permanente, que dura mucho; crónico, agudo.

cro.nis.ta *s.m.* cronista, el que escribe crónicas; historiador.

cro.nô.me.tro *s.m.* cronómetro.

cro.qui *s.m.* croquis (dibujo para estudio).

cros.ta *s.f.* costra, corteza, cáscara; costra, postilla.

cru *adj.* crudo, no cocido, no preparado, no maduro; *Fig.* duro, áspero, rudo; al natural.

cru.ci.al *adj.* crucial, en forma de cruz; decisivo, importante.

cru.ci.fi.car *v.t.* crucificar, clavar en una cruz; *Fig.* martirizar, torturar.

cru.ci.fi.xo *s.f.* crucifijo.

cru.el *adj.* atroz, desalmado, sádico, feroz, cruel.

cru.el.da.de *s.f.* crueldad, barbaridad, maldad, sadismo, ferocidad.

cru.en.to *adj.* sangriento, amargo, cruento; *Fig.* cruel.

crus.tá.ceo *s.m.* y *adj.* crustáceo.

cruz *s.f.* cruz; *Fig.* suplicio.

cru.za.da *s.f.* cruzada (expedición militar); campaña, empresa.

cru.za.men.to *s.m.* cruce, bocacalle, cruzamiento, encrucijada; mestizaje de razas.

cru.zar *v.t.* atravesar, cruzar; acoplar (animales); *Com.* cruzar (cheques); entrecruzar, tejer, terciar. *v.r.* trabarse.

cru.zei.ro *s.m.* crucero, cruce; *Mar.* paseo en barco.

cu *s.m. Vulg.* culo.

cu.ba *s.f.* tina, cuba, vasija grande.

cu.bí.cu.lo *s.m.* cuarto pequeño, celda, cubículo.

cu.bo *s.m. Geom.* y *Mat.* cubo (figura geométrica); dado; medida para sólidos.

cu.ca *s.f.* coco, cabeza, mate, chola.

cu.e.ca *s.f.* calzoncillos, calzones, interiores.

cui.da.do *s.m.* cautela, cuidado, desvelo, precaución, solicitud, tino, vigilancia; *pl.* atenciones.

cui.da.do.so *adj.* escrupuloso, esmerado, diligente, próvido, vigilante.

cui.dar *v.t.* cuidar, preservar, vigilar, meditar, desvelar, pensar, asistir.

cu.jo *pron.* cuyo, de quien, del cual, de que; *dito cujo* susodicho.

cul.mi.nar *v.i.* culminar, alcanzar el punto más elevado.

cul.pa *s.f.* culpa, falta, pecado, delito.

cul.par *v.t.* incriminar, culpar, acusar; *v.r.* sentirse culpable, acusarse.

cul.ti.var *v.t.* plantar, sembrar, cultivar; educar, perfeccionar; *v.r.* instruirse.

cul.ti.vo *s.m.* cultivo, cultura, plantación.

cul.to *s.m.* culto, religión, veneración; *adj.* inteligente, culto.

cul.tu.ra *s.f.* cultura, cultivo, esmero, elegancia.

cul.tu.ral *adj.* cultural, relativo a la cultura.

cúm.pli.ce *s.m.* y *s.f.*, *adj.* cómplice, auxiliar.

cum.pli.ci.da.de *s.f.* complicidad; implicación.

cum.pri.men.tar *v.t.* felicitar, saludar.

cum.pri.men.to *s.m.* cumplimiento, respeto, felicitación; *pl.* saludos, encomiendas.

cum.prir *v.t.* ejecutar, cumplir; obedecer, respetar, acatar; caber, corresponder, convenir; agotar (prazo); *v.r.* cumplirse.

cu.mu.la.ti.vo *adj.* adicional.

cú.mu.lo *s.m.* colmo.

cu.nha.do *s.m.* cuñado.

cu.pim *s.m.* termita; carne de la giba del cebú.

cu.pom *s.m.* cupón, billete.

cú.pu.la *s.f. Arq.* bóveda, cúpula; *Fig.* cumbre, cielo.

cu.ra *s.m.* cura, abad, párroco; *s.f.* cura, acción y efecto de curar; curativo.

cu.ran.dei.ro *s.m.* curandero, el que pretende curar sin diploma legal; *Fig.* charlatán; *Fam.* matasanos.

cu.rar *v.t.* curar, aplicar remedios; preparar las carnes y pescados; curtir las pieles; *v.i.* ejercer la profesión de cura; *v.r.* sanar, recobrar la salud.

cu.ra.ti.vo *adj. Med.* curativo, medicinal; *s.m.* cura, aplicación de medicamentos y vendaje.

cú.ria *s.f.* curia.

cu.ri.o.si.da.de *s.f.* curiosidad.

cu.ri.o.so *s.m.* y *adj.* indiscreto, curioso; extraño; práctico, aficionado; profesional sin título.

cur.ral *s.m.* corral, majada, hato, pocilga; tambo, manguera.

cur.sar *v.t.* estudiar, cursar (una universidad), frecuentar, correr.

cur.so *s.m.* curso, carrera de estudios; lecho de río; recorrido; marcha.

cur.sor *s.m. Inform.* cursor, señal que indica una posición en una pantalla de un computador.

cur.tir *v.t.* curtir, curar (piel, carne); *Pop.* disfrutar.

cur.to *adj.* corto; breve; pequeño, sucinto.

cur.to-cir.cui.to *s.m.* cortocircuito.

cur.var *v.i.* arquear, encorvar, curvar, flexionar; *v.r.* curvarse, rendirse.

cus.pe *s.m.* esputo, saliva.

cus.pir *v.t.* escupir, salivar.

cus.te.ar *v.t.* patrocinar, sufragar, costear.

cus.to *s.m.* costa, coste, costo; importe; precio; *Fig.* dificultad.

cus.tó.dia *s.f.* custodia, guarda, protección; escolta.

cus.to.di.ar *v.t.* custodiar, guardar; poner en custodia.

cus.to.mi.zar *v.t. Inform.* personalizar, configurar productos de *hardware* o *software* de modo adecuado a las necesidades o preferencias del usuario.

cus.to.so *adj.* costoso, penoso, difícil.

cu.tâ.neo *adj.* epidérmico, cutáneo.

cú.tis *s.f.* cutis, epidermis.

cu.tu.car *v.t. Bras.* tocar levemente con el codo para llamar la atención.

D

d *s.m.* cuarta letra del alfabeto portugués; 500 en la numeración romana (en mayúscula).

da *contr. da prep.* de y *art.* y *pron. demons.* a: de la.

dá.di.va *s.f.* donativo, don, dádiva; obsequio, regalo, ofrenda, presente.

da.do *adj.* gratuito, permitido, regalado; aficionado, inclinado; comunicativo; dado, supuesto; *s.m.* cubo, dado; indicación, precedente; información; *Mat.* dato, base, cantidad conocida que sirve de base a la resolución de un problema; *Inform.* dato, información representada o codificada de modo que pueda ser tratada por un computador; *dados analógicos* datos analógicos; *dados digitais* datos digitales.

da.í *contr.* de y *adv.* aí: de ahí.

dal.tô.ni.co *adj.* daltónico, daltoniano.

dal.to.nis.mo *s.m. Med.* daltonismo.

da.ma *s.f.* señora, dama, mujer de noble; dama de honor; pareja de danza; reina, dama (en juegos); *pl.* juego de damas.

da.mas.co *s.m. Bot.* damasco, albaricoque.

da.na.do *adj.* dañado, damnificado; rabioso, furioso; cruel, malo.

da.nar *v.t.* perjudicar, dañar, damnificar; *v.i.* irritar, enfurecer; *v.r.* dañarse, estropearse; *Fig.* desesperarse.

dan.çar *v.i.* danzar, bailar, saltar, escilar; *v.t.* ejecutar una danza; *Pop.* resultar mal.

dan.ça.ri.no *s.m.* y *adj.* bailarín, danzarín; relativo a la danza; *s.f.* danzadora, bailarina.

da.ni.fi.ca.do *adj.* estropeado, damnificado.

da.ni.fi.car *v.t.* dañar, damnificar, averiar, perjudicar; *v.r.* estropearse.

da.ni.nho *adj.* dañino, dañoso, perjudicial, nocivo.

da.no *s.m.* pérdida, perjuicio, daño, lesión.

da.que.le *contr. prep.* de y *pron. demons.* aquele: de aquel.

da.qui *contr. prep.* de y *adv.* aqui: desde aquí, desde acá; de, desde ahora.

da.qui.lo *contr. prep* de y *pron. demons.* aquilo: de aquello.

dar *v.t.* donar, dar, entregar, otorgar, confiar, legar, conceder, ofrecer, cortejar, proporcionar, destinar, aplicar, atribuir.

dar.do *s.m.* dardo (arma), saeta, flecha, arpón, cuadrillo; *Esp.* jabalina; *Fig.* sarcasmo, censura.

da.ta *s.f.* data, fecha.

da.ti.lo.gra.far *v.i.* dactilografiar, mecanografiar.

da.ti.lo.gra.fi.a *s.f.* dactilografía, mecanografía.

da.ti.ló.gra.fo *s.m.* dactilógrafo, mecanógrafo.

de *prep. Gram.* de (expresa relación, origen, posesión o pertenencia, estado, etc); *s.m.* nombre de la letra *d*.

de.bai.xo *adv.* debajo, bajo, por debajo, abajo.

de.bal.de *adv.* en vano.

de.ban.da.da *s.f.* desbandada, dispersión, fuga desordenada.

de.ban.dar *v.t.* desbandar, poner en fuga desordenada; *v.i.* y *v.r.* dispersarse.

de.ba.te *s.m.* discusión, contienda, controversia, debate.

de.ba.ter *v.t.* y *v.i.* debatir, discutir, disputar, contestar, altercar; *Fig.* ventilar; *v.r.* debatirse.

de.be.lar *v.t.* debelar, combatir, vencer.

dé.bil *adj.* flaco, débil, frágil, sutil, sin fuerza, flojo.

de.bi.li.tar *v.t.* debilitar; *Fig.* enfermar.

de.bi.tar *v.t.* debitar, adeudar, cargar; *v.r.* constituirse deudor.

dé.bi.to *s.m.* deuda, lo que se debe; débito, debe.

de.bo.char *v.t.* burlarse.

de.bo.che *s.m.* burla.

de.bru.ça.do *adj.* echado de bruces, asomado; inclinado para adelante.

de.bu.tan.te *s.m.* y *s.f.* y *adj* que o quien se inicia en cualquier acto o ciencia;

de.bu.tar *v.t.* debutar, estrenar, presentarse en sociedad; hacer el estreno o debut; *v.r.* estrenarse.

dé.ca.da *s.f.* serie de diez, década; decena.

de.ca.dên.cia *s.f.* decadencia, ruina, degenaración; empobrecimiento.

de.ca.ir *v.i.* decaer, declinar, disminuir, enflaquecer, degenerar, flaquear; *Fig.* retroceder.

de.cal.car *v.t.* copiar, calcar.

de.ca.na.to *s.m.* decanato, dignidad de decano.

de.can.tar *v.t.* decantar, transvasar; celebrar, ensalzar; *v.r.* decantarse, mostrar inclinación hacia algo.

de.ca.pi.tar *v.t.* degollar, descabezar, decapitar, cortar la cabeza.

de.cên.cia *s.f.* honestidad, decencia, recato, decoro, aseo, compostura.

de.cen.te *adj.* decente, apropiado, honesto, justo, aseado, que queda bien.

de.cep.ção *s.f.* decepción, desilusión, desengaño, chasco.

de.cep.ci.o.nar *v.t.* decepcionar, desengañar, desilusionar, fraudar; *v.r.* desilusionarse.

de.cer.to *adv.* ciertamente, con certeza.

de.ces.so *adj.* deceso, óbito, muerte.

de.ci.di.do *adj.* resuelto, decidido; firme en sus propósitos.

de.ci.dir *v.t.* resolver, decidir, determinar, convenir, acordar, disponer; *v.i.* sentenciar, opinar; *v.r.* decidirse, resolverse.

de.ci.frar *v.t.* descifrar, adivinar, interpretar, leer lo que está escrito en cifras; *v.i.* hacer interpretaciones.

de.ci.mal *adj.* decimal, que tiene por base el número diez.

de.ci.são *s.f.* decisión, acuerdo, resolución, sentencia; valor, definición; decreto; veredicto, voto; *For.* arbitrio.

de.ci.si.vo *adj.* decisivo, que decide; terminante, crucial.

de.cla.ma.ção *s.f.* declamación, acción o efecto de declamar; *Fig.* charla.

de.cla.mar *v.t.* recitar, declamar; *v.i.* hablar en tono pomposo.

de.cla.ra.ção *s.f.* declaración, afirmación, anunciación, explicación, atestado, confesión de amor; *For.* testimonio.

de.cla.rar *v.t.* decir, declarar, manifestar, confesar, exponer, anunciar, explicar; *v.r.* declararse, expresar su amor, abrirse.

de.cli.na.ção *s.f.* declinación, lo que está en decadencia; inclinación; *Gram.* declinación.

de.cli.nar *v.i.* declinar, desviar, inclinar hacia abajo, decaer; *v.t.* alejar, recusar, rebajar; *Gram.* declinar.

de.cli.ve *s.m.* pendiente cuesta, declive, costanera, rampa, ladera, vertiente, gradiente.

de.co.di.fi.car *v.t. Inform.* descodificar.

de.co.la.gem *s.f.* despegue.

de.co.lar *v.i. Aeron.* despegar, alzar, vuelo.

de.com.por *v.t.* descomponer, desintegrar, desglosar, analizar por partes; corromper; *v.r.* descomponerse, pudrirse, deteriorarse.

de.com.po.si.ção *s.f.* desintegración, descomposición, putrefacción.

de.co.ra.ção *s.f.* decoración, decoro, acción y efecto de decorar; ornamentación.

de.co.rar *v.t.* adornar, decorar, ornamentar; retener de memoria, saber de memoria.

de.co.ra.ti.vo *adj.* decorativo, ornamental, que sirve para adornar.

de.co.ro *s.m.* decoro, decencia.

de.cor.rên.cia *s.f.* transcurso, decurso, consecuencia.

de.co.te *s.m.* descote, escote.

de.cres.cer *v.i.* decrecer, disminuir, menguar.

de.cre.tar *v.t.* decretar, determinar; resolver, ordenar, establecer, mandar.

de.cre.to *s.m.* decreto, intención; resolución; edicto; auto; ley; *Fig.* designo, intención.

de.cur.so *s.m.* decurso, duración, proceso, continuación; *adj.* corrido, pasado.

de.dal *s.m.* dedal; *Fig.* pequeña porción de líquido; trago; sorbo.

de.dão *s.m. Fam.* pulgar.

de.dar *v.t. Pop.* chivar, delatar, soplar.

de.di.ca.ção *s.f.* dedicación, afección, amistad, devoción, afecto; entrega, fervor.

de.di.ca.do *adj.* que se dedica; devotado, aplicado, afectuoso, destinado, ofrecido.

de.di.car *v.t.* consagrar, destinar, dedicar, ofrecer, aplicar; *v.r.* entregarse.

de.di.ca.tó.ria *s.f.* dedicatoria.

de.do *s.m. Anat.* dedo; parte del guante; *Fig.* pequeña cantidad.

de.du.ção *s.f.* deducción, sustracción, inducción.

de.du.zir *v.t.* deducir, inferir, substraer.

de.fe.car *v.t. y v.i.* evacuar, defecar, expeler heces.

de.fei.to *s.m.* defecto, deformidad, vicio, mancha, imperfección, falla, falta, tacha, avería.

de.fei.tu.o.so *adj.* imperfecto, defectuoso, vicioso.

de.fen.der *v.t.* proteger, guardar, abrigar, mantener, defender, vedar; *v.r.* defenderse, justificarse; *Fig.* apadrinar.

de.fen.si.vo *s.m. y adj.* preservativo, defensivo; *Fam.* resguardo, defensiva.

de.fen.sor *s.m. y adj.* prospecto, abogado, defensor.

de.fe.rên.cia *s.f.* cortesía, condescendencia, deferencia; sumisión, acatamiento.

de.fe.rir *v.t.* acceder, consentir, conceder, deferir.

de.fe.sa *s.f.* protección, defensa, auxilio, fortificación, resistencia; alegación, justificación; *For.* abogado defensor; *Dep.* defensiva.

de.fi.ci.ên.cia *s.f.* falta, insuficiente, deficiencia, defecto.

dé.fi.cit *s.m.* déficit.

de.fi.nhar *v.t.* enflaquecer, debilitar; *v.i.* desmedrar, decaer, deteriorar.

de.fi.ni.ção *s.f.* definición; enunciado; significado.

de.fi.nir *v.t.* fijar, determinar, definir, decretar, decidir, describir; *v.r.* revelarse.

de.fi.ni.ti.vo *adj.* definitivo, decisivo, final; que define.

de.fla.ção *s.f. Com.* deflación (acción de reducir la circulación de monedas).

de.fla.grar *v.t.* deflagrar, arder súbitamente.

de.for.ma.ção *s.f.* malformación, imperfección, deformación.

de.for.mar *v.t.* desfigurar, deformar, viciar; *v.r.* deformarse, desfigurarse.

de.frau.dar *v.t.* usurpar, defraudar.

de.fun.to *s.m. y s.f., adj.* difunto, muerto, fallecido.

de.ge.lo *s.m.* deshielo, descongelación, fusión del hielo.

de.ge.ne.ra.ção *s.f.* degeneración, degradación, deterioro; *Fig.* depravación, perversión.

de.ge.ne.ra.do *s.m. y adj.* corrompido, tarado, vicioso, degenerado.

de.ge.ne.rar *v.i.* decaer, declinar, degenerar; *v.r.* pervertirse.

de.glu.tir *v.t.* tragar los alimentos, deglutir.

de.go.lar *v.t.* degollar, decapitar.

de.gra.da.ção *s.f.* degradación, destitución humillante de un cargo o dignidad; atenuación de luces y colores (pintura); ruína, prostitución.

de.gra.dar *v.t.* humillar, degradar, despojar (de dignidades, honores, empleo, privilegios); deportar, exilar.

de.grau *s.m.* escalón, peldaño.

de.gus.tar *v.t.* gustar, probar, saborear, degustar.

dei.tar *v.r.* acostarse, echarse en el suelo, en la casa.

dei.xar *v.t.* dejar, salir, abandonar; consentir, tolerar, permitir; legar.

de.la *contr. prep.* de y *pron.pes.* ela: de ella; su, suya.

de.la.ção *s.f.* delación, acusación, denuncia; soplo.

de.la.tar *v.t.* denunciar, delatar, avisar, acusar, hacer delación.

de.la.tor *s.m.* delator, denunciador, acusador, soplón, *Fam.* búho.

de.le *contr. prep.* de y *pron. pes.* ele: de él; su, suyo.

de.le.ga.ção *s.f.* delegación, cedencia, mandato, comisión.

de.le.ga.ci.a *s.f.* comisaría.

de.le.ga.do *s.m. y adj.* comisario, inspector de policía; representante, delegado, aquel en quien se delega algo.

de.le.gar *v.t.* incumbir, comisionar, otorgar, delegar.

de.lei.tar *v.t.* complacer, agradar.

de.lei.te *s.m.* deleite, placer, goce; agrado, regocijo, alborozo, disfrute.

de.le.tar *v.t. Inform.* borrar, eliminar.

del.ga.do *adj.* magro, fino, tenue, delgado, delicado, suave.

de.li.be.ra.ção *s.f.* decisión, deliberación, resolución; *For.* disposición.

de.li.be.rar *v.t.* resolver, decidir, juzgar; *v.i.* ponderar; *v.r.* determinarse.

de.li.ca.de.za *s.f.* amabilidad, delicadeza, afabilidad, cortesía, suavidad, fragilidad.

de.li.ca.do *adj.* fino, amable, afable, delicado, suave, elegante, melindroso, susceptible, sutil, tierno.

de.lí.cia *s.f.* deleite, delicia, encanto, placer.

de.li.ci.ar *v.t.* deleitar, causar delicia; *v.r.* encantar, gozar.

de.li.ci.o.so *adj.* sabroso, delicioso, perfecto; exquisito, rico, excelente.

de.li.mi.ta.ção *s.f.* delimitación, acción y efecto de delimitar; restricción.

de.li.mi.tar *v.t.* delimitar, desmarcar, restringir, fijar límites.

de.li.ne.a.men.to *s.m.* delineación.

de.li.ne.ar *v.t.* trazar las líneas de una figura; dibujar, trazar, plantear, idear, *v.r.* proyectarse; *Fig.* dar una idea.

de.lin.qüen.cia *s.f.* criminalidad, delincuencia.

de.lin.qüen.te *adj.* delincuente, que delinquió; criminal.

de.li.rar *v.i.* delirar, fantasear, alucinar, desviar.

de.lí.rio *s.m.* delirio, alucinación, desvarío, exaltación; *Fig.* gran perturbación.

de.li.to *s.m.* delito, crimen.

del.ta *s.m.* delta, estuario; cuarta letra del alfabeto griego, corresponde a la *d*.

de.ma.go.gi.a *s.f.* demagogía.

de.ma.go.go *s.m.* y *adj.* demagogo.

de.mais *adv.* además, demás, excesivamente, demasiado; en exceso; *pron.* otros, restante.

de.man.da *s.f.* acción de demandar; acción; disputa; *Dro.* litigio, acción judicial.

de.man.dar *v.t.* demandar, requerir, exigir, interpelar, preguntar, pleitear; *For.* litigar.

de.mar.ca.ção *s.f.* delimitación, límite, demarcación.

de.mar.car *v.t.* delimitar, desmarcar, fijar, limitar.

de.ma.si.a *s.f.* excesso, sobra.

de.ma.si.a.do *adj.* excessivo, demasiado, desarreglado, mucho.

de.mên.cia *s.f.* locura, alienación, demencia.

de.men.te *s.m.* y *s.f., adj.* loco, insano, insensato, demente.

de.mé.ri.to *s.m.* demérito; *adj.* que no tiene mérito.

de.mis.são *s.f.* demisión, renuncia, exoneración, destitución.

de.mi.tir *v.t.* dimitir; excluir, exonerar, echar, revelar; *v.r.* pedir la demisión; exonerarse.

de.mo *s.f. Pop.* demonio; *Inform.* demo, programa de demonstración.

de.mo.cra.ci.a *s.f.* democracia.

de.mo.cra.ta *s.m.* y *s.f., adj.* demócrata.

de.mo.gra.fi.a *s.f.* demografía.

de.mo.li.ção *s.f.* demolición, derrumbe, acción o efecto de demoler; destrucción.

de.mo.lir *v.t.* demoler, aniquilar, derribar, desmoronar, arrasar, destruir.

de.mô.nio *s.m.* demonio, satanás, satán, diablo.

de.mons.tra.ção *s.f.* demostración, ejemplo, testimonio, prueba; *Mil.* maniobra; *Inform.* demo.

de.mons.trar *v.t.* demostrar, indicar, enseñar, revelar, manifestar; *v.r.* demostrarse.

de.mo.ra *s.f.* demora, atraso, detención, espera; tardanza, pausa; retención.

de.mo.rar *v.t.* demorar, tardar, dilatar, parar, quedar, retender, atrasar; *v.r.* demorarse, retenderse.

de.ne.gar *v.t.* rehusar, no conceder; *Fam.* desmentir.

de.ne.grir *v.t.* denigrar, empañar, ennegrecer, denegrir; *Fig.* ultrajar, manchar, injuriar.

den.go.so *adj.* delicado, melindroso, relamido.

de.no.mi.na.dor *adj.* que denomina, denominador; *s.m.* aquél que denomina; *Arit.* término de una fracción.

de.no.mi.nar *v.t.* llamar, poner nombre, denominar; *v.r.* llamarse, titularse, tener apellido.

de.no.ta.ção *s.f.* denotación, señal, indicación.

den.si.da.de *s.f.* densidad, espesor, espesura; calidad de denso.

den.so *adj.* compacto, espeso, denso, grueso, basto, apretado.

den.ta.da *s.f.* herida hecha con los dientes.

den.ta.du.ra *s.f.* dentadura.

den.te *s.m.* diente; *dente de siso* muela del juicio.

den.ti.ção *s.f.* dentición.

den.ti.frí.cio *s.m.* dentífrico, preparado para limpiar los dientes.

den.tis.ta *s.m.* y *s.f.* odontólogo, dentista.

de.nún.cia *s.f.* acción y efecto de denunciar; denuncia; acusación; delación, sople; *Fam.* chivo.

de.nun.ci.ar *v.t.* delatar, avisar, denunciar; *v.r.* traicionarse; *Fam.* chivar; *For.* llevar a juicio.

de.pa.rar *v.t.* poner delante, suministrar, proporcionar; *v.r.* topar, encontrar, depararse.

de.par.ta.men.to *s.m.* departamento, unidad, división; oficina.

de.pe.na.do *adj.* desplumado, sin plumas; *Fig.* sin dinero.

de.pe.nar *v.t.* desplumar, pelar, despojar, expolir, descañonar, desvalijar, quitar dinero a otro con astucia.

de.pen.dên.cia *s.f.* subordinación, sujeción, dependencia; anexo, colonia.

de.pen.den.te *adj.* dependiente, subordinado; *s.m.* y *s.f.* persona mantenida por otra; *Med.* adicto, vicioso.

de.pen.der *v.i.* resultar, hacer parte, depender, subordinarse, estar en juego.

de.pen.du.rar *v.t.* colgar, pender; *v.r.* colgarse.

de.pi.lar *v.t.* pelar, raspar, depilar, arrancar el pelo o el vello.

de.plo.rá.vel *adj.* deplorable, lamentable, lastimoso, funesto, detestable.

de.po.i.men.to *s.m.* acción y efecto de deponer; declaración, testimonio; *For.* testigo, alegado; declaración, testimonio.

de.pois *adv.* más tarde, después, luego, más adelante; además, encima; *depois de* trás; *depois que* cuando.

de.por.tar *v.t.* desterrar, expulsar, deportar.

de.po.si.tar *v.t.* colocar, depositar, guardar, almacenar, consignar, asentar.

de.pó.si.to *s.m.* depósito, almacén, galpón; archivo, estanque, tanque.

de.pra.va.ção *s.f.* depravación, perversión, corrupción, degeneración.

de.pra.var *v.t.* corromper, pervertir, relajar, prostituir; alterar.

de.pre.ci.a.ção *s.f.* depreciación, menosprecio, rebajamiento, devaluación, demérito.

de.pre.ci.ar *v.t.* devaluar, disminuir el precio, depreciar, menoscabar.

de.pre.da.ção *s.f.* depredación, pillaje, devastación, robo, expoliación.

de.pres.si.vo *adj.* depresivo; que deprime, deprimente.

de.pres.são *s.f.* depresión; disminución de presión, achatamiento; cavidad poco funda; *Fig.* abatimiento físico y moral.

de.pri.mir *v.t.* abatir, humillar, deprimir, desmayar; *Fig.* aplastar.

de.pu.ra.ção *s.f.* depuración, limpieza, purificación.

de.pu.rar *v.t.* limpiar, refinar, purificar, depurar; expulsar.

de.pu.ta.do *s.m.* diputado.

de.ri.va *s.f.* deriva; *à deriva* a la deriva, sin rumbo.

de.ri.va.ção *s.f.* ramal, derivación, formación de palabras con sufijos; *Fig.* origen, descendencia.

de.ri.var *v.t.* descender, derivar, fluir, prevenir, traer, separar; *v.i.* correr (rio); apartarse del rumbo (navío).

der.ma.to.lo.gis.ta *s.m.* y *s.f. Med.* dermatólogo (especialista em enfermedades de la piel).

der.me *s.f.* dermis (la más profunda de las capas de la piel); piel, cuero; pellejo.

der.ra.ma.men.to *s.m.* difusión, propagación, derramamiento.

der.ra.mar *v.t.* verter, desparramar, esparcir, derramar, repartir (un impuesto), vaciar; *v.r.* diseminarse.

der.ra.pa.gem *s.f.* derrapaje, deslizamiento de un coche.

der.ra.par *v.i.* resbalar, patinar, derrapar.

der.re.dor *s.m.* contorno; *adv.* alrededor; *ao derredor de* alrededor de.

der.re.ter *v.t.* derretir, licuefacer, disolver, fundir; *v.r.* derretirse; *Fig.* gastar, consumir, excederse.

der.ro.car *v.t.* desmoronar, arrasar, derrocar; *Fig.* humillar.

der.ro.gar *v.t.* derogar, revocar, abolir, anular.

der.ro.tar *v.t.* vencer, aplastar, derrotar; destrozar; *v.i.* separarse del rumbo.

der.ru.bar *v.t.* derribar, demoler, derrocar, derrumbar, echar abajo; despeñar, abatir, arruinar, deponer; *Inform.* interrumpir la ejecución de un sistema o programa.

de.sa.ba.far *v.t.* desahogar, destapar, expandir; *v.i.* aliviarse; *v.r.* expansionarse; *Fig.* decir a una persona sobre el sentimiento o queja que se tiene.

de.sa.ba.fo *s.m.* desahogo, alivio, expansión; sinceridad.

de.sa.bar *v.i.* caer, desmoronarse, derrumbarse, despeñarse, desplomarse.

de.sa.bi.ta.do *adj.* vacío, yermo, deshabitado, desierto.

de.sa.bi.tu.ar *v.i.* desacostumbrar, deshabituar, hacer perder el hábito o costumbre.

de.sa.bri.ga.do *adj.* descubierto, desnudo, desabrigado, abandonado, desamparado.

de.sa.bro.char *v.t.* florecer, abrir, entreabrir, separar, desabrochar; *v.i.* abrirse, desabotonar; *Fig.* despuntar.

de.sa.ca.tar *v.t.* desobedecer, desacatar, insubordinar, afrontar.

de.sa.com.pa.nhar *v.t.* desamparar; desacompañar.

de.sa.con.se.lhar *v.t.* disuadir, desaconsejar.

de.sa.cor.dar *v.t.* poner en desacuerdo, desacordar; *v.i.* discordar; *Pop.* perder los sentidos.

de.sa.cor.do *s.m.* divergencia, desacuerdo.

de.sa.cos.tu.mar *v.t.* deshabituar, desacostumbrar.

de.sa.cre.di.tar *v.t.* depreciar, difamar, deshonrar, desacreditar.

de.sa.fe.to *adj.* desafecto, hostil.

de.sa.fi.ar *v.t.* provocar, desafiar, hacer frente, retar.

de.sa.fi.nar *v.t.* y *v.i. Mús.* desentonar, desafinar, perder la afinación; *Fig.* enojarse.

de.sa.fi.o *s.m.* provocación, riña; desafío.

de.sa.fo.gar *v.t.* desahogar, desapretar, aliviar; *v.r.* desoprimirse.

de.sa.fo.go *s.m.* desahogo, desembarazo, alivio, efusión; sinceridad.

de.sa.gra.dar *v.t.* disgustar, ofender, desgraciar, descontentar, desagradar; *v.r.* disgustarse.

de.sa.gra.dá.vel *adj.* desapacible, desagradable, antipático, feo, de mal gusto.

de.sa.gre.gar *v.t.* desagregar, separar, disolver, disgregar; *v.r.* desunir.

de.sa.guar *v.t.* verter, desembocar, desaguar.

de.sa.jei.ta.do *adj.* desarreglado, torpe.

de.sa.jus.tar *v.t.* desacoplar, separar, descomponer, desnivelar, desajustar.

de.sa.jus.te *s.m.* quiebra de pacto, desajuste.

de.sa.len.tar *v.t.* desanimar, descorazonar, desalentar.

de.sa.li.nha.do *adj.* descompuesto, desaseado, desaliñado; sin pretensiones.

de.sal.ma.do *adj.* cruel, perverso, feroz, desalmado.

de.sa.lo.jar *v.t.* expulsar, echar, desalojar; *v.r.* abandonar el puesto.

de.sa.mar.rar *v.t.* desatar.

de.sam.pa.rar *v.t.* repudiar, abandonar, desamparar.

de.san.dar *v.i.* retroceder, desandar, destornillar; *v.i.* descomponerse.

de.sa.ni.mar *v.t.* abatir, desalentar, desanimar.

de.sâ.ni.mo *s.m.* desánimo, desaliento, abatimiento.

de.sa.pa.re.cer *v.i.* evaporar, extinguir, perderse, desaparecer, faltar; *v.r.* retirarse, esconderse.

de.sa.pe.go *s.m.* desapego, indiferencia, desafección, abandono, despego.

de.sa.per.ce.bi.do *adj.* desprevenido, desapercibido; desprovisto.

de.sa.per.tar *v.t.* desapretar, aflojar, desabotonar, aliviar.

de.sa.pon.ta.do *adj.* desilusionado, desengañado, contrariado, decepcionado.

de.sa.pon.tar *v.t.* decepcionar, defraudar.

de.sa.pro.pri.ar *v.t.* expropiar, desapropiar.

de.sa.pro.var *v.t.* reprobar, desaprovar, censurar, reprochar.

de.sa.que.cer *v.t.* y *v.i.* hacer enfriar, refrigerar, resfriar.

de.sar.mar *v.t.* desarmar, quitar las armas; deshacer lo que estaba armado; apaciguar; *v.i.* rendir las armas; *v.r.* enternecerse.

de.sar.mo.ni.a *s.f.* desarmonía, disonancia, discordancia.

de.sar.ran.jar *v.t.* desalinear, desordenar, desaliñar, embarazar.

de.sar.ru.mar *v.t.* desordenar, transtornar, desarreglar; *v.r.* desordenarse.

de.sar.ti.cu.lar *v.t.* descoyuntar, desarticular, separar (por la articulación).

de.sas.tra.do *adj.* desdichado, infausto, desventurado, desastrado.

de.sas.tre *adj.* accidente, siniestro, fatalidad, caos, fracaso, desgracia, desastre.

de.sa.tar *v.t.* soltar, disolver, anular, desprender un nudo; *v.i.* prorrumpir, decidir; *v.r.* desatarse; *não ata nem desata* no se decide por nada.

de.sa.ten.to *adj.* distraído, desatento, sin atención.

de.sa.ti.no *s.m.* disparate, falta de tino o juicio; esperpento, despropósito.

de.sa.ti.var *v.r.* desactivar.

de.sau.to.ri.zar *v.t.* desprestigiar, anular, desautorizar, desacreditar.

de.sa.ven.ça *s.f.* desavenencia, contrariedad, contienda, discordia, enemistad.

de.sa.ver.go.nha.do *adj.* descarado, insolante, desvergonzado.

de.sa.vi.sa.do *adj.* inadvertido, indiscreto, liviano, imprudente.

des.ban.car *v.t.* vencer, suplantar, desbancar; *Fig.* superar.

des.ba.ra.tar *v.t.* arruinar, desmantelar, malgustar,

des.bas.tar v.t. pulir, disminuir, raspar, adelgazar, podar.

des.blo.que.ar v.t. levantar el bloqueo, romper el cerco; desbloquear.

des.bo.ca.do s.m. y adj. deslenguado; licencioso, desbocado; que emplea lenguaje obsceno o indecoroso.

des.bo.tar v.i. descolorar, desteñir; Fig. empalidecer, deslustrar.

des.bra.var v.t. limpiar, desbravar, abrir camino, domar.

des.ca.bi.do adj. inoportuno, inmerecido.

des.ca.la.bro s.m. ruina, derrota, descalabro, pérdida.

des.cal.çar v.t. y v.i. quitar el calzado, descalzar, quitar medias o guante; v.r. descalzarse.

des.cal.ço adj. descalzo, sin calzado; Fig. desprevinido.

des.cam.bar v.i. despeñar, resbalar, caer para un lado, derivar; v.r. descairse; Fig. decir inconveniencias.

des.ca.mi.nho s.m. error, extravío, descamino.

des.ca.mi.sa.do s.m. y adj. indigente, pobre, sin camisa.

des.cam.pa.do s.m. campo extenso, llano, deshabitado; descampado.

des.can.sar v.i. sosegar, reposar, tranquilizar; Fig. morir.

des.can.so s.m. sosiego, reposo, holganza, quietud, apoyo, alivio, siesta.

des.ca.ra.do adj. petulante, descocado, descarado, deshogado.

des.ca.ra.men.to s.m. descaro, desplante, petulancia, desfachatez, desverguenza.

des.car.ga s.f. disparo, tiro, descarga (electricidad); Fig. alivio.

des.car.re.gar v.t. quitar la carga, descargar; disparar, aliviar, asestar (golpe), v.i. descargarse, justificarse; agotarse, vaciarse.

des.car.tar v.t. despreciar, eludir; descartar (en el juego de naipe); v.r. deshacerse, descartarse.

des.car.tá.vel adj. deshechable.

des.car.te s.m. descarte (en el juego de naipe); Fig. evasiva, excusa.

des.ca.sar v.t. deshacer un casamiento; divorciar; descasar.

des.cas.car v.t. descascar, mondar, quitar la cáscara; Fig. limpiar, pulir.

des.cen.dên.cia s.f. posteridad, descendencia, filiación, linaje, estirpe, genealogía; prole.

des.cen.den.te adj. descendiente, que baja; el que desciende, sucesor; s.m. y s.f. persona que desciende de otra; pl. descendientes.

des.cen.der v.t. proceder, tener origen, descender, v.i. derivarse.

des.cen.tra.li.zar v.t. alejar del centro, descentralizar, el mismo que descentrar.

des.cer v.t. poner abajo, apear, descender, bajar, v.i. pender, rebajarse.

des.ci.da s.f. descenso, bajada, declive; Fig. desvalorización, caída.

des.clas.si.fi.car v.t. descalificar, excluir, desacreditar; desagrar; v.r. descalificarse.

des.co.ber.ta s.f. descubrimiento, invento, cosa que se descubrió.

des.co.brir v.t. denunciar, descubrir, reconocer, destapar, hallar, detectar, revelar, sacar.

des.co.lar v.t. desligar, descolar, despegar, arrancar; v.i. despegar.

des.com.pac.tar v.t. Inform. restaurar datos comprimidos.

des.com.pas.so s.m. descompás; exceso; desarreglo.

des.com.pos.tu.ra s.f. represión, descompostura, desaliño, censura áspera.

des.co.mu.nal adj. extraordinario, enorme, fuera de lo común; excesivo.

des.con.cer.tar v.t. trastornar, desconcertar; v.r. sorprenderse.

des.co.nec.tar v.t. desconectar, desvincular, desenchufar.

des.co.ne.xão s.f. desconexión, desunión, incoherencia.

des.con.fi.a.do adj. receloso, incrédulo, desconfiado, malicioso.

des.con.fi.ar v.t. y v.i. sospechar, recelar, conjeturar, desconfiar, dudar.

des.con.for.me adj. diferente, desigual, disconforme.

des.con.for.tá.vel adj. que no tiene comodidad; inconfortable; sin consuelo.

des.con.for.to s.m. desánimo, desaliento; incomodidad; desconsuelo.

des.con.ge.la.men.to s.m. descongelación; deshielo, derretimiento.

des.con.ge.lar v.t. derretir, fundir, descongelar.

des.con.ges.ti.o.nar *v.t.* y *v.i.* desembarazar, desacumular, librar de congestión.

des.co.nhe.cer *v.t.* desconocer, no conocer; ignorar, no acordarse, no aceptar.

des.con.si.de.rar *v.t.* desatender, desconsiderar.

des.con.so.lar *v.t.* entristecer, desconsolar, causar desconsuelo.

des.con.tar *v.t.* deducir, descontar, cambiar con descuento; no incluir en la cuenta; cobrar un cheque.

des.con.ten.ta.men.to *s.m.* disgusto, tristeza, queja.

des.con.ten.tar *v.t.* y *v.i.* disgustar, contrariar, descontentar.

des.con.tí.nuo *adj.* interrumpido, discontinuo.

des.con.to *s.m.* descuento, compensación; desagio; rebaja.

des.con.tra.í.do *adj.* alegre, informal.

des.con.tra.ir *v.t.* descontraer, relajar, aflorar; esparcir; *v.r.* aflojarse.

des.con.tro.la.do *adj.* sin control; sin fiscalización.

des.con.ver.sar *v.i.* cambiar de tema, de asunto; interrumpir la conversación.

des.co.rar *v.i.* decolorar, palidecer, descolorar.

des.cor.tês *adj.* descortés, grosero.

des.cos.tu.rar *v.t.* descoser, soltar; *v.r.* descoserse.

des.cré.di.to *s.m.* depreciación, desdoro, descrédito; *Fig.* mengua.

des.cren.ça *s.f.* incredulidad, escepticismo; descreencia.

des.cren.te *adj.* descreído, escéptico, renegado; incrédulo.

des.cre.ver *v.t.* enumerar, reseñar, describir; *v.r.* representarse.

des.cri.ção *s.f.* enumeración, narración, descripción, relato, retrato.

des.cri.ti.vo *adj.* descriptivo, que describe o sirve para describir.

des.cui.dar *v.t.* descuidar, no hacer caso de; *v.r.* distraerse.

des.cui.do *s.m.* negligencia, omisión, descuido, error, desliz.

des.cul.pa *s.f.* disculpa; evasiva; excusa, pretexto, justificación.

des.cul.par *v.t.* disculpar, excusar, perdonar; *v.i.* esquivar.

des.de *prep.* a partir de, desde, a contar de; *desde que* siempre y cuando; *desde então* desde entonces.

des.dém *s.m.* deprecio, menoscabo, menosprecio, desdén.

des.de.nhar *v.t.* despreciar, descuidar, menospreciar, desdeñar.

des.di.zer *v.t.* desmentir, negar, retractar, desdecir.

des.do.bra.men.to *s.m.* despliegue, prolongación, secuencia; resultado, consecuencia.

des.do.brar *v.t.* abrir, desplegar, desdoblar, fraccionar; *v.r.* empeñarse, desarrollarse, crecer.

des.dou.ro *s.m.* deslustre, desdoro; *Fig.* infamia, descrédito, vergüenza, mancha.

de.se.du.car *v.t.* pervertir, desmoralizar, hacer perder la educación.

de.se.jar *v.t.* envidiar, desear, anhelar, apetecer, aspirar, pretender, querer.

de.se.jo *s.m.* deseo, anhelo, aspiración, apetito, intención, gana.

de.sem.ba.ra.çar *v.t.* desembarazar, desenredar, desobstruir, despachar, franquear, desocupar, librar; *v.r.* soltarse, deshacerse.

de.sem.ba.ra.ço *s.m.* desenredo, desembarazo; libertad; despejo; agilidad; vivacidad.

de.sem.bar.car *v.i.* apearse, desembarcar, salir de la embarcación; *v.t.* sacar de vagón, de la nave; desembarcar.

de.sem.bar.que *s.m.* desembarco; desembarque.

de.sem.bo.car *v.i.* desaguar, verter; descargar; desembocar.

de.sem.bol.sar *v.t.* gastar, adelantar, desembolsar.

de.sem.bru.lhar *v.t.* desembrollar, desempaquetar, desdoblar; *Fig.* aclarar.

de.sem.bu.char *v.i.* exponer francamente lo que se piensa; desembuchar, desahogar.

de.sem.pa.co.tar *v.t.* desenfardar, desembalar, desempaquetar.

de.sem.pa.tar *v.t.* decidir, ultimar, desempatar.

de.sem.pa.te *s.m.* desempate, resolución, decisión.

de.sem.pe.nhar *v.t.* cumplir, servir, desempeñar; rescatar lo que estaba empeñado; representar una escena.

de.sem.pe.nho *s.m.* ejecución, cumplimiento, desempeño.

de.sem.pre.ga.do *adj.* desempleado, parado; desacomodado, desocupado.

de.sem.pre.go *s.m.* desempleo, paro,

de.sen.ca.de.ar *v.t.* deflagar, desencadenar, quitar la cadena, desunir, irritar.

de.sen.ca.der.nar *v.t.* desencuadernar; descoyuntar.

de.sen.cai.xar *v.t.* desencajar, deshacer, desconyuntar, desarticular.

de.sen.ca.lhar *v.t.* desencallar; desatascar; *v.i.* salir del encallamiento; *Pop.* casarse.

de.sen.ca.mi.nhar *v.t.* descarriar, desencaminar, extraviar, viciar.

de.sen.can.tar *v.t.* desilusionar, desengañar, desencantar.

de.sen.can.to *s.m.* desencanto, desengaño.

de.sen.ca.par *v.t.* desforrar, quitar el forro a un libro; desempaquetar.

de.sen.con.trar *v.t.* no estar conforme, diferir, ser incompatible; *v.r.* extraviarse, perderse.

de.sen.con.tro *s.m.* divergencia, oposición, discordancia.

de.sen.co.ra.jar *v.t.* descorazonar, desilusionar, desanimar.

de.sen.cos.tar *v.t.* quitar, apartar, desapoyar, alejar, desencorvar; *v.r.* apartarse, quitarse.

de.sen.fer.ru.jar *v.t.* desoxidar, quitar la herrumbre; *Fig.* instruir, ejercitar.

de.sen.fre.ar *v.t.* desenfrenar; *v.r.* tomar el freno, excederse; *Fig.* perder la compostura.

de.sen.ga.nar *v.t.* desilusionar, desilusionar, desegañar.

de.sen.ga.no *s.m.* desilusión, desengaño.

de.sen.ga.tar *v.t.* soltar, desengazar, desprender.

de.sen.ga.ve.tar *v.t.* quitar del cajón; *Fig.* sacar de la prisión, desengrilletar.

de.sen.gor.du.rar *v.t.* y *v.i.* desgrasar, desengrasar.

de.se.nhar *v.t.* y *v.i.* diseñar, trazar, dibujar, delinear; *v.r.* destacarse.

de.se.nho *s.m.* dibujo, diseño, trazado, pintura.

de.sen.la.ce *s.m.* desenlace, remate, solución.

de.sen.ro.lar *v.t.* desplegar, desenvolver, abrir, desenrollar; *v.r.* prolongarse, transcurrir.

de.sen.ros.car *v.t.* desenrollar, destornillar, desenroscar.

de.sen.ten.der *v.t.* fingir que no se entiende; *v.r.* enemistarse, desentenderse.

de.sen.ten.di.do *s.m.* y *adj.* ignorante, desentendido, que finge no entender.

de.sen.ter.rar *v.t.* exhumar, desenterrar, descubrir; *Fig.* traer a la memoria lo olvidado.

de.sen.tor.tar *v.t.* deshacer lo torcido, enderezar, poner derecho.

de.sen.tu.pir *v.t.* desobstruir, desatascar; *Fam.* desembuchar, hablar.

de.sen.vol.tu.ra *s.f.* desembarazo, agilidad, desenvoltura; desplante; *Fig.* sal.

de.sen.vol.ver *v.t.* hacer crecer, desenvolver; explicar, desempachar; desarrollar, fomentar, impulsar; *v.r.* progresar, aumentar.

de.sen.vol.vi.men.to *s.m.* progreso, desarrollo, aumento, desenvolvimiento; *desenvolvimento de sistemas* desarrollo de sistemas.

de.sen.xa.bi.do *adj.* insípido, insulso, zonzo; *Fig.* sin gracia, soso.

de.se.qui.lí.brio *s.m.* trastorno mental; desequilibrio, pérdida de equilibrio.

de.ser.ção *s.f.* deserción, acción o efecto de desertar; abandono, desistencia.

de.ser.dar *v.t.* desheredar, privar del derecho de la herencia; *Fig.* desamparar.

de.ser.tar *v.t.* desertar (hacer desierto); desamparar; *v.i.* dejar el servicio militar sin licencia; huir; *For.* desistir de recurso.

de.ser.to *s.m.* desierto, región deshabitada, lugar despoblado; *adj.* despoblado, abandonado.

de.ses.pe.ra.do *adj.* que perdió la esperanza; obstinado, exasperado.

de.ses.pe.rar *v.t.* causar desespero, irritar; perder la esperanza.

de.ses.pe.ro *s.m.* desesperación, cólera, aflicción.

des.fa.le.cer *v.i.* perder las fuerzas, desmayar, enflaquecer, decaer; *v.t.* desalentar, desfallecer.

des.fal.que *s.m. Com.* desfalco; desvío; alcance (dinero).

des.fa.vo.rá.vel *adj.* desfavorable, adverso, contrario, perjudicial; peyorativo.

des.fa.zer *v.t.* descomponer, disolver, deshacer, fundir; anular, revocar; *v.r.* transformarse, deshacerse.

des.fi.ar *v.t.* deshilar, deshilachar; *Fig.* dividir, cortar en filetes o franjas; analizar minuciosamente.

des.fi.gu.ra.do *adj.* trastornado, alterado, estropeado, desfigurado.

des.fi.gu.rar *v.t.* afear, alterar la figura, estropear; *Fig.* adulterar la verdad.

des.fi.lar *v.i.* marchar en fila; sucederse, desfilar.

des.fi.le *s.m.* desfile, acción de desfilar; *Mil.* parada.

des.fo.lhar *v.t.* deshojar; descaminar; deshinchar.

des.fru.tar *v.t.* disfrutar, gozar, poseer, apreciar, gustar.

des.fru.te *s.m.* disfrute; usufructo, gozo.

des.ga.lhar *v.t.* desramar, desgajar, quitar las ramas de un árbol.

des.gar.ra.do *adj.* que se desgarró.

des.gas.tar *v.t.* desgastar; roer, consumir, destruir poco a poco; *v.i. Pop.* facilitar la digestión.

des.gas.te *s.m.* acción de desgastar; consumición lenta.

des.gos.tar *v.t.* disgustar, irritar, aborrecer, amargar, apenar; *v.r.* disgustarse.

des.gos.to *s.m.* disgusto, tedio, tristeza, aversión, pena, pesar, rabia; *Fig.* sofoco.

des.gra.ça *s.f.* infortunio, mal, desgracia; infelicidad, plaga; *Fig.* drama.

des.gra.ça.do *adj.* desgraciado, infeliz, nefasto, astroso, pobre, desdichado.

des.gre.nha.do *adj.* despeinado, desgreñado.

des.gru.dar *v.t.* descolar, despegar, desencolar; *v.r.* despegarse.

de.si.dra.ta.ção *s.f.* deshidratación, acción de deshidratar.

de.sig.nar *v.t.* destinar, nombrar, señalar, determinar.

de.síg.nio *s.m.* intento, idea, plano, designio.

de.si.gual *adj.* desigual, desparejo, dispar, irregular, accidentado, altibajo, variable.

de.si.gual.da.de *s.f.* disparidad, variedad, asperesa.

de.si.lu.di.do *adj.* desilusionado, desengañado.

de.si.lu.dir *v.t.* desengañar, decepcionar, desilusionar; *v.r.* decepcionarse, abatirse.

de.si.lu.são *s.f.* desilusión, desengaño, decepción.

de.sin.char *v.t.* deshinchar; *Fig.* humillar.

de.si.nên.cia *s.f. Gram.* desinencia; fin, extremidad.

de.sin.fe.tan.te *s.m.* y *adj.* desinfectante, que desinfecta.

de.si.ni.bi.do *adj.* desenvuelto, despierto, listo.

de.sin.te.gra.ção *s.f.* disentegración, desagregación.

de.sin.te.grar *v.t.* desintegrar, separar las partes de un todo; *v.r.* desagregarse.

de.sin.te.res.se *s.m.* desinterés, generosidad, abnegación.

de.sis.tên.cia *s.f.* renuncia, desistencia.

des.je.jum *s.m.* desayuno.

des.le.al.da.de *s.m.* traición, perfidia, deslealdad, falsedad.

des.li.gar *v.t.* y *v.i.* desatar, desligar, desenchufar, desasir, soltar; *v.r.* deshacer, alianza, desunirse.

des.lin.dar *v.t.* aclarar, una cosa, desenredar, dilucidar.

des.li.ze *s.m.* desliz, lapso, error; desvío del camino del deber.

des.lo.ca.men.to *s.m.* dislocación, tracción, desplazamiento.

des.lo.car *v.t.* sacar de su lugar, dislocar, separar, desviar, trasladar, descoyuntar; *v.r.* moverse, deshacerse.

des.lum.bra.men.to *s.m.* obcecación, deslumbramiento; *Fig.* fascinación.

des.lum.bran.te *adj.* que deslumbra; fascinador, lujoso, suntuoso, ofuscante, maravilloso.

des.lum.brar *v.t.* fascinar, alucinar, magnetizar, ofuscar con mucha luz; *v.r.* dejarse seducir; deslumbrarse.

des.mai.ar *v.i.* desmayar, perder los sentidos; palidecer; *v.t.* causar desmayo.

des.mai.o *s.m.* desmayo, desacuerdo, síncope, pérdida del sentido; *Fig.* desaliento.

des.ma.mar *v.t.* destetar.

des.man.char *v.t.* deshacer, descomponer, desarreglar, romper, anular; *v.r.* descomedirse; *Fig.* derretirse.

des.man.te.lar *v.t.* arrasar, derribar, demoler, deshacer; *v.r.* desmoronarse.

des.mar.car *v.t.* quitar la marca; desmarcar (compromiso); *v.r.* excederse, descomedirse.

des.mas.ca.rar *v.t.* desenmascarar, quitar la máscara, dar a conocer.

des.ma.ta.men.to *s.m.* deforestación, desmonte.

des.ma.tar *v.t.* deforestar.

des.ma.ze.la.do *adj.* negligente, descuidado.

des.me.di.do *adj.* enorme, excesivo; desaforado, desmedido, desmesurado.

des.mem.brar *v.t.* dividir, separar, desmembrar; *v.r.* descoyuntarse.

des.men.ti.do *s.m.* y *adj.* negación, desmentido; falso, perjurio.

des.men.tir *v.i.* refutar, negar, desmentir, discrepar; *Fig.* no condecir; *v.r.* desdecirse.

des.me.re.cer *v.t.* no merecer, ser indigno de; desmerecer; *v.i.* perder el merecimiento; desteñir.

des.me.su.ra.do *adj.* desmedido, excesivo, enorme, desmedido.

des.mi.o.la.do *s.m.* y *adj.* atolondrado, desmigado, insensato, chiflado.

des.mo.bi.li.ar *v.t.* desamueblar.

des.mon.tar *v.t.* desmontar; desarmar (máquina); *v.i.* desmontarse.

des.mon.te *s.m.* desmoronamiento, desmonte.

des.mo.ra.li.za.ção *s.f.* perversión, pedredumbre; desmoralización.

des.mo.ra.li.zar *v.t.* depravar, violar, corromper, desmoralizar; *v.r.* desmoralizarse.

des.mo.ro.na.men.to *s.m.* desmoronamiento, derrumbe.

des.mo.ro.nar *v.i.* deshacer, derruir, desmoronar, derrumbar, demoler.

des.mo.ti.var *v.t.* hacer infundado, quitar los motivos.

des.na.ci.o.na.li.zar *v.t.* quitar la nacionalidad a; perder el carácter nacional.

des.na.tar *v.i.* desnatar, quitar la nata a la leche.

des.na.tu.ra.do *adj.* inhumano, cruel; *s.m.* individuo desnaturalizado.

des.ni.ve.lar *v.t.* desajustar, sacar del nivel, desnivelar.

des.nor.te.ar *v.t.* desequilibrar, desnortear; *Fig.* perder el norte.

des.nu.dar *v.t.* quitar la ropa; ponerse desnudo; desnudar.

des.nu.do *adj.* sin ropa, sin vestido, desnudo.

des.nu.tri.ção *s.f.* desnutrición, falta de nutrición, enflaquecimiento.

des.nu.trir *v.t.* y *v.i.* enflaquecer, desnutrir, perjudicar la nutrición.

de.so.be.de.cer *v.t.* y *v.i.* transgredir, no obedecer, desobedecer.

de.so.be.di.ên.cia *s.f.* desacato, transgresión, infracción, desobediencia.

de.so.be.di.en.te *adj.* insumiso, recalcitrante, desobediente.

de.sobs.tru.ir *v.t.* desatascar, desocupar, desembarazar, desobstruir.

de.so.cu.pa.do *adj.* ocioso, vago, vacante; abandonado; inactivo, vagabundo, desocupado.

de.so.cu.par *v.t.* vaciar, despejar, desembarazar, desocupar; *v.r.* dejarse.

de.so.do.ran.te *s.m.* y *adj.* desodorante.

de.so.la.ção *s.f.* consternación, aflicción, tristeza, ruina, desolación.

de.so.la.do *adj.* arruinado, muy triste, afligido.

de.so.lar *v.t.* desconsolar, desdar, devastar.

de.so.nes.to *adj.* desonesto, no honesto, impudico, indigno, indecoroso, inmoral, vergonzoso.

de.son.ra *s.f.* deshonor, deshonra, descrédito, ultraje, vergüenza, infamia.

de.son.rar *v.t.* deshonrar, profanar, quitar la honra, desacreditar; *v.r.* mancharse.

de.son.ro.so *adj.* indecoroso, deshonroso, indecente.

de.sor.dei.ro *adj.* vagabundo, callejero.

de.sor.dem *s.f.* desbarajuste, desorden, transtorno, agitación, desparpajo.

de.sor.de.na.do *adj.* desordenado, turbulento, descomedido, sin orden; extravagante.

de.sor.de.nar *v.t.* desorganizar, desordenar, desalinear, descomponer.

de.sor.ga.ni.za.ção *s.f.* confusión, desorganización.

de.sor.ga.ni.zar *v.t.* desordenar, turbar, desorganizar; *v.r.* descomponerse.

de.so.ri.en.ta.ção *s.f.* desorientación, apresuramiento, sobresalto.

de.so.ri.en.ta.do *adj.* desequilibrado, lunático, maniático.

de.so.ri.en.tar *v.t.* despistar, trastornar, desorientar; *Fig.* desnortear.

de.sos.sar *v.t.* deshuesar, descarnar.

des.pa.chan.te *s.m.* agente de aduanas; despachante, gestor, agente.

des.pa.char *v.t.* concluir o resolver algo; enviar; vender; servir mercaderías; despedir; apartar de si una persona que molesta; *v.r.* darse prisa; *Pop.* matar, quitar la vida.

des.pa.cho *s.m.* despacho, remesa, expedición, comunicación, expediente, envío; sentencia; prontitud, viveza, desembarazo; *Dro.* mandamiento; *Rel.* ofrenda.

des.pa.ra.fu.sar *v.t.* destornillar, desapretar.

des.pe.di.da *s.f.* separación, despedida, conclusión, fin; saludos.

des.pe.dir *v.t.* hacer salir, dispensar los servicios de, licenciar; despachar, enviar, exahalar, soltar, *v.i.* partir, agonizar, *v.r.* decir adiós; apartarse.

des.pei.ta.do *adj.* resentido, despachado, rencoroso.

des.pei.tar *v.t.* irritar, despachar; *v.r.* resentirse.

des.pei.to *s.m.* despecho, berrinche, rencor, resentimiento, pesar; *a despeito de* a pesar de.

des.pe.jar *v.t.* desocupar, vaciar, avacuar, dejar libre, despejar, *v.i.* desalojar, dar paso para, abrir.

des.pe.jo *s.m.* deyecciones, basura; *Dro.* desalojo,desahucio; *Fig.* impudor, insolencia, desvergüenza.

des.pen.car *v.t.* quitar grupos de frutos (de un racimo), *v.r.* caer de gran altura, despeñarse, desplomarse.

des.pe.nha.dei.ro *s.m.* despeñadero, precipicio, abismo, derrumbe.

des.pen.sa *s.f.* despensa.

des.pen.te.ar *v.t.* despeinar, *v.r.* despeinarse.

des.per.ce.bi.do *adj.* desatendido, desapercibido.

des.per.di.çar *v.t.* disipar, malbaratar, echar a perder, desperdiciar.

des.per.dí.cio *s.m.* derroche, dilapidación, desperdicio, desperdiciatura.

des.per.so.na.li.zar *v.t.* desfigurar, despersonalizar; *v.i.* desfigurarse.

des.per.ta.dor *s.m.* reloj que sirve para despertar; despertador; *adj.* estimulante, provocante, que excita.

des.per.tar *v.t.* y *v.i.* despertar, interrumpir el sueño; traer a la memoria; *Fig.* suscitar, despuntar.

des.pe.sa *s.f.* dispendio, desembolso, consumo, gasto, cuenta.

des.pir *v.t.* desvestir, quitar los vestidos, desarropar, desnudar; *v.r.* quedarse desnudo.

des.pis.tar *v.t.* despistar, hacer perder la pista.

des.plan.te *s.m.* atrevimiento, desplante, descaro.

des.pon.tar *v.t.* surgir, nacer, sobresalir, despuntar, comenzar a aparecer.

des.po.sar *v.t.* casar con, desposar, celebrar esponsales con.

dés.po.ta *s.m.* dictador, opresor, tirano, déspota.

des.pó.ti.co *adj.* arbitrário, autoritario, tiránico, despótico, avasallador.

des.po.tis.mo *s.m.* tiranía, opresión, arbitrariedad, despotismo, autoritarismo.

des.po.vo.a.do *adj.* que no es habitado, despoblado; *s.m.* yermo, soledad.

des.po.vo.ar *v.t.* deshabitar, despoblar; *v.r.* despoblarse.

des.pren.der *v.t.* soltar, desligar, desunir, desprender; *v.r.* desaficionarse, deshacerse.

des.pren.di.do *adj.* desinteresado, generoso, desprendido, suelto; *Fig.* abnegado.

des.pren.di.men.to *s.m.* generosidade, desinterés, desprendimiento.

des.pre.o.cu.pa.ção *s.f.* tranquilidad, despreocupación.

des.pre.o.cu.par *v.t.* librar de preocupaciones; *v.r.* despreocuparse.

des.pre.pa.ro *s.m.* desarreglo, desorganización, desconcierto, desorden.

des.pres.ti.gi.ar *v.t.* desacreditar, desvirtuar, quitar el prestigio, desprestigiar.

des.pres.tí.gio *s.m.* falta de prestigio, pérdida de autoridad, desprestigio.

des.pre.ten.si.o.so *adj.* sencillo, modesto, simple, desafectado, sin pretensiones.

des.pre.ve.ni.do *adj.* incauto, desprevenido, descuidado; *Fig.* sin dinero.

des.pre.zar *v.t.* humillar, desdeñar, afrentar, desairar; menoscabar, despreciar; *v.r.* rebajarse.

des.pre.zo *s.m.* menosprecio, desaire, desprecio, desdén.

des.pro.por.ção *s.f.* desigualdad, desproporción, desconformidad.

des.pro.pó.si.to *s.m.* desvarío, disparate, absurdo, despropósito.

des.pro.te.gi.do *s.m.* abandonado, desamparado, desvalido, desprotegido, infeliz.

des.pro.ver *v.t.* despojar, desproveer, no proveer.

des.pu.dor *s.m.* descaro, sinvergüenza.

des.qua.li.fi.ca.do *adj.* descalificado, de ínfima categoría moral; desclasificado.

des.qua.li.fi.car *v.t.* descalificar, desclasificar, inhabilitar, incapacitar.

des.qui.tar *v.t.* desquitar, separar, divorciar.

des.ra.ti.za.ção *s.f.* desratización.

des.ra.ti.zar *v.t.* desratizar; extirpar las ratas.

des.re.gra.do *adj.* desarreglado, sin regla; desgobernado, descomedido, desordenado, disoluto.

des.re.gra.men.to *s.m.* desarreglo, intemperancia, libertinaje, exceso.

des.res.pei.tar *v.t.* faltar el respecto, irreverenciar, desacatar, desobedecer, transgredir.

des.res.pei.to *s.m.* desacato, irreverencia, falta de respeto.

des.se *contr. prep.* de y *pron. demons.* esse: de ese.

des.ta.ca.men.to *s.m. Mil.* destacamento (tropa).

des.ta.car *v.t.* sobresalir, revelar, destacar; enviar, separar, escalonar, despuntar, *v.i.* y *v.r.* descollar.

des.ta.cá.vel *adj.* sopresaliente, relevante, separable, que se puede destacar.

des.tam.par *v.t.* destapar.

des.ta.par *v.t.* destampar, abrir, descubrir lo que estaba tapado.

des.ta.que *s.m.* realce, relieve.

des.te *contr. prep.* de y *pron. demons.*: este de, este.

des.te.lhar *v.t.* destechar; destejar, quitar las tejas de; descubrir.

des.te.mi.do *adj.* sin miedo, valiente, intrépido.

des.te.mor *s.m.* valor, audacia, falta de temor.

des.ter.ra.do *s.m.* y *adj.* exiliado, expatriado, confinado.

des.ter.rar *v.t.* expatriar, alejar, proscribir, *v.r.* expatriarse.

des.ter.ro *s.m.* proscripción, exilio, destierro, lugar para donde va el desterrado.

des.ti.la.ção *s.f.* destilación, exudación, goteamiento, goteo.

des.ti.la.ria *s.f.* destilería.

des.ti.nar *v.t.* emplear. reservar, dar, destinar; *v.r.* consagrarse; encaminarse, estar reservado.

des.ti.na.tá.rio *s.m.* destinatario.

des.ti.no *s.m.* sino, suerte, destino, empleo, rumbo, destinación, finalidad, fatalidad, dirección.

des.ti.tu.ir *v.t.* dimitir, derrocar, privar, destituir.

des.to.ar *v.t.* desentonar, desacordar, desafinar, disonar.

des.tra.tar *v.t.* insultar, tratar mal.

des.tra.var *v.t.* desenfrenar, desfrenar, destrabar; *v.r.* perder el juicio.

des.trei.na.do *adj.* desadiestrado, falto de costumbre, desacostumbrado.

des.tre.za *s.f.* habilidad, aptitud, arte, destreza.

des.trin.char *v.t.* separar, discriminar, desenrendar.

des.tro *adj.* diestro (del lado derecho); sagaz, hábil, derecho.

des.tro.çar *v.t.* destrozar, dividir, dispensar; arruinar.

des.tro.ço *s.m.* destrozo, desolación.

des.tro.nar *v.t.* destituir, quitar del trono; *Fig.* humillar, abatir.

des.tru.i.ção *s.f.* destrucción, exterminio, ruina, desolación.

des.tru.ir *v.t.* demoler, exterminar, derogar, deshacer, devastar, talar, aniquilar; *Fig.* malgastar.

de.su.ma.ni.da.de *s.f.* barbaridad, crueldad, deshumanidad, inhumanidad.

de.su.ni.ão *s.f.* separación, división, desunión; *Fig.* desavenencia.

de.su.ni.do *adj.* no unido, desunido, sin armonía; separado.

de.su.nir *v.t.* apartar, separar, desunir; *Fig.* causar discordia, desarmonizar.

de.su.so *s.m.* lo que está fuera de uso; desuso.

des.va.li.do *s.m.* y *adj.* desamparado, desvalido, desprotegido.

des.va.lo.ri.za.ção *s.f.* devaluación, depreciación, desvalorización.

des.va.lo.ri.zar *v.t.* devaluar, depreciar, desvalorizar; *v.r.* minusvalorarse.

des.va.ne.cer *v.t.* apagar, desvanecer, disipar, esfumar; *v.i.* desmayar, olvidar; *v.r.* envanecerse, enorgullecerse.

des.va.ne.ci.men.to *s.m.* presunción, vanidad, desvanecimiento; *Med.* vahido.

des.van.ta.gem *s.f.* desventaja, perjuicio, inferioridad.

des.vão *s.m.* desván, buhardilla, guardilla; escondrijo.

des.va.ri.o *s.m.* delirio, desatino, locura, desvarío.

des.ve.lar *v.i.* descubrir, desvelar; *v.r.* desvelarse.

des.ve.lo *s.m.* atención, cariño, desvelo, cuidado.

des.ven.dar *v.t.* desenmascarar, desvendar, revelar, descubrir, desentrañar.

des.ven.tu.ra *s.f.* desgracia, adversidad, infortunio, infelicidad, desventura.

des.ven.tu.ra.do *adj.* desdichado, infeliz, apocado, desafortunado, desventurado.

des.vi.ar *v.t.* y *v.i.* extraviar, desviar, disuadir.

des.vin.cu.lar *v.t.* desprender, desembarazar, franquear, desvincular; *v.r.* desconectarse.

des.vi.o *s.m.* desviación, extravío, excepción, rodeo,

vuelta, desvío, bifurcación, digresión, aberración.

de.ta.lhar *v.t.* particularizar, pormenorizar, detallar.

de.ta.lhe *s.m.* minucia, pormenor, detalle (galicismo).

de.ta.lhis.ta *s.m.* y *s.f.*, *adj.* minucioso, detallista.

de.tec.tar *v.t.* revelar, detectar.

de.ten.ção *s.f.* retención, suspensión, detención, apresamiento.

de.ten.to *s.f.* prisionero, detenido.

de.ter *v.t.* estancar, detener, parar, apresar, retener, atajar, arrestar; *v.r.* detenerse.

de.ter.gen.te *s.m.* detergente.

de.te.ri.o.ra.ção *s.f.* deterioro, perjuicio, ruina, daño, deterioración.

de.te.ri.o.rar *v.t.* y *v.i.* empeorar, malear, viciar, maltratar, deteriorar.

de.ter.mi.na.ção *s.f.* resolución, orden superior, determinación, coraje, valor.

de.ter.mi.na.do *adj.* definido, ordenado, resuelto, determinado, establecido.

de.ter.mi.nan.te *s.m.* y *s.f.*, *adj.* determinante, causa, motivo, razón.

de.ter.mi.nar *v.t.* definir, concretar, decidir, prescribir, señalar, determinar.

de.tes.tar *v.t.* execrar, odiar, aborrecer, detestar.

de.tes.tá.vel *adj.* detestable, abominable, insoportable, antipático, odioso.

de.te.ti.ve *s.m.* detective (agente de policía).

de.to.na.ção *s.f.* explosión, estampido, estallido, detonación.

de.to.nar *v.t.* señalar, anunciar, significar, detonar.

de.trás *adv.* detrás, después, en la parte posterior, atrás, tras.

de.tra.tor *s.m.* y *adj.* maldiciente, criticón, detractor.

de.tri.men.to *s.m.* lesión, daño, perjuicio, detrimento.

deus *s.m.* dios, divinidad, creador del universo; *Fig.* providencia.

de.va.gar *adv.* despacio; *devagarinho* despacito.

de.va.nei.o *s.m.* fantasía, delirio, devaneo, imaginación.

de.vas.ta.ção *s.f.* destrucción, devastación, ruina, asolación.

de.vas.ta.do *adj.* destruído, asolado, devastado.

de.vas.ta.dor *adj.* que devasta, destruidor, devastador.

de.vas.tar *v.t.* devastar, arruinar, asolar, despoblar, arrasar, talar.

de.ve.dor *adj.* debedor, deudor, que debe.

de.ver *s.m.* obligación, incumbencia, deber; *v.i.* tener deuda, deber; *v.t.* tener obligación, deber.

de.ve.ras *adv.* verdaderamente, realmente.

de.vi.do *s.m.* y *adj.* debido, razonable, merecido, lo que se debe; *devido a* debido a.

de.vo.ção *s.f.* devoción, piedad, consagración, veneración; cariño.

de.vo.lu.ção *s.f.* devolución, restitución, reembolso, vuelta.

de.vo.lu.to *adj.* vacío, desocupado, inculto.

de.vol.ver *v.t.* restituir, reintegrar, devolver, rechazar.

de.vo.rar *v.t.* devorar, tragar, comer con ansiedad.

dez *adj.* y *num.* diez, una centena; *s.m.* el que ocupa el décimo lugar.

de.zem.bro *s.m.* diciembre, último mes del año.

de.ze.na *s.m. Mat.* grupo de diez; espacio de diez días; decena.

di.a *s.m.* día; período de 24 horas; claridad solar; *pl.* vida, época, existencia; *estar em dia* estar al día.

di.a.be.tes *s.f. Med.* diabetes; glicosuria.

di.a.bé.ti.co *s.m.* y *adj.* diabético; aquel que padece diabetes.

di.a.frag.ma *s.m. Anat.* diafragma; *Fot.* y *Fís.* diafragma.

di.ag.nos.ti.car *v.t.* diagnosticar.

di.ag.nós.ti.co *s.m.* y *adj.* diagnóstico.

di.a.go.nal *s.f.* y *adj.* oblicuo; *Geom.* dirección oblicua; diagonal.

di.a.gra.ma *s.m.* delineación; diagrama, bosquejo; representación por medio de líneas; escala musical.

di.a.le.to *s.m.* dialecto.

di.a.lo.gar *v.i.* discurrir, hablar, conversar, dialogar.

di.á.lo.go *s.m.* conversación, diálogo; conversación entre dos o más personas; obra literaria en forma de diálogo.

di.a.man.te *s.m. Geol.* diamante (piedra preciosa).

di.â.me.tro *s.m.* diámetro; calibre.

di.an.te *adv.* delante, enfrente, a la vista, en presencia; *diante de* frente a, delante de.

di.an.tei.ra *s.f.* proa, vanguardia.

di.an.tei.ro *adj.* que va o está delante; delantero; *s.m. Dep.* delantero.

di.a.po.si.ti.vo *s.m. Fot.* diapositiva.

di.á.ria *s.f.* lo que se paga por día en el hotel; gastos de cada día; ganancia correspondiente al trabajo de un día; pago diario; viáticos; tasa de internación.

di.á.rio *s.m.* periódico; diario (memorias); *adj.* cotidiano, diario.

di.ar.réi.a *s.f.* disentería, diarrea, curso.

di.ca *s.f. Pop.* pista, indicio, señal, dato, indicación; información.

dic.ção *s.f.* dicción, manera de decir o pronunciar, expresión, sonido, vocablo.

di.ci.o.ná.rio *s.m.* léxico, diccionario.

di.co.to.mi.a *s.f.* dicotomía, división y subdivisión en dos.

di.dá.ti.ca *s.f.* didáctica (arte de enseñar).

die.sel *s.m.* diesel.

di.e.ta *s.f.* régimen de comidas, dieta.

di.fa.ma.ção *s.f.* calumnia, difamación.

di.fa.mar *v.t.* calumniar, difamar; *Fam.* tijeretear; *v.r.* desacreditarse.

di.fe.ren.ça *s.f.* diversidad, desavenencia, oposición, *pl.* desavenencias.

di.fe.ren.çar *v.t.* diferenciar, distinguir, variar, notar; *v.r.* no ser semejante.

di.fe.ren.ci.al *s.m. y adj.* diferencial; *Mec.* diferencial; *s.f.* aumento pequeño de una cantidad variable; *Gram.* diacrítico.

di.fe.ren.ci.ar *v.t.* hacer distinción, diferenciar, hallar la diferencia de.

di.fe.ren.te *adj.* desigual, diferente, incomún, distinto, extraño, exótico, vario, apartado.

di.fe.rir *v.t.* y *v.i.* dilatar, diferir, aplazar, discordar.

di.fí.cil *adj.* costoso, arduo, penoso, ingrato, lioso, laborioso, difícil; poco probable.

di.fi.cul.da.de *s.f.* dificultad, estorbo, empacho, transtorno, obstáculo, objeción, problema.

di.fi.cul.tar *v.t.* complicar, embarazar, objetar, dificultar, estorbar.

di.fi.cul.to.so *adj.* costoso, difícil, arduo, dificultoso, embarazoso.

di.fun.dir *v.t.* divulgar, irradiar, propagar, vulgarizar; *v.r.* explayar.

di.fu.são *s.f.* divulgación, propagación.

di.ge.rir *v.t.* y *v.i.* tragar, engullir, digerir, hacer la digestión; *Fig.* estudiar con provecho, asimilar, sobrellevar.

di.ges.tão *s.f.* digestión, acción y afecto de digerir; *Fig.* reflexión.

di.ges.ti.vo *adj.* digestivo, *s.m.* medicamento que ayuda a hacer la digestión.

di.gi.ta.ção *s.f. Inform.* digitación.

di.gi.tal *adj.* digital.

di.gi.ta.li.za.ção *s.f. Inform.* digitalización, transformación de signos, símbolos o imágenes en códigos digitales.

di.gi.ta.li.zar *v.t. Inform.* digitalizar, transformar símbolos, signos o imágenes en códigos digitales para su tratamiento informático.

di.gi.tar *v.t. Inform.* teclear.

dí.gi.to *s.m. Mat.* número de un solo guarismo; dígito; *dígito binário* dígito binario, *bit* (inglés).

dig.nar-se *v.r.* condescender, dignarse, hacer favor.

dig.ni.da.de *s.f.* nobleza, honor, dignidad, decoro.

dig.ni.fi.car *v.t.* ennoblecer, honrar, dignificar, engrandecer; *v.r.* ennoblecerse.

dig.no *adj.* merecedor, digno, respetable, honrado, honesto, capaz.

di.la.pi.dar *v.t.* malgastar, disipar, derruir, malversar, dilapidar.

di.la.ta.ção *s.f.* ampliación, dilatación, prolongación, propagación.

di.la.tar *v.t.* aumentar (el volumen), dilatar; retardar, diferir, ampliar, prorrogar; *v.r.* crecer.

di.le.ma *s.m.* dilema, argumento con dos proposiciones contradictorias; *Fig.* situación embarazosa.

di.li.gên.cia *s.f.* cuidado, esmero, diligencia; mandado; carroza.

di.lu.ir *v.t.* disolver, diluir, mezclar con agua; *v.r.* disolverse.

di.lú.vio *s.m.* diluvio, inundación universal; *Fig.* lluvia abundante, torrencial.

di.men.são *s.f.* dimensión, tamaño, medida, extensión, magnitud.

di.mi.nu.i.ção *s.f.* reducción, disminución, substracción; *Mat.* resta, quiebra.

di.mi.nu.ir *v.t.* desbastar, disminuir, achicar, apocar, bajar, minorar, menguar, decaer, reducir, decrecer, reducir, rebajar; *v.i.* encoger; *v.r.* encogerse.

di.mi.nu.ti.vo *adj.* limitado, reducido, diminuto, muy pequeño, escaso.

di.nâ.mi.co *adj.* activo, dinámico; relativo a las fuerzas.

di.na.mis.mo *s.m.* energía, actividad, dinamismo.

di.na.mi.tar *v.t.* dinamitar.

di.na.mi.te *s.f.* dinamita.

di.nas.ti.a *s.f.* dinastía.

di.nhei.ro *s.m.* dinero, plata, tesoro, peculio, fondos; *Fig.* bienes, oro, caudal.

di.nos.sau.ro *s.m.* dinosaurio.

di.o.ce.se *s.f. Rel.* diócesis.

di.plo.ma *s.m.* título, diploma, dignidad; merced.

di.plo.ma.ci.a *s.f.* diplomacia; *Fig.* astucia, habilidad; circunspección.

di.plo.mar *v.t.* conceder diploma a; *v.r.* obtener diploma, diplomarse.

di.plo.ma.ta *s.m.* miembro de la diplomacia (carrera); diplomático; *Fig.* disimulado, astuto.

di.plo.má.ti.co *adj.* cortés, discreto, relativo a la diplomacia.

di.que *s.m.* dique, construcción para represar aguas corrientes; *Fig.* estorbo, obstáculo.

di.re.ção *s.f.* curso, rumbo, orientación, administración, gobierno.

di.rei.ta *s.f.* derecha, diestra; lado derecho; *às direitas* como debe ser, recto, íntegro.

di.rei.to *adj.* derecho, diestro; recto, plano, íntegro; conforme a la ley; *s.m.* derecho, abogacía; *pl.* ventajas, derecho; *adv.* adecuadamente.

di.re.to *adj.* que va en línea recta; sin rodeos; directo (golpe en boxeo); *adv.* directamente.

di.re.tor *s.m.* y *adj.* director, aquél que dirige, administrador.

di.re.tó.rio *s.m.* directorio; *Inform.* directorio, carpeta: conjunto de archivos agrupados bajo un mismo nombre.

di.ri.gen.te *s.m.* y *s.f., adj.* director, dirigente, empresario, la persona que dirige.

di.ri.gir *v.t.* guiar, comandar, dirigir, gobernar, llevar, conducir, vehículo, presidir, regir; *v.r.* encaminarse.

di.ri.mir *v.t.* anular, decidir, resolver, disolver.

dis.car *v.i.* marcar (un número en el teléfono).

dis.cer.ni.men.to *s.m.* juicio, criterio, discernimiento.

dis.cer.nir *v.t.* juzgar, discernir, valuar, percibir (diferencia entre las cosas).

dis.ci.pli.na *s.f.* disciplina, ciencia, facultad, doctrina, materia; *pl.* castigo.

dis.ci.pli.nar *v.t.* adiestrar, castigar, corregir, disciplinar, azotar, *v.r.* flagelarse; *adj.* relativo a disciplina.

dis.cí.pu.lo *s.m.* alumno, pupilo, discípulo, sectario.

dis.co *s.m.* disco, tejo de metal en juegos gimnásticos; *Mús.* disco; *Mec.* plato, disco; *Inform.* disco; *disco a laser* disco óptico; *disco flexível* disco flexible; *disco rígido* disco duro; *disco voador* platillo volante.

dis.cor.dar *v.t.* y *v.i.* estar en desacuerdo, discordar, desavenir.

dis.cór.dia *s.f.* desacuerdo, desorden, querella, oposición; *Fig.* desunión.

dis.co.te.ca *s.f.* discoteca.

dis.cre.par *v.i.* diferir, divergir, disonar, disentir, discrepar.

dis.cre.to *adj.* reservado, comedido, discreto, recatado, avisado, sutil.

dis.cri.ção *s.f.* reserva, prudencia, discreción.

dis.cri.mi.na.ção *s.f.* distinción, discriminación, segregación, especificación, desglose.

dis.cri.mi.nar *v.t.* separar, distinguir, discriminar, segregar, especificar, discernir.

dis.cur.so *s.m.* discurso, oración, conferencia; exhortación, razonamiento.

dis.cus.são *s.f.* debate, polémica, discusión, diatriba, demanda; *Fam.* paliza.

dis.cu.tir *v.t.* y *v.i.* debatir, discutir, altercar, argumentar, teorizar; pelearse, enfadarse; *Fig.* litigar, combatir.

dis.cu.tí.vel *adj.* problemático, no evidente, discutible.

di.sen.te.ri.a *s.f. Med.* disentería (enfermedad intestinal).

dis.far.ça.do *adj.* disfrazado, falso, disimulado.

dis.far.çar *v.t.* encubrir, enmascarar, simular, disfrazar; *v.i.* fingir; *v.r.* vestirse de máscara.

dis.jun.tor *s.m.* interruptor, automático; disyuntor.

dis.pa.ra.da *s.f.* correría, carrera.

dis.pa.rar *v.t.* arrojar, lanzar, disparar, detonar (arma), despedir; *v.i.* correr con gran velocidad, huir; *v.r.* discargarse.

dis.pa.ra.te *s.m.* absurdo, desatino, locura, disparate.

dis.pa.ri.da.de *s.f.* desigualdad, discrepancia, disparidad.

dis.pa.ro *s.m.* acción y efecto de disparar, tiro, estampido, estruendo, explosión.

dis.pen.sar *v.t.* otorgar, conceder, dar, ceder, dispensar, excluir, prescindir, exonerar.

dis.per.são *s.f.* dispersión, diáspora, desbandada.

dis.per.sar *v.t.* disgregar, separar, dispersar, ahuyentar; *v.r.* disiparse.

dis.po.ni.bi.li.da.de *s.f.* franquía, disponibilidad; *Econ.* liquidez.

dis.po.ní.vel *adj.* libre, disponible, desocupado.

dis.por *v.t.* disponer, ofrecer, otorgar, tener, acomodar, preparar; *v.r.* disponerse, ofrecerse, decidirse.

dis.po.si.ção *s.f.* vocación, aptitud, disposición, desembarazo, medida, ordenación, organización.

dis.po.si.ti.vo *adj.* dícese de lo que dispone; *s.m.* dispositivo.

dis.pos.to *adj.* dispuesto, establecido, listo, ordenado; *s.m.* regla, precepto.

dis.pu.ta *s.f.* lucha, contienda, refriega, competición, disputa, altercado; litigio, pleito, porfía, riña.

dis.pu.tar *v.t.* reñir, pleitear, disputar, contender; *v.i.* debatir, controvertir.

dis.que.te *s.m. Inform.* disco flexible, disquete.

dis.se.ca.ção *s.f.* disecación; *Fig.* examen riguroso, análisis.

dis.se.ca.do *adj.* que se disecó; cortado, separado.

dis.se.car *v.t.* disecar, resecar, cortar en partes un cuerpo muerto; *Fig.* analizar minuciosamente.

dis.se.mi.na.ção *s.f.* diseminación, derramamiento.

dis.se.mi.nar *v.t.* sembrar, diseminar, desparramar; *v.r.* propagarse; *Fig.* salpicar.

dis.ser.ta.ção *s.f.* discurso, ensayo, disertación, monografía.

dis.ser.tar *v.i.* discurrir, discursar, disertar.

dis.sí.dio *s.m.* divergencia, disidencia; *For. dissídio coletivo* pacto salarial.

dis.si.mu.la.ção *s.f.* disimulación, simulación, disimulo; tapadillo; fingimiento; *Fig.* embozo.

dis.si.mu.lar *v.t.* y *v.i.* encubrir, disimular, ocultar, tapar, disfrazar.

dis.si.pa.ção *s.f.* acción y efecto de disipar; disipación, desperdicio, despilfarro, derroche (de una fortuna).

dis.si.par *v.t.* hacer desaparecer o cesar; disipar, perder, desperdiciar, malgastar, derrochar; *v.r.* disiparse, evaporarse.

dis.so *contr.* de *y* *pron. dem.* isso: de eso.

dis.so.ci.a.ção *s.f.* disociación, disolución de sociedad, separación, desagregación.

dis.so.ci.ar *v.t.* desagregar, separar, disociar; *v.r.* desunirse.

dis.so.lu.ção *s.f.* disolución, desagregación; *For.* extinción de contrato y sociedad.

dis.sol.ver *v.t.* diluir, desagregar, disolver, desleír, derretir.

dis.su.a.dir *v.t.* hacer mudar de propósito, disuadir, apartar, retraer, desaconsejar, desviar; *v.r.* desviarse; *Fig.* apear.

dis.tân.cia *s.f.* distancia, separación, lejanía, alejamiento; trecho.

dis.tan.ci.ar *v.t.* separar, apartar, alejar, distanciar, retirar, poner a distancia.

dis.ten.são *s.f.* distensión, tensión excesiva; *Med.* tensión forzada de ligamentos.

dis.tin.ção *s.f.* honra, elegancia, nobleza, distinción.

dis.tin.guir *v.t.* diferenciar, distinguir, percibir, divisar, notar, particularizar; *v.r.* señalarse.

dis.tin.ti.vo *s.m.* emblema, insignia, distintivo; galón (militar).

dis.tin.to *adj.* diferente, notable, superior, claro, noble, distinto; *Fig.* estirado.

dis.to *contr.* de *y* *pron. dem.* isto: de esto.

dis.tor.cer *v.t.* retorcer, distorsionar, falsear.

dis.tra.ção *s.f.* distracción, descuido, olvido, irreflexión, desenfado.

dis.tra.í.do *adj.* abstraído, entretenido, descuidado.

dis.tra.ir *v.t.* entretener, distraer, desenfadar, engañar; *v.r.* entretenerse.

dis.tri.bu.i.ção *s.f.* reparto, distribución; arreglo, clasificación.

dis.tri.bu.ir *v.t.* repartir, dividir, distribuir, ordenar; *For.* distribuir (una causa).

dis.tri.to *s.m.* división administrativa, área de demarcación territorial; distrito.

dis.túr.bio *s.m.* desorden, disturbio, remolino, perturbación, discordia.

di.ta.do *s.m.* y *adj.* dictado, dicho, refrán, proverbio; acción de dictar; lo que se dicta; *adj.* prescrito, inspirado.

di.ta.dor *s.m.* déspota, dictador.

di.ta.du.ra *s.f.* dictadura.

di.ta.me *s.m.* dictamen; sentencia; *Fig.* impulsos.

di.tar *v.t.* dictar, decir en voz alta lo que otros han de escribir; *Fig.* inspirar, prescribir, imponer.

di.to *adj.* cuento, relato; dicho, mencionado; *s.m.* refrán; *dito cujo* fulano.

di.ton.go *s.m. Gram.* diptongo (reunión de dos vocales en una sola emisión de voz).

di.to.so *adj.* dichoso, afortunado, feliz.

di.u.ré.ti.co *s.m.* y *adj.* diurético.

di.ur.no *adj.* diurno, que se hace o sucede en un día.

di.vã *s.m.* sofá, diván.

di.va.ga.ção *s.f.* divagación, devaneo.

di.va.gar *v.t.* vagar, errar, divagar; pasear; *Fig.* desviarse (del asunto).

di.ver.gên.cia *s.f.* discrepancia, discordancia, divergencia.

di.ver.gir *v.i.* discordar, discrepar, divergir, separarse.

di.ver.são *s.f.* diversión, desvío, distracción, pasatiempo, placer, broma; *parque de diversões* plaza de juegos.

di.ver.si.fi.car *v.t.* variar, diferenciar, diversificar.

di.ver.so *adj.* diferente, distinto, vario, mudado, diverso, desemejante.

di.ver.ti.do *adj.* recreativo, festivo, alegre; gracioso.

di.ver.ti.men.to *s.m.* acción y efecto de divertir; diversión, entretenimiento.

di.ver.tir *v.t.* distraer, recrear, entretener, alegrar, reír; *v.r.* entretenerse.

dí.vi.da *s.f.* deuda, obligación, lo que se debe; *Fig.* culpa, pecado.

di.vi.dir *v.t.* partir, repartir, dividir, cortar, distribuir, fraccionar, parcelar, seccionar; *v.r.* separarse; *Fig.* desmembrar.

di.vi.no *adj.* sublime, de Dios o relativo a él; perfecto, excelente; *s.m.* la divinidad.

di.vi.sa *s.f.* demarcación, raya; divisa (moneda); lema, señal, distintivo, insignia.

di.vi.são *s.f.* desunión, divisón, partición, reparto, sección, ramificación.

di.vi.sar *v.t.* percibir, ver, observar, notar; divisar.

di.vi.só.ria *s.f.* tabique, divisoria, tapamento.

di.vi.só.rio *adj.* aledaño, confinante, divisorio.

di.vor.ci.a.do *s.m.* y *adj.* que se divorció, divorciado; *Fig.* alejado, apartado.

di.vor.ci.ar *v.t.* divorciar, descasar, desunir, separar; *v.r.* divorciarse; *Fig.* desunir.

di.vór.cio *s.m.* divorcio, disolución legal de un matrimonio; *Fig.* desacuerdo.

di.vul.ga.ção *s.f.* difusión, divulgación, propaganda.

di.vul.gar *v.t.* editar, propagar, alardear, propalar, vulgarizar, divulgar, pregonar.

di.zer *v.t.* decir, proferir, exponer, afirmar, contar, declamar; *v.i.* hacer alegaciones; *v.r.* llamarse; *s.m.* el decir.

dí.zi.mo *s.m.* diezmo (contribución a la iglesia); décimo; décima parte; *adj.* décimo.

do *contr. prep.* de y *art.* o: del.

dó *s.m.* lástima, pena, piedad, compasión; *Mús.* do, nota musical.

do.a.ção *s.f.* donación, donativo, otorgamiento, ofrecimiento.

do.a.dor *adj.* el que dona; donador.

do.ar *v.t.* donar, otorgar, legar.

do.bra *s.f.* arruga, pliegue, dobladura; doblez.

do.brar *v.t.* y *v.i.* doblegar, doblar, duplicar, plegar, quebrar; *v.r.* bonearse, sonar; *Fig.* rendirse.

do.bro *s.m.* y *num.* duplo, dos veces más.

do.ce *adj.* dulce, azucarado; merengue; apacible; *s.m.* lo que es dulce.

do.cei.ra *s.f.* mujer que hace o vende dulces; confitera; dulcera.

do.cen.te *s.m.* y *s.f., adj.* docente, que enseña; relativo a profesores.

do.ce.ri.a *s.f.* confitería.

dó.cil *adj.* manso, tierno, fácil, dócil.

do.cu.men.ta.ção *s.f.* documentación, conjunto de documentos.

do.cu.men.tar *v.t.* y *v.i.* probar, documentar, explicar, justificar, juntar documentos a.

do.cu.men.to *s.m.* documento, certificado, declaración escrita; testimonio; *pl.* papeles personales.

do.çu.ra *s.f.* dulzura, dulzor, ternura, blandura, benignidad; *Fig.* miel.

do.en.ça *s.f.* dolencia, enfermedad, molestia, achaque; *Fig.* giba.

do.en.te *s.m.* y *s.f., adj. Med.* paciente, enfermo; *Fig.* fanático, apasionado.

do.er *v.i.* doler, sentir dolor; causar dolor o disgusto; *v.r.* compadecerse.

dog.ma *s.m.* precepto, dogma, misterio, ortodoxia.

dog.má.ti.co *adj.* ortodoxo, dogmático.

dois *adj.* y *num.* dos.

dó.lar *s.m.* dólar.

do.lo *s.m. For.* mala fe; embuste, fraude, dolo.

do.lo.ro.so *adj.* lastimoso, doloroso, sensible; angustiado.

do.lo.so *adj.* doloso, fraudulento, pérfido.

dom *s.m.* don, dote natural, gracia, privilegio.

do.mar *v.t.* amansar, domesticar, refrenar, domar.

do.més.ti.co *adj.* familiar, doméstico; *s.m.* criado, casero.

do.mi.ci.li.ar *v.t.* habitar, domiciliar; *v.r.* domiciliarse; *adj.* relativo a domicilio.

do.mi.cí.lio *s.m.* hogar, residencia, domicilio; posada, asiento, rincón; *Fig.* techo.

do.mi.na.ção *s.f.* dominación, soberanía, mando, predominio, potencia.

do.mi.nar *v.t.* y *v.i.* dominar, imperar, mandar, avasallar, rendir, señorear; *v.r.* rehacerse, sobreponerse.

do.min.go *s.m.* domingo.

do.mí.nio *s.m.* dominio; jurisdicción; control; dominación; propiedad; poderío, soberanía; autoridad; *Inform.* conjunto de valores de un atributo de programa; en la red internet, segmento final de una dirección electrónica (*e-mail*).

do.mi.nó *s.m.* dominó (traje y juego).

do.na *s.f.* doña, señora, propietaria.

do.na.ti.vo *s.m.* dádiva, regalo, limosna.

don.de *contr.* de y *adv.* onde: de donde.

do.no *s.m.* señor, dueño, propietario, poseedor.

don.ze.la *s.f.* virgen, doncella.

do.par *v.t.* drogar, dopar.

dor *s.f.* dolor, sufrimiento, pesar; *dor-de-cotovelo* celos.

dor.mi.nho.co *adj.* dormilón, marmota.

dor.mir *v.t.* dormir; *v.r.* ser descuidado; *s.m.* el sueño.

dor.mi.tó.rio *s.m.* habitación; pieza; dormitorio.

dor.so *s.m. Anat.* lomo, dorso, espalda del hombre.

do.sar *v.t.* y *v.i.* dosificar, graduar las dosis (de un medicamento).

do.se *s.f.* dosis, porción.

do.ta.ção *s.f.* dote, dotación, asignación.

do.tar *v.t.* destinar, dar dote a, asignar dotes o fondos; beneficiar, favorecer; *v.r.* dotarse.

do.te *s.m.* dote; bienes que lleva la persona al casarse; *Fig.* don natural.

dou.ra.do *adj.* aureo, dorado; *s.m.* dorada (pez).

dou.rar *v.t.* cubrir con oro, dorar, gratinar; *Fig.* disfrazar, encubrir.

dou.tor *s.m.* doctor, médico, el que hizo doctorado; abogado; *Fig.* perito.

dou.tri.na *s.f.* doctrina, religión, conjunto de dogmas, enseñanza; disciplina.

dou.tri.nar *v.t.* doctrinar, enseñar, catequizar, instruir; *Fig.* apacentar.

drá.ge.a *s.f.* drajea, píldora.

dra.ma *s.m.* drama, obra teatral, *Fig.* tragedia, desgracia.

dra.ma.tur.go *s.m.* autor de obras dramáticas; dramaturgo.

drás.ti.co *adj.* enérgico, drástico.

dre.na.gem *s.f.* drenaje.

dre.nar *v.t.* avenar, drenar.

drin.que *s.m.* copetín, copa, trago.

dro.ga *s.f.* droga, cosa mala, narcótico.

dro.ga.do *s.m.* y *adj.* drogadicto.

dro.gar *v.i.* drogar, *v.r.* drogarse.

dro.ga.ri.a *s.f.* droguería, farmacia.

dro.me.dá.rio *s.m. Zool.* dromedario.

du.bla.gem *s.f.* doblaje.

du.blar *v.t.* y *v.i.* doblar.

du.cha *s.f.* ducha.

du.e.lo *s.m.* duelo, desafio, combate.

du.en.de *s.m.* duende (espíritu o fantasma).

du.na *s.f.* duna.

du.o *s.m.* dueto, dúo.

du.o.de.no *s.m. Anat.* duodeno (parte inicial del intestino delgado).

du.pla *s.f.* pareja; *Mús.* dúo.

du.pli.car *v.t.* y *v.i.* doblar, duplicar, redoblar; reduplicar, geminar; *Fig.* aumentar.

du.pli.ca.ta *s.f. Com.* factura comerciable; duplicata.

du.pli.ci.da.de *s.f.* ambivalencia, duplicidad; *Fig.* falsedad.

du.plo *adj.* doble, duplo, duplicado.

du.ra.ção *s.f.* duración, decurso, permanencia, sesión, vigencia.

du.ra.dou.ro *adj.* duradero, estable, permanente.

du.ran.te *prep.* durante, mientras.

du.rar *v.t.* conservarse, durar, permanecer, llegar, persistir, subsistir; *v.i.* continuar, vivir; *Fig.* envejecer.

du.rex *s.m.* cinta adhesiva.

du.re.za *s.f.* firmeza, endurecimiento, dureza.

du.ro *adj.* cruel, recio, duro, rígido, rudo, áspero.

dú.vi.da *s.f.* duda, sospecha, incerteza, objeción, dificultad.

du.vi.dar *v.t.* sospechar, dudar, no creer, desconfiar.

du.vi.do.so *adj.* sospechoso, dudoso, indeciso, incierto; peligroso.

dú.zia *s.f.* docena; *às dúzias* en gran cantidad; *meia dúzia* seis.

E

e *s.m.* quinta letra del alfabeto portugués; *conj.* y; *Geogr.* abreviatura de *este*.

é.brio *adj.* vinolento, beodo, ebrio, borracho; *Fig.* sediento; apasionado.

e.bu.li.ção *s.f.* ebullición; hervor; acto de hevir; *Fig.* agitación, efervescencia.

e.cle.si.ás.ti.co *adj.* eclesiástico, relativo a la iglesia o al clero; *s.m.* clérigo, sacerdote.

e.clip.se *s.m.* eclipse; *Fig.* desaparecimiento, ausencia.

e.clo.são *s.f.* eclosión, explosión.

e.co *s.m.* eco, repercusión, reflexión acústica, resonancia; *Fig.* rumor, fama.

e.co.ar *v.i.* hacer eco; retumbar; *Fig.* reflejarse.

e.co.lo.gi.a *s.f.* ecología.

e.co.no.mi.a *s.f.* economía, ahorro, escasez; ciencia económica.

e.co.nô.mi.co *adj.* económico, sobrio, barato.

e.co.no.mi.zar *v.t.* y *v.i.* ahorrar, guardar, economizar.

e.cos.sis.te.ma *s.m.* ecosistema.

é.den *s.m.* edén; *Fig.* lugar de delicias.

e.di.ção *s.f.* edición; publicación de un libro.

e.di.fi.ca.ção *s.f.* edificación, obra, construcción, edificio; *Fig.* perfeccionamiento moral.

e.di.fi.can.te *adj.* edificante, moralizador, instructivo; que edifica.

e.di.fi.car *v.t.* construir edificio; edificar; alzar, levantar; *Fig.* dar buen ejemplo.

e.di.fí.cio *s.m.* edificio; casa; construcción, estructura.

e.di.tar *v.t.* publicar, imprimir, editar; *Inform.* editar: crear, modificar o montar textos.

e.di.tor *s.m.* editor; aquél que publica obra de un autor; *Inform* editor: programa que permite crear, modificar, visualizar e imprimir textos.

e.di.to.ra *s.f.* casa editorial, editorial.

e.di.to.ri.al *s.m.* artículo principal de un periódico; editorial.

e.dre.dom *s.m.* edredón; acolchado.

e.du.ca.ção *s.f.* instrucción; educación; cortesía, cultura; crianza; urbanidad.

e.du.ca.do *adj.* cortés, educado, urbano, criado.

e.du.ca.dor *s.m.* profesor, maestro, educador, pedagogo.

e.du.car *v.t.* enseñar, adoctrinar, ilustrar; *v.r.* refinarse, instruirse.

e.fe *s.m.* nombre de la letra f.

e.fei.to *s.m.* efecto; realización; daño, perjuicio; aplicación; ejecución; producto; *com efeito* con/en efecto.

e.fê.me.ro *adj.* que dura poco; pasajero, transitorio, efímero.

e.fe.mi.na.do *adj.* afeminado, maricón.

e.fer.ves.cên.cia *s.f.* agitación, efervescencia, combustión, fermentación, ebullición, hervor; acaloramiento.

e.fer.ves.cer *v.i.* tornarse efervescente; agitarse.

e.fe.ti.var *v.t.* hacer efectivo; efectuar, realizar; *v.r.* efectuarse.

e.fe.ti.vo *adj.* práctico, efectivo, real, actual; que existe, verdadero; *s.m. Mil.* efectivo, totalidad de militares en servicio.

e.fe.tu.ar *v.t.* efectuar, realizar; poner en práctica.

e.fi.cá.cia *s.f.* eficacia, eficiencia.

e.fi.caz *s.f.* eficaz, eficiente, válido, útil, poderoso.

e.fu.si.vo *adj.* comunicativo, expansivo; cariñoso; afable, jovial, efusivo.

e.go.cên.tri.co *adj.* egocéntrico, individualista.

e.go.ís.mo *s.m.* egoísmo; individualismo, excesivo amor a sí mismo.

e.go.ís.ta *adj.* egocéntrico, egoísta, individualista.

é.gua *s.f.* yegua.

eis *adv.* he aquí, aquí está.

ei.xo *s.m. Mec.* eje; línea imaginaria; *Geom.* eje; diámetro de curva; *Fig.* punto de apoyo, sustentáculo, esencia.

e.ja.cu.lar *v.t.* eyacular; expeler con fuerza; *Pop.* decir, proferir.

e.la *pron. pers.* ella.

e.la.bo.ra.ção *s.f.* elaboración, trabajo; preparación.

e.la.bo.rar *v.t.* formar, concebir, elaborar, fabricar, trabajar.

e.las.ti.ci.da.de *s.f.* elasticidad; *Fig.* doblez.

e.lás.ti.co *s.m.* elástico; *adj.* flexible, maleable; plástico; elástico.

e.le (ê) *pron. pers.* él.

e.le *s.m.* ele, nombre de la letra *l*.

e.le.fan.te *s.m. Zool.* elefante.

e.le.gân.cia *s.f.* donaire, elegancia, distinción, esbeltez, garbo, gallardía.

e.le.gan.te *adj.* elegante, esbelto, gallardo, fino.

e.le.ger *v.t.* elegir, seleccionar, votar; nombrar por votación; escoger.

e.lei.ção *s.f.* elección; preferencia; votación, selección.

e.lei.to *s.m. y adj.* escogido, electo, elegido.

e.lei.tor *s.m. y adj.* elector; el que elige o tiene el derecho de elegir.

e.le.men.tar *adj.* elemental; sencillo, fácil, rudimental.

e.le.men.to *s.m.* elemento; ingrediente; medio natural; ambiente; materia prima; dato; información; *Quím.* cuerpo simple; *pl.* nociones, rudimentos.

e.len.co *s.m. Teatr.* reparto teatral; elenco; índice; lista.

e.le.tri.ci.da.de *s.f. Fís.* electricidad.

e.le.tri.cis.ta *s.m. y s.f., adj.* electricista.

e.lé.tri.co *adj.* eléctrico; que tiene o comunica electricidad; *Fig.* rápido; *s.m.* tranvía eléctrico.

e.le.tri.fi.car *v.t.* electrificar; aplicar electricidad a.

e.le.tri.zar *v.t.* electrizar.

e.le.tro.cu.tar *v.t.* matar por electrocución; electrocutar.

e.le.tro.do *s.m. Fís.* electrodo; polo.

e.le.tro.do.més.ti.co *s.m. y adj.* electrodoméstico.

e.lé.tron *s.m. Fís.* electrón.

e.le.trô.ni.ca *s.f. Fís.* electrónica.

e.le.va.do *adj.* alto; eminente; elevado; sublime; noble.

e.le.va.dor *s.m. y adj.* ascensor, elevador; *elevador de cargas* montacargas.

e.le.var *v.t.* alzar, subir, elevar; promover, engrandecer, ennoblecer.

e.li.mi.nar *v.t.* suprimir; alejar; eliminar; exterminar, matar.

e.li.mi.na.tó.ria *s.f. Dep.* eliminatoria.

e.li.mi.na.tó.rio *adj.* que elimina; que selecciona; eliminatorio.

e.li.te *s.f.* elite, élite.

e.lo.gi.ar *v.t. y v.i.* aplaudir, elogiar, alabar.

e.lo.gi.o *s.m.* elogio, apología, alabanza.

e.lo.qüen.te *adj.* elocuente; expresivo; convincente.

e.lu.ci.da.ção *s.f.* esclarecimiento, elucidación, aclaración, explicación.

e.lu.ci.dar *v.t.* aclarar, explicar, esclarecer, ilustrar.

em *prep.* en.

e.ma.gre.cer *v.t. y v.i.* enmagrecer, adelgazar.

e.ma.nar *v.i.* emanar, exhalar, nacer, brotar, derivar.

e.man.ci.pa.ção *s.f.* independencia, emancipación.

e.man.ci.par *v.t.* liberar, emancipar, hacer señor de sí a; *v.r.* hacerse libre.

em.ba.çar *v.t.* empañar, embazar, deslustrar; *v.i.* confundirse.

em.bai.xa.da *s.f.* embajada; misión cerca de un gobierno.

em.bai.xa.dor *s.m.* embajador; emisario, mensajero.

em.bai.xa.triz *s.f.* embajatriz; mujer del embajador.

em.bai.xo *adv.* debajo, abajo.

em.ba.la.gem *s.f.* embalaje, empaquetamiento, envase.

em.ba.lar *v.t.* embalar, empacar, envolver; *Col.* tomar impulso; *v.r.* mecerse.

em.bal.de *adv.* en vano, de balde, inútilmente.

em.ba.lo *s.m.* impulso.

em.bal.sa.mar *v.t.* embalsamar, momificar, sahumar.

em.ba.ra.çar *v.t.* embrollar, obstruir, obstar; *Pop.* embarazar; *v.r.* avergonzarse.

em.ba.ra.lhar *v.t.* barajar, mezclar, confundir; poner en desorden.

em.bar.ca.ção *s.f.* barco, embarcación, buque, navío; embarco, embarque.

em.bar.car *v.t. y v.i.* embarcar; dar entrada a personas o mercancías en una embarcación; embarcarse.

em.bar.gar *v.t. For.* embargar, impedir, dificultar; poner embargo a.

em.bar.go *s.m.* objeción, embargo, traba; *Dro.* secuestro, traba.

em.bar.que *s.m.* embarque (mercancías); embarco (personas); embarcadero.

em.ba.te *s.m.* embate, conflicto, choque, encuentro, acometida violenta; *Fig.* resistencia.

em.be.be.dar *v.t.* embriagar, emborrachar, achispar; *v.r. Fam.* alumbrarse, mamarse.

em.be.ber *v.t.* absorber, embeber, ensopar, empapar, mojar; *v.r. Fig.* engolfarse.

em.be.bi.do *adj* empapado, mojado.

em.be.le.zar *v.t.* embellecer, adornar, hermosear, ataviar.

em.be.ve.ci.do *adj.* cautivado, absorto, embebecido.

em.ble.ma *s.m.* emblema, divisa; *Fig.* alegoría; escudo, insignia.

em.bo.lar *v.t.* embolar; *v.i.* formar bolas.

êm.bo.lo *s.m.* émbolo, pistón, cilindro móvil.

em.bol.sar *v.i.* recibir; cobrar; embolsar; meter en la bolsa.

em.bo.ne.car *v.t.* adornar a una persona como si fuese una muñeca; *v.r.* arreglarse.

em.bo.ra *conj.* aunque, no obstante, sin embargo.

em.bos.car *v.t.* esconder, emboscar; *v.r.* armar una celada.

em.bran.que.cer *v.t.* blanquear, emblanquecer.

em.bre.a.gem *s.f.* embrague.

em.bri.a.ga.do *s.m.* y *adj.* borracho, ebrio; bebido, beodo, embriagado.

em.bri.a.gar *v.t.* emborrachar, embriagar; *v.r.* embriagarse, beber; *Fig.* extasiar.

em.bri.o.ná.rio *adj.* embrionario; que está en formación.

em.bro.mar *v.t. Bras.* embromar, engañar, embaucar; dificultar con embustes la resolución de un negocio.

em.bru.lhar *v.t.* empaquetar, enfardar, embalar; *Fig.* embrollar, complicar; *v.r.* embarazarse.

em.bru.lho *s.m.* paquete, envoltorio, lío.

em.bru.te.cer *v.t.* embrutecer, corromper, pervertir.

em.bur.ra.do *adj.* enojado, enfadado.

em.bur.rar *v.t.* embrutecer, lograr; *v.i.* enfadarse, obstinarse.

em.bus.te *s.m.* mentira; trapacería, trampa, embuste.

em.bus.tei.ro *adj.* hipócrita; intrigante; impostor; embustero.

e.me *s.m.* eme; nombre de la letra *m*.

e.men.da *s.f.* enmienda, corrección; mejora; refuerzo; enmendadura.

e.men.dar *v.t.* enmendar, rectificar, corregir; *v.r.* regenerarse; *Fig.* enderezar.

e.mer.gên.cia *s.f.* emergencia, ocurrencia; incidente; acontecimiento fortuito; nacimiento.

e.mer.gir *v.i.* surgir, elevarse, sobresalir, emerger.

e.mi.gra.ção *s.f.* emigración.

e.mi.grar *v.t.* y *v.i.* emigrar; expatriarse; salir de la patria.

e.mi.nên.cia *s.f.* eminencia; excelencia; prominencia; altura, elevación.

e.mi.nen.te *adj.* alto, sublime, excelente, superior, eminente.

e.mis.são *s.f.* emisión.

e.mis.sor *s.m.* y *adj.* emisor; que emite.

e.mis.so.ra *s.f.* emisora (de radio); puesto emisor.

e.mi.tir *v.t.* emitir, lanzar, irradiar (luz, calor); arrojar, emitir (papel moneda); manifestar juicios.

e.mo.ção *s.f.* emoción, turbación, ansia, angustia.

e.mo.ci.o.nal *s.f.* emocional.

e.mo.ci.o.nar *v.t.* conmover; inquietar; estorbar; emocionar; *v.r.* conmoverse.

e.mo.ti.vo *adj.* emotivo.

em.pa.car *v.i.* emperrarse; empacarse.

em.pa.co.tar *v.t.* embalar, empaquetar, empacar, envolver.

em.pa.da *s.f.* empanada.

em.pa.li.de.cer *v.i.* empalidecer, palidecer, ponerse pálido.

em.pa.nar *v.t.* deslucir, empañar; *Fig.* ofuscar.

em.pan.tur.ra.do *adj. Fam.* atiborrado; harto, embuchado, empanturrado.

em.pa.par *v.t.* embeber, encharcar, remojar, mojar, ensopar; *v.r.* empaparse.

em.pa.pe.lar *v.t.* empapelar, forrar con papel; *v.r.* abrigarse.

em.pa.re.lhar *v.t.* emparejar, igualar, comparar.

em.pas.tar *v.t.* reducir a pasta, empastar, encuadernar; *v.r.* empastarse.

em.pa.tar *v.t.* empatar, igualar; obstruir; estorbar; investir; poner dinero sin lucro.

em.pa.te *s.m.* empate; igualdad (de votos o de puntos).

em.pe.der.ni.do *adj.* endurecido, empedernido; transformado en piedra; pertinaz; *Fig.* insensible.

em.pe.drar *v.t.* pavimentar; empedrar.

em.pe.nho *s.m.* ahínco, empeño, constancia, afán, recomendación.

em.per.rar *v.t.* trabarse; causar dificultad en el movimiento; *v.r.* obstinarse, emperrarse.

em.pes.tar *v.i.* contaminar, infestar, apestar; *Fig.* corromper.

em.pe.te.ca.do *adj.* lleno de adornos.

em.pe.te.car-se *v.r. Fam.* llenarse de adornos.

em.pi.lhar *v.t.* empilar, amontonar, apilar, apiñar, acumular.

em.pi.nar *v.t.* levantar, empinar, enderezar; alzar, inclinar; *v.r.* pararse; *empinar papagaios* soltar cometas de papel.

em.pí.ri.co *s.m.* y *adj.* empírico; que se basa en la experiencia.

em.po.bre.cer *v.i.* y *v.r.* decaer, empobrecer; agotar; arruinar.

em.po.ei.ra.do *adj.* empolvado, polvoriento.

em.pol.ga.do *adj.* agarrado; *Fig.* entusiasmado, emocionado, arrebatado.

em.pol.gar *v.t.* agarrar, apresar; tomar con violencia, fascinar, encantar; *Fig.* entusiasmarse.

em.pó.rio *s.m.* tienda; almacén; emporio.

em.pre.en.de.dor *adj.* emprendedor; que emprende; osado; activo; arrojado; decidido.

em.pre.en.der *v.t.* emprender, empezar, osar, trabajar, iniciar, ejecutar.

em.pre.en.di.men.to *s.m.* emprendimiento, tentativa; empresa.

em.pre.ga.do *adj.* utilizado, empleado, aplicado; *s.m.* empleado, criado, dependiente.

em.pre.gar *v.t.* emplear, utilizar, usar; *v.r.* ejercer empleo; dedicarse, ocuparse.

em.pre.go *s.m.* empleo, trabajo, colocación; aplicación; ocupación, oficio, profesión, puesto.

em.prei.tar *v.t* destajar; contratar, hacer un trabajo por contrato.

em.prei.tei.ro *s.m.* y *adj.* contratista (de obras).

em.pre.sa *s.f.* empresa, firma, compañía, negocio, sociedad.

em.pre.sá.rio *s.m.* industrial, empresario, gerente de empresa, director, administrador.

em.pres.tar *v.t.* prestar; atribuir; dar, conceder; adelantar.

em.prés.ti.mo *s.m.* cosa prestada; préstamo.

em.pu.nhar *v.t.* empuñar; asir por el puño.

em.pur.rão *s.m.* empujón; encontrón; empellón.

em.pur.rar *v.t.* y *v.i.* empujar, impulsar, impeler con violencia.

e.mu.de.cer *v.t.* enmudecer; *v.i.* quedar mudo; perder el habla; *v.t.* hacer callar a alguien.

e.mul.são *s.f.* emulsión; lechada; suspensión.

e.nal.te.cer *v.t.* elevar; ennoblecer; ensalzar, encumbrar, glorificar.

e.na.mo.ra.do *s.m.* y *adj.* apasionado; encantado; enamorado.

e.na.mo.rar *v.t.* y *v.r.* apasionar, hechizar, enamorar; amar.

en.ca.be.çar *v.t.* encabezar; estar a la cabeza.

en.ca.bu.la.do *adj.* avergonzado, compungido.

en.ca.de.ar *v.t.* encadenar; sujetar con cadena; concatenar; encarcelar; *v.r.* ligarse.

en.ca.der.na.ção *s.f.* encuadernación; forro de los libros, *Fig.* vestuario.

en.ca.der.nar *v.t.* encuadernar.

en.cai.xar *v.t.* encajar; ajustar; ensamblar; *v.r.* encajarse; *v.i.* entrar fácilmente.

en.cai.xo.tar *v.t.* encajonar; empaquetar; embalar, meter en cajas o cajones.

en.ca.mi.nha.men.to *s.f.* encaminamiento; orientación.

en.ca.mi.nhar *v.t.* conducir; enviar; guiar; aplicar; encaminar; *v.r.* recurrir; enderezarse.

en.ca.na.dor *s.m.* fontanero, cañero.

en.ca.na.men.to *s.m.* cañería, fontanería.

en.can.ta.dor *s.m.* y *adj.* seductor; adorable; hechicero; encantador.

en.can.tar *v.t.* encantar, seducir, fascinar, atraer; *v.r.* maravillarse.

en.can.to *s.m.* encantamiento; hechizo; encanto; sortilegio.

en.ca.par *v.t.* cubrir con capa; revestir, envolver, encapar.

en.ca.ra.co.lar *v.t.* encaracolar; enroscar, poner en forma de espiral.

en.ca.rar *v.t.* mirar, encarar; estudiar; analizar; afrontar.

en.car.ce.rar *v.t.* prender; encarcelar, encerrar.

en.car.dir *v.t.* enmugrecer, ensuciar, manchar; *v.i.* impregnarse de suciedad.

en.ca.re.cer *v.t.* aumentar el precio de, encarecer; *Fig.* recomendar con empeño; *v.i.* subir de precio; *v.r.* hacerse rogar.

en.car.re.ga.do *s.m.* y *adj.* encargado, responsable, delegado.

en.car.re.gar *v.t.* encargar, comisionar, facultar, apoderar, incumbir; *v.r.* ocuparse, hacerse cargo.

en.cas.que.tar *v.t.* meter en la cabeza; encasquetar; persuadir; *v.r.* obstinarse en creer.

en.ce.na.ção *s.f. Teat.* escenificación; *Fig.* simulacro; escena.

en.ce.ra.dei.ra *s.f.* enceradora.

en.ce.ra.do *s.m. y adj.* encerado; cubierto de cera; lustrado; capa, lienzo, hule.

en.ce.rar *v.t.* cubrir con cera; encerar.

en.cer.ra.men.to *s.m* encerramiento, cierre, remate, conclusión, clausura.

en.cer.rar *v.t.* limitar, comprender, encerrar, ocultar.

en.ces.tar *v.t. Dep.* encestar; meter en cesto; marcar punto (baloncesto).

en.char.car *v.t.* ensopar, alagar, empapar, encharcar; *v.r.* mojarse mucho.

en.chen.te *s.f.* inundación; crecida, llena; fartura, avenida; *Fig.* gran flujo de gente.

en.cher *v.t.* llenar, abarrotar; cubrir; saciar; henchir; *v.r.* saciarse.

en.chi.men.to *s.m.* relleno; plenitud; abundancia.

en.ci.clo.pé.dia *s.f.* enciclopedia.

en.ci.lhar *v.t.* ensillar, aparejar.

en.ci.mar *v.t.* coronar; rematar; elevar, alzar.

en.ci.u.mar *v.t.* encelar; *v.r.* celarse; causar celos a; llenarse de celos.

en.clau.su.rar *v.t.* enclaustrar; meter en clausura; prender, *v.r.* recogerse.

en.co.brir *v.t.* cubrir, encubrir; disimular, disfrazar; revestir; velar; *v.r.* nublarse (el cielo).

en.co.le.ri.zar *v.t.* exasperar, irritar, enrabiar, encolerizar; *v.r.* exasperarse.

en.co.lher *v.t. y v.i.* menguar, decrecer, reducir.

en.co.lhi.men.to *s.m.* retracción, encogimiento; acortamiento; achicamiento.

en.co.men.da *s.f.* encomienda, pedido, encargo, incumbencia; *pl.* compras.

en.co.men.dar *v.t.* encargar, ordenar, encomendar; *v.r.* encomendarse.

en.com.pri.dar *v.t.* prolongar, alargar, alongar.

en.con.trar *v.t.* hallar, acertar, topar, encontrar, descubrir; *v.r.* hallar, avistarse.

en.con.tro *s.m.* encuentro; choque; disputa.

en.cos.ta *s.f.* pendiente, cuesta, loma, vertiente, ladera, costanera.

en.cos.tar *v.t.* arrimar, apoyar, acostar; *v.i.* aproximar, tocar, reclinar; *v.r.* apoyarse, sostenerse.

en.cos.to *s.m.* sostén, apoyo, respaldo (de un asiento); espaldar; *Fig.* arrimo, *Pop.* espíritu malhechor.

en.cra.var *v.t.* incrustar, asegurar con clavos; fijar.

en.cren.ca *s.f.* desorden, lío, intriga, enredo; *Pop.* embrollo, embarazo.

en.cren.car *v.t.* dificultar, embarazar, obstaculizar, enredar; *v.r.* complicarse, descomponerse.

en.cres.par *v.t.* erizar, ondular; engrescar; ensortijar, rizar; *v.i.* arruzar; *v.r.* erizarse, agitarse.

en.cru.zi.lha.da *s.f.* encrucijada, cruce; *Fig.* dilema.

en.cur.ra.lar *v.t.* meter en el corral (el ganado); encorralar, acubilar, cercar (el enemigo); *v.r.* encerrarse.

en.cur.tar *v.t.* disminuir, reducir; limitar, acortar, abreviar; achicar.

en.cur.var *v.i.* encorvar, torcer, agobiar, arquear; *Fig.* doblegar, humillar.

en.de.mo.ni.nha.do *adj.* poseído del demonio; endiablado, endemoniado, poseso; *Fig.* travieso.

en.de.re.çar *v.i.* encaminar, enderezar, enviar; poner la dirección.

en.de.re.ço *s.m.* dirección, señas.

en.di.nhei.ra.do *adj.* opulento, rico, adinerado.

en.di.rei.tar *v.t.* poner derecho; enderezar, acertar; *v.i.* andar derecho; *v.r.* corregirse, enmendarse.

en.di.vi.dar *v.t.* adeudar, empeñar, cargar de deudas; *v.r.* contraer deudas.

en.doi.dar *v.t. y v.i.* enloquecer, volver loco; *Fig.* desorientar.

en.doi.de.cer *v.t.* tornar loco, enloquecer; *v.i.* perder el juicio; *Fig.* desorientar.

en.du.re.cer *v.t.* solidificar, fortalecer, endurecer; *v.i.* endurecerse.

en.du.re.ci.men.to *s.m.* solidificación, endurecimiento.

e.ne *s.m.* nombre de la letra *n*.

e.ner.gi.a *s.f.* energía, fuerza, vigor, vitalidad, coraje; *Fig.* ánimo.

e.nér.gi.co *adj.* firme; fuerte; vigoroso; enérgico.

e.ner.gú.me.no *s.m. y adj.* desorientado, energúmeno.

e.ner.var *v.t. y v.i.* irritar, enervar; quitar las fuerzas; debilitar, enflaquecer; *v.r.* enervarse.

en.fa.dar *v.t.* causar enfado a; incomodar; cansar; *v.r.* molestarse.

en.fa.do *s.m.* tedio, aburrimiento, enojo, enfado.

en.fai.xar *v.t.* fajar, vendar.

en.far.te *s.m. Med.* infarto, obstrucción.

ên.fa.se *s.f.* énfasis; entusiasmo.

en.fa.ti.zar *v.t.* realzar, destacar con énfasis; enfatizar.

en.fei.tar *v.t.* adornar, aderezar, decorar, hermosear, engalanar, ataviar; *v.r.* adornarse.

en.fei.te *s.m.* adorno, aderezo, atavío, ornamento.

en.fer.ma.ri.a *s.f.* habitación destinada a los enfermos; enfermería.

en.fer.mei.ro *s.m.* enfermero.

en.fer.mi.da.de *s.f.* afección, molestia, enfermedad; *Fig.* vicio.

en.fer.mo *s.m.* y *adj.* que padece enfermedad; enfermo, achacoso.

en.fer.ru.ja.do *adj.* oxidado, herrumbroso.

en.fi.a.da *s.f.* hilera, fila, serie.

en.fi.ar *v.t.* ensartar, enfilar, meter, enhilar, poner en serie; vestir, calzar; *enfiar a linha na agulha* enhebrar.

en.fi.lei.rar *v.t.* poner en fila, alinear; *v.i.* entrar en la fila.

en.fim *adj.* finalmente, en fin; por último; en conclusión; *adv.* al fin, en fin, por fin.

en.fo.car *v.t.* destacar, enfocar.

en.fo.que *s.m.* foco, enfoque, énfasis.

en.for.ca.men.to *s.m.* ahorcamiento.

en.for.car *v.t.* ahorcar, estrangular; *Fig.* sacrificarse; *v.r.* ahorcarse.

en.fra.que.cer *v.t.* poner flaco; debilitar, enflaquecer.

en.fren.tar *v.t.* afrontar, encarar, confrontar, enfrentar.

en.fu.re.cer *v.t.* encolerizar, enfurecer, irritar; *v.r.* encresparse.

en.gai.o.lar *v.t.* enjaular; *Fig.* prender, encarcelar.

en.ga.la.nar *v.t.* ornamentar, ataviar, adornar, engalanar.

en.ga.na.dor *adj.* embustero, trapacero, petardista; que, aquél o aquello que engaña; engañador.

en.ga.nar *v.t.* ilusionar, engañar, mentir, defraudar, traicionar, mistificar, trampear, confundir, soflamar; *v.r.* equivocarse, no acertar.

en.gan.char *adj.* prender con gancho, enganchar; *v.r.* enlazarse.

en.ga.no *s.m.* equívoco, error, fraude, burla, engaño, traición. dolo, trampa, tramoya, chasco, ilusión, mentira, falacia, falsedad, zancadilla.

en.ga.no.so *adj.* ilusorio, engañoso, falso.

en.gar.ra.fa.men.to *s.m.* embotellamiento, atasco, bloqueo.

en.gar.ra.far *v.t.* meter em botella; embotellar, envasar, enfrascar; *Fig.* bloquear.

en.gas.gar *v.t.* atragantar, ahogar, sofocar; *Fig.* turbarse; *v.r.* atragantarse.

en.ga.ti.lhar *v.t.* engatillar (arma de fuego), amartillar; *Fig.* preparar, apretar.

en.ga.ti.nhar *v.i.* andar a gatas, gatear; *Fig.* principiar.

en.ga.ve.tar *v.t.* encajonar; *Pop.* encarcelar, enjaular.

en.gen.drar *v.t.* generar, procrear, engendrar; idear, producir.

en.ge.nha.ri.a *s.f.* ingeniería.

en.ge.nhei.ro *s.m.* ingeniero.

en.ge.nho *s.m.* ingenio, industria, molino; molienda de caña de azúcar.

en.ges.sar *v.t.* enyesar; cubrir con yeso.

en.glo.bar *v.t.* reunir, aglomerar; incluir, juntar; dar forma de globo.

en.go.lir *v.t.* tragar, absorver, digerir, beber; *Fig.* soportar calladamente; sufrir en silencio; callar lo que iba a decirse.

en.go.mar *v.t.* almidonar, engomar; *Fig.* ensoberbecer.

en.gor.da *s.f.* engorde.

en.gor.dar *v.t.* y *v.i.* engrosar, cebar, nutrir, engordar.

en.gor.du.rar *v.t.* manchar con grasa; engrasar, untar.

en.gra.ça.do *adj.* gracioso, jocoso, chistoso, ocurrente.

en.gra.çar *v.t.* dar gracia; *v.i.* simpatizarse, hacerse agradable.

en.gran.de.cer *v.t.* hacer grande; aumentar, engrandecer, *v.r.* elevarse.

en.gra.vi.dar *v.t.* empreñar, preñar; *v.i.* quedar encinta; preñada.

en.gra.xar *v.t.* limpiar; lustrar el calzado, engrasar; *Fig.* adular.

en.gra.xa.te *s.m.* limpiabotas.

en.gros.sar *v.t.* espesar, engrosar, engordar, enriquecer; *v.i.* engruesar, engordar, encarnecer.

e.nig.ma *s.m.* enigma, adivinanza, misterio, acertijo.

en.jau.lar *v.t.* meter en jaula; prender, enjaular, prender.

en.jo.ar *v.t.* sufrir de náuseas; marear; *Fig.* aborrecer.

en.jô.o *s.m.* mareo, náusea, asco, tedio, repugnancia.

en.la.çar *v.t.* enlazar; trabar, atar, combinar.

en.la.ce *s.m.* conexión, encadenamiento, enlace; matrimonio.

en.lou.que.cer *v.t.* y *v.i.* dementar; enlouquecer, perder la razón; volverse loco.

en.lu.tar *v.t.* cubrir de luto; afligir, entristecer; enlutar.

e.no.bre.cer *v.t.* ennoblecer.

e.nor.me *adj.* descomunal, colosal, enorme, desmedido, excesivo.

e.nor.mi.da.de *s.f.* exceso, atrocidad, enormidad, exceso.

en.qua.dra.do *adj.* encasillado, encuadrado.

en.quan.to *conj.* mientras, entretanto, al paso que; *enquanto isso* entretanto, mientras tanto; *por enquanto* por ahora.

en.que.te *s.f.* encuesta, pesquisa.

en.ra.i.zar *v.t.* y *v.i.* arraigar; criar raíces; enraizar, fijar.

en.re.dar *v.t.* y *v.r.* enmarañar, enzarzar, enredar; *v.r.* encresparse, enredarse.

en.re.do *s.m.* intriga; enredo, trama, novela, lío.

en.ri.que.cer *v.t.* hacer rico; enriquecer; *v.i.* volverse rico; *Fig.* mejorar, engrandecer.

en.ri.que.ci.men.to *s.m.* enriquecimiento.

en.ro.lar *v.t.* arrollar, enrollar; *v.r.* enrollarse; *Fam.* intrigar, mentir, engañar.

en.ros.car *v.t.* enroscar, torcer, enrollar; introducir algo a vuelta de rosca.

en.ru.bes.cer *v.t.* sonrojar, enrojecer, enrubescer.

en.ru.gar *v.t.* encrespar, crispar; llenarse de rugas, arrugar; *v.r.* arrugarse.

en.sa.bo.ar *v.t.* jabonar; lavar con jabón; *Fig.* reprender.

en.sai.ar *v.t.* entrenar; experimentar; ensayar.

en.sai.o *s.m.* esbozo, ensayo, experimento.

en.san.güen.tar *v.t.* manchar con sangre, ensangrentar; macular, ensuciar; *v.r.* mancharse de sangre.

en.se.a.da *s.f.* ensenada, bahía; puerto pequeño.

en.se.bar *v.t.* untar con sebo; ensebar; *Fam.* ser perezoso.

en.si.mes.ma.do *adj.* ensimismado; meditabundo.

en.si.na.men.to *s.m.* doctrina, enseñanza, ejemplo, precepto, lección, enseñamiento.

en.si.nar *v.t.* y *v.i.* instruir, enseñar.

en.si.no *s.m.* instrucción, enseñanza, educación; castigo.

en.so.pa.do *p.p.* de ensopar; *adj.* mojado, empapado; *s.m.* guiso de sopas.

en.so.par *v.t.* embeber; guisar; ensopar; mojar mucho.

en.sur.de.ce.dor *adj.* atronador, ensordecedor.

en.sur.de.cer *v.t.* ensordecer, causar sordera; *v.i.* contraer sordera; callarse.

en.ta.bu.lar *v.t.* y *v.r.* entablar, empezar, comenzar.

en.ta.lar *v.t.* y *v.r.* atollarse, atascarse; *Fig.* embarazar; meter en dificultad.

en.ta.lhar *v.t.* entallar, cincelar, tallar, esculpir.

en.tan.to *adv.* en tanto, mientras; *no entanto* mientras tanto; sin embargo.

en.tão *adv.* entonces; en tal caso; en vista de eso; *até então* hasta entonces.

en.tar.de.cer *v.i.* atardecer; hacerse tarde.

en.te *s.m.* ser, ente, cosa, entidad, criatura, persona.

en.te.a.do *s.m.* entenado, hijastro.

en.te.di.ar *v.t.* aburrir; causar tedio, fastidiar; *v.r.* aburrirse.

en.ten.der *v.t.* comprender, entender, interpretar; *v.r.* avenirse.

en.ten.di.do *s.m.* y *adj.* experto, entendido, perito, conocedor.

en.ten.di.men.to *s.m.* comprensión, entendimiento; acuerdo; conocimiento.

en.ter.ne.cer *v.t.* y *v.i.* sensibilizar, conmover, enternecer; *v.r.* compadecerse.

en.ter.rar *v.t.* sepultar, enterrar; *v.r.* atollar; *Fig.* arruinarse, hundirse, aislarse.

en.ter.ro *s.m.* sepultamiento, entierro.

en.to.ar *v.t.* cantar, entonar, modular.

en.tor.nar *v.t.* y *v.i.* volcar, entornar, derramar; *Pop.* beber mucho; *v.r.* volcarse.

en.tor.pe.cen.te *s.m.* y *adj.* narcótico.

en.tor.pe.cer *v.t.* y *v.i.* narcotizar, adormecer, entorpecer; *v.i.* desvigorizar; *Fig.* embrutecer, retardar.

en.tra.da *s.f.* ingreso; local de acceso; entrada, billete; *Amér.* boleto; *Com.* haber; parte inicial de un pago.

en.trar *v.i.* penetrar, entrar; pasar adelante, desembocar; *v.r.* adentrarse, introducirse.

en.tre *prep.* entre; en medio.

en.tre.a.brir *v.t.* y *v.i.* abrir un poco; entreabrir.

en.tre.cor.tar *v.t.* interrumpir con cortes; cruzar los cortes; *Fig.* interrumpir a espacios.

en.tre.cru.zar *v.t.* entrelazar, entrecruzar; *v.r.* entrecruzarse.

en.tre.ga *s.f.* entrega; rendición; traición.

en.tre.gar *v.t.* confiar; entregar; traicionar; otorgar; pasar; *v.r.*

en.tre.la.ça.do *adj.* entrelazado, enmarañado, enredado.

en.tre.li.nha *s.f.* entrelínea; espacio entre dos renglones; lo que se escribe entre dos líneas.

en.tres.sa.fra *s.f.* período entre dos cosechas.

en.tre.tan.to *conj.* sin embargo; pero; entretanto.

en.tre.te.ni.men.to *s.m.* recreo, pasatiempo, entretenimiento, diversión.

en.tre.ter *v.t.* y *v.r.* entretenerse; distraer; *Fig.* divertir.

en.tre.va.do *s.m.* y *adj.* tullido, paralítico; sombrío; oscuro, tenebroso.

en.tre.ver *v.t.* divisar, entrever; vislumbrar; ver confusamente.

en.tre.vis.ta *s.f.* entrevista, cita, conferencia.

en.tre.vis.tar *v.t.* entrevistar; tener entrevista con.

en.trin.chei.rar *v.t.* atrincherar; fortificar con trincheras; *v.r.* atrincherarse; parapectarse.

en.tris.te.cer *v.t.* y *v.i.* aborrecer; afligir, entristecer; acongojar; *v.r.* marchitarse, enlutarse; *Fig.* ensombrecer.

en.tro.sar *v.t. Mec.* encajar, engranar, adaptarse; *Fig.* disponer en buen orden cosas complicadas; organizar.

en.tu.lho *s.m.* escombro, desecho, derribo, ripio.

en.tu.pir *v.t.* tapar, obstruir, atascar, entupir; *v.r.* embrutecerse, hartarse.

en.tu.si.as.ma.do *adj.* animado, vehemente, entusiasmado; *Fig.* loco.

en.tu.si.as.mar *v.t* entusiasmar; *v.r.* avivarse.

en.tu.si.as.mo *s.m.* animación, entusiasmo.

en.tu.si.as.ta *s.m.* y *s.f., adj.* entusiasta.

e.nu.me.ra.ção *s.f.* enumeración, cómputo.

e.nu.me.rar *v.t.* reseñar; enumerar.

e.nun.ci.a.do *s.m.* y *adj.* tesis o proposición, enunciado; mención; *Gram.* oración.

e.nun.ci.ar *v.t.* enunciar, exponer, decir, definir; *v.r.* manifestarse.

en.ve.lhe.cer *v.t.* y *v.i.* envejecer; avejentar; chochearse.

en.ve.lhe.ci.do *adj.* viejo, envejecido.

en.ve.lhe.ci.men.to *s.m.* envejecimiento.

en.ve.lo.pe *s.m.* sobre.

en.ve.ne.na.men.to *s.m.* envenenamiento; intoxicación.

en.ve.ne.nar *v.t.* y *v.r.* envenenar; intoxicar.

en.ver.go.nhar *v.t.* y *v.r.* avergonzar-se.

en.vi.a.do *s.m.* mensajero, enviado; *adj.* mandado, expedido.

en.vi.ar *v.t.* expedir, remitir, enviar, lanzar.

en.vi.e.sa.do *adj.* torcido, sesgado, oblicuo.

en.vi.o *s.m.* remesa, expedición, envío.

en.vi.u.var *v.t.* y *v.i.* enviudar.

en.vol.tó.rio *s.m.* paquete, envoltorio, envoltura, involucro.

en.vol.ven.te *adj.* seductor, encantador, cautivador.

en.vol.ver *v.t.* envolver, enreder, intrigar; *v.r.* entrometerse.

en.vol.vi.men.to *s.m.* envolvimiento.

en.xa.guar *v.t.* enjuagar, aclarar, lavar en segunda agua.

en.xá.güe *s.m.* enjuague.

en.xa.que.ca *s.f. Patol.* jaqueca.

en.xer.gar *v.t.* ver, divisar; descubrir.

en.xe.ri.do *s.m.* y *adj.* entrometido, metido.

en.xer.tar *v.t.* injertar, hacer injertos en; *Fig.* injerir.

en.xer.to *s.m.* injerto.

en.xo.fre *s.m. Quím.* azufre.

en.xo.tar *v.t.* ahuyentar, espantar, poner fuera, expulsar.

en.xo.val *s.m.* ajuar, equipo.

en.xu.gar *v.t.* enjugar, secar, achicar, reducir (los gastos); *v.r.* secarse.

en.xur.ra.da *s.f.* chaparrón, chubasco; gran cantidad de agua.

en.xu.to *adj.* seco.

e.pi.de.mi.a *s.f.* epidemia.

e.pí.gra.fe *s.f.* leyenda, epígrafe, inscripción, título.

e.pí.lo.go *s.m.* epílogo, recapitulación, resumen.

e.pis.co.pal *adj.* episcopal; relativo o perteneciente al obispo.

e.pi.só.dio *s.m.* incidente, evento, episodio.

é.po.ca *s.f.* época, tiempo, temporada.

e.qua.ção *s.f. Mat.* ecuación; expresión de igualdad entre dos cantidades.

e.qües.tre *adj.* ecuestre; relativo al caballo o a la equitación.

e.qui.lí.brio *s.m.* igualdad; equilibrio; *Fig.* ponderación.

e.qui.pa.men.to *s.m.* equipo, equipamiento, material.

e.qui.par v.t. equipar; armar; proveer.

e.qui.pa.ra.ção s.f. equiparación; acción y efecto de equiparar.

e.qui.pe s.f. equipo; cuadro; conjunto.

e.qui.ta.ção s.f. Dep. equitación.

e.qui.va.ler v.t. equivaler; dar el mismo valor; corresponder.

e.qui.vo.car v.t. equivocar, errar, confundir; v.r. engañarse.

e.quí.vo.co s.m. y adj. error.

e.ra s.f. era, época.

e.re.ção s.f. rigidez; erección; edificación.

e.re.to adj. derecho, levantado, erecto; rígido.

er.guer v.t. erigir, erguir; alzar; levantar; v.r. levantarse.

er.mi.tão s.m. ermitaño.

e.ro.são s.f. desgaste, erosión, corrosión.

e.ró.ti.co adj. sensual, erótico, libidinoso.

er.ra.di.car v.t. arrancar de raíz, desarraigar, erradicar.

er.ran.te adj. errante, vagabundo; Fig. vacilante.

er.rar v.t. y v.i. no acertar; errar, equivocarse.

er.re s.m. erre, nombre de la letra r.

er.ro s.m. acto de errar; error, engaño.

er.rô.neo adj. erróneo; Fig. falso.

e.rup.ção s.f. Patol. erupción.

er.va s.f. Bot. yerba, hierba.

er.vi.lha s.f. guisante.

es.ban.jar v.t. y v.i. malgastar, despilfarrar, desperdiciar.

es.bar.rão s.m. choque, colisión.

es.bel.to adj. elegante, esbelto.

es.bo.ço s.m. Pint. esbozo, bosquejo, rasguño, croquis.

es.bo.fe.te.ar v.t. acachetear, abofetear.

es.bor.ra.char v.t. y v.r. reventar, estrellar.

es.bra.ve.jar v.i. irritarse, embravecerse, vociferar.

es.bu.ga.lhar v.t. abrir mucho (los ojos).

es.bu.ra.car v.t. y v.i. agujerear, llenar de agujeros; v.r. romperse.

es.ca.bro.so adj. escabroso; Fig. indecoroso, indecente, inmoral.

es.ca.da s.f. peldaño, escalera.

es.ca.la s.f. graduación, escala, parada; Fig. categoría, escalafón; Mús. escala.

es.ca.lão s.m. escalón, peldaño.

es.ca.lar v.t. escalar.

es.cal.dar v.t. pasar por agua caliente; escaldar; v.r. quemarse, escaldarse.

es.ca.lo.nar v.t. escalonar, disponer en escalones; v.r. formar escalones.

es.ca.ma s.f. escama.

es.can.da.li.zar v.t. y v.r. escandalizar.

es.cân.da.lo s.m. indignación, escándalo, desacato, alboroto.

es.can.da.lo.so adj. escandaloso, indecoroso.

es.ca.ne.ar v.t. Inform. escanear.

es.ca.ne.a.men.to s.m. Inform. escaneo.

es.can.tei.o s.m. Dep. saque de esquina; córner.

es.ca.pa.da s.f. fuga, huida, escapada.

es.ca.pa.men.to s.m. escape, escapamiento; caño de escape.

es.ca.par v.t. y v.i. huir, evadirse, escapar, escabullirse; v.r. escaparse, fugarse.

es.ca.pa.tó.ria s.f. escapatoria, disculpa, excusa.

es.ca.pe s.m. evasión, fuga, escape; salvación.

es.ca.ra.mu.ça s.f. disputa, combate ligero, escaramuza; Fig. conflicto.

es.ca.ro.la s.f. Bot. achicoria, escarola.

es.car.rar v.i. espectorar, escupir.

es.cas.se.ar v.t. faltar, escasear, disminuir.

es.cas.sez s.f. escasez, falta, insuficiencia.

es.cas.so adj. raro, escaso, poco, insuficiente.

es.ca.va.ção s.f. excavación.

es.ca.var v.t. ahuecar, excavar.

es.cla.re.cer v.t. aclarar, explicar, dilucidar, esclarecer.

es.cla.re.ci.men.to s.m. aclaración, explicación, esclarecimiento.

es.co.ar v.t. colar, escurrir; v.r. filtrarse, derramarse.

es.co.la s.f. liceo, escuela, colegio, facultad; Fil. doctrina; Liter. estilo, sistema.

es.co.lar adj. escolar; s.m. y s.f. estudiante.

es.co.lha s.f. opción, alternativa.

es.co.lher v.t. seleccionar, escoger, elegir.

es.col.tar v.t. Mil. acompañar, conducir, escoltar.

es.com.bros s.m. pl. destrozos, escombros.

es.con.de-es.con.de s.m. escondidillas; juego del escondite.

es.con.der v.t. encubrir, esconder, callar, ocultar.

es.con.de.ri.jo *s.m.* escondrijo, escondite, refugio.

es.co.pe.ta *s.f.* escopeta (arma de fuego).

es.cor.pi.ão *s.m.* escorpión, alacrán; Escorpión (signo del Zodiaco).

es.cor.re.dor *s.m.* escurridor, colador.

es.cor.re.ga.di.o *adj.* resbaladizo, resbaloso.

es.cor.re.ga.dor *s.m.* tobogán.

es.cor.re.gão *s.m.* resbalón, desliz.

es.cor.re.gar *v.i.* deslizar, resbalarse; *Fig.* cometer un desliz.

es.co.tei.ro *s.m.* escotero, explorador.

es.co.va *s.f.* cepillo.

es.co.var *v.t.* cepillar; *v.r.* limpiarse de polvo; *Fig.* lisonjear, adular.

es.cra.vi.dão *s.f.* esclavitud, cautiverio.

es.cra.vi.zar *v.t.* esclavizar.

es.cra.vo *s.m.* y *adj.* esclavo.

es.cre.ver *v.t.* escribir, redactar; *v.i.* ser escritor; *v.r.* cartearse.

es.cri.to *s.m.* y *adj.* escrito, grabado, determinado; carta, documento; *s.f.* escritura, grafía.

es.cri.tor *s.m.* autor, escritor.

es.cri.tó.rio *s.m.* gabinete, despacho, oficina, escritorio, secretaría.

es.cri.tu.ra *s.f.* escritura, registro, lo que se escribe; *pl.* libros sagrados.

es.cri.va.ni.nha *s.f.* escribanía, tintero.

es.cri.vão *s.m. For.* escribano, copista, notario.

es.crú.pu.lo *s.m.* recelo, temor, escrúpulo, meticulosidad.

es.cru.tí.nio *s.m.* votación, escrutinio.

es.cu.do *s.m.* escudo (arma y moneda); *Fig.* defensa, amparo.

es.cu.la.cha.do *s.m.* y *adj.* mal vestido, desarreglado, mal hecho, descuidado; desmoralizado.

es.cul.pir *v.t.* entallar, esculpir, grabar, cincelar.

es.cul.tor *s.m.* escultor.

es.cul.tu.ra *s.f.* escultura.

es.cu.ma.dei.ra *s.f.* rasera, espumadera.

es.cu.re.cer *v.t.* y *v.i.* obscurecer, oscurecer; *Fig.* ofuscar; anochecer.

es.cu.ri.dão *s.f.* obscuridad, oscuridad.

es.cu.ro *adj.* tenebroso, obscuro, sombrío; *Fig.* difícil, obscuro.

es.cu.sa *s.f.* disculpa, excusa, dispensa.

es.cu.sar *v.t.* y *v.i.* justificar, excusar.

es.cu.tar *v.t.* y *v.i.* escuchar, oír, prestar atención.

es.fa.que.ar *v.t.* apuñalar, acuchillar.

es.fa.re.lar *v.t.* cerner, cernir; desmigar; *Fig.* despedazar.

es.fa.ri.nhar *v.t.* reducir a harina o polvo; pulverizar; *v.r.* deshacerse.

es.far.ra.pa.do *adj.* andrajoso, harapiento.

es.fe.ra *s.f.* esfera, globo.

es.fé.ri.co *adj.* esférico, redondo.

es.fe.ro.grá.fi.ca *s.f.* bolígrafo.

es.fo.me.a.do *adj.* hambriento, famélico.

es.for.ça.do *adj.* animoso, valiente, esforzado.

es.for.çar *v.t.* alentar; dar fuerzas, esforzar, luchar; *v.r.* afanarse, empeñarse; *Fig.* pugnar.

es.for.ço *s.m.* esfuerzo, aliento, valor.

es.fre.gar *v.t.* refregar, restregar, fregar, frotar; *v.r.* friccionarse.

es.fri.ar *v.t.* resfriar, enfriar; *v.r.* enfriarse; *Fig.* desanimarse; perder el interés.

es.ga.nar *v.t.* estrangular, ahorcar, sofocar; *v.r.* ahorcarse.

es.gar.çar *v.t.* desgajar, rasgar, romper; *v.i.* deshilarse, abrirse (tejidos).

es.go.ta.men.to *s.m.* extenuación, agotamiento.

es.go.tar *v.t.* extenuar, agotar; secar; *v.r.* vaciarse, fatigarse.

es.go.to *s.m.* albañal, sumidero; alcantarilla, desagüe; *rede de esgoto* alcantarillado.

es.gui.cho *s.m.* chorro; manguera; chorretada.

es.ma.ga.men.to *s.m.* aplastamiento, trituración; presión fuerte.

es.ma.gar *v.t.* aplastar, machacar; *Fig.* subyugar, oprimir.

es.mal.te *s.m.* esmalte.

es.me.ral.da *s.f. Min.* esmeralda.

es.me.rar *v.t.* y *v.r.* esmerar.

es.me.ro *s.m.* primor, esmero.

es.mi.ga.lhar *v.t.* fragmentar, triturar, desmenuzar, aplastar; *Fig.* oprimir.

es.mi.u.çar *v.t.* desmenuzar, detallar.

es.mo.la *s.f.* limosna, auxilio, beneficio.

es.mo.re.cer *v.t.* y *v.i.* desalentar, entibiar; perderse el ánimo.

es.mur.rar *v.t.* abofetear, apalear; dar puñetazos; pegar, golpear.

es.no.bar *v.i.* proceder como esnob; pavonearse, exibirse, ostentarse.

es.no.be *adj.* snob, esnob, encopetado.

es.pa.çar *v.t.* espaciar, ensanchar, ampliar.

es.pa.ci.al *adj.* espacial; relativo al espacio.

es.pa.ço *s.m.* espacio, área, sitio, rincón; intervalo.

es.pa.ço.so *adj.* amplio, desahogado, espacioso.

es.pa.da *s.f.* espada (arma blanca); *pl.* naipe de la baraja; *s.m.* matador de toros, esgrimista; *Zool.* pez espada; *espada de Dâmocles* peligro inminente.

es.pa.gue.te *s.m.* espagueti.

es.pai.re.cer *v.t.* y *v.i.* recrearse, divertir, distraer, entretener.

es.pa.lha.fa.to *s.m.* aparato, confusión, desorden, ostentación, griterío.

es.pa.lhar *v.t.* diseminar, dispersar, propagar, difundir.

es.pa.na.dor *s.m.* plumero.

es.pa.nar *v.t.* desempolvar con el plumero; sacudir el polvo.

es.pan.ca.men.to *s.m.* apaleamiento, paliza, apaleo.

es.pan.car *v.t.* golpear, apalear, pegar, tundir, zurrar.

es.pan.ta.do *adj.* asombrado, pasmado, espantado, estupefacto, maravillado.

es.pan.ta.lho *s.m.* espantajo, esperpento, espantapájaros; *Fig.* pantalla; individuo ridículo.

es.pan.tar *v.t.* asustar, ahuyentar, aterrar, atemorizar.

es.pan.to *s.m.* susto, espanto, admiración, asombro, extrañeza, sorpresa, perplejidad.

es.pan.to.so *adj.* sorprendente, formidable, despampanante, espantoso.

es.pa.ra.dra.po *s.m.* esparadrapo.

es.par.ra.mar *v.t.* desparramar.

es.par.so *adj.* suelto, disperso, diseminado, esparcido.

es.pas.mo *s.m.* *Med.* convulsión, espasmo; *Fig.* éxtasis.

es.pa.ti.far *v.t.* deshacer, despedazar, hacer añicos, destrozar, romperse; *v.r.* estrellarse.

es.pá.tu.la *s.f.* espátula.

es.pe.ci.al *adj.* especial, singular, particular, peculiar; *Fig.* selecto.

es.pe.ci.a.li.da.de *s.f.* especialidad, peculiaridad, particularidad.

es.pe.ci.a.lis.ta *s.m.* y *s.f.* especialista, perito.

es.pe.ci.a.li.zar *v.t.* y *v.r.* especializar.

es.pe.ci.a.ri.a *s.f.* especería.

es.pe.ci.fi.car *v.t.* determinar, particularizar, especificar.

es.pe.cí.fi.co *adj.* específico, determinado.

es.pé.ci.me *s.m.* ejemplar, modelo, espécimen, muestra.

es.pec.ta.dor *s.m.* espectador, observador, testigo.

es.pec.tro *s.m.* visión, sombra, espectro, fantasma.

es.pe.cu.la.ção *s.f.* suposición, especulación; reflexión; agio, agiotaje.

es.pe.cu.la.dor *s.m.* especulador.

es.pe.cu.lar *v.t.* especular, observar; *v.i.* reflexionar; negociar con especulación; explotar valores.

es.pe.lhar *v.t.* y *v.i.* reflejar como un espejo; *v.r.* reflejarse.

es.pe.lho *s.m.* espejo; ejemplo, modelo; *Eletr.* tapa o cubierta de enchufe.

es.pe.lun.ca *s.f.* pocilga, antro, casa inmunda.

es.pe.ra *s.f.* espera, expectativa, demora, acecho; emboscada, celada.

es.pe.ran.ça *s.f.* esperanza, confianza.

es.pe.ran.ço.so *adj.* esperanzoso, lleno de esperanza; prometedor.

es.pe.rar *v.t.* aguardar, confiar, esperar, suponer; *v.i.* estar a la espera de.

es.per.ma *s.m.* semen, esperma; líquido seminal.

es.per.ma.to.zói.de *s.m.* espermatozoide.

es.per.ne.ar *v.i.* patalear; agitar las piernas; protestar, alegar.

es.per.ta.lhão *s.m.* y *adj.* astuto, ingenioso, vivo, ladino, socarrón, embustero.

es.per.te.za *s.f.* viveza, destreza, vivacidad, tino, astucia, prontitud.

es.per.to *adj.* despierto, pícaro; astucioso, vivo, perspicaz, listo, ladino; *Fam.* avispado.

es.pes.so *adj.* compacto, espeso, denso, grueso.

es.pes.su.ra *s.f.* espesor, espesura, grosor, densidad.

es.pe.ta.cu.lar *adj.* grandioso, espectacular.

es.pe.tá.cu.lo *s.m.* espectáculo, diversión.

es.pe.tar *v.t.* espetar; clavar un instrumento puntiagudo; atravesar; *v.r.* clavarse, pincharse.

es.pe.to *s.m.* asador, espetón, brocheta.

es.pi.ão *s.m.* espía, espión; confidente.

es.pi.ar *v.t.* espionar; observar; espiar, acechar.

es.pi.gar *v.t.* y *v.i.* crecer, sobresalir, espigar.

es.pi.na.fre *s.m. Bot.* espinaca.

es.pin.gar.da *s.f.* espingarda, escopeta.

es.pi.nha *s.f. Anat.* espina, columna vertebral, espinazo; acne, espinilla.

es.pi.nho *s.m.* aguijón, espina, pincho; *Fig.* dificultad, sospecha.

es.pi.nho.so *adj.* espinoso; que tiene espinas; *Fig.* arduo, difícil.

es.pi.o.na.gem *s.f.* espionaje; oficio de espías.

es.pi.o.nar *v.t.* y *v.i.* acechar, espiar, vigilar secretamente; espionar.

es.pi.ral *s.f.* y *adj.* espiral, que tiene forma de espira o caracol; *Geom.* línea curva.

es.pí.ri.ta *s.m.* y *s.f.* espiritista; que profesa el espiritismo; *adj.* relativo al espiritismo.

es.pi.ri.tis.mo *s.m.* espiritismo.

es.pí.ri.to *s.m.* alma, espíritu, fantasma; ánimo, mente.

es.pi.ri.tu.al *adj.* espiritual; místico.

es.pir.rar *v.i.* estornudar, lanzar, arrojar, despedir; *v.t.* expeler.

es.pir.ro *s.m.* estornudo.

es.plên.di.do *adj.* espléndido, magnífico; *Fig.* rico; radiante.

es.plen.dor *s.m.* resplandor, fulgor, esplendor.

es.po.le.ta *s.f.* espoleta.

es.pon.ja *s.f. Zool.* esponja; material poroso; *Pop.* borrachón.

es.pon.jo.so *adj.* esponjoso, poroso; leve.

es.pon.tâ.neo *adj.* espontáneo; maquinal; voluntario.

es.po.rá.di.co *adj.* esporádico; *Fig.* raro, disperso.

es.por.te *s.m.* deporte.

es.por.ti.vo *adj.* deportivo.

es.po.sa *s.f.* mujer casada; esposa, consorte.

es.po.sar *v.t.* desposar; unir en casamiento; *v.r.* casarse; *Fig.* sustentar, adoptar.

es.po.so *s.m.* marido, esposo, cónyuge.

es.prai.ar *v.t.* explayar; derramar; echar a la playa; *v.r.* desbordarse.

es.pre.gui.ça.dei.ra *s.f. Fam.* tumbona; diván.

es.pre.gui.çar *v.t.* y *v.r.* esticarse, desperezarse.

es.prei.ta *s.f.* acecho, vigilancia; *à espreita* al acecho.

es.pre.me.dor *s.m.* exprimidor, exprimidero.

es.pre.mer *v.t.* estrujar, exprimir; extraer el jugo; *v.r.* comprimirse; *Fig.* forzar.

es.pu.ma *s.f.* espuma.

es.pu.ma.dei.ra *s.f.* espumadera.

es.pu.mar *v.i.* espumar; echar o formar espuma; *Fig.* excitarse; enfadarse.

es.pu.mo.so *s.m.* y *adj.* espumoso; tipo de vino.

es.qua.drão *s.m. Mil.* escuadrón; *Fig.* bando, multitud.

es.qua.dri.lha *s.f. Mil.* escuadrilla.

es.qua.dro *s.m.* escuadro, cartabón, norma.

es.quá.li.do *adj.* sucio; escuálido; macilento; asqueroso.

es.quar.te.jar *v.t.* descuartizar; dividir en pedazos; despedazar.

es.que.cer *v.t.* y *v.i.* olvidar; descuidar, *v.r.* olvidarse.

es.que.ci.do *s.m.* y *adj.* olvidadizo, olvidado.

es.que.ci.men.to *s.m.* olvido; desprecio; omisión.

es.que.le.to *s.m.* armazón; esqueleto.

es.que.ma *s.f.* plan, diagrama, esquema.

es.que.ma.ti.zar *v.t.* esquematizar; hacer esquema de.

es.quen.tar *v.t.* calentar, acalorar; *v.r.* calentarse; *Fig.* preocuparse.

es.quer.da *s.f.* izquierda; oposición política; siniestra.

es.quer.do *adj.* siniestro, izquierdo; zurdo, lado izquierdo.

es.qui *s.m.* esquí.

es.qui.lo *s.m. Zool.* esquirol, ardilla.

es.qui.mó *s.m.* y *s.f.*, *adj.* esquimal.

es.qui.na *s.f.* esquina, ángulo; ángulo de la calle.

es.qui.si.ti.ce *s.f.* excentricidad; rareza; melindre.

es.qui.si.to *adj.* excéntrico; extraño; raro.

es.qui.var *v.t.* esquivar, eludir; *v.r.* esquivarse, fugarse.

es.qui.vo *adj.* arisco; insociable; esquivo.

es.qui.zo.fre.ni.a *s.f. Med.* esquizofrenia; demencia precoz.

es.sa *pron. dem.* esa; *s.f.* catafalco.

es.se *s.m.* nombre de la letra *s*; *pron. dem.* ese.

es.sên.cia *s.f.* esencia, substancia, ser; naturaleza, idea principal; perfume, extracto.

es.sen.ci.al *adj.* esencial, básico, substancial, fundamental, vital, principal.

es.ta *pron. dem.* esta.

es.ta.ba.na.do *adj.* atolondrado, travieso.

es.ta.be.le.cer *v.t.* determinar; arreglar; establecer.

es.ta.be.le.ci.men.to *s.m.* establecimiento; industria, instalación; instauración.

es.ta.bi.li.zar *v.t.* fijar, estabilizar; *v.r.* permanecer.

es.tá.bu.lo *s.m.* majada, establo.

es.ta.ca *s.f.* estaca, palo, mojón, *Arq.* pilar.

es.ta.ção *s.f.* época, estación; parada (de ferrocarril); emisora; período del año; *Inform.* estación de trabajo.

es.ta.car *v.i.* fijar, estacar; quedar perplejo.

es.ta.ci.o.na.men.to *s.m.* aparcamiento, estacionamiento, garaje.

es.ta.ci.o.nar *v.t.* y *v.i.* aparcar, inmovilizar, estacionar; no progresar.

es.ta.di.a *s.f.* permanencia, estancia, estada.

es.tá.dio *s.m. Dep.* estadio.

es.ta.dis.ta *s.m.* y *s.f.* estadista; hombre de estado.

es.ta.do *s.m.* estado, modo, situación, condición; provincia; gobierno; poder público; división administrativa.

es.ta.du.al *adj.* provincial, estatal, relativo al estado.

es.ta.fa *s.f.* agotamiento nervioso; cansancio excesivo.

es.ta.far *v.t.* cansar, fatigar; *v.r.* extenuarse.

es.ta.gi.á.rio *s.m.* aprendiz, practicante; pasante.

es.tá.gio *s.m.* período, etapa, estadio; práctica laboral, pasantía.

es.tag.na.ção *s.f.* inercia; marasmo; estagnación.

es.tag.nar *v.i.* estancar, estagnar; *v.r.* remansarse.

es.ta.lar *v.t.* y *v.i.* reventar, crujir, estallar; *Fam.* estrellar.

es.ta.lei.ro *s.m. Mar.* astillero.

es.ta.lo *s.m.* estallo; crujido, crepitación, chasquido, estallido, estampido; *Pop.* cachete.

es.tam.pa *s.f.* lámina, viñeta, estampa, grabado; figura.

es.tam.pa.do *adj.* publicado, impreso; estampado.

es.tam.par *v.t.* grabar; imprimir; marcar; estampar.

es.tam.pi.do *s.m.* tiro, estallido, estampido.

es.tam.pi.lha *s.f.* sello, estampilla.

es.tam.pi.lhar *v.t.* sellar; imprimir; estampillar.

es.tan.car *v.t.* estancar; detener el flujo; *v.i. Fig.* pararse, detenerse.

es.tân.cia *s.f.* habitación; estancia, vivienda; hacienda de ganado; estación de aguas.

es.tan.de *s.m.* puesto, espacio reservado en una exposición; tribuna en las carreras de caballos.

es.tan.te *s.f.* repisa, estante, taquilla.

es.ta.pa.fúr.dio *adj.* extravagante, raro, excéntrico.

es.tar *v.i.* ser, existir; hallarse, estar, persistir, vivir.

es.tar.re.cer *v.t.* y *v.i.* aterrar, espantar, horripilar.

es.ta.tal *adj.* estatal; relativo al estado.

es.tá.ti.co *adj.* estático, inmóvil, parado.

es.ta.tís.ti.ca *s.f.* estadística.

es.ta.tís.ti.co *adj.* estadístico.

es.ta.ti.za.ção *s.f.* estatalización.

es.tá.tua *s.f.* estatua; monumento.

es.ta.tu.ra *s.f.* talla; estatura, talle; altitud.

es.ta.tu.to *s.m.* reglamento, estatuto; sanción.

es.tá.vel *adj.* estable; firme; permanente; consistente.

es.te *pron. dem.* este, *adj.* este.

es.te *s.m.* este, levante, oriente.

es.te.li.o.na.to *s.m.* estelionato; defraudación, usurpación.

es.ten.der *v.t.* dilatar, alargar, extender, ampliar, estirar, desdoblar; *v.r.* extenderse, expandirse, dilatarse.

es.te.pe *s.f. Bot.* estepa; planicie inculta; *s.m.* rueda de repuesto, auxilio; recambio.

es.ter.co *s.m.* estiércol, boñigo; basura.

es.té.reo *adj.* estéreo; estereofónico.

es.té.ril *adj.* improductivo, infecundo, árido, estéril, inútil.

es.te.ri.li.za.ção *s.f.* destrucción; esterilización.

es.te.ri.li.zar *v.t.* hacer estéril; esterilizar.

es.ter.tor *s.m. Med.* estertor, convulsión; *Fig.* agonía.

es.té.ti.ca *s.f.* estética.

es.te.ti.cis.ta *s.m.* y *s.f.* esteticista.

es.té.ti.co *adj.* estético; relativo a la estética.

es.te.tos.có.pio *s.m. Med.* estetoscopio.

es.ti.a.gem *s.f.* estiaje, sequía; tiempo seco.

es.ti.ca.da *s.f.* estirón.

es.ti.car *v.t.* retesar, tender, estirar, extender, alargar.

es.tig.ma *s.m.* signo, estigma; *Fig.* afrenta; señal infamante.

es.ti.le.te *s.m.* pequeño puñal; estilete.

es.ti.lha.çar *v.t.* destrozar, astillar, despedazar; *v.r.* romperse.

es.ti.lha.ço *s.m.* astillazo, astilla, lasca, fragmento.

es.ti.lin.gue *s.m.* tirador, honda, tiragomas, tirachinas.

es.ti.lis.ta *s.m.* y *s.f.* estilista; de estilo esmerado.

es.ti.li.zar *v.t.* dar forma y estilo a; estilizar.

es.ti.lo *s.m.* estilo, manera propia de expresarse.

es.ti.ma *s.f.* aprecio, estima, cariño, consideración, apreciación.

es.ti.mar *v.t.* y *v.i.* amar, apreciar, considerar, bienquerer; evaluar, opinar, preciar, valorar.

es.ti.ma.ti.va *s.f.* evaluación, tasación, estimativa.

es.ti.mu.lan.te *adj.* excitante, estimulante; que estimula.

es.ti.mu.lar *v.t.* excitar, incitar, aguzar, estimular, influir; *Fig.* encender; apremiar.

es.tí.mu.lo *s.m.* estímulo, impulso, incentivo, apetito.

es.ti.o *s.m.* estiaje, estío; *Fig.* calor; edad madura.

es.ti.pu.lar *v.t.* estipular, establecer.

es.ti.rar *v.t.* extender, alargar, dilatar, ensanchar, estirar.

es.tir.pe *s.f.* estirpe, genealogía, linaje, alcurnia.

es.ti.va.dor *s.m.* estibador.

es.to.ca.da *s.f.* golpe con el estoque o herida resultante; estocada.

es.to.car *v.t.* almacenar; hacer acopio.

es.to.fa.do *adj.* estofado, acolchado; *s.m.* sofá o sillón acolchado.

es.to.fa.men.to *s.m.* tapicería de muebles; acolchado, forro.

es.to.far *v.t.* henchir, atiborrar, estofar, acolchar.

es.to.jo *s.m.* estuche, funda.

es.to.la *s.f.* paramento litúrgico; banda larga de piel para abrigarse el cuello.

es.tô.ma.go *s.m. Anat.* estómago; *Fig.* resolución, paciencia.

es.to.pa *s.f.* estopa; tejido grosero.

es.to.pim *s.m.* pebete, estopín.

es.to.que *s.m.* acopio, mercancías.

es.tor.nar *v.t.* hacer la rectificación de; pasar de una cuenta a otra.

es.tor.no *s.m.* rectificación de una cuenta.

es.tor.var *v.t.* embarazar, estorbar.

es.tor.vo *s.m.* embarazo, traba, estorbo, quite.

es.tou.rar *v.t.* reventar una cosa con estruendo, detonar; *v.i.* reventar, estallar.

es.tou.ro *s.m.* fragor, estruendo, explosión, detonación; disparada (ganado).

es.trá.bi.co *adj.* estrábico; que sufre de estrabismo.

es.tra.da *s.f.* vía, rodovía, autopista, carretera sin cruces; *estrada de ferro* ferrocarril, ferrovía.

es.tra.do *s.m.* tablado, palco, estrado; *estrado de madeira*: tarima.

es.tra.ga.do *adj.* podrido, deteriorado, estragado; estropeado.

es.tra.gar *v.t.* dañar, desgraciar, arruinar, estropear, malear; pervertir; averiar, estragar.

es.tra.go *s.m.* ruina, deterioro, daño, avería, pérdida, ruina.

es.tra.lar *v.i.* restallar, estallar.

es.tran.gei.ro *s.m.* y *adj.* extranjero, forastero, foráneo, gringo; exterior.

es.tran.gu.la.men.to *s.m.* estrangulación, estrangulamiento.

es.tran.gu.lar *v.t.* ahorcar, estrangular.

es.tra.nhar *v.i.* desconocer; extrañar; admirarse.

es.tra.nhe.za *s.f.* extrañeza, sorpresa; singularidad; novedad.

es.tra.nho *adj.* raro, desusado, desconocido, ajeno, intruso, forastero.

es.tra.té.gia *s.f.* estrategia, habilidad.

es.tra.té.gi.co *adj.* hábil, estratégico.

es.tre.ar *v.t.* debutar, iniciar, inaugurar, estrenar.

es.tréi.a *s.f.* comienzo, estreno, inicio; *Fig.* umbral.

es.trei.tar *v.t.* y *v.i.* estrechar.

es.trei.to *adj.* estrecho, angosto, rigoroso, apretado; *s.m.* canal, estrecho.

es.tre.la *s.f. Astron.* estrella; actriz principal, protagonista; *Fig.* suerte, destino.

es.tre.la.do *adj.* estrellado; (huevo) frito.

es.tre.me.cer *v.t.* temblar, trepidar, vibrar, estremecer.

es.tre.me.ci.men.to *s.m.* temblor, grima, estremecimiento.

es.tre.par-se *v.r. Pop.* quedarse mal.

es.tré.pi.to *s.m.* fragor, estruendo, tumulto, estrépito.

es.tres.se *s.m.* estrés.

es.tri.a *s.f. Arq.* estría, surco.

es.tri.bei.ra *s.f.* estribo, estribera; *perder as estribeiras* irarse. salir o sacar de las casillas.

es.tri.bi.lho *s.m.* estribillo.

es.tri.den.te *adj.* estridente; sibilante.

es.tri.par *v.t.* destripar, estripar.

es.tri.to *adj.* exacto, riguroso, estricto, severo; limitado.

es.tro.fe *s.f.* copla, estrofa.

es.tron.do *s.m.* fragor, ruido, estruendo, estrépito; *Fig.* pompa, alarde.

es.tron.do.so *adj.* ruidoso, estruendoso; *Fig.* magnífico, pomposo.

es.tro.pi.ar *v.t.* lastimar; desfigurar; estropear.

es.tru.me *s.m.* estiércol.

es.tru.tu.ra *s.f.* estructura, organización, organismo; *Arq.* construcción.

es.tru.tu.rar *v.t.* organizar, construir, estructurar.

es.tu.dan.te *s.m.* y *s.f., adj.* estudiante, alumno.

es.tu.dar *v.t.* estudiar, observar, analizar.

es.tú.dio *s.m.* estudio, taller, despacho.

es.tu.di.o.so *adj.* aplicado, aprovechado, estudioso, cuidadoso.

es.tu.do *s.m.* aprendizaje, estudio, instrucción; análisis; ensayo.

es.tu.fa *s.f.* secador, estufa.

es.tu.far *v.t.* y *v.i.* calentar, hinchar, estofar.

es.tu.pe.fa.ção *s.f.* estupefacción, espanto, asombro.

es.tu.pe.fa.to *adj.* estupefacto, pasmado, asombrado.

es.tu.pen.do *adj.* sorprendente, estupendo; *Fig.* sensacional.

es.tu.pi.dez *s.f.* brutalidad, idiotez, tontería, estupidez.

es.tú.pi.do *s.m.* y *adj.* grueso, ignorante, estúpido.

es.tu.por *s.m. Med.* parálisis, estupor; *Fig.* persona muy fea.

es.tu.prar *v.t.* estuprar; deshonrar, violar, forzar, abusar,.

es.tu.pro *s.m.* estupro.

es.tu.que *s.m.* estuco.

es.va.zi.a.men.to *s.m.* evacuación.

es.va.zi.ar *v.t.* descargar, despejar, evacuar, vaciar.

es.ver.de.a.do *adj.* verdoso.

e.ta.pa *s.f.* fase, período, etapa; progreso, marcha.

et.cé.te.ra *s.m. Lat.* etcétera (etc.).

e.ter.ni.da.de *s.f.* eternidad; inmortalidad.

e.ter.ni.zar *v.t.* perpetuar, hacer eterno; *v.r. Pop.* eternizarse, prolongarse.

e.ter.no *adj.* perenne, eterno, inmortal, perpetuo.

é.ti.ca *s.f. Fil.* ética.

é.ti.co *adj. Fil.* ético, relativo a la moral o a la ética.

e.tí.li.co *adj.* etílico.

e.ti.mo.lo.gi.a *s.f. Gram.* etimología.

e.ti.que.ta *s.f.* etiqueta, rótulo; formalismo, ceremonial.

e.ti.que.tar *v.t.* rotular, etiquetar; poner etiquetas en.

et.ni.a *s.f.* etnia, raza.

eu *pron. pers.* yo; *s.m.* yo, individuo; ser pensante, conciencia.

eu.ca.lip.to *s.m. Bot.* eucalipto.

eu.ca.ris.ti.a *s.f.* eucaristía.

eu.fo.ri.a *s.f.* euforia; *Fig.* entusiasmo, exaltación.

eu.fó.ri.co *adj.* feliz, eufórico, que tiene euforia.

eu.nu.co *s.m.* eunuco; hombre castrado; *adj.* estéril.

eu.ro.peu *s.m.* y *adj.* europeo; natural o relativo a Europa.

e.va.cu.a.ção *s.f.* evacuación; expulsión de materias fecales.

e.va.cu.ar *v.t.* evacuar, vaciar; *v.i.* defecar, obrar; *v.r.* quedar vacío.

e.va.dir *v.t.* esquivar, evadir, escapar; *v.r.* fugarse, zafarse; *v.i.* huir.

e.van.ge.lho *s.m.* evangelio; parte leída en la misa.

e.va.po.ra.ção *s.f.* vaporización, evaporación.

e.va.po.rar *v.i.* y *v.r.* evaporar.

e.va.são *s.f.* evasión; subterfugio.

e.va.si.va *s.f.* disculpa, evasiva; *Fig.* rodeo.

e.va.si.vo *adj.* esquivo, evasivo; que sirve para eludir.

e.ven.to *s.m.* suceso, acontecimiento, éxito, evento.

e.ven.tu.al *adj.* accidental, eventual, ocasional.

e.ven.tu.a.li.da.de *s.f.* contingencia, posibilidad, probabilidad, eventualidad.

e.vi.dên.cia *s.f.* comprobación, evidencia, certeza.

e.vi.den.ci.ar *v.t.* patentizar, evidenciar, demostrar; comprobar; aclarar.

e.vi.den.te *adj.* evidente, explícito, inequívoco, indudable.

e.vi.tar *v.t.* evitar, escusar, esquivar, eludir.

e.vo.car *v.t.* invocar, sugerir, evocar.

e.vo.lu.ção *s.f.* evolución, progreso, marcha, adelanto, transformación.

e.vo.lu.ir *v.i.* transformar, evolucionar, progresar.

e.xa.cer.bar *v.t.* irritar, exacerbar.

e.xa.ge.rar *v.i.* exagerar, agrandar.

e.xa.ge.ro *s.m.* exageración, exceso.

e.xa.lar *v.t.* exhalar.

e.xal.ta.do *adj.* exaltado, fanático, entusiasta; *Fig.* rabioso.

e.xal.tar *v.t.* enaltecer, ensalzar, exaltar; promover; *v.r.* alterarse, exaltarse.

e.xa.me *s.m.* examen.

e.xa.mi.nar *v.t.* examinar, estudiar, analizar, conferir, investigar.

e.xas.pe.rar *v.t.* exasperar; *Fig.* irritar, enfurecer.

e.xa.to *adj.* exacto, recto, preciso; verdadero; puntual.

e.xaus.ti.vo *adj.* agotador, exhaustivo.

e.xaus.to *adj.* agotado, exhausto, *Fig.* aniquilado.

e.xaus.tor *s.m.* extractor de aire.

ex.ce.ção *s.f.* excepción; privilegio; *com exceção de* excepto.

ex.ce.den.te *s.m.* y *s.f.*, *adj.* que excede; excesivo, excedente.

ex.ce.der *v.t.* exceder, sobrar; superar; *v.r.* pasar de la raya, excederse; *Fig.* desenfrenarse.

ex.ce.lên.cia *s.f.* perfección; primacía; superioridad; excelencia.

ex.ce.len.te *adj.* eximio; óptimo, excelente.

ex.ce.len.tís.si.mo *adj.* excelentísimo.

ex.cên.tri.co *s.m.* y *adj.* *Geom.* que se desvía del centro; extravagante, raro, excéntrico, original, lunático.

ex.cep.ci.o.nal *adj.* excepcional, excelente, raro, único, fuera de serie; *s.m.* y *s.f.* anormal.

ex.ces.si.vo *adj.* exagerado, exorbitante, demasiado, excesivo.

ex.ces.so *s.m.* exceso, excedencia, excedente, exageración; abuso, desmán.

ex.ce.to *adv.* excepto, salvo, menos, a excepción de.

ex.ce.tu.ar *v.t.* exceptuar, descontar, excluir.

ex.ci.ta.ção *s.f.* agitación, nerviosismo, excitación, exaltación.

ex.ci.tar *v.t.* y *v.r.* excitar.

ex.cla.ma.ção *s.f.* exclamación; interjección; *Gram.* punto de exclamación (signo ortográfico).

ex.cla.mar *v.t.* clamar, exclamar.

ex.clu.ir *v.t.* exceptuar, desechar, descartar, excluir, omitir.

ex.clu.são *s.f.* exclusión.

ex.clu.si.vo *adj.* propio, personal, privado, único, exclusivo.

ex.co.mun.gar *v.t.* maldecir, excomulgar.

ex.cre.men.to *s.m.* heces; excremento, materia fecal; *Fam.* suciedad.

ex.cur.são *s.f.* excursión; gira, paseo.

e.xe.cu.ção *s.f.* ejecución, realización, operación; *For.* cumplimiento de pena o sentencia judicial; venta de bienes para pagamento de deudas; suplicio.

e.xe.cu.tar *v.t.* ejecutar; cumplir; desempeñar; *Mil.* fusilar, ajusticiar; *Inform.* ejecutar, correr un programa.

e.xe.cu.ti.vo *s.m.* y *adj.* ejecutivo.

e.xem.plar *adj.* ejemplar; que sirve de ejemplo; *s.m.* modelar; original; copia; unidad de la misma edición de una obra.

e.xem.pli.fi.car *v.t.* ilustrar con ejemplos; ejemplificar.

e.xem.plo *s.m.* ejemplo.

e.xé.quias *s.f. pl.* honras fúnebres; exequias.

e.xer.cer *v.t.* practicar, ejercer.

e.xer.cí.cio *s.m.* práctica, ejercicio.

e.xer.ci.tar *v.t.* y *v.i.* ejercitar; adiestrar.

e.xér.ci.to *s.m. Mil.* ejército, conjunto de tropas; *Fig.* multitud.

e.xi.bi.ção *s.f.* ostentación, exhibición, muestra; *Mil.* alarde; presentación, representación.

e.xi.bir *v.t.* ostentar, presentar, representar, exhibir, mostrar; *v.r.* exhibirse, pavonearse.

e.xi.gên.cia *s.f.* obligación, exigencia, reclamación.

e.xi.gir *v.t.* exigir.

e.xi.la.do *s.m.* y *adj.* refugiado, exilado, desterrado, expatriado; degradado.

e.xi.lar *v.t.* deportar, desterrar, exilar; *v.r.* expatriarse.

e.xí.lio *s.m.* destierro, deportación, exilio; *Fig.* soledad, retiro.

e.xí.mio *adj.* excelente, superior, eximio.

e.xi.mir *v.t.* y *v.r.* eximir; exentar.

e.xis.tên.cia *s.f.* existencia.

e.xis.tir *v.i.* vivir, subsistir, existir, estar, ser, ser real; haber.

ê.xi.to *s.m.* triunfo, éxito.

ê.xo.do *s.m.* éxodo, salida, tránsito.

e.xo.ne.ra.ção *s.f.* exoneración, exención.

e.xo.ne.rar *v.t.* destituir, exonerar.

e.xor.bi.tan.te *adj.* que sale fuera de sus límites, excesivo, exorbitante.

e.xor.cis.mo *s.m.* exorcismo.

e.xor.tar *v.t.* exhortar, sermonear; rogar; amonestar; predicar.

e.xó.ti.co *adj.* raro, extravagante, exótico.

ex.pan.dir *v.t.* extender, dilatar, difundir, expandir; *v.r.* expansionarse, propagarse.

ex.pan.são *s.f.* expansión.

ex.pan.si.vo *adj.* afable, franco, expansivo; *Fig.* comunicativo.

ex.pa.tri.ar *v.t.* expulsar; exilar; expatriar; *v.r.* salir de la patria.

ex.pec.ta.ti.va *s.f.* expectativa.

ex.pec.to.rar *v.t.* esputar, gargajear, expectorar.

ex.pe.di.ção *s.f.* envío, remesa, expedición; despacho; excursión.

ex.pe.di.en.te *s.m.* iniciativa, trámite, recurso, medio, expediente; horario de atención.

ex.pe.dir *v.t.* despachar; remitir, enviar, expedir.

ex.pe.lir *v.t.* expeler, evacuar; lanzar; exhalar; remitir.

ex.pen.sas *s.f. pl.* gastos, costas, expensas, dispendios; *às expensas de* por cuenta de, a expensas de.

ex.pe.ri.ên.cia *s.f.* experiencia.

ex.pe.ri.men.tar *v.t.* ensayar, probar, tentar, experimentar.

ex.pe.ri.men.to *s.m.* ensayo, experimentación, experimento.

ex.pert *s.m.* experto, perito.

ex.pi.ar *v.t.* expiar, redimir.

ex.pi.rar *v.t.* espirar (el aire), expeler; *v.i.* morir, acabar, expirar.

ex.pla.na.ção *s.f.* acción y efecto de explanar; explicación.

ex.pli.ca.ção *s.f.* esclarecimiento, explicación, disculpa, aclaración.

ex.plí.ci.to *adj.* explícito, claro.

ex.plo.dir *v.i.* reventar, estallar, explotar, detonar.

ex.plo.ra.ção *s.f.* exploración, especulación, averiguación.

ex.plo.rar *v.t.* especular, investigar, explorar; explotar.

ex.plo.são *s.f.* explosión.

ex.por *v.t.* exponer, relatar, exhibir, dejar expuesto, arriesgar, manifestar; *v.r.* exponerse, arriesgarse.

ex.por.ta.ção *s.f.* exportación.

ex.por.tar *v.t.* exportar; *Inform.* enviar informaciones de una aplicación o un programa a otra/o.

ex.po.si.ção *s.f.* muestra, exposición, explicación, exhibición.

ex.po.si.tor *s.m. y adj.* exponente, intérprete, expositor.

ex.pres.são *s.f.* expresión.

ex.pres.sar *v.t. y v.r.* expresar; manifestar.

ex.pri.mir *v.t. y v.r.* expresar; manifestar.

ex.pro.pri.ar *v.t.* expropiar, confiscar; despojar; desposeer.

ex.pul.sar *v.t.* expeler, expulsar, proscribir, rechazar, repeler.

ex.pul.so *adj.* expelido, proscrito, exilado, expulso.

êx.ta.se *s.m.* pasmo, éxtasis.

ex.ten.são *s.f.* ampliación, extensión, espacio, anchura, dimensión.

ex.ten.so *adj.* amplio, extenso.

ex.te.nu.ar *v.t.* agotar, debilitar, extenuar.

ex.te.ri.or *s.m.* exterior, aspecto, apariencia; extranjero.

ex.te.ri.o.ri.zar *v.t.* manifestar, presentar, exteriorizar.

ex.ter.mi.nar *v.t.* exterminar; diezmar.

ex.ter.mí.nio *s.m.* exterminio, aniquilación.

ex.ter.no *adj.* exterior; externo, que es de fuera.

ex.tin.guir *v.t. y v.r.* extinguir.

ex.tin.tor *s.m.* extintor.

ex.tir.par *v.t. Cir.* extraer, extirpar.

ex.tor.quir *v.t.* extorsionar, robar; arrancar; tomar a viva fuerza.

ex.tor.são *s.f.* usurpación, robo, extorsión.

ex.tra *adj.* adicional, suplementario; extra; de calidad superior; extraordinario, fuera de programa.

ex.tra.ção *s.f.* sorteo; extracción, acción de extraer; *Mat.* operación para hallar la raíz de un número.

ex.tra.con.ju.gal *adj.* extraconyugal.

ex.tra.di.ção *s.f. For.* extradición.

ex.tra.ir *v.t.* sacar, extraer, extirpar.

ex.tra.or.di.ná.rio *adj.* excepcional, estupendo, extra, espantoso, fantástico, insólito, impresionante, único, notable, singular, maravilloso.

ex.tra.po.lar *v.t.* extrapolar; *v.t. y v.i.* extralimitarse, excederse.

ex.tra.to *s.m.* resumen, extracto, copia, reseña; fragmento; esencia aromática; extracto de cuenta corriente.

ex.tra.va.gân.cia *s.f.* excentricidad, extravagancia.

ex.tra.va.sar *v.t.* y *v.i.* extravasarse, transbordar, derramarse.

ex.tra.vi.ar *v.t.* y *v.r.* extraviar, perder, descarriar, *Fig.* pervertir.

ex.tra.vi.o *s.m.* extravío.

ex.tre.mi.da.de *s.f.* orilla, punta, extremidad; término, límite, fin; parte extrema.

ex.tre.mo *adj.* lejano, remoto, extremo, máximo, final, exceso, *s.m.* extremidad, *pl.* último recurso.

ex.trín.se.co *adj.* exterior, externo, extrínseco.

ex.tro.ver.ti.do *adj.* expansivo, comunicativo, extravertido; extrovertido.

e.xu.be.rân.cia *s.f.* profusión, riqueza, intensidad, vigor, exuberancia.

e.xu.mar *v.t.* exhumar, desenterrar.

F

f *s.m.* sexta letra del abecedario portugués.

fá *s.m. Mús.* fa, cuarta nota de la escala musical.

fã *s.m* y *s.f.* fan, admirador.

fá.bri.ca *s.f.* manufactura, fábrica.

fa.bri.ca.ção *s.f.* fabricación.

fa.bri.car *v.t.* manufacturar, fabricar.

fá.bu.la *s.f.* fábula; ficción; alegoría; falsedad; *Pop.* precio muy elevado.

fa.bu.lo.so *adj.* fantástico, fabuloso; mítico; exagerado, estupendo, extraordinario.

fa.ca *s.f.* cuchillo, cortapapeles.

fa.ca.da *s.f.* cuchillada; golpe de cuchillo; herida; *Pop.* pedido de dinero.

fa.ça.nha *s.f.* hazaña, proeza.

fa.ce *s.f.* faz, rostro, cara, haz; faceta, anverso; *em face de* frente a; *face a face* frente a frente, cara a cara; *fazer face a* afrontar, soportar, resistir.

fa.ce.ta *s.f.* cara, carilla, lado, prisma, faz; *Fig.* aspecto.

fa.cha.da *s.f.* frente, fachada, facha, delantera, lienzo, portada.

fa.ci.al *adj.* facial, perteneciente al rostro.

fá.cil *adj.* fácil.

fa.ci.li.tar *v.t.* facultar; *v.i. Pop.* descuidarse, parpadear.

fac-sí.mi.le *s.m.* facsímil, facsímile, copia exacta.

fa.cul.da.de *s.f.* facultad; virtud; autorización; poder, capacidad; propiedad; escuela superior.

fa.cul.tar *v.t.* conceder, ofrecer, permitir, facultar, facilitar.

fa.da *s.f.* hada, fada, maga; *Fig.* mujer muy hermosa.

fa.di.ga *s.f.* cansancio, fatiga; cansera; trabajo duro.

fa.ís.ca *s.f.* chispa, morcella, centella; rayo.

fai.xa *s.f.* faja, tira, cinta, correa, banda, atadura, parte, sector, porción; nivel, categoría, rango; letrero.

fa.ju.to *adj. Pop.* adulterado, falso.

fa.la *s.f.* habla, acción de hablar; elocución; lenguaje; lengua.

fa.lan.ge *s.f. Mil.* cualquier cuerpo de tropa; *Anat.* huesos de los dedos; artejos; *Fig.* falange, legión, partido, bando.

fa.lar *v.t.* hablar, narrar, decir, conversar.

fa.la.tó.rio *s.m.* habladuría.

fa.le.cer *v.i.* fallecer.

fa.le.ci.men.to *s.m.* óbito, muerte, fallecimiento.

fa.lên.cia *s.f. Com.* insolvencia, bancarrota, falencia.

fa.lha *s.f.* imperfección, falla; raja, mella, fallo, interrupción, quiebra.

fa.lhar *v.t.* rajar, hender; *v.i.* no funcionar, fallar, malograrse, fracasar, no resultar; no acertar, errar, tener defectos, cometer faltas.

fa.lho *adj.* faltoso; fallo; falto; que tiene faltas; falible.

fa.li.do *adj.* quebrado, fallido, insolvente.

fal.si.da.de *s.f.* falsedad, perfidia, hipocresía.

fal.si.fi.ca.ção *s.f.* falsificación.

fal.si.fi.car *v.t.* falsificar, falsear, adulterar; mentir; imitar con fraude; pervertir.

fal.so *adj.* falso.

fal.ta *s.f.* escasez; deficiencia; falta; negación; defecto; yerro.

fal.tar *v.i.* y *v.t.* faltar.

fal.to *adj.* desprovisto, carente, falto; defectuoso.

fa.ma *s.f.* renombre, fama, notoriedad.

fa.mí.lia *s.f.* familia, parentela, clan.

fa.mi.li.ar *adj.* familiar, íntimo, informal.

fa.mi.li.a.ri.da.de *s.f.* intimidad, sencillez, familiaridad.

fa.mi.li.a.ri.zar *v.t.* y *v.r.* familiarizar.

fa.min.to *adj.* hambriento, *Fig.* deseoso, ávido.

fa.mo.so *adj.* célebre, afamado, famoso, renombrado, conocido.

fa.ná.ti.co *adj.* apasionado; entusiasta; admirador; fanático.

fa.na.tis.mo *s.m.* radicalización; pasión, excesivo; celo religioso; fanatismo.

fan.far.rão *s.m.* y *adj.* fanfarrón; *Fam.* bravucón; impostor.

fan.ta.si.a *s.f.* fantasía, quimera, ilusión, ficción, imaginación, máscara, disfraz.

fan.ta.si.ar *v.t.* fantasear, imaginar; soñar; idear; disfrazar, fingir; ilusionar; *v.r.* enmascararse.

fan.ta.si.o.so *adj.* soñador, fantasioso.

fan.tas.ma *s.m.* fantasma.

fan.tás.ti.co *adj.* quimérico, fantasioso; fantástico, extraordinario.

fan.to.che *s.m.* marioneta, títere, fantoche, muñeco; *Fig.* persona sin voluntad dominada por otra.

fa.quei.ro *s.m.* juego de cubiertos; fabricante de cuchillos.

far.do *s.m.* carga, fardo, bulto, lío, paca, peso, gravamen.

fa.re.jar *v.t.* olfatear, oler, *v.i.* husmear; *Fig.* presentir, adivinar.

fa.ri.nha *s.f.* harina.

far.má.cia *s.f.* farmacia; botica.

fa.ro.fa *s.f. Bras.* guarnición para carnes hecha con harina de yuca o de maíz y condimentos (para carnes).

fa.rol *s.m.* torre con foco luminoso, en la costa marinera; farol; linterna (de automóviles); luz; semáforo.

far.pa *s.f.* farpa, púa, astilla; banderilla de los toreros.

far.ra *s.f. Bras.* jarana, juerga, parranda, jolgorio.

far.ra.po *s.m.* harapo, trapo.

far.re.ar *v.i.* jaranear; andar de juerga, de jarana.

far.sa *s.f.* farsa, fingimiento, engaño.

far.san.te *s.m.* y *adj.* trapacero, farsante, embustero.

far.to *adj.* lleno, harto, satisfecho; *Fig.* aburrido, cansado.

far.tu.ra *s.f.* abundancia, opulencia.

fas.ci.na.ção *s.f.* seducción, atracción, fascinación; *Fig.* alucinación, engaño.

fas.ci.nan.te *adj.* seductor, fascinante, fascinador.

fas.ci.nar *v.t.* seducir, fascinar.

fa.se *s.f.* etapa, época, estado, fase.

fa.tal *adj.* fatal, inevitable, funesto.

fa.ta.li.da.de *s.f.* destino, fatalidad, desgracia, desastre.

fa.ti.a *s.f.* tajada, lonja, loncha (fríos); raja (fruta); rebanada, rodaja (pan).

fa.ti.ar *v.t.* cortar en tajadas o lonchas delgadas; hacer rebanadas (de pan).

fa.ti.gar *v.t.* fatigar, cansar, agotar; *v.r.* afanarse, fatigarse.

fa.to *s.m.* suceso, hecho, evento; *de fato* de hecho.

fa.tor *s.m.* factor; causa; elemento.

fa.tu.ra.men.to *s.m.* facturación.

fa.tu.ra *s.f. Com.* factura.

fa.tu.rar *v.t.* facturar (inserir en factura); expedir.

fa.va *s.f. Bot.* haba (planta leguminosa); *favas contadas* cosa exacta; *mandar às favas* mandar a paseo, al diablo.

fa.ve.la *s.f.* chabola.

fa.vor *s.m.* favor.

fa.vo.rá.vel *adj.* propicio, benigno, favorable.

fa.vo.re.cer *v.t.* y *v.r.* beneficiar, favorecer.

fa.vo.ri.to *s.m.* y *adj.* predilecto, preferido, favorito.

fa.xi.na *s.f.* limpieza; fajo, fajina, manojo, leña menuda.

fa.xi.nei.ra *s.f.* encargada de la limpieza; que hace fajo o fajina.

fa.zen.da *s.f.* hacienda, estancia, finca; tesoro público; paño o tejido; lienzo.

fa.zen.dei.ro *s.m. Bras.* estanciero; el que tiene hacienda.

fa.zer *v.t.* hacer, *v.r.* hacerse, tornarse; *fazer de conta* simular, imaginar, suponer.

fé *s.f.* fe, confianza; *boa-fé* sinceridad.

fe.bre *s.f. Med.* fiebre, *Fig.* exaltación, frenesí, deseo.

fe.cha.do *adj.* cerrado, encerrado, clausurado, hermético, *Fig.* reservado, retraído, introvertido.

fe.cha.du.ra *s.f.* cerradura; cierre.

fe.char *v.t.* cerrar, concluir, obstruir, tapar; *v.i.* cerrarse, nublarse (tiempo); *v.r.* encerrarse, *fechar com chave de ouro* acabar bien; *fechar o arquivo/programa* cerrar el archivo/programa.

fe.cho *s.m.* cierre.

fe.cun.da.ção *s.f.* fecundación, fertilización, inseminación.

fe.cun.dar *v.t.* fertilizar, fecundizar, fecundar, cubrir, preñar.

fe.de.lho *s.m. Fam. Arg.* pendejo; chico.

fe.der *v.t.* heder, apestar.

fe.de.ra.ção *s.f.* federación, unificación, asociación, alianza.

fe.di.do *adj.* apestoso, hediondo.

fe.dor *s.m.* hedor, pestilencia, hedentina, hediondez, fetidez, peste.

fe.do.ren.to *adj.* fétido, pestilente, hediondo.

fei.ção *s.f.* facción, aspecto, apariencia, fisionomía; *pl.* rasgos, facciones; *Fig.* trazo.

fei.jão *s.m. Bot.* judía, habichuela, frijol, fréjol; *Amér.* poroto; *pl.* comida modesta.

fei.o *adj.* feo; *Fig.* vergonzoso.

fei.ra *s.f.* feria, mercado, muestra, exposición.

fei.ran.te *s.m.* y *s.f.* feriante.

fei.ti.cei.ra *s.f.* bruja, hechicera; *s.m.* hechicero, mago, brujo; *adj.* gracioso, hermoso; seductor.

fei.ti.ça.ri.a *s.f.* brujería, hechicería, hechizo, sortilegio.

fei.ti.ço *s.m.* hechizo, maleficio, brujería, encantamiento.

fei.ti.o *s.m.* forma, formato, talle, hechura.

fei.to *s.m.* y *adj.* que se hizo; hecho, acto, ejecutado, realizado; *conj.* tal como, como, igual que, hecho.

fei.ú.ra *s.f.* fealdad.

fel *s.m. Pop.* hiel, bilis.

fe.li.ci.da.de *s.f.* dicha, ventura, felicidad.

fe.li.ci.ta.ção *s.f.* felicitación, enhorabuena.

fe.li.ci.tar *v.t.* felicitar, congratular.

fe.liz *adj.* feliz, dichoso, afortunado.

fe.li.zar.do *s.m. Pop.* afortunado, individuo dichoso, muy feliz.

fel.pa *s.f.* pelo (de los tejidos); felpa, pelusa, vello.

fel.pu.do *adj.* afelpado; aterciopelado.

fel.tro *s.m.* fieltro.

fê.mea *s.f.* hembra.

fe.mi.ni.no *adj.* femenino, femenil; *s.m. Gram.* femenino.

fe.mi.nis.ta *s.m.* y *s.f., adj.* feminista.

fê.mur *s.m. Anat.* fémur (hueso).

fen.da *s.f.* hendedura, grieta, fenda; *Cir.* fisura.

fe.no *s.m. Bot.* hierba, heno.

fe.no.me.nal *adj.* relativo al fenómeno; espantoso, sorprendente.

fe.nô.me.no *s.m.* fenómeno; cosa extraordinaria; suceso, hecho, maravilla, portento, prodigio.

fe.ra *s.f.* animal feroz, carnívoro, fiera; *Fig.* bruto, cruel.

fé.re.tro *s.m.* ataúd, féretro, tumba, túmulo.

fé.ria *s.f.* feria, sueldo, jornal; renta del día, caja; *pl.* vacaciones; *Fig.* descanso.

fe.ri.a.do *s.m.* asueto; día feriado.

fe.ri.da *s.f.* herida, llaga, lesión; *Fig.* daño moral.

fe.ri.men.to *s.m.* lesión, herida, magullamiento, lastimadura.

fe.rir *v.t.* herir, agraviar; agredir; lesionar; *v.r.* herirse, lastimarse.

fer.men.ta.ção *s.f.* agitación; fermentación.

fer.men.tar *v.t.* y *v.i.* fermentar.

fer.men.to *s.m.* levadura, fermento.

fe.roz *adj.* feroz, cruel, perverso.

fer.ra.gem *s.f.* herraje; *loja de ferragens* ferretería.

fer.ra.men.ta *s.f.* herramienta.

fer.rão *s.m.* aguijón, espigón.

fer.rar *v.t.* ferrar; poner hierro en; poner herraduras; marcar con hierro al rojo; *Fam.* perjudicar.

fer.rei.ro *s.m.* herrero, metalúrgico, ferretero.

fer.ro *s.m.* hierro, fierro; *ferro de passar* plancha.

fer.ro.lho *s.m.* cerrojo.

fer.ro.vi.a *s.f.* ferrocarril, vía férrea, ferrovía.

fer.ro.vi.á.rio *adj.* ferroviario, ferrocarrilero.

fer.ru.gem *s.f.* óxido, herrumbre.

fér.til *adj.* fecundo, productivo, fértil.

fer.ti.li.zan.te *s.m.* y *adj.* fertilizante; abono; que fertiliza.

fer.ti.li.zar *v.t.* fertilizar, fecundizar, fecundar.

fer.ver *v.t.* y *v.i.* hervir; *Fig.* excitarse; exaltarse.

fer.vi.lhar *v.i.* herir, hormiguear, pulular.

fer.vor *s.m.* devoción, fervor.

fer.vo.ro.so *adj.* fervoroso.

fer.vu.ra *s.f.* hervor, ebullición.

fes.ta *s.f.* fiesta, festividad, recepción.

fes.tei.ro *s.m.* y *adj.* fiestero; *Arg.* milonguero; parrandero, amigo de fiestas, festejador.

fes.te.jar *v.t.* celebrar, festejar, conmemorar.

fes.tim *s.m.* festín, banquete, fiesta; cartucho sin bala.

fes.ti.val *s.m.* festival; fiesta pública; espectáculo; *adj.* festivo.

fes.ti.vi.da.de *s.f.* festividad, festejo, celebración.

fes.ti.vo *adj.* alegre, festivo, festival; de fiesta.

fé.ti.do *adj.* hediondo, fétido.

fe.to *s.m.* feto.

fe.ve.rei.ro *s.m.* febrero.

fe.zes *s.f. pl.* heces, excrementos.

fi.a.ção *s.f.* hilatura, hilandería, hilado; fábrica de hilado.

fi.a.do *adj.* fiado; a pagar; a crédito; confiado.

fi.a.dor *s.m.* y *adj. Com.* garante, fiador, avalista.

fi.an.ça s.f. fianza, afianzamiento, garantía; seguridad.

fi.a.po s.m. brizna, hilacho, jirón, hebra.

fi.ar v.t. hilar, tejer; *Com.* afianzar, vender a crédito, fiar; v.i. y v.r. confiarse.

fi.as.co s.m. chasco, fracaso, fiasco, mal éxito, decepción.

fi.bra s.f. hilo, hebra, brizna, fibra; *Fig.* energía, fibra, vigor.

fi.bro.so adj. fibroso; que tiene fibras.

fi.car v.t. y v.i. detenerse; quedar; estar; permanecer; subsistir; sobrar; desistir; callar; perdurar.

fic.ção s.f. ficción, narración, fábula.

fi.cha s.f. ficha, tanto.

fi.chá.rio s.m. fichero, casillero.

fic.tí.cio adj. quimérico, ficticio, falso, simulado, imaginario, fabuloso.

fi.de.li.da.de s.f. lealtad, fidelidad, sinceridad.

fi.ei.ra s.f. hilera, instrumento para reducir a hilo los metales.

fi.el adj. fiel, leal; s.m. pl. *Fig.* grey, rebaño, feligreses.

fí.ga.do s.m. *Anat.* hígado.

fi.go s.m. *Bot.* higo (fruto de la higuera).

fi.gu.ra s.f. figura, forma, tipo.

fi.gu.rão s.m. *Pop.* persona importante, magnate; figura.

fi.gu.rar v.t. trazar, figurar; formar la figura de una cosa; simbolizar; v.i. formar parte de algo; v.r. parecer, imaginarse.

fi.gu.ri.no s.m. figurín; catálogo de modas.

fi.la s.f. fila, hilera, hila.

fi.la.men.to s.m. fibra, hebra, hilo, filamento, hebrilla.

fi.lão s.m. *Miner.* filón; vena de metal en minas; manantial, vena, veta.

fi.lé s.m. filete; *Arg.* bife; lonja de carne o pescado.

fi.lei.ra s.f. hilera, fila; pl. alas.

fi.lho s.m. hijo, descendiente.

fi.lho.te s.m. hijo pequeño; cría; cachorro.

fi.li.a.ção s.f. procedencia, filiación, descendencia.

fil.ma.gem s.f. filmación, rodaje, toma.

fil.mar v.t. filmar.

fil.me s.m. película, film, cinta cinematográfica; rollo (fotos).

fi.lo.so.fi.a s.f. filosofía, sabiduría; *Fig.* serenidad.

fil.trar v.t. purificar, destilar, filtrar, colar.

fil.tro s.m. filtro, coladero, colador; *Inform.* filtro: selección de elementos.

fim s.m. término, fin, conclusión, final; finalidad, meta.

fi.na.do s.m. y adj. finado; muerto, fallecido, difunto.

fi.nal s.f. y s.m. término, final.

fi.na.li.da.de s.f. finalidad, objetivo; *Fig.* meta, mira.

fi.na.lis.ta s.m. y s.f., adj. *Dep.* finalista.

fi.na.li.zar v.t. terminar, acabar, concluir, finalizar; v.i. tener fin; v.r. acabarse.

fi.nan.cei.ro adj. financiero; relativo a las finanzas.

fi.nan.ci.a.men.to s.m. financiación, provisión de capital a una empresa.

fi.nan.ci.ar v.t. financiar.

fin.car v.t. hincar, clavar; v.r. ahincarse; *fincar o pé* insistir, hacer hincapié.

fi.ne.za s.f. fineza; *Fig.* obsequio, favor, amabilidad; pl. favores.

fin.gi.men.to s.m. hipocresía, simulación, fingimiento; *Fig.* disfraz.

fin.gir v.t. simular, fingir, suponer, aparentar.

fi.no adj. delgado, fino, delicado, elegante.

fi.nu.ra s.f. cortesía, delicadeza, astucia, finura.

fi.o s.m. hilo, hebra, filo, pelo; *Eletr.* cable, alambre; corte.

fir.ma s.f. firma, empresa; razón social; signatura.

fir.mar v.t. fijar; poner estable; afirmar; firmar; v.r. basarse, apoyarse, radicarse.

fir.me adj. constante, estable, fijo, firme; inmutable; inflexible.

fir.me.za s.f. firmeza, persistencia.

fis.ca.li.za.ção s.f. fiscalización, verificación.

fis.ca.li.zar v.t. inspeccionar; controlar; fiscalizar.

fis.gar v.t. agarrar; prender; fisgar; *Fig.* husmear.

fí.si.ca s.f. física.

fi.si.o.no.mi.a s.f. expresión; rostro; gesto; fisionomía, semblante, apariencia.

fi.si.o.te.ra.pi.a s.f. *Med.* fisioterapia.

fis.su.ra s.f. *Cir.* fisura, cisura, rajadura, incisión; *Pop.* idea fija.

fi.ta s.f. banda, cinta, tira; película (cine).

fi.ve.la s.f. hebilla; pasador.

fi.xa.ção s.f. obsesión, fijación; acción de fijar.

fi.xar v.t. hincar, clavar, fijar, implantar, marcar, asegurar, establecer, memorizar; v.r. fijarse, afirmarse, radicarse.

fi.xo v.t. fijo, estable, inmutable, hincado, fijado.

flã s.f. flan.

fla.ci.dez *s.f.* languidez, flacidez.

flá.ci.do *adj.* flaco, blando, flácido; lánguido; relajado.

fla.ge.lo *s.m.* azote, flagelo; *Fig.* castigo, calamidad, epidemia.

fla.gran.te *adj.* evidente, flagrante, manifiesto.

fla.grar *v.t.* sorprender en flagrante.

flan.co *s.m.* lado, costado, flanco.

fla.ne.la *s.f.* franela (tejido).

flau.ta *s.f. Mús.* flauta.

fle.cha *s.f.* flecha, dardo.

fle.cha.da *s.f.* flechazo.

fler.tar *v.t.* y *v.i.* flirtear.

fle.xão *s.f.* flexión; acción de doblar o encorvar; *Gram.* diferentes formas de las palabras variables.

fle.xi.o.nar *v.i.* y *v.t.* flexionar.

fle.xí.vel *adj.* flexible, maleable; dócil, blando.

flo.co *s.m.* copo (de lana, algodón, nieve); vello; grumo; tufo, mechón.

flor *s.f. Bot.* flor; lozanía; *Fig.* lo mejor de una cosa.

flo.res.cer *v.i.* florecer; *Fig.* brillar; prosperar.

flo.res.ci.men.to *s.m.* florecimiento; *Fig.* progreso.

flo.res.ta *s.f.* floresta; bosque; *Fig.* laberinto.

flo.res.tal *adj.* florestal, relativo a floresta; florestero.

flo.ri.cul.tu.ra *s.f.* floricultura, floristería, florería.

flo.ri.do *adj.* con flor; florido.

flu.en.te *adj.* fluente, corriente.

flui.dez *s.f.* fluidez; *Fig.* espontaneidad.

flui.do *s.m.* fluido.

flu.ir *v.i.* fluir.

flu.tu.a.ção *s.f.* fluctuación.

flu.tu.an.te *adj.* flotante.

flu.tu.ar *v.i.* fluctuar, flotar.

flu.vi.al *adj.* fluvial; relativo o propio de los ríos.

flu.xo *s.m.* flujo; pleamar; *Fig.* torrente; abundancia; plenitud.

fo.bi.a *s.f.* fobia; temor; aversión.

fo.ca.li.zar *v.t.* enfocar.

fo.ci.nho *s.m.* hocico.

fo.co *s.m.* foco; punto principal, lugar de irradiación.

fo.fo *adj.* fofo; esponjoso; blando.

fo.fo.ca *s.f.* parloteo, murmuración, chisme.

fo.fo.car *v.i.* picotear, parlar, cotillear, chismear.

fo.fo.quei.ro *s.m.* y *adj.* cuentista, chismoso, alcahuete, soplón, cotilla.

fo.gão *s.m.* estufa, cocina.

fo.ga.rei.ro *s.m.* hornillo; brasero.

fo.go *s.m.* fuego; *Fig.* ardor, pasión; *estar de fogo* estar borracho.

fo.go.so *adj.* incandescente, fogoso; *Fig.* ardoroso.

fo.guei.ra *s.f.* hoguera, fogata.

foi.ce *s.f.* guadaña, hoz.

fol.clo.re *s.m.* folklore.

fô.le.go *s.m.* aliento, resuello; *tomar fôlego* cobrar aliento; *sem fôlego* jadeante.

fol.ga *s.f.* holgura, día franco; alivio, descanso, pereza, holganza.

fol.ga.do *adj.* ancho, flojo, holgado, suelto, desahogado; perezoso; holgazán; atrevido; *Fig.* caradura.

fol.ga.zão *adj.* holgazán; amigo de divertirse; ocioso.

fo.lha *s.f. Bot.* hoja (de libro, de cuaderno); *folha de pagamento* nómina, planilla de pagos.

fo.lha.do *s.m.* y *adj.* hojaldre; masa para pasteles.

fo.lha.gem *s.f.* ramaje, follaje.

fo.lhe.ar *v.t.* y *v.i.* hojear; echar un vistazo; bañar.

fo.lhe.to *s.m.* panfleto, folleto.

fo.lhi.nha *s.f.* calendario.

fo.li.a *s.f.* farra, folía, jarana.

fo.me *s.f.* hambre.

fo.men.tar *v.t.* fomentar, incentivar; *Fig.* excitar, desarrollar.

fo.men.to *s.m.* estímulo, apoyo, fomento, protección.

fo.ne *s.m.* teléfono, auricular, parte o pieza con la que se oye y que se aplica al oído, especialmente al teléfono.

fo.né.ti.ca *s.f. Gram.* fonética (estudio de los sonidos articulados); fonología.

fo.no.lo.gi.a *s.f.* fonología (estudio de los sonidos de un idioma).

fon.te *s.f.* fuente, origen; *Anat.* sien; *Fig.* raíz; fuente: tipo de letra; *fonte-padrão* fuente patrón.

fo.ra *adv.* fuera, afuera; *prep.* salvo, aparte; *interj.* ¡fuera! ¡largo!; *fora-da-lei* sedicioso, maleante; *dar o fora* largarse.

fo.ra.gi.do *s.m.* y *adj.* huído, forajido.

fo.ras.tei.ro *s.m.* y *adj.* foráneo, forastero, extranjero.

for.ca *s.f.* cadalso, horca, patíbulo.

for.ça *s.f.* fuerza, voltaje; *à força* a la fuerza.

for.çar *v.t.* forzar, constreñir, obligar, romper.

fo.ren.se *adj.* judicial, perteneciente al foro judicial.

for.jar *v.t.* forjar, fabricar; *Fig.* imaginar, crear, inventar, falsear.

for.ma *s.f.* manera, forma, apariencia; *de forma alguna* de ninguna manera.

fór.ma *s.f.* horma, forma, molde; *pão de fôrma* pan de rodaja.

for.ma.ção *s.f.* formación.

for.mal *adj.* serio, evidente, formal.

for.ma.li.zar *v.t.* formalizar; *v.r.* escandalizarse.

for.mar *v.t.* trabajar; dar forma; formar; *v.r.* formarse, diplomarse.

for.ma.ta.ção *s.f. Inform.* formateo.

for.ma.tar *v.t. Inform.* formatear.

for.ma.to *s.m.* configuración, forma, formato, dimensión.

for.ma.tu.ra *s.f.* acción de tomar el grado de bachiller o doctor; formación.

for.mi.dá.vel *adj.* formidable, tremendo, extraordinario.

for.mi.ga *s.f.* hormiga.

for.mi.gan.te *s.m.* hormigueo, comezón.

for.mi.guei.ro *s.m.* hormiguero; *Fig.* muchedumbre; prurito.

for.mo.so *adj.* hermoso, bonito, bello, lindo.

fór.mu.la *s.f.* receta; fórmula; estilo.

for.mu.lar *v.t.* formular, recetar; exponer con claridad.

for.mu.lá.rio *s.m.* recetario, formulario; impreso, planilla; colección de recetas.

for.na.da *s.f.* hornada (pan).

for.ne.cer *v.t.* proveer, suplir, suministrar, abastecer, surtir, proporcionar.

for.ne.ci.men.to *s.m.* provisión, suministro.

for.ni.ca.ção *s.f.* fornicación; acción de fornicar; coito.

for.no *s.m.* horno, hornalla; *Fig.* lugar muy caliente.

fo.ro *s.m.* foro; tribunales judiciales; jurisdicción; fueros.

for.ra.gem *s.f.* forraje.

for.rar *v.t.* forrar.

for.ro *s.m.* revestimiento, forro, guardación, interior; *Arq.* cielo raso.

for.ta.le.cer *v.t. y v.r.* consolidar, fortalecer.

for.ta.le.ci.men.to *s.m.* fortalecimiento; fortificación.

for.ta.le.za *s.f.* vigor, energía, fortaleza; *Mil.* fortificación, alcázar, fortaleza.

for.te *adj.* robusto, recio, fuerte, intenso; *s.m.* fortín, fuerte; *adv.* con fuerza; *Fig.* capaz, hábil.

for.ti.fi.car *v.t. y v.r.* fortificar.

for.tui.to *adj.* aleatorio, fortuito, accidental.

for.tu.na *s.f.* dicha, fortuna, prosperidad, ventura, destino; *Fig.* dinero.

fó.rum *s.m.* foro, juzgados tribunales, fuero, jurisdicción, privilegio; conferencia, reunión.

fos.co *adj.* opaco, obscuro, empañado, hosco.

fos.fo.res.cen.te *adj.* fosforescente.

fos.fo.res.cer *v.i.* emitir brillo fosforescente; fosforescer.

fós.fo.ro *s.m.* cerilla, mixto, fósforo.

fos.so *s.m.* foso, hoyo; cavidad; excavación; *Pop.* depresión, abatimiento.

fo.to *s.f.* fotografía, foto.

fo.to.có.pia *s.f.* reproducción fotográfica, fotocopia.

fo.to.gê.ni.co *adj.* fotogénico.

fo.to.gra.far *v.t.* retratar, fotografiar; *Fig.* describir.

fo.to.gra.fi.a *s.f.* retrato, foto, fotografía.

foz *s.f.* estuario, desembocadura.

fra.ção *s.f. Arit.* fracción.

fra.cas.sar *v.i.* fracasar; abortar.

fra.cas.so *s.m.* fracaso, fiasco; *Fig.* ruina.

fra.co *adj.* frágil, débil, endeble, tibio; *Fam.* desmirriado, anémico.

fra.de *s.m.* monje, fraile.

frá.gil *adj.* débil, frágil.

frag.men.ta.ção *s.f.* división, fragmentación.

frag.men.tar *v.t. y v.r.* segmentar, fraccionar, fragmentarse.

frag.men.to *s.m.* trozo, fracción, fragmento.

fra.grân.cia *s.f.* aroma, fragancia.

fral.da *s.f.* fajo, pañal.

fram.bo.e.sa *s.f. Bot.* frambuesa (fruta).

fran.co *adj.* sincero, franco; *Fam.* campechano; libre; *s.m.* franco, unidad monetaria.

fran.co-a.ti.ra.dor *s.m.* francotirador; guerrillero.

fran.go *s.m* pollo.

fran.ja *s.f.* flequillo (cabello); fleco, franja (tejido).

fran.que.ar *v.t.* librar, eximir, franquear, exentar.

fran.que.za *s.f.* lealtad, sinceridad, franqueza, generosidad; *Fig.* lisura.

fran.zir *v.t.* arrugar, fruncir; contraer; crispar; plisar.

fra.que *s.m.* frac.

fra.que.jar *v.i.* flaquear, esmorecer, aflojar.

fra.que.za *s.f.* flaqueza, debilidad, flojera.

fras.co *s.m.* frasco, pomo.

fra.se *s.f. Gram.* frase; expresión.

fra.ter.nal *adj.* fraternal, propio de hermanos; *Fig.* benévolo, afectuoso.

fra.ter.no *adj.* fraterno, fraternal.

fra.tu.ra *s.f.* rotura, rompimiento, fractura, ruptura.

fra.tu.rar *v.t.* romper, fracturar; *v.r.* fracturarse.

frau.dar *v.t.* engañar, falsificar, simular.

frau.de *s.f.* falsificación, fraude, estafa.

frau.du.len.to *adj.* fraudulento.

fre.a.da *s.f.* frenazo.

fre.ar *v.t.* y *v.i.* frenar; reprimir.

fre.guês *s.m.* y *adj.* cliente.

fre.gue.si.a *s.f.* parroquia; clientela.

frei.o *s.m.* rienda, freno; *Med.* frenillo (de la lengua y del prepucio).

frei.ra *s.f.* religiosa, monja.

fre.né.ti.co *adj.* exaltado, nervioso, frenético.

fren.te *s.f.* fachada, frente, cara; masa de aire; vanguardia; liga, coalición.

fre.qüen.cia *s.f.* repetición, frecuencia; frecuentación; presencia, asiduidad.

fre.qüen.tar *v.t.* cursar, asistir a clases, estudiar; ir con frecuencia, frecuentar.

fres.ca *s.f.* frescura del ambiente, fresca, fresco.

fres.co *adj.* lozano, reciente, fresco, fresquito, frío; *Amér.* novedoso; *Col.* efeminado.

fres.cor *s.m.* lozanía, frescor.

fres.cu.ra *s.f.* frescura, lozanía; melindre, capricho; *Fam.* pamplina.

fres.ta *s.f.* grieta, rendija.

fre.tar *v.t.* fletar, alquilar.

fre.te *s.m.* flete.

fri.a.gem *s.f.* frialdad, enfriamiento.

fric.ção *s.f.* frote, roce, fricción.

fric.ci.o.nar *v.t.* resfregar, frotar, friccionar, fregar.

fri.ei.ra *s.f. Med.* micosis en los pies; sabañón.

fri.e.za *s.f.* indiferencia, frialdad; *Fig.* hielo.

fri.gi.dei.ra *s.f.* sartén.

fri.go.rí.fi.co *s.m.* congelador; nevera; frigorífico.

fri.o *s.m.* y *adj.* frío; *pl.* embutido, fiambre; *Fig.* indiferencia.

fri.o.ren.to *adj.* friolero, friolento.

fri.sar *v.t.* subrayar; poner énfasis en; hacer hincapié, frisar, rizar, ondular.

fri.tar *v.t.* freír.

fri.to *adj.* frito; *estar frito* estar fregado; *fritas* patatas fritas.

fro.nha *s.f.* funda de almohada.

fron.tei.ra *s.f.* frontera.

fron.tei.ri.ço *adj.* fronterizo, limítrofe, colindante.

fro.ta *s.f.* flota (militar y marítima); conjunto de vehículos de una empresa.

frou.xo *adj.* flaco, flojo, tibio; *Fam.* miedoso.

frus.tra.ção *s.f.* fracaso, frustración.

frus.trar *v.t.* y *v.r.* frustrar.

fru.ta *s.f. Bot.* fruta; *fruta-de-conde* anona, guanábana.

fru.tei.ra *s.f.* frutera.

fru.to *s.m. Bot.* fruto; *Fig.* resultado; rendimiento.

fu.bá *s.m.* harina de maíz.

fu.çar *v.t.* revolver; fisgonear; husmear; hocicar.

fu.ga *s.f.* evasión, huída, fuga, escape.

fu.gaz *adj.* momentáneo, temporal, fugaz.

fu.gir *v.i.* huir; *Amér.* alzarse, fugarse, escapar; dar un esquinazo.

fu.gi.ti.vo *s.m.* y *adj.* fugitivo, forajido.

fu.la.no *s.m.* perengano, fulano.

fu.li.gem *s.f.* hollín.

ful.mi.nar *v.t.* fulminar, aniquilar.

fu.ma.ça *s.f.* humareda, humo, fumarada.

fu.man.te *s.m.* y *s.f., adj.* fumador.

fu.mar *v.t.* y *v.i.* fumar.

fu.mo *s.m.* humo, tabaco.

fun.ção *s.f.* función, práctica, ejercicio, oficio, papel.

fun.ci.o.nar *v.t.* funcionar, actuar, marchar, trabajar.

fun.ci.o.ná.rio *s.m.* empleado oficial; *funcionário público* oficinista, funcionario.

fun.da.ção *s.f.* fundación, institución; *Arq.* cimientos, fundamentos.

fun.da.men.tar *v.t.* y *v.i.* fundamentar; *v.r.* fundarse, basarse.

fun.da.men.to *s.m.* fundamento.

fun.dar *v.t.* y *v.r.* fundar.

fun.di.ção *s.f.* fusión, fundición.

fun.dir *v.t.* y *v.r.* fusionar, fundirse, derretirse.

fun.do *adj.* hondo, profundo; *s.m.* fondo; *pl.* fondos, recursos.

fú.ne.bre *adj.* macabro, triste, fúnebre.

fu.ne.ral *adj.* funerario, fúnebre; *s.m.* funeral, exequias, entierro.

fu.nes.to *adj.* siniestro, trágico, triste, nefasto.

fun.go *s.m.* hongo, fungo.

fu.ni.cu.lar *adj.* funicular; teleférico.

fu.nil *s.m.* embudo.

fu.ni.la.ri.a *s.f.* taller y oficio de arreglar chapas y carrocerías; hojalatería.

fu.ni.lei.ro *s.m.* hojalatero, chapista.

fu.ra.cão *s.m.* huracán, tornado, tifón.

fu.ra.dei.ra *s.f.* taladro, agujereadora.

fu.rar *v.t.* agujerear, perforar; *Pop.* introducirse, penetrar; *v.i.* malograr, frustrar.

fur.gão *s.m.* furgón.

fú.ria *s.f.* furia.

fu.ri.o.so *adj.* rabioso, furioso.

fu.ro *s.m.* agujero, orificio; *Impr.* noticia en primera mano.

fu.ror *s.m.* furor, furia, frenesí.

fur.ta-cor *s.m.* y *adj.* cambiante, tornasolado; reflejo.

fur.tar *v.t.* y *v.i.* hurtar; *v.r.* esquivarse.

fur.to *s.m.* hurto.

fu.são *s.f.* mezcla, unión, alianza, fusión.

fu.sí.vel *s.m.* fusible, *pl.* cortacircuitos.

fu.te.bol *s.m.* fútbol, balompié.

fú.til *adj.* frívolo, fútil.

fu.tu.ro *s.m.* y *adj.* porvenir, futuro.

fu.xi.co *s.m. Pop.* intriga, chisme.

fu.zi.la.men.to *s.m.* fusilamiento.

fu.zu.ê *s.m. Pop.* follón, juerga, espectáculo.

g *s.m.* séptima letra del alfabeto portugués.

ga.bar *v.t.* ensalzar, alabar; *v.r.* jactarse, vanagloriarse, alardear; *Fig.* darse pisto.

ga.ba.ri.to *s.m.* plantilla; escantillón.

ga.bi.ne.te *s.m.* despacho, gabinete.

ga.do *s.m.* ganado, ganadería.

ga.fa.nho.to *s.m. Zool.* saltamontes, langosta.

ga.fe *s.f.* acción o dicho inconveniente; metida de pata.

ga.gá *s.m.* y *s.f., adj. Pop.* caduco, chocho.

ga.go *s.m.* y *adj.* gago, tartamudo.

ga.gue.jar *v.i.* gaguear, tartamudear.

gai.o.la *s.f.* jaula.

gai.ta *s.f. Mús.* armónica; gaita.

gai.vo.ta *s.f.* gaviota.

ga.lã *s.m.* galán; actor principal.

ga.la *s.f.* gala.

ga.lão *s.m.* galón.

ga.le.ra *s.f. Mar.* galera; *Pop.* galera; los amigos, pandilla.

gal.gar *v.t.* y *v.i.* saltar por encima de; trepar; saltar; alinear.

ga.lho *s.m. Bot.* rama, gajo, esqueje.

ga.li.nha *s.f.* gallina; *Pop.* persona cobarde; mujer fácil.

ga.lo *s.m.* gallo; *Pop.* chichón; contusión.

ga.lo.par *v.i.* galopar; correr con ímpetu, andar a galope; *v.t.* recorrer a galope; *Fig.* andar con prisa.

ga.lo.pe *s.m.* carrera rápida; galope.

gal.pão *s.m.* galpón.

gal.va.ni.zar *v.t.* galvanizar.

ga.mar *v.i.* enamorarse; chiflarse.

gam.bá *s.m. Zool.* hurón, mofeta, zorrillo.

ga.mo *s.m.* venado, gamo.

ga.nân.cia *s.f.* ambición, avaricia, ganancia.

gan.cho *s.m.* grampa, gancho.

gan.dai.a *s.f.* juerga, jarana, farra, parranda.

gan.gue *s.f.* camarilla, pandilla.

ga.nhar *v.t.* vencer, ganar, aprovechar, recibir; *v.i.* interesar.

ga.nho *s.m.* lucro, ganancia.

ga.nir *v.i.* latir, gañir, aullar, gemir.

ga.ra.gem *s.f.* garaje; cochera de automóviles.

ga.ran.ti.a *s.f. Com.* fianza, abono, garantía, seguridad.

ga.ran.tir *v.t.* asegurar, afirmar, garantizar.

ga.ra.pa *s.f. Bras.* guarapo.

gar.çom *s.m.* mozo, camarero, dependiente.

gar.ço.ne.te *s.f.* dependienta.

gar.fo *s.m.* tenedor; horquilla.

gar.ga.lha.da *s.f.* carcajada, risotada.

gar.ga.lhar *v.i.* reír a carcajadas; *Fam.* carcajearse.

gar.ga.lo *s.m.* gollete; cuello (de botella).

gar.gan.ta *s.f. Anat.* garganta; desfiladero.

gar.ga.re.jar *v.i.* gargarizar; *v.t.* hacer gargarismos.

gar.ga.re.jo *s.m.* gárgara; buche.

ga.ri *s.m.* barrendero.

ga.ro.a *s.f.* llovizna; *Amer.* garúa.

ga.ro.ta.da *s.f.* gandilla de chicos; *Fam.* chiquillería.

ga.ro.to *s.m.* galopín, chico, niño.

gar.ra *s.f.* zarpa, uña, garra; *Fig.* fibra, tesón.

gar.ra.fa *s.f.* botella; *garrafa térmica* termo.

gar.ran.cho *s.m.* garabato.

gar.ru.cha *s.f. Bras.* pistola grande.

ga.ru.pa *s.f.* anca, grupa.

gás *s.m.* gas.

ga.so.li.na *s.f.* gasolina, nafta; *posto de gasolina* gasolinera, estación de servicio.

ga.so.so *s.m.* gaseoso.

gas.tar *v.t.* expender, gastar; *v.r.* gastarse, consumirse.

gas.to *adj.* usado, raído; *s.m.* gasto; *Fig.* desembolso.

gas.tri.te *s.f. Med.* gastritis.

ga.ta *s.f.* hembra del gato.

ga.ti.lho *s.m.* gatillo, disparador.

ga.to *s.m.* gato; *Fig.* persona atractiva.

ga.tu.no *s.m.* y *adj.* ladrón, ratero, ladronzuelo.

ga.ve.ta *s.f.* gaveta, cajón.

ga.vi.ão *s.m.* gavilán.

ga.ze *s.f.* gasa.

ga.ze.ta *s.f.* gaceta.

ge.ar *v.i.* helar; *v.t.* congelar.

ge.la.dei.ra *s.f.* nevera, frigorífico; *Amér.* heladera, refrigerador.

ge.lar *v.t.* y *v.i.* helar, congelar, endurecer de frío.

ge.léi.a *s.f.* jalea; mermelada.

ge.lo *s.m.* hielo; *Fig.* frialdad, indiferencia.

ge.ma *s.f.* yema (de huevo); gema (piedra preciosa).

gê.meo *s.m.* y *adj.* gemelo, mellizo; Géminis (signo).

ge.mer *v.i.* gemir; suspirar.

ge.ne *s.m. Biol.* gen, gene.

ge.ne.ral *s.m. Mil.* general.

ge.ne.ra.li.zar *v.t.* difundir, generalizar; *v.r.* difundirse.

gê.ne.ro *s.m.* género; especie.

ge.ne.ro.si.da.de *s.f.* generosidad.

gê.ne.se *s.f.* génesis.

ge.né.ti.ca *s.f.* genética.

ge.né.ti.co *adj.* genético.

gen.gi.va *s.f.* encía.

ge.ni.al *adj.* talentoso, genial.

gê.nio *s.m.* genio, talento.

gen.ro *s.m.* yerno.

gen.ta.lha *s.f.* ralea, chusma, gentuza.

gen.te *s.f.* gente; *a gente* nosotros.

gen.til *adj.* galante, afable, amable, gentil.

gen.ti.le.za *s.f.* gentileza, delicadeza, cortesía; *por gentileza* por favor, por cortesía.

ge.nu.í.no *adj.* legítimo, genuino.

ge.o.gra.fi.a *s.f.* geografía.

ge.o.lo.gi.a *s.f.* geología.

ge.o.me.tri.a *s.f.* geometría.

ge.ral *adj.* genérico, general.

ge.rar *v.t.* concebir, generar, engendrar.

ge.rên.cia *s.f.* gestión; gerencia.

ge.ren.te *s.m.* y *s.f., adj.* gerente.

ger.ge.lim *s.m. Bot.* ajonjolí.

ge.ri.gon.ça o **ge.rin.gon.ça** *s.f.* jerigonza.

ge.rir *v.t.* dirigir, administrar.

ger.mi.nar *v.i.* germinar, nacer; *v.t.* producir.

ge.rún.dio *s.m. Gram.* gerundio.

ges.so *s.m.* yeso.

ges.ta.ção *s.f.* gestación, gravidez.

ges.tan.te *s.f.* y *adj.* que está en gestación; mujer preñada.

ges.tão *s.f.* gestión, gobierno, dirección.

ges.ti.cu.lar *v.i.* gestear, gesticular.

ges.to *s.m.* ademán, gesto.

gi.ba *s.f.* joroba, giba.

gi.bi *s.m. Pop.* tebeo.

gi.gan.te *adj.* colosal, gigante, enorme.

gi.go.lô *s.m.* rufián.

gim *s.m.* ginebra.

gi.ná.sio *s.m.* escuela, gimnasio; liceo; lugar para practicar ejercicios corporales.

gi.nás.ti.ca *s.f.* gimnástica.

gi.ne.co.lo.gis.ta *s.m.* y *s.f.* ginecólogo.

gin.ga *s.f.* oscilación del cuerpo; bamboleo.

gi.ra *s.m.* y *s.f., adj. Pop.* loco, chiflado.

gi.ra.fa *s.f.* jirafa.

gi.rar *v.i.* rodar, girar.

gi.ras.sol *s.m. Bot.* tornasol, girasol.

gí.ria *s.f.* caló; modismo; argot, jerga; germanía.

gi.ro *s.m.* rodeo, giro; paseo.

gi.ro.pla.no *s.m.* helicóptero.

giz *s.m.* tiza.

gla.ci.al *adj.* helado, glacial.

glân.du.la *s.f. Anat.* glándula.

gli.ce.mi.a *s.f. Pat.* glicemia.

gli.co.se *s.f. Quím.* glucosa.

gló.ria *s.f.* fama, gloria.

glo.ri.ar *v.t.* glorificar; llenar de gloria, ensalzar, alabar; *v.r.* jactarse, ufanarse.

glos.sá.rio *s.m.* glosario.

glu.tão *s.m.* y *adj.* comilón, glotón.

go.e.la *s.f.* gaznate, garganta.

goi.a.ba *s.f. Bot.* guayaba.

go.la *s.f.* cuello, collar.

go.le *s.m.* sorbo, trago.

gol.far *v.t.* y *v.i.* chorrear; vomitar.

gol.fi.nho *s.m. Zool.* delfín, golfín.

gol.pe.ar *v.t.* golpear.

go.ma *s.f.* goma; almidón; *goma de mascar* chicle.

go.mo *s.m.* gajo; parte de la fruta.

gon.go *s.m.* gong, gongo; *Mús.* instrumento de percusión.

go.nor.réi.a *s.f. Patol.* gonorrea, blenorragia.

gon.zo *s.f.* gonce, bisagra.

go.rar *v.i.* malograr, frustrar.

gor.do *adj.* obeso, gordo.

gor.du.ra *s.f.* grasa, manteca.

gor.je.ta *s.f.* propina.

gor.ro *s.m.* gorra, gorro, caperuza.

gos.tar *v.t.* gustar; sentir gusto, placer.

gos.to *s.m.* gusto.

gos.to.so *adj.* sabroso, gustoso, rico.

go.ta *s.f.* gota.

go.tei.ra *s.f.* gotera.

go.te.jar *v.i.* gotear.

go.to *s.m. Pop.* garganta, gaznate.

go.ver.na.dor *s.m.* gobernador.

go.ver.nan.ta *s.f.* aya; ama de casa.

go.ver.nar *v.t.* y *v.i.* gobernar, regir, mandar.

go.ver.no *s.m.* gobierno.

go.za.ção *s.f.* escarnio, burla, risa.

go.za.dor *s.m.* y *adj.* burlón, bromista, guasón.

go.zar *v.i.* gozar, disfrutar.

go.zo *s.m.* placer, fruición, gozo, goce.

gra.ça *s.f.* merced, gracia.

gra.ce.jar *v.i.* bromear, chancear.

gra.ci.o.so *adj.* chistoso, gracioso, divertido.

gra.de *s.f.* reja, enrejado, verja.

gra.de.ar *v.t.* y *v.i.* encerrar con rejas; enrejar.

gra.du.a.ção *s.f.* graduación.

gra.du.ar *v.t.* graduar; *v.r.* diplomarse.

grá.fi.ca *s.f.* imprenta.

grá.fi.co *s.m.* y *adj.* descriptivo; gráfico.

gra.ma *s.f. Bot.* yerba, pasto.

gra.ma.do *s.m. Bras.* campo cubierto de césped; prado.

gra.má.ti.ca *s.f.* gramática.

gram.pe.a.dor *s.m.* grapadora.

gram.pe.ar *v.t.* engrapar, grapar; *Pop.* poner escucha en el teléfono; meter preso; detener.

gram.po *s.m.* grapa, gancho.

gra.na *s.f. Bras.* dinero; plata.

gra.na.da *s.f.* granada.

gran.da.lhão *s.m.* y *adj.* muy grande, grandote, grandullón.

gra.nel *s.m.* granero.

gra.ni.to *s.m. Min.* granito.

gra.ni.zo *s.m.* granizo.

gran.ja *s.f. Amér.* chacra, granja, finca.

gra.nu.lar *v.t.* reducir a granos; granear, granular.

grão *s.m. Bot.* semilla, grano.

grão-de-bi.co *s.m.* garbanzo.

gra.ti.dão *s.f.* gratitud.

gra.ti.fi.ca.ção *s.f.* propina, gratificación.

gra.ti.fi.car *v.t.* recompensar, gratificar.

grá.tis *adv.* gratis; de favor; sin remuneración.

gra.to *adj.* agradecido; grato, placentero.

gra.tui.to *adj.* gratuito, gracioso, dado.

grau *s.m.* grado, graduación, título; *colar grau* diplomarse.

graú.do *adj.* crecido, grande; importante, influyente.

gra.va.ção *s.f.* grabación, filmación.

gra.va.dor *s.m.* casete; grabadura.

gra.va.me *s.m.* gravamen, obligación, impuesto, tributo.

gra.var *v.t.* grabar; tallar, estampar; imprimir informaciones, sonidos o imágenes en un dispositivo de almacenamiento.

gra.va.ta *s.f.* corbata; *gravata-borboleta* pajarita; *prendedor de gravata* alfiler.

gra.ve *adj.* grave.

gra.ve.to *s.m.* gajo, palo, palito, rama.

gra.vi.da.de *s.f.* gravedad.

gra.vi.dez *s.f.* embarazo, preñez.

gra.vu.ra *s.f.* aguafuerte, grabado.

gra.xa *s.f.* grasa, betún (para el calzado).

gre.lha *s.f.* rejilla, parrillas.

gre.lhar *v.t.* emparrillar.

grê.mio *s.m.* club, gremio, sindicato.

gre.ta *s.f.* rendija, grieta, fisura, raja.

gre.ve *s.f.* paro, huelga.

gri.far *v.t.* subrayar.

gri.lo *s.m. Zool.* grillo.

grin.go *s.m.* extranjero; gringo.

gri.pe *s.m. Med.* gripe; catarro.

gri.sa.lho *adj.* cano, gris, grisáceo.

gri.tar *v.i.* vocear, gritar; *v.t.* proferir en voz alta.

gri.ta.ri.a *s.f.* griterío, vocerío, halgazara.

gri.to *s.m.* grito.

gro.gue *adj.* tambaleante; borracho.

gros.sei.rão *adj.* muy grosero.

gros.sei.ro *s.m.* grosero.

gros.se.ri.a *s.f.* indelicadeza, grosería.

gros.so *adj.* grueso, voluminoso, espeso; *s.m.* grueso; *Pop.* grosero, ordinario.

gros.su.ra *s.f.* espesor, grosor; *Fig.* grosería.

gro.tes.co *adj.* grotesco.

gru.dar *v.t.* pegar, encolar; *v.r.* encolarse, unirse.

gru.de *s.m.* cola, engrudo.

gru.po *s.m.* grupo; masa.

guar.da-cos.tas *s.m.* matón, guardaespaldas.

gua.po *adj.* animoso; guapo, bello.

gua.ra.ná *s.m. Bot. Bras.* planta amazónica de cuyos frutos se hace una bebida gaseosa.

guar.da-**chu.va** *s.m.* paraguas; sombrilla.

guar.da-**rou.pa** *s.m.* ropero; armario; guardarropa.

guar.da.na.po *s.m.* servilleta.

guar.dar *v.t.* conservar; cuidar; guardar.

gua.ri.ta *s.f.* garita.

guar.ne.cer *v.t.* guarnecer; proveer.

guar.ni.ção *s.f.* guarnición.

guer.ra *s.f.* batalla, guerra.

guer.re.ar *v.t.* y *v.i.* hacer la guerra; luchar.

guer.ri.lha *s.f.* guerrilla.

gue.to *s.m.* gueto.

gui.a *s.f.* conductor; guía.

gui.ar *v.t.* y *v.i.* dirigir, orientar, guiar.

gui.chê *s.m.* ventanilla, taquilla.

gui.dão *s.m.* manillar, guía.

guin.das.te *s.m.* grúa.

gui.sa *s.f.* guisa, modo, manera.

gui.sar *v.t.* cocinar; guisar.

gui.tar.ra *s.f. Mús.* guitarra.

gu.la *s.f.* glotonería, gula.

gu.lo.sei.ma *s.f.* golosina.

gu.lo.so *adj.* goloso.

gu.me *s.m.* filo, corte; *Fig.* perspicacia.

gu.ri *s.m. Bras.* niño, criatura, chiquillo, nene.

gu.tu.ral *adj.* gutural.

H

h *s.m.* octava letra del alfabeto portugués; símbolo de hora; precedida de la *letra l* se pronuncia como *ll*; de la letra *n* suena como *ñ*; de la letra *c*, tiene sonido de *x*.

há.bil *adj.* hábil, diestro; apto; diplomático.

ha.bi.li.ta.ção *s.f.* capacitación; *Dir.* habilitación; *carta/carteira de habilitação* carné/licencia/ permiso de conducir.

ha.bi.li.tar *v.t.* adiestrar, habilitar, capacitar; *v.r.* habilitarse.

ha.bi.ta.ção *s.f.* habitación; vivienda.

ha.bi.tan.te *s.m. y adj.* habitante.

ha.bi.tar *v.t.* morar, residir, habitar.

há.bi.to *s.m.* costumbre, hábito.

há.li.to *s.m.* aliento, exhalación, hálito, respiración.

ham.búr.guer *s.m.* hamburguesa.

han.de.bol *s.m. Esp.* balonmano.

har.mo.ni.a *s.f.* armonía, harmonía.

har.mo.ni.o.so *adj.* armonioso, melodioso.

has.te *s.f.* asta; mango; palo; varilla.

hau.rir *v.t.* sorber, aspirar; *Fig.* beber.

ha.ver *v.t.* tener, poseer, haber; tener que, deber; *s.m.* haber, crédito.

hec.ta.re *s.m.* héctárea (símbolo Ha).

he.di.on.do *adj.* repugnante, hediondo, espantoso, repulsivo.

he.ge.mo.ni.a *s.m.* hegemonía.

hé.li.ce *s.m.* hélice.

he.li.cóp.te.ro *s.m.* helicóptero.

he.ma.to.ma *s.m. Med.* hematoma.

he.me.ro.te.ca *s.f.* hemeroteca.

he.mis.fé.rio *s.m. Geogr.* hemisferio.

he.mo.fi.li.a *s.m. Med.* hemofilia.

he.mo.glo.bi.na *s.m. Biol.* hemoglobina.

he.mor.ra.gi.a *s.m. Med.* hemorragia.

he.pa.ti.te *s.f. Med.* hepatitis.

he.ra *s.f. Bot.* yedra, hiedra.

he.ran.ça *s.f.* herencia.

her.da.de *s.f.* posesión, heredad.

her.dar *v.t.* heredar.

her.dei.ro *s.m. y adj.* heredero.

he.re.ge *s.m. y s.f., adj.* hereje, impío, ateo.

he.re.si.a *s.f.* herejía.

her.mé.ti.co *adj.* hermético.

hér.nia *s.f. Med.* hernia.

he.rói *s.m.* héroe.

her.pes *s.m. Med.* herpes, herpe.

he.si.ta.ção *s.f.* vacilación, duda, hesitación, indecisión.

he.si.tar *v.i.* titubear, vacilar, hesitar, dudar.

heu.re.ca *interj.* ¡eureka!.

hi.a.to *s.m. Gram.* hiato; intervalo.

hi.dra.tar *v.t. Quím.* hidratar.

hi.dráu.li.co *adj.* hidráulico.

hi.dre.lé.tri.co *adj.* hidroeléctrico.

hi.dro.car.bo.ne.to *s.m. Quím.* hidrocarburo.

hi.dro.gê.nio *s.m. Quím.* hidrógeno.

hi.e.rar.qui.a *s.f.* jerarquía, hierarquía.

hi.e.ró.gli.fo *s.m.* jeroglífico.

hí.fen *s.m. Gram.* guión; trazo de unión; hifen.

hi.gi.ê.ni.co *adj.* higiénico.

hi.gi.e.ni.zar *v.t.* sanear, higienizar.

hi.la.ri.an.te *adj.* cómico, hilarante.

hi.no *s.m.* canto, himno.

hi.per.ten.são *s.f. Med.* hipertensión.

hi.per.tex.to *s.m. Inform.* hipertexto: sistema que permite acceder a toda la información escrita contenida en el computador y manipularla.

hi.per.tro.fi.a *s.f. Med.* hipertrofia.

hip.no.se *s.f.* hipnosis.

hip.no.ti.zar *v.t.* hipnotizar.

hi.po.con.drí.a.co *s.m. y adj.* hipocondríaco.

hi.po.cri.si.a *s.f.* hipocresía, falsedad.

hi.pó.cri.ta *adj.* hipócrita.

hi.po.te.ca *s.f.* hipoteca; préstamos sobre bienes y muebles.

hi.po.te.car *v.t.* hipotecar.

hi.pó.te.se *s.f.* hipótesis, suposición.

his.te.ri.a *s.f. Med.* histerismo, histeria.

his.tó.ria *s.f.* cuento; crónica; anales; historia.

his.to.ri.ar *v.t.* y *v.i.* historiar; narrar; referir.

ho.je *adv.* hoy.

ho.lo.fo.te *s.m.* farol de alcance; fanal.

ho.mem *s.m.* hombre, varón.

ho.me.na.ge.ar *v.t.* festejar, homenajear.

ho.me.na.gem *s.f.* homenaje.

ho.me.o.pa.ta *s.m.* y *s.f., adj.* hemeópata.

ho.me.o.pa.ti.a *s.f. Med.* hemeopatía.

ho.mi.ci.da *s.m.* y *s.f., adj.* asesino, homicida.

ho.mo.ge.nei.zar *v.t.* igualar, homogeneizar.

ho.mo.gê.neo *adj.* análogo; homogéneo.

ho.mo.lo.ga.ção *s.f.* homologación.

ho.mo.lo.gar *v.t.* confirmar; homologar.

ho.mos.se.xu.al *s.m.* y *s.f., adj.* homosexual; *Pop.* marica.

ho.nes.ti.da.de *s.f.* honestidad; honradez.

ho.no.rá.rio *s.m.* remuneración, honorario.

hon.ra *s.f.* honor, honra; reputación.

hon.ra.do *adj.* respetado; honrado; honesto.

hon.rar *v.t.* dignificar, honrar; *v.r.* honrarse.

hó.quei *s.m. Dep.* hockey.

ho.ra *s.f.* hora; *que horas são?* ¿qué hora es?

ho.rá.rio *s.m.* y *adj.* horario.

hor.da *s.f.* chusma, bando, horda.

ho.ri.zon.tal *adj.* horizontal.

ho.ri.zon.te *s.m.* horizonte.

hor.mo.nal *adj.* hormonal.

hor.mô.nio *s.m. Biol.* hormona.

ho.rós.co.po *s.m.* horóscopo.

hor.ren.do *adj.* horrible, horrendo.

hor.rí.vel *adj.* horrible.

hor.ro.ri.zar *v.t.* amedrentar, horrorizar; *v.r.* horrorizarse.

hor.ta *s.f.* huerta, huerto.

hor.ta.li.ça *s.f.* hortaliza; verdura comestible.

hor.te.lã *s.f. Bot.* menta, hierbabuena.

hor.te.lão *s.m.* hortelano.

hos.pe.da.gem *s.f.* hospedaje.

hos.pe.dar *v.t.* acoger, hospedar, albergar; *v.r.* alojarse.

hós.pe.de *s.m.* y *s.f.* huésped.

hos.pí.cio *s.m.* hospicio, manicomio.

hos.pi.tal *s.m. Med.* hospital.

hos.pi.ta.li.zar *v.t.* hospitalizar.

hós.tia *s.f.* hostia.

hos.til *adj.* hostil, agresivo; desagradable.

hos.ti.li.zar *v.t.* molestar, hostilizar.

ho.tel *s.m.* hotel.

hu.ma.ni.da.de *s.f.* humanidad; *Fig.* compasión, bondad.

hu.ma.ni.zar *v.t.* humanizar; *v.r.* humanizarse.

hu.mil.da.de *s.f.* humildad, modestia.

hu.mil.de *adj.* modesto, humilde.

hu.mi.lha.ção *s.f.* humillación.

hu.mi.lhar *v.t.* humillar, vejar.

hu.mor *s.m.* humor.

hú.mus *s.m. Agr.* humus, tierra vegetal.

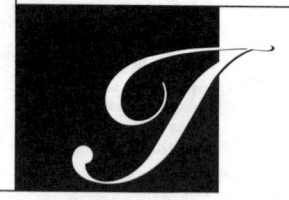

i *s.m.* novena letra del alfabeto portugués; uno en numeración romana (en mayúscula).

i.a.te *s.m. Mar.* yate.

i.bé.ri.co *s.m.* y *adj.* ibérico, ibero.

i.be.ro-a.me.ri.ca.no *adj.* iberoamericano.

i.çar *v.t.* alzar, levantar, izar.

í.co.ne *s.m.* icono.

i.da *s.f.* viaje, partida, ida.

i.da.de *s.f.* edad; años.

i.de.al *adj.* ideal.

i.de.a.li.zar *v.t.* idear, imaginar, idealizar.

i.déi.a *s.f.* opinión; idea.

i.dên.ti.co *adj.* homogéneo, idéntico.

i.den.ti.da.de *s.f.* identidad.

i.den.ti.fi.ca.ção *s.f.* reconocimiento, identificación.

i.den.ti.fi.car *v.t.* identificar; *v.r.* identificarse.

i.de.o.lo.gi.a *s.f.* ideología.

i.di.o.ma *s.m.* idioma.

i.di.o.ta *s.m.* y *s.f., adj.* idiota; *Fig.* bestia, tonto, gilipollas.

i.di.o.ti.ce *s.m.* imbecilidad, tontería, idiotez.

i.do *adj.* pasado; *pl.* idos.

í.do.lo *s.m.* ídolo, fetiche.

i.do.nei.da.de *s.f.* idoneidad.

i.dô.neo *adj.* idóneo, conveniente.

i.do.so *s.m.* y *s.f., adj.* de edad; viejo, anciano, añoso.

ig.ni.ção *s.f.* ignición.

ig.no.mí.nia *s.f.* ignominia, infamia.

ig.no.rân.cia *s.f.* desconocimiemto, incultura, ignorancia.

ig.no.rar *v.t.* ignorar.

i.gre.ja *s.f.* iglesia.

i.gual *adj.* igual, exacto, parecido; *s.m.* igual; de la misma posición.

i.gual.da.de *s.f.* igualdad.

i.gua.ri.a *s.f.* manjar delicado; golosina.

i.le.gal *adj.* ilícito, ilegal.

i.le.gí.ti.mo *adj.* ilegítimo.

i.le.gí.vel *adj.* ilegible.

i.le.so *adj.* ileso.

i.le.tra.do *adj.* analfabeto.

i.lha *s.f.* isla.

i.lí.ci.to *adj.* indebido, ilegal, ilícito.

i.lu.dir *v.t.* ilusionar, iludir.

i.lu.mi.na.ção *s.f.* iluminación.

i.lu.mi.nar *v.t.* alumbrar; iluminar; *Fig.* abrillantar.

i.lu.são *s.f.* ilusión, ensueño, quimera, sueño.

i.lus.tra.ção *s.f.* ilustración, instrucción, comentario.

i.lus.trar *v.t.* instruir, ilustrar; enseñar.

i.lus.tre *adj.* distinguido, célebre.

í.mã *s.m Fís.* imán.

i.ma.gem *s.f.* imagen.

i.ma.gi.na.ção *s.f.* imaginación.

i.ma.gi.nar *v.t.* idear, imaginar, fantasear.

i.ma.tu.ro *adj.* prematuro; inmaduro.

im.be.cil *s.m.* y *s.f., adj.* idiota, tonto, imbécil.

i.me.di.a.ção *s.f.* inmediación, cercanía.

i.me.di.a.to *adj.* inmediato, cercano; *s.m.* segundo; que depende sólo de un superior.

i.men.so *adj.* inmenso, infinito, ilimitado.

i.me.re.ci.do *adj.* indebido, inmerecido.

i.mer.gir *v.t.* y *v.i.* sumergir.

i.mer.so *adj.* inmergido, inmerso, sumergido.

i.mi.gran.te *s.m.* y *s.f., adj.* inmigrante.

i.mi.grar *v.i.* inmigrar.

i.mis.cu.ir *v.t.* inmiscuir; *v.r.* ingerirse, inmiscuirse, entretenerse.

i.mi.ta.ção *s.f.* imitación, copia, plagio.

i.mi.tar *v.t.* imitar.

i.mo.bi.li.á.ria *s.f.* inmobiliaria.

i.mo.bi.li.zar *v.t.* retener, paralizar, inmovilizar; *v.r.* inmovilizarse.

i.mo.dés.tia *s.f.* presunción, inmodestia.

i.mo.lar *v.t.* sacrificar, inmolar.

i.mo.ral *adj.* indecente, inmoral.

i.mor.tal *adj.* eterno, inmortal.

i.mó.vel *adj.* estático, inmóvil; *s.m.* inmueble, propiedad.

im.pa.ci.ên.cia *s.f.* impaciencia, ansiedad.

im.pac.tar *v.t.* empeler; chocar.

im.pac.to *s.m.* y *s.f., adj.* choque, impacto.

im.par.ci.al *adj.* imparcial, ecuánime, correcto, justo, neutral.

im.pe.cá.vel *adj.* perfecto; impecable.

im.pe.dir *v.t.* detener; interrumpir; impedir.

im.pe.lir *v.t.* impulsar, impeler; incitar.

im.pe.ne.trá.vel *adj.* impenetrable; insondable.

im.pe.ra.dor *s.m.* emperador, soberano, rey.

im.pe.rar *v.i.* reinar, gobernar, imperar.

im.pe.ra.ti.vo *adj.* imperativo; apremiante, forzoso, imperioso; *s.m. Gram.* imperativo, modo verbal.

im.per.do.á.vel *adj.* imperdonable.

im.per.fei.ção *s.f.* imperfección.

im.per.fei.to *adj.* defectuoso, imperfecto; *s.m. Gram.* imperfecto, tiempo verbal.

im.per.me.a.bi.li.zar *v.t.* impermeabilizar; embrear.

im.per.me.á.vel *s.m.* y *adj.* impermeable.

im.per.ti.nên.cia *s.f.* impertinencia.

im.per.tur.bá.vel *adj.* imperturbable.

im.pes.so.al *adj. Gram.* impersonal (verbo); que no es personal.

ím.pe.to *s.m.* ímpetu; arrojo; arranque.

im.pe.tu.o.si.da.de *s.f.* fogosidad; impetuosidad.

im.pi.e.do.so *adj.* cruel, impío, impiedoso.

ím.pio *adj.* falto de piedad; impío, hereje.

im.pla.cá.vel *adj.* insensible; implacable.

im.plan.tar *v.t.* establecer, inaugurar, implantar.

im.ple.men.tar *v.t.* ejecutar, llevar a cabo.

im.pli.ca.ção *s.f.* implicación, enredo.

im.pli.car *v.t.* y *v.i.* enredar, implicar, importunar, molestar.

im.plí.ci.to *adj.* tácito, implícito.

im.plo.rar *v.t.* suplicar, rogar, implorar.

im.po.nên.cia *s.f.* altivez, grandeza, majestad.

im.por *v.t.* imponer, obligar; *v.r.* imponerse.

im.por.ta.ção *s.f.* importación; introducción de productos extranjeros.

im.por.ta.dor *s.m.* y *adj.* que importa; importador.

im.por.tân.cia *s.f.* importe; importancia; prestigio.

im.por.tan.te *adj.* considerable, importante, útil, esencial.

im.por.tar *v.t.* importar; *v.i.* y *v.r.* interesarse; *Inform.* importar: traer informaciones de un sistema o programa para otro.

im.por.tu.nar *v.t.* molestar, incomodar, importunar.

im.por.tu.no *adj.* importuno; molesto, inoportuno.

im.po.si.ção *s.f.* acción de imponer, coacción, imposición.

im.pos.si.bi.li.tar *v.t.* impedir, inhabilitar, imposibilitar.

im.pos.to *adj.* impuesto, obligado; *s.m.* impuesto, tributo, carga.

im.pos.tor *s.m.* y *s.f., adj.* farsante, impostor, hipócrita.

im.po.tên.cia *s.f.* imposibilidad; impotencia; esterilidad.

im.po.ten.te *adj.* impotente, estéril.

im.pra.ti.cá.vel *adj.* inaccesible, impracticable, imposible.

im.pre.ci.são *s.f.* indeterminación, imprecisión.

im.pre.ci.so *adj.* impreciso, vago, confuso.

im.preg.nar *v.t.* saturar, impregnar; *v.r.* impregnarse, penetrarse de.

im.pren.sa *s.f.* prensa; imprenta; el periodismo; conjunto de periódicos.

im.pres.são *s.f.* edición, impresión.

im.pres.si.o.nar *v.t.* impactar, emocionar, impresionar; *v.r.* emocionarse, impresionarse.

im.pres.so.ra *s.f. Inform.* impresora.

im.pres.tá.vel *adj.* imprestable.

im.pre.te.rí.vel *adj.* indispensable; inaplazable.

im.pre.vi.são *s.f.* imprevisión; descuido, imprudencia, negligencia.

im.pre.vi.sí.vel *adj.* inesperado, imprevisible.

im.pri.mir *v.t.* imprimir; estampar, grabar.

im.pro.ce.den.te *adj.* improcedente, desconforme, impropio, inadecuado.

im.pro.du.ti.vo *adj.* improductivo, infecundo, estéril.

im.pro.pé.rio *adj.* afrenta, insulto, improperio.

im.pró.prio *adj.* inadecuado, impropio.

im.pro.vá.vel *adj.* que no es probable; improbable.

im.pro.vi.sar *v.t.* y *v.i.* improvisar.

im.pro.vi.so *s.m.* improviso, súbito; imprevisto.

im.pru.dên.cia *s.f.* descuido, imprudencia, ligereza, indiscreción.

im.pru.den.te *adj.* imprudente, indiscreto, ligero, precipitado.

im.pug.na.ção *s.f.* contestación, réplica, impugnación.

im.pug.nar *v.t.* contradecir, impugnar, contestar, rebatir.

im.pul.si.o.nar *v.t.* impulsar, estimular; activar.

im.pul.si.vo *s.m.* y *adj.* impulsivo, estimulante; irreflexivo, vehemente.

im.pu.ne *adj.* sin castigo; impune.

im.pu.re.za *s.f.* impureza; mácula, mancha; suciedad; deshonestidad.

im.pu.ro *adj.* inmundo; inmoral; manchado.

im.pu.tar *v.t.* imputar; atribuir alguna cosa, acusar, inculpar.

i.mun.dí.cie *s.f.* inmundicia, suciedad; *Fig.* obscenidad, asquerosidad.

i.mun.do *adj.* inmundo, asqueroso, sucio.

i.mu.ni.zar *v.t.* inmunizar; librar; *v.r.* inmunizarse.

i.mu.tá.vel *adj.* inmutable, inalterable, constante.

i.na.ca.ba.do *adj.* incompleto, inacabado.

i.na.cre.di.tá.vel *adj.* increíble, inverosímil, extraordinario.

i.na.de.qua.do *adj.* inadecuado, impropio; improcedente.

i.na.lar *v.t.* inhalar.

i.na.ni.ção *s.f. Med.* inanición.

i.nap.ti.dão *s.f.* ineptitud, insuficiencia, incapacidad.

i.nap.to *adj.* inepto, incapaz.

i.na.ti.vo *adj.* inactivo.

i.na.to *adj.* congénito, innato.

i.nau.gu.rar *v.t.* implantar, empezar, estrenar, inaugurar.

in.cal.cu.lá.vel *adj.* incontable, ilimitado, incalculable.

in.can.sá.vel *adj.* infatigable, incansable.

in.ca.pa.ci.da.de *s.f.* incapacidad, insuficiencia, ineptitud.

in.ca.pa.ci.tar *v.t.* inhabilitar, incapacitar.

in.cen.di.ar *v.t.* incendiar, inflamar.

in.cên.dio *s.m.* fuego, incendio.

in.cen.so *s.m.* incienso; *Fig.* adulación.

in.cen.ti.var *v.t.* estimular, excitar, incitar.

in.cen.ti.vo *s.m.* estímulo, incentivo.

in.cer.te.za *s.f.* incertidumbre; duda.

in.cer.to *adj.* incierto, ambiguo, dudoso.

in.ces.san.te *adj.* continuo, incesante.

in.cha.ço *s.m.* tumor, hinchazón.

in.char *v.t.* y *v.i.* hinchar, henchir, entumecer; *v.r.* ensancharse.

in.ci.den.te *adj.* incidente.

in.ci.dir *v.i.* incidir, incurrir, sobrevenir.

in.ci.são *s.f.* incisión, hendidura, cortadura.

in.ci.si.vo *adj.* punzante, incisivo, cortante; *s.m. pl. Anat.* incisivos (dientes).

in.ci.so *s.m.* inciso; *For.* párrafo, subdivisión de artículo; *adj.* cortado.

in.ci.tar *v.t.* instigar, azuzar, incitar, inducir.

in.cli.nar *v.i.* ladear, inclinar; *v.r.* doblarse.

in.clu.ir *v.i.* incluir; *v.r.* incluirse.

in.clu.so *adj.* adjunto, comprendido, incluido.

in.co.e.rên.cia *s.f.* desconformidad, incoherencia, disparate.

in.cóg.ni.ta *s.f. Mat.* incógnita; enigma.

in.cóg.ni.to *adj.* anónimo, incógnito.

in.co.lor *adj.* sin color, incoloro.

in.co.mu.ni.cá.vel *adj.* incomunicable, aislado, intratable.

in.co.mo.dar *v.t* y *v.i.* molestar, incomodar, fastidiar; *v.r.* molestarse, incomodarse.

in.cô.mo.do *s.m.* incómodo; embarazoso.

in.com.pe.ten.te *s.m.* y *s.f.*, *adj.* incompetente, inhábil, inepto, incapaz.

in.com.ple.to *adj.* imperfecto, incompleto.

in.com.pre.en.sí.vel *adj.* ininteligible, incomprensible.

in.con.ce.bí.vel *adj.* inconcebible.

in.con.ci.li.á.vel *adj.* incompatible, inconciliable.

in.con.for.ma.do *adj.* no conformado o resignado.

in.con.fi.den.te *adj.* inconfidente, infiel, desleal.

in.con.se.qüen.te *adj.* contradictorio, inconsecuente.

in.con.sis.tên.cia *s.f.* inconsistencia.

in.con.sis.ten.te *adj.* frágil, variable, inconsistente.

in.con.so.lá.vel *adj.* inconsolable.

in.cons.tân.cia *s.f.* volubilidad, inconstancia.

in.cons.ti.tu.ci.o.nal *adj.* inconstitucional.

in.con.tá.vel *adj.* incontable, innumerable.

in.con.ti.nên.cia *s.f.* intemperancia, incontinencia.

in.con.ve.ni.en.te *adj.* inconveniente; impropio; discordante; inoportuno; *s.m.* perjuicio, daño.

in.cor.po.rar *v.t.* incorporar; añadir, agregar; *v.i.* tomar cuerpo; *v.r.* agregarse.

in.cor.re.ção *s.f.* error, incorrección.

in.cor.rer *v.i.* incurrir.

in.cor.re.to *adj.* defectuoso, descortés, incorrecto, maleducado.

in.cor.ri.gí.vel *adj.* incorregible, desobediente.

in.cre.men.tar *v.t.* acrecentar, ampliar, aumentar.

in.cre.men.to *s.m.* incremento, crecimiento, acrescentamiento, aumento.

in.cri.mi.nar *v.t.* incriminar, acusar, imputar, culpar.

in.crí.vel *adj.* increíble, inconcebible.

in.cu.bar *v.t.* empollar, incubar; *Fig.* elaborar, premeditar.

in.cul.car *v.t.* indicar, proponer, inculcar.

in.cul.to *adj.* no cultivado, árido; inculto, ignorante.

in.cum.bên.cia *s.f.* incumbencia, cometido.

in.cum.bir *v.t.* y *v.i.* incumbir, competer, atañer.

in.cu.rá.vel *adj.* incurable.

in.cu.tir *v.t.* inculcar, infundir; sugerir, insinuar.

in.da.gar *v.t.* inquirir, indagar.

in.de.cên.cia *s.f.* inmoralidad, deshonestidad, indecencia.

in.de.cen.te *adj.* indecoroso, indecente, deshonesto.

in.de.ci.frá.vel *adj.* indescifrable.

in.de.ci.são *s.f.* duda, indecisión, incertidumbre.

in.de.ci.so *adj.* dudoso, vacilante, indeciso.

in.de.fe.so *adj.* desarmado, indefenso.

in.de.fi.ni.do *adj.* indefinido.

in.de.ni.zar *v.t.* resarcir, compensar, indemnizar.

in.de.pen.dên.cia *s.f.* independencia, emancipación.

in.de.pen.den.te *adj.* autónomo, independiente.

in.des.cul.pá.vel *adj.* imperdonable, indisculpable.

in.de.se.já.vel *s.m.* y *s.f., adj.* indeseable.

in.des.tru.tí.vel *adj.* indestructible.

in.de.ter.mi.na.do *adj.* indefinido, indeterminado, incierto, ambiguo.

in.de.vi.do *adj.* indebido.

in.de.xar *v.t. Com.* indexar.

in.di.ca.ção *s.f.* indicación.

in.di.ca.dor *adj.* indicador.

in.di.car *v.t.* mostrar, señalar, indicar.

in.di.ca.ti.vo *s.m.* y *adj. Gram.* indicativo (tiempo verbal).

in.di.ci.ar *v.t. For.* indiciar; inculpar; someter a juicio; denunciar.

in.dí.cio *s.m.* indicio, señal; sospecha; rastro.

in.di.fe.ren.ça *s.f.* descuido, desapego, indiferencia.

in.di.fe.ren.te *s.m.* y *s.f., adj.* apático, indiferente; indistinto; lo mismo.

in.dí.ge.na *s.m.* y *s.f., adj.* aborigen, indígena.

in.di.gên.cia *s.f.* carencia, pobreza, indigencia.

in.di.gen.te *adj.* indigente.

in.di.ges.tão *s.f.* indigestión.

in.di.re.ta *s.f.* alusión, indirecta.

in.di.re.to *adj.* simulado, tortuoso, indirecto.

in.dis.ci.pli.na *s.f.* insubordinación, indisciplina, rebeldía.

in.dis.cri.ção *s.f.* indiscreción.

in.dis.cu.tí.vel *adj.* incuestionable, indiscutible.

in.dis.pen.sá.vel *adj.* esencial, obligatorio, indispensable.

in.dis.por *v.t.* enemistar, indisponer; *v.r.* irritarse, enfadarse.

in.dis.pos.to *adj.* achacoso, indispuesto.

in.dis.tin.to *adj.* difuso, indistinto, ambiguo.

in.di.vi.du.al *adj.* singular, individual.

in.di.vi.du.a.lis.ta *s.m.* y *s.f., adj.* individualista, exclusivista, egoísta.

in.di.vi.du.a.li.zar *v.t.* personalizar, especializar, individualizar.

in.di.vi.sí.vel *adj.* inseparable, indivisible.

in.dó.cil *adj.* indisciplinado, rebelde, indócil.

ín.do.le *s.f.* naturaleza, carácter, índole.

in.do.lên.cia *s.f.* pereza, apatía, desidia.

in.do.len.te *adj.* flojo, negligente, indolente.

in.do.lor *adj.* indoloro.

in.do.má.vel *adj.* indomable; ingobernable.

in.dul.gên.cia *s.f.* benignidad, indulgencia.

in.dul.tar *v.t.* indultar, perdonar, atenuar.

in.dul.to *s.m.* perdón, indulto.

in.du.men.tá.ria *s.f.* vestuario, indumentaria.

in.dús.tria *s.f.* fábrica, industria.

in.dus.tri.al *s.m.* y *s.f., adj.* industrial.

in.dus.tri.a.li.za.ção *s.f.* industrialización.

in.du.zir *v.t.* inducir, exhortar, instigar.

i.né.di.to *adj.* inédito; nunca visto.

i.ne.gá.vel *adj.* innegable.

i.nep.to *adj.* incapaz, inútil, inepto.

i.nér.cia *s.f.* inercia.

i.ne.ren.te *adj.* inseparable, inherente.

i.nes.go.tá.vel *adj.* inagotable.

i.nes.pe.ra.do *adj.* repentino, inesperado.

i.nes.que.cí.vel *adj.* inolvidable.

i.nes.ti.má.vel *adj.* inestimable.

i.ne.vi.tá.vel *adj.* fatal, inevitable.

i.ne.xe.qüí.vel *adj.* irrealizable, que no se puede ejecutar.

i.ne.xis.tên.cia *s.f.* inexistencia.

i.nex.pe.ri.ên.cia *s.f.* inexperiencia.

i.nex.pli.cá.vel *adj.* inconcebible, inexplicable.

i.nex.pres.si.vo *adj.* inexpresivo.

in.fa.lí.vel *adj.* infalible.

in.fa.me *adj.* despreciable, infame, indigno.

in.fân.cia *s.f.* niñez, infancia.

in.fan.ta.ri.a *s.f. Mil.* infantería.

in.far.to *s.m. Med.* infarto.

in.fa.ti.gá.vel *adj.* incansable, infatigable.

in.fec.ção *s.f.* contaminación; infección.

in.fec.ci.o.nar *v.t.* inficionar, contaminar, infeccionar.

in.fe.li.ci.da.de *s.f.* desdicha, desgracia, infelicidad, infortunio.

in.fe.liz *adj.* infortunado, desdichado, infeliz.

in.fe.ri.or *adj.* inferior; *s.m.* subordinado, subalterno.

in.fe.ri.o.ri.da.de *s.f.* calidad de lo inferior; inferioridad.

in.fe.rir *v.t.* deducir, concluir, inferir.

in.fer.no *s.m.* infierno.

in.fes.tar *v.t.* infestar, contaminar.

in.fi.el *s.m.* y *s.f., adj.* desleal, infiel, adúltero; pagano.

in.fil.tra.ção *s.f.* introducción; infiltración.

in.fil.trar *v.t.* y *v.i.* introducir, infiltrar; *v.r.* introducirse, infiltrarse.

ín.fi.mo *adj.* ínfimo.

in.fi.ni.ti.vo *s.m.* y *adj. Gram.* infinitivo (modo verbal).

in.fi.ni.to *s.m.* y *adj.* ilimitado, infinito.

in.fla.ção *s.f.* inflación.

in.fla.ma.ção *s.f. Med.* hinchazón; inflamación.

in.fla.mar *v.t.* inflamar, hinchar, excitar, avivar; *v.r.* exaltarse, inflamarse, hincharse.

in.flar *v.t.* hinchar, inflar.

in.fli.gir *v.t.* imponer; castigar; infligir.

in.flu.ên.cia *s.f.* autoridad; influencia.

in.flu.en.te *s.m.* y *adj.* influyente.

in.flu.ir *v.t.* influir.

in.for.ma.ção *s.f.* comunicación, información.

in.for.mal *adj.* informal.

in.for.mar *v.t.* comunicar, informar; *v.r.* comunicarse, informarse.

in.for.má.ti.ca *s.f.* informática.

in.for.ma.ti.za.ção *s.f.* informatización.

in.for.ma.ti.zar *v.t.* informatizar.

in.for.ma.ti.vo *adj.* que informa; informativo.

in.for.me *s.m.* noticia, referencia, notificación; *adj.* irregular; tosco; deforme.

in.for.tu.na.do *adj.* desdichado, desventurado.

in.fra.ção *s.f.* infracción, transgresión.

in.fra.ver.me.lho *adj.* infrarrojo.

in.frin.gir *v.t.* transgredir, infringir.

in.fru.tí.fe.ro *adj.* infructífero.

in.fun.da.do *adj.* carente de base; infundado.

in.fun.dir *v.t.* infundir, inspirar.

in.gê.nuo *adj.* inexperto, ingenuo.

in.ge.rir *v.t.* ingerir; *v.r.* entremeterse.

in.gra.ti.dão *s.f.* ingratitud.

in.gra.to *s.m.* y *adj.* malagradecido, ingrato, desagradecido.

in.gre.di.en.te *s.m.* ingrediente.

ín.gre.me *adj.* abrupto, escarpado.

in.gres.sar *v.i.* entrar, ingresar.

in.gres.so *s.m.* ingreso, entrada, admisión.

i.ni.bir *v.t.* inhibir, prohibir; *v.r.* inhibirse, prohibirse.

i.ni.ci.al *adj.* que inicia; inicial.

i.ni.ci.a.li.zar *v.t. Inform.* inicializar, asignar un valor inicial a una variable de un programa.

i.ni.ci.ar *v.t.* empezar, comenzar, iniciar; *Inform.* inicializar.

i.ni.ci.a.ti.va *s.f.* expediente; actividad; iniciativa.

i.ní.cio *s.m.* comienzo, inicio, entrada.

i.ni.mi.go *s.m.* y *adj.* adversario, enemigo.

i.ni.mi.za.de *s.f.* aversión, enemistad.

i.nin.ter.rup.to *adj.* constante, ininterrumpido.

i.ni.qüi.da.de *s.f.* injusticia; infamia; iniquidad.

in.je.ção *s.f.* inyección.

in.je.tar *v.t.* inyectar; *v.r.* inyectarse.

in.jú.ria *s.f.* injuria, afrenta, agravio, ofensa, insulto.

in.ju.ri.ar *v.t.* ultrajar, injuriar, ofender.

in.jus.ti.ça *s.f.* arbitrariedad; injusticia.

in.jus.to *adj.* injusto, arbitrario.

i.no.cên.cia *s.f.* inocencia, ingenuidad, pureza.

i.no.cen.tar *v.t.* perdonar, justificar.

i.no.cu.lar *v.t.* inocular.

i.nó.cuo *adj.* inofensivo, inocuo.

i.no.do.ro *adj.* inodoro.

i.no.fen.si.vo *adj.* inocente, inofensivo.

i.no.pe.ran.te *adj.* ineficaz, inoperante, inútil.

i.no.por.tu.no *adj.* inconveniente, importuno.

i.nor.gâ.ni.co *adj.* sin vida; inorgánico.

i.no.va.ção *s.f.* innovación, renovación, cambio.

i.no.var *v.t.* innovar, renovar, cambiar.

in.qua.li.fi.cá.vel *adj.* incalificable.

in.que.brá.vel *adj.* inquebrable.

in.qué.ri.to *s.m.* interrogatorio, examen.

in.ques.ti.o.ná.vel *adj.* incuestionable.

in.qui.e.ta.ção *s.f.* desasosiego, inquietud, ansiedad.

in.qui.e.tar *v.t.* molestar, perturbar, inquietar.

in.qui.e.to *adj.* agitado, inquieto, excitado.

in.qui.li.no *s.m.* inquilino.

in.qui.rir *v.t.* interrogar; averiguar; inquirir.

in.qui.si.ção *s.f.* averiguación, investigación, inquisición.

in.qui.si.dor *s.m.* inquisidor, pesquisador.

in.sa.ci.á.vel *adj.* insaciable.

in.sa.lu.bre *adj.* insalubre.

in.sa.ná.vel *adj.* incurable, insanable; irremediable.

in.sa.no *adj.* demente, loco, insano.

in.sa.tis.fei.to *adj.* descontento, insatisfecho.

ins.cre.ver *v.t.* inscribir; matricular; *v.r.* matricularse, alistarse.

ins.cri.ção *s.f.* inscripción; matrícula.

ins.cri.to *adj.* inscrito; matriculado; registrado.

in.se.gu.ro *adj.* vacilante, inestable, inseguro.

in.se.mi.nar *v.t.* inseminar, fecundar.

in.sen.sa.tez *s.f.* tontería, necedad, insensatez.

in.sen.sa.to *adj.* tonto, necio, insensato.

in.sen.sí.vel *adj.* insensible.

in.se.pa.rá.vel *adj.* inseparable.

in.se.rir *v.t.* inserir, incluir, insertar.

in.se.ti.ci.da *s.f.* insecticida.

in.se.to *s.m.* insecto.

in.síg.nia *s.f.* insignia, emblema.

in.sig.ni.fi.can.te *adj.* común; insignificante.

in.si.nu.ar *v.t.* y *v.i.* insinuar; *v.r.* insinuarse.

in.sí.pi.do *adj.* desabrido, insípido.

in.sis.tir *v.t.* y *v.i.* insistir; hacer hincapié.

in.so.la.ção *s.f.* insolación.

in.so.len.te *adj.* arrogante; insolente.

in.só.li.to *adj.* insólito, increíble, inusual, extraño.

in.so.lú.vel *adj.* insoluble; insolvente.

in.sô.nia *s.f.* insomnio.

ins.pe.ci.o.nar *v.t.* revisar, inspeccionar, examinar.

ins.pe.tor *s.m.* inspector.

ins.pi.rar *v.t.* infundir; sugerir; inspirar.

ins.ta.la.ção *s.f.* instalación.

ins.ta.lar *v.t.* alojar, colocar, instalar; *v.r.* alojarse, colocarse, instalarse.

ins.tân.cia *s.f.* instancia, solicitación, súplica.

ins.tan.tâ.neo *adj.* inmediato, instantáneo.

ins.tan.te *s.m.* y *adj.* instante.

ins.tau.rar *v.t.* establecer, instaurar; *v.r.* establecerse, instaurarse.

ins.tá.vel *adj.* inseguro, inestable.

ins.ti.gar *v.t.* inducir, incitar, instigar.

ins.tin.to *s.m.* impulso espontáneo; instinto.

ins.ti.tu.i.ção *s.f.* institución; fundación.

ins.ti.tu.ir *v.t.* establecer, instituir.

ins.ti.tu.to *s.m.* instituto.

ins.tru.ção *s.f.* educación, instrucción.

ins.tru.ir *v.t.* enseñar, instruir; *v.r.* instruirse, aprenderse.

ins.tru.men.to *s.m.* herramienta; instrumento.

in.subs.ti.tu.í.vel *adj.* insubstituible, irreemplazable.

in.su.fi.ci.en.te *adj.* incompleto, insuficiente.

in.sul.tar *v.t.* agredir, insultar.

in.su.pe.rá.vel *adj.* insuperable, óptimo.

in.su.por.tá.vel *adj.* insoportable; intolerante.

in.sus.pei.to *adj.* que no es sospechado; recto; imparcial.

in.sus.ten.tá.vel *adj.* insostenible.

in.tac.to *adj.* íntegro, intacto, entero; ileso.

in.te.gra.ção *s.f.* integración.

in.te.grar *v.t.* integrar, completar, totalizar; *v.r.* incorporarse, integrarse.

ín.te.gro *adj.* completo, cabal; idóneo, íntegro.

in.tei.ro *adj.* completo, cabal, entero.

in.te.li.gên.cia *s.f.* inteligencia.

in.te.li.gen.te *s.m. y s.f., adj.* inteligente; instruido.

in.tem.pé.rie *s.f.* mal tiempo; *à intempérie* a cielo descubierto.

in.ten.ção *s.f.* intento, propósito, intención.

in.ten.si.da.de *s.f.* intensidad.

in.ten.si.fi.car *v.t.* vigorizar, intensificar; *v.r.* vigorizarse, intensificarse.

in.ten.tar *v.t.* pretender, intentar, tentar.

in.ter.ca.lar *v.t.* interponer; interpolar, intercalar.

in.ter.câm.bio *s.m.* intercambio.

in.ter.ce.der *v.t.* mediar, interceder.

in.ter.cep.tar *v.t.* cortar; interceptar.

in.ter.di.tar *v.t. For.* formular interdicto contra; vedar, prohibir.

in.te.res.sar *v.t. y v.i.* interesar; *v.r.* interesarse.

in.te.res.se *s.m.* interés, provecho, lucro; atención.

in.te.res.sei.ro *adj.* interesado, avaro, egoísta.

in.ter.fa.ce *s.f. Inform.* interfaz.

in.ter.fe.rên.cia *s.f.* intervención, interferencia.

in.ter.fe.rir *v.i. y v.t.* intervenir, interferir.

in.ter.fo.ne *s.m.* interfono, intercomunicador.

in.ter.jei.ção *s.f. Gram.* interjección, exclamación.

in.ter.lo.cu.tor *s.m.* interlocutor.

in.ter.me.di.ar *v.i.* mediar, interceder.

in.ter.mi.ná.vel *adj.* interminable, inacabable.

in.ter.nar *v.t.* hospitalizar, internar, adentrar; *v.r.* hospitalizarse, internarse, adentrarse.

in.ter.na.to *s.m.* internado; conjunto de alumnos internos.

in.ter.nau.ta *s.m.* internauta.

In.ter.net *s.f. Inform.* red internet.

in.ter.no *adj.* interior, interno.

in.ter.por *v.t.* recurrir, intercalar, interponer; *v.r.* interponerse.

in.ter.pre.tar *v.t.* descifrar; entender; interpretar; representar.

in.tér.pre.te *s.m. y s.f.* traductor, intérprete.

in.ter.ro.ga.ção *s.f.* pregunta, interrogación; *ponto de interrogação* signo de interrogación.

in.ter.ro.gar *v.t.* interpelar, interrogar; sondear.

in.ter.rom.per *v.t.* interceptar, interrumpir.

in.ter.rup.ção *s.f.* interrupción, cesación, suspensión.

in.ter.va.lo *s.m.* intervalo, pausa, intermedio.

in.ter.ven.ção *s.f.* intervención, interferencia.

in.ter.vir *v.t.* interceder, intervenir.

in.ti.ma.ção *s.f.* citación, intimación.

in.ti.mar *v.t.* notificar, intimar.

in.ti.mi.da.ção *s.f.* intimidación; amenaza.

in.ti.mi.da.de *s.f.* intimidad, familiaridad.

in.ti.mi.dar *v.t.* amenazar, intimidar.

ín.ti.mo *adj.* interior, íntimo, secreto.

in.to.cá.vel *adj.* intocable.

in.to.le.rân.cia *s.f.* intolerancia.

in.to.xi.ca.ção *s.f.* envenenamiento, intoxicación.

in.to.xi.car *v.t.* envenenar, intoxicar.

in.tran.qüi.li.zar *v.t.* sobresaltar, intranquilizar.

in.tran.qüi.lo *adj.* sobresaltado, intranquilo.

in.trans.fe.rí.vel *adj.* intransmisible; intransferible

in.tran.si.gên.cia *s.f.* intransigencia.

in.tran.si.gen.te *adj.* inflexible, intransigente.

in.tran.si.tá.vel *adj.* intransitable.

in.tran.si.ti.vo *adj. Gram.* intransitivo.

in.tra.tá.vel *adj.* intratable.

in.tré.pi.do *adj.* osado, valeroso, intrépido.

in.tri.ca.do *adj.* difícil; enmarañado, intrincado.

in.tri.ga *s.f.* enredo, intriga, complot.

in.tri.gar *v.i.* enredar, tramar, intrigar.

in.trín.se.co *adj.* intrínseco.

in.tro.du.ção *s.f.* ingreso, introducción, penetración.

in.tro.du.zir *v.t.* introducir; encajar; *v.r.* introducirse; encajarse.

in.tro.me.ter *v.t.* entrometer; *v.r.* entrometerse.

in.tro.me.ti.do *adj.* entrometido, metido; fisgón.

in.tro.ver.ti.do *adj.* introspectivo, introvertido.

in.tru.so *adj.* entrometido, intruso.

in.tu.i.ção *s.f.* presentimiento; clarividencia; intuición.

in.tu.ir *v.t.* percibir, intuir.

in.tui.to *s.m.* intuito, intención, propósito, intento.

i.nu.me.rá.vel *adj.* innumerable, incontable, incalculable.

i.nun.dar *v.t.* alagar, inundar, anegar; *v.r.* alagarse, inundarse, anegarse.

i.nu.si.ta.do *adj.* insólito, extravagante, inusitado.

i.nú.til *adj.* inservible, inútil, incapaz.

i.nu.ti.li.zar *v.t.* frustrar, inutilizar, incapacitar.

in.va.dir *v.t.* ocupar, invadir.

in.va.li.dar *v.t.* anular, invalidar.

in.va.li.dez *s.f.* debilidad, invalidez.

in.vá.li.do *adj.* incapaz, inválido.

in.va.ri.á.vel *adj.* inalterable, invariable.

in.ve.ja *s.f.* envidia, codicia.

in.ve.jar *v.t.* codiciar, envidiar.

in.ve.jo.so *adj.* codicioso, envidioso.

in.ven.tar *v.t.* crear, idear, inventar.

in.ven.tá.rio *s.m.* relación de bienes; inventario, catálogo.

in.ver.no *s.m.* invierno.

in.ver.so *adj.* inverso, al revés, contrario, opuesto, invertido.

in.ver.te.bra.do *s.m.* invertebrado.

in.ver.ter *v.t.* invertir, girar; cambiar la posición.

in.vés *s.m.* envés, revés, reverso; *ao invés* a la inversa.

in.ves.ti.da *s.f.* arremetida, ataque, embestida, asalto.

in.ves.ti.ga.ção *s.f.* búsqueda, investigación, indagación.

in.ves.ti.gar *v.t.* averiguar, pesquisar, investigar.

in.ves.ti.men.to *s.m. Com.* inversión; embestida.

in.ves.tir *v.t.* atacar, acometer, embestir; *Com.* invertir; colocar capital.

in.vi.á.vel *adj.* imposible, irrealizable, inviable.

in.vi.o.lá.vel *adj.* inviolable.

in.vi.sí.vel *adj.* invisible, impalpable.

in.vo.car *v.t.* suplicar; llamar; invocar.

in.vó.lu.cro *s.m.* invólucro, envoltura, envoltorio.

in.vo.lun.tá.rio *adj.* irreflexivo, instintivo, involuntario.

i.o.do *s.m. Quím.* yodo.

i.o.ga *s.f.* yoga.

i.o.gur.te *s.m.* yogur, yogurt.

í.on *s.m. Fís.* y *Quím.* ion.

ir *v.i.* caminar, andar; ir; desplazarse.

i.ra *s.f.* cólera, irritación, ira.

i.rar *v.t.* airar, indignar, irritar, encolerizar.

í.ris *s.f.* y *s.m.* iris, pupila; arco iris; espectro solar.

ir.man.da.de *s.f.* fraternidad, hermandad.

ir.mão *s.m.* hermano; miembro de una cofradía.

i.ro.ni.a *s.f.* sarcasmo, burla, ironía, sátira.

i.ro.ni.zar *v.t.* ridiculizar, ironizar.

ir.ra.ci.o.nal *adj.* bruto, irracional, insensato.

ir.ra.di.ar *v.t.* y *v.i.* irradiar; *v.r.* irradiarse.

ir.re.al *adj.* abstracto, imaginario, irreal.

ir.re.co.nhe.cí.vel *adj.* irreconocible.

ir.re.cu.sá.vel *adj.* irrecusable.

ir.re.du.tí.vel *adj.* irreducible, irreductible.

ir.re.fu.tá.vel *adj.* incontestable, irrefutable.

ir.re.gu.lar *adj.* desigual, inexacto, irregular.

ir.re.me.di.á.vel *adj.* irremediable.

ir.re.pa.rá.vel *adj.* irreparable.

ir.re.pre.en.sí.vel *adj.* intachable, irreprensible.

ir.re.qui.e.to *adj.* agitado, inquieto.

ir.re.sis.tí.vel *adj.* insuperable, irresistible.

ir.res.pon.sá.vel *adj.* inconsecuente, irresponsable; impune.

ir.res.tri.to *adj.* ilimitado, amplio.

ir.re.vo.gá.vel *adj.* inmutable, irrevocable.

ir.ri.gar *v.t.* regar, irrigar.

ir.ri.tar *v.t.* agravar, irritar, encolerizar; *v.r.* agravarse, irritarse, encolerizarse.

ir.rom.per *v.i.* irrumpir.

is.ca *s.f.* carnada, cebo; *Fig.* gancho, anzuelo.

i.sen.ção *s.f.* dispensa, exención.

i.sen.tar *v.t.* exentar, eximir.

i.sen.to *adj.* libre, exento.

i.so.la.do *adj.* solo, solitario.

i.so.lan.te *adj.* aislante, aislador.

i.so.lar *v.t.* aislar, incomunicar; *v.r.* incomunicarse, aislarse.

i.so.por *s.m.* espuma de poliestireno.

is.quei.ro *s.m.* mechero; encendedor automático.

is.so *pron. dem.* eso.

is.to *pron. dem.* esto.

i.tá.li.co *adj.* y *s.m.* itálico; *Tip.* itálico, cursivo.

i.tem *s.m.* ítem.

i.ti.ne.rá.rio *s.m.* itinerario, recorrido, trayecto.

j *s.m.* décima letra del alfabeto portugués.

já *adv.* ya, ahora mismo, finalmente, luego; *conj.* ya sea; *desde já* inmediatamente; *já que* puesto que.

ja.ca.ran.dá *s.m. Bot.* jacarandá (árbol y su madera).

ja.ca.ré *s.m. Zool.* yacaré, caimán, cocodrilo.

jac.tar-se *v.r.* ufanarse, vanagloriarse, jactarse.

ja.guar *s.m. Zool.* jaguar, onza, yaguar.

ja.gun.ço *s.m. Bras.* cubre espaldas, matador profesional, matón.

ja.mais *adv.* jamás, nunca.

ja.nei.ro *s.m.* enero; *pl.* años de edad.

ja.ne.la *s.f.* ventana; *Inform.* pequeño recuadro que aparece en la pantalla y que muestra las distintas posibilidades de operar.

jan.ga.da *s.f. Mar.* balsa, jangada, armadía.

jan.tar *v.i.* cenar; comer, desayunar; *s.m.* cena, comida principal del día.

ja.po.na *s.f.* cazadora, campera; chumpa; *Pop.* chaquetón.

ja.que.ta *s.f.* chaqueta, cazadora; saco.

ja.ra.ra.ca *s.f.* culebra venenosa de Brasil; *Fig.* víbora.

jar.gão *s.f.* argot, jerga; germanía.

jar.ra *s.f.* jarra.

ja.to *s.m.* chorro, salida impetuosa; *jato de tinta* chorro de tinta (tipo de impresora); *motor a jato* motor a propulsión.

jau.la *s.f.* jaula, cárcel para animales feroces.

ja.va.li *s.m.* jabalí; suino.

ja.zer *v.i.* permanecer, yacer.

ja.zi.da *s.f.* yacimiento.

ja.zi.go *s.m.* sepultura, tumba.

jazz *s.m.* jazz.

jei.to *s.m.* manera, costumbre, modo; habilidad, maña; aptitud, destreza, temperamento; ademanes, facciones; organización; *dar um jeito* arreglar la situación; *de jeito nenhum* de ninguna manera; *levar jeito* tener aptitud para.

je.ju.ar *v.i.* ayunar.

je.jum *s.m.* ayuno.

je.rar.qui.a *s.f.* clase, categoría.

jér.sei *s.m.* tejido de poliéster.

ji.ló *s.m. Bras.* fruto comestible.

ji.pe *s.m.* jeep (del inglés).

jo.a.lhei.ro *s.m.* joyero.

jo.a.lhe.ri.a *s.f.* joyería.

jo.a.ne.te *s.m. Med.* juanete.

jo.a.ni.nha *s.f.* mariquita.

jo.ão-de-bar.ro *s.m.* hornero.

jo.ão-nin.guém *s.m.* pobre diablo, don nadie.

jo.ça *s.f. Pop.* cosa vieja, trasto, cosa sin valor.

jo.co.so *adj.* chistoso, divertido.

jo.e.lhei.ra *s.f.* rodillera.

jo.e.lho *s.m.* rodilla.

jo.gar *v.t.* jugar, moverse; *v.r.* arrojarse, lanzarse.

jo.go *s.m.* juego, diversión.

jo.gral *s.m.* trovador.

jo.gue.te *s.m.* juguete, broma, zumba, chanza.

jói.a *s.f.* alhaja, joya, prenda, regalo; *Com.* tarifa de admisión; *Fig.* persona o cosa de valor, preciosidad.

jó.quei *s.m. Dep.* joquey, jockey, jinete; hipódromo.

jor.nal *s.m.* periódico, gaceta, diario, noticiario, noticiero.

jor.na.lei.ro *s.m.* vendedor de periódicos, diariero; trabajador que cobra por día de trabajo.

jor.na.lis.mo *s.m.* profesión de periodista.

jor.rar *v.t.* chorrear.

jor.ro *s.m.* chorro, salida impetuosa.

jo.ta *s.m.* nombre de la letra *j*.

jo.vem *s.m.* y *s.f. adj.* joven, adolescente, muchacho(a).

jo.vi.al *adj.* alegre, jovial.

ju.ba *s.f.* melena, guedeja, cabellera.

ju.di.ci.o.so *adj.* sensato, juicioso, sesudo.

ju.dô *s.m. Esp.* yudo, judo.

ju.go *s.m.* yugo, dominación; pieza para unir los bueyes y mulas.

ju.iz *s.m.* juez, árbitro; magistrado.

ju.i.za.do *s.m. For.* juzgado, local donde el juez ejerce su cargo.

ju.í.zo *s.m.* juicio, tino; *Fig.* sensatez.

jul.ga.men.to *s.m.* discusión de una causa judicial, decisión.

jul.gar *v.t.* opinar, arbitrar, juzgar.

ju.lho *s.m.* julio.

ju.men.to *s.m.* asno, burro.

jun.ção *s.f.* unión, junción, confluencia.

ju.nho *s.m.* junio.

jun.ta *s.f.* junta, asamblea; reunión.

jun.tar *v.t.* unir, agregar, reunir; *v.r.* unirse, reunirse, agregarse.

jun.to *adj.* unido, junto, cercano; *adv.* juntamente.

ju.ra *s.f.* promesa.

ju.ra.men.to *s.m.* promesa, voto.

ju.rar *v.t.* y *v.i.* prometer, jurar.

jú.ri *s.m. Bras.* conjunto de ciudadanos encargado de juzgar una causa.

ju.ris.di.ção *s.f.* poder para juzgar, jurisdicción.

ju.ro *s.m. Com.* interés del capital, juro.

jus.ta.men.te *adv.* precisamente, justo, justamente.

jus.ta.por *v.t.* yuxtaponer.

jus.ti.ça *s.f.* justicia, derecho, equidad.

jus.ti.cei.ro *adj.* recto, justo, imparcial.

jus.ti.fi.car *v.t.* probar judicialmente; justificar, perdonar; *v.r.* justificarse.

jus.to *adj.* exacto, ecuánime, justo, imparcial.

ju.ta *s.f. Bot.* yute (planta téxtil).

ju.ve.nil *adj.* joven, juvenil, mozo, adolescente.

ju.ven.tu.de *s.f.* mocedad, adolescencia, juventud.

k *s.m.* no pertenece actualmente al alfabeto portugués; sólo usada en vocablos extranjeros y en abreviaturas.

kart *s.m.* kart (inglés).

kg *s.m.* kilogramo.

km *s.m.* kilómetro.

know-how *s.m.* conocimiento técnico y tecnológico (inglés).

kV *s.m.* kilovoltio.

kW *s.m. Fís.* kilovatio.

l *s.m.* undécima letra del alfabeto portugués; cincuenta en la numeración romana (en mayúscula); abreviatura de *litro*.

lá *adv.* allí, allá (en otro lugar o tiempo); *s.m. Mús.* la, sexta nota de la escala musical.

lã *s.f.* lana.

la.ba.re.da *s.f.* flama, llama, llamarada.

lá.bio *s.m.* labio.

la.bi.rin.to *s.m.* laberinto; *Fig.* caos, confusión.

la.bo.ra.tó.rio *s.m.* laboratorio.

la.bo.ri.o.so *adj.* penoso, laborioso, costoso, aplicado.

la.ca *s.f.* laca, barniz.

la.çar *v.t.* coger con el lazo, lazar, apresar, atar.

la.ce.rar *v.t.* herir, lastimar, afligir; *v.r.* herirse, lastimarse, afligirse.

la.ço *s.m.* lazo, lazada, ligadura, nudo, presilla.

la.cô.ni.co *adj.* conciso, sucinto, lacónico, breve.

la.crar *v.t.* cerrar o sellar con lacre, lacrar.

la.cre *s.m.* lacre.

la.cri.me.jar *v.i.* derramar lágrimas, lagrimear, lloriquear.

lac.ten.te *adj.* mamón, que mama, lactante.

lác.teo *adj.* lechoso, lácteo, del color de la leche.

la.cu.na *s.f.* blanco, vacío.

la.da.i.nha *s.f.* letanía, oración; *Fig.* cantaleta, enumeración fastidiosa de cosas.

la.de.ar *v.t.* ladear, flanquear.

la.dei.ra *s.f.* ladera, cuesta, declive, pendiente, subida.

la.di.no *adj.* astuto, sagaz, ladino.

la.do *s.m.* costado, lado, flanco, banda; posición, sitio, dirección, aspecto; *pôr de lado* abandonar, despreciar; *ao lado de* en compañía de.

la.drão *s.f.* salteador, ladrón, hurtador.

la.drar *v.i.* ladrar, dar ladridos.

la.dri.lhar *v.t.* embaldosar, enladrillar.

la.dri.lho *s.m.* ladrillo.

la.gar.ta *s.f. Zool.* larva, gusano, oruga.

la.gar.ti.xa *s.f. Zool.* lagartija.

la.gar.to *s.m. Zool.* lagarto.

la.go *s.m.* lago.

la.go.a *s.f.* laguna.

la.gos.ta *s.f. Zool.* langosta.

lá.gri.ma *s.f.* lágrima, gota; *pl.* llanto.

la.je *s.f.* losa, laja, adoquín.

la.ma *s.f.* lodo, barro, lama.

la.ma.çal *s.m.* lodazal.

lam.ba.da *s.f. Pop.* golpe, bofetón, paliza; *Mús. Bras.* tipo de danza.

lam.ber *v.t.* lamer, relamer.

lam.bis.car *v.t.* pellizcar, comer poco, picar la comida.

lam.bu.zar *v.t.* emporcar, ensuciar, engrasar.

la.men.ta.ção *s.f.* queja, llanto, lamentación.

la.men.tar *v.t.* deplorar, lamentar, sentir, lastimar; *v.r.* quejarse, gemir, dolerse.

lâ.mi.na *s.f.* lámina, cuchilla, hoja, plancha.

lâm.pa.da *s.f.* lámpara, luminaria, bombilla.

lam.pe.jar *v.i.* relampaguear, centellar; *v.t.* emitir, irradiar.

lam.pe.jo *s.m.* chispa, centella, destello; *Fig.* idea súbita, chispazo.

lam.pi.ão *s.m.* farol, linterna, lampión; lámpara grande.

la.mu.ri.ar *v.t.* arrojar, lanzar; *v.r.* arrojarse, lanzarse.

lan.ça *s.f.* lanza, asta, vara.

lan.ça.men.to *s.m.* arrojamiento, lanzamiento.

lan.çar *v.t.* arrojar, lanzar; *v.r.* arrojarse, lanzarse.

lan.ce *s.m. Dep.* lance, jugada, tiro.

lan.cha *s.f. Mar.* lancha, barca, bote.

lan.char *v.t.* y *v.i.* merendar.

lan.che *s.m.* merienda, comida ligera.

lan.cho.ne.te *s.f.* bar, cafetería.

lan.gui.dez *s.f.* abatimiento, languidez, desánimo.

lan.te.jou.la *s.f.* lentejuela.

lan.ter.na *s.f.* linterna.

lan.ter.ni.nha *s.m.* y *s.f. Teat.* acomodador.

la.nu.gem *s.f.* vello, pelusa.

la.pe.la *s.f.* solapa.

lá.pi.de *s.f.* losa sepulcral, lápida.

lá.pis *s.m.* lápiz.

lap.so *s.m.* plazo, lapso; falta, yerro, descuido.

la.quê *s.m.* laca.

la.ran.ja *s.f. Bot.* naranja; *s.m.* y *adj.* naranja, color anaranjado.

la.ran.ja.da *s.f.* naranjada, jugo de naranja con agua.

la.ran.jei.ra *s.f. Bot.* naranjo.

la.rei.ra *s.f.* chimenea, lar.

lar.ga.da *s.f. Esp.* arrancada, partida.

lar.gar *v.t.* aflojar, soltar, largar; *v.i.* partir, marchar, largarse; *v.r.* abandonarse, largarse.

lar.go *adj.* ancho, amplio, vasto.

lar.gu.ra *s.f.* anchura.

la.rin.ge *s.f. Anat.* laringe.

la.sa.nha *s.f.* lasaña.

las.ca *s.f.* astilla, lasca, esquirla; raja.

las.car *v.i.* quebrar, astillar; *v.t.* partir en lascas.

la.ser *s.m.* láser (del inglés).

las.ti.mar *v.t.* y *v.i.* lesionar, dañar, herir, lastimar; *v.r.* lamentarse.

las.tro *s.m.* lastre.

la.ta *s.f.* lata, envase.

la.te.jar *v.i.* pulsar; palpitar.

la.ten.te *adj.* disfrazado, latente, oculto.

la.te.ral *adj.* costado, lateral, transversal.

la.ti.cí.nio *s.m.* quesería, industria de derivados de la leche.

la.tir *v.i.* ladrar.

la.ti.tu.de *s.f.* latitud.

la.tri.na *s.f.* retrete, letrina.

lau.da *s.f.* cuartilla, carilla, página.

lau.do *s.m. For.* dictamen, laudo, fallo.

la.va *s.f.* lava.

la.va.bo *s.m.* lavamanos, lavatorio, lavabo; pila.

la.va.dei.ra *s.f.* lavandera.

la.va.gem *s.f.* lavado, ablución; comida para cerdos.

la.van.de.ri.a *s.f.* lavandería, lavadero.

la.var *v.t.* lavar; *v.r.* lavarse.

la.vou.ra *s.f.* labranza, labrantío, campo de cultivo, agricultura.

la.vra.dor *s.m.* agricultor, labrador, campesino.

la.vrar *v.t.* cultivar la tierra, arar.

la.zer *s.m.* entretenimiento, ocio, recreación, descanso; pasatiempo.

le.al *adj.* fiel, leal, sincero.

le.al.da.de *s.f.* fidelidad, lealtad.

le.ão *s.m. Zool.* león.

le.bre *s.f. Zool.* liebre.

le.ci.o.nar *v.t.* y *v.i.* enseñar, explicar, dar clases, leccionar.

le.gal *adj.* lícito, legal; *Col.* bueno, agradable.

le.gar *v.t.* transmitir por testamento, legar.

le.gen.da *s.f.* leyenda; letrero, subtítulo.

le.gis.lar *v.i.* legislar, dictar o establecer leyes; *v.t.* ordenar, decretar.

le.gis.ta *s.m.* y *adj.* jurisconsulto, legista.

le.gi.ti.mar *v.t.* legalizar, validar, legitimar,

le.gí.ti.mo *adj.* verdadero, cierto, legítimo, genuino, puro, original.

le.gí.vel *adj.* leíble, legible.

lé.gua *s.f.* legua.

le.gu.me *s.m. Bot.* legumbre, hortaliza.

lei *s.f.* ley.

lei.go *s.m.* y *adj.* lego, laico.

lei.lão *s.m.* subasta.

lei.lo.ar *v.t.* subastar, vender en subasta.

lei.lo.ei.ro *s.m.* subastador.

lei.tão *s.f.* lechón, cochinillo.

lei.te *s.m.* leche; *Bot.* savia, leche.

lei.tei.ro *s.m.* lechero.

lei.to *s.m.* lecho, cama; cauce (río).

lei.tor *s.m.* lector.

lem.bran.ça *s.f.* memoria, recuerdo, recordación.

lem.brar *v.t.* y *v.i.* evocar, recordar, traer a la memoria, rememorar; *v.r.* acordarse.

le.me *s.m.* timón; *Fig.* gobierno.

len.ço *s.m.* pañuelo.

len.çol *s.m.* sábana; *Geol.* yacimiento, capa; *lençol freático* capa freática.

len.da *s.f.* fábula, leyenda, cuento.

le.nha *s.f.* leña.

le.nha.dor *s.m.* leñador.

le.nho *s.m.* madero, leño, trozo de árbol.

le.no.cí.nio *s.m.* prostitución, proxenetismo, lenocinio.

len.te *s.f.* lente.

len.ti.lha *s.f. Bot.* lenteja.

len.to *adj.* despacioso, lerdo, lento.

le.o.par.do *s.m.* leopardo.

le.pra *s.f. Med.* lepra.

le.que *s.m.* abanico.

ler *v.t.* y *v.i.* leer.

ler.do *adj.* obtuso, lerdo.

le.são *s.f. Med.* lesión, herida, daño.

le.sar *v.t.* dañar, herir, lastimar; *v.r.* lesionarse, dañarse.

lés.bi.ca *s.f.* lesbiana.

les.ma *s.f.* lesma, babosa.

les.te *s.m.* levante, naciente, este, oriente.

le.ti.vo *adj.* lectivo; *ano letivo* año escolar.

le.tra *s.f.* letra, forma de escribir, símbolo gráfico; texto; *Com.* letra (título del crédito); *pl.* letras, humanidades.

le.trei.ro *s.m.* cartel, letrero.

le.van.tar *v.t.* y *v.i.* alzar, erguir, levantar; elevar, animar, eregir, construir, sublevar; exaltar; *v.r.* levantarse, amotinarse.

le.var *v.t.* conducir, llevar, portar, pasar, transportar; guiar, robar; ganar, conseguir; *v.r.* llevarse.

le.ve *adj.* ligero, leve, suave.

le.vi.an.da.de *s.f.* imprudencia, liviandad, futilidad.

le.vi.a.no *adj.* insensato, imprudente, liviano.

lé.xi.co *s.m.* vocabulario, léxico.

lhe *pron. pers.* le, a él, a ella, a usted; *pl.* les.

li.be.ral *s.m.* y *s.f.*, *adj.* liberal.

li.be.rar *v.t.* liberar, libertar; *v.r.* liberarse.

li.ber.da.de *s.f.* libertad.

li.ber.tar *v.t.* dejar libre, liberar; *v.r.* liberarse.

li.ber.ti.na.gem *s.f.* desenfreno, libertinaje.

li.bra *s.f.* libra, moneda británica; peso de 16 onzas; signo del zodiaco.

li.cen.ça *s.f.* permiso, autorización, licencia; *com licença* con permiso.

li.cen.ci.ar *v.t.* dar permiso o licencia, licenciar; *v.r.* licenciarse.

li.ci.ta.ção *s.f.* pliego, subasta, licitación.

lí.ci.to *adj.* legal, lícito.

li.cor *s.m.* licor.

li.dar *v.i.* dedicarse a, trabajar, lidiar, batallar.

li.de.rar *v.t.* y *v.i.* guiar, dirigir, liderar.

li.ga.ção *s.f.* ligamento, ligazón, unión.

li.gar *v.t.* juntar, unir, aliar, alear, mezclar; conectar, enchufar; encender; poner en marcha; llamar por teléfono.

li.gei.re.za *s.f.* levidad, presteza, imprudencia.

li.gei.ro *adj.* ágil, ligero, presto.

li.lás *adj. Bot.* lila (arbusto y su flor); lila, morado.

li.mão *s.m. Bot.* limón.

li.mar *v.t.* desgastar, limar.

li.mi.te *s.m.* límite, confín, término, frontera.

li.mo.na.da *s.f.* limonada.

lim.par *v.t.* depurar, lavar, limpiar; *v.i.* aclarar; *v.r.* asearse, limpiarse.

lim.pe.za *s.f.* aseo, higiene, limpieza.

lim.po *adj.* aseado, limpio.

lin.char *v.t.* ajusticiar sumariamente, linchar.

li.ne.ar *adj.* lineal.

lín.gua *s.f.* habla, lenguaje, lengua, órgano de la boca.

lin.gua.do *s.m.* lenguado.

lin.gua.gem *s.f.* lenguaje, lengua, dialecto.

lin.güi.ça *s.f.* longaniza, chorizo.

li.nha *s.f.* hilo, línea, cable, trazo; dirección.

li.nha.ça *s.f.* linaza, gárgola.

li.nha.gem *s.f.* linaje, estirpe, casta.

li.nho *s.m.* lino.

li.pí.dio *s.m. Quím.* lípido.

li.qui.da.ção *s.f.* acto de liquidar, liquidación; venta a precios reducidos.

li.qui.dar *v.t.* liquidar; *Com.* saldar, vender a bajo precio, liquidar; *v.i.* acabar.

li.qui.di.fi.ca.dor *s.m.* licuadora.

lí.qui.do *s.m.* y *adj.* líquido, fluido.

li.so *adj.* llano, liso, lacio (cabello).

li.son.ja *s.f.* adulación, lisonja.

li.son.je.ar *v.t.* adular, halagar.

lis.ta *s.f.* elenco, lista, nómina.

lis.ta.gem *s.f.* listado.

lis.tra *s.f.* raya, faja estrecha, lista.

li.te.ral *adj.* formal, riguroso, literal, claro.

li.te.ra.tu.ra *s.f.* literatura; carrera de las letras.

li.to.gra.vu.ra *s.f.* litograbado.

li.to.ral *s.m.* costa del mar, orilla, litoral.

li.tro *s.m.* litro, símbolo *L* (unidad de las medidas de capacidad).

li.tur.gi.a *s.f.* rito, liturgia, ceremonia.

li.vra.ri.a *s.f.* librería.

li.vre *adj.* suelto, libre.

li.xa *s.f.* lija; papel de lija; *lixa de unhas* lima de uñas.

li.xar *v.t.* raspar con lija, lijar.

li.xei.ra *s.f.* tacho o cubo de basura, basurero.

li.xo *s.m.* basura, inmundicia.

lo *pron.* únese a las formas verbales terminadas en *r, s, z*, y a los pronombres *nós, vós* y al adverbio *eis*, suprimiendo la letra final de la palabra que precede.

lo.ca.ção *s.f.* arrendamiento, locación, alquiler.

lo.cal *adj.* del lugar, local; *s.m.* lugar, sitio.

lo.ca.li.da.de *s.f.* localidad.

lo.ca.li.zar *v.t.* situar, localizar; *v.r.* situarse, localizarse.

lo.ção *s.f.* loción.

lo.co.mo.ver-se *v.r.* mover, pasar de un punto a otro, moverse, trasladarse.

lo.cu.ção *s.f.* locución.

lo.da.çal *s.m.* lodazal, atolladero.

lo.do *s.m.* fango, lodo, barro.

lo.ga.rit.mo *s.m. Mat.* logaritmo.

ló.gi.co *adj.* coherente, lógico.

lo.gís.ti.co *adj.* logístico.

lo.go *adv.* ya, luego, pronto, enseguida, sin tardanza, inmediatamente; luego, después, más tarde; encima, para colmo; *conj.* por lo tanto, luego; *até logo* hasta luego.

lo.go.ti.po *s.m.* logotipo.

lo.grar *v.t.* alcanzar, obtener, conseguir, lograr; engañar, embaucar.

lo.gro *s.m.* goce de una cosa; obtención, lucro, trampa, estafa, fraude.

loi.ro *s.m.* y *adj.* rubio, castaño claro.

lo.ja *s.f.* tienda, almacén, bazar; *loja de brinquedos* juguetería.

lom.ba.da *s.f.* loma.

lom.bo *s.m.* espalda, lomo, solomillo, dorso.

lom.bri.ga *s.f.* lombriz.

lo.na *s.f.* toldo, lona, tela fuerte.

lon.ga-me.tra.gem *s.m.* y *adj.* largometraje.

lon.ge *adv.* lejos, a lo lejos, a gran distancia; *adj.* distante, apartado, lejano; *pl.* indicio, idea remota; *ao longe* a lo lejos; *de longe* de lejos.

lon.gín.quo *adj.* remoto, distante, longincuo.

lon.gi.tu.de *s.f.* longitud.

lon.tra *s.f.* lutria, nutria.

lo.ro.ta *s.m. Bras.* mentira, cuento.

lo.ta.ção *s.f.* capacidad, cabida, cubo.

lo.tar *v.t.* y *v.i.* llenar, abarrotar.

lo.te *s.m.* especie, grupo; lote, parcela.

lo.te.ar *v.t.* dividir en lotes, lotear.

lo.te.ri.a *s.f.* lotería.

lou.ça *s.f.* loza; vajilla.

lou.co *adj.* demente, insano, loco.

lou.cu.ra *s.f.* demencia, locura.

lou.ro *s.m.* y *adj.* rubio.

lou.sa *s.f.* losa, pizarra, pizarrón.

lou.var *v.t.* loar, elogiar, alabar.

lou.vor *s.m.* elogio, alabanza.

lu.a *s.f.* luna.

lu.a-de-mel *s.f.* luna de miel.

lu.ar *s.m.* claro de luna.

lu.bri.fi.can.te *adj.* lubricante.

lu.bri.fi.car *v.t.* untar, engrasar, lubricar.

lu.ci.dez *s.f.* clareza, lucidez, transparencia.

lu.crar *v.t.* aprovechar, sacar ganancia o provecho.

lu.cra.ti.vo *adj.* provechoso, ventajoso, lucrativo.

lu.cro *s.m.* provecho, lucro, ganancia.

lu.gar *s.m.* punto, sitio, lugar, puesto, paraje.

lu.ga.re.jo *s.m.* aldea, poblado.

lu.la *s.f.* calamar.

lu.me *s.m.* lumbre, hoguera, fuego.

lu.mi.ná.ria *s.f.* lámpara, luminaria.

lu.mi.no.so *adj.* brillante, luminoso.

lus.co-fus.co *s.m.* el anochecer, crepúsculo vespertino.

lus.trar *v.t.* pulir, abrillantar, lustrar.

lus.tre *s.m.* lustre, pulimento, brillo; araña, luminaria.

lu.ta *s.f.* combate, conflicto, lucha.

lu.tar *v.t.* y *v.i.* combatir, luchar, pelear.

lu.to *s.m.* luto.

lu.va *s.f.* guante.

lu.xar *v.t.* dislocar, desencajar un hueso.

lu.xo *s.m.* ostentación, opulencia, lujo.

lu.xu.o.so *adj.* suntuoso, espléndido, lujoso.

luz *s.f.* luz.

lu.zir *v.i.* resplandecer, lucir.

m *s.m.* duodécima letra del alfabeto portugués; mil en la numeración romana (en mayúscula); abreviatura de *metro* y *minuto* (en minúscula).

ma *Gram.* contracción de los pronombres *me* y *a*: a mí.

má *adj.f.* mala.

ma.ca *s.f.* hamaca, parihuela, camilla.

ma.ça *s.f.* porra, clava, maza.

ma.çã *s.f. Bot.* manzana.

ma.ca.co *s.m.* mono.

ma.ça.ne.ta *s.f.* manija, asidero, picaporte.

ma.çan.te *adj.* aburrido, pesado, latoso.

ma.ça.ro.ca *s.f.* mazorca; *maçaroca de milho* panoja, panocha.

ma.car.rão *s.m.* macarrón; fideo.

ma.ce.rar *v.t.* macerar.

ma.ce.te *s.m. Pop.* truco, ardid.

ma.cha.do *s.m.* hacha.

ma.cho *s.m.* y *adj.* varón, macho.

ma.chu.ca.do *adj.* lastimado, herido; *s.m.* magulladura, herida, lastimadura.

ma.chu.car *v.t.* contusionar; machacar; machucar.

ma.ci.ço *adj.* compacto, sólido, macizo.

ma.ci.ei.ra *s.f. Bot.* manzano.

ma.ci.ez *s.f.* suavidad.

ma.ci.o *adj.* sedoso, suave al tacto, blando; *Fig.* ameno, dócil, agradable.

ma.ço *s.m.* mazo, cajetilla, paquete.

ma.co.nha *s.f. Bot.* marihuana, mariguana.

ma.cum.ba *s.f.* culto afrobrasileño; magia negra.

ma.dei.ra *s.f.* madera.

ma.dei.ra.men.to *s.m.* maderamiento, enmaderamiento, armazón de madera.

ma.dei.xa *s.f.* madeja; guedeja de cabello; mechón.

ma.dras.ta *s.f.* madrastra.

ma.dre *s.f. Rel.* madre, monja.

ma.dre.pé.ro.la *s.f. Zool.* madreperla; nácar.

ma.dri.nha *s.f.* madrina.

ma.dru.gar *v.i.* madrugar; levantarse muy temprano.

ma.du.ro *adj.* sazonado, maduro.

mãe *s.f.* madre, mamá.

ma.es.tro *s.m. Mús.* maestro; director de orquesta.

ma.gis.té.rio *s.m.* profesorado; magisterio.

mag.na.ta *s.m.* y *s.f.* magnate.

mag.ne.ti.zar *v.t.* y *v.i.* magnetizar; *Fig.* seducir, atraer.

mag.nó.lia *s.f. Bot.* magnolia (árbol y su flor).

má.goa *s.f.* contusión; dolor, pesar, pena, aflicción, disgusto.

ma.go.ar *v.t.* disgustar; herir; afligir; magullar.

ma.gro *adj.* enjuto, flaco, delgado.

mai.o *s.m.* mayo; quinto mes del año.

mai.ô *s.m.* bañador; traje de baño; malla.

mai.o.ne.se *s.f.* mayonesa.

mai.or *adj.* mayor; más grande.

mai.o.ri.a *s.f.* mayoría.

mais *adv.* en mayor cantidad; más, aparte, además; *adj.* mayor; más grande.

mai.se.na *s.f.* harina de maíz; maizena.

mai.ús.cu.lo *adj.* mayúsculo; *s.f. Gram.* letra mayúscula.

ma.jes.ta.de *s.f.* realeza, majestad.

ma.jor *s.m. Mil.* mayor; jefe de batallón; comandante.

mal *s.m.* mal; daño, molestia, calamidad; perjuicio; *adv.* mal.

ma.la *s.f.* valija, maleta.

ma.la.ba.ris.mo *s.m.* juegos malabares; malabarismo.

ma.lan.dra.gem *s.f.* pillería; conjunto de bellacos.

ma.lan.dro *s.m.* y *adj.* bellaco, pícaro.

mal.chei.ro.so *adj.* maloliente; que hiede.

mal.cri.a.do *adj.* descortés, malcriado, grosero.

mal.da.de *s.f.* maldad, maleficio.

mal.di.zer *v.t.* maldecir.

ma.lei.ro *s.m.* maletero.

ma.le.ta *s.f.* maletín.

mal.fei.tor *s.m.* malechor; maleante.

ma.lha *s.f.* malla, red.
ma.lhar *v.t.* martillar, martillear.
mal-hu.mo.ra.do *adj.* intratable, malhumorado.
ma.lí.cia *s.f.* maldad, malicia.
ma.li.ci.o.so *adj.* astuto; malicioso; maligno.
ma.lig.no *adj.* dañino, maligno.
ma.lo.ca *s.f.* choza, tugurio.
ma.lo.grar *v.t.* fracasar; perder; malograr.
ma.lo.te *s.m.* maleta; maletín; mala pequeña.
mal.que.rer *v.t.* malquerer.
mal.te *s.m.* cebada seca; malta.
mal.tra.pi.lho *s.m. y adj.* harapiento, andrajoso.
mal.tra.tar *v.t.* molestar, maltratar; dañar, estropear.
ma.lu.co *s.m. y adj.* chiflado, loco, alocado.
mal.va.dez *s.f.* maldad, perversidad.
mal.ver.sar *v.t.* dilapidar, malversar.
mal.vis.to *adj.* malconsiderado.
ma.ma *s.f.* mama, teta.
ma.ma.dei.ra *s.f.* biberón, mamadera.
ma.mãe *s.f. Fam.* mamá, madre.
ma.mão *s.m. Bot.* mamón, papaya.
ma.mar *v.t. y v.i.* chupar, mamar.
ma.ma.ta *s.f. Pop.* fraude, negocio ilícito.
ma.mí.fe.ro *s.m. y adj.* mamífero.
ma.mi.lo *s.f. Anat.* pezón.
ma.na *s.f. Fam.* hermana.
ma.na.da *s.f.* rebaño, manada.
ma.nan.ci.al *s.m.* manantial, fuente.
man.car *v.i.* cojear, lisiar.

man.cha *s.f.* mancha.
man.char *v.t.* ensuciar; manchar.
man.co *s.m. y adj.* cojo.
man.da-chu.va *s.m. Bras.* magnate; persona importante; mayoral, mandamás.
man.da.men.to *s.m.* mandamiento.
man.dar *v.t.* ordenar; gobernar; mandar.
man.da.to *s.m. For.* mandato, representación; delegación; misión.
man.dí.bu.la *s.f. Anat.* maxilar, mandíbula.
man.di.o.ca *s.f. Bot.* yuca, mandioca, guacamote.
ma.nei.ra *s.f.* método; estilo; manera.
ma.ne.jar *v.t.* manipular; usar; dirigir; manejar.
ma.ne.quim *s.m.* maniquí; modelo.
ma.ne.ta *s.m. y s.f.* manco; *adj.* falto de un brazo o de una mano.
man.ga *s.f.* manga, mango (árbol y su fruto).
man.ga.nês *s.m. Quím.* manganeso.
ma.nha *s.f.* artificio, maña, astucia.
ma.nhã *s.f.* mañana; las primeras horas del día; *Fig.* principio, comienzo.
ma.ní.a.co *s.m. y adj.* maníaco, maniático.
ma.ni.cu.ra *s.f.* manicura.
ma.ni.fes.ta.ção *s.f.* manifestación, revelación.
ma.ni.fes.tar *v.t.* manifestar; declarar; mostrar, demostrar; *v.r.*; declararse, mostrarse, demostrarse, manifestarse.
ma.ni.fes.to *s.m.* declaración, manifiesto.

ma.ni.pu.lar *v.t.* manejar; operar con las manos; manipular.
ma.ni.ve.la *s.f. Mec.* palanca, manivela.
man.ja.do *adj. Pop.* consabido; muy conocido; manoseado.
man.jar *s.m.* comida delicada; manjar.
man.je.dou.ra *s.f.* majada, establo, pesebre.
man.je.ri.cão *s.m. Bot.* albahaca.
ma.no *s.m. Fam.* hermano; *adj.* íntimo; inseparable.
ma.no.brar *v.t. y v.i.* maniobrar.
man.são *s.f.* morada, mansión.
man.so *adj.* apacible, manso.
man.ta *s.f.* manta; cobertor de lana; colcha.
man.tei.ga *s.f.* manteca; mantequilla.
man.ter *v.t.* nutrir, alimentar; mantener.
man.ti.lha *s.f.* mantilla.
man.to *s.m.* mantilla grande; manto.
ma.nu.al *s.m. y adj.* manual.
ma.nu.fa.tu.rar *v.t.* manufacturar; producir por medio del trabajo manual.
mão *s.f.* mano; parte del cuerpo; lado; lance de varios juegos.
ma.pa *s.m.* mapa, carta geográfica; lista, relación, nómina.
ma.que.te *s.f.* maqueta.
ma.qui.a.gem *s.f.* maquillaje.
ma.qui.ar *v.t. y v.i.* maquillar; *v.r.* maquillarse.
má.qui.na *s.f.* máquina.
ma.qui.nar *v.i.* ingeniar, intrigar, maquinar.
mar *s.m. Geogr.* mar.
ma.ra.já *s.m.* rajá; *Fig.* magnate.

ma.ra.to.na *s.f.* maratón.

ma.ra.vi.lha *s.f.* prodigio, maravilla.

mar.ca *s.f.* señal; marca.

mar.car *v.t.* fijar, marcar.

mar.ce.na.ri.a *s.f.* carpintería, ebanistería.

mar.ce.nei.ro *s.m.* ebanista, carpintero.

mar.char *v.i.* caminar, andar, marchar.

mar.ço *s.m.* marzo; tercer mes del año.

ma.ré *s.f.* marea.

ma.re.chal *s.m. Mil.* mariscal.

mar.fim *s.m.* marfil.

mar.ga.ri.da *s.f. Bot.* margarita.

mar.ga.ri.na *s.f. Quím.* margarina.

mar.gem *s.f.* margen.

mar.gi.nal *s.m.* y *s.f.*, *adj. Arg.* orillero, marginal; criminoso.

ma.ri.cas *s.m.* marica, maricón; gallina.

ma.ri.do *s.m.* esposo, marido.

ma.rim.bon.do *s.m.* especie de avispa; avispón.

ma.ri.nha *s.f.* marina, armada; pintura de escenas marítimas.

ma.ri.nhei.ro *s.m.* grumete, marinero.

ma.ri.nho *adj.* marino; del mar; marítimo.

ma.ri.o.ne.te *s.f.* marioneta, títere, guiñol.

ma.ri.po.sa *s.f.* mariposa de noche.

ma.ris.car *v.t.* coger mariscos; mariscar.

ma.ris.co *s.m.* marisco.

mar.me.la.da *s.f.* mermelada de membrillo; *Fig.* fraude, arreglo.

mar.me.lo *s.m. Bot.* membrillo.

mar.mi.ta *s.f.* fiambrera, marmita.

már.mo.re *s.m. Min.* mármol.

ma.ro.to *adj.* travieso, malicioso, bribón.

mar.quês *s.m.* marqués.

mar.que.sa *s.f.* marquesa.

mar.qui.se *s.f. Gal.* cobertizo; marquesina.

mar.re.ta *s.f.* mazo, maza, marra pequeña de hierro; almádena.

mar.rom *s.m.* y *adj.* castaño; color café; marrón.

mar.te.lar *v.t.* martillear, martillar.

mar.te.lo *s.m.* martillo.

már.tir *s.m.* y *s.f.* mártir.

mar.ti.ri.zar *v.t.* afligir; torturar, martirizar.

ma.ru.jo *s.m.* marinero, marino.

mas *conj.* pero, sin embargo, mas.

más.ca.ra *s.f.* antifaz; disfraz; máscara.

mas.ca.rar *v.t.* disfrazar, enmascarar, mascarar; *v.r.* disfrazarse.

mas.ca.te *s.m. Bras.* vendedor ambulante.

mas.cu.li.no *adj.* varonil, masculino; macho.

mas.mor.ra *s.f.* calabozo oscuro; mazmorra.

ma.so.quis.mo *s.m.* masoquismo.

mas.sa *s.f.* masa, amasijo, pasta; *Fig.* volumen, conjunto; cantidad de materia de un cuerpo.

mas.sa.crar *v.t.* matar con crueldad; masacrar.

mas.sa.cre *s.m.* masacre.

mas.sa.gem *s.m.* masaje.

mas.ti.gar *v.t.* mascar, masticar.

mas.tur.bar *v.t.* masturbar; *v.r.* masturbarse.

ma.ta *s.f.* bosque, floresta.

ma.ta.dor *s.m.* y *adj.* asesino, matador; torero.

ma.ta.dou.ro *s.m.* matadero; degolladero.

ma.tar *v.t.* y *v.r.* asesinar, matar; desvanecer; destruir; saciar, satisfacer.

ma.te *s.m.* mate (árbol y su hoja).

ma.te.má.ti.ca *s.f.* matemática.

ma.té.ria *s.f. Fís.* sustancia de las cosas; materia; alimento; tema.

ma.ter.nal *adj.* materno, maternal.

ma.ter.ni.da.de *s.f.* maternidad; calidad de madre.

ma.tiz *s.m.* graduación de colores; matiz.

ma.to *s.m.* breña; terreno inculto; monte, mato, matorral.

ma.trí.cu.la *s.f.* inscripción, matrícula.

ma.tri.cu.lar *v.t.* inscribir, matricular, *v.r.* inscribirse, matricularse.

ma.tri.mô.nio *s.m.* casamiento, boda, matrimonio.

ma.triz *s.f. Med.* matriz; *Impr.* molde.

ma.tu.rar *v.t.* y *v.i.* madurar.

ma.tu.ri.da.de *s.f.* madurez, plenitud.

ma.tu.tar *v.t.* y *v.i. Pop.* meditar, pensar, reflexionar; pretender, intentar.

ma.tu.ti.no *adj.* matutino.

mau *adj.* malvado, malo, nocivo; *s.m.* el mal.

má-von.ta.de *s.f.* malagana, ojeriza.

ma.xi.lar *s.m. Anat.* mandíbula, maxilar.

má.xi.ma *s.f.* sentencia, aforismo, concepto, máxima, refrán; axioma.

ma.xi.mi.zar *v.t.* maximizar.

má.xi.mo *adj.* máximo.

me *pron. pers.* me.

me.a.da *s.f.* madeja.

me.a.dos *adj.* mediados; *s.m.* el medio.

me.câ.ni.co *adj.* maquinal, automático, mecánico; *s.m.* mecánico.

me.ce.nas *s.m.* protector, mecenas.

me.cha *s.f.* mecha, torcida, pabilo, mechón (cabello).

me.da.lha *s.f.* medalla.

mé.dia *s.f. Mat.* media; término medio; *Bras.* taza de café con leche.

me.di.a.dor *s.m. y adj.* intermediario, mediador.

me.di.ar *v.t. y v.i.* terciar, interponer, mediar.

me.di.ca.men.to *s.m.* fármaco, medicamento, remedio.

me.di.car *v.t.* tratar con medicamento; medicar.

me.di.ci.na *s.f.* medicina.

mé.di.co *s.m. y adj.* médico.

me.dí.o.cre *adj.* mediocre, vulgar, mediano.

me.dir *v.t.* evaluar, medir. *v.i.* rivalidar, medirse; *Fig.* tomar el pulso a algo.

me.di.tar *v.t.* reflejar, reflexionar, meditar.

mé.dium *s.m. y s.f.* médium, medio.

me.do *s.m.* miedo, temor, pavor.

me.do.nho *adj.* horrible, horrendo, horroroso.

me.drar *v.i.* medrar; progresar, aumentar; crecer; *v.t.* hacer crecer.

me.dro.so *adj.* receloso, miedoso, cobarde.

me.ga.fo.ne *s.m.* altavoz, bocina.

mei.a *s.f.* media; calcetín.

mei.a-noi.te *s.f.* medianoche.

mei.go *adj.* tierno, cariñoso, afable.

mei.o *adj.* mitad, medio; *s.m.* ambiente; recurso; medio; *adv.* por la mitad; incompleto, mediano, medio; *meio a meio* mitad y mitad; *no meio* entre.

mei.o-di.a *s.m.* mediodía.

mel *s.m.* miel; *Fig.* suavidad, dulzura; *lua-de-mel* luna de miel.

me.lan.ci.a *s.f. Bot.* sandía; melón de agua.

me.lan.co.li.a *s.f.* nostalgia, melancolía.

me.lão *s.m. Bot.* melón.

me.lhor *adj.* mejor, superior, máximo.

me.lho.rar *v.t. y v.i.* hacer mejor; perfeccionar, mejorar; *v.r.* restablecerse; liviarse; mejorarse.

me.lho.ri.a *s.f.* adelanto, avance, mejoría.

mem.bra.na *s.f.* membrana, película.

mem.bro *s.m. Anat.* miembro, extremidad, apéndice; *Pop.* pene; miembro viril.

me.mó.ria *s.f.* memoria; gloria; celebridad; *Inform.* memoria, dispositivo en el que se almacena información; capacidad de almacenamiento de datos.

me.mo.ri.zar *v.i.* recordar; conservar en la memoria; memorizar.

men.ção *s.f.* recuerdo, referencia, mención, alusión.

men.ci.o.nar *v.t.* aludir, relatar, nombrar, mencionar.

men.di.gar *v.i.* mendigar; pedir limosna.

men.di.go *s.m.* mendicante, mendigante, mendigo.

me.ni.na *s.f.* niña, muchachita.

me.ni.no *s.m.* chico, niño, chaval; *Arg. Fam.* pibe; *Méx.* chamaco.

me.no.pau.sa *s.f. Fisiol.* menopausia.

me.nor *adj.* más pequeño; menor; *s.m.* menor; que no ha llegado a la mayoría de edad.

me.nos *adv.* excepto, menos, fuera de; *prep.* salvo, aparte; *pelo menos* como mínimo, siquiera; *a menos que* a menos que.

me.nos.pre.zar *v.t.* rebajar, menoscabar, menospreciar.

me.nos.pre.zo *s.m.* desprecio, menosprecio.

men.sa.gei.ro *s.m.* emisario, recadero, mensajero.

men.sa.gem *s.f.* mensaje.

men.sal *adj.* mensual.

men.sa.li.da.de *s.f.* mesada, sueldo, mensualidad.

mens.tru.a.ção *s.f.* regla, menstruación.

mens.tru.ar *v.i.* menstruar.

men.ta *s.f. Bot.* hierbabuena, menta.

men.tal *adj.* mental; psíquico.

men.ta.li.zar *v.t.* idear, pensar.

men.te *s.f.* mente.

men.te.cap.to *adj.* necio, tonto, mentecato.

men.tir *v.i.* engañar, mentir.

men.ti.ra *s.f.* patraña; cuento; mentira.

men.ti.ro.so *adj.* embustero, mentiroso.

me.nu *s.m.* menú, conjunto de platos que forman una comida; *Inform.* menú, lista de programas u opciones que aparece en la pantalla.

mer.ca.do *s.m.* el comercio; mercado.

mer.ca.do.ri.a *s.f.* mercancía, mercadería.

mer.cê *s.f.* don, favor, merced.

mer.ce.a.ri.a *s.f.* mercería, mercadería; tienda de comestibles; almacén.

mer.ce.ná.rio *s.m. y adj.* mercenario; servidor.

mer.cú.rio *s.m. Quím.* mercurio, azogue.

mer.da *s.f. Pop.* mierda.

me.re.cer *v.t.* granjear, merecer.

me.ren.da *s.f.* merienda; refección leve de la tarde.

mer.gu.lhar *v.t. y v.i.* chapuzar, zambullir, bucear, sumergir.

mer.gu.lho *s.m.* chapuzón, zambullida, inmersión.

mês *s.m.* mes.

me.sa *s.f.* mesa.

mes.mo *adj. y pron.* igual, mismo, propio; *adv.* de veras, igualmente, lo mismo; *conj.* hasta.

mes.qui.nho *adj.* miserable, avaro, mezquino.

mes.tra.do *s.m.* maestrazgo, maestría.

mes.tre *s.m.* preceptor, profesor, maestro.

me.su.ra *s.f.* reverencia, cortesía, mesura.

me.ta *s.f.* fin, término, meta.

me.ta.de *s.f.* mitad, centro, medio.

me.tal *s.m.* metal.

me.ter *v.t.* introducir, poner, meter, inducir, encerrar, incluir, fijar, emplear; dejar entrar; *v.r.* entremeterse, inmiscuirse.

me.ti.do *adj.* jactancioso, entrometido.

mé.to.do *s.m.* regla; método; sistema.

me.tra.lha.do.ra *s.f.* ametralladora.

mé.tri.ca *s.f. Ret.* arte de versificar; métrica.

me.tro *s.m.* unidad lineal; metro.

me.trô *s.m.* metro, metropolitano; subterráneo.

me.tró.po.le *s.f.* metrópoli.

meu *adj. y pron.* mi, mío.

me.xer *v.t.* mover, mecer, revolver, mezclar; *v.r.* mecerse, apresurarse.

me.xe.ri.ca *s.f. Bot.* mandarina.

me.xe.ri.co *s.m.* habladuría; chisme; cuento.

me.xe.ri.quei.ro *s.m. y adj. Fam.* intrigante, chismoso.

me.xi.do *adj.* agitado, mecido, perturbado; *s.m. pl.* enredos.

me.xi.lhão *s.m. Zool.* mejillón.

mi *s.m. Mús.* mi, nota musical.

mi.a.do *s.m.* maullido.

mi.ar *v.i.* maullar.

mi.co *s.m. Zool.* mono pequeño; mico.

mi.co.se *s.f. Med.* micosis.

mi.cró.bio *s.m. Biol.* microbio.

mi.cro.com.pu.ta.dor *s.m. Inform.* microcomputador, microcomputadora, microordenador.

mi.cro.on.das *s.m.* microondas.

mi.cro.pro.ces.sa.dor *s.m. Inform.* microprocesador.

mi.cros.có.pio *s.m.* microscopio.

mic.tó.rio *s.m.* urinario, letrina.

mi.ga.lha *s.f.* miga, migaja de pan.

mi.gra.ção *s.f.* migración, emigración.

mi.ja.da *s.f. Fam.* meada, meado, mea.

mi.jar *v.i.* orinar, mear; *v.r.* mearse.

mi.la.gre *s.m.* milagro.

mi.la.ne.sa (à) *loc.* rebozado, pasado por huevo y harina; *Amér.* apanado.

mi.le.nar *adj.* milenario.

mi.lha *s.f.* milla.

mi.lhão *s.m. y num.* millón.

mi.lhar *s.m. y num.* millar.

mi.lho *s.m. Bot.* maíz, mijo; *milho verde* choclo; *broa de milho* borona.

mi.li.o.ná.rio *s.m. y adj.* millonario; ricachón.

mi.li.tan.te *adj.* militante.

mi.li.tar *v.i.* servir en el ejército; combatir, militar; *s.m. y adj.* guerrero, bélico; soldado, miliciano, militar.

mi.lon.gas *s.f. pl. Bras.* enredos, chismes; milongas.

mim *pron. pers.* mi.

mi.mar *v.t.* halagar, mimar, acariciar.

mi.na *s.f. Min.* yacimiento, mina.

mi.nar *v.t.* construir minas, excavar; *Fig.* sabotear; corromper.

min.di.nho *s.m.* dedo meñique.

mi.nei.ro *s.m. y adj.* minero.

mi.ne.ra.ção *s.f.* minería.

mi.ne.ral *s.m. y adj.* mineral.

mi.né.rio *s.m.* mineral.

min.guan.te *s.m.* menguante, declinación; *adj.* decreciente.

min.guar *v.i.* disminuir; menguar.

mi.nha *pron. y adj.* mi, mía.

mi.nho.ca *s.f. Zool.* lombriz; gusano.

mi.ni.a.tu.ra *s.f.* miniatura.

mí.ni.ma *s.f. Mús.* mínima.

mi.ni.mi.zar *v.t.* disminuir, minimizar.

mí.ni.mo *s.m. y adj.* mínimo.

mi.nis.sai.a *s.f.* minifalda.

mi.nis.té.rio *s.m.* ministerio; gobierno.

mi.nis.trar *v.t.* y *v.i.* ministrar, proveer.

mi.no.rar *v.t.* aliviar, suavizar, minorar.

mi.no.ri.a *s.f.* minoría.

mi.nú.cia *s.f.* menudencia, minucia.

mi.nu.to *s.m.* minuto.

mi.o.lo *s.m.* médula, meollo; miga de pan; *Fig.* seso.

mi.o.pi.a *s.f. Patol.* miopía; *Fig.* falta de inteligencia.

mi.ra *s.f.* mira; pieza de las armas de fuego para dirigir la puntería; *Fig.* meta, fin.

mi.ra.bo.lan.te *adj.* fantástico; despampanante.

mi.ran.te *s.m.* torre, balcón, mirador.

mi.rar *v.t.* observar, mirar, apreciar; *v.r.* mirarse, verse en el espejo.

mi.rim *adj. Bras.* pequeño.

mir.ra.do *adj.* marchito; mustio; delgado; seco.

mi.se.rá.vel *adj.* mísero, miserable.

mi.sé.ria *s.f.* pobreza, indigencia, miseria.

mi.se.ri.cór.dia *s.f. Rel.* compasión, misericordia.

mis.sa *s.f. Rel.* misa.

mis.são *s.f.* misión, encargo.

mís.sil *s.m. Mil.* misil.

mis.si.o.ná.rio *s.m.* y *adj.* misionero, apóstol.

mis.té.rio *s.m.* enigma, secreto, misterio.

mís.ti.co *adj.* místico.

mis.ti.fi.car *v.t.* y *v.i.* engañar, estafar, burlar.

mis.to *s.m.* y *adj.* mezclado, mixto, mixtura, combinación, mezcla.

mis.tu.ra *s.f.* ensalada, mixtura, mezcla.

mis.tu.rar *v.t.* mezclar, barajar, mixturar; *v.r.* inmiscuirse, entremeterse, mezclarse.

mí.ti.co *adj.* fabuloso, mítico.

mi.ti.gar *v.t.* suavizar, mitigar.

mi.to *s.m.* leyenda, fábula, mito.

mi.ú.do *adj.* diminuto, menudo; *s.m.* y *adj.* dinero suelto; *s.m. pl.* menudos, entrañas.

mo.a.gem *s.f.* moledura, molienda.

mo.bí.lia *s.f.* mobiliario, moblaje.

mo.bi.li.ar *v.t.* amueblar, amoblar.

mo.bi.li.zar *v.t. Mil.* movilizar; poner en pie de guerra.

mo.ça *s.f.* mujer joven, moza; criada.

mo.ça.da *s.f.* muchachada.

mo.chi.la *s.f.* mochila.

mo.ci.da.de *s.f.* mocedad; juventud.

mo.ço *adj.* joven; adolescente.

mo.da *s.f.* moda, uso, estilo.

mo.de.lar *v.t.* trazar, moldear, amoldar, modelar.

mo.de.lo *s.m.* modelo, arquetipo, ejemplo, patrón.

mo.dem *s.m. Inform.* modem.

mo.de.ra.ção *s.f.* moderación, continencia.

mo.de.rar *v.t.* moderar, ablandar, amortiguar; *v.r.* moderarse, reducirse.

mo.der.ni.zar *v.t.* modernizar, actualizar; adaptar a la moda, renovar.

mo.der.no *adj.* nuevo, moderno, reciente, actual.

mo.dés.tia *s.f.* modestia, humildad.

mo.des.to *adj.* humilde, simple, modesto.

mo.di.fi.car *v.t.* cambiar, variar, modificar; *v.r.* invertirse, modificarse.

mo.dis.ta *s.f.* modista, costurera.

mo.do *s.m.* manera de ser, manera, modo; *Gram.* modo verbal; *deste modo* de este modo; *de modo algum* de ningún modo.

mo.e.da *s.f.* moneda; dinero metálico.

mo.e.la *s.f.* molleja.

mo.er *v.t.* moler, machacar, triturar; *v.r.* molerse, fatigarse.

mo.far *v.t.* y *v.i.* enmohecer, echar moho; escarnecer, mofar, reírse.

mo.fo *s.m.* moho.

mog.no *s.m.* caoba; madera del anacardo.

mo.i.nho *s.m.* molino.

moi.ta *s.f.* mata; monte cerrado.

mo.la *s.f.* resorte, muelle; *Mec.* ballesta.

mo.lar *s.m.* y *adj.* muela, molar.

mol.dar *v.t.* moldear, modelar; *v.r.* regularse.

mol.de *s.m.* matriz, modelo, molde, prototipo.

mol.du.ra *s.f.* marco.

mo.le *adj.* flácido, flojo, mole, tierno; *Fig.* perezoso; lento.

mo.le.ca.da *s.f.* chiquillería, chiquillada.

mo.lé.cu.la *s.f. Quím.* y *Fís.* molécula.

mo.lei.ro *s.m.* molinero.

mo.len.ga *s.m.* y *s.f., adj.* flojo, indolente, haragán.

mo.le.que *s.m.* chiquillo, niño, mocoso.

mo.lés.tia *s.f.* enfermedad, estorbo, enfado, achaque, dolencia.

mo.le.tom *s.m.* muletón.

mo.le.za *s.f.* blandura, pereza, flojera.

mo.lhar *v.t.* regar, mojar; *v.r.* mojarse.

mo.lho *s.m.* salsa, remojo; hacina.

mo.men.to *s.m.* instante, momento.

mo.nar.qui.a *s.f.* realeza, monarquía.

mon.ção *s.m.* monzón.

mon.ge *s.m.* monje.

mo.ni.tor *s.m.* instructor, monitor; *Inform.* monitor, aparato que aporta datos visuales.

mo.ni.to.rar *v.t. Inform.* monitorizar.

mon.ja *s.f.* religiosa de un convento; monja.

mo.no *s.m. Zool.* simio, macaco, mono.

mo.no.ga.mi.a *s.f.* monogamia.

mo.no.gra.fi.a *s.f.* monografía.

mo.no.gra.ma *s.m.* cifra; monograma.

mo.nó.lo.go *s.m.* aparte; monólogo; escena de un solo actor.

mo.no.pó.lio *s.m.* privilegio; centralización, monopolio.

mo.no.po.li.zar *v.t.* acaparar; acopiar; monopolizar.

mo.no.to.ni.a *s.f.* insipidez, monotonía.

mo.nó.to.no *adj.* invariable; uniforme; monótono.

mons.tro *s.m.* monstruo.

mon.ta.gem *s.f.* montaje.

mon.ta.nha *s.f.* montaña.

mon.tão *s.m. Fam.* montón, pila.

mon.tar *v.t.* y *v.i.* cabalgar, montar, subirse; *v.r.* colocarse sobre, montarse.

mon.ta.ri.a *s.f.* montería; *Bras.* cabalgadura, montura.

mon.te *s.m.* monte, cerro, montón, pila.

mo.nu.men.to *s.m.* monumento, mausoleo.

mo.ra *s.f.* atraso, mora.

mo.ra.dor *s.m.* y *adj.* inquilino; residente; vecino.

mo.ral *s.f.* moralidad, ética, moral.

mo.ra.li.zar *v.t.* edificar, enseñar; *v.i.* censurar.

mo.ran.ga *s.f. Bot.* tipo de calabaza redonda.

mo.ran.go *s.m. Bot.* fresa; frutilla.

mo.rar *v.i.* habitar, residir, morar, vivir.

mo.ra.tó.ria *s.f.* dilatación; retardo, moratoria.

mor.ce.go *s.m. Zool.* murciélago.

mor.da.ça *s.f.* mordaza.

mor.der *v.t.* mordisquear, morder.

mor.dis.car *v.t.* mordisquear.

mor.do.mi.a *s.f. Pop.* regalía, privilegio.

mo.re.no *adj.* moreno, mulato.

mor.fi.na *s.f. Quím.* morfina.

mo.ri.bun.do *adj.* agonizante, moribundo.

mo.rin.ga *s.f.* botijo.

mor.ma.ço *s.m.* bochorno; tiempo caliente y húmedo.

mor.no *adj.* poco caliente; templado, tibio.

mor.rer *v.i.* fallecer, expirar, morir.

mor.ro *s.m.* cerro, monte.

mor.ta.de.la *s.f.* mortadela.

mor.ta.lha *s.f.* mortaja.

mor.te *s.f.* muerte, fallecimiento.

mor.ti.fi.car *v.t.* molestar, lastimar, mortificar.

mos.ca *s.f. Zool.* mosca.

mos.ca.tel *adj.* moscatel (clase de uva).

mos.qui.to *s.m.* mosquito.

mos.tar.da *s.f.* mostaza.

mos.tei.ro *s.m.* convento, monasterio.

mos.tra *s.f.* exhibición, exposición, muestra.

mos.trar *v.t.* exponer, presentar, mostrar; *v.r.* pavonearse, exhibirse.

mos.tren.go *s.m.* esperpento.

mo.te *s.m.* divisa, lema, mote, apodo.

mo.tel *s.m.* motel.

mo.ti.va.ção *s.f.* motivación.

mo.ti.var *v.t.* motivar.

mo.ti.vo *s.m.* y *adj.* razón, móvil, causa, motivo.

mo.to *s.f.* motocicleta.

mou.rão *s.m.* mojón.

mou.se *s.m.* ratón, *mouse* (del inglés).

mó.vel *s.m.* móvil, trasto, mueble; *adj.* movible, móvil; inconstante.

mo.ver *v.t.* dar movimiento; desplazar, mover; *Fig.* inducir, persuadir; *v.r.* agitarse, moverse.

mo.vi.men.ta.ção *s.f.* agitación, movimiento, movimentación.

mu.am.ba *s.f. Bras.* contrabando.

mu.am.bei.ro *adj.* contrabandista.

mu.da *s.f. Bot.* muda; gajo para trasplante; vástago, brote.

mu.dan.ça *s.f.* transformación, mudanza, alteración; *Fig.* cambio.

mu.dar *v.t.* cambiar, alterar, mudar, variar.

mui *adv.* forma apocopada de *muito*: mucho.

mui.to *adv.* y *pron. indef.* mucho, numeroso, abundante.

mu.la *s.f. Zool.* mula; hembra del mulo.

mu.la.to *s.m.* y *adj.* mestizo, mulato.

mu.lher *s.f.* mujer, hembra.

mul.ta *s.f.* multa.

mul.tar *v.t.* multar.

mul.ti.dão *s.f.* multitud, muchedumbre.

mul.ti.mí.dia *s.m. Inform.* multimedia.

mul.ti.pli.ca.ção *s.f.* multiplicación.

mul.ti.pli.car *v.t.* reproducir, multiplicar; *v.r.* proliferarse, procrearse.

múl.ti.plo *s.m.* y *adj.* plural, múltiple; *Mat.* múltiplo.

mul.ti.u.su.á.rio *adj. Inform.* multiusuario, sistema operativo que puede tener al mismo tiempo varios usuarios.

mú.mia *s.f.* momia.

mun.da.na *s.f.* meretriz, prostituta.

mun.da.no *adj.* mundano.

mun.do *s.m.* orbe, mundo; *Fig.* multitud de cosas.

mu.nhe.ca *s.f.* muñeca, pulso.

mu.ni.ção *s.f.* munición.

mu.ni.ci.ar *v.t.* municionar; proveer de municiones.

mu.ni.cí.pio *s.m.* municipio.

mu.nir *v.t.* guarnecer, fortificar, armar; *v.r.* preverse, equiparse, prevenirse.

mu.qui.ra.na *adj. Pop.* avaro, tacaño.

mu.ral *s.m.* y *adj.* mural (relativo al muro); mural.

mu.ra.lha *s.f.* muralla.

mur.char *v.t.* marchitar; *v.i.* perder el brillo, el vigor; *v.r.* secarse, debilitarse.

mur.cho *adj.* marchito, mustio, seco.

mur.mu.rar *v.i.* murmullar, susurrar, murmurar.

mur.mú.rio *s.m.* rumor, susurro, murmurio.

mur.ro *s.m.* puñetazo, trompazo; cachetazo.

mu.sa *s.f.* musa.

mús.cu.lo *s.m.* músculo.

mu.seu *s.m.* museo.

mus.go *s.m. Bot.* musgo.

mú.si.co *s.m.* y *adj.* relativo a la música; músico.

mu.ta.ção *s.f.* cambio, mutación.

mu.ti.lar *v.t.* cortar, mutilar, lisiar.

mu.ti.rão *s.m.* trabajo en grupo.

mu.tu.ca *s.f. Zool.* moscardón; tábano.

mú.tuo *adj.* recíproco, mutuo.

N

n *s.m.* decimotercera letra del alfabeto portugués; antes de la *h* suena como la *ñ* española; abreviatura de norte (en mayúscula).

na *contracción de la preposición* em *y del artículo* a: en la; *pron. pers.* la.

na.bo *s.m. Bot.* nabo.

na.ção *s.f.* país, nación, patria.

na.ci.o.na.li.da.de *s.f.* nación, patria, nacionalidad.

na.ci.o.na.li.za.ção *s.f.* naturalización, nacionalización.

na.ci.o.na.li.zar *v.t.* dar carácter nacional, nacionalizar; *v.r.* naturalizarse.

na.co *s.m.* pedazo, tajada; porción.

na.da *s.m.* ninguna cosa, nada, bagatela; *adv.* poco, muy poco; de ninguna manera; nada; *indef.* ninguna cosa; *de nada!* ¡de nada!; *nada disso* ¡nada de eso!; *antes de mais nada* inmediatamente.

na.dar *v.i.* bracear, nadar.

ná.de.ga *s.f. Anat.* nalga, trasero.

naf.ta *s.f. Quím.* nafta.

naf.ta.li.na *s.f. Quím.* naftalina.

nái.lon *s.m.* nilón, nylon.

nai.pe *s.m.* naipe. *Fig.* clase, casta.

na.mo.ra.do *s.m.* y *adj.* enamorado, apasionado, amante.

na.mo.rar *v.t.* enamorar, cortejear, hacer la corte, galantear; *v.i.* tener novio, estar de novio.

na.mo.ro *s.m. Fam.* galanteo, amorío, flirteo; noviazgo.

na.ni.co *adj.* de cuerpo pequeño; nanico, corto, con figura de enano.

nan.quim *s.m.* tinta china.

não *adv.* no; *s.m.* escusa, negativa; *ainda não* todavía no; *pois não* claro, como no; *pois não?* ¿qué desea?.

na.que.le *contracción de la preposición* em *y el pron. dem.* aquele: en aquel.

na.qui.lo *contracción de la preposición* em *y el pron. dem.* aquilo: en aquello, en lo.

na.ri.na *s.f. Anat.* fosa nasal, ventana de la nariz.

na.riz *s.m. Anat.* nariz, olfato; *Fig.* tino, sagacidad.

nar.ra.ção *s.f.* relato, cuento, narración.

nar.rar *v.t.* contar, relatar, narrar.

nas.cer *v.i.* venir al mundo, nacer, brotar, emanar, originarse.

nas.ci.men.to *s.m.* nacimiento, parto.

na.ta *s.f.* crema, nata; *Fig.* lo más selecto o escogido, lo mejor.

na.tal *s.m.* y *adj.* natal, natalicio, nativo; Natividad, Navidad; *noite de Natal* nochebuena; *feliz Natal!* ¡feliz Navidad!.

na.ta.li.da.de *s.f.* natalidad.

na.ta.li.no *adj.* navideño.

na.ti.vo *s.m.* y *adj.* innato, natural, oriundo, nativo.

na.to *adj.* natural, nativo, innato, nato,

na.tu.ra *s.f. Poet.* naturaleza.

na.tu.ral *s.m.* y *adj.* normal, espontáneo, natural.

na.tu.ra.li.da.de *s.f.* naturalidad, franqueza; tierra donde se nace.

na.tu.ra.li.zar *v.t.* nacionalizar; *v.r.* hacerse cuidadano de un país extranjero.

na.tu.ral.men.te *adv.* desde luego, naturalmente.

na.tu.re.za *s.f.* naturaleza.

nau.fra.gar *v.i.* ir a pique, naufragar.

nau.frá.gio *s.m.* pérdida, ruina, naufragio.

náu.sea *s.f.* náusea, mareo, ansias; asco.

na.val *adj. Mar.* naval, marino.

na.va.lha *s.f.* navaja, cuchillo.

na.va.lha.da *s.f.* navajazo, navajada, cuchillada, facazo.

na.ve *s.f. Mar.* buque, barco, navío, nave; *Arq.* nave, parte de un edificio.

na.ve.ga.ção *s.f.* navegación.

na.ve.ga.dor *adj.* y *s.m.* navegador; *s.m. Inform.* aplicación que contiene hipertexto, *browser*; *adj.* lector de hipertexto que navega en la red internet.

na.ve.gan.te *s.m.* y *s.f.*, *adj.* navegador, navegante.

na.ve.gar *v.i. Mar.* viajar por mar; *Inform.* desplazarse a través de la red internet.

na.vi.o *s.m.* navío, nave.

ne.bli.na *s.f.* neblina, niebla, bruma.

ne.ces.sá.rio *adj.* indispensable, necesario.

ne.ces.si.da.de *s.f.* escasez, necesidad.

ne.ces.si.tar *v.t.* y *v.i.* precisar, necesitar.

ne.cro.té.rio *s.m.* lugar donde se hace la autopsia; morgue.

néc.tar *s.m.* néctar, licor suave.

ne.fas.to *adj.* funesto, trágico, nefasto.

ne.ga.ce.ar *v.i.* hacer añagazas, atraer con artificios.

ne.gar *v.t.* y *v.i.* contestar, negar, desdecir, prohibir; *v.r.* excusarse, negarse; *s.f.* negación.

ne.ga.ti.vo *adj.* nulo, prohibido, negativo, filme fotográfico.

ne.gli.gên.cia *s.f.* desidia, descuido, negligencia, dejadez.

ne.gli.gen.ci.ar *v.t.* descuidar, tratar con negligencia, desatender.

ne.go.ci.a.ção *s.f.* acuerdo, negocio, negociación.

ne.go.ci.ar *v.t.* agenciar, contratar, negociar, gestionar.

ne.gó.cio *s.m.* comercio, negocio, trato, transación comercial; asunto; embrollo.

ne.gri.to *s.m.* negrilla, negrita (letra).

ne.la *contracción de la preposición* em *y el pronombre* ela: en ella.

ne.le *contracción de la preposición* em *y el pronombre* ele: en él.

nem *adv.* ni, no, ni siquiera; *conj.* tampoco, ni, no; *nem que* aunque, por más que; *Pop. que nem* igual que; *sem mais nem menos* de repente.

ne.nê *s.m. Bras.* niño recien nacido, bebé; *Fam.* nene.

ne.nhum *adj.* y *pron. indef.* ninguno, ni uno, ningún; nulo, sin valor.

ner.vo *s.m. Anat.* nervio.

ner.vo.so *adj.* irritable, nervioso.

ner.vu.ra *s.f.* nervadura, nervura.

nes.se *contracción de la preposición* em *y el pronombre demostrativo* esse: en esse.

nes.te *contracción de la preposición* em *y el pronombre demostrativo* este: en este.

ne.to *s.m.* nieto.

neu.ro.lo.gis.ta *s.m.* y *s.f. Med.* neurólogo.

neu.rô.nio *s.m.* neurona.

neu.ro.se *s.f. Med.* neurosis.

neu.ró.ti.co *adj.* neurótico.

neu.tra.li.zar *v.t.* declarar neutro, neutralizar.

neu.tro *adj.* neutro.

ne.var *v.i.* nevar.

ne.ve *s.f.* nieve.

né.voa *s.f.* niebla, neblina.

ne.vral.gi.a *s.f.* neuralgia.

nho.que *s.m.* ñoque, ñoqui.

nin.guém *pron. indef.* nadie.

ni.nha.ri.a *s.f.* baratija, bagatela, nadería.

ni.nho *s.m.* nido; *Fig.* casa, abrigo, escondrijo; *ninho de marimbondos* avíspero.

nis.sei *s.m.* y *s.f.* hijo de japoneses nacido en América.

nis.so *contracción de la preposición* em *y el pronombre demostrativo* isso: en eso.

nis.to *contracción de la preposición* em *y el pronombre demostrativo* isto: en esto.

ni.ti.dez *s.f.* pureza, nitidez.

ni.tro.gê.nio *s.m. Quím.* nitrógeno.

ni.ve.la.men.to *s.m.* acto de nivelar, nivelación.

ni.ve.lar *v.t.* y *v.i.* aplanar, nivelar, emparejar.

no *contracción de la preposición* em *y el artículo* o: en el.

nó *s.m.* nudo, lazo, vínculo, unión.

no.bre *s.m.* y *s.f.*, *adj.* ilustre, noble.

no.ção *s.f.* noción.

no.cau.te.ar *v.t. Esp.* noquear.

no.ci.vo *adj.* dañino, nocivo.

no.guei.ra *s.f. Bot.* nogal.

noi.te *s.f.* noche; *de noite* por la noche; *ontem à noite* anoche.

noi.va *s.f.* mujer que está para casarse: novia.

noi.va.do *s.m.* noviazgo, compromiso; *anel de noivado* anillo de compromiso.

noi.vo *s.m.* y *adj.* novio; prometido.

no.jen.to *adj.* repulsivo, repugnante.

no.jo *s.m.* repugnancia, náusea, asco.

nô.ma.de *s.m.* y *s.f.*, *adj.* nómada.

no.me *s.m.* nombre.

no.me.a.ção *s.f.* nombramiento.

no.me.ar *v.t.* nombrar, denominar, elegir, llamar, nominar.

no.ra *s.f.* nuera.

nor.ma *s.f.* regla, norma, ley.

nor.mal *s.m.* y *adj.* normal.

nor.ma.li.zar *v.t.* normalizar, regular; *v.r.* normalizarse, regularse.

nós *pron. pers.* nosotros.

nos.so *pron.* nuestro.

nos.tal.gi.a *s.f.* melancolía, nostalgia.

no.ta *s.f.* apunte, nota, anotación; *nota fiscal* factura, nota de venta; *nota promissória* pagaré.

no.tar *v.t.* percibir, advertir, notar.

no.tá.rio *s.m.* escribano, notario.

no.te.book *s.m. Inform.* ordenador portátil (del inglés).

no.tí.cia *s.f.* nueva, noticia, información.

no.ti.ci.á.rio *s.m.* conjunto de noticias, noticiero, noticiario.

no.ti.fi.ca.ção *s.f.* citación, notificación.

no.ti.fi.car *v.i.* enterar, avisar, notificar.

no.tur.no *s.m. y adj.* nocturno.

nou.tro *contracción de la preposición* em *y el adjetivo y pronombre indefinido* outro: en otro.

no.va *s.f.* nueva.

no.va.to *s.m. y adj.* novato, principiante.

no.ve.la *s.f.* cuento, novela, folletín.

no.ve.lo *s.m.* ovillo.

no.vem.bro *s.m.* noviembre.

no.vi.ço *s.m. y adj.* novicio.

no.vi.da.de *s.f.* novedad.

no.vo *adj.* nuevo.

nu *adj.* desnudo; *a olho nu* a simple vista.

nu.an.ce *s.f.* graduación de colores, matiz.

nu.dez *s.f.* desnudez, nudez.

num *contracción de la preposición* em *y el artículo o pronombre indefinido* um: en uno, en un.

nu.me.ra.ção *s.f.* numeración.

nú.me.ro *s.m.* número.

nun.ca *adv.* jamás, nunca.

núp.cias *s.f. pl.* nupcias, boda.

nu.tri.ção *s.f.* nutrición.

nu.trir *v.t. y v.i.* alimentar, nutrir; *v.r.* nutrirse, alimentarse.

nu.vem *s.f.* nube.

o *s.m.* decimocuarta letra del alfabeto portugués; abreviatura de oeste (en mayúscula); *art.* el; *pl.* los; *pron. rel.* cuando suple nombre masculino, frase o palabra tomada como sustantivo: lo, esos; *pron. dem.* esto, el que, quien, eso, aquel, aquello; *interj.* ¡oh!, ¡ah!; *pron. pers.* le, los.

o.ba *interj.* ¡hola!, ¡qué alegría!.

ob.ce.car *v.t.* ofuscar , obcecar.

o.be.de.cer *v.t.* y *v.i.* obedecer.

o.be.di.ên.cia *s.f.* obediencia.

o.be.so *adj.* gordo, obeso.

ó.bi.to *s.m.* muerte, fallecimiento; *certidão de óbito* certificación de defunción.

ob.je.ção *s.f.* reparo, objeción, réplica.

ob.je.tar *v.t.* refutar, contradecir, objetar.

ob.je.ti.va *s.f.* lente fotográfica; objetivo.

ob.je.ti.var *v.t.* tener por objetivo, considerar algo como real.

ob.je.ti.vo *s.m.* finalidad, objetivo, meta.

ob.je.to *s.m.* cosa, pertrecho, utensilio, prenda; finalidad, propósito, intento, motivo, asunto.

o.bra *s.f.* trabajo, construcción, obra; libro, texto.

o.bri.ga.ção *s.f.* deber, obligación.

o.bri.ga.do *adj.* grato, agradecido; forzado; *muito obrigado* muchas gracias.

o.bri.gar *v.t.* coaccionar, imponer, obligar; *v.r.* obligarse.

obs.ce.no *adj.* obsceno; deshonesto.

obs.cu.re.cer *v.t.* oscurecer; *v.r.* perder el brillo, oscurecerse.

obs.cu.ro *adj.* oscuro, obscuro.

ob.sé.quio *s.m.* fineza, cortesía, favor, regalo.

ob.ser.var *v.t.* percibir, notar, presenciar, observar; *v.r.* vigilarse, observarse.

ob.ses.são *s.f.* obsesión, idea fija.

ob.so.le.to *adj.* arcaico, desusado, obsoleto.

obs.tá.cu.lo *s.m.* obstáculo.

obs.ti.na.ção *s.f.* obstinación.

obs.ti.nar-se *v.r.* empeñarse, aferrarse, obstinarse.

obs.tru.ção *s.f.* estreñimiento, obstrucción.

obs.tru.ir *v.t.* obstruir, impedir.

ob.ten.ção *s.f.* adquisición, obtención.

ob.ter *v.t.* adquirir, obtener.

ob.tu.rar *v.t.* tapar, taponar, obturar.

ób.vio *adj.* notorio, manifiesto, muy claro, obvio.

o.ca.si.ão *s.f.* oportunidad, ocasión.

o.ca.si.o.nar *v.t.* causar, originar, ocasionar.

o.ce.a.no *s.m.* mar, océano.

ó.cio *s.m.* innación, ocio, reposo.

o.co *adj.* vacío, hueco; *Fig.* presumido, vano.

o.cor.rên.cia *s.f.* manifestación, suceso, ocurrencia, incidente.

o.cor.rer *v.t.* y *v.i.* suceder, ocurrir, tener lugar.

o.cu.lar *adj.* ocular.

ó.cu.los *s.m. pl.* lentes, gafas.

o.cul.tar *v.t.* esconder, cubrir, ocultar; *v.r.* ocultarse.

o.cul.tis.mo *s.m.* ocultismo.

o.cul.to *adj.* escondido, cubierto, secreto, oculto.

o.cu.par *v.t.* ocupar; *v.r.* ocuparse.

o.di.ar *v.t.* odiar, abominar, detestar.

ó.dio *s.m.* odio.

o.don.to.lo.gi.a *s.f. Med.* odontología.

o.dor *s.m.* olor, fragancia, aroma.

o.es.te *s.m.* occidente, oeste.

o.fe.gar *v.i.* respirar con dificultad, jadear.

o.fen.der *v.t.* agraviar, ofender, insultar; *v.r.* ofenderse, escandalizarse.

o.fen.sa *s.f.* insulto, injuria, agravio, ofensa.

o.fen.si.vo *adj.* injurioso, ofensivo.

o.fe.re.cer *v.t.* brindar, ofrendar, ofrecer; *v.r.* presentarse; convidarse, ofrecerse.

o.fer.ta *s.f.* ofrecimiento, regalo, oferta.

o.fer.tar *v.t.* ofrecer, brindar, ofertar.

o.fi.ci.a.li.zar *v.t.* hacer oficial, oficializar.

o.fi.ci.na *s.f.* taller.

o.fí.cio *s.m.* empleo, oficio, profesión.

of.tal.mo.lo.gi.a *s.m.* oftalmología.

o.fus.car *v.t.* y *v.i.* cegar, ofuscar; *v.r.* ofuscarse.

oi *interj. Bras.* ¡hola!

oi.to *num.* ocho; *ou oito ou oitenta* o todo o nada.

oi.to.cen.tos *num.* ochocientos.

o.je.ri.za *s.f.* antipatía, ojeriza.

o.lá *interj.* ¡hola!

o.la.ri.a *s.f.* alfarería.

ó.leo *s.m.* óleo, aceite.

ol.fa.to *s.m.* olfato.

o.lha.da *s.f.* mirada, ojeada.

o.lha.do *adj.* visto, considerado.

o.lhar *v.t.* mirar, contemplar, observar; *v.i.* apreciar, cuidar; *v.r.* mirarse.

o.lho *s.m.* ojo, vista; *Fig.* cuidado, atención, tino; *a olho* sin interés; *passar os olhos*: echar una mirada; *pôr no olho da rua* despedir, arrojar de la casa a alguien; *saltar aos olhos* ser vidente; *num piscar de olhos* en un santiamén.

o.lim.pí.a.da *s.m.* olimpiada.

om.bro *s.m.* hombro.

o.me.le.te *s.f.* tortilla.

o.mis.são *s.f.* descuido, omisión.

o.mi.tir *v.t.* callar, suprimir, omitir.

on.da *s.f.* ola, onda (mar); *Fig.* oleada, muchedumbre.

on.de *adv.* donde, adonde, en donde; *para onde?* ¿adónde?, ¿hacia dónde?; *por onde?* ¿por dónde?; *onde quer que* donde quiera que, adondequiera, en cualquier lugar.

ô.ni.bus *s.m.* autobús, bus, ómnibus, buseta; colectivo.

o.ni.po.tên.cia *s.f.* omnipotencia.

on.tem *adv.* ayer; *Fig.* antiguamente; *ontem à noite* anoche; *de ontem para hoje* de ayer para acá.

ô.nus *s.m.* obligación, encargo; *sem ônus* sin cargo.

o.pa *interj. Bras.* expresa espanto y admiración.

o.pa.co *adj.* obscuro, sombrío, opaco.

op.ção *s.f.* preferencia, opción.

ó.pe.ra *s.f. Teat.* o *Mús.* ópera.

o.pe.ra.ção *s.f.* operación.

o.pe.ra.dor *adj.* y *s.m.* operador.

o.pe.rar *v.t.* operar; *v.r.* operarse.

o.pe.rá.rio *s.m.* obrero, trabajador, operario.

o.pi.nar *v.t.* y *v.i.* juzgar, dar su parecer, opinar.

o.pi.ni.ão *s.f.* juicio, parecer, opinión.

o.por *v.t.* enfrentar, oponer; *v.r.* ser contrario a, oponerse, enfrentarse.

o.por.tu.ni.da.de *s.f.* ocasión, oportunidad.

o.po.si.ção *s.f.* desacuerdo, oposición.

o.po.si.tor *s.m.* y *adj.* rival, competidor, opositor.

o.pos.to *s.m.* lo contrario, lo opuesto.

o.pres.sor *s.m.* y *adj.* dictador, tirano, opresor.

o.pri.mir *v.t.* y *v.i.* tiranizar, oprimir.

op.tar *v.t.* escoger, elegir, preferir, optar.

óp.tico *adj.* visual, óptico.

o.pu.lên.cia *s.f.* riqueza, abundancia, opulencia.

o.ra *conj.* ya, ora, pues, luego, eso, supuesto; *interj.* ¡vaya!; *por ora* por ahora; *ora pois!* ¡por supuesto!.

o.ral *adj.* oral.

o.rar *v.i.* rezar, rogar, orar.

ór.bi.ta *s.f.* órbita.

or.ça.men.to *s.m.* presupuesto.

or.çar *v.t.* calcular, estimar.

or.dem *s.f.* orden, decreto; disciplina; *ordem de pagamento* giro; *em ordem*: en regla; *às ordens* a la orden, para servirle.

or.de.nar *v.t.* decretar, dictar, ordenar, mandar; *v.r.* recibir órdenes sacras; ordenarse.

or.de.nhar *v.t.* ordeñar.

or.di.ná.rio *adj.* usual, ordinario, corriente; *s.m.* y *adj.* grosero, ordinario, vulgar.

o.ré.ga.no *s.m. Bot.* orégano.

o.re.lha *s.f.* oreja, oído.

o.re.lhão *s.m.* orejón; *Bras.* cabina de teléfono.

or.fa.na.to *s.m.* orfanato.

ór.fão *s.m.* huérfano.

or.ga.ni.za.ção *s.f.* ordenamiento, organización, disposición, estructura, sistematización.

or.ga.ni.zar *v.t.* ordenar, organizar.

ór.gão *s.m.* órgano.

or.gas.mo *s.m. Fisiol.* orgasmo.

or.gi.a *s.f.* bacanal, juerga, orgía.

or.gu.lhar *v.t.* ufanar, llenar de orgullo, enorgullecer, endiosar; *v.r.* jactarse, envanecerse, vanagloriarse, enorgullecerse.

or.gu.lho *s.m.* orgullo.

o.ri.en.ta.ção *s.f.* orientación.

o.ri.en.tar *v.t.* guiar, orientar; *v.r.* orientarse.

o.ri.fí.cio *s.m.* abertura, orificio, agujero.

o.ri.gem *s.m.* origen, procedencia.
o.ri.gi.nal *adj.* oriundo, original; inédito.
o.ri.gi.nar *v.t.* producir, originar, ocacionar; *v.r.* originarse.
o.ri.xá *s.m.* divinidad de cultos afrobrasileños.
or.la *s.f.* borde, orilla, faja, adorno.
or.lar *v.t.* festonear, filetear.
or.na.men.tar *v.t.* decorar, adornar, ornamentar.
or.nar *v.t.* adornar.
or.ques.tra *s.f.* orquesta.
or.ques.trar *v.i.* orquestar.
or.to.gra.fi.a *s.f.* ortografía.
or.va.lho *s.m.* rocío.
os.ci.la.ção *s.f.* balance, fluctuación, vaivén, tambaleo, oscilación.
os.ci.lar *v.t.* oscilar.

os.sa.da *s.f.* osamenta.
os.so *s.m.* hueso; *pl.* restos mortales; *ossos do ofício* gajes del oficio.
os.ten.tar *v.t.* exhibir, ostentar; *v.r.* jactarse, hacer alarde.
os.tra *s.f. Zool.* ostra.
o.tá.rio *adj. Pop.* tonto; gil; baboso.
ó.ti.mo *adj.* óptimo, excelente.
ou *conj.* o, u.
ou.ri.ço *s.m.* erizo.
ou.ri.ves *s.m.* orfebre.
ou.ro *s.m.* oro.
ou.sa.di.a *s.f.* atrevimiento, audacia, osadía.
ou.sar *v.t.* osar, atreverse; *v.r.* aventurarse.
ou.to.no *s.m.* otoño.
ou.tor.gar *v.t. For.* adjudicar, otorgar, conceder.

ou.trem *pron. indef.* otro, otra persona; *s.m.* el prójimo.
ou.tro *adj.* otro; *pron. indef.* otra persona, otro.
ou.tro.ra *adv.* otrora, en otro tiempo.
ou.tros.sim *adv.* asimismo.
ou.tu.bro *s.m.* octubre.
ou.vi.do *s.m.* oído.
ou.vir *v.t.* y *v.i.* escuchar, oír.
o.va.ci.o.nar *v.t.* aclamar en público, ovacionar.
o.val *adj.* avalado, oval.
o.vá.rio *s.m. Anat.* ovario.
o.ve.lha *s.f.* hembra del carnero, oveja.
o.ver.do.se *s.f.* sobredosis.
o.vo *s.m.* huevo.
o.xa.lá *interj.* ¡ojalá!; *s.m.* divinidad de cultos afrobrasileños.
o.xi.da.ção *s.f.* oxidación.

p *s.m.* décimoquinta letra del alfabeto portugués.

pá *s.f.* paleta, pala; *pá de lixo*: recogedor; *uma pá de gente* ciento y la madre.

pa.chor.ra *s.f.* flema, pachorra; tardanza.

pa.ci.ên.cia *s.f.* paciencia, tolerancia.

pa.ci.fi.car *v.t.* apaciguar, tranquilizar, serenar.

pa.co.te *s.m.* fardo, paquete, lío.

pac.to *s.m.* contrato, pacto, tratado, alianza.

pa.da.ri.a *s.f.* panadería.

pa.dei.ro *s.m.* panadero.

pa.di.o.la *s.f.* andas, camilla.

pa.drão *s.m.* modelo, molde, patrón.

pa.dras.to *s.m.* padrastro.

pa.dre *s.m. Rel.* padre, cura, sacerdote.

pa.dri.nho *s.m.* padrino.

pa.dro.ei.ro *s.m.* patrono.

pa.dro.ni.zar *v.t.* tipificar, estandarizar.

pa.ga.men.to *s.m.* paga, pago, sueldo; pagamiento; saldo.

pa.gão *s.m.* idólatra, pagano.

pa.gar *v.t.* remunerar, pagar; *v.r.* vengarse.

pá.gi.na *s.f.* carilla, página.

pai *s.m.* progenitor, padre, papá.

pai.nel *s.m.* panel, mural, pintura.

pai.o *s.m.* salchichón; embutido de carne de cerdo.

pai.ol *s.m.* granero, depósito.

pa.ís *s.m.* país.

pai.sa.gem *s.m.* paisaje.

pai.xão *s.f.* pasión; entusiasmo; delirio; fanatismo.

pa.la *s.f.* visera (gorra); parte superior del zapato.

pa.lá.cio *s.m.* palacio.

pa.la.dar *s.m.* gusto, paladar, sabor.

pa.lan.que *s.m.* estrado, palenque, palco.

pa.la.vra *s.f.* palabra, vocablo.

pa.la.vrão *s.m.* palabrota; mala palabra.

pal.co *s.m.* tablado, palco.

pa.ler.ma *s.m. y s.f., adj.* necio, idiota, cretino.

pa.le.tó *s.m.* paletó, chaqueta; saco; *abotoar o paletó* morir.

pa.lha *s.f.* paja; pasto seco; tusa (de maíz); *fogo de palha* cosa de poca importancia; *puxar uma palha* dormir.

pa.lha.ço *s.m. y adj.* payaso, títere.

pa.lho.ça *s.f.* choza.

pá.li.do *adj.* pálido, descolorido.

pal.ma *s.f. Bot.* rama de la palmera, palma; *Anat.* parte interna de la mano; *bater palmas* aplaudir.

pal.ma.da *s.f.* palmada.

pal.mei.ra *s.f. Bot.* palmera.

pal.mi.lha *s.f.* palmilla, plantilla, soleta.

pal.mo *s.m.* palmo.

pál.pe.bra *s.f.* párpado.

pal.pi.tar *v.i.* palpitar, titilar.

pal.pi.te *s.m.* palpitación; presentimiento; opinión; juicio.

pa.mo.nha *s.f. Bras.* torta de maíz cocido.

pam.pa *s.f.* pampa; llanura, estepa, planicie.

pa.na.ca *s.m. y s.f. Pop.* papanatas, simplón.

pan.ça *s.f.* vientre, panza.

pan.ca.da *s.f.* porrada, trompada, manotazo, porrada; *s.m. y s.f., adj. Pop.* tonto, loco, chiflado.

pân.de.ga *s.f. Pop.* jarana, juerga.

pan.dei.ro *s.m. Mús.* pandeiro, pandereta.

pa.ne *s.f.* avería.

pa.ne.la *s.f.* cacerola, olla, cazuela; *panela de pressão* olla de presión.

pan.fle.to *s.m.* panfleto, folleto.

pâ.ni.co *s.m.* terror, pánico.

pa.no *s.m.* tela, paño, tejido; *pano de chão* trapo de piso; *pano de prato* paño de cocina.

pa.no.ra.ma *s.m.* panorama.

pan.que.ca *s.f.* crepe.

pân.ta.no *s.m.* lodazal, ciénaga, pantano.

pan.te.ra *s.f. Zool.* pantera.

pão *s.m.* pan; *Pop.* hombre guapo; *pão-duro* avaricioso, tacaño.

pa.pa *s.f.* gacha, papilla; *s.m.* pontífice, papa.

pa.pa.gai.o *s.m.* loro, papagayo; *bico-de-papagaio*

excrecencia ósea de la columna.

pa.pai *s.m.* papá.

pa.pa.ri.car *v.i.* pellizcar, mordiscar, *v.t.* mimar, halagar.

pa.pa.ri.cos *s.m. pl.* mimos, cariños.

pa.pe.ar *v.i. Fam.* charlar, chacharear.

pa.pel *s.m.* hoja, papel; *Teat.* papel, personaje; *papel almaço* pliego de papel; *papel timbrado* papel membreteado; *papel-manteiga* papel de cera.

pa.pe.lão *s.m.* papelón.

pa.po *s.m.* papo; papada, bocio; charla, conversa; *contar papo* vanagloriarse; *papo furado* cuento, mentira; *fim de papo* sanseacabó; *levar um papo* charlar.

pa.pou.la *s.f.* amapola.

pa.que.rar *v.t.* y *v.i.* flirtear, coquetear, cortejar.

par *adj.* par, similar; *s.m.* dos cosas de igual especie; *Arit.* par; divisible por dos.

pa.ra *prep.* para; *para cima* hacia arriba.

pa.ra.béns *s.m.* felicitación.

pá.ra-bri.sa *s.m.* parabrisas.

pa.ra.da *s.f.* pausa, parada, alto; paradero; estación de ómnibus; *parada dura* tarea difícil.

pa.ra.dei.ro *s.m.* paradero.

pa.ra.fi.na *s.f. Quím.* parafina.

pa.ra.fu.sar *v.t.* atornillar.

pa.ra.fu.so *s.m.* tornillo; *entrar em parafuso* quedarse desorientado.

pa.ra.gem *s.f.* sitio, lugar, paraje.

pa.rá.gra.fo *s.m.* párrafo.

pa.ra.í.so *s.m.* paraíso.

pá.ra-la.ma *s.m.* guardabarros.

pa.ra.le.le.pí.pe.do *s.m.* paralelepípedo, macadán; adoquín.

pa.ra.le.lo *s.m.* y *adj.* análogo, semejante, paralelo.

pa.ra.li.sar *v.t.* y *v.i.* detener, paralizar; *v.r.* detenerse, paralizarse.

pa.ra.li.si.a *s.f. Patol.* parálisis.

pa.râ.me.tro *s.m.* parámetro.

pá.ra-que.das *s.m.* paracaídas.

pa.rar *v.t.* y *v.i.* estancar, parar, estacionar; detener el movimiento.

pa.ra.si.ta *s.m.* y *s.f.* y *adj. Biol.* parásito; *Fig.* parásito, que vive a costillas de otro.

par.cei.ro *s.m.* y *adj.* parcero, compañero, camarada, socio.

par.ce.la *s.f.* fragmento, partícula, parcela.

par.ce.lar *v.t.* dividir, parcelar.

par.ce.ri.a *s.f.* sociedad, aparcería.

par.ci.al *adj.* parcial; incompleto.

par.co *adj.* parco, escaso, corto.

pa.re.cer *v.i.* semejar, parecer; *s.m.* juicio, dictamen, opinión.

pa.re.de *s.f.* pared, muro, tabique.

pa.re.lha *s.f.* pareja, yunta.

pa.ren.te *s.m.* y *s.f.* pariente.

pa.rên.te.se *s.m.* paréntesis.

pá.reo *s.m. Esp.* carrera de caballos; *Fig.* competición.

pa.rir *v.t.* y *v.i.* dar a luz; tener un parto; alumbrar.

par.la.men.tar *v.i.* negociar ajustes; parlamentar; *adj.* parlamentario; *s.m.* miembro del parlamento.

pá.ro.co *s.m. Rel.* párroco, sacerdote, cura.

pa.ró.quia *s.f.* parroquia.

pa.ro.xí.to.na *s.m.* y *adj. Gram.* paroxítona, palabra grave.

par.que *s.m.* jardín, parque.

par.te *s.f.* pedazo, trozo, parte; *em parte* parcialmente.

par.ti.ci.pa.ção *s.f.* notificación, participación.

par.ti.ci.par *v.t.* y *v.i.* tener parte, participar, compartir, notificar, noticiar.

par.ti.cí.pio *s.m. Gram.* participio.

par.tí.cu.la *s.f.* partícula.

par.ti.cu.lar *adj.* peculiar, singular, particular.

par.ti.da *s.f. Esp.* juego, partido; salida, ida, partida; lote (cantidad de una mercancía).

par.ti.do *adj.* fraccionado, partido, roto; *s.m.* organización política, partido.

par.ti.lhar *v.t.* repartir, distribuir; *v.i.* compartir, participar.

par.tir *v.t.* dividir en partes; partir; *v.i.* salir, marcharse, partir; *v.r.* partirse; *a partir de* a contar de, desde.

par.to *s.m.* alumbramiento, parto.

pás.coa *s.f.* pascua.

pas.pa.lho *s.m.* ridículo, tonto, pataratero, payaso.

pas.sa.dei.ra *s.f.* pasadera; alfombra o estera de pasillo o corredor.

pas.sa.gei.ro *adj.* fugaz, breve; viajero, pasajero.

pas.sa.gem *s.f.* acción de pasar; pasaje, billete; derecho que se paga por pasar.

pas.sa.por.te *s.m.* pasaporte.

pas.sar *v.t.* transporner; llevar, pasar, filtrar, cruzar, transmitir; olvidar; padecer, resistir; *v.i.* cesar, desaparecer, recorrer, rivir; *v.r.* acabarse, envejecerse; pasarse de moda; mudarse; *passar por* tener fama de.

pas.sa.re.la *s.f.* pasarela.

pas.sa.ri.nho *s.m.* pajarito, pajarillo.

pás.sa.ro *s.m. Ornit.* pájaro.

pas.sa.tem.po *s.m.* pasatiempo.

pas.se *s.m.* boleto, billete, pase, permiso.

pas.se.ar *v.i.* pasear; *v.t.* llevar de paseo.

pas.sei.o *s.m.* paseo, vuelta; lugar público para pasear, alameda, bulevar.

pas.si.vo *adj.* pasivo, inativo; *s.m. Com.* conjunto de deudas.

pas.so *s.m.* paso; pisada, pasaje; *passo largo* zancada; *ao passo que* a medida que.

pas.ta *s.f.* masa, pasta, crema; cartera; carpeta.

pas.te.la.ri.a *s.f.* pastelería.

pas.tel *s.m.* pastel, especie de empanada; *Pint.* pastel, lápiz.

pas.ti.lha *s.f.* tableta, pastilla.

pas.to *s.m. Amér.* forraje, pasto.

pas.tor *s.m.* pastor, ovejero.

pa.ta *s.f. Zool.* hembra del pato; pata, pie y pierna de los animales.

pa.ta.da *s.f.* puntapié, patada.

pa.ta.mar *s.m.* descanso, patamar, rellano; *Fig.* altura, nivel.

pa.tê *s.m.* paté.

pa.ten.te *adj.* manifiesto, visible; *s.f.* patente, título.

pa.ter.nal *adj.* paterno, paternal.

pa.te.ta *s.m. y adj.* imbécil, zoquete, necio.

pa.té.ti.co *adj.* patético.

pa.ti.fe *s.m y s.f., adj.* maleante, sinvergüenza, canalla.

pa.tim *s.m.* patín.

pa.ti.nar *v.i.* patinar.

pá.tio *s.m.* patio; terreno anexo a una casa.

pa.to *s.m.* pato.

pa.to.ta *s.f. Pop.* muchachada, pandilla.

pa.trão *s.m.* patrón, dueño; patrono.

pá.tria *s.f.* patria.

pa.tri.ar.ca *s.m.* patriarca; *Fig.* persona vieja, respetable, con mucha descendencia.

pa.tri.mô.nio *s.m.* patrimonio, herencia.

pa.tro.a *s.f.* dueña, señora; patrona.

pa.tro.ci.na.dor *adj.* patrocinador, promovedor, mecenas, protector.

pa.tro.ci.nar *v.t.* amparar, apoyar, patrocinar, ayudar.

pa.tru.lha *s.f. Mil.* patrulla, ronda.

pau *s.m.* palo, vara, mástil; *pl.* palos; *Vulg.* pene, verga; *ser pau para toda obra* servir para todo; *cara-de-pau* descarado; *pau a pau* mano a mano; *pau d'água* borracho; *tomar pau* ser reprobado en la escuela; *quebrar o pau* pelearse.

pau.la.da *s.f.* porrazo, paliza.

pau.sa *s.f.* suspensión, pausa, intervalo.

pau.ta *s.f.* orden, modelo, pauta.

pa.vão *s.m* pavo real.

pa.vi.lhão *s.m.* pabellón, estandarte.

pa.vi.men.tar *v.t.* pavimentar, asfaltar.

pa.vi.men.to *s.m.* pavimento.

pa.vo.ne.ar *v.i.* alardear, pavonear, *v.r.* pavonearse, engreírse.

pa.vor *s.m.* pánico, pavor.

paz *s.f.* paz.

pe *s.m.* nobre de la letra p.

pé *s.m.* pie, pata (muebles, animales); medida inglesa; *a pé* a pie, a pata; *com o pé direito/esquerdo* con buena/ mala suerte; *com o pé atrás* con recelo, desconfianza; *pé ante pé* despacito; *pé-d'água* aguacero; *pé-de-meia* ahorro; *pé-de-atleta* micosis en los pies; *pé-de-pato* patas de rana; *pé-na-bunda* ingratitud; *pé-quente* persona con suerte; *pé-frio* persona con azar.

pe.ão *s.m.* peón.

pe.ça *s.f.* pieza, componente; sala, aposento; obra artística, teatral.

pe.ca.do *s.m.* pecado.

pe.car *v.i.* errar, faltar, pecar.

pe.chin.cha *s.f.* ganga.

pe.chin.char *v.i.* regatear.

pe.ço.nha *s.f.* veneno, ponzoña.

pe.cu.á.ria *s.f.* pecuaria.

pe.cu.li.ar *adj.* propio, singular, peculiar.

pe.da.ço *s.m.* porción; trozo, pedazo.

pe.dá.gio *s.m.* peaje.

pe.da.go.gi.a *s.f.* pedagogía.

pe.dan.te *s.m. y adj.* presumido, pedante.

pe.de.ras.ta *s.m.* pederasta; maricón.

pe.des.tal *s.m.* base, pedestal.

pe.des.tre *s.m. y s.f., adj.* peatón.

pe.di.do *s.m.* petición, pedido; *adj.* solicitado.

pe.din.te *s.m. y adj.* mendigo, mendicante.

pe.dir *v.t.* y *v.i.* pedir.

pe.dra *s.f.* roca, piedra; *pedra-pomes* piedra pómez.

pe.drei.ra *s.f.* cantera.

pe.drei.ro *s.m.* albañil.

pe.ga.jo.so *adj.* pegajoso; aburrido, inoportuno.

pe.gar *v.t.* unir, pegar, agarrar, coger, atrapar, prender, contagiar; *v.i.* tener afecto a una cosa; impedir, implicar; *v.r.* aficionarse, pegarse.

pei.do *s.m. Vulg.* pedo, ventosidad.

pei.to *s.m. Anat.* pecho, pechuga, seno; *Fig.* corazón, valor; *no peito* gratis.

pei.xa.ri.a *s.f.* pescadería, tienda donde se vende pescado.

pei.xe *e.m. Ictiol.* pez (vivo); pescado (fuera del agua).

pe.jo.ra.ti.vo *adj.* peyorativo.

pe.la *prep.* por la, en la, según la.

pe.la.da *s.f. Dep.* juego de fútbol sin importancia; pelota.

pe.la.do *adj.* pelado, desnudo; en cueros; en pelotas.

pe.lan.ca *s.f.* piel caída, piltrafa.

pe.lar *v.t.* descascarar, pelar, mondar.

pe.le *s.f. Anat.* piel, pellejo, cuero.

pe.lí.cu.la *s.f.* film, filme, película.

pe.lo contracción de la preposición *por* y el artículo *o*: por el, por lo.

pê.lo *s.m.* cabello, vello, pelo; *em pêlo* en cueros.

pe.lo.ta *s.f.* pelota.

pe.lo.tão *s.m. Mil.* pelotón.

pe.lú.cia *s.f.* peluche, felpa.

pe.na *s.f.* sanción, castigo, pena; pesar; pluma para escribir; *a duras penas* con mucha dificultad; *ter pena* lástima; *sob pena de* bajo pena de.

pe.na.li.zar *v.t.* castigar, afligir, disgustar; *v.r.* disgustarse, afligirse, castigarse.

pê.nal.ti *s.m. Dep.* penalti.

pen.ca *s.f.* penca, racimo; *em penca* gran cantidad.

pen.den.te *adj.* colgado, pendiente; en suspenso.

pen.der *v.i.* pender; colgar, tender; estar por decidir; *v.t.* colgar; suspender.

pen.du.rar *v.t.* colgar, suspender; *v.r.* suspenderse, colgarse.

pe.nei.ra *s.f.* cedazo, tamiz.

pe.nei.rar *v.t.* tamizar, cerner.

pe.ne.tra.ção *s.f.* penetración, filtración.

pe.ne.trar *v.t.* penetrar, introducir; atravesar.

pe.nho.ra *s.f.* hipoteca.

pe.nho.rar *v.t. y v.i.* empeñar, hipotecar; embargar; obligar; *v.r.* empeñarse.

pe.ni.co *s.m.* bacinilla, orinal.

pe.nín.su.la *s.f. Geogr.* península.

pê.nis *s.m. Anat.* pene; *Pop.* verga.

pe.ni.tên.cia *s.f.* expiación, castigo.

pen.são *s.f.* albergue, pensión.

pen.sar *v.t. y v.i.* reflexionar, pensar.

pen.si.o.na.to *s.m.* pensionato; internado.

pen.si.o.nis.ta *s.m. y s.f.; adj.* que recibe pensión, jubilado; pensionado.

pen.te *s.m.* peine.

pen.te.a.dei.ra *s.f. Bras.* tocador.

pen.te.a.do *s.m. y adj.* peinado.

pen.te.ar *v.t.* peinar; *v.r.* peinarse.

pen.te.lho *adj. Fam.* pendejo.

pe.núl.ti.mo *adj.* penúltimo.

pe.num.bra *s.f.* sombra, penumbra.

pe.pi.no *s.m. Bot.* pepino; *Fig.* problema, dificultad.

pe.que.no *s.m. y adj.* pequeño.

pê.ra *s.f. Bot.* pera.

pe.ral.ta *s.m. y s.f.; adj.* travieso, juguetón.

pe.ram.bu.lar *v.i.* deambular, callejear.

pe.ran.te *prep.* delante de, ante; en vista de.

per.cal.ço *s.m.* percance, trastorno.

per.ce.ber *v.t.* percibir; darse cuenta; advertir, captar, recibir, cobrar (dinero).

per.cen.ta.gem *s.f. Mat.* porcentaje.

per.cep.ção *s.f.* percepción.

per.ce.ve.jo *s.m.* tachuela, chinche; *Zool.* chinche.

per.cor.rer *v.t.* recorrer.

per.cur.so *s.m.* recorrido, trayecto.

per.da *s.f.* pérdida.

per.dão *s.m.* gracia, perdón.

per.der *v.t. y v.i.* sufrir una pérdida; perder; dañar; *v.r.* errar el camino; perderse, viciarse.

per.di.ção *s.f.* perdición; desgracia.

per.diz *s.f. Zool.* perdiz.

per.do.ar *v.t. y v.i.* perdonar, indultar.

per.du.rar *v.i.* perdurar; durar mucho.

pe.re.cer *v.i.* morir, fallecer.

pe.re.gri.nar *v.i.* peregrinar; ir en romería.

pe.re.gri.no *s.m. y adj.* romero, peregrino.

pe.rei.ra *s.f. Bot.* peral.

pe.re.ne *adj.* perenne.

per.fa.zer *v.t.* terminar, acabar; completar el número.

per.fei.ção *s.f.* perfección.

per.fei.to *adj.* exacto, perfecto; *Gram.* perfecto, tiempo verbal.

per.fil *s.m.* perfil.

per.fi.lhar *v.t.* ahijar, afiliar.

per.fu.mar *v.t.* perfumar; *v.r.* perfumarse.

per.fu.ma.ri.a *s.f.* perfumería.

per.fu.ra.dor *s.m. y adj.* perforador; *s.f.* perforadora.

per.fu.rar *v.t.* taladrar, perforar.

per.ga.mi.nho *s.m.* pergamino.

per.gun.ta *s.f.* pregunta.

per.gun.tar *v.t.* y *v.i.* preguntar; *v.r.* interrogarse.

pe.rí.cia *s.f.* pericia, destreza.

pe.ri.fe.ri.a *s.f.* suburbio, periferia.

pe.ri.fé.ri.co *adj.* periférico, da periferia; *s.m. Inform.* periférico, cada uno de los dispositivos que permiten la entrada o la salida de datos.

pe.ri.gar *v.i.* peligrar; correr riesgo.

pe.ri.go *s.m.* peligro.

pe.ri.ó.di.co *adj.* regular, periódico; *s.m.* publicación periódica.

pe.rí.o.do *s.m.* período, fase, etapa.

pe.ri.qui.to *s.m. Zool.* perico, periquito.

per.jú.rio *s.m.* perjurio, infidelidad.

per.ma.ne.cer *v.i.* quedar, permanecer.

per.ma.nên.cia *s.f.* permanencia.

per.ma.nen.te *adj.* permanente.

per.me.a.bi.li.zar *v.t.* hacer permeable; permeabilizar.

per.me.ar *v.t.* penetrar, atravesar.

per.mis.são *s.f.* aprobación, autorización, permiso.

per.mi.tir *v.t.* permitir, consentir.

per.mu.tar *v.t.* permutar, conmutar, cambiar.

per.na *s.f.* pierna; *barriga da perna* pantorrilla.

per.nil *s.m.* pernil, muslo.

per.ni.lon.go *s.m.* mosquito; pernilargo.

per.noi.tar *v.i.* trasnochar, pernoctar.

pé.ro.la *s.f.* perla.

per.pen.di.cu.lar *adj. Geom.* perpendicular.

per.pe.tu.ar *v.i.* eternizar, perpetuar.

per.ple.xo *adj.* vacilante, dudoso, perplejo.

pers.cru.tar *v.t.* investigar, escrutar; indagar.

per.se.gui.ção *s.f.* persecución.

per.se.guir *v.t.* perseguir; seguir.

per.se.ve.ran.te *adj.* persistente, perseverante, tenaz.

per.se.ve.rar *v.i.* persistir, perseverar; no ceder.

per.si.a.na *s.f.* persiana.

per.sis.tên.cia *s.f.* persistencia, constancia.

per.sis.tir *v.t.* y *v.i.* persistir, insistir.

per.so.na.gem *s.f.* personaje.

per.so.na.li.da.de *s.f.* personalidad.

per.so.na.li.zar *v.t.* personalizar; personificar.

per.so.ni.fi.ca.ção *s.f.* personificación; encarnación.

pers.pec.ti.va *s.f.* perspectiva.

per.su.a.são *s.f.* persuasión.

per.su.a.dir *v.t.* convencer, persuadir; *v.r.* persuadirse.

per.ten.cer *v.i.* pertenecer.

per.ten.ce *s.m.* pertenencia.

per.to *adv.* cerca, próximo.

per.tur.ba.ção *s.f.* perturbación, confusión, trastorno.

per.tur.bar *v.t.* y *v.i.* trastornar; desordenar, perturbar; *v.r.* turbarse, azorarse.

pe.ru *s.m. Zool.* pavo.

pe.ru.a *s.f. Zool.* pava; *Pop. Bras.* ramera, mujer ridícula.

pe.ru.ca *s.f.* peluca.

per.ver.so *adj.* depravado, perverso.

per.ver.ter *v.t.* pervertir, depravar; *v.r.* pervertirse.

pe.sa.de.lo *s.m.* pesadilla.

pê.sa.me *s.m.* pésame, condolencia.

pe.sar *s.m.* dolor, pesar; *v.t.* determinar el peso; pesar; gravar, onerar; *v.r.* pesarse; *v.i.* causar tristeza.

pes.ca.do *s.m.* pescado.

pes.car *v.t.* y *v.i.* pescar.

pes.ca.ri.a *s.f.* pesquería, pesca.

pes.co.ço *s.m.* pescuezo, cogote (animal), cuello (persona).

pes.qui.sa *s.f.* búsqueda, investigación, pesquisa.

pes.qui.sar *v.t.* investigar, pesquisar, buscar, indagar.

pês.se.go *s.m. Bot.* durazno, melocotón.

pes.si.mis.mo *s.m.* pesimismo.

pés.si.mo *adj.* muy malo; pésimo.

pes.so.a *s.f.* persona.

pes.so.al *adj.* particular, personal.

pes.ta.ne.jar *v.i.* pestañear; mover las pestañas.

pes.te *s.f. Med.* peste; *Fig.* hedor, fetidez; *Fig.* persona mala, cosa funesta.

pé.ta.la *s.f. Bot.* pétalo.

pe.ti.ção *s.f.* petición, pedido.

pe.tis.car *v.t.* y *v.i.* probar; comer muy poco, pellizcar.

pe.tis.co *s.m.* bocadillo; tentempié, taco.

pe.tró.leo *s.m. Quím.* petróleo.

pe.tu.lân.cia *s.f.* petulancia, presunción.

pi.a *s.f.* pila, lavamanos, lavabo.

pi.a.da *s.f.* chiste, broma.

pi.a.nis.ta *s.m.* pianista.

pi.a.no *s.m. Mús.* piano; *piano de cauda* piano de cola.

pi.ão *s.m.* trompo; pieza de ajedrez.

pi.ca *s.f. Vulg.* picha, membro viril.

pi.ca.da *s.f.* picadura; sendero, senda; picada.

pi.ca.nha *s.f.* tipo de carne de res.

pi.car *v.t.* pinchar; *v.r.* ofenderse, ufanarse.

pi.ca.re.ta *s.f.* piqueta, pico; martillo de pedrero.

pi.char *v.t.* pintarrajear.

pi.co *s.m.* cumbre, pico; punta aguda.

pi.co.lé *s.m. Bras.* helado con palillo.

pi.co.tar *v.t.* punzar, agujerear, picar.

pi.e.da.de *s.f.* piedad, compasión.

pi.e.gas *s.m.* y *s.f.; adj.* persona muy sensible, excesivamente sentimental; cursi.

pi.far *v.i.* y *v.r.* romperse, descomponerse.

pi.gar.ro *s.m.* carraspera; ronquera.

pig.men.to *s.m.* pigmento.

pi.ja.ma *s.m.* pijama.

pi.le.que *s.m. Pop.* borrachera, mona; curda.

pi.lha *s.f. Electr.* batería; pila.

pi.lhé.ria *s.f.* chiste, gracia, jocosidad.

pi.lo.tar *v.t.* pilotar.

pi.lo.to *s.m.* piloto.

pí.lu.la *s.f.* píldora, pastilla.

pi.men.ta *s.f. Bot.* pimienta; ají picante; chile; *pimenta-do-reino* pimienta en grano.

pi.men.tão *s.m. Bot.* ají, pimiento, pimentón.

pin.ça *s.f.* tenacillas, pinzas, alicates.

pin.cel *s.m.* brocha, pincel.

pin.ga *s.f. Bras.* aguardiente de caña.

pin.gar *v.t.* y *v.i.* gotear; echar gotas en.

pin.go *s.m.* gota, pizca.

pin.gu.ço *adj. Bras.* borracho.

pin.gue-pon.gue *s.m. Dep.* tenis de mesa; ping-pong.

pin.güim *s.m. Zool.* pingüino.

pi.nhei.ro *s.m. Bot.* pino.

pi.no *s.m.* clavillo; pasador, vástago; clavo.

pin.tar *v.t.* y *v.i.* dibujar, pintar, maquillar, teñir (cabello); *v.r.* revelarse, manifestarse; pintarse, teñirse, maquillarse.

pin.to *s.m.* pollo, pollito; *Vulg.* pene, polla, verga.

pin.tor *s.m.* pintor.

pin.tu.ra *s.f.* cuadro pintado; pintura; tintura.

pi.o.lho *s.m. Zool.* piojo.

pi.o.nei.ro *s.m.* y *adj.* explorador, pionero.

pi.o.rar *v.i.* cambiar para peor; *v.t.* empeorar; *v.r.* empeorarse.

pi.pa *s.f.* barrica, tonel, pipa; cometa (juguete de niños).

pi.po.ca *s.f.* palomita, roseta de maíz.

pi.que *s.m.* especie de punzón; *Col.* gana, gran disposición; obstinación.

pi.que.ni.que *s.m.* picnic.

pi.ra.do *adj.* chiflado, loco.

pi.râ.mi.de *s.f. Geom.* pirámide.

pi.ra.nha *s.f.* piraña (pez) *depr.* mujer liviana.

pi.rar *v.i. Pop.* chiflarse, enloquecer.

pi.ra.ta *s.m.* pirata; *Fig.* plagiario.

pi.ra.ta.ri.a *s.f.* piratería, pirateo.

pi.ra.te.ar *v.t.* piratear; *Fig.* plagiar.

pi.res *s.m.* platillo; plato para taza.

pi.rex *s.m.* vasija de cristal resistente al fuego; pirex.

pir.ra.ça *s.f.* jugarreta, chasco; lo que se hace solo por contrariar.

pir.ra.lho *s.m. Bras.* niño, chiquillo; pibe.

pi.ru.li.to *s.m.* pirulí.

pi.são *s.m.* pisotón.

pi.sar *v.t.* pisotear, pisar; despreciar, humillar, ofender.

pis.ca-pis.ca *s.m.* y *s.f.* intermitente, *Amér.* guiño.

pis.ca.da *s.f.* parpadeo, guiño, guiñada.

pis.car *v.t.* y *v.i.* pestañear; parpadear; hacer una seña con el ojo.

pis.ci.na *s.f.* piscina.

pi.so *s.m.* pavimento, suelo, piso.

pi.so.te.ar *v.t.* pisar, pisotear.

pis.ta *s.f.* rastro, pista, indicio; *Dep.* pista (de corrida, danza, vuelo), carril.

pis.tão *s.m. Mec.* émbolo, pistón.

pis.to.la *s.f.* pistola.

pi.ta.da *s.f.* pizca.

pi.to *s.m. Bras.* pipa para fumar; reprimenda.

pi.to.res.co *adj.* pintoresco, pictórico.

pi.xel *s.m. Electr.* y *Inform.* pixel.

piz.za *s.f.* pizza.

pla.ca *s.f.* chapa, lámina, plancha; matrícula, patente (automóvil); letrero, cartel.

pla.cen.ta *s.f. Anat.* placenta.

plá.gio *s.m.* plagio, imitación.

plai.na *s.f. Carp.* cepillo.

pla.nar *v.i.* planear.

pla.ne.jar *v.t.* planear, planificar, proyectar.

pla.ne.ta *s.m. Astron.* planeta.

pla.ni.lha *s.f.* planilla; *planilha de cálculo* hoja/planilla de cálculo; *planilha eletrônica* planilla electrónica.

pla.no *adj.* plano, raso, llano.

plan.ta.ção *s.f.* plantío, plantación.

plan.tão *s.m.* guardia, turno.

plan.tar *v.t.* cultivar, sembrar; *v.r.* ponerse de pie firme; plantarse, colocarse.

plan.ti.o *s.m.* plantío, siembra.

plás.ti.co *adj.* plástico.

pla.ta.for.ma *s.f.* terraza, andén, plataforma; *Inform.* plataforma, estructura general de un equipo informático, de un sistema operativo o del conjunto de ambos.

pla.téi.a *s.f. Teat.* platea.

ple.be *s.f.* populacho, plebe, chusma.

ple.bis.ci.to *s.m.* consulta popular; plebiscito.

plei.te.ar *v.t.* y *v.i. For.* demandar en juicio; litigar, pleitear.

plei.to *s.m.* litigio, pleito, contienda.

ple.no *adj.* completo, lleno, entero, pleno.

plis.sar *v.t.* plegar, plisar; hacer pliegues.

plu.ma *s.f.* pluma.

plu.ral *s.m.* y *adj.* plural.

pneu *s.m.* neumático; llanta.

pneu.mo.ni.a *s.f. Med.* pulmonía, neumonía.

pó *s.m.* polvo.

po.bre *s.m.* y *s.f.; adj.* necesitado, pobre.

po.bre.za *s.f.* pobreza.

po.ça *s.f.* charco, poza.

po.ção *s.f. Farm.* brebaje, poción.

po.cil.ga *s.f.* habitación inmunda; cuchitril, pocilga.

po.ço *s.m.* pozo, hoyo.

po.da *s.f.* desbaste, monda; desmoche.

po.dar *v.t.* mondar; desmochar; cortar.

po.der *s.m.* fuerza, poder, dominio; mando político; posesión; *v.t.* poder, tener posibilidad o facultad; *v.i.* tener poder.

po.dre *adj.* pútrido, putrefacto, podrido.

po.dri.dão *s.f.* putrefacción, podredura.

po.ei.ra *s.f.* polvero, polvareda.

po.e.ma *s.m. Poes.* poema.

po.en.te *s.m.* ocaso, poniente.

po.e.sia *s.f.* poesía.

po.e.ta *s.m.* y *adj.* poeta.

pois *conj.* pues, así, por consiguiente, ya que, pues que, por cierto, sí; *interj.* ¡pues bien!; *pois bem* así sea; *pois sim* ciertamente, no faltaba mas; *pois não?* ¿qué desea?.

po.le.ga.da *s.f.* pulgada.

po.lei.ro *s.m.* palo de gallinero.

pó.len *s.m.* polen.

po.len.ta *s.f.* polenta.

po.li.a *s.f.* polea.

po.lí.cia *s.f.* policía; guardia, vigilante.

po.li.dez *s.f.* fineza, cortesía, pulidez.

po.li.dor *s.m.* pulidor, bruñidor.

po.li.és.ter *s.m.* poliéster.

po.li.ga.mi.a *s.f.* poligamia.

po.li.glo.ta *s.m.* y *s.f.; adj.* políglota.

po.lí.go.no *s.m. Geom.* polígono.

po.lir *v.t.* pulimentar, pulir, lustrar.

po.lí.ti.ca *s.f.* política.

po.li.ti.ca.gem *s.f.* politiquería.

po.lí.ti.co *s.m.* y *adj.* político.

pó.lo *s.m. Geogr.* polo norte/sur.

pol.pa *s.f.* pulpa.

pol.tro.na *s.f.* sillón, butaca, poltrona, asiento.

po.lu.i.ção *s.f.* impureza, polución.

po.lu.ir *v.t.* contaminar, poluir.

pol.vi.lhar *v.t.* polvorear, empolvar.

pol.vo *s.m. Zool.* pulpo.

pól.vo.ra *s.f. Quím.* pólvora.

pol.vo.ro.sa *s.f.* agitación, confusión.

po.ma.da *s.f. Farm.* pomada; crema.

po.mar *s.m.* plantación de árboles frutales.

pom.bo *s.m. Zool.* paloma; *pombo-correio* paloma mensajera.

pom.pa *s.f.* suntuosidad, pompa.

pon.che *s.m.* ponche (bebida).

pon.cho *s.m. Bras.* sarape, poncho.

pon.de.rar *v.t.* reflexionar, sopesar, ponderar.

pô.nei *s.m. Zool.* pony.

pon.ta *s.f.* extremidad, punta; pedazo de tierra que entra en el mar; arista, punzón, púa; principio o fin de una serie.

pon.ta.da *s.f.* puntada, punzada.

pon.tu.a.ção *s.f.* puntuación; *sinal de pontuação Gram.* signo de puntuación.

pon.tu.al *adj.* exacto, puntual.

po.pu.la.ção *s.f.* población; los habitantes de un lugar.

po.pu.lar *adj.* que tiene popularidad; popular.

por *prep.* por, a cambio de, en lugar de, por causa de, hacia; por medio de, en consecuencia de.

pôr *v.t.* colocar, poner, echar; *v.r.* ponerse, dedicarse; *pôr-do-sol* ocaso.

po.rão *s.m.* sótano.

por.ca *s.f.* tuerca de un tornillo.

por.ção *s.f.* fracción, parte, pedazo, porción.

por.ce.la.na *s.f.* porcelana.

por.cen.ta.gem *s.f.* porcentaje.

por.co *s.m. Zool.* cerdo, cochino, marrano, puerco; *Fig.* grosero, obsceno, indecente.

po.rém *conj.* pero, empero, sin embargo, más, con todo, todavía, no obstante, a pesar.

por.me.nor *s.m.* menudencia, detalle, pormenor.

por.no.gra.fi.a *s.f.* pornografía.

po.ro *s.m. Anat.* poro; orificio muy pequeño.

por.quan.to *conj.* tanto que, porque.

por que *pron. interrog.* ¿por qué?, por qué.

por.que *conj.* porque.

por.quê *s.m.* porqué.

por.qui.nho-da-ín.dia *s.m.* conejillo de Índias.

por.ra *s.f. Vulg.* esperma, semen; *interj.* ¡carajo!, ¡joder!.

por.ra.da *s.f. Pop.* trompada, porrazo.

por.re *s.m. Bras.* borrachera, moño.

por.ta *s.f.* puerta; *Fig.* entrada, acceso, camino, umbral.

por.ta-a.vi.ões *s.m.* porta(a)viones.

por.ta-ban.dei.ra *s.f.* y *adj.* portaestandarte; abanderado.

por.ta.dor *s.m.* y *adj.* mensajero, portador.

por.ta-jói.as *s.m.* joyero.

por.tal *s.m. Arq.* zaguán, pórtico, portal.

por.ta-lá.pis *s.m.* lapicero, portalápices.

por.ta-lu.vas *s.m.* guantera.

por.ta-ma.las *s.m.* portaequipaje.

por.ta-mo.e.das *s.m.* monedero.

por.tan.to *conj.* por tanto, por lo que, por ende.

por.tão *s.m.* portón, portada.

por.ta.ri.a *s.f.* portería; resolución, decreto.

por.ta-voz *s.m.* vocero, portavoz.

por.te *s.m.* porte, talle, aspecto, aire, facha.

por.tei.ro *s.m.* conserje, portero.

por.ten.to *adj.* milagro, prodigio, fenómeno, portento; persona de mucho talento.

por.ti.nho.la *s.f.* portezuela.

por.to *s.m. Mar.* puerto, ancladero.

por.ven.tu.ra *adv.* por casualidad, quizás, acaso, tal vez.

por.vir *s.m.* futuro, porvenir.

pós-es.cri.to *s.m.* escrito después; posdata.

pós-gra.du.a.ção *s.f.* posgrado.

po.sar *v.i.* posar.

po.si.ci.o.nar *v.t.* situar, colocar, ubicar; *v.r.* definirse, situarse.

po.si.ti.vo *s.m.* y *adj.* positivo.

pos.por *v.t.* posponer.

pos.san.te *adj.* fuerte, poderoso, pujante; rico.

pos.se *s.f.* dominio, posesión; *pl.* haberes, riqueza, bienes.

pos.ses.si.vo *adj. Gram.* posesivo.

pos.ses.so *s.m.* y *adj.* endemoniado; poseído por el demonio.

pos.si.bi.li.tar *v.t.* posibilitar, facultar.

pos.su.ir *v.t.* tener, poseer.

pos.ta *s.f.* posta; administración de correos.

pos.te *s.m.* poste, pilar, puntal; *poste de luz* faro, farola.

pos.te.ri.da.de *s.f.* posteridad.

pos.te.ri.or *adj.* posterior.

pos.ti.ço *adj.* postizo.

pos.to *s.m.* y *adj.* puesto, empleo, cargo, estación, oficina; *posto policial* jefatura; *posto que* aunque, bien que, puesto que.

pos.tu.ra *s.f.* postura; posición.

pot-pour.ri *s.m.* popurrí.

po.te *s.m.* pote, tarro.

po.tên.cia *s.f.* fuerza, poder, potencia.

po.ten.te *adj.* vigoroso, fuerte, potente.

po.tran.ca *s.f.* potranca.

pou.ca-ver.go.nha *s.f. Pop.* desvergüenza, falta de vergüenza.

pou.co *adj.* escaso, poco; *s.m.* cantidad pequeña; *pouco a pouco* gradualmente; *há pouco* hace poco.

pou.pan.ça *s.f.* ahorro, economía; *caderneta de poupança* libreta de ahorro.

pou.par *v.t.* economizar, ahorrar; perdonar, dispensar; *v.i.* vivir económicamente; *v.r.* cuidarse mucho, eximirse.

pou.sa.da *s.f.* albergue, posada.

pou.sar *v.t.* poner, apoyar; soltar la carga; *v.i.* aterrizar, posar; hospedarse.

po.vo *s.m.* pueblo, nación.

po.vo.ar *v.t.* poblar; *v.r.* poblarse; *v.i.* vivir.

pra.ça *s.f.* plaza, comercio, mercado.

pra.ga *s.f.* plaga, calamidad, peste.

pra.gue.jar *v.i.* blasfemar, maldecir.

prai.a *s.f.* playa.

pran.cha *s.f.* plancha, tablón; tabla gruesa.

pran.to *s.m.* llanto, queja, lamento.

pra.ta *s.f.* plata, dinero.

pra.te.lei.ra *s.f.* anaquel, repisa, estante.

prá.ti.ca *s.f.* hábito, costumbre, práctica.

pra.ti.car *v.t.* y *v.i.* ejercitar, ejercer, practicar; *v.r.* efectuarse, realizarse.

pra.to *s.m.* plato; *prato fundo* sopero; *prato raso* plato llano.

pra.zer *s.m.* placer, gusto; *muito prazer* mucho gusto.

pra.zo *s.m.* término, plazo.

pre.a.mar *s.f.* pleamar.

pre.âm.bu.lo *s.m.* introducción, prólogo, preámbulo; *pl.* rodeos.

pre.cá.rio *adj.* precario.

pre.ca.ver *v.t.* precaver; evitar un daño; *v.r.* precaverse.

pre.ce *s.f.* oración, plegaria.

pre.ce.den.te *adj.* previo, antecedente; *s.m.* ejemplo anterior, precedente.

pre.ce.der *v.t.* y *v.i.* preceder, anticipar.

pre.ci.o.so *adj.* precioso.

pre.ci.pi.ta.ção *s.f.* precipitación, arrebato, imprudencia, prisa.

pre.ci.pi.tar *v.t.* despeñar, arrojar, precipitar, acelerar; *v.r.* arrojarse, precipitarse.

pre.ci.são *s.f.* exactitud, precisión.

pre.ci.sar *v.t.* carecer, necesitar, precisar; *v.i.* necesitar, ser pobre; *v.r.* precisarse.

pre.ço *s.m.* costo, valor, precio, importe.

pre.co.ce *adj.* precoz, adelantado.

pre.con.ce.ber *v.t.* preconcebir.

pre.con.cei.to *s.m.* prejuicio; juicio preconcebido.

pre.co.ni.zar *v.t.* preconizar; recomendar.

pre.cur.sor *s.m.* y *adj.* antecesor, precursor.

pre.da.dor *adj.* predador.

pre.di.le.ção *s.f.* predilección, preferencia.

pre.di.le.to *adj.* preferido, predilecto.

pré.dio *s.m.* edificio.

pre.dis.por *v.t.* predisponer; *v.r.* predisponerse.

pre.dis.po.si.ção *s.f.* afición; predisposición, inclinación.

pre.di.zer *v.t.* predecir, antedecir.

pre.do.mi.nar *v.i.* preponderar, predominar.

pre.en.cher *v.t.* llenar, rellenar (documentos, formularios); cumplir, satisfacer (requisitos).

pre.fá.cio *s.m.* prólogo, prefacio.

pre.fei.to *s.m.* perfecto.

pre.fei.tu.ra *s.f. Esp.* ayuntamiento, *Amér.* alcaldía.

pre.fe.rên.cia *s.f.* predilección, preferencia.

pre.fe.rir *v.t.* escoger, preferir.

pre.fi.xo *s.m. Gram.* prefijo; *adj.* fijado con antelación.

pre.ga *s.f.* dobladillo, pliegue; doblez.

pre.ga.ção *s.f.* sermón, amonestación.

pre.ga.dor *s.m.* y *adj.* orador, predicador, sermoneador.

pre.gar *v.t.* clavar, fijar; predicar, aconsejar; *v.i.* evangelizar; *v.r.* quedarse fijo en un lugar.

pre.go *s.m.* clavo, alfiler grande; casa de empeños; *Pop.* agotamiento; *estar num prego* estar agotado; *pôr no prego* empeñar.

pre.gui.ça *s.f.* indolencia, ocio, pereza, haraganería.

pre.gui.ço.so *s.m.* y *adj.* perezoso, holgazán.

pré-his.tó.ria *s.f.* prehistoria.

pre.ju.di.car *v.t.* perjudicar, lesionar; causar daño.

pre.ju.í.zo *s.m.* lesión, pérdida, perjuicio.

pre.jul.gar *v.t.* prejuzgar; juzgar con anticipación.

pre.li.mi.nar *s.m.* y *adj.* preliminar, anterior, precedente.

pre.ma.tu.ro *adj.* precoz, prematuro, anticipado.

pre.me.di.tar *v.t.* premeditar; proyectar antes de ejecutar.

pre.men.te *adj.* apremiante.

pre.mi.a.ção *s.f.* entrega de premio.

pre.mi.ar *v.t.* laurear, premiar.

prê.mio *s.m.* galardón, recompensa, laurel, premio.

pre.mis.sa *s.f.* premisa.

pré-na.tal *adj.* prenatal.

pren.der *v.t.* asir, agarrar, prender, aprisionar, detener; *v.r.* aferrarse, atarse, asirse.

pre.nhe *adj.* embarazada; grávida, preñada, encinta.

pren.sa *s.f.* prensa.

pren.sar *v.t.* apretar con la prensa, prensar.

pre.nun.ci.ar *v.t.* predecir, pronosticar, augurar, profetizar.

pre.o.cu.pa.ção *s.f.* desasosiego, preocupación.

pre.o.cu.par *v.t.* inquietar, intranquilizar; preocupar; *v.r.* prevenirse, preocuparse.

pre.pa.ra.ção *s.f.* preparación; previsión.

pre.pa.rar *v.t.* aparejar, arreglar, preparar, acondicionar; *v.r.* arreglarse.

pre.pon.de.rân.cia *s.f.* preponderancia, supremacía, superioridad.

pre.po.si.ção *s.f. Gram.* preposición.

pre.po.tên.cia *s.f.* despotismo, prepotencia; abuso del poder.

pre.po.ten.te *adj.* autoritario, déspota, prepotente.

pre.pú.cio *s.m. Anat.* prepucio.

prer.ro.ga.ti.va *s.f.* prerrogativa.

pre.sa *s.f.* botín, presa; uña de ave de rapiña; diente canino.

pres.cin.dir *v.i.* renunciar, dispensar, prescindir.

pres.cre.ver *v.t. y v.i.* señalar, recetar, prescribir.

pre.sen.ça *s.f.* presencia, apariencia, aspecto.

pre.sen.ci.ar *v.t.* presenciar, asistir a, observar.

pre.sen.te.ar *v.t.* brindar, regalar, obsequiar.

pres.sen.tir *v.t. y v.i.* presagiar, prever, presentir.

pre.ser.va.ção *s.f.* preservación, conservación.

pre.ser.var *v.t.* amparar, proteger; preservar.

pre.si.lha *s.f.* hebilla, presilla, broche; pasador (de cabello).

pres.sa *s.f.* prisa, premura, apuro.

pres.sá.gio *s.m.* presagio, vaticinio, presentimiento, pronóstico.

pres.são *s.f.* presión.

pres.si.o.nar *v.t.* presionar.

pres.su.por *v.t.* presuponer, conjeturar.

pres.ta.ção *s.f.* prestación, plazo; mensualidad, cuota.

pres.tar *v.t.* beneficiar, prestar, rendir; *v.i.* servir, prestar; *v.r.* ofrecerse, prestarse.

pres.ta.ti.vo *adj.* solícito, servicial, servidero.

pres.te.za *s.f.* agilidad, ligereza, presteza, rapidez, viveza, prontitud.

pres.ti.gi.ar *v.t.* hacer prestigioso; prestigiar; dar influencia a.

pre.su.mi.do *v.t.* suponer, conjeturar, sospechar, presumir.

pre.sun.to *s.m.* jamón; *Pop.* cadáver.

pre.ten.den.te *s.m. y s.f.; adj.* aspirante, pretendiente.

pre.ten.der *v.t.* ambicionar, aspirar, intentar, pretender, desear, demandar, *v.i.* tenerse de.

pre.ten.são *s.f.* aspiración, presunción, jactancia, arrogancia.

pre.ten.si.o.so *adj.* presumido, orgulloso.

pre.té.ri.to *adj.* pasado, pretérito, anterior; *s.m. Gram.* pretérito, tiempo verbal.

pre.tex.to *s.m.* escusa, pretexto.

pre.to *adj.* negro; *s.m.* persona de la raza negra.

pre.va.le.cer *v.i.* predominar, prevalecer, preponderar, privar; *v.r.* servirse, aprovecharse.

pre.ve.nir *v.t. y v.r.* prevenirse.

pre.ven.ção *s.f.* precaución, prevención.

pre.ve.ni.do *adj.* precavido, avisado, prevenido.

pre.ven.ti.vo *adj.* preservativo, profiláctico, preventivo.

pre.ver *v.t.* pronosticar, prever, antever.

pre.vi.dên.cia *s.f.* precaución, prevención, previsión; *previdência social* seguridad social.

pre.vi.den.te *adj.* prudente, precavido.

pré.vio *adj.* anterior, preliminar, previo.

pre.vi.são *s.f.* pronóstico, previsión.

preza.do *adj.* querido, estimado, preciado.

pre.zar *v.t. y v.r.* estimarse, preciar, apreciar.

pri.ma *s.f. Mús.* prima; hora canónica; cuerda de guitarra.

pri.má.rio *adj.* primario; elemental; fundamental, principal.

pri.ma.ve.ra *s.f. Bot.* primavera; estación del año, *Fig.* juventud.

pri.mei.ro *num.* primer, primero; *s.m. y adj.* el que ocupa el primer lugar; *adv.* primeramente.

pri.mi.ti.vo *s.m. y adj.* primario, primitivo, rústico; primordial, inicial; viejo.

pri.mo *s.m.* primo; hijo del tío; *Mat.* primo (número).

prin.ci.pal *adj.* principal, capital (de una deuda).

prin.ci.pi.ar *v.t.* empezar, comenzar.

prin.ci.pi.an.te *s.m. y s.f.; adj.* aprendiz, principiante.

prin.cí.pio *s.m.* inicio, principio, comienzo, fundamento, base, regla; *pl.* reglas fundamentales.

pri.o.ri.da.de *s.f.* preferencial, privilegio, prioridad.

pris.ma *s.m. Geom.* prisma; *Fig.* manera de ver las cosas.

pri.va.ção *s.f.* carencia, falta, privación.

pri.va.da *s.f.* letrina, retrete.

pri.va.do *adj.* privativo, exclusivo, particular, privado.

pri.var *v.t.* despojar, privar; *v.r.* privarse, abstenerse.

pri.va.ti.vo *adj.* personal, singular, propio, exclusivo, privativo.

pri.va.ti.zar *v.t.* privatizar; tornar privado.

pri.vi.le.gi.ar *v.t.* favorecer, privilegiar.

pri.vi.lé.gio *s.m.* regalía, prerrogativa, privilegio, excepción.

pró *s.m. y adv.* a favor de, pro, en defensa de; *s.m.* provecho, ventaja.

pro.a *s.f. Mar.* proa; parte delantera de una nave.

pro.ba.bi.li.da.de *s.f.* posibilidad, probabilidad.

pro.ble.ma *s.m.* problema.

pro.ble.má.ti.co *adj.* cuestionable, incierto, dudoso.

pro.ce.dên.cia *s.f.* origen, procedencia.

pro.ce.der *v.t.* y *v.i.* proceder, provenir, proseguir; emanar, originarse, nacer; ejecutar, obrar; *Fig.* formar proceso; portarse, comportarse; *s.m.* conducta, procedimiento.

pro.ce.di.men.to *s.m.* compartimiento, procedimiento.

pro.ces.sa.dor *s.m. Inform.* processador, circuito integrado que tiene diversas aplicaciones y realiza las funciones de unidad central en un computador; programa capaz de procesar información.

pro.ces.sa.men.to *s.m.* procesamiento.

pro.ces.sar *v.t. For.* procesar, accionar; *Inform.* tratar la información, procesar; *s.m. Inform.* procesador.

pro.ces.so *s.m. For.* causa, acción, juicio, proceso; método, técnica, procedimiento; *iniciar um processo* abrir demanda, accionar.

pro.ces.su.al *adj.* procesal, judicial.

pro.cis.são *s.f.* procesión, cortejo.

pro.cla.ma.ção *s.f.* anuncio, declaración, proclamación.

pro.cla.mar *v.t.* proclamar, publicar; *v.r.* intitularse.

pro.cla.mas *s.m. pl.* proclama; amonestaciones.

pro.cri.ar *v.t.* y *v.i.* procrear.

pro.cu.ra *s.f.* búsqueda, busca; *Com.* salida, venta.

pro.cu.ra.ção *s.f.* poder, instrumento de procuración o mandato.

pro.cu.ra.dor *s.m.* y *adj.* abogado, procurador; apoderado.

pro.cu.rar *v.t.* buscar, intentar, tratar de.

pro.dí.gio *s.m.* prodigio, milagro.

pro.du.ção *s.f.* fabricación, elaboración, producción.

pro.du.to *s.m.* fruto, producto, resultado.

pro.du.zir *v.t.* producir, crear, fabricar.

pro.e.mi.nên.cia *s.f.* eminencia, elevación, prominencia, relieve.

pro.e.za *s.f.* hazaña.

pro.fa.nar *v.t.* deshonrar, profanar; *Fig.* ofender, injuriar, macular.

pro.fe.ci.a *s.f.* augurio, profecía.

pro.fe.rir *v.t.* pronunciar, articular, expresar, proferir, decir.

pro.fes.sar *v.t.* profesar.

pro.fes.sor *s.m.* profesor, maestro.

pro.fes.so.ra *s.f.* profesora, señorita, maestra.

pro.fe.ta *s.m.* profeta.

pro.fe.ti.zar *v.t.* profetizar.

pro.fi.la.xi.a *s.f. Med.* prevención, profilaxis.

pro.fis.são *s.f.* profesión.

pro.fis.si.o.nal *s.m.* y *s.f.; adj.* profesional.

pro.fun.do *adj.* hondo, profundo.

pro.ge.ni.tor *s.m.* padre, progenitor.

prog.nos.ti.car *v.t.* predecir, pronosticar.

prog.nós.ti.co *s.m.* pronóstico, profecía.

pro.gra.ma *s.m.* proyecto, programa; *Inform.* programa, conjunto de instrucciones que se dan a un computador.

pro.gra.ma.ção *s.f.* elaboración o conjunto de los programas.

pro.gra.mar *v.t.* proyectar, escalonar, programar.

pro.gre.dir *v.i.* progresar, prosperar.

pro.gres.são *s.f.* progresión, adelanto.

pro.gres.so *s.m.* prosperidad, progreso.

pro.i.bi.ção *s.f.* prohibición.

pro.i.bir *v.t.* prohibir.

pro.je.ção *s.m.* proyección.

pro.je.tar *v.t.* proyectar, exhibir; diseñar, planear.

pro.jé.til *s.m.* proyectil, bala; cohete.

pro.je.tis.ta *s.m.* proyectista, ideador.

pro.je.to *s.m.* proyecto, diseño.

pro.je.tor *s.m.* proyector.

pro.le.tá.rio *s.m.* y *adj.* trabajador, proletario.

pro.li.fe.ra.ção *s.f.* multiplicación, proliferación.

pro.li.fe.rar *v.t.* y *v.i.* proliferar, multiplicarse.

pró.lo.go *s.m.* prefacio, introducción, preámbulo, prólogo.

pro.lon.ga.men.to *s.m.* continuación, prolongación.

pro.lon.gar *v.t.* y *v.r.* alargar, prolongar.

pro.mes.sa *s.f.* promesa.

pro.me.ter *v.t.* prometer.

pro.me.ti.do *adj.* prometido; *s.m.* novio; *s.f.* novia; prometida.

pro.mis.sor *adj.* prometedor.

pro.mis.só.ria *s.f. Com.* promisión; pagaré; letra.

pro.mo.ver *v.t.* dar impulso, promover; elevar a un cargo, promocionar.

pro.mul.gar *v.t.* anunciar, promulgar, decretar, publicar (ley, decreto).

pro.no.me *s.m. Gram.* pronombre.

pro.no.mi.nal *adj. Gram.* pronominal.

pron.ti.dão *s.f.* prontitud.

pron.to *adj.* listo, pronto, terminado.

pro.nún.cia *s.f.* articulación, pronunciación; acento.

pro.nun.ci.a.men.to *s.m.* comunicado; sublevación, pronunciamiento; *For.* sentencia.

pro.nun.ci.ar *v.t.* pronunciar; *v.r.* manifestarse.

pro.pa.ga.ção *s.f.* difusión, propagación.

pro.pa.gan.da *s.f.* publicidad, propaganda.

pro.pa.gar *v.t.* propagar, difundir, divulgar.

pro.pa.ro.xí.to.no *adj. Gram.* esdrújulo.

pro.pen.são *s.f.* tendencia, inclinación, propensión.

pro.pen.so *adj.* inclinado, aficionado, propenso.

pro.pi.ci.ar *v.t.* favorecer, proporcionar, propiciar, facilitar.

pro.pí.cio *adj.* favorable, propicio.

pro.pi.na *s.f.* gratificación, propina.

pro.por *v.t.* y *v.r.* proponer.

pro.por.ção *s.f.* proporción.

pro.por.ci.o.nal *adj.* igual, simétrico.

pro.por.ci.o.nar *v.t.* proporcionar, ofrecer, suministrar, dar; *v.r.* ofrecerse, adaptarse.

pro.pó.si.to *s.m.* intención, finalidad, propósito; *pl.* modos, intenciones; *a propósito* oportunamente; *de propósito* con intención; *fora de propósito* inoportunamente.

pro.pri.e.da.de *s.f.* propiedad, inmueble; cualidad, virtud.

pro.pri.e.tá.rio *s.m.* dueño, propietario.

pró.prio *adj.* propio.

pror.ro.ga.ção *s.f.* prórroga.

pror.ro.gar *v.t.* aplazar, prorrogar, prolongar.

pro.sa *s.f.* prosa.

pros.cre.ver *v.t.* desterrar, proscribir, expatriar, exilar.

pros.pec.to *s.m.* programa, anuncio, prospecto, plano, trazado.

pros.pe.rar *v.i.* progresar, prosperar.

prós.pe.ro *adj.* venturoso, feliz, rico, próspero.

pros.se.gui.men.to *s.m.* prosecución, proseguimiento.

pros.se.guir *v.t.* continuar, proseguir.

prós.ta.ta *s.f. Anat.* próstata.

pros.tí.bu.lo *s.m.* burdel.

pros.ti.tu.i.ção *s.f.* prostitución.

pros.ti.tu.ir *v.t.* y *v.r.* prostituir.

pros.ti.tu.ta *s.f.* prostituta, puta.

pro.ta.go.nis.ta *s.m.* y *s.f.* protagonista, personaje principal.

pro.ta.go.ni.zar *v.t.* y *v.i.* protagonizar, representar (teatro).

pro.te.ção *s.f.* protección.

pro.te.ger *v.t.* proteger, defender.

pro.te.í.na *s.f. Bioquím.* proteína.

pro.tes.tar *v.t.* reclamar, protestar; *v.i.* rebelarse, insurreccionarse.

pro.tes.to *s.m.* reclamación, protesto; *Com.* protesto de una letra o cheque; *For.* protesta.

pro.te.tor *s.m.* y *adj.* protector.

pro.to.co.lo *s.m.* protocolo; acta de deliberaciones entre congresistas internacionales; comprobante.

pro.tó.ti.po *s.m.* prototipo.

pro.va *s.f.* prueba, indicio, señal; concurso, examen; ensayo; evidencia, testimonio; *Fig.* trance.

pro.va.ção *s.f.* sufrimiento, trance, dificultad, desgracia; experiencia, prueba.

pro.var *v.t.* testimoniar, demostrar, probar, evidenciar; ensayar.

pro.ve.dor *s.m.* abastecedor, proveedor; *provedor de acesso* proveedor de acceso a la red internet.

pro.vei.to *s.m.* ganancia; fruto; beneficio; provecho; ventaja.

pro.vei.to.so *adj.* ventajoso; provechoso; lucrativo.

pro.ve.ni.ên.cia *s.f.* procedencia, origen, fuente.

pro.ve.ni.en.te *adj.* originario, oriundo, proveniente, derivado.

pro.ver *v.t.* y *v.i.* aprovisionar, abastecer, proveer, equipar, dotar; remediar, tomar providencias; *v.i.* abastecerse, prevenirse.

pro.ver.bi.al *adj.* sabido, notorio, proverbial, usual, tradicional.

pro.vér.bio *s.m.* refrán, proverbio.

pro.ve.ta s.f. Quím. probeta.

pro.vi.dên.cia s.f. precaución; previsión; providencia; predestinación.

pro.vi.den.ci.al adj. muy oportuno, feliz, providencial.

pro.vi.den.ci.ar v.i. disponer; providenciar; aviar; ordenar; tomar providencias; diligenciar, proveer.

pro.vi.men.to s.m. suministro, abastecimiento; cautela; nombramiento para un cargo.

pro.vín.cia s.f. provincia.

pro.vin.ci.a.no adj. provinciano, lugareño.

pro.vir v.i. proceder, resultar, derivar, provenir.

pro.vi.são s.f. suministro, surtido, provisión, diploma de nombramiento de empleo o dignidad; decreto; disposición; abastecimiento; reserva.

pro.vi.só.rio adj. pasajero, provisional, provisorio, transitorio.

pro.vo.ca.ção s.f. desafío, reto, provocación, insulto, incitamiento.

pro.vo.can.te adj. estimulante, provocante, provocador, tentador.

pro.vo.car v.t. causar, provocar, instigar, inducir, estimular.

pro.xi.mi.da.de s.f. inmediación, vecindad, inminencia; pl. cercanías, alrededores.

pró.xi.mo s.m. y adj. cercano, vecino, prójimo, próximo; afín; contiguo, mediato, futuro; adv. próximamente; a punto de.

pru.dên.cia s.f. moderación, templanza; discreción; prudencia, cautela, precaución.

pru.den.te adj. prudente, moderado, sensato, discreto, cauteloso.

pseu.do pref. y adj. supuesto, falso, pseudo, pretendido.

pseu.dô.ni.mo s.m. seudónimo.

psi.ca.ná.li.se s.f. psicoanálisis, psicoanálisis.

psi.co.lo.gi.a s.f. psicología, sicología.

psi.có.lo.go s.m. psicólogo, sicólogo.

psi.qui.a.tra s.m. y s.f. Med. psiquiatra, siquiatra.

psi.qui.a.tri.a s.f. Med. psiquiatría, siquiatría.

psiu interj.; chitón!

pu.ber.da.de s.f. pubertad.

pu.bli.ca.ção s.f. publicación, anuncio, revelación; periódico.

pu.bli.car v.t. editar; anunciar; publicar, imprimir; divulgar; promulgar; v.r. salir a la luz.

pu.bli.ci.da.de s.f. propaganda, publicidad; notoriedad.

pu.bli.ci.tá.rio s.m. publicitario.

pú.bli.co s.m. público, auditorio, oyentes, expectadores; adj. conocido, patente, notorio, común, público.

pu.dim s.m. pudín, budín.

pu.e.ril adj. infantil, ingenuo, inocente, fútil, pueril.

pu.lar v.t. y v.i. saltar; dar saltos; brincar.

pul.ga s.f. Zool. pulga.

pul.mão s.m. Anat. pulmón.

pu.lo s.m. salto.

pul.sa.ção s.f. palpitación, latido, pulsación.

pul.sar v.i. palpitar, latir, pulsar; ansiar; anhelar.

pul.sei.ra s.f. brazalete, pulsera.

pul.so s.m. latido, pulso; mano; fuerza, vigor; prudencia, tacto.

pul.ve.ri.zar v.t. reduzir a polvo; polvorizar, pulverizar.

pun.ção s.f. punzada, punción; estilete; Cir. bisturí.

pun.guis.ta s.m. y adj. que roba carteras, joyas.

pu.nha.do s.m. lo que se puede llevar en la mano cerrada; puñado; poca cantidad, pizca.

pu.nhal s.m. puñal, daga, cuchillo.

pu.nha.la.da s.f. cuchillada, puñalada, navajazo; Fig. golpe repentino.

pu.nho s.m. puño, manija; parte de la camisa; empuñadura, mango.

pu.ni.ção s.f. pena, punición, castigo, escarmiento.

pu.nir v.t. castigar, aplicar pena o castigo, punir, escarmentar.

pu.ni.ti.vo adj. que impone punición, punitivo, castigador.

pu.pi.la s.f. Anat. pupila.

pu.pi.lo s.m. tutelado, pupilo, protegido; alumno.

pu.rê s.m. puré.

pu.re.za s.f. inocencia, virginidad, castidad, pureza; perfección; nitidez.

pu.ri.fi.ca.ção s.f. acción de purificar o limpiar; purificación.

pu.ri.fi.car v.t. depurar, limpiar, purificar, aclarar, afinar, filtrar; santificar.

pu.ri.ta.no s.m. y adj. puritano, moralista, austero, severo.

pu.ro adj. genuino, castizo, puro, limpio, claro; casto, virginal; exclusivo; verdadero, sincero; sin mala fe.

pus *s.m. Med.* pus.

pu.xa.da *s.f.* tirón; gran distancia a correr; tirada.

pu.xa.do *adj.* caro, costoso, agotador; árduo, difícil; *s.m. Arq.* prolongación de una casa.

pu.xa.dor *s.m.* manija, empuñadura, tirador para abrir puertas, cajones etc.

pu.xão *s.m.* empellón, empujón, tirón con violencia.

pu.xar *v.t.* estirar, tirar, estimular; pujar; *v.i.* tender, inclinarse a; sacar algo; chupar.

pu.xa-sa.co *s.m.* y *adj.* halagador, adulador.

puz.zle *s.m.* rompecabezas (juego).

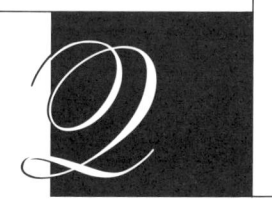

q *s.m.* decimosexta letra del alfabeto portugués; siempre seguida de la letra *u*, que carece de sonido cuando precede a la *e* o *i*.

qua.dra *s.f. Esp.* cuadra, cancha; serie de cuatro números en el juego del loto; *Mús.* y *Liter.* copla, cuarteto; *Fig.* época, ocasión.

qua.dra.do *s.m. Mat.* cuadrado; *adj. Bras.* chapado; grosero, estúpido.

qua.dran.te *s.m. Geom.* cuarto de círculo; cuadrante (de un reloj).

qua.dri.cu.lar *v.t.* dividir en cuadrículas; cuadricular; *adj.* cuadriculado.

qua.dril *s.m.* anca, cadera, cuadril.

qua.dri.lá.te.ro *adj.* y *s.m. Geom.* cuadrilátero.

qua.dri.lha *s.f.* cuadrilla; *Bras.* bando de ladrones, camarilla, cuadrilla; baile de salón.

qua.dri.nhos *s.m. pl.* tira cómica, tebeo; *comics* (del inglés).

qua.dro *s.m.* cuadro, pintura, marco, lista de nombres; subdivisión de acto de pieza teatral; escenario, panorama; *quadro-negro* pizarra, encerado, pizarrón.

qua.drú.pe.de *s.m.* y *adj. Zool.* cuadrúpedo; *Fig.* ignorante, estúpido.

quá.dru.plo *s.m.* y *adj.* cuádruplo.

qual *pron.* cual, que, quien, alguno, este, aquél, uno; *conj.* de qué manera, como; *adj.* semejante a; *interj.* ¡cuál! indica duda o negación; *tal e qual* así mismo; *com o qual* con lo cual, con quién; *pelo qual* por este motivo, por lo cual; *cada qual* cada cual, todo mundo; *qual mais, qual menos* poco más o menos, aproximadamente.

qua.li.da.de *s.f.* calidad, cualidad, carácter, virtud, casta; condición, aptitud, nobleza, índole, atributo, estado.

qua.li.fi.ca.ção *s.f.* crédito, reputación, cualificación.

qua.li.fi.car *v.t.* clasificar, calificar, apreciar; distinguir.

qua.li.ta.ti.vo *adj.* calitativo, cualificativo.

qual.quer *pron. indef.* cualquier, cualquiera, algún, alguno; *pl.* qualesquiera; *qualquer um que* quienquiera que; *em qualquer lugar* donde sea, dondequiera; *por qualquer modo* como quiera.

quan.do *adj.* y *conj.* cuando; cuándo (en frases interrogativas); en qué ocasión; aún que; al mismo tiempo que; *quando menos* al menos; *quando muito* si mucho; *desde quando?* ¿desde cuándo?.

quan.ti.a *s.f.* cuantía, suma, importe, monto.

quan.ti.da.de *s.f.* cantidad, importe, porción.

quan.ti.fi.car *v.t.* cuantificar, cifrar, determinar una cantidad; tasar, valorar.

quan.ti.ta.ti.vo *adj.* cuantitativo.

quan.to *adj.* cuanto, lo que tiene cantidad; *adv.* cuán, cuánto, cómo, qué de, hasta qué punto, de qué manera, según, conforme; *pron.* cuánto (intensidad); *pron. rel.* cuanto.

qua.ren.tão *s.m.* y *adj. Pop.* hombre que anda por los cuarenta años; cuarentón.

qua.ren.te.na *s.f.* espacio de cuarenta días; cuarentena.

qua.res.ma *s.f. Rel.* cuaresma.

quar.ta *s.f.* cuarta parte de alguna cosa, cuarta; *Mús.* intervalo de cuatro tonos.

quar.ta-fei.ra *s.f.* miércoles.

quar.tei.rão *s.m.* cuarterón; cuadra, manzana de casas.

quar.tel *s.m. Mil.* cuartel; *quartel-general* cuartel general.

quar.te.to *s.m. Mús.* cuarteto.

quar.to *s.m.* la cuarta de la unidad; cuarto; aposento, pieza, habitación; división de tiempo de servicio a bordo; servicio de vigilancia; fase de la luna; *adj. num.* cuarto; *quarto crescente/minguante* cuarto creciente/menguante.

qua.se *adv.* casi, por poco, cerca, a poca distancia, poco más o menos.

que *pron.* y *adj.* que, el cual, cual, la cual, los cuales, él, ella, ellos, ellas; éste, ésta, éstos, éstas; ése, ésa, ésos, ésas; aquél, aquélla, aquéllos, aquéllas; *pron.* qué, cuál, lo qué; *conj.* que; *interj.*

¡qué!; *adv.* excepto; *s.m.* qualquier cosa, alguna cosa; nombre de la letra *q*.

que.brar *v.t.* romper, fracturar, quebrar.

que.da *s.f.* decadencia, ruina, caída.

quei.jo *s.m.* queso.

quei.mar *v.t.* arder, quemar, abrasar, incinerar, chamuscar, tostar; *Fig.* marchitar, destruir; *Bras.* herir a balazos; *v.i.* tener calor excesivo, arder; *v.r.* enfurecerse, apasionarse.

quei.xa *s.f.* lamentación, queja, disgusto.

quei.xar-se *v.r.* lastimarse, quejarse, lamentarse, resentirse;

quei.xo *s.m. Anat.* mentón, maxilar, mandíbula; *de queixo caído* sorprendido; *bater o queixo* tener frío.

quem *pron.* quien, el que, al que, aquél, aquello; *pron.* quién, quienes, cual, de qué calidad; *quem sabe?* tal vez.

quen.ga *s.f. Bras.* prostituta de última clase.

quen.tão *s.m. Bras.* bebida echa con aguardiente de caña y otros materiales, servida caliente.

quen.te *adj.* caliente, cálido, caluroso, sensual; *Fig.* de buena calidad; *cachorro-quente* perro caliente, *hot dog* (del inglés); *misto-quente* empareado de queso tostado y jamón.

quen.tu.ra *s.f.* calentura, fiebre.

que.rer *v.t.* y *v.i.* querer, amar, estimar, tener cariño.

quer.mes.se *s.f.* kermese, festival en beneficio de obras sociales, verbena.

que.ro.se.ne *s.m.* querosén, keroseń.

ques.tão *s.f.* problema, pregunta, cuestión, tema, tesis; controversia; contienda, discusión.

ques.ti.o.na.do *adj.* disputado, controverso, cuestionado.

ques.ti.o.nar *v.t.* preguntar, cuestionar, hacer cuestión de, discutir, contestar; *v.i.* disputarse, hacer cuestión de, objetar.

ques.ti.o.ná.rio *s.m.* formulario, cuestionario.

ques.ti.o.ná.vel *adj.* dudoso, cuestionable.

qui.çá *adv.* tal vez, quinza por ventura, quizás; acaso.

qui.la.te *s.m.* quilate (relativo al oro y su peso).

qui.lo *s.m.* kilo, kilogramo; símbolo: kg.

qui.lo.li.tro *s.m.* quilolitro, kilolitro.

qui.lom.bo *s.m.* campamento de negros fugitivos; quilombo.

qui.lom.bo.la *s.m. Bras.* esclavo negro refugiado en quilombo.

qui.lo.me.tra.gem *s.f.* kilometraje.

qui.lô.me.tro *s.m.* kilómetro, símbolo: km.

qui.lo.va.te *s.m.* kilovatio, símbolo: kW.

qui.me.ra *s.f.* ilusión, fantasía, utopía, quimera, ensueño.

quí.mi.ca *s.f.* química.

quí.mi.co *s.m.* y *adj.* químico.

quin.dim *s.m. Bras.* dulce, requiebro, donaire.

qüin.qua.ge.ná.rio *s.m.* y *adj.* quincuagenario.

qüin.qüê.nio *s.m.* lustro, período de cinco años, quinquenio.

quin.ta *s.f.* quinta, casa de campo; una quinta parte.

quin.ta-fei.ra *s.f.* jueves.

quin.tal *s.m.* quintal, terreno cercado de una casa; patio trasero.

quin.te.to *s.m. Mús.* quinteto.

quin.to *adj.* quinto; *s.m.* una quinta parte, quinto; *pl. Pop.* el infierno.

quín.tu.plo *s.m.* y *adj.* quíntuplo.

quin.ze.na *s.f.* espacio de quince días; quincena; retribución correspondiente a quince días.

quin.ze.nal *adj.* quincenal.

qui.os.que *s.m.* quiosco, kiosco.

quis.to *s.m. Med.* quiste.

qui.tan.da *s.f. Bras.* lugar donde se venden frutas y legumbres; frutería.

qui.tan.dei.ro *s.m.* vendedor de frutas y hortalizas.

qui.ta.ção *s.f.* liquidación, quitación, declaración de pago, recibo.

qui.tar *v.t. Com.* liquidar cuenta, finiquitar, desobligar; *v.i.* estar exento de alguna cosa u obligación.

qui.te *adj.* pagado, exento, libre, desobligado.

qui.ti.ne.te *s.f.* habitación de uno solo ambiente.

quo.ci.en.te *s.m. Mat.* cuociente, razón.

quó.rum *s.m. Lat.* quórum.

quo.ta *s.f.* parte, porción, cuota, cupo; contribución de socio.

R

r *s.m.* decimoséptima letra del alfabeto portugués.

rã *s.f.* rana.

ra.ba.da *s.f.* rabada; cola de pescado; especie de comida brasileña.

ra.ba.na.da *s.f.* rebanada (pan mojado en leche y huevos); *Amér.* torreja.

ra.ba.ne.te *s.m. Bot.* rábano, rabanillo.

ra.be.ar *v.i.* menear el rabo; rabear; estar inquieto, enfurecerse.

ra.bi.no *s.m.* rabí, rabino.

ra.bis.car *v.t.* escribir de modo ininteligible; garabatear, borronear, borrar.

ra.bis.co *s.m.* garabato; texto malhecho.

ra.bo *s.m.* cola, rabo; *dim.* rabillo; extremidad, punta; *Vulg.* nalgas, culo; *Pop.* suerte.

ra.ça *s.f.* estirpe, linaje, casta, raza, etnia; nación; familia; variedad, especie; *Pop.* categoría, índole.

ra.ção *s.f.* porción, ración.

ra.cha *s.f.* grieta, fisura, hendidura; *Esp.* juego de fútbol sin compromiso.

ra.cha.du.ra *s.f.* quebradura, raja, hendidura de gran tamaño.

ra.char *v.t.* rajar; abrir a golpes; resquebrajar, astillar; *v.i.* y *v.r.* agrietarse, rajarse.

ra.ci.al *adj.* concerniente a la raza; racial.

ra.ci.o.ci.nar *v.t.* y *v.i.* raciocinar, razonar, pensar, ponderar, reflexionar, cavilar, calcular.

ra.ci.o.cí.nio *s.m.* reflexión, razón, raciocinio, juicio; deducción; argumento, razonamiento.

ra.ci.o.nal *adj.* lógico, racional; razonable, plausible.

ra.ci.o.na.li.zar *v.t.* volver racional; hacer meditar; racionalizar.

ra.ci.o.na.men.to *s.m.* limitación en la distribución de mercancías; racionamiento.

ra.ci.o.nar *v.t.* limitar la cantidad; hacer racionamiento, racionar, distribuir géneros por medio de raciones.

ra.cis.mo *s.m.* racismo.

ra.cis.ta *s.m.* y *s.f.*, *adj.* racista; que tiene prejuicios de raza.

ra.dar *s.m. Fís.* radar.

ra.di.cal *adj.* fundamental, radical, completo; *s.m.* radical.

ra.di.ca.li.zar *v.t.* y *v.i.* radicalizar, hacer radical.

ra.di.car *v.t.* enraizar, radicar, arraigar.

rá.dio *s.m. Anat.* radio (hueso); *Quím.* radio (metal radiactivo); radio (aparato y emisora).

ra.di.o.a.ma.dor *s.m.* radioficionado.

ra.di.o.a.ti.vi.da.de *s.f.* radioactividad, radiactividad.

ra.di.o.a.ti.vo *adj.* radiactivo.

ra.di.o.di.fu.são *s.f.* radiodifusión, trasmisión radiofónica.

ra.di.o.e.mis.so.ra *s.f.* radioemisora; emisora de radio.

ra.di.o.fô.ni.co *adj.* radiofónico.

ra.di.o.gra.far *v.t.* hacer radiografía de; radiografiar.

ra.di.o.gra.va.dor *s.m.* radiocasete.

ra.di.o.pa.tru.lha *s.f.* servicio de vigilancia de la policía.

ra.di.o.tá.xi *s.m.* radiotaxi.

ra.di.o.te.ra.pi.a *s.f. Med.* raditerapia.

ra.di.ou.vin.te *s.m.* y *adj.* radioyente, radioescucha.

rai.a *s.f.* límite, frontera, raya, línea, término, linde; señal, estría; línea de la palma de la mano.

rai.a.do *v.i.* mezclado, estriado, listado, rayado.

rai.ar *v.t.* y *v.i.* amanecer (día); clarear; rayar, surgir, despontar (el sol).

ra.i.nha *s.f.* reina; esposa del rey; dama (pieza del juego de ajedrez).

rai.o *s.m.* rayo; *Geom.* radio; *raios X* rayos X (rayos equis); *Fig.* persona muy lista.

rai.va *s.f.* ira, rabia, cólera, furor; *Patol.* hidrofobia.

rai.vo.so *adj.* furioso, rabioso, irritable, violento, colérico, hidrófobo; intratable, feroz; ansioso.

ra.iz *s.f.* raíz; *Fig.* origen, causa, fuente, comienzo, germen, nacimiento; fundamento; *Bot.* raíz; *Gram.* radical; *Mat.* raíz.

ra.ja.da *s.f.* golpe de viento; ráfaga; racha; *Fig.* ímpetu.

ra.lar *v.t.* rallar, raspar, limar, rayar, moler, triturar; *v.r.* despellejarse, rasparse, arañarse.

ra.lé *s.f.* plebe; *depr.* gentuza, ralea, populacho, canalla; escoria de la sociedad.

ra.lhar *v.t.* corregir, reprender, regañar, amonestar, sermonear, censurar, amenazar.

ra.li *s.m. Esp.* corrida (automóviles y motos) de un punto a otro, fijados con antecedencia.

ra.lo *s.m.* desaguadero, rejilla; criba, colador; *adj.* diluido, escaso, ralo; poco espeso.

ra.ma *s.f. Bot.* rama; seda en bruto.

ra.mal *s.m.* ramificación, ramal (de tren); extensión telefónica.

ra.ma.lhe.te *s.m.* ramillete, buqué, *bouquet* (del francés).

ra.mei.ra *s.f.* meretriz, ramera, puta, prostituta, zorra.

ra.mi.fi.ca.ção *s.f.* bifurcación, ramificación, división; propagación de una cosa.

ra.mi.fi.car *v.t.* subdividir, ramificar; esparcir, propagar; *v.r.* bifurcarse, ramificarse.

ra.mo *s.m. Bot.* rama, ramal, ramo, gajo; tronco, familia; división, sector; esfera de actividad, especialidad.

ram.pa *s.f.* declive, cuesta, pendiente, rampa; ladera, inclinación; pasaje de acceso.

ran.cho *s.m. Bras.* choza, casucha, rancho, cabaña; *Amér.* quincho.

ran.cor *s.m.* odio, resentimiento, rencor.

ran.co.ro.so *adj.* rencoroso, vengativo, cruel.

ra.nhu.ra *s.f.* surco, raja, estría, acanaladura, hendidura, tarja, ranura; raya.

ra.pa.du.ra *s.f. Bras.* azúcar mascabado.

ra.par *v.t.* rapar, desgastar, afeitar, rasurar, pelar; *Pop.* robar, hurtar.

ra.paz *s.m.* joven, muchacho, mozo, rapaz.

ra.pa.zi.a.da *s.f.* muchachada.

ra.pé *s.m.* tabaco en polvo; rapé.

ra.pi.dez *s.f.* ligereza, agilidad, rapidez, prisa, presteza, velocidad, vivacidad.

rá.pi.do *adj.* veloz, ágil, ligero, expreso, listo, presuroso.

ra.pi.na *s.f.* saqueo, pillaje, rapiña; hurto, robo.

rap.tar *v.t.* raptar, rapiñar, secuestrar; quitar; hurtar, robar.

rap.to *s.m.* arrebato, rapto, secuestro.

ra.que.te *s.f. Esp.* raqueta.

ra.quí.ti.co *adj.* raquítico; mezquino; débil.

ra.ri.da.de *s.f.* rareza; cosa rara; raridad.

ra.ro *adj.* escaso, contado, raro; singular, notorio, insigne, infrecuente; *adv.* raramente.

ras.cu.nhar *v.t.* escribir con borrones, esbozar, hacer rasguños.

ras.cu.nho *s.m.* borrón, rasguño, esbozo, proyecto, minuta.

ras.par *v.t.* raspar; rascar; lijar, restregar, arañar; borrar.

ras.tei.ra *s.f.* zancadilla; *passar uma rasteira* engañar, proceder traidoramente.

ras.te.ja.dor *s.m. y adj.* que sigue el rastro, rastreador; inquiridor.

ras.te.jar *v.t.* seguir el rastro; rastrear; inquirir, averiguar, *v.i.* arrastrarse; ratear; rebajarse, mostrarse servil.

ras.to *s.m.* huella, rastro, señal, vestigio, pista, signo, marca.

ra.su.ra *s.f.* mancha, tachón, borrón.

ra.su.rar *v.t.* tachar, raspar, borrar.

ra.ta *s.f. Zool.* rata, ratona; *Bras.* fiasco.

ra.ta.za.na *s.f.* rata, ratona.

ra.te.ar *v.t.* y *v.i.* repartir proporcionalmente; ratear, prorratear.

ra.tei.o *s.m.* rateo, repartición proporcional; prorrata.

ra.ti.fi.ca.ção *s.f.* confirmación, aprobación, ratificación.

ra.ti.fi.car *v.t.* aprobar, revalidar, confirmar, ratificar, validar, comprobar.

ra.to *s.m. Zool.* ratón, rata.

ra.vi.ó.li *s.m.* ravioles.

ra.zão *s.f.* raciocinio, razón; facultad de pensar y discutir, argumento; derecho; causa, explicación; cuenta; *s.m.* libro comercial de cuentas corrientes.

ré *s.f. For.* acusada, rea, *s.m. Mús.* re, la segunda nota de la escala musical; *Mar.* popa de una embarcación.

re.a.bas.te.cer *v.t.* abastecer de nuevo; reabastecer.

re.a.bas.te.ci.men.to *s.m.* nuevo abastecimiento, reabastecimiento.

re.a.ber.tu.ra *s.f.* reapertura.

re.a.bi.li.tar *v.t.* restaurar, regenerar, rehabilitar, restituir, reponer, sincerar.

re.a.brir *v.t.* abrir de nuevo, reabrir.

re.ab.sor.ver *v.t.* reabsorber.

re.a.ção *s.f.* reacción, oposición, resistencia; *Pol.* absolutismo.

re.a.cen.der *v.t.* avivar; dar nuevo ardor; volver a encender.

re.a.dap.ta.ção *s.f. Biol.* aclimatación, readaptación.

re.a.dap.tar *v.t.* reeducar, readaptar; adaptar a nuevas condiciones.

re.ad.qui.rir *v.t.* recuperar, recobrar; reconquistar; volver a adquirir.

re.a.fir.mar *v.t.* confirmar, volver a afirmar; reafirmar.

re.a.gen.te *s.m.* y *adj. Quím.* reactor, reactivo.

re.a.gir *v.i.* reaccionar; ejercer reacción; luchar contra; oponerse, resistir.

re.a.jus.tar *v.t.* ajustar de nuevo; reajustar.

re.al *adj.* real, verídico, auténtico, positivo, efectivo, regio, noble; *s.m.* real; moneda brasileña actual.

re.al.çar *v.t.* acentuar, enaltecer; realzar, destacar; elevar; ensalzar; *v.i.* sobresalirse.

re.al.ce *s.m.* brillo, realce, fama, popularidad.

re.a.le.jo *s.m.* realejo.

re.a.li.da.de *s.f.* realidad, naturalidad, veracidad, certeza.

re.a.li.za.ção *s.f.* ejecución, realización, acto, producción.

re.a.li.za.dor *s.m.* y *adj.* productor, realizador, fautor.

re.a.li.zar *v.t.* ejecutar, efectuar, hacer, realizar, crear, producir, proceder, obrar; levar a efecto; *v.r.* operarse, cumplirse, suceder.

re.a.li.zá.vel *adj.* posible, factible, practicable; convertible en dinero; realizable.

re.al.men.te *adv.* efectivamente, realmente.

re.a.ni.ma.ção *s.f.* recuperación del sentido; vivificación, reanimación.

re.a.ni.mar *v.t.* reavivar, confortar, reanimar, fortalecer, fortificar, consolar; hacer recuperar el uso de los sentidos; *v.r.* reanimarse.

re.a.pa.re.cer *v.i.* reaparecer; volver a aparecer, resurgir, resucitar.

re.a.pa.ri.ção *s.f.* reaparición, resurgimiento.

re.a.pren.der *v.t.* volver a prender; aprender de nuevo.

re.a.pro.vei.ta.men.to *s.m.* reciclaje.

re.a.pro.vei.tar *v.i.* tornar a aprovechar, reciclar, recuperar.

re.a.que.cer *v.t.* recalentar.

re.a.que.ci.men.to *s.m.* recalentamiento.

re.a.ti.var *v.t.* activar de nuevo, reactivar.

re.a.tor *s.m. Fís.* reactor.

re.bai.xar *v.t.* rebajar, disminuir, humillar, desacreditar; *v.r.* humillarse, envilecerse, rebajarse.

re.ban.ho *s.m.* manda, rebaño, majada, hato; *Fig.* grey, gremio.

re.bar.ba *s.m.* reborde, rebarba, arista.

re.ba.ter *v.t.* y *v.i.* refutar, contestar; rebatir, rebotar; controvertir; atajar (la pelota).

re.be.lar *v.t.* sublevar, amotinar, *v.r.* insubordinarse, rebelarse.

re.bel.de *adj.* rebelde.

re.ben.tar *v.i.* estallar, reventar; romperse en pedazos.

re.bo.bi.nar *v.t.* rebobinar.

re.bo.ca.dor *s.m. Mar.* remolcador.

re.bo.car *v.t.* arrastrar, remolcar, revocar; llevar remolque; cubrir con revoco.

re.bo.que *s.m.* remolque; acopladura.

re.bus.ca.do *adj.* rebuscado.

re.bus.car *v.t.* volver a buscar; rebuscar; aprimorar; ataviar con esmero.

re.ca.do *s.m.* aviso; mensaje verbal o escrito; recado.

re.ca.í.da *s.f.* reincidencia, repetición, reiteración, recidiva.

re.ca.ir *v.i.* volver a caer; recaer, reincidir, reiterar, repetir.

re.cal.car *v.t.* acentuar, recalcar, refrenar, bloquear, sofocar, reprimir.

re.cal.cu.lar *v.t.* calcular de nuevo; hacer nuevos cálculos.

re.cam.bi.ar *v.t.* volver a mandar; recambiar, devolver.

re.can.to *s.m.* retiro, rincón, oculto; escondrijo; *Fig.* intimidad.

re.ca.pe.a.men.to *s.m.* pavimentación; revestimiento.

re.ca.pi.tu.lar *v.t.* recordar, resumir, recapitular, compendiar.

re.cap.tu.rar *v.t.* volver a capturar; echar manos a un fugitivo.

re.car.ga *s.f.* nueva carga; recarga; aumento de la carga.

re.car.re.gar *v.t.* recargar; volver a cargar.

re.cau.chu.tar *v.t.* recauchutar.

re.ce.ber *v.t.* cobrar, admitir, recibir, hospedar; entrar en posesión; adquirir por trasmisión.

re.cei.ta *s.f.* receta, fórmula.

re.cei.tar *v.t.* y *v.i.* prescribir, recetar, medicinar, formular; hacer una receta; *Fig.* aconsejar, indicar.

re.cen.te *adj.* recién, reciente, moderno; nuevo; actual; flamante.

re.cep.ci.o.nar *v.t.* y *v.i.* recibir, agasajar, acoger.

re.cep.ti.vo *adj.* sensible, impresionable, receptivo.

re.ces.são *s.f.* recesión, retirada.

re.ces.so *s.m.* receso; vacación; suspensión, cesación; alejamiento.

re.cha.çar *v.t.* repeler; hacer retroceder, rebatir, rechazar, repudiar.

re.che.ar *v.t.* llenar, embutir, rellenar, involucrar.

re.ci.cla.gem *s.f.* reciclaje, reciclamiento.

re.ci.clar *v.t.* reciclar.

re.cin.to *s.m.* recinto, lugar, espacio.

re.ci.pi.en.te *s.m.* recipiente, vasija; *adj.* que recibe.

re.ci.pro.ci.da.de *s.f.* mutualidad, reciprocidad, correspondencia.

re.cí.pro.co *adj.* mutuo, correspondiente, recíproco.

re.ci.tal *s.m. Mús.* concierto de un solo artista; recital de literatura o música.

re.ci.tar *v.t.* declamar, recitar; leer en voz alta; contar; referir.

re.cla.mar *v.t.* y *v.i.* pedir, exigir, requerir, reclamar, protestar, oponerse, quejarse, objetar.

re.cli.nar *v.t.* recostar, reclinar, inclinar, doblar; *v.r.* recostarse, reclinarse, descansar.

re.clu.são *s.f.* encierro, reclusión, clausura, encarcelamiento, prisión.

re.co.brar *v.t.* rescatar, recuperar, reconquistar, recobrar; *v.r.* reponerse, restablecerse.

re.co.brir *v.t.* volver a cubrir, recubrir, cubrir bien.

re.co.lher *v.t.* recoger.

re.co.me.çar *v.t.* recomenzar, volver a comenzar.

re.co.men.da.ção *s.f.* consejo, advertencia, recomendación, encargo.

re.co.men.dar *v.t.* recomendar, interceder, mediar; aconsejar, advertir; encargar; hablar en favor de alguien.

re.com.pen.sar *v.t.* y *v.i.* gratificar; retribuir; recompensar.

re.com.pi.lar *v.t.* compendiar, recopilar.

re.com.por *v.t.* recomponer, reparar, arreglar, restablecer.

re.com.po.si.ção *s.f.* recomposición; reconciliación; reconstitución.

re.con.ci.li.ar *v.t.* congraciar, ajustar, reconciliar; restablecer la amistad.

re.côn.di.to *adj.* recóndito, oculto, escondido, secreto, apartado, retirado, reservado.

re.con.for.tar *v.t.* animar, fortalecer, reconfortar; dar nuevo aliento; devolver las fuerzas.

re.co.nhe.cer *v.t.* reconocer, recordar; comprobar; confesar; explorar, acatar; agradecer.

re.con.quis.ta *s.f.* recuperación, reconquista.

re.con.quis.tar *v.t.* recuperar; reconquistar; obtener de vuelta alguna cosa.

re.con.si.de.rar *v.t.* considerar de nuevo, ponderar, reconsiderar; *v.i.* arrepentirse.

re.cons.ti.tu.ir *v.t.* restablecer, reintegrar, reconstituir, reorganizar, restaurar, recomponer.

re.cons.tru.ir *v.t.* reedificar; rehacer; reconstruir restablecer; recompor; reformar; reorganizar.

re.con.tar *v.t.* volver a contar; recontar, narrar, referir, relatar.

re.cor.da.ção *s.f.* recuerdo, remembranza, evocación, recordación, reminiscencia, memoria.

re.cor.dar *v.t.* rememorar, memorar, evocar, recordar, acordar; *v.r.* acordarse.

re.cor.rer *v.t.* y *v.i.* recurrir; recorrer; repasar; andar, transitar; pedir protección; hacer uso de.

re.cor.tar *v.t.* hacer recorte; recortar.

re.cos.tar *v.t.* acostar, recostar, inclinar, descansar; *v.r.* reclinarse.

re.cos.to *s.m.* respaldo, almohada; inclinación.

re.cre.a.ção *s.f.* entretenimiento, diversión, recreo, distracción, pasatiempo, deleite.

re.cre.ar *v.t.* divertir, entretener, alegrar, deleitar, distraer; *v.r.* divertirse.

re.crei.o *s.m.* recreación, recreo, diversión.

re.cri.mi.na.ção *s.f.* acusación, represión, reprimenda, sermón.

re.cri.mi.nar *v.t.* acusar, culpar, recriminar, increpar, incriminar; reprochar; amonestar; regañar.

re.cru.des.cer *v.i.* empeorar, agravarse, recrudecer, exacerbarse.

re.cru.tar *v.t.* alistar para el servicio militar; reclutar, regimentar.

re.cu.ar *v.i.* retroceder, recular; transigir, ceder; caminar hacia atrás; desistir.

re.cu.pe.rar *v.t.* rescatar, recobrar; restablecer; rehabilitar; recurrir; reconquista; recuperar; *v.r.* recuperarse, mejorarse.

re.cur.so *s.m.* recurso; acción de recurrir; apelación; ayuda, auxilio; medio, expediente; *pl.*

bienes, medios, elementos, dotes, facultades.

re.cu.sar *v.t.* no admitir; rehusar, negar, recusar.

re.da.ção *s.f.* redacción; manera de escribir; local donde se redacta.

re.da.tor *s.m.* periodista; redactor.

re.de *s.f.* malla, red, hamaca, redecilla; *Fig.* ardid; lazo; trampa, engaño; *Inform.* red informática; red internet.

re.di.mir *v.t.* liberar, rescatar, redimir, remir, perdonar; *v.r.* rehabilitarse.

re.don.do *adj.* esférico, redondo, circular; *Fig.* gordo.

re.dor *s.m.* rededor, contorno, cercanía; *ao redor* alrededor, en vuelta.

re.du.ção *s.f.* disminución, mengua, restricción, reducción, limitación, resumen.

re.dun.dân.cia *s.f.* redundancia, repetición, sobra, exceso.

re.dun.dar *v.i.* resultar, acaecer, recaer, redundar; *redundar em* dar origem a.

re.du.to *s.m.* refugio, reducto, abrigo.

re.du.tor *s.m.* reductor.

re.du.zir *v.t.* acortar, achicar, reducir, comprimir, disminuir, encoger.

re.e.di.ção *s.f.* reedición, reimpresión, nueva edición.

re.e.di.fi.car *v.t.* reconstituir, restaurar, reedificar, reformar.

re.e.di.tar *v.t.* tirar nueva edición, reproducir, reimprimir.

re.em.bol.sar *v.t.* restituir (dinero), reembolsar, cobrarse.

re.en.con.tro *s.m.* reencuentro.

re.fa.zer *v.t.* corregir, rehacer, reparar, enmendar; restaurar, reconstituir, reformar; *v.r.* rehacerse, reponerse.

re.fei.to *adj.* restablecido, restaurado, rehecho.

re.fei.ção *s.f.* comida, refección, almuerzo.

re.fei.tó.rio *s.m.* comedor.

re.fém *s.m.* y *s.f.* rehén, persona tomada como rehén en un asalto.

re.fe.rên.cia *s.f.* mención, referência, informe, relato, noticia, relación, correspondencia, alusión; *pl.* recomendaciones.

re.fe.ren.do *s.m.* referéndum; sometimiento de actos y leyes al voto popular.

re.fe.rir *v.t.* y *v.i.* narrar, relatar; reseñar; referir, mencionar, citar, aludir; atribuir, imputar; *v.r.* referirse, remitirse.

re.fi.nar *v.t.* purificar; esmerar; refinar; perfeccionar; *v.i.* intensificarse, fortalecerse; *v.r.* purificarse.

re.fle.tir *v.t.* *Fís.* reflejar; ponderar, pensar, reflexionar.

re.flo.res.tar *v.t.* repoblar de árboles; plantar árboles.

re.flu.ir *v.i.* retroceder, refluir (un líquido).

re.flu.xo *s.m.* reflujo; choque; movimiento contrario a otro.

re.fo.gar *v.t.* guisar, rehogar.

re.for.çar *v.t.* fortalecer, robustecer; reforzar; aumentar.

re.for.ço *s.m.* refuerzo; auxilio.

re.for.mar *v.t.* restaurar; renovar; reformar; dar otra forma.

re.frão *s.m.* dicho, refrán, axioma.

re.fre.ar *v.t.* sofrenar; refrenar; frenar; reprimir; moderar; contener; *v.r.* abstenerse, reprimirse.

re.fre.ga *s.f.* pelea, batalla, refriega, combate, riña, contienda.

re.fres.car *v.t.* refrigerar, refrescar, atemperar, aliviar, suavizar; *v.i. Pop.* contribuir; servir para algo; *v.r.* refrescarse.

re.fres.co *s.m.* alivio, refresco; lo que sirve para refrescar.

re.fri.ge.rar *v.t.* refrescar, refrigerar, atemperar; templar el calor; *Fig.* consolar, suavizar.

re.fu.gi.a.do *adj.* asilado, expatriado, emigrado, exiliado, cobijado, amparado, refugiado.

re.fu.gi.ar-se *v.r.* asilarse, esconderse, refugiarse.

re.fú.gio *s.m.* asilo, albergue, abrigo, refugio; protección.

re.fu.tar *v.t.* contradecir, objetar, contestar, rebatir, confutar; reprobar; desmentir; replicar.

re.ga.ço *s.m. Fig.* regazo, seno.

re.ga.lar *v.t.* regalar; deleitar, halagar, complacer, mimar, obsequiar; *v.r.* deleitar.

re.ga.li.a *s.f.* regalía, privilegio; inmunidad; excepción; prerrogativa.

re.gar *v.t.* irrigar, rociar, regar; bañar.

re.ga.ta *s.f. Dep.* competición en el mar; regata.

re.ga.te.ar *v.t.* porfiar sobre el precio; regatear; escatimar; disminuir; deprimir.

re.ge.lar *v.t.* transformar en hielo; congelar.

re.ge.ne.rar *v.t.* regenerar; rehabilitar; mejorar; regenerarse.

re.gi.ão *s.f.* región, espacio, zona; división de un país; campo de acción.

re.gi.me *s.f.* modo de gobernar; reglamento, norma, disciplina; dieta alimentar, régimen; estatutos.

re.gi.men.to *s.m. Mil.* regimiento; estatuto; guía; norma; recurso.

re.gi.o.nal *adj.* local, regional.

re.gi.o.na.lis.mo *s.m.* regionalismo, provincialismo.

re.gis.trar *v.t.* inscribir, matricular; registrar en los libros; copiar, patentar; certificar (una carta); controlar.

re.gis.tro *s.m.* registro.

re.go.zi.jar *v.t.* alegrar, contentar, regocijar; animar; alborozar; *v.r.* divertirse, recrearse, regocijarse.

re.go.zi.jo *s.m.* júbilo, alegría, contentamiento, regocijo, alborozo.

re.gre.dir *v.i.* retroceder, recular.

re.gres.sar *v.i.* retornar, volver, retroceder, regresar; venir.

ré.gua *s.f.* regla.

re.gu.la.men.tar *v.t.* regular, reglamentar.

re.gu.lar *v.t.* reglar; regir; regular.

re.gu.la.ri.zar *v.t.* regularizar, reglamentar; ordenar.

re.gur.gi.tar *v.i.* rebosar, regurgitar, extravasarse, estar lleno; *v.t.* hacer devolver o vomitar.

rei *s.m.* soberano, monarca, rey; pieza del ajedrez; carta de la baraja; *Fig.* persona que sobresale en su actividad, que se distingue entre las de la misma clase.

re.im.plan.tar *v.t.* plantar de nuevo; *Med.* hacer reimplante, reimplantar; reaplicar.

rei.nar *v.t.* y *v.i.* gobernar, regir, reinar, imperar; preponderar; dominar.

re.in.ci.dir *v.i.* recaer; reiterar; repetir un acto; reincidir.

re.in.cor.po.rar *v.t.* volver a incorporar; reincorporar.

re.i.ni.ci.a.li.zar *v.t.* *Inform.* reiniciar, reinicializar, resetear.

re.i.ni.ci.ar *v.t.* comenzar de nuevo; reanudar; recomenzar; volver al comienzo; *Inform.* reiniciar, reinicializar, resetear.

rei.no *s.m.* reino; estado monárquico; *Fig.* dominio, imperio.

re.ins.ta.lar *v.t.* y *v.r.* reinstalar.

re.in.te.grar *v.t.* restituir, reintegrar; restablecer en el cargo.

rei.te.rar *v.t.* repetir; confirmar; reiterar.

rei.tor *s.m.* regente; rector de universidad.

rei.vin.di.car *v.t.* reclamar; demandar, reivindicar, exigir.

re.jei.tar *v.t.* desdeñar, despreciar; echar fuera; repeler, rechazar, rehusar.

re.ju.ve.nes.cer *v.t.* y *v.i.* remozar, rejuvenecer; renovar.

re.la.ci.o.nar *v.t.* y *v.i.* relatar, referir, narrar, relacionar; poner en una lista; comparar.

re.lan.çar *v.i.* lanzar de nuevo; relanzar; repeler, rechazar.

re.la.tar *v.t.* referir; reseñar; narrar; describir; relatar; mencionar.

re.la.ti.vo *adj.* referente, tocante, relativo, perteneciente; accidental, contingente; *Gram.* pronombre o nombre antecedente; relativo.

re.la.tor *s.m.* que relata; narrador, relator.

re.la.tó.rio *s.m.* exposición; informe; relación; descripción; parecer; *Inform.* reporte.

re.lax *s.m.* relax.

re.la.xar *v.i.* aflojar, ablandar, relajar; suavizar, atenuar.

re.le.gar *v.t.* apartar; posponer; relegar; proscribir.

re.lem.brar *v.t.* rememorar, recordar; traer a la memoria; acordarse de nuevo.

re.ler *v.t.* releer; leer muchas veces; volver a leer.

re.le.vân.cia *s.f.* importancia; distinción; excelencia; ventaja; relevancia.

re.le.var *v.t.* perdonar, absolver; aliviar; relevar; eximir, liberar.

re.li.gi.ão *s.f.* culto religioso; religión; fe, creencia.

re.ló.gio *s.m.* reloj; cronómetro.

re.lu.tar *v.i.* reluchar, resistir; oponerse; luchar de nuevo; obstinarse.

re.lu.zir *v.i.* relumbrar, resplandecer; relucir, centellear, brillar.

re.ma.ne.jar *v.t.* reorganizar, redistribuir.

re.ma.nes.cen.te *adj.* remaneciente, restante, sobrante, remanente; *s.m.* resto, sobra.

re.ma.nes.cer *v.i.* remanecer, restar, quedar, sobrar.

re.man.so *s.m.* calma; quietud, remanso; descanso; sosiego; retiro; estancamiento de las aguas.

re.mar *v.t.* y *v.i.* accionar el barco con el remo; remar, bogar.

re.mar.car *v.t.* marcar de nuevo; poner nuevo precio; remarcar.

re.ma.tar *v.t.* terminar, concluir, acabar, rematar.

re.me.di.ar *v.t.* enmendar, corregir, subsanar, remediar; reparar un mal.

re.me.mo.rar *v.t.* evocar, recordar, rememorar.

re.men.dar *v.t.* y *v.i.* reparar; remendar; corregir; recoser.

re.me.ter *v.t.* mandar, enviar, remitir.

re.me.xer *v.t.* agitar, revolver.

re.mi.nis.cên.cia *s.f.* recuerdo, memoria, reminiscencia, recordación.

re.mo.ção *s.f.* transferencia, remoción.

re.mo.de.la.ção *s.f.* reforma, modificación; transformación.

re.mo.de.lar *v.t.* modificar; mejorar, reformar; remodelar.

re.mo.er *v.t.* remoler.

re.mon.tar *v.t.* remontar, elevar.

re.mor.so *s.m.* remordimiento; pesar; arrepentimiento.

re.mo.to *adj.* distante, retirado; remoto, lejos; apartado; lejano.

re.mo.ver *v.t.* remover, desviar, transferir; mudar, trasladar.

re.mu.ne.rar *v.t.* pagar; retribuir; remunerar, asalariar; recompensar.

re.nal *adj. Fisiol.* renal; relativo al riñón.

re.nas.cer *v.i.* renacer; resurgir; volver a nacer; resucitar.

ren.da *s.f.* renta; pensión; rendimiento.

ren.der *v.t.* rendir, sujetar; vencer; someter.

re.no.ma.do *adj.* célebre, renombrado, conocido.

re.no.var *v.t.* innovar; reformar; cambiar; renovar.

ren.ta.bi.li.da.de *s.f.* rentabilidad; que produce renta.

ren.tá.vel *adj.* rentable.

re.nun.ci.ar *v.t.* y *v.i.* abnegar, abdicar, resignar, renunciar.

re.or.ga.ni.zar *v.t.* restablecer, reorganizar, reconstituir, volver a organizar.

re.pa.rar *v.t.* reparar, corregir, enmendar, remediar, rehacer.

re.par.tir *v.t.* fraccionar, repartir, parcelar, dividir; distribuir.

re.pas.sar *v.t.* volver a pasar; repasar.

re.pa.tri.ar *v.t.* repatriar; hacer volver a la patria; *v.r.* regresar a la patria.

re.pen.te *s.m.* ímpetu, repente, impulso; ocurrencia; *de repente* de pronto, sin más ni menos.

re.pen.ti.no *adj.* repentino, impensado, imprevisto, inesperado.

re.per.cu.tir *v.t.* y *v.i.* producir eco; repercutir.

re.pe.tir *v.t.* reiterar, bisar, repetir; reincidir.

re.ple.to *adj.* lleno, abarrotado, harto, relleno, repleto; rebosante.

re.po.lho *s.m. Bot.* repollo.

re.por *v.t.* restituir; reemplazar; reponer; suplir; devolver; reembolsar; rehacer; *v.r.* recuperarse, restablecerse.

re.por.tar *v.t.* relatar, referir, narrar, reportar.

re.pór.ter *s.m.* y *s.f.* repórter, reportero.

re.po.si.ção *s.f.* restitución, reintegración, reposición.

re.pou.sar *v.i.* descansar, reposar.

re.po.vo.ar *v.t.* volver a poblar; repoblar.

re.pre.en.der *v.t.* censurar, reprender.

re.pre.sen.ta.ção *s.f.* imagen; símbolo; idea; representación.

re.pre.sen.tar *v.t.* hacer presente; representar.

re.pri.mir *v.t.* refrenar, contener, reprimir.

re.pro.du.zir *v.t.* volver a producir; reproducir.

re.pro.var *v.t.* desaprobar; excluir; condenar.

re.pú.bli.ca *s.f.* república.

re.pug.nar *v.t.* asquear, repugnar.

re.pu.xar *v.t.* empujar hacia atrás.

re.quen.tar *v.t.* calentar de nuevo; recalentar.

re.que.rer *v.t.* solicitar; demandar, requerir.

rês *s.f.* cabeza de ganado; res.

res.cin.dir *v.t.* romper; anular; rescindir.

re.ser.var *v.t.* guardar; mantener; reservar.

res.fri.ar *v.t.* y *v.i.* resfriar.

res.ga.tar *v.t.* rescatar.

res.guar.dar *v.t.* preservar; resguardar; amparar, proteger.

re.si.dir *v.i.* habitar, residir, vivir.

re.sí.duo *s.m.* residuo, remanente.

re.sig.na.ção *s.f.* paciencia, conformismo, tolerancia, resignación.

re.sig.na.do *adj.* resignado, conformado; paciente.

re.sis.tir *v.t.* y *v.i.* aguantar, soportar; resistir; tolerar.

res.mun.gar *v.t.* y *v.i.* rezongar.

re.so.lu.ção *s.f.* resolución, decisión; solución; *Dro.* deliberación, acuerdo; *Inform.* resolución, calidad de imagen en la pantalla.

re.sol.ver *v.t.* resolver; *v.r.* decidirse

res.pei.tar *v.t.* acatar; respetar; obedecer; admitir; soportar.

res.pei.to *s.m.* acatamiento; consideración; respeto.

res.pi.rar *v.i. Med.* inhalar; exhalar; respirar.

res.pon.der *v.t.* contestar; *v.i.* replicar; responder.

res.pon.sa.bi.li.da.de *v.t.* hacer responsable; responsabilizar.

res.sal.tar *v.t.* hacer sobresalir; resaltar.

res.sal.var *v.t.* preservar, proteger; amparar; resguardar; enmendar; *v.r.* ponerse a salvo.

res.sar.cir *v.t.* resarcir, indemnizar, compensar.

res.se.ca.do *adj.* muy seco; resecado.

res.se.car *v.i.* secar mucho; evaporar; resecar.

res.sen.tir *v.t.* volver a sentir; *v.r.* ofenderse.

res.se.tar *v.t. Inform.* resetear, reiniciar, reinicializar.

res.so.ar *v.i.* retumbar; repercurtir; resonar.

res.sur.gir *v.i.* reaparecer; resucitar, resurgir, revivir.

res.sur.rei.ção *s.f.* resurrección; reaparición; renovación.

res.sus.ci.tar *v.t.* y *v.i.* resucitar, reaparecer, resurgir.

res.ta.be.le.cer *v.t.* restaurar; rehabilitar; reponer; restablecer; renovar; reintegrar; *v.r.* recobrarse; recuperar la salud.

res.ta.be.le.ci.men.to *s.m.* recuperación, convalecencia; restauración, restablecimiento.

res.tar *v.t.* sobrar, restar, quedar.

res.tau.ra.ção *s.f.* reconstrucción; reparo, restauración.

res.tau.rar *v.t.* recuperar, restaurar, restablecer, reconstruir.

res.ti.tu.ir *v.t.* devolver; reponer; restituir, reintegrar.

re.sul.tar *v.i.* originar, provenir; resultar; redundar.

re.su.mir *v.t.* sintetizar, abreviar; resumir, condensar.

res.va.lar *v.i.* resbalar, escurrirse, deslizar, patinar.

re.ta *s.f. Geom.* línea recta; recta.

re.tân.gu.lo *s.m. Geom.* rectángulo.

re.tar.dar *v.t.* y *v.i.* retrasar; retardar; demorar.

re.ter *v.t.* retener; detener.

re.ti.fi.car *v.t.* corregir, rectificar, enmendar.

re.ti.na *s.f. Anat.* retina.

re.ti.rar *v.t.* apartar; desviar; sacar; retirar, remover; recoger.

re.to.mar *v.t.* recobrar; tomar de nuevo; retomar, reanudar; recuperar.

re.tor.nar *v.i.* volver, tornar; reaparecer; regresar; venir.

re.tra.ir *v.t.* encoger, reducir, retraer, contraer.

re.tri.bu.ir *v.t.* recompensar; premiar; retribuir; agradecer.

re.tro.ce.der *v.t.* y *v.i.* retroceder.

réu *s.m.* reo, acusado.

re.u.nir *v.t.* congregar, agrupar, reunir.

re.va.lo.ri.zar *v.t.* revalorizar.

re.van.che *s.f.* revancha.

re.ve.lar *v.t.* revelar.

re.ven.der *v.t.* revender.

re.ves.tir *v.t.* volver a vestir; cubrir, revestir.

re.ve.zar *v.t.* y *v.i.* revezar; cambiar; relevar; sustituir.

re.vi.rar *v.t.* cambiar; revirar; poner al revés.

re.vi.sar *v.t.* rever; repasar; revisar.

re.vi.ver *v.i.* revivir.

re.vol.tar *v.t.* revolucionar; sublevar; agitar.

re.vól.ver *s.m.* revólver.

re.zar *v.t.* y *v.i.* orar; suplicar; rezar.

ri.co *adj.* opulento, adinerado, acaudalado, rico.

ri.fa *s.f.* tómbola, sorteo, rifa.

ri.fle *s.m.* fusil, rifle, escopeta.

ri.gi.dez *s.f. Fig.* severidad, austeridad; rigor; rigidez.

rin.cão *s.m.* rincón; lugar retirado; escondrijo.

rin.char *v.i.* relinchar; emitir relincho.

ri.nha *s.f. Bras.* riña; pelea de gallos.

ri.ni.te *s.f. Patol.* rinitis.

ri.no.ce.ron.te *s.m. Zool.* rinoceronte.

ri.o *s.m.* río.

ri.que.za *s.f.* opulencia, riqueza.

rir *v.i.* reír, sonreír.

ris.car *v.t.* rayar, trazar.

rit.mo *s.m.* ritmo.

ri.to *s.m. Rel.* culto, rito; ceremonial.

ri.va.li.zar *v.i.* competir, rivalizar; tener celos; contender.

ro.bô *s.m.* autómata, robot; *Fig.* maniquí.

ro.bus.te.cer *v.t.* vigorizar, fortalecer, robustecer; ratificar.

ro.çar *v.t.* y *v.i.* rozar, rasar.

ro.cha *s.f.* peña, roca, peñasco.

ro.da.pé *s.m. Arq.* friso, rodapié, zócalo.

ro.dar *v.t.* girar, voltear, rodar; *Inform.* correr.

ro.de.ar *v.t.* andar alrededor; rondar.

ro.de.la *s.f.* rodaja; rodela; disco.

ro.do.vi.a *s.f.* carretera, autopista, autovía.

ro.do.vi.á.ria *s.f.* terminal de autobuses.

ro.er *v.t.* y *v.i.* carcomer, roer; morder.

ro.gar *v.t.* y *v.i.* implorar; pedir; demandar; rogar.

rol *s.m.* lista, catálogo, nómina.

ro.lar *v.t.* y *v.i.* hacer girar; rodar.

ro.le.ta *s.f.* ruleta (juego de azar).

ro.lo *s.m.* rollo; fardo; cilindro; *Impr.* rodillo.

ro.mã *s.f. Bot.* granada.

ro.man.ce *s.m. Líter.* novela, romance; cuento; fábula;

lengua románica; *Fig.* fantasía, invención.

rom.per *v.i.* desgarrar; gastar; romper.

ron.car *v.i.* resoplar; roncar.

ron.dar *v.i.* patrullar, vigilar; merodear; rondar; andar alrededor de alguien.

ro.sa *s.f. Bot.* rosa.

ro.sá.rio *s.m. Rel.* rosario.

ros.bi.fe *s.m.* trozo de carne asada; rosbif.

ros.to *s.m.* cara, faz, rostro.

ro.ta *s.f.* vía, rumbo, ruta; dirección; trayecto.

ro.ta.ção *s.f.* rotación; movimiento giratorio.

ro.tei.ro *s.m.* guión; plan; pauta; argumento (teatro y cine); itinerario, trayecto (viaje).

ro.ti.na *s.f.* hábito, costumbre, rutina, práctica.

ro.tu.lar *v.t.* etiquetar, rotular.

rou.bar *v.t.* pillar, robar; rapiñar; hurtar; sustraer; saquear.

rou.pa *s.f.* traje, vestimenta, vestido, vestidura, ropa, prenda, indumentaria.

ru.a *s.f.* calle.

ru.bi *s.m. Miner.* rubí.

ru.bo.ri.zar *v.t.* sonrojar; *Fig.* avergonzar; ruborizar.

ru.bri.ca *s.f.* señal, rúbrica; firma o abreviatura de firma.

ru.bri.car *v.t.* poner rúbrica; firmar, rubricar.

ru.de *adj.* grosero; brusco; rudo.

ru.di.men.tar *adj.* rudimentario; simple, sencillo; primario.

ru.e.la *s.f.* calle pequeña; callejuela.

ru.ga *s.f.* arruga.

ru.í.do *s.m.* sonido, ruido.

ru.im *adj.* malo; despreciable; perverso; nocivo.

ru.í.na *s.f.* devastación, destrucción, ruina; restos de un edificio; destrozo; deterioro.

rup.tu.ra *s.f.* quiebra, ruptura, rotura.

ru.ral *adj.* agrícola, rural, campestre; rústico.

rús.ti.co *adj.* rústico, rural; rudo.

S

s *s.m.* decimoctava letra del alfabeto portugués; abreviatura de *sul, santo, são.*

sã *adj.* saludable, sana; de buena intención; fem. de *são.*

sa.bão *s.m.* jabón; *Fig.* reprimenda, reprensión severa; *bolha de sabão* pompa de jabón; *levar um sabão* echar una bronca.

sa.be.do.ri.a *s.f.* sabiduría, sapiencia; conocimiento.

sa.ber *v.t.* conocer; ser docto; saber; tener noticia.

sa.be-tu.do *s.m. Fam.* sabelotodo.

sa.bi.á *s.m. Ornit.* ave cantora del Brasil.

sa.bo.ne.te *s.m.* jaboncillo; jabón de olor.

sa.bo.ne.tei.ra *s.f.* jabonera.

sa.bor *s.m.* sabor, deleite.

sa.bo.re.ar *v.t.* degustar, saborear; *v.r.* deleitarse, regocijarse.

sa.bo.ro.so *adj.* sabroso, suculento; *Fig.* rico.

sa.bo.ta.gem *s.m.* sabotaje.

sa.bo.tar *v.t.* sabotear.

sa.bu.go *s.m. Bot.* panoja; mazorca de maíz sin granos.

sa.ca *s.f.* saco grande; saca, bolsa, costal.

sa.ca-ro.lhas *s.m.* sacacorchos; tirabuzón.

sa.ca.da *s.f.* acción de sacar; saliencia de una pared; balcón; *Dep.* jugada.

sa.ca.do *s.m. y adj.* extraído, sacado; *Com.* librado de una letra de cambio.

sa.ca.dor *adj.* sacador; girante de una letra de cambio.

sa.ca.na *s.m. y adj. Pop.* pícaro, bellaco; bribón.

sa.ca.na.gem *s.f.* canallada.

sa.car *v.t.* arrancar, quitar; extraer algo, sacar (arma); hacer salir, vaciar; *Com.* girar, librar (letra o cheque); *v.i.* arrancar con violencia; *Fig.* deducir, inferir; *Dep.* sacar (pelota).

sa.cer.do.te *s.m.* cura, padre, sacerdote.

sa.cer.do.ti.sa *s.f.* sacerdotisa.

sa.ci *s.m. Bras.* ser imaginario bajo la forma de un negrito con gorro rojo.

sa.ci.ar *v.t.* y *v.i.* hartarse, satisfacerse, saciarse.

sa.co *s.m.* bolsa, costal, saco; *Vulg.* pelotas, huevos; saco; vestido talar de penitencia; *encher o saco* jorobar, dar lata, joder; *estar de saco cheio* estar harto; *puxar o saco* adular, halagar; *que saco!* ¡qué lata!.

sa.co.la *s.f.* bolsa.

sa.cri.fi.car *v.t.* y *v.i.* sacrificarse.

sa.cri.lé.gio *s.m.* profanación, sacrilegio.

sa.cris.tão *s.m. Rel.* sacristán.

sa.cris.ti.a *s.f. Rel.* sacristía.

sa.cu.di.da *s.f.* sacudida, sacudón.

sa.cu.dir *v.t.* agitar, sacudir; apalear; *v.r.* bambolearse, sacudirse.

sá.di.co *s.m. y adj.* sádico.

sa.di.o *adj.* saludable, sano.

sa.dis.mo *s.m.* sadismo.

sa.fa.de.za *s.f.* sinvergüencería.

sa.fa.do *s.m. y adj.* tunante, truhán, sinvergüenza.

sa.far *v.t.* y *v.r.* escaparse, librar.

sa.fá.ri *s.m.* safari.

sa.fra *s.f.* cosecha, zafra (caña de azúcar); *Fig.* novedad.

sa.gaz *adj.* sagaz; perspicaz.

sa.guão *s.m.* atrio, zaguán, portal, hall, vestíbulo.

sai.a *s.f.* saya; falda; *saia-calça* falda pantalón.

sa.í.da *s.f.* salida, partida; escapatoria; sitio por donde se sale; venta; comercialización; excusa, evasiva.

sai.o.te *s.m.* enagua, sayote.

sa.ir *v.t.* y *v.i.* irse, partir, salir, retirarse, alejarse.

sal *s.m. Quím.* sal.

sa.la *s.f.* sala, pieza, living, salón; *fazer sala* entretener a las visitas; *sala de espera* antecámara; *sala de jantar* comedor; *sala de aula* aula.

sa.la.da *s.f.* ensalada.

sa.lão *s.m.* salón, sala grande; *salão de cabeleireiro* peluquería; *salão de chá* salón de té; *salão nobre* salón de actos, paraninfo.

sa.lá.rio *s.m.* salario, jornal, sueldo, gaje, paga.

sal.dar *v.t.* liquidar una cuenta; saldar, pagar, finiquitar, cancelar.

sal.do *s.m. Com.* saldo; resto de mercancías; *saldo bancário* haber.

sa.lei.ro *s.m.* salero.

sa.le.ta *s.f.* saloncillo, saleta.

sal.ga.di.nho *s.m.* bocadillo de aperitivo.

sal.ga.do *adj.* salado.

sal.gar *v.t.* salar.

sa.li.ên.cia *s.f.* relieve, protuberancia.

sa.li.en.tar *v.t.* resaltar, destacar.

sa.li.en.te *adj.* saliente.

sa.li.va *s.f.* saliva.

sa.li.va.ção *s.f.* salivación.

sa.li.var *v.i.* salivar.

sal.mou.ra *s.f.* salmuera.

sal.pi.car *v.t.* rociar, esparcir, salpicar.

sal.sa *s.f. Bot.* perejil.

sal.si.cha *s.f.* longaniza, salchicha, chorizo.

sal.tar *v.i.* saltar; apearse; desprenderse, sobresalir; ir por los aires.

sal.tim.ban.co *s.m.* saltimbanqui; acróbata.

sal.to *s.m.* bote, salto, cascada, cabriola, pirueta, omisión, ascenso; tacón del calzado.

sa.lu.tar *adj.* sano, salubre, saludable; *Fig.* útil, provechoso.

sal.va.ção *s.f.* salvación, redención.

sal.va.guar.da *s.f.* salvaguardia.

sal.va.guar.dar *v.t.* proteger, salvaguardar.

sal.va.men.to *s.m.* salvamento, rescate.

sal.va-vi.das *s.m.* salvavidas.

sal.var *v.t.* y *v.r.* librarse; *v.i.* hacer salvas de artillería; *Inform.* grabar, almacenar en el dispositivo de memoria.

sal.va-te.la *s.m. Inform.* protector de pantalla.

sal.vo *adj.* ileso, salvo; *adv.* excepto, salvo, menos, exceptuado; *salvo se* a menos que.

sal.vo-con.du.to *s.m.* pase, salvoconducto.

sa.mam.bai.a *s.f. Bot.* samambaya.

sam.ba *s.m. Bras.* samba, ritmo brasileño de origen africana.

sam.bar *v.i.* bailar la samba.

sam.bis.ta *s.m. Bras.* compositor o bailarín de samba.

sa.nar *v.t.* y *v.i.* curar, sanar.

sa.na.tó.rio *s.m. Med.* clínica, hospital, sanatorio.

san.ção *s.f.* aprobación, autorización, sanción; castigo, pena.

san.ci.o.nar *v.t. For.* homologar; sancionar, aprobar.

san.dá.lia *s.f.* abarca, sandalia.

san.du.í.che *s.m.* bocadillo, emparedado.

sa.ne.a.men.to *s.m.* saneamiento.

sa.ne.ar *v.t.* sanear.

san.fo.na *s.f. Mús.* acordeón; fuelle.

san.grar *v.t.* sangrar.

san.gren.to *adj.* sangriento, sanguinolento, cruel.

san.gri.a *s.f.* sangradura, sangría; bebida hecha con limón, agua, azúcar y vino tinto; *fazer uma sangria* desangrar.

san.gue *s.m. Fisiol.* sangre; *sangue frio* serenidad; *a sangue frio* sin piedad; *sangue azul* nobleza; *suar sangue* fatigarse mucho; *subir o sangue à cabeça* enfurecerse; *ter sangue de barata* ser miedoso.

sa.ni.tá.rio *s.m.* sanitario; baño; servicio, water; *adj.* higiénico; relativo a la salud, sanitario.

sa.ni.ta.ris.ta *s.m.* y *s.f.*, *adj.* sanitario.

san.ta *s.f.* y *adj.* mujer canonizada; santa; piadosa; honesta.

san.tei.ro *adj.* devoto, beato; escultor o vendedor de imágenes de santos.

san.to *s.m.* y *adj.* santo; *santo de casa não faz milagre* santo casero no toca pandero.

são *adj.* saludable, sano; abreviatura de santo (cuando su nombre comienza por consonante); indemne, ileso, incólume.

sa.pa.tão *s.m. Vulg.* lesbiana.

sa.pa.ta.ri.a *s.f.* zapatería.

sa.pa.tei.ro *s.m.* zapatero.

sa.pa.ti.lha *s.f.* zapatilla.

sa.pa.to *s.m.* calzado, zapato.

sa.pé *s.m. Bot.* sapé, planta brasileña para cubrir chozas.

sa.po *s.m. Zool.* sapo; escuerzo; *engolir sapos* soportar ofensas.

sa.que *s.m.* pillaje, robo, saqueo; *Dep.* saque; *Com.* giro; orden de pago.

sa.que.ar *v.t.* robar, asaltar, saquear.

sa.ram.po *s.m. Med.* sarampión.

sa.ra.pa.tel *s.m.* plato hecho a base de menudos, típico de Bahia, Brasil.

sa.rar *v.t.* sanar, curar; *v.i.* curarse, restablecerse.

sar.cas.mo *s.m.* sarcasmo.

sar.cás.ti.co *adj.* sarcástico.

sar.da *s.f.* peca.

sar.den.to *s.m.* y *adj.* pecoso.

sar.di.nha *s.f.* sardina.

sar.gen.to *s.m. Mil.* sargento.

sar.na *s.f. Med.* roña, sarna; *procurar sarna para se coçar* meterse en líos.

sar.nen.to *s.m.* y *adj.* sarnoso, roñoso; *Fig.* importuno.

sar.ra.fo *s.m.* listón, tabla; viga.

sar.ro *s.m.* sedimento, residuo, borra; *Pop.* broma, burla; *tirar um sarro* tomar el pelo.

sa.té.li.te *s.m. Astron.* satélite.

sá.ti.ra *s.f.* ironía, sarcasmo; *Ret.* sátira.

sa.tí.ri.co *adj.* sarcástico, satírico; picante.

sa.tis.fa.ção *s.f.* placer, satisfacción, felicidad, explicación, desagravio; *tirar satisfação* pedir explicaciones, sacar en limpio.

sa.tis.fa.zer *v.t.* saciar, satisfacer, cumplir; *v.i.* bastar, alcanzar; *v.r.* saciarse.

sa.tis.fei.to *v.t.* y *adj.* satisfecho.

sa.tu.ra.ção *s.f.* saturación, hartura.

sa.tu.rar *v.t.* y *v.r.* saturar.

sau.da.ção *s.f.* salutación, salva, saludo, brindis; *pl.* recuerdos, saludos.

sau.da.de *s.f.* nostalgia, añoranza.

sau.dar *v.t.* felicitar, saludar, elogiar; *s.m.* saludo, salutación.

sau.dá.vel *adj.* saludable, sano.

sa.ú.de *s.f.* sanidad, salud; vigor; fuerza; *à sua saúde* a su salud.

sau.do.so *adj.* nostálgico; que siente *saudade*.

sau.na *s.f.* sauna.

sa.xo.fo.ne *s.m. Mús.* saxófono, saxofón, saxo.

scan.ner *s.m Inform.* escáner.

se *pron.* se; *conj.* si, en el caso de; *se bem que*: si bien, aunque.

se.bo *s.m.* grasa, sebo; local de venta de libros usados; *pôr sebo nas canelas* huir, escabullirse.

se.ca *s.f.* estiaje, seca, sequía.

se.ca.dor *adj.* secador.

se.ção *s.f.* parte; sección; división; sector; grupo.

se.car *v.t., v.i.* y *v.r.* secarse; *Bras.* dar mala suerte.

sec.ci.o.nal *adj.* referente a la sección; seccional.

sec.ci.o.nar *v.t.* dividir, seccionar, fraccionar.

se.co *adj.* seco, marchito; rudo, descortés.

se.cre.ção *s.f.* corrimiento; secreción.

se.cre.ta.ri.a *s.f.* secretaría.

se.cre.tá.rio *s.m.* secretario.

se.cre.to *adj.* secreto, sigiloso.

se.cun.dá.rio *adj.* accesorio, secundario; enseñanza media, secundaria.

se.da *s.f.* seda (tejido); pelo elaborado por el gusano de seda.

se.dar *v.t. Med.* calmar, sedar.

se.da.ti.vo *s.m.* y *adj. Med.* calmante, sedante, sedativo.

se.de *s.f.* oficina central; casa matriz; domicilio social.

se.de (ê) *s.f.* sed; *Fig.* avidez, deseo sediento.

se.den.tá.rio *adj.* sedentario, inactivo.

se.den.to *adj.* sediento.

se.di.men.tar *v.i.* formar sedimentos, sedimentar.

se.di.men.to *s.m.* sedimento.

se.du.ção *s.f.* encanto, seducción; *Fig.* engaño.

se.du.tor *s.m.* y *adj.* seductor.

se.du.zir *v.t.* seducir, cautivar.

se.gre.ga.ção *s.f.* separación, segregación, apartamiento.

se.gre.gar *v.t.* y *v.r.* separarse, segregarse.

se.gui.do *adj.* consecutivo, sucesivo, seguido, incesante.

se.gui.dor *s.m.* y *adj.* partidario, seguidor; continuador.

se.gui.men.to *s.m.* persecución, continuación, acompañamiento.

se.guin.te *adj.* inmediato, siguiente.

se.guir *v.t.* y *v.i.* continuar, proseguir; ir después; seguir, perseguir; escoltar, acompañar; copiar, imitar; profesar; ser partidario de; *v.r.* inferirse; resultar; *em seguida* luego, enseguida, en seguida.

se.gun.da *s.f.* segunda clase; marcha de automóvil; *de segunda* de categoría inferior.

se.gun.da-fei.ra *s.f.* lunes.

se.gun.do *adj.* secundario, segundo; *num.* después del primero; *s.m.* el que ocupa el segundo lugar; unidad de medida (ángulo, tiempo); *prep.* y *conj.* según, conforme.

se.gu.ran.ça *s.f.* certeza, certidumbre; seguridad; policía; guardia.

se.gu.rar *v.t.* prender, asir, agarrar, sujetar; tener en las manos; *Com.* poner en seguro; asegurar, garantizar; *v.r.* sostenerse, aferrarse; *Fig.* aguantarse; *segurar as pontas* aguantar la mecha, bancarse.

se.gu.ro *adj.* seguro; firme; ileso; libre de peligro; cierto;

sei.o *s.m.* seno, pecho; *Fig.* vientre materno.

sei.ta *s.f.* secta, facción, doctrina.

sei.va *s.f. Bot.* savia, jugo; *Fig.* fuerza; vigor.

se.la *s.f.* silla; montura.

se.lar *v.t.* estampillar, sellar; timbrar; ensillar (caballos); cerrar, lacrar; *Fig.* concluir, rematar.

se.le.ção *s.f.* elección, selección; *Dep.* selección, equipo de un país en competición internacional.

se.le.ci.o.nar *v.t.* elegir, escoger, seleccionar; *Inform.* iluminar, destacar elementos en la pantalla.

se.le.to *adj.* selecto.

se.lo *s.m.* sello (de correos), estampilla; *Fig.* marca, distintivo; señal, cuño; tipo de tasa o derecho.

sel.va.gem *adj.* salvaje.

sel.va *s.f.* bosque, selva.

sel.va.ge.ri.a *s.f.* salvajería, salvajismo.

sem *prep.* sin; *sem dúvida* sin duda; *sem-cerimônia* descortesía; *sem-número* sinnúmero.

sem-fim *loc. adv.* sinfín, sin término, mucho, sinnúmero; indeterminado; *s.m.* gran cantidad de, un sinfín de.

sem-pu.dor *s.m.* desvergüenza, falta de pudor; desfachatez.

sem-ra.zão *s.f.* sinrazón; injusticia; afrenta.

sem-ver.go.nha *s.f.* y *adj.* sinvergüenza.

sem-ver.go.nhi.ce *s.f.* desvergüenza, sinvergüenza.

se.má.fo.ro *s.m.* semáforo.

se.ma.na *s.f.* semana.

se.ma.nal *adj.* semanal.

se.mân.ti.ca *s.f.* semántica.

sem.blan.te *s.m.* faz, cara, semblante.

se.me.lhan.ça *s.f.* similitud, analogía, semejanza; *à semelhança de* a semejanza de.

se.me.a.du.ra *s.f.* siembra.

se.me.ar *v.t.* y *v.i.* diseminar, sembrar; divulgar, fomentar, esparcir, predicar.

se.me.lhan.te *adj.* semejante; *s.m.* semejante.

sê.men *s.m.* semen, esperma; *Fig.* simiente.

se.men.te *s.f.* simiente, semilla; *Fig.* origen, germen; *ficar para semente* vivir mucho.

se.men.tei.ra *s.f.* sembrado, siembra.

se.mes.tral *adj.* semestral.

se.mes.tre *s.m.* semestre.

se.mi.fi.nal *s.f.* y *adj. Dep.* semifinal.

se.mi.mor.to *adj.* moribundo; medio muerto; *Fig.* apagado; amortecido.

se.mi.ná.rio *s.m.* seminario; *Fig.* plantel.

se.mi.na.ris.ta *s.m.* seminarista.

se.mi.nu *adj.* seminudo, semidesnudo; andrajoso, harapiento.

se.mi.vo.gal *s.f.* y *adj. Gram.* semivocal.

sem.pre *adv.* siempre; *para sempre* perpetuamente; *quase sempre* en la mayoría de los casos.

sem.pre-vi.va *s.f. Bot.* siempreviva.

sen.só.rio *adj.* sensorial, sensorio; *s.m. Med.* sensorio (centro de la sensibilidad en el cerebro).

se.na *s.f.* juego en que se sortean seis números; sena, seis doble en el dominó.

se.na.do *s.m.* senado.

se.na.dor *s.m.* senador.

se.não *conj.* sino, menos, pero; *prep.* excepto, menos; *s.m.* defecto; falta ligera.

se.nha *s.f.* marca, seña, señal; indicio; contraseña.

se.nhor *s.m.* hombre, señor; dueño, patrón, amo, propietario; Dios; *Fig.* importante, grande.

se.nho.ra *s.f.* mujer, señora; ama; dueña; esposa.

se.nho.ri.a *s.f.* señoría (tratamiento); dominio de una propiedad.

se.nho.ri.o *s.m.* señorío, propietario, arrendador; dominio.

se.nho.ri.ta *s.f.* señorita.

se.nil *adj.* decrépito, caduco, senil, añoso, viejo.

sen.sa.ção *s.f.* sensación, impresión.

sen.sa.ci.o.nal *adj.* importante; notable; sensacional.

sen.sa.tez *s.f.* discreción; prudencia, cautela, sensatez, buen sentido.

sen.sa.to *adj.* ajuiciado, discreto, sensato.

sen.si.bi.li.da.de *s.f.* susceptibilidad, delicadeza, sensibilidad.

sen.si.bi.li.zar *v.t.* conmover, sensibilizar, impresionar; *v.r.* apiadarse, conmoverse.

sen.si.ti.vo *s.m.* y *adj.* sensible, sensitivo; conmovedor; *Bras.* persona que tiene mediunidad.

sen.sí.vel *adj.* sensible.

sen.so *s.m.* criterio, discernimiento; sentido; dirección; finalidad; juicio; *bom senso* buen sentido; *senso comum* sentido común; *senso de humor* sentido del humor.

sen.su.al *adj.* sensitivo, sensual, erótico.

sen.ta.do *adj.* sentado.

sen.tar *v.t., v.i.* y *v.r.* sentar.

sen.ten.ça *s.f.* juicio, sentencia, veredicto; parecer; refrán, proverbio.

sen.ten.ci.ar *v.t.* y *v.i.* juzgar, decidir, sentenciar; sancionar.

sen.ti.do *s.m.* sentido; facultad de sentir; acepción; nexo; significado; rumbo, dirección; órgano que recibe sensaciones; *adj.* disgustoso, molesto, sentido; *pl.* conocimiento; facultades; ¡sentido! ¡firmes!; *perder os sentidos* desmayarse.

sen.ti.men.to *s.m.* sentimiento, *s.m. pl.* sentimientos; pésame, condolencias.

sen.ti.ne.la *s.f. Mil.* vigía, centinela, guardia; plantón.

sen.tir *v.t., v.i.* y *v.r.* sentirse; *s.m.* sentimiento, opinión.

sen.za.la *s.f. Bras.* casa para los esclavos.

se.pa.ra.ção *s.f.* alejamiento, separación; *For.* separación conyugal.

se.pa.ra.do *adj.* aislado, separado; *em separado* aparte, por separado.

se.pa.rar *v.t.* y *v.r.* separar(se).

se.pul.tar *v.t.* y *v.r.* sepultar(se).

se.pul.tu.ra *s.f.* tumba, sepultura, yacija, nicho, túmulo.

se.qüe.la *s.f.* resultado, consecuencia, secuela.

se.qüên.cia *s.f.* secuencia, continuación.

se.quer *adv.* siquiera; por lo menos.

se.qües.tra.dor *adj.* secuestrador.

se.qües.trar *v.t.* secuestrar.

se.qües.tro *s.m.* secuestro; embargo, retención, arresto.

ser *s.m.* ser, ente, persona; modo de existir, conducta; *pl.* todo lo creado.

ser *v.i.* y *v.t.* existir, ser; pertenecer; estar; vivir; valer; acontecer, pasar; corresponder, tocar; tener las propiedades que los nombres significan o indican; consistir, causar; ser formado; convenir; componerse de; usado como auxiliar: *ser amado, ser querido*.

se.re.le.pe *s.m. Bras.* muy vivo; travieso, inquieto, divertido, gracioso.

se.re.nar *v.t.* pacificar, acalmar, serenar; *v.r.* tranquilizarse.

se.re.na.ta *s.f.* serenata.

se.re.ni.da.de *s.f.* sosiego, calma, paz, reposo; presencia de ánimo, sangre fría.

se.re.no *adj.* sereno, calmo, tranquilo, sosegado; *s.m.* humedad de la noche.

se.ri.a.do *s.m.* serie.

sé.rie *s.f.* serie, serial; sarta; sucesión; año de estudio; *fora de série* excepcional, raro.

se.ri.e.da.de *s.f.* gravedad, austeridad, rectitud.

se.ri.gra.fi.a *s.f.* serigrafía.

se.rin.ga *s.f.* jeringa.

se.rin.guei.ra *s.f. Bot.* caucho, gomero.

se.rin.guei.ro *s.m. Bras.* cauchutero.

sé.rio *adj.* grave, severo, formal, serio.

ser.mão *s.m.* sermón.

ser.pen.ti.na *s.f.* serpentina (de carnaval); serpentín (alambique).

ser.ra *s.f. Mec.* sierra (instrumento y su hoja); *Geogr.* cordillera.

ser.ra.gem *s.f.* serrín, aserrín.

ser.ra.lhei.ro *s.m.* herrero, serrajero.

ser.rar *v.t.* cortar con la sierra; serrar, aserrar.

ser.ra.ri.a *s.f.* serrería, aserradero.

ser.ro.te *s.m.* serrucho.

ser.ven.te *s.m.* y *s.f., adj.* servidor, sirviente, criado, ayudante.

ser.ven.ti.a *s.f.* utilidad; servicio, empleo.

ser.vi.ço *s.m.* servicio, empleo, función, trabajo, tarea; obsequio; conjunto de vasillas.

ser.vi.dão *s.f.* esclavitud, cautiverio, servidumbre; *For.* servidumbre impuesta a una propiedad.

ser.vi.dor *s.m* funcionario, servidor público; *Inform.* servidor, dispositivo que se encarga de almacenar datos y dar servicio de los mismos a los clientes.

ser.vil *adj.* bajo, abyecto, servil, adulador.

ser.vir *v.t.* y *v.r.* servir.

ses.são *s.f.* reunión, junta; sesión; acto público; función (cinema, teatro).

ses.sen.tão *s.m.* y *adj.* sesentón.

ses.ta *s.f.* descanso, siesta, sueño por la tarde.

se.tar *v.t. Inform.* configurar, establecer parámetros u opciones.

se.tem.bro *s.m.* septiembre.

se.ten.tão *s.m.* y *adj.* setentón.

se.tor *s.m.* ramo, sector, sección; esfera de actividad.

seu *pron. y adj. pos.* su, suyo (en tercera persona); de él, de ello, de ella; *s.m.* lo que pertenece a la persona con quien se habla.

se.ve.ro *adj.* austero, serio, severo.

se.xa.ge.ná.rio *s.m. y adj.* sexagenario.

se.xo *s.m.* sexo; órgano sexual.

sex.ta-fei.ra *s.f.* viernes.

se.xu.al *adj.* sexual.

shop.ping cen.ter *s.m.* centro comercial, galería.

show *s.m.* espectáculo; *dar um show* armar un escándalo.

si *pron. pers.* sí, sí mismo; *por si* sin ayuda; *voltar a si* volver en sí; *fora de si* trastornado.

si *s.m. Mús.* si, séptima nota de la escala.

si.de.rúr.gi.co *adj.* siderúrgico, metalúrgico.

si.gi.lo *s.m.* secreto, sigilo, reserva; silencio.

si.gla *s.f.* sigla, monograma.

sig.na.tá.rio *s.m. y adj.* firmante, signatario.

sig.ni.fi.ca.ção *s.f.* acepción, sentido, significación.

sig.ni.fi.ca.do *s.m.* sentido, significado.

sig.ni.fi.car *v.t.* significar.

sig.ni.fi.ca.ti.vo *adj.* indicativo, expresivo, significativo, significante.

sig.no *s.m.* horóscopo, signo; señal, símbolo.

sí.la.ba *s.f.* sílaba.

si.len.ci.a.dor *s.m.* silenciador (aparato de arma de fuego).

si.len.ci.ar *v.t. y v.i.* acallar, silenciar.

si.lên.cio *s.m.* silencio, quietud; *interj.* ¡silencio!; ¡chitón!.

si.len.ci.o.so *adj.* callado, mudo.

si.lhu.e.ta *s.f.* silueta, contorno; perfil.

si.li.co.ne *s.m. Quím.* silicona.

si.lo *s.m.* granero, silo.

sil.ves.tre *adj.* selvático, silvestre.

sim *adv.* sí; expresa consentimiento o afirmación; *s.m.* sí; aprobación; permiso; anuencia; consentimiento; *pelo sim, pelo não* por las dudas; *pois sim* ¡no faltaba más!

sim.bo.li.zar *v.t.* simbolizar, figurar.

sím.bo.lo *s.m.* símbolo.

si.mé.tri.co *adj.* simétrico, armónico, proporcional.

si.mi.lar *s.m. y adj.* parecido, análogo, similar.

si.mi.la.ri.da.de *s.f.* analogía, similitud.

sim.pa.ti.a *s.f.* simpatía, atractivo.

sim.pá.ti.co *adj.* atrayente, atractivo, simpático.

sim.pa.ti.zar *v.i.* congeniar, simpatizar.

sim.ples *adj.* fácil, sencillo, simple; único; natural, evidente, elemental; bueno; modesto; llano; puro.

sim.pli.ci.da.de *s.f.* sencillez, simplicidad.

sim.pli.fi.car *v.t.* facilitar, simplificar.

sim.pló.rio *s.m. y adj.* simplote, simplón.

sim.pó.sio *s.m.* simposia, simposio.

si.mu.la.ção *s.f.* simulación; engaño; disfraz.

si.mu.la.cro *s.m.* simulacro.

si.mu.la.dor *s.m. y adj.* falso, disimulador; simulador.

si.mu.lar *v.t.* fingir, simular, aparentar, figurar.

si.mul.tâ.neo *adj.* concomitante, simultáneo, sincrónico.

si.na *s.f.* hado, suerte, sina, fatalidad, destino.

si.nal *s.m.* aviso, señal, advertencia; marca; mancha; huella, indicio, asomo, vestigio; ademán, estigma, sintoma; semáforo; *pl.* presagio; *sinal de pagamento* anticipo; *por sinal* a propósito.

si.na.li.za.ção *s.f.* señalización; señalamiento.

si.na.li.zar *v.t.* indicar, señalar, señalizar (tránsito).

sin.ce.ri.da.de *s.f.* franqueza, veracidad, sinceridad.

sin.ce.ro *adj.* verdadero, veraz, sincero.

sin.cro.ni.zar *v.t.* sincronizar, hacer coincidir.

sin.di.ca.li.zar *v.t. y v.r.* sindicar.

sin.di.cân.cia *s.f.* inspección, investigación.

sín.di.co *s.m.* administrador de un edificio; síndico.

sín.dro.me *s.f. Med.* síndrome.

sin.fo.ni.a *s.f. Mús.* sinfonía.

sin.fô.ni.co *adj.* sinfónico.

sin.ge.lo *adj.* natural, simple, modesto, sencillo.

sin.gu.lar *adj.* único, raro, extraordinario, singular; *s.m. Gram.* singular.

si.nis.tro *s.m. y adj.* funesto, malo, siniestro, amenazador; desastre, daño, desgracia, catástrofe.

si.no *s.m.* campana.

si.nô.ni.mo *s.m.* sinónimo.

si.nop.se *s.f.* sinopsis, resumen.

si.nó.ti.co *adj.* resumido, sinóptico.

sin.ta.xe *s.f. Gram.* sintaxis.

sín.te.se *s.f.* resumen, síntesis.

sin.te.ti.zar *v.t.* resumir, sintetizar.

sin.to.ma *s.m. Med.* síntoma.

sin.to.ni.zar *v.t.* sintonizar; establecer sintonía.

si.nu.o.so *adj.* sinuoso; torcido; tortuoso, ondulado.

si.re.ne *s.f.* sirena.

sis.mo *s.m.* seísmo, sismo; temblor de tierra; terremoto.

sis.te.ma *s.m.* procedimiento, norma, sistema, plan, método; *Inform.* sistema, conjunto de programas y datos; *sistema operacional* sistema operativo.

sis.te.ma.ti.zar *v.t.* reducir a sistema, sistematizar.

si.te *s.m. Inform.* sitio, cualquier servidor o dirección en la *web* (red internet).

si.ti.ar *v.t.* asediar, bloquear, sitiar; poner sitio; cercar una plaza.

si.to *adj.* situado, colocado, sito.

si.tu.a.ção *s.f.* posición, colocación, disposición, situación; estado social de una persona, localización.

si.tu.ar *v.t.* localizar, poner, colocar, emplazar; establecer; *v.r.* colocarse, situarse, ponerse.

só *adj.* aislado; sin compañía; solo, solitario; *adv.* únicamente, sólo, apenas, sólamente; *a sós* a solas.

so.ar *v.i.* emitir sonido; sonar; producir eco; divulgarse; hacerse oír.

sob *prep.* debajo, bajo, so.

so.be.ra.no *s.m.* y *adj.* rey, monarca, soberano, emperador.

so.ber.ba *s.f.* presunción, altivez, orgullo, arrogancia.

so.ber.bo *adj.* soberbio, orgulloso, arrogante, altivo, vanidoso.

so.bran.ce.lha *s.f.* ceja.

so.brar *v.i.* restar, quedar, exceder, sobrar.

so.bre *prep.* en la parte superior, sobre, encima; respecto a.

so.bre.lo.ja *s.f.* entresuelo.

so.bre.ma.nei.ra *adj.* sobremanera; demasiado.

so.bre.me.sa *s.f.* postre; sobremesa.

so.bre.na.tu.ral *adj.* sobrenatural; extraordinario; milagroso; excesivo.

so.bre.por *v.t.* sobreponer; superponer; añadir; doblar; acrecentar.

so.bre.po.si.ção *s.f.* sobreposición; añadidura; superposición; aumento.

so.bres.sa.ir *v.i.* resaltar; exceder; señalarse; despuntar; sobresalir.

so.bres.sal.tar *v.t.* sorprender, turbar, sobresaltar, asustar; *v.r.* inquietarse, sobresaltarse.

so.bre.tu.do *s.m.* abrigo, sobretodo, gabán, gabardina, paletó; *adv.* sobre todo, principalmente, especialmente.

so.bre.vi.ver *v.t.* y *v.i.* subsistir, sobrevivir.

so.bre.vo.ar *v.t.* sobrevolar, volar por encima de.

so.bri.nho *s.m.* sobrino.

so.ci.al *adj.* social; sociable; concerniente a los socios.

so.ci.o.lo.gi.a *s.f.* sociología.

so.ci.ó.lo.go *s.m.* sociólogo.

so.cor.rer *v.t.* socorrer, auxiliar, ayudar; amparar; remediar; acoger; prestar auxilio; defender; *v.r.* valerse de la protección de.

so.fá *s.m.* sillón, sofá; diván; canapé.

so.frer *v.t.* y *v.i.* soportar, aguantar, sufrir.

so.gro *s.m.* suegro; *s.f.* suegra.

so.ja *s.f. Bot.* soja; *Amér. Lat.* soya.

sol *s.m. Mús.* y *Astron.* sol; *Fig.* resplandor; genio; talento.

so.la *s.f.* suela; *Fig.* planta del pie.

so.lá.rio *s.m.* solario; solarium.

sol.da *s.f.* solda; soldadura.

sol.da.do *s.m.* soldado, militar; *adj.* unido por soldadura; soldado.

sol.dar *v.t.* unir por soldadura, soldar.

sol.do *s.m.* sueldo.

so.le.trar *v.t.* silabear, deletrear; leer letra por letra; leer pausadamente.

so.li.ci.ta.ção *s.f.* rogativa; petición; solicitación.

so.li.ci.tar *v.t.* pedir; diligenciar; llamar; solicitar; gestionar; postular; pretender.

so.li.dão *s.f.* soledad; aislamiento, retiro, apartamento.

so.li.da.ri.e.da.de *s.f.* solidaridad; responsabilidad mutua.

so.li.dá.rio *adj.* responsable; solidario.

so.li.da.ri.zar *v.t.* solidarizar; mancomunar; tener responsabilidad mutua; *v.r.* solidarizarse.

so.li.dez *s.f.* dureza; firmeza; resistencia; cohesión; solidez, consistencia.

so.li.di.fi.car *v.t.* consolidar, solidificar, endurecer; *v.r.* solidificarse.

só.li.do *adj.* y *s.m.* sólido.

so.lis.ta *s.m. Mús.* solista; concertista que ejecuta un solo.

so.lo *s.m.* suelo, piso, pavimento; terreno; *Mús.* solo.

sol.tar *v.t.* desatar, desasir, soltar, liberar, desligar; arrojar, lanzar, largar.

sol.tei.ro *adj.* libre; soltero.

sol.to *adj.* suelto, libre, desprendido.

so.lu.ci.o.nar *v.t.* solucionar, resolver; arreglar; concluir; dar solución a.

som *s.m.* sonido; ruido; son.

so.mar *v.t.* adicionar, sumar; juntar; agregar; aumentar; añadir.

som.bri.o *adj.* oscuro, umbroso, sombrío.

so.men.te *adv.* apenas; sólamente, sólo, únicamente, exclusivamente.

so.nâm.bu.lo *s.m.* y *adj.* sonámbulo.

so.na.ta *s.f.* sonata.

son.dar *v.t.* sondar, sondear.

so.ne.gar *v.t.* encubrir; substraer; ocultar; cercenar (información).

so.nhar *v.t.* y *v.i.* soñar, imaginar; sospechar, adivinar, ver en sueños, prever; *s.m.* sueño.

so.no *s.m.* adormecimiento, sueño; voluntad de dormir; somnolencia.

so.no.ri.zar *v.i.* hacer sonoro, sonorizar.

son.so *s.m.* y *adj.* simple, tonto.

so.pa *s.f.* sopa; potaje, caldo.

so.pa.po *s.m. Fam.* bofetada; sopapo.

so.pé *s.m.* falda de un monte; base.

so.pra.no *s.m.* y *s.f.* soprano.

so.prar *v.t.* y *v.i.* soplar, apagar; inflar; *Fig.* apuntar, sugerir; soplar (el fuego).

so.ro *s.m. Med.* suero.

sor.rir *v.i.* sonreír; alegrarse, regocijarse; *Fig.* agradar; prometer.

sor.te *s.f.* dicha, fortuna, suerte.

sor.te.ar *v.t.* sortear, repartir por medio de sorteo; rifar.

sor.ve.te *s.m.* sorbete, helado.

sor.ve.te.ri.a *s.f.* heladería.

sos.se.gar *v.t.* y *v.i.* serenar, calmar, aquietarse; sosegarse; reposar; *v.r.* quedarse tranquilo.

só.tão *s.m.* buhardilla, desván.

so.ta.que *s.m.* pronunciación, acento.

so.ter.rar *v.t.* soterrar, enterrar, sepultar.

so.zi.nho *adj.* solo, solitario.

su.ar *v.i.* transpirar, sudar; *v.t.* sudar; destilar sudor.

su.a.ve *adj.* agradable; ameno; suave; delicado; blando.

su.a.vi.zar *v.t.* ablandar, aliviar; suavizar; mitigar; calmar; atenuar.

sub.cons.ci.en.te *s.m.* y *adj.* subconsciente.

sub.de.sen.vol.vi.do *s.m.* y *adj.* subdesarrollado.

sub.di.vi.dir *v.t.* dividir, repartir; subdividir; hacer la subdivisión.

su.ben.ten.der *v.t.* sobrentender, subentender; leer entre líneas; suponer.

su.bir *v.t.* y *v.i.* ascender, subir; emerger.

sú.bi.to *adj.* instantáneo; improviso; súbito; impensado; precipitado.

sub.je.ti.vo *adj.* personal, subjetivo.

sub.jun.ti.vo *s.m. Gram.* subjuntivo; *adj.* subordinado, dependiente.

su.ble.var *v.t.* sublevar, amotinar; agitar; rebelar; alborotar; alzar; sollevar.

su.bli.nhar *v.t.* subrayar, sublinear; *Fig.* retocar.

sub.ma.ri.no *adj.* submarino; submergible.

sub.mer.gir *v.t.* y *v.i.* hundir; sumir, sumergir, inmergir; naufragar; *Fig.* arruinar por completo.

sub.me.ter *v.t.* sojuzgar, dominar, sujetar, someter.

sub.mis.são *s.f.* sujeción, sometimiento, sumisión; obediencia.

su.bor.di.nar *v.t.* sujetar, subordinar, someter, dominar.

sub.pro.du.to *s.m.* subproducto, extraído de otro.

subs.cre.ver *v.t.* firmar, suscribir; acceder; convenir; *v.i.* consentir; confirmar.

sub.se.qüen.te *adj.* subsiguiente, inmediato, siguiente.

sub.si.di.ar *v.t.* ayudar, socorrer, subvencionar, subsidiar, auxiliar.

sub.sis.tên.cia *s.f.* manutención; sustento; subsistencia; estabilidad.

sub.sis.tir *v.i.* subsistir, permanecer; continuar siendo; existir; mantenerse; perdurar; quedar.

sub.so.lo *s.m.* subsuelo.

subs.tân.cia *s.f.* sustancia, substancia, esencia, materia.

subs.tan.ti.vo *s.m. Gram.* substantivo, sustantivo, nombre.

subs.ti.tu.ir *v.t.* reemplazar, sustituir, substituir, suceder.

sub.ter.râ.neo *adj.* subterráneo; *s.m.* cueva, caverna.

sub.tra.ir *v.t. Mat.* suprimir; extraer, disminuir, substraer, sacar, deducir; hurtar, robar.

su.bur.ba.no *adj.* suburbano; *s.m.* habitante de los suburbios.

su.búr.bio *s.m.* cercanías; afueras; suburbio, arrabal.

sub.ven.ção *s.f.* auxilio, subsidio, subvención, ayuda.

sub.ven.ci.o.nar *v.t.* favorecer; subvencionar, auxiliar, subsidiar, socorrer, ayudar.

su.ca.ta *s.f.* hierro viejo, chatarra; *Fig.* trasto, cosa inútil.

su.ca.tei.ro *s.m.* chatarrero.

suc.ção *s.f.* absorción; succión.

su.ce.der *v.t.* y *v.i.* acaecer, acontecer; sobrevenir; suceder, ocurrir.

su.ces.so *s.m.* éxito; suceso; cosa que sucede.

su.cin.to *adj.* resumido, sucinto, conciso, breve; sintético.

su.co *s.m.* jugo, suco, zumo.

su.cu.len.to *adj.* jugoso, nutritivo, substancioso, suculento, substancial.

su.cum.bir *v.i.* morir; ceder; rendirse; someterse, entregarse.

su.cur.sal *s.f.* filial, sucursal.

su.des.te *s.m.* sureste, sudeste.

sú.di.to *s.m.* vasallo, súbdito.

su.do.es.te *s.m.* sudoeste.

su.é.ter *s.m.* suéter.

su.fi.ci.en.te *adj.* capaz, apto; bastante; suficiente; conveniente.

su.fi.xo *s.m. Gram.* sufijo.

su.fo.car *v.t.* ahogar, sofocar, estrangular; *Fig.* reprimir; asfixiar; impedir; *v.r.* asfixiarse.

su.frá.gio *s.m.* voto, sufragio.

su.gar *v.t.* sorber, chupar.

su.ge.rir *v.t.* insinuar, sugerir; indicar; aconsejar.

sui.ci.dar-se *v.r.* matarse, suicidarse; dar fin a la propia vida; darse muerte.

su.í.te *s.f.* suite.

su.jar *v.t.* ensuciar, manchar.

su.jei.tar *v.t.* sujetar; prender; dominar.

sul *s.m.* sud, sur.

sul-a.me.ri.ca.no *s.m.* y *adj.* sudamericano.

su.li.no *s.m.* y *adj.* sureño.

su.ma *s.f.* resumen, suma, recopilación; *em suma* en una palabra.

su.mir *v.i.* desaparecer; esfumarse; apagar; sumir.

sun.ga *s.f. Bras.* traje de baño.

sun.tu.o.so *adj.* lujoso; espléndido; pomposo, suntuoso; magnífico.

su.or *s.m.* transpiración, sudor; *Fig.* fatiga, trabajo.

su.pe.rar *v.t.* superar, sobrepasar; exceder; vencer.

su.per.fi.ci.al *adj.* somero, superficial, aparente; elemental.

su.pe.ri.or *adj.* más elevado; de mejor calidad; superior.

su.per.po.pu.la.ção *s.f.* superpoblación.

su.per.po.si.ção *s.f.* superposición.

su.per.pro.du.ção *s.f.* superproducción.

su.pers.ti.ção *s.f.* superstición; creencia; fanatismo; superstición.

su.per.vi.si.o.nar *v.t.* administrar, supervisar.

su.pli.car *v.t.* implorar, suplicar.

su.plí.cio *s.m.* tortura; pena capital; suplicio, tormento, martirio.

su.por *v.t.* presumir, suponer, conjeturar.

su.por.tar *v.t.* sufrir; aguantar; soportar.

su.po.si.tó.rio *s.m. Med.* supositorio.

su.pre.mo *adj.* supremo; superior.

su.pri.mir *v.t.* anular; abolir; suprimir.

su.prir *v.t.* proveer, abastecer, reemplazar, suplir.

su.pu.rar *v.i. Med.* transformarse en pus; supurar.

sur.pre.en.der *v.t.* sorprender; asombrar; aparecer súbitamente.

sur.far *v.i.* hacer *surfing*; *Inform.* navegar (en la red internet).

sur.tir *v.t.* surtir, dar origen a; originar; provocar; surtir efecto; producir; causar.

sus.ci.tar *v.t.* promover; ocasionar; provocar, causar, motivar, suscitar.

sus.pei.tar *v.t.* desconfiar, sospechar, presumir; dudar; tener sospecha de.

sus.pen.der *v.t.* interrumpir, suspender, cesar; prohibir durante cierto tiempo.

sus.pi.rar *v.t.* y *v.i.* suspirar; tener nostalgia de.

sus.sur.rar *v.t.* y *v.i.* murmurar, susurrar; secretear; hablar en voz baja; bisbisear.

sus.te.ni.do *s.m. Mús.* sostenido.

sus.ten.tar *v.t.* sostener, sustentar; mantener; alimentar.

sus.to *s.m.* sobresalto, susto; miedo; espanto; alarma.

su.ti.ã *s.m.* sostén, sujetador.
su.til *adj.* tenue; delicado; leve; sutil; *Fig.* agudo, perspicaz.
su.tu.ra *s.f.* costura, sutura.
su.ve.nir *s.m.* recuerdo, souvenir (del francés).

T

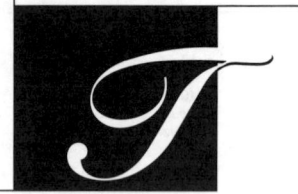

t *s.m.* decimonovena letra del alfabeto portugués; abreviatura de tonelada.

tá *interj.* ¡basta!.

ta.be.fe *s.m. Fam.* bofetada, bofetón, sopapo, cachetada.

ta.be.la *s.f.* tabla; tablilla, tableta, catálogo; índice; lista de personas o cosas; *Inform.* tabla; *tabela de preços* lista o tarifas de precios.

ta.be.la.men.to *s.m.* escandallo, control oficial de precios.

ta.be.lar *v.t.* fijar el precio, someter al precio oficial.

ta.be.li.ão *s.m.* notario, escribano.

ta.bi.que *s.m. Arq.* muro, pared, tabique; división.

ta.bla.do *s.m.* tablado; entarimado; estrado; tabla; palenque.

ta.bu *s.m.* tabú, prohibición; *adj.* prohibido, tabú.

tá.bua *s.f.* pieza delgada de madera; tabla, tablilla; índice; tablero; cuadro.

ta.bu.a.da *s.f. Mat.* tabla.

ta.ça *s.f.* copa; ; vaso con pie.

ta.ca.nho *adj.* miserable, mezquino; tacaño; limitado; avaro, cicatero.

ta.cha *s.f.* defecto, mancha.

ta.char *v.t.* culpar, censurar, tachar, reprochar; poner defecto.

ta.cho *s.m.* cazuela, cazo, vasija para guisar.

tá.ci.to *adj.* implícito, sobrentendido; silencioso, reservado, sigiloso.

ta.ci.tur.no *adj.* triste, callado, apesarado, taciturno.

ta.ga.re.lar *v.t.* parlotear; chismear; parlar, charlar; hablar demasiado.

tai.pa *s.f.* tapia, tabique; pared de tierra y barro apretado.

tal *adj. y pron.* tal, semejante, análogo, aquél, alguno, cierto; *tal e qual* tal cual.

ta.lão *s.m. Com.* talón, bloc, taco, talonario (cheque).

tal.co *s.m. Miner.* talco.

ta.len.to *s.m.* ingenio, aptitud, vocación, capacidad.

ta.len.to.so *adj.* inteligente; ingenioso; hábil; talentoso.

ta.lhar *v.t.* tajar, cortar; cercenar; esculpir, grabar.

ta.lha.rim *s.m.* tallarín.

ta.lhe *s.m.* talle; estatura, tamaño; corte de un traje.

ta.lher *s.m.* cubierto; *pl.* juego de cuchara, tenedor y cuchillo.

ta.lis.mã *s.m.* amuleto, talismán; *Fig.* encanto.

ta.lo *s.m. Bot.* tallo.

ta.man.co *s.m.* zueco, chanclo, choclo.

ta.man.du.á *s.m. Zool.* oso hormiguero; *tamanduá-bandeira* oso bandera.

ta.ma.nho *s.m. y adj.* tamaño, grandeza; altura.

tam.bém *adv.* asimismo, también; del mismo modo; *também não* tampoco.

tam.bor *s.m. Mús.* timbal, tambor, bombo.

tam.bo.re.te *s.m.* taburete.

tam.bo.rim *s.m. Mús.* tamboril, tamborino, tamborín.

tam.pa *s.f.* tapa; cubierta.

tam.par *v.t.* taponar; obstruir; tapar (poner tapaderas o tapones).

tam.pou.co *adv.* tampoco (negación).

tan.ga *s.f.* taparrabos.

tan.gen.te *s.f. Geom.* tangente.

tan.ge.ri.na *s.f. Bot.* mandarina.

tan.go *s.m.* tango.

tan.que *s.m.* estanque.

tan.to *adv. y pron.* tanto.

tão *adv.* tán; en tal grado; tanto.

ta.pa *s.f.* bofetada, bofetón, cachetazo.

ta.par *v.t.* cubrir, obstruir, tapar, cerrar, vedar, entupir; callar; ocultar.

ta.pe.a.ção *s.f. Pop.* engaño, patraña, pala.

ta.pe.ar *v.t.* eludir; engatusar; engañar, timar; hacer tampa.

ta.pe.ça.ri.a *s.f.* tapicería, alcatifa, tapiz.

ta.pe.cei.ro *s.m.* tapicero.

ta.qua.ra *s.f. Bras.* especie de bambú.

ta.qui.car.di.a *s.f.* taquicardia.

ta.qui.gra.fi.a *s.f.* taquigrafía.

tar.dar *v.t.* demorar, retrasar, tardar, dilatar; *v.i.* llegar tarde, detenerse, retrasarse.

ta.re.fa *s.f.* tarea, trabajo, quehacer, faena; ocupación.

tar.ra.xa *s.f.* tornillo; *Técn.* terraja.

tar.ra.xar *v.t.* atornillar, aterrajar.

tar.ta.ru.ga *s.f. Zool.* tortuga.

tas.ca *s.f.* taberna, tasca; casa de comidas de baja estofa.

ta.ta.ra.vô *s.m.* tatarabuelo.

ta.te.ar *v.t.* palpar; reconocer; tentar, manosear; tantear; tocar.

ta.to *s.m.* tacto (sentido).

ta.tu *s.m. Zool.* armadillo, tato; mulita; *Amér.* tatú.

ta.tu.a.gem *s.f.* tatuaje.

ta.tu.ar *v.t.* hacer tatuajes, tatuar.

ta.xa *s.f.* impuesto, tasa, tributo, tasación.

ta.xar *v.t.* tarifar, tasar, cotizar, valuar; tributar.

tá.xi *s.m.* coche de plaza; automóvil de alquiler; taxi; *táxi aéreo* aerotaxi.

ta.xí.me.tro *s.m.* contador de kilómetros, taxímetro.

ta.xis.ta *s.m.* y *s.f.* taxista.

tchau *interj.* ¡hasta luego!; ¡adiós!; *Arg.* ¡chau!; ¡nos vemos!.

te *pron. pers.* a ti, para ti.

te.ar *s.m.* aparato para tejer; telar.

te.a.tro *s.m.* teatro.

te.cer *v.t.* hilar; tejer.

te.cla *s.f.* tecla; *Fig.* asunto muy discutido.

te.cla.do *s.m.* teclado.

téc.ni.ca *s.f.* técnica, pericia; aplicación práctica de un conocimiento.

téc.ni.co *adj.* técnico; perito; experimentado.

tec.no.lo.gi.a *s.f.* tecnología.

té.dio *s.m.* enfado, fastidio, aburrimiento, hastío, tedio, desgana.

tei.ma *s.f.* obstinación, testarudez.

tei.mar *v.t.* y *v.i.* porfiar, instar, insistir, obstinarse, empeñarse, entercarse, empecinarse.

tei.mo.so *adj.* terco, obstinado, testarudo.

te.la *s.f.* cuadro, lienzo, tela; pantalla (cinema, tv); malla de alambre; *Fig.* objeto de discusión.

te.le.co.mu.ni.ca.ção *s.f.* telecomunicación; comunicación a distancia.

te.le.fé.ri.co *s.m.* teleférico; especie de funicular.

te.le.fo.nar *v.t.* y *v.i.* telefonear; hablar por teléfono.

te.le.fo.ne *s.m.* teléfono; *telefone sem fio* teléfono inalámbrico.

te.le.gra.ma *s.m.* telegrama.

te.le.jor.nal *s.m.* telediario.

te.le.no.ve.la *s.f.* serial, telenovela.

te.le.pa.ti.a *s.f.* transmisión de pensamiento; telepatía.

te.les.có.pio *s.m.* telescopio.

te.les.pec.ta.dor *s.m.* televidente, telespectador.

te.lha *s.f.* teja.

te.lha.do *s.m.* techo, tejado; cubierta.

te.ma *s.m.* asunto, tema, materia, cuestión; hecho; idea; *Mús.* tema.

te.mer *v.t.* y *v.i.* temer, tener miedo.

tem.pe.ra.men.to *s.m.* temple; temperamento; índole, naturaleza.

tem.pe.rar *v.t.* templar (un metal); condimentar, atemperar, aderezar, adobar; cocinar; amenizar; conciliar; armonizar; arreglar; *v.r.* moderarse.

tem.pe.ra.tu.ra *s.f.* clima; temperatura.

tem.pes.ta.de *s.f.* borrasca, intemperie, temporal, tempestad.

tem.plo *s.m.* iglesia, templo; santuario.

tem.po *s.m.* tiempo; medida de la duración de las cosas; edad, período, época, era; sazón; vacación; ocasión.

tem.po.ra.da *s.f.* estación; temporada.

tem.po.ral *adj.* pasajero, temporal, transitorio; interino; secular; *s.m.* temporal, tempestad.

te.na.ci.da.de *s.f.* empeño; tenacidad; firmeza; constancia; obstinación; testarudez.

ten.da *s.f.* tienda; pequeño comercio; *Mil.* pabellón o barraca militar de campaña; pabellón (de acampamento).

ten.dão *s.m. Anat.* tendón, nervio.

ten.der *v.t.* y *v.i.* tender, propender, inclinarse, disponerse; presentar tendencia.

te.nen.te *s.m. Mil.* teniente.

tê.nis *s.m. Dep.* tenis.

te.nis.ta *s.m.* y *s.f.* tenista; calzado deportivo, sapatilla.

te.nor *s.m. Mús.* tenor.

ten.são *s.f.* tensión.

ten.tar *v.t.* probar, ensayar, experimentar, intentar;

estimular, tentar, provocar, seducir; inducir.

tê.nue *adj.* tenue, sutil, delicado.

te.o.re.ma *s.m.* teorema.

ter *v.t.* poseer, tener; haber; existir; disfrutar, juzgar.

ter.ça-fei.ra *s.f.* martes.

ter.cei.ro *s.m.* y *num.* tercero, tercer; intercesor, medianero.

ter.ço *s.m.* rosario; la tercera parte; tercio.

ter.çol *s.m. Med.* orzuelo.

ter.mas *s.f. pl.* caldas; baños públicos; termas.

tér.mi.co *adj.* térmico; relativo al calor o a las termas.

ter.mi.na.ção *s.f.* conclusión, acabamiento.

ter.mi.nal *adj.* terminal, final; *s.m. Electr.* y *Inform.* terminal.

ter.mi.nar *v.t.* y *v.i.* acabar, finalizar, concluir, terminar, ultimar; rematar.

ter.mo *s.m.* término, límite, conclusión, fin; *Gram.* término, palabra, vocáblo.

ter.mô.me.tro *s.m.* termómetro; *Fig.* medida, síntoma.

ter.no *adj.* afectuoso, cariñoso, amable, tierno; *s.m. Bras.* traje completo; conjunto de tres; trio, trinidad.

ter.nu.ra *s.f.* cariño, afecto, ternura.

ter.ra *s.f.* globo terráqueo; planeta Tierra; suelo, terreno, piso; patria, nación, país, localidad.

ter.ra.ço *s.m.* balcón; azotea, terraza; plataforma.

ter.re.mo.to *s.m.* sismo; temblor de tierra; terremoto.

ter.re.no *adj.* terrenal, terrestre, *s.m.* terreno, suelo; *Fig.* esfera de acción, campo de trabajo.

tér.reo *adj.* al nivel del suelo, de un sólo piso; *s.m.* y *adj.* planta baja.

ter.res.tre *adj.* terráqueo, terrestre, terreno, terrenal; ser de la Tierra; *Fig.* mundano.

ter.ri.tó.rio *s.m.* territorio; paraje; región; país, nación; circunscripción.

ter.rí.vel *adj.* terrible.

ter.ror *s.m.* pánico; terror, pavor, miedo; espanto, susto.

te.se *s.f.* tema, asunto; tesis, proposición, disertación.

te.sou.ra *s.f.* tijera.

te.sou.rar *v.t.* cortar con las tijeras; tijeretear; *Fig.* hablar mal de alguien; murmurar.

tes.ta *s.f. Anat.* frente; parte frontal de la cabeza; *à testa de* al frente, a la cabeza; *testa-de-ferro* testaferro.

tes.tar *v.t.* atestiguar, testimoniar; testar; someter a ensayo o prueba; *v.t.* y *v.i.* hacer testamento.

tes.te *s.m.* examen, prueba; ensayo.

tes.te.mu.nha *s.m.* y *s.f.* testigo, espectador; prueba; *testemunha ocular* testigo de vista, ocular.

tes.te.mu.nhar *v.t.* atestiguar, testimoniar, testificar.

tes.tí.cu.lo *s.m. Anat.* testículo.

te.ta *s.f. Anat.* mama, teta, ubre; *Fig.* sustento.

té.ta.no *s.m. Med.* tétano, tétanos.

te.to *s.m.* techo, cielo raso; casa, abrigo.

teu *adj.* y *pron.* tu, tuyo.

tex.to *s.m.* tema; texto; asunto; palabras propias de un autor.

tex.tu.al *adj.* literal, textual.

tex.tu.ra *s.f.* tejido; textura; *Fig.* composición; estructura.

ti *pron. pers.* ti.

ti.a *s.f.* tía.

ti.co-ti.co *s.m. Bras.* ave pequeña semejante al pardillo; especie de gorrión.

ti.ge.la *s.f.* cuenco, vasija, tazón, escudilla; *de meia tigela* de poco valor.

ti.gre *s.m. Zool.* tigre.

ti.jo.lo *s.m.* adobe, ladrillo, baldosa.

til *s.m. Gram.* tilde (señal gráfica), sirve en portugués para marcar el sonido nasal de una vocal.

ti.mão *s.m. Mar.* timón; *Fig.* gobierno.

ti.me *s.m. Dep.* equipo; cuadro.

ti.mi.dez *s.f.* vergüenza, encogimiento, timidez.

tí.mi.do *adj.* apocado; tímido.

tím.pa.no *s.m. Anat.* y *Mús.* tímpano, atabal, timbal.

ti.na *s.f.* cuba, tina, palangana, tinaja, bañera.

tin.gir *v.t.* teñir, colorar, pintar; *v.r.* mudar de color.

tin.ta *s.f.* tinta; *Fig.* tintura.

tin.tu.ra.ri.a *s.f.* tinte, tintorería.

ti.o *s.m.* tío.

tí.pi.co *adj.* original, típico; modelo; característico.

ti.po.gra.fi.a *s.f.* tipografía, imprenta; arte de imprimir.

ti.pó.gra.fo *s.m.* impresor, tipógrafo.

ti.ra.gem *s.f. Impr.* tiraje, tirada.

ti.ra.ni.zar *v.t.* oprimir; esclavizar; tiranizar; avasallar; *Amér.* despotizar, sojuzgar.

ti.rar *v.t.* arrancar, extraer, quitar; desplazar; desenvainar; sacar, tirar, tomar.

ti.ri.tar *v.i.* temblar de frío; tiritar.

ti.ro *s.m.* disparo; descarga; tiro; estampido; detonación.

ti.ro.tei.o *s.m.* tiroteo.

tí.te.re *s.m.* fantoche, títere, bufón.

ti.tu.be.ar *v.t.* vacilar; oscilar; dudar; titubear.

ti.tu.lar *s.m.* y *s.f.*, *adj.* ocupante efectivo de un cargo; titular; que tiene título; poseedor de un documento.

to.a.da *s.f.* canto; tonada; sonido; entonación.

to.a.le.te *s.m.* tocador; cuarto de baño; traje femenino de gala.

to.a.lha *s.f.* mantel (de mesa); toalla; servilleta.

to.bo.gã *s.m.* tobogán.

to.car *v.t.* y *v.i.* tantear, palpar, manosear, tocar.

to.da.vi.a *conj.* pero; sin embargo; *adv.* aún.

to.do *adj.* y *pron.* entero, completo; cualquier, cualquiera, cada, todo; *adv.* por completo, a todo; *s.m.* conjunto, el total, generalidad.

toi.ci.nho *s.m.* tocino.

tol.do *s.m.* cobertizo; toldo; pabellón; marquesina.

to.le.rar *v.t.* aguantar, soportar; consentir, tolerar; padecer.

to.lo *s.m.* y *adj.* necio, tonto, bobo.

tom *s.m.* tono, entonación, ton; dejo; *Mús.* intervalo entre dos notas; tonalidad; acento; moda.

to.mar *v.t.* y *v.i.* conquistar; agarrar; tomar; coger; ocupar; beber; consumir; llevar; contratar; robar; aceptar; *tomar nota* anotar, sacar apuntes.

to.ma.ra *interj.* ¡ojalá!

to.ma.te *s.m. Bot.* tomate.

tom.bar *v.i.* derribar, tumbar; sucumbir, abatir; *v.t.* y *v.i.* volcar, inclinar; *v.r.* volverse.

tom.bo *s.m.* caída; tropiezo; tropezón; inventario de bienes inmuebles; *levar um tombo* caerse.

to.mo *s.m.* tomo, volumen; fascículo, división.

to.na.li.da.de *s.f.* coloración; matiz, tonalidad; tinte; *Mús.* tono, tonalidad.

to.ne.la.da *s.f.* tonelada; símbolo t; peso de mil kilos.

to.ner *s.m.* tóner.

to.ni.fi.car *v.t.* fortalecer; tonificar, fortificar.

to.par *v.t.* y *v.i.* topar, deparar, encontrar, tropezar.

to.pá.zio *s.m. Min.* topacio.

to.po *s.m.* punta; cumbre, tope, cimo.

to.que *s.m.* contacto, toque; sonido, ruido; apretón de manos.

tó.rax *s.m.* pecho, tórax.

tor.cer *v.t.* girar; dar vueltas; encorvar; torcer; falsear, desviar; *v.t.* y *v.i. Dep.* desear la victoria de su equipo; desear suerte; *v.r.* doblegarse; torcerse.

tor.ci.co.lo *s.m. Med.* tortícolis; dolor en los músculos del cuello.

tor.na.do *v.t.* huracán, tornado.

tor.nar *v.t.* tornar; regresar, volver, retornar.

tor.nei.o *s.m.* certamen, combate; torneo.

tor.nei.ra *s.f.* espita, canilla (de tonel); surtidor; llave de paso; grifo.

tor.no.ze.lo *s.m. Anat.* tobillo.

to.ró *s.m. Bras.* chaparrón, aguacero; tempestad.

tor.pe *adj.* torpe, deshonesto, infame, sórdido; impúdico; repulsivo; obsceno; asqueroso; lascivo.

tor.rão *s.m.* terrón, suelo, turrón (dulce); *Fig.* patria, terruño, territorio.

tor.rar *v.t.* tostar, torrar (secar por el calor).

tor.re *s.f.* fortaleza; torre; campanario; pieza de ajedrez.

tor.ren.ci.al *adj.* impetuoso; caudaloso; torrencial.

tor.ren.te *s.f.* arroyo, torrente; fuerza impetuosa; *Fig.* abundancia.

tor.so *s.m.* torso; tronco de persona o estatua.

tor.ta *s.f.* tortada, torta, pastel; tarta (dulce).

tor.to *adj.* tuerto; avieso, torcido; *Fig.* equivocado.

tor.tu.rar *v.t.* atormentar, martirizar, torturar; angustiar; *v.r.* torturarse, afligirse.

tor.ve.li.nho *s.m.* torbellino, remolino.

tos.se *s.f.* tos; *tosse comprida* tos convulsa/ferina.

tos.sir *v.i.* toser.

tos.ta.do *adj.* tostado; quemado; moreno, trigueño; de color obscuro.

tos.tar *v.t.* dorar, tostar; quemar levemente; *Fig.* tiznar; soflamar; *v.r.* tostarse.

to.tal *adj.* completo, global, integral, total; *s.m. Arit.* montante, monta.

to.ta.li.zar *v.t.* totalizar; sacar el total; realizar enteramente.

tou.ra.da *s.f.* corrida de toros, torada.

tou.re.ar *v.t.* lidiar toros; torear.

tó.xi.co *adj.* venenoso, tóxico; *s.m.* tóxico, veneno.

tra.ba.lha.dor *s.m.* y *adj.* obrero, operario, trabajador, laborioso; activo; diligente.

tra.ba.lhar *v.t.* labrar; poner en orden; trabajar, laborar, laborear; poner en obra; manipular; *v.i.* esforzarse, afanarse, ocuparse; funcionar.

tra.ça *s.f. Zool.* polilla.

tra.ção *s.f. Mec.* tracción; remolque; arrastre.

tra.çar *v.t.* delinear, dibujar, planear, proyectar, trazar, esbozar.

tra.di.ção *s.f.* tradición, uso, costumbres; *For.* transferencia de bienes o derechos.

tra.di.ci.o.nal *adj.* tradicional; basado o relativo a tradición.

tra.du.ção *s.f.* versión, traducción; interpretación.

tra.du.tor *s.m.* intérprete, traductor.

tra.du.zir *v.t.* trasladar, traducir; interpretar; *v.r.* manifestarse.

tra.fe.gar *v.i.* trafagar, traficar.

trá.fe.go *s.m.* transporte de mercancías por ferrocarril, tráfico, tránsito.

tra.fi.can.te *s.m.* y *s.f., adj.* traficante; *Pop.* narcotraficante.

tra.fi.car *v.t.* mercadear, comerciar, traficar; vender; especular; *Pop.* hacer negocios fraudulentos.

trá.fi.co *s.m.* comercio, negocio; cambio de mercaderías; *Pop.* negocio ilícito; *tráfico de drogas* narcotráfico.

tra.gar *v.t.* engullir, ingerir, tragar, sorber; devorar, aspirar.

tra.gé.dia *s.f.* tragedia; fatalidad, catástrofe; el género trágico.

trai.ler *s.m.* cortos, avance (filme); remolque; casa rodante (del inglés).

tra.ir *v.t.* traicionar; ser infiel a; engañar; desertar, denunciar; *v.r.* comprometerse, denunciarse.

tra.je.to *s.m.* recorrido, trayecto, tránsito, viaje.

tra.je.tó.ria *s.f.* vía, órbita, trayectoria.

tram.bi.que *s.m. Pop.* embuste, engaño, estafa, trampo.

tram.bi.quei.ro *s.m.* buhonero; engañador, embustero.

tra.mói.a *s.f.* embuste, engaño, enredo, tramoya, artificio, maquinación.

tran.ca *s.f.* travesaño; viga; tranca (de puerta).

tran.ça *s.f.* trenza; *Bras.* intriga.

tran.ça.do *adj.* entrelazado, trenzado; *s.m.* peinado en trenza.

tran.çar *v.t.* entrenzar, trenzar.

tran.car *v.t.* trancar; poner bajo llave; cerrar con tranca; meter preso; *v.r.* encerrarse; *trancar matrícula* abandonar temporalmente un curso universitario.

tran.qüi.li.zar *v.t.* sosegar, aplacar, calmar, aquietar, tranquilizar, apaciguar, serenar; *v.r.* serenarse.

tran.sa *s.f.* transacción; *Pop.* trama, conspiración; relación amorosa sin compromiso.

tran.sar *v.t.* negociar; *Pop.* tramar, conspirar; *v.i. Pop.* fornicar.

trans.bor.dar *v.t.* extravasar, desbordar, derramar, transbordar.

trans.cen.der *v.t.* trascender, transcender; ser superior; ultrapasar; *v.i.* distinguirse.

trans.cre.ver *v.t.* transcribir, trasladar, copiar, trasuntar.

trans.cri.ção *s.f.* copia, transcripción, traslado.

tran.se.un.te *s.m.* y *adj.* transeunte, caminante; temporal.

trans.fe.rên.cia *s.f.* traspaso, transferencia; transmisión; mudanza; permuta, cambio.

trans.fe.rir *v.t.* mudar, desplazar, transferir; transmitir; transponer; *v.r.* mudarse, trasladarse.

trans.for.mar *v.t.* alterar, convertir, mudar, transformar, modificar, cambiar, desfigurar; *v.r.* convertirse en; disfrazarse.

trans.fu.são *s.f. Med.* transfusión (de sangre).

tran.si.ção *s.f.* transición, pasaje, mudanza; cambio; paso.

tran.si.tar *v.i.* pasar, andar, transitar; circular; recorrer.

tran.si.ti.vo *adj. Gram.* transitivo (verbo).

tran.si.tó.rio *adj.* pasajero, momentáneo, breve, fugaz, efímero.

trans.la.ção *s.f.* transferencia, traslado; *Astron.* traslación, movimiento (de los astros).

trans.la.dar *v.t.* trasladar, transferir, copiar, transcribir; mudar, transportar; *v.r.* transladarse, mudarse.

trans.mi.tir *v.t.* propagar, pasar, transmitir, transferir; endosar; enviar; exhalar; *Med.* contagiar; dar noticia, participar.

trans.pa.re.cer *v.i.* traslucir, translucir; transparentarse, manifestarse.

trans.pa.rên.cia *s.f.* diafanidad, limpidez, claridad; transparencia; *Fig.* cristal.

trans.pa.ren.te *adj.* claro, límpido, transparente; evidente, manifiesto, diáfano.

trans.pi.rar *v.i.* sudar, transpirar.

trans.plan.tar *v.t. Agr.* transplantar (plantas); transferir, trasladar; *Med.* hacer trasplante (de órganos).

trans.plan.te *s.m. Med.* trasplante.

trans.tor.nar *v.t.* trastornar; desarreglar; perturbar, transtornar, turbar, disgustar.

trans.tor.no *s.m.* contrariedad, dificultad, desorden, trastorno; pesar; alteración mental.

trans.ver.sal *adj.* oblicuo; colateral, transverso; *s.f. Geom.* transversal.

tra.pa.ce.ar *v.t.* estafar, engañar, mentir (usar de trapazas); hacer trampas en el juego.

tra.pé.zio *s.m.* trapecio; instrumento de gimnasia; *Geom.* trapecio; *Anat.* nombre de hueso y músculo.

tra.pe.zis.ta *s.m. y s.f., adj.* equilibrista del trapecio; trapecista.

tra.quéi.a *s.f. Med.* tráquea.

trás *prep.* detrás, en pos de; *adv.* atrás, tras.

tra.sei.ra *s.f.* retaguardia; parte posterior; trasera.

tra.sei.ro *adj.* trasero; *s.m.* nalgas; *Amér.* fundillos; trasero.

tra.tar *v.t.* medicar, curar, tratar; ajustar, intentar, empeñarse; nombrar, llamar; *v.r.* cuidarse; tratarse; llamarse; *tratar mal* maltratar.

tra.tor *s.m.* tractor.

trau.ma *s.m.* lesión, contusión, traumatismo; conmoción.

trau.ma.ti.zar *v.i.* traumatizar; causar un trauma.

tra.va *s.f.* traba, trabazón, bloqueo.

tra.var *v.t.* bloquear, trabar, agarrar; entablar; conocer.

tra.ves.sa *s.f.* traviesa, madero, travesaño; camino transversal, travesía; fuente, bandeja.

tra.ves.são *s.m. Gram.* guión, raya; astil (balanza); travesaño.

tra.ves.sei.ro *s.m.* almohada.

tra.ves.si.a *s.f. Mar.* viaje, travesía.

tra.ves.so *adj.* travieso.

tra.ves.su.ra *s.f.* diablura, travesura.

tra.ves.ti *s.m.* travestido, travesti.

tra.zer *v.t.* traer; transportar; acarrear, causar; ser portador de.

tre.cho *s.m.* tramo (estrada); extracto, fragmento, trecho.

tré.gua *s.f.* tregua.

trei.na.men.to *s.m.* entrenamiento.

trei.nar *v.t. y v.r.* entrenar, ejercitar, preparar.

trei.no *s.m.* preparación, adiestramiento.

tre.jei.to *s.m.* ademán; gesticulación.

trem *s.m.* tranvía, tren (de ferrocarril); *Pop.* trasto, cachivache.

tre.ma *s.m. Gram.* diéresis, crema.

tre.me.dei.ra *s.f.* temblor.

tre.men.do *adj.* enorme; horroroso, tremendo.

tre.mer *v.t. y v.i.* temblar, estremecer.

tre.mo.ço *s.m. Bot.* altramuz (planta y su fruto); lupino.

tre.mor *s.m.* temblor.

trê.mu.lo *adj.* tembloroso, trémulo.

tre.pa.da *s.f.* ladera, subida, cuesta; *Bras.* cópula carnal; fornicación.

tre.pa.dei.ra *s.f. Bot.* enredadera, trepadora.

tre.par *v.i.* trepar, escalar, subir; *Pop.* fornicar.

tre.pi.da.ção *s.f.* trepidación, temblor.

tre.pi.dar *v.i.* temblar, trepidar.

tres.noi.tar *v.i.* trasnochar.

tres.pas.sar *v.t.* ensartar, traspasar.

tre.ta *s.f.* embuste, engaño, maña, ardid, treta, artimaña, artificio; *pl.* cuentos; embustes.

tre.vas *s.f. pl.* tinieblas; *Fig.* ignorancia.

tre.vo *s.m. Bot.* trifolio, trébol; rotonda.

tre.ze *num. y s.m.* trece, decimotercero.

tri.a.gem *s.f.* selección, tría.

tri.ân.gu.lo *s.m. Geom.* triángulo.

tri.bo *s.f.* tribu, clan; grupo.

tri.bu.na *s.f.* púlpito, tribuna.

tri.bu.nal *s.m. For.* tribunal; juzgado.

tri.bu.tar *v.t.* tributar (impuestos), gravar; rendir (homenaje).

tri.bu.to *s.m.* impuesto; homenaje.

tri.ci.clo *s.m.* triciclo.

tri.cô *s.m.* labor de punto; tricot.

tri.co.tar *v.i.* tricotar, hacer tricot.

tri.gê.meo *s.m. y adj.* trigemino.

tri.go *s.m. Bot.* trigo; *Fig.* pan.

tri.go.no.me.tri.a *s.f. Mat.* trigonometría.

tri.lha *s.f.* rastro, huella, vereda; *trilha sonora* banda sonora.

tri.lhar *v.t.* surcar, trillar; recorrer, tomar; seguir (camino).

tri.lho *s.m.* vereda, camino, trillo; riel (tren); *sair do trilho* descarrilarse.

trin.ca *s.f.* trinca; grieta, rajadura; terno (juego).

trin.car *v.t.* y *v.i.* partir, rajarse, trinchar; *v.r.* agrietarse, rajarse.

trin.char *v.t.* tronchar; partir en trozos; trinchar.

trin.chei.ra *s.f. Mil.* barricada, trinchera.

trin.co *s.m.* pestillo, picaporte, trinquete.

tri.o *s.m.* terno; *Mús.* trío, terceto.

tri.pa *s.f.* tripa.

tri.pé *s.m.* trípode.

tri.pli.car *v.t.* y *v.r.* triplicar.

tri.pu.la.ção *s.f.* tripulación.

tri.pu.lan.te *s.m.* y *s.f., adj.* tripulante.

tris.te *adj.* alicaído, desconsolado, pesaroso, triste.

tris.te.za *s.f.* aflicción, tristeza.

tris.to.nho *adj.* melancólico, tristón.

tri.tu.rar *v.t.* triturar.

tri.un.far *v.i.* vencer, superar, triunfar.

tri.un.fo *s.m.* victoria, triunfo; conquista.

tri.vi.al *adj.* trivial.

triz *s.m.* tris, instante, momento; *por um triz* por un pelo, por poco, en un tris.

tro.ca *s.f.* canje, trueque, cambio.

tro.ca.di.lho *s.m.* juego de palabras.

tro.car *v.t.* cambiar, permutar, trocar, substituir, canjear; confundir; alternar; convertir; *v.r.* vestirse; *trocar idéias* cambiar ideas; *trocar as bolas* confundirse; *trocar em miúdos* explicarse bien.

tro.co *s.m.* cambio; dinero suelto, sencillo; *dar o troco* vengarse.

tro.ço *s.m.* parte, pedazo, trozo, cosa, trasto.

tro.féu *s.m.* trofeo, copa.

tró.le.bus *s.m.* trolebús.

tro.lha *s.f.* paleta de albañil; *s.m.* albañil.

trom.ba *s.f.* trompa; tromba; hocico; *Pop.* nariz, cara, semblante; *estar de tromba* estar de malhumor.

trom.ba.da *s.f. Fig.* encontronazo; colisión; golpe; trompazo; choque.

trom.ba.di.nha *s.m. Pop.* ladronzuelo; ladrón que asalta en la calle.

trom.bo.ne *s.m. Mús.* trombón, sacabuche; *pôr a boca no trombone* denunciar, reclamar.

trom.pa *s.f.* trompeta, trompa; clarín.

trom.pe.te *s.m.* y *s.f. Mús.* trompeta, trompetista.

tron.co *s.m.* leño, madero, tronco; torso; *Fig.* origen común de una familia.

tro.no *s.m.* trono.

tro.pa *s.f. Mil.* tropa.

tro.pe.ção *s.m.* tropiezo, tropezón.

tro.pe.çar *v.i.* tropezar; *Fig.* caer, encontrar una dificultad.

tro.pe.ço *s.m.* tropezón, tropiezo; *Fig.* estorbo, embarazo, obstáculo.

tro.pi.cal *adj.* tropical.

tro.tar *v.i.* correr, cabalgar al trote; trotar; *Fig.* andar muy de prisa.

tro.te *s.m.* trote (andadura acelerada del caballo), trote; broma de mal gusto; novatada; recepción a los novatos en la universidad.

trou.xa *s.m.* y *s.f., adj. Pop.* tonto, papanatas, otario; baboso; bruto; *s.f.* fardo, lío, paquete (ropa).

tro.vão *s.m.* trueno, estruendo; gran ruido.

tro.ve.jar *v.i.* tronar, retumbar.

tro.vo.a.da *s.f.* trueno; tormenta, tempestad acompañada de truenos.

trun.car *v.t.* cortar, omitir, truncar (texto); mutilar, partir, tronchar.

tru.que *s.m.* ardid, truco; *cheio de truques* ardiloso.

tru.ta *s.f. Zool.* trucha.

tu *pron. pers.* tú.

tu.a *adj.* y *pron. pos.* tuya.

tu.ba *s.f.* tuba, trompeta.

tu.ba.rão *s.m. Zool.* tiburón; *Fig.* magnata.

tu.ber.cu.lo.se *s.f. Med.* tísica, tuberculosis, tisis.

tu.bo *s.m.* conducto, tubo, caño; *Med.* canal; *Bot.* cañería.

tu.bu.la.ção *s.f.* tubería, cañería.

tu.do *pron. indef.* la totalidad, todo; *mais que tudo* principalmente.

tu.fão *s.m.* tifón, huracán, vendaval.

tu.le *s.m.* tul (tejido transparente).

tu.li.pa *s.f. Bot.* tulipán, tulipa.

tum.ba *s.f.* sepultura, sepulcro, tumba; *Fig.* persona reservada.

tu.mor *s.m. Med.* tumor.

tu.mul.to *s.m.* disturbio, alboroto, turbulencia, confusión.

tu.mul.tuar *v.t.* y *v.i.* alborotar, desordenar, turbar, trastornar, tumultuar.

tun.da *s.f.* paliza, zurra.

tú.nel *s.m.* camino subterráneo; túnel.

tú.ni.ca *s.f.* túnica.

tur.bi.na *s.f. Técn.* turbina.

tur.bo.é.li.ce *s.m. Mec.* turbohélice.

tur.bu.lên.cia *s.f.* agitación, alboroto, confusión, perturbación, turbulencia.

tur.bu.len.to *adj.* turbulento, tumultuoso; inquieto; perturbado.

tu.ris.mo *s.m.* turismo; viaje de recreo.

tur.ma *s.f.* pandilla; grupo de amigos; multitud; bando, turba; alumnos de una clase; turno, tanda; escuadrón.

tur.nê *s.f.* gira; *tour* (del francés).

tur.no *s.m.* período, orden; turno, división de la jornada, mano, vez; tanda.

tur.que.sa *s.f. Geol.* turquesa; *s.m.* azul verdoso.

tur.rão *s.m.* y *adj.* obstinado, terco.

tu.ta.no *s.m. Med.* tuétano; *Fig. Pop.* seso, cerebro.

tu.te.ar *v.t.* tratar por tú; tutear; *v.r.* tratarse por tú; tutearse.

tu.te.la *s.f.* tutela, amparo.

tu.te.lar *v.t. For.* proteger, amparar; *adj.* tutelar.

tu.tor *s.m. For.* tutor; protector, defensor.

tu.tu *s.m. Pop.* plata, dinero; *Bras.* plato de frijoles con yuca.

U

u *s.m.* vigésima letra del alfabeto portugués.

ué *interj. Bras.* exprime espanto, admiración.

u.fa *interj.* ¡uf!.

u.fo *s.m.* ovni.

ui.var *v.i.* aullar; *Fig.* vociferar, gritar.

ui.vo *s.m.* aullido.

úl.ce.ra *s.f.* úlcera, llaga.

ul.ce.rar *v.t.* llagar, ulcerar; *v.r.* ulcerarse.

ul.ti.mar *v.t.* concluir, ultimar, terminar, cumplir.

ul.ti.ma.to *s.m.* ultimatum, ultimato, resolución irrevocable.

úl.ti.mo *adj.* final, último, reciente, postrero, final; actual, moderno; *Fig.* el menor, despreciable, vil.

ul.tra.jan.te *adj.* ultrajoso, vejatorio, ultrajante.

ul.tra.jar *v.t.* difamar.

ul.tra.je *s.m.* insulto, agravio, ultraje.

ul.tra.ma.ri.no *adj.* ultramarino.

ul.tra.pas.sa.do *adj.* superado, obsoleto, anticuado.

ul.tra.pas.sa.gem *s.f.* acción de ultrapasar, da pasar más allá.

ul.tra.pas.sar *v.t.* sobrepasar, transponer, ultrapasar, superar.

ul.tra.vi.o.le.ta *s.m.* y *adj. Fís.* ultravioleta.

um *num.* y *art.* un, uno; alguno; cierto, uno; número uno; *pl.* aproximadamente, alrededor de.

u.ma *num.* y *art.* una, femenino de un.

um.ban.da *s.f.* culto afrobrasileño.

um.bi.go *s.m. Anat.* ombligo.

u.me.de.cer *v.t.* y *v.r.* mojarse, humedecerse.

u.mi.da.de *s.f.* humedad.

ú.mi.do *adj.* húmedo.

u.nâ.ni.me *adj.* general, unánime, sin excepción.

u.na.ni.mi.da.de *s.f.* unanimidad.

un.güen.to *s.m. Med.* emplasto, ungüento.

u.nha *s.f.* uña, pezuña, garra, gancho; *pl.* mano, garra; *unha-de-fome* tacaño; *com unhas e dentes* con todas las fuerzas.

u.nha.da *s.f.* arañazo, uñada.

u.ni.ão *s.f.* enlace, unión, matrimonio, unidad.

ú.ni.co *adj.* solo, uno, único, sin par, singular, absoluto.

u.ni.da.de *s.f.* uno, unidad, unión, singularidad; cantidad, uno; *Mil.* formación, cuadro, sector; *Fig.* uniformidad.

u.ni.do *adj.* ligado, junto, unido.

u.ni.fi.car *v.t.* y *v.r.* unificarse, aunarse.

u.ni.for.me *adj.* uniforme, monótono, regular, parejo; *s.m.* uniforme (el traje).

u.ni.for.mi.zar *v.t.* uniformar.

u.nir *v.t.* y *v.r.* unir(se).

u.nis.sex *adj.* unisex, unisexo.

u.nís.so.no *adj.* unísono; *em uníssono* unánimemente.

u.ni.tá.rio *adj.* unitario.

u.ni.ver.sal *adj.* universal.

u.ni.ver.si.da.de *s.f.* universidad.

u.ni.ver.si.tá.rio *s.m.* y *adj.* universitario.

u.ni.ver.so *s.m.* universo, mundo.

un.tar *v.t.* engrasar, untar; *Fig.* corromper, sobornar.

ur.ba.ni.da.de *s.f.* urbanidad.

ur.ba.nis.mo *s.m.* urbanización, urbanismo.

ur.ba.ni.zar *v.t.* urbanizar, civilizar.

ur.ba.no *adj.* urbano.

ur.dir *v.t.* entretejer, tramar, maquinar, urdir.

u.re.tra *s.f. Med.* uretra.

ur.gên.cia *s.f.* apremio, prisa, urgencia; apuro.

ur.gen.te *adj.* urgente.

ur.gir *v.i.* apremiar, precisar, instar, acuciar, ser inminente, necesitar.

u.ri.na *s.f.* orín, orina.

u.ri.nar *v.i.* orinar, mear.

u.ri.nol *s.m.* orinol, bacín; urinario.

ur.na *s.f.* caja, urna, arca, caja mortuaria.

u.ro.lo.gis.ta *s.m.* y *s.f., adj.* urólogo.

ur.rar *v.i.* bramar, rugir; *Fig.* gritar, vocear.

ur.ro *s.m.* bramido, rugido, aullido.

ur.so *s.m.* oso.

ur.ti.ga *s.f. Bot.* ortiga.

u.ru.bu *s.m. Zool.* buitre; zope, zopilote.

u.sar *v.t.* usar, utilizar, tener por costumbre, soler, gastar; *v.i.* hacer uso de; llevar, vestir.

u.si.na *s.f. Bras.* establecimiento fabril, usina, fábrica; instalación para producción de azúcar.

u.so *s.m.* costumbre, práctica, hábito, uso; *For.* usufructo, goce; *fora de uso* en desuso.

u.su.al *adj.* usual, frecuente.

u.su.á.rio *s.m.* y *adj.* usuario.

u.su.ca.pi.ão *s.m. For.* derecho de dominio por el uso; usucapión.

u.su.fru.ir *v.t.* gozar de, poseer, usufructuar, tener el usufructo de alguna cosa.

u.su.fru.to *s.m.* goce, usufructo.

u.su.ra *s.f.* avaricia.

u.su.rá.rio *s.m.* y *adj.* usurero.

u.sur.pa.dor *s.m.* y *adj.* usurpador.

u.sur.par *v.t.* apoderarse, adueñarse, usurpar.

u.ten.sí.lio *s.m.* herramienta, artefacto, utensilio, pertrecho; *pl.* enseres, aparejos.

ú.te.ro *s.m. Med.* útero.

ú.til *adj.* provechoso; *dia útil* día hábil.

u.ti.li.da.de *s.f.* provecho, utilidad.

u.ti.li.tá.rio *adj.* utilitario; *s.m. Bras.* utilitario, camioneta que sirve para el transporte; *Inform.* programa auxiliar.

u.ti.li.zar *v.t.* usar, aprovechar, utilizar; *v.i.* tener utilidad; *v.r.* echar mano de, servirse.

u.to.pi.a *s.f.* fantasía, utopía.

u.va *s.f. Bot.* uva; *Bras.* mujer muy sensual.

V

v *s.m.* vigésima primera letra del alfabeto portugués; cinco, en la numeración romana (en mayúscula).

vã *adj.* vana, vacía, frívola, fátua, hueca.

va.ca *s.f. Zool.* vaca; *mão-de-vaca* avariento, tacaño; *nem que a vaca tussa* ni pensar, jamás.

va.ci.lar *v.i.* oscilar, titubear.

va.ci.na *s.f. Vet.* vacuna, vacunación.

va.ci.nar *v.t.* y *v.r.* vacunar(se).

vá.cuo *s.m.* y *adj.* vacío; *a vácuo* al vacío.

va.di.a.gem *s.f.* holgazanería, ociosidad, vagabundeo.

va.di.ar *v.i.* vagabundear.

va.di.o *s.m.* y *adj.* vago, holgazán, ocioso.

va.ga *s.f.* ola, onda (mar); oportunidad de empleo.

va.ga.bun.do *s.m.* y *adj.* errante, vago, vagabundo, ocioso; *adj.* cosa de segunda clase, ordinaria.

va.ga-lu.me *s.m. Zool.* gusano de luz, luciérnaga; *Bras.* acomodador de cine o teatro.

va.gão *s.m.* vagón, coche; *vagão-dormitório* coche cama.

va.gar *v.i.* vaguear, vagar; quedar libre, vacío (el espacio).

va.ga.ro.so *adj.* lento, moroso.

va.gem *s.f. Bot.* vaina; chaucha; judía verde.

va.gi.na *s.f. Anat.* vagina.

va.go *adj.* ambiguo, vago; vacío, libre, vacante; impreciso, confuso.

vai.a *s.f.* abucheo, gritería, burla.

vai.ar *v.t.* y *v.i.* silbar, abuchear, chiflar.

vai.da.de *s.f.* vanidad.

vai.do.so *adj.* vanidoso.

vai.vém *s.m.* vaivén; *Fig.* vicisitud, altibajo.

va.la *s.f.* sepultura, común, cueva, vala; hoyo, fosa.

va.le *s.m.* desfiladero, valle; cuenca, valle (río); *Com.* recibo, vale, pagaré.

va.len.tão *s.m.* y *adj.* valentón, bravucón.

va.len.te *adj.* valeroso, valiente.

va.ler *v.t.* costar, valer, ser digno, tener provecho, convenir; *v.i.* estar en vigor; *v.r.* acudir a, valerse; *pra valer* en serio; *valeu!* ¡vale!.

va.le.ta *s.f.* cuneta, zanja.

va.li.da.de *s.f.* validez.

vá.li.do *adj.* capaz, válido, valedero.

va.li.o.so *adj.* valioso, importante, poderoso.

va.li.se *s.f.* valija, maletín.

va.lor *s.m.* precio, importe; valor, coraje, valentía; *pl.* valores.

va.lo.ri.za.ção *s.f.* estimación, valorización.

va.lo.ri.zar *v.t.* valorar, valorizar; *v.r.* darse valor.

va.lo.ro.so *adj.* fuerte, valiente.

val.sa *s.f. Mús.* vals (danza y música).

vál.vu.la *s.f.* válvula; *válvula de segurança* válvula de seguridad.

van.da.lis.mo *s.m.* barbarie, vandalismo.

vân.da.lo *s.m.* y *adj.* bárbaro, salvaje, vándalo.

van.glo.ri.ar-se *v.r.* vanagloriarse, ufanarse, alabarse, jactarse.

van.guar.da *s.f.* vanguardia, delantera.

van.ta.gem *s.f.* ventaja, provecho; *contar vantagem* fanfarronear; *dar vantagem* dar cancha; *tirar vantagem* sacar ventaja.

van.ta.jo.so *adj.* provechoso, útil, ventajoso.

vão *s.m.* vano, abertura, hueco; *adj.* vano, vacío, frívolo, fútil, pasajero; *em vão* en vano.

va.por *s.m.* vapor; *a todo vapor* a toda máquina.

va.po.ri.za.dor *s.m.* pulverizador, vaporizador.

va.ra *s.f.* ramo delgado de árbol, vara; *For.* jurisdicción; *camisa de onze varas* gran dificultad; *tremer como varas verdes* tener mucho miedo.

va.ral *s.m.* tendedero, colgador; *Bras.* cuerda de tender la ropa.

va.ran.da *s.f.* balcón, terraza, baranda.

va.rão *s.m.* varón.

va.rar *v.t.* atravesar, traspasar; *varar a noite* desvelarse, trasnochar.

va.re.jis.ta *s.m.* y *s.f.*, *adj.* tendero, minorista.

va.re.jo *s.m.* comercio minorista; venta al pormenor; *a varejo* al por menor.

va.ri.a.ção *s.f.* alteración, variación.

va.ri.an.te *adj.* variable, movible, variante; *s.f.* gradación, diversidad, modificación.

va.ri.ar *v.t.* y *v.i.* alterar, transformar, variar, cambiar, alternar.

va.ri.e.da.de *s.f.* diversidad, variedad; *pl. Teat.* variedades.

va.rí.o.la *s.f. Med.* viruela.

var.re.dor *s.m.* y *adj.* barrendero, barredor.

var.rer *v.t.* escobar, barrer; *Fig.* poner en fuga, expulsar; hacer olvidar; *v.i.* desvanecerse, desaparecer, olvidar.

vas.cu.lhar *v.t.* catear, escudriñar, pesquisar, investigar.

va.se.li.na *s.f.* vaselina.

va.si.lha *s.f.* vasija, bidón, bacía, envase.

va.si.lha.me *s.m.* envase, vasija, casco.

va.so *s.m.* jarro, florero; maceta, tiesto (xaxim); *Med.* ducto, arteria, vaso; *Mar.* buque; *vaso sanitário* inodoro.

vas.sou.ra *s.f.* escoba para barrer.

va.ta.pá *s.m. Bras.* plato típico brasileño.

va.za.do *adj.* vaciado, derramado, vertido, fundido.

va.za.men.to *s.m.* fuga, escape, pérdida; infiltración; moldeado.

va.zan.te *s.f.* reflujo, bajamar, salida; *adj.* vaciante.

va.zão *s.f.* desagüe, escurrimiento, salida, evacuación, derrame, flujo.

va.zar *v.t.* verter, derramar, perder, vaciar, filtrar; excavar; perforar, abrir hueco; *v.r.* agotarse, salirse.

va.zi.o *adj.* desocupado, vacío; hueco.

vê *s.m.* nombre de la letra v.

ve.a.do *s.m. Zool.* venado, ciervo, gamo; *Bras.* maricón, pederasta; puto, hueco.

ve.da.ção *s.f.* cierre hermético, sellado, prohibición, veda.

ve.dar *v.t.* estancar, impedir, privar, obtener, cerrar, prohibir.

ve.e.men.te *adj.* vehemente.

ve.ge.ta.ção *s.f.* vegetación, los vegetales.

ve.ge.tal *adj.* vegetal; *s.m.* planta, vegetal.

ve.ge.tar *v.i. Bot.* vegetar; *Fig.* vivir una vida inerte.

ve.ge.ta.ri.a.no *adj.* vegetariano.

vei.a *s.f. Anat.* vena, vaso.

ve.í.cu.lo *s.m.* vehículo (medio de transporte), carro, coche; vehículo (medio de comunicación).

ve.la *s.f.* cirio, vela; vigilia, vela; *Mar.* paño, vela.

ve.lar *v.t.* vigilar, velar; ocultar, cubrir; *v.i.* trasnochar, velar.

ve.lha.co *adj.* bellaco.

ve.lha.ri.a *s.f.* trasto viejo.

ve.lhi.ce *s.f.* vejez.

ve.lho *s.m.* y *adj.* anciano, viejo, anticuado; *Bras.* modo con que los hijos llaman a su padre.

ve.lo.ci.da.de *s.f.* velocidad.

ve.ló.rio *s.m.* funeral, velatorio, velorio.

ve.lu.do *s.m.* terciopelo; pana; corderoy.

ven.cer *v.t.* ganar; *v.i.* prescribir, vencer; *v.r.* dominarse.

ven.ci.men.to *s.m.* vencimiento.

ven.da *s.f.* venda, tapa (para los ojos); lienzo, vendaje; *Fig.* ceguera; tienda; venta.

ven.dar *v.t.* tapar los ojos, vendar.

ven.da.val *s.m.* borrasca, vendaval, tormenta; viento fuerte.

ven.de.dor *s.m.* y *adj.* vendedor.

ven.der *v.t.* vender; *v.r.* prostituirse, corromperse.

ve.ne.no *s.m.* ponzoña, veneno.

ve.ne.no.so *adj.* ponzoñoso, venenoso.

ve.ne.rar *v.t.* idolatrar, venerar.

ve.ne.ta *s.f.* capricho; *dar na veneta* dar la gana; *estar de veneta* estar de malhumor.

ve.ne.zi.a.na *s.f.* rejilla, contraventana.

ven.ta.ni.a *s.f.* viento fuerte y prolongado.

ven.tar *v.i.* soplar, ventear, ventar, haber aire.

ven.ti.la.ção *s.f.* ventilación.

ven.ti.la.dor *s.m.* ventilador.

ven.ti.lar *v.t.* airear, ventilar.

ven.to *s.m.* viento, aire; *de vento em popa* muy bien, felizmente; *soltar palavras ao vento* hablar a tontas.

ven.tre *s.m.* panza, vientre, buche.

ven.tu.ra *s.f.* suerte, ventura.

ver *v.t.* observar, descubrir; *a meu ver* según mi parecer; *fazer ver* demostrar; *até mais ver* hasta la vista; *já se vê* es evidente; *onde já se viu!* ¡habrase visto!

ver.ba *s.f.* fondos, recursos.

ver.da.de *s.f.* verdad.

ver.da.dei.ro *adj.* verdadero, sincero.

ver.de *adj.* inmaturo, verde; *s.m.* color verde.

ver.du.ra *s.f.* hortaliza, verdura.

ve.re.a.dor *s.m.* edil, concejal.

ve.re.da *s.f.* vereda, sendero.

ve.re.di.to *s.m.* veredicto, sentencia; opinión.

ver.go.nha *s.f.* vergüenza.

ver.go.nho.so *adj.* vergonzoso.

ve.rí.di.co *adj.* verdadero, verídico.

ve.ri.fi.ca.ção *s.f.* comprobación, verificación.

ve.ri.fi.car *v.t.* examinar, comprobar, constatar, averiguar; *v.r.* certificarse, realizarse.

ver.me *s.m.* gusano; *Med.* parásito.

ver.me.lho *adj.* rojo, encarnado, rubro, púrpura, carmesí, bermejo, colorado; *ficar vermelho* sonrojarse.

ver.niz *s.m.* barniz, charol (couro); *Fig.* capa superficial, apariencia.

ver.ru.ga *s.f.* verruga.

ver.são *s.f.* interpretación, versión; *Inform.* versão, nueva edición de un programa.

ver.sar *v.i.* enfocar, versar.

ver.sá.til *adj.* versátil; variable.

ver.so *s.m. Liter.* verso; dorso, revés, vuelto, verso.

vér.te.bra *s.f.* vértebra.

ver.te.bra.do *s.m. y adj.* vertebrado.

ver.ten.te *s.f.* declive, pendiente, vertiente, cuesta; manantial (río); facción, corriente.

ver.ter *v.t.* vaciar, derramar, verter; traducir, trasladar; *v.i.* brotar, fluir.

ver.ti.cal *adj.* vertical.

ver.ti.gem *s.f.* vahído, vértigo, mareo.

ver.ti.gi.no.so *adj.* impetuoso, vertiginoso, rápido.

ves.go *adj.* bizco.

ves.pa *s.f.* avispa.

vés.pe.ra *s.f.* víspera.

ves.ti.bu.lar *s.m. y adj.* examen de ingreso a la universidad.

ves.tí.bu.lo *s.m.* antesala, zaguán, vestíbulo.

ves.tí.gio *s.m.* señal, huella, rastro, vestigio; *pl.* ruinas.

ves.ti.do *s.m.* traje, vestimenta, vestido, ropa; *adj.* revestido, vestido.

ves.tir *v.i.* y *v.r.* vestirse.

ve.tar *v.t.* prohibir, impedir, vetar, vedar.

ve.to *s.m.* recusa, negativa, impedimento; *Pol.* derecho de negar la sanción de una ley.

ve.te.ra.no *s.m. y adj.* antiguo, veterano, ejercitado, experimentado.

ve.te.ri.ná.rio *s.m.* veterinario.

véu *s.m.* velo, cortina; *Fig.* apariencia.

ve.xa.me *s.m.* deshonra, vejame, humillación.

vez *s.f.* turno, mano, vez, ocasión; *às vezes* a veces; *de vez* definitivamente; *fazer às vezes* reemplazar; *uma vez que* ya que.

vi.a *s.f.* camino, arteria, vía, trayectoria; *via de transporte* línea.

vi.a.bi.li.da.de *s.f.* factibilidad.

vi.a.du.to *s.m.* viaducto.

vi.a.gem *s.f.* viaje, excursión.

vi.a.jan.te *s.m.* pasajero, viajante.

vi.a.jar *v.t.* y *v.i.* viajar; *Fig.* divagar.

vi.á.rio *adj.* viario, vial.

vi.á.vel *adj.* factible, viable.

ví.bo.ra *s.f.* serpiente, víbora; *Fig.* persona mala, maldiciente.

vi.bra.ção *s.f.* vibración, entusiasmo.

vi.bra.dor *s.m.* y *adj.* vibrador.

vi.brar *v.t.* agitar, vibrar; entusiasmarse.

vi.ce *pref.* vice; *vice-versa* viceversa.

vi.ci.a.do *s.m.* y *adj.* vicioso; *viciado em drogas* drogadicto.

vi.ci.ar *v.i.* y *v.r.* viciarse, pervertirse.

ví.cio *s.m.* vicio.

vi.da *s.f.* vida; *cair na vida* darse a la prostitución; *louco da vida* rabioso; *mulher da vida* prostituta; *puxa vida!* ¡caramba!.

vi.dei.ra *s.f. Bot.* vid.

vi.den.te *s.m.* y *s.f.*; *adj.* vidente.

ví.deo *s.m.* vídeo, video, pantalla (TV); imagen; videocasetera; magnetoscopio; *fita de vídeo* videocinta, videocasete.

vi.de.o.cas.se.te *s.m.* videocasetera.

vi.de.o.cli.pe *s.m.* videoclip.

vi.de.o.tei.pe *s.m.* videocinta.

vi.dro *s.m.* cristal, vidrio.

vi.e.la *s.f.* callejón.

vi.ga *s.f.* tirante, madero.

vi.ga.men.to *s.m. Arq.* armazón, viguería.

vi.ga.ri.ce *s.f.* engaño, fraude, embuste.

vi.gá.rio *s.m.* párroco, vicario.

vi.ga.ris.ta *s.m.* y *s.f.*; *adj.* tratante, estafador, embustero.

vi.gên.cia *s.f.* vigencia.

vi.gen.te *adj.* en vigor, vigente.

vi.gi.ar *v.t.* vigilar.

vi.gi.lân.cia *s.f.* vigía, vigilancia.

vi.gi.lan.te *s.m.* vigilante, guardián; *adj.* celoso, diligente, atento.

vi.gor *s.m.* fuerza, vigor; validez, vigencia.

vi.go.rar *v.t.* fortificar, vigorar;

vil *adj.* indigno, abyecto, infame, torpe, desleal, bajo, despreciable.

vi.la *s.f.* aldea, pueblo, villa, caserío; barrio; colonia; quinta, casa de campo.

vi.lão *s.m. y adj.* malhechor, villano, infame, malo; *Fig.* persona vil.

vi.me *s.m.* mimbre.

vi.na.gre *s.m.* vinagre.

vin.cu.lar *v.t. y v.r.* vincular(se).

vín.cu.lo *s.m.* unión, vínculo.

vin.da *s.f.* advenimiento, llegada, venida.

vin.dou.ro *adj.* venidero, futuro.

vin.gan.ça *s.f.* venganza.

vin.gar *v.t. y v.r.* vengarse.

vin.ga.ti.vo *adj.* vengativo.

vi.nhe.ta *s.f.* viñeta.

vi.nho *s.m.* vino.

vi.o.la.ção *s.f.* violación; estupro.

vi.o.lar *v.t.* violar, infringir; estuprar.

vi.o.lên.cia *s.f.* violencia.

vi.o.len.tar *v.t.* forzar, violar, violentar; estuprar.

vi.o.len.to *adj.* violento.

vi.o.le.ta *s.f. Bot.* violeta.

vi.o.li.nis.ta *s.m. y s.f.* violinista.

vi.o.li.no *s.m. Mús.* violín.

vi.o.lon.ce.lo *s.m. Mús.* violoncelo, violonchelo.

vir *v.t. y v. i.* llegar, venir; *vir à luz* publicarse, nacer; *vir a saber* enterarse.

vi.ra.da *s.f.* giro, volteo, virada.

vi.ra.do *s.m. Bras.* plato típico a base de frijoles, yuca y cerdo.

vi.ra-la.tas *s.f. Bras.* perro de la calle, chucho.

vi.rar *v.t.* dar vuelta, volver, voltear, girar; *v.r.* voltearse, volver hacia atrás, mudar de dirección.

vir.gem *s.f.* virgen; *adj.* casto.

vir.gin.da.de *s.f.* castidad, virginidad.

vír.gu.la *s.f.* coma.

vi.ri.lha *s.f. Anat.* ingle.

vi.ro.se *s.f. Med.* virosis.

vir.tu.al *adj.* virtual.

vir.tu.de *s.f.* virtud.

ví.rus *s.m. Med.* virus; *Inform.* virus, programa que causa daño a las unidades de memoria del computador.

vi.são *s.f.* vista, aparición, visión, panorama; alucinación.

vi.sar *v.t.* visar, pretender, proponerse, tener por objeto; poner el visto en un documento, poner visa.

vi.sei.ra *s.f.* visera.

vi.si.ta *s.f.* visita, visitante.

vi.si.tar *v.t. y v. i.* visitar.

vi.sí.vel *adj.* visible.

vis.lum.brar *v.t.* vislumbrar, divisar.

vi.som *s.m.* visión, nutria.

vi.sor *s.m.* visor.

vis.ta *s.f.* vista, visión, panorama; escenario teatral, parecer; punto de mira; *à vista* a la vista; *dar na vista* llamar la atención, *ter em vista* tener en cuenta, en mente.

vis.to.so *adj.* llamativo.

vis.to *s.m.* visado, visa; *visto que* puesto que.

vis.to.ri.a *s.f.* inspección, revista.

vis.to.ri.ar *v.t.* inspeccionar, revistar, registrar.

vi.su.a.li.zar *v.t.* ver, visualizar; *Inform.* visualizar; representar en la patalla.

vi.tal *adj.* vital, básico, esencial.

vi.ta.lí.cio *adj.* vitalicio.

vi.ta.mi.na *s.f.* vitamina, batido de fruta con leche.

vi.tó.ria *s.f.* victoria.

vi.tri.na *s.f.* escaparate, vitrina.

vi.trô *s.m.* ventana con báscula.

vi.u.vez *s.f.* viudez; *Fig.* soledad.

vi.ú.vo *s.m.* viudo.

vi.va *interj.* ¡viva !

vi.vaz *adj.* vivaracho, despierto, sagaz.

vi.vei.ro *s.m.* vivero, criadero de plantas o animales.

vi.vên.cia *s.f.* vivencia.

vi.ven.da *s.f.* vivienda, residencia, casa, hogar.

vi.ver *v.i.* vivir, durar; residir, ser, estar, existir.

ví.ve.res *s.m. pl.* provisiones, víveres.

vi.vo *v.t.* listo, presto, vivo, ágil, veloz, activo, sagaz, expresivo; *s.m.* chillón (color).

vi.zi.nhan.ça *s.f.* vecindad, vencidario, cercanía.

vi.zi.nho *s.m. y adj.* vecino.

vo.ar *v.i.* volar; *Fig.* propagarse con rapidez, ir por los aires, pasar muy pronto (tiempo).

vo.ca.bu.lá.rio *s.m.* léxico, vocabulario, lenguaje.

vo.cá.bu.lo *s.m.* vocablo, expresión.

vo.ca.ção *s.f.* inclinación, vocación, talento.

vo.cê *pron.* usted, tú; vos; *pl.* vosotros, ustedes.

vo.ci.fe.rar *v.t.* y *v.i.* clamar, gritar, vociferar.

vo.gal *s.f. Gram.* vocal; *s.m.* y *s.f.* miembro de un tribunal, junta o asamblea, con derecho a voto.

vo.lan.te *s.m.* folleto, volante.

vo.lei.bol *s.m. Dep.* balonvolea, voleibol; *abrev. vôlei.*

volt *s.m. Eletr.* voltio, símbolo: V.

vol.ta *s.f.* vuelta; *volta-e-meia* a cada paso.

vol.ta.gem *s.f. Eletr.* voltaje.

vol.tar *v.t.* y *v.i.* regresar, volver, recomenzar, venir, voltear, girar.

vo.lu.me *s.m.* tomo, libro, volumen, masa, tamaño, cuerpo; fardo, bulto, intensidad del sonido, volumen.

vo.lun.tá.rio *s.m.* y *adj.* voluntario.

vo.mi.tar *v.t.* regurgitar, devolver, vomitar.

vô.mi.to *s.m.* vómito.

von.ta.de *s.f.* libre albedrío, voluntad.

vô.o *s.m.* vuelo.

vo.raz *adj.* goloso, ávido, voraz.

vos *pron. pers.* os, vosotros, vos.

vos.so *adj.* y *pron. pos.* vuestro.

vo.ta.ção *s.f.* elección, votación.

vo.tar *v.t.* y *v. i.* votar.

vo.to *s.m.* sufragio, voto.

vo.vô *s.m. Pop.* abuelito, abuelo.

vul.cão *s.m.* volcán.

vul.gar *adj.* común, vulgar, corriente.

vul.ga.ri.zar *v.t.* y *v.r.* popularizar(se), vulgarizar(se).

vul.go *s.m.* vulgo, populacho.

W

w *s.m* empleada sólo en extranjerismos, abreviaturas y símbolos.

w.c. *s.m.* cuarto de baño; váter, water (abrev. de *water closet*).

wag.ne.ri.a.no *s.m. y adj.* wagneriano, partidario de Wagner.

wa.ter-po.lo *s.m. Dep.* waterpolo.

watt *s.m. Fís.* watt, vatio; símbolo *W*.

web *s.f. Inform.* web (forma abreviada de *worldwide web* – www), conjunto de las informaciones y recursos disponibles en la red *Internet*.

wes.tern *s.m.* western.

whis.ky *s.m.* whisky.

wind.surf *s.m. Dep.* windsurf.

x

x *s.m.* vigésima segunda letra del alfabeto portugués; diez en la numeración romana (en mayúscula); *Mat.* incógnita.

xa.drez *s.m.* ajedrez; tablero de ajedrez; *Bras.* cárcel, calabozo, prisión.

xa.le *s.m.* chal, mantón.

xam.pu *s.m.* champú.

xa.rá *s.m.* y *s.f. Fam. Bras.* homónimo, tocayo.

xa.ro.pe *s.m. Fam.* jarabe; *Bras. Pop.* persona o cosa empalagosa.

xa.xim *s.m.* tiesto de raíces de helechos.

xe.no.fo.bi.a *s.f.* xenofobia.

xe.nó.fo.bo *adj.* xenófobo.

xe.que *s.m.* jaque (en el juego de ajedrez); *Fig.* peligro; *xeque-mate* jaque mate; *pôr em xeque* exponer a peligro.

xe.re.ta *s.m.* y *s.f., adj.* curioso, metiche.

xe.re.tar *v.t. Pop.* chismear, curiosear, husmear, fisgonear.

xe.ri.fe *s.m.* sheriff (del inglés).

xe.ro.car o **xe.ro.co.pi.ar** *v.t.* fotocopiar, xerocopiar.

xe.ro.gra.fi.a *s.f.* xerografía.

xe.rox *s.m.* fotocopia, xerocopia.

xi *interj. Bras.* expresa espanto, sorpresa, admiración, alegría.

xí.ca.ra *s.f.* pocillo, taza.

xin.gar *v.t.* y *v.i.* insultar, desbocarse, mentar; putear.

xi.xi *s.m. Pop.* pis, pipí; acción de orinar.

xo.dó *s.m. Pop. Bras.* pasión, cariño.

xo.xo.ta *s.f. Vulg.* vulva, coño.

xu.cro *adj.* animal de ensillar no domesticado; salvaje, arisco; *Fig.* persona sin instrucción, ignorante, grosera, tosca.

Y

y *s.m.* empleada sólo en palabras derivadas de lenguas extranjeras, términos técnicos de uso internacional, abreviaturas y símbolos; *Mat.* incógnita.

Z

z *s.m.* vigésima tercera letra del alfabeto portugués.

za.bum.ba *s.f.* bombo, zambomba; *Pop.* tambor.

za.ga *s.f. Dep.* defensa, dupla de zagueros en el fútbol.

za.guei.ro *s.m. Dep.* zaguero; mediocampista.

zan.ga.do *adj.* irado, enfadado.

zan.gar *v.t.* y *v.r.* enfadarse; irritarse.

zan.zar *v.i.* vaguear, merodear, vagabundear.

za.pe.ar *v.i.* zapear, cambiar continuamente de canal de televisón utilizando el mando a distancia.

za.ra.ba.ta.na *s.f.* cerbatana.

zar.par *v.t.* y *v.i.* levar anclas, zarpar; *Fig.* escabullirse, huir.

zê *s.m.* nombre de la letra z.

zé-nin.guém *s.m.* don nadie, hombre insignificante.

zé-po.vi.nho *s.m. Pop.* plebe, populacho.

ze.bra *s.f.* cebra; *dar zebra* resultar algo muy inesperado.

ze.bu *s.m. Zool.* cebú.

ze.la.dor *s.m.* celador, portero.

ze.lar *v.t.* celar, velar.

ze.ro *s.m.* cero, nada; *ficar a zero* quedarse sin dinero; *ser um zero à esquerda* ser un inútil, inoperante.

zi.gue.za.gue *s.m.* zigzag.

zin.co *s.m. Miner.* cinc, zinc.

zi.par *v.t. Inform.* comprimir archivos.

zí.per *s.m.* cierre; cremallera; .

zo.dí.a.co *s.m.* zodíaco.

zom.bar *v.t.* mofar, chancear; juguetear.

zom.ba.ri.a *s.f.* broma, burla, chacota.

zo.na *s.f.* área, región, zona; *Pop.* barrio de prostitución, lupanar.

zon.zo *adj.* atolondrado, mareado, tonto.

zô.o *s.m. abrev.* zoológico.

zo.o.ló.gi.co *s.m.* zoológico, zoo.

zoom *s.m.* zum, zoom.

zor.ro *s.m.* zorro, raposo.

zum.bi *s.m.* jefe negro; zombi, fantasma.

zum.bi.do *s.m.* zumbido.

zum.bir *v.i.* zumbar.

zu.ni.do *s.m.* ruido agudo, silbido del viento, zumbido.

zun.zum *s.m. Pop.* habladuría, rumor, murmuración.

A língua espanhola

O espanhol, idioma oficial da Espanha, é o nome dado ao castelhano nascido no antigo condado de Castela. Tornou-se língua oficial de toda a Espanha por ter servido como veículo de expressão da literatura mais importante da Península Ibérica e dos países do continente descoberto por Cristóvão Colombo e da Oceania. Absorveu o velho *leonês* e o *navarro-aragonês*, dialetos falados então nos condados de Leão e Navarra, respectivamente. Com a Reconquista, avançou até o norte, onde foram preservados o dialeto *catalão*, no norte oriental, e o *galego*, na parte ocidental, além do *basco*, no extremo norte, que é um idioma não derivado do latim e dos mais antigos da Europa. Floresceu no sul nas modalidades meridionais, das quais o *andaluz* é sua variedade mais notável e moderna. No final do século XV, iniciou sua irradiação na América recém-descoberta.

Na Espanha, costuma-se distinguir, hoje, o espanhol do centro-norte, chamado *castelhano*, daquele falado no sul do país, nas ilhas Canárias e na América, chamado *espanhol meridional*.

Atualmente, além do espanhol, existem outras línguas oficiais: o *catalão* (Costa Mediterrânea e Ilhas Baleares), o *galego* (Galícia) e o *basco* (País Vasco).

1. A língua espanhola no mundo

A língua espanhola é um dos meios de comunicação mais importantes do mundo. Falada por mais de 350 milhões de pessoas, é considerada a terceira língua mais falada no mundo, depois do inglês e do chinês (pela grande população).

2. Sua extensão geográfica

A língua espanhola deriva do latim vulgar falado entre os soldados, funcionários e colonos romanos assentados na Península Ibérica. É o idioma neolatino mais difundido no mundo e a língua oficial de mais de 20 nações (ver mapa).

Na Europa – É falada na Espanha.

Na América espanhola – É falada nos seguintes países: Argentina, Bolívia, Colômbia, Costa Rica, Cuba, Chile, Equador, Guatemala, Honduras, México, Nicarágua, Panamá, Paraguai, Peru, Porto Rico, República Dominicana, (El) Salvador, Uruguai e Venezuela.

Na África – É falada na Guiné Equatorial.

Além disso, compartilhou por muito tempo o *status* de língua oficial com o inglês e o tagalo nas ilhas **Filipinas**, antiga colônia espanhola.

É falada como língua materna (espanhol arcaico) pelos descendentes dos judeus expulsos da Espanha em 1492 (comunidades **sefarditas** do Mediterrâneo).

Nos Estados Unidos, o espanhol é usado como língua de comunicação pela maioria dos habitantes (não-anglo-saxões) dos Estados do Colorado, Arizona, Califórnia e Novo México e por numerosos grupos hispânicos de Nova York e da Flórida.

3 O alfabeto espanhol

MAIÚSCULA	MINÚSCULA	NOME	FONEMA
A	a	*a*	/a/
B	b	*be*	/b/
C	c	*ce*	/θ/ antes de e, i /k/ antes de a, o, u
CH	ch	*che*	/c/
D	d	*de*	/d/
E	e	*e*	/e/
F	f	*efe*	/f/
G	g	*ge*	/g/ antes de a, o, u /x/ antes de e, i
H	h	*hache*	não se pronuncia
I	i	*i*	/i/
J	j	*jota*	/x/
K	k	*ka*	/k/
L	l	*ele*	/l/
LL	ll	*elle*	/λ/, /y/
M	m	*eme*	/m/
N	n	*ene*	/n/
Ñ	ñ	*eñe*	/ñ/
O	o	*o*	/o/
P	p	*pe*	/p/
Q	q	*cu (ku)*	/k/
R	r	*ere*	/r/ entre vogais /rr/ inicial, após consoantes
	rr	*erre*	/rr/
S	s	*ese*	/s/
T	t	*te*	/t/
U	u	*u*	/u/
V	v	*uve*	/b/
W	w	*uve doble*	/b/ (em palavras estrangeiras)
X	x	*equis*	/s/ x + consoante /ks/ entre vogais
Y	y	*i griega*	/y/ y + vogal (semivogal) /i/ no final e como conjunção
Z	z	*zeta*	/θ/

Observações

a. O gênero das letras do alfabeto é feminino: *la **a**, la **b**, la **c*** etc.

b. A letra **w** só é usada em palavras de origem estrangeira. Quando é incorporada plenamente ao idioma espanhol, é substituída pela letra **v**.

c. Os dígrafos **ch** e **ll** correspondem a apenas um som. Quando são utilizados em maiúsculo, só o **c** e o primeiro **l** adotam essa forma, como em *China, Chile, Llodio, Llanto*.
Desde 1994 o **ch** e o **ll** não são mais classificados nos dicionários com entradas independentes, mas inseridos nas letras **c** e **l**, respectivamente, respeitando a ordenação alfabética correspondente.

d. A letra **ñ** tem entrada como letra independente depois da letra **n**.

e. A letra **h** atualmente não corresponde a nenhum som. Em algumas regiões, na linguagem coloquial, corresponde a uma leve aspiração.

f. Antes de **p** e **b**, sempre se usa a letra **m**.

g. Usa-se **rr** para transcrever o som forte do /r/ entre duas vogais, como em português.

h. Escreve-se **z** antes de **a**, **o** e **u**, e **c** antes de **e** e **i**. As sílabas **ze** e **zi** praticamente não são utilizadas em espanhol e algumas vezes podem ser substituídas por **ce** e **ci**:

zebra / **ce**bra; **zi**nc / **ci**nc

i. Os encontros **qüe** e **qüi** do português tornam-se **cue** e **cui** ou **que** e **qui** em espanhol:

cuincuenta / **qui**nquenio

j. Em espanhol não existem as letras **ss** e **ç**. Também não existe o som /z/, como na palavra portuguesa *casa*.

l. Não existem vogais abertas nem vogais nasais em espanhol, como em *café, pó, clã* em português, assim como não ocorre a nasalização de vogais por contato com a consoante nasal de outra sílaba, como no português *cama, banana*.

4. Correspondência entre fonemas e letras

FONEMAS	LETRAS	EXEMPLOS	OBSERVAÇÕES
/a/	a, ha	arte, Habana	
/b/	b, v, w	bate, vino, wagón	
/θ/	c, z	cebo, Zaragoza, cielo	Na Espanha, corresponde mais ou menos ao *som do th* surdo do inglês. Na maior parte da América espanhola e na Andaluzia, ocorre o fenômeno chamado *seseo*: a utilização do som /s/.
/c/	ch	chica, Chueca	Pronuncia-se como /tch/ na palavra *tcheco*. Existe uma variante regional, similar ao português, como em *chama, chave*.
/d/	d	dedo, dar	Não existe em espanhol o som /dj/ como no português *dia* /djia/.
/e/	e, he	enero, helado	
/f/	f	fin, flan	

111

FONEMAS	LETRAS	EXEMPLOS	OBSERVAÇÕES
/g/	g, gu	gato, guerra, guitarra	Como em português, encontra-se em **ga, gue, gui, go** e **gu**. Deve ser colocado o trema sobre o u quando este for pronunciado nos encontros com **e** e **i**: **güe** e **güi**.
/i/	i, y, hi	ilusión, hoy, histeria	
/x/ ou /h/	j, g	jamón, gerente	Encontram-se nas palavras grafadas com **j** e em **ge, gi**. No México, na América Central e no norte da América do Sul (Venezuela, Colômbia e costa do Equador), encontra-se o som /h/, aspirado mais suave.
/k/	c, k, qu	casa, kilo, que	
/l/	l	lata	Não existe em espanhol a pronúncia do **l** no final de sílaba com o som /u/, como ocorre na maior parte do Brasil (*alto, Cabral*).
/ʎ/ ou /j/	ll	llano	Poucas regiões (Paraguai, nordeste da Argentina e outros pontos da América do Sul) ainda conservam o som que equivale ao **lh** do português, como em *molho*. Na maior parte, ocorre o fenômeno chamado *yeísmo*, isto é, o dígrafo **ll** de *callo* e a letra **y** de *cayo* são pronunciadas do mesmo modo: /j/ (semivogal), /ʝ/, /dʒ/, conforme a região; ou até como /x/ do português *chave*, na região do Rio da Prata.
/m/	m	mano, mensaje	
/n/	n	nariz	
/ñ/	ñ	niño	Corresponde ao dígrafo **nh** do português.
/o/	o, ho	océano, hotel	
/p/	p	piso, placer	
/r/	r	duro	
/rr/	rr, r	carro, alrededor, risa	
/s/	s, x	señal, extranjero	Em várias regiões da América (como Cuba, Nicarágua) e da Espanha (Andaluzia), a letra **s** em final de sílaba é aspirada: /h/, podendo mesmo desaparecer.
/t/	t	tapia	Em espanhol, não existe o som /tch/ antes da vogal **i**, como em português *titio*.
/u/	u, hu	una, humano	
/ks/	x	taxi, examen, exigir	Este som se aplica à letra **x** intervocálica. Na Espanha, tende-se a pronunciá-la como /s/.
/y/	y	yo, leyes	Este som se aplica à letra **y** quando tem função consonantal e se pronuncia de maneiras diversas, de acordo com a região: /j/ (semivogal), /ʝ/, /dʒ/.

5. Regras de divisão silábica

a. Uma consoante situada entre duas vogais se agrupa silabicamente à vogal seguinte:

ca-sa, a-ro

b. Quando duas consoantes vão entre duas vogais, a primeira consoante se une à vogal anterior e a segunda, à seguinte:

car-ta, den-so

Se a primeira consoante é **p, b, c, f, t, d, k, g** e a segunda **r**, ambas se agrupam com a vogal seguinte:

pla-zo, a-bra-zo, fran-cés

O mesmo ocorre quando a primeira consoante é **p, b, c, f, k, g** e a segunda é **l**:

co-pla, cla-mor, glán-du-la

c. Se as consoantes intervocálicas são três, as duas primeiras se agrupam com a vogal precedente e a terceira, com a seguinte:

trans-mi-tir, obs-ti-na-ción

Quando as duas últimas consoantes formam grupos como os descritos em **b**, estas se agrupam com a vogal seguinte:

as-tro, an-cla-do

d. Quando quatro consoantes vão entre vogais, as duas primeiras se unem à vogal precedente e as duas últimas, à seguinte:

abs-trac-to, cons-tru-ye

e. Os ditongos. São o encontro de duas vogais em uma mesma sílaba. Em espanhol, a disposição normal do ditongo responde às combinações seguintes:

/a, e, o/ + i,u

*bai-le, pei-ne, boi-na,
au-ro-ra, Ceu-ta, Sa-lou*

/i, u/ + a, e, o

*pia-ra, cie-lo, la-bio,
sua-ve, es-cue-la, o-bli-cuo*

iu,ui

triun-fo, jui-cio

f. Os tritongos. São uma seqüência de três vogais formando uma sílaba. Geralmente ocorrem nas formas da conjugação verbal:

des-pre-ciáis, con-ti-nuéis

g. Os hiatos. São encontros que ocorrem entre as vogais **a, e, o**. Nesse caso, cada uma delas constitui um núcleo silábico diferente; portanto, não há a formação de ditongo:

*pa-e-lla, ma-re-a, to-a-lla,
ca-o-ba, be-o-do, po-e-ma*

6. Regras de divisão de palavras no final da linha

a. Como norma geral, as palavras que não cabem em uma linha deverão dividir-se e continuar na linha seguinte, respeitando tanto a sílaba quanto a formação etimológica:

*pa-dre, nos-otros,
ayun-ta-mien-to, des-a-pa-re-ci-do*

Todavia, se a etimologia é percebida pelos falantes como menos evidente, admite-se tanto a separação pela etimologia como pelos conjuntos silábicos:

no-so-tros, de-sa-pa-re-ci-do

b. Quando a primeira ou a última sílaba de uma palavra é uma vogal, esta não poderá ficar como o último elemento da linha ou o primeiro da linha seguinte. Seria, portanto, incorreto:

líne-a, a-mada, jubile-o, o-casión

c. As letras que integram um ditongo ou um tritongo nunca devem se separar:

com-práis, vein-ti-séis, re-guar-dan

d. Quando, em uma palavra, duas consoantes formam parte da mesma sílaba, permanecem inseparáveis:

cons-cien-te, re-frac-ta-rio, nú-cle-o

e. Quando o **h** intercalado cair no final da linha, formará grupo com a vogal seguinte:

clor-hídrico, des-hacer, ex-hibir

f. Nunca se separam os grupos vocálicos átonos, qualquer que seja a posição em que ocorram:

gar-fio, es-te-reos-co-pia, ae-ró-me-tro

exceto se aparece um **h** entre as vogais que constituem o grupo:

en-de-he-sar

ou quando se trata de um composto de etimologia clara:

en-tre-a-bier-to

g. Embora formem hiatos, não se separam os grupos vocálicos formados pelo encontro das vogais **a, e, o** em qualquer de suas combinações possíveis, a não ser que constituam sílaba com o auxílio de uma consoante:

lo-ar, des-le-a, re-al-ce

mas:

tam-ba-lea-do, poe-ta

h. Os prefixos que aparecem na seqüência consoante-vogal-consoante + vogal-consoante se separam:

des-em-pol-var, des-in-te-rés

mas admite-se também a divisão silábica:

de-sem-pol-var, de-sin-te-rés

i. Diferentemente do português, nunca se separam os dígrafos **ll, rr** e **ch**, já que formam um único fonema:

he-cho, de-rra-mar, aca-llar.

7 Sinais ortográficos

,	la coma	.	el punto
;	el punto y coma	" "	las comillas
:	los dos puntos	...	los puntos suspensivos
( )	el paréntesis	ü	la diéresis
[ ]	los corchetes	-	la raya, el guión largo o corto
¿ ?	la interrogación	¡ !	la admiración

Observações

a. Os sinais de **interrogación** e **admiración** se colocam no princípio e no final das frases interrogativas e exclamativas (*admirativas*).

b. A **diéresis** corresponde ao trema do português e se coloca sobre a letra **u** quando esta é pronunciada nos grupos **güe** e **güi**:

vergüenza, pingüino

c. Não existe em espanhol o **u** pronunciado após a letra **q**, como em português (**qü**). Ver **observações**, em 3.i.

d. Em português, o sinal **.** é "ponto final", apenas. Em espanhol, chama-se **punto y seguido**, quando separa períodos. Quando separa parágrafos, chama-se **punto y aparte**. E **punto final**, para indicar o final do texto.

O abc da comunicação

EXPRESSÕES E FRASES FEITAS DE USO CORRENTE

1. Usos sociais da língua

CUMPRIMENTAR

¡Hola!,	¿qué tal (estás)?	(Muy bien, (y tú?).
	¿cómo estás?	Estupendamente. / Fenomenal.
	¿cómo estamos?	(Estoy) encantado de la vida.
	¿cómo va eso?	Regular. / Así, así. / Normal.
	¿cómo te va (por aquí/allí…)?	Voy tirando. / Vamos tirando.
	¿qué tal te va (por aquí/allí…)?	No me va mal de todo.
		Mal. / Muy mal. / Fatal.
	¿qué hay?	Nada especial.
	¿qué es de tu vida?	Se hace lo que se puede.
	¿qué cuentas?	Ya ves, como siempre.
	¿qué pasa?	Pues nada, aquí estamos.
	Buenas.	(Muy) buenas.

Cumprimento formal

Buenos días, (señor/señora…), ¿cómo está Ud.? / ¿qué tal está Ud.?	(Muy bien, (gracias), ¿y Ud.?
Buenas tardes/noches, ¿qué tal sigue Ud./todo?	Me voy defendiendo.

APRESENTAR

Apresentando-se

Soy… / Me llamo… / Mi nombre es…	Encantado (de conocerle).
Igualmente.	

Apresentando alguém

Te presento a [Marta].	¡Hola!, ¿cómo estás?
[Mira,] ésta es [Pilar, una amiga].	¡Hola!, ¿qué hay?
Voy a presentarte a [alguien].	Encantado.
(Aquí) Paco, (aquí) Ana.	¡Hola!, ¿qué tal?
Quiero que conozcas a [mi novio].	¡Hola!, tenía (muchas) ganas de conocerte.

Apresentação formal

¿Conoce a mi socio?	Todavía no. / No he tenido el placer.
Le presento a [mi esposa].	Tanto gusto, [señora].
	El gusto es mío.
Tengo el gusto de presentarle a [mi jefe].	Mucho gusto.
Permítame/Desearía/Quisiera/Me gustaría… presentarle al [señor Pérez].	Me alegro (mucho) de conocerle.
	Es un placer.

PEDIR LICENÇA, PERMISSÃO

De forma impessoal

¿Se puede/Dejan [usar el flash]?	No, está (terminantemente) prohibido.
¿Está prohibido/Se prohíbe [entrar]?	¡Claro que está prohibido!
¿Está permitido [comer]?	No, no está permitido.

De forma pessoal

¿Me permite [salir]?	¡Cómo no!, ahora mismo.
Permítame [salir], por favor.	¡Cómo no!, ahora mismo.
(Por favor), ¿puedo llamar por teléfono?	¡Por supuesto! / ¡Claro que sí!
¿Se puede [pasar]? (chamando à porta)	¡Adelante! / ¡Pase! / Un momento, por favor.
(Por favor), ¿podría [pasarme el informe]?	(No), me es imposible / no puedo.
Si no le importa/molesta / Con su permiso… [quisiera irme].	Lo siento, …no es posible / es imposible / no puede ser.
¿Le importa/molesta… que [lo haga luego]?	¡Claro/Por supuesto… que no!

Pedido formal

¿No le importaría/molestaría… que [entrara]?	¿Y por qué me iba a molestar?
¿Permite que pase? / ¿Sería Ud. tan amable de / Tendría Ud. la amabilidad de [permitirme pasar]?	¡No faltaba más! / ¡(No) faltaría más!
¿Tiene/Tendría… Ud. inconveniente en [llamar]?	¡Qué va! / ¡En absoluto!
¿Le parece bien que [empecemos ahora]?	Me parece muy bien.

PEDIR UM FAVOR

¿Puede hacerme un favor?
¿Puedo pedirle un favor?
Se lo pido por favor.
Haga el favor de [*bajar la música*].
¿(Me) haría el favor de [*cerrar la puerta*]?
Quiero [*dos butacas centrales*], si es posible. / … si se puede. / … si puede ser. / … a ser posible. / … a poder ser.
Quisiera pedirle un favor.
¿Me haría Ud. un favor?
[*Venga un momento*] , si no es mucha/demasiada… molestia.
Debo rogarle que [*venga antes*].
Preferiría que [*no se fuera aún*].

[*Ver **respostas** em* **Pedir licença, permissão**]

PEDIR AJUDA

¿Puede/¿Podría/¿Le importaría… ayudarme?
Ayúdeme, por favor.
Tenga la bondad de ayudarme.
¿Sería tan amable/¿Tendría la amabilidad… de ayudarme?
¿Tiene/¿Tendría…Ud. inconveniente en ayudarme?
Écheme una mano, si no le importa.
Le ruego/Le pido… que me ayude.
Le agradecería/Me gustaría… que me ayudara.

[*Ver **respostas** em* **Pedir licença, permissão**]

PEDIR PERDÃO, DESCULPAS

De forma simples

¡Perdón!	Nada, nada
¿Me perdonas?	¡(Claro,) no tiene importancia!
Perdóneme por [*lo de ayer*].	Está bien.
Lo siento (mucho/muchísimo).	No es nada.
¡Cuánto/¡Cómo… lo siento/lo lamento!	No importa.
Siento (mucho) [*lo que te dije*].	No lo tomé en serio.
Lo lamento.	Olvídelo.
Lamento (sinceramente) [*lo ocurrido*].	No pasa nada.
Ud. perdone.	No hay de qué.
Le pido perdón/disculpas… [*por mi comportamiento*].	No se preocupe.
Le ruego me disculpe un momento.	No tiene por qué disculparse.
Disculpe/Discúlpeme por/ Dispense/Dispénseme por… [*el retraso*].	No tiene la menor importancia.

Apresentando desculpas

Lo siento,
- no le había visto.
- ha sido/lo he hecho… sin querer.
- ha sido/lo he hecho… sin darme cuenta.
- no me he dado cuenta.
- ha sido culpa mía / he tenido yo la culpa.
- no he querido molestarle.
- me he equivocado.

Lo he hecho con (toda mi) buena intención / com mi mejor intención.
Me siento (realmente) avergonzado. / No sé qué decir.
No lo haré más. / No volverá a repetirse / a suceder.
No lo he hecho… a propósito/aposta/ex profeso/adrede.
¡Qué torpe soy!

[*As mesmas respostas de* <u>Pedir perdão</u> *de forma simples*.]

AGRADECER

De forma simples

Gracias.	De nada.
Muchas (muchísimas) gracias.	A Ud.
Gracias por todo.	No, las merece.
Le doy las gracias por [*haberme ayudado*].	
Se lo agradezco… mucho/de todo corazón/en el alma/sinceramente.	No, hay de qué.

Es Ud. muy amable.
Es muy amable de su parte.

Insistindo no agradecimento

Le estoy… muy/sumamente agradecido / agradecidísimo	No tiene por qué agradecérmelo.
No sabe cuánto/cómo… se lo agradezco.	
No tenía que haberse molestado.	¡Venga, por favor/por Dios, no es nada!

Perdone la molestia. / No lo olvidaré nunca/jamás.

FELICITAR

Nos aniversários, comemorações

¡Feliz cumpleaños! [*na comemoração do dia de nascimento de uma pessoa*]
¡Muchas felicidades!
¡Feliz aniversario! [*na comemoração de uma data exata, referente a uma conquista*]
¡Qué cumplas muchos (años / más)!

Em bodas, nascimentos, êxitos

¡(Que sea) enhorabuena!
¡Mi más sincera enhorabuena!

¡Me alegro (mucho) por ti!
Me alegro de que (todo) (le) haya ido/salido bien.

Nas festas de Natal e Páscoa

¡Felices Fiestas! / ¡Feliz Navidad! / ¡Felices Pascuas!
¡Feliz Nochevieja! / ¡Feliz Año (Nuevo)!

¡Feliz Navidad y Próspero Año Nuevo! [*principalmente em correspondências*]

[Para **respostas**, ver as formas de ***agradecimento*** acima.]

DESEJAR ALGO A ALGUÉM

Em geral

¡Ojalá [*venga*]!
¡Qué haya suerte!
¡Quién fuera [*tú*]!
¡Quién pudiera [*estar de vacaciones*]!

Nas viagens e nas férias

¡(Qué tengas) buen viaje!
¡Feliz viaje! / ¡Felices vacaciones!
¡Qué (te, os…) vaya todo bien!

¡Qué lo pases bien! / ¡A pasarlo bien!
¡Qué disfrutes (de las vacaciones)!

Nas refeições e comidas em geral

¡Buen provecho!   ¿Quieres comer?
¡Qué (te, os…) aproveche!   Si quieres…
¡Qué (te, os…) siente bien!   ¿Gustas? / Si gustas…

Ao ir dormir ou descansar

¡Qué descanses! / ¡A descansar!
¡Buenas noches! / ¡Hasta mañana!
¡Qué duermas bien!

¡Felices sueños!

Nos brindes

¡Salud! / ¡A tu/su… salud!
¡A la salud de [*todos nosotros*]!
Brindo por [*Juan*]. / ¡Por [*ti*]!

¡Chin, chin!
Levanto mi copa para brindar por Ud. [*mais protocolar*]

A quem sai para se divertir

¡Qué te diviertas!
¡(Espero) que lo pases bien!
¡A divertirse! / ¡A pasarlo bien!

À quem chega pela primeira vez a um país, uma cidade…

¡Bienvenido!
Le damos la bienvenida.
Deseamos (que) disfrute de su estancia entre nosotros.

A quem vai fazer algo difícil (exames, provas, testes, entrevistas...)

¡Suerte! / ¡Qué haya suerte! / ¡Buena suerte! / ¡Qué te vaya bien!
¡A ver si hay/tienes... suerte!
¡Suerte para [*el examen*]!
Te deseo (que tengas) mucha suerte.
¡Ojalá tengas suerte!
¡Qué la suerte te acompañe!
Espero que todo (te) salga bien.

Nos fracassos

Lo siento.
¡Ánimo! / ¡Anímate! / ¡Otra vez será!
No te preocupes. / No te lo tomes así.

Nas enfermidades

¡Qué te mejores! / ¡A mejorarse!
¡Cuídate! / ¡A cuidarse!
¡Qué te pongas bien/bueno... pronto!
¡Ojalá no sea nada grave! / ¡(Espero) que no sea nada!
¡Ojalá se cure pronto!

[Para **respostas,** ver as formas de agradecimento, em *Agradecer*]

DESPEDIR-SE

Em geral

¡Adiós! / ¡Hasta luego!

Até um dia ou um momento preciso

¡Hasta pronto! / ¡Hasta luego!
¡Hasta otra! / ¡Hasta otro día!
¡Hasta la vista! / ¡Hasta más ver!
¡Hasta uno de estos días! / Llámame.

Até um dia ou momento impreciso, provavelmente distante

¡Hasta la próxima! / ¡Hasta luego!
¡Hasta otra! / ¡Hasta otro día!
¡Hasta la vista! / ¡Hasta más ver!

Nos llamamos/escribimos/vemos.
A ver si nos vemos (pronto). / A ver cuándo nos vemos.
A ver si volvéis pronto. / A ver cuándo volvéis. / Volved pronto.
¡Hasta cuando queráis! / Ya sabéis... dónde estamos / dónde nos tenéis.
Os esperamos (pronto / de nuevo / otra vez).

Despedir-se de alguém que vai de viagem, de férias

¡Hasta la vuelta!
¡Adiós y... buen viaje / felices vacaciones!
¡Feliz viaje, hasta pronto!
¡Adiós, a pasarlo bien!

Quando se está enfadado com alguém

¡(Vete), déjame en paz!
¡No quiero volver a verte!
¡A paseo (señor...)!
¡Vaya (Ud.) al diablo!
¡Hasta nunca!

2. Linguagem coloquial e familiar

NOS CONTATOS

Pedindo informação

¿Cómo te llamas?	Me llamo…
¿Cuál es tu nombre?	Mi nombre es…
	Yo soy [Pedro].
¿Dónde vives?	Vivo en…
¿Qué día es hoy?	Es lunes, martes…
¿A qué estamos hoy?	Estamos a cuatro de mayo.
	Estamos en/Es [primavera].
¿Qué hora es?	Son las dos. / Es la una.
	Es de día/de noche.
¿A qué hora sale el tren?	Sale a las…
¿Qué tiempo hace hoy?	Hace calor/frío.
¿Hace buen/mal tiempo?	

Perdone Ud. ¿Es esta la calle…?
Por favor, ¿es esta la calle…?

Convidando alguém

¿Te gustaría (…)? / ¿Te apetece (…)? / ¿Quieres (…)?
¿Podrías venir al cine conmigo?
¿Qué te parece si vamos al cine esta noche?
¿Te importaría venir conmigo a pasear?
¿Vienes conmigo a la tienda?
¿Vienes a la fiesta de mi cumpleaños? Sí. / No, lo siento, hoy no puedo.
¿Vendrás a la fiesta? Es posible que venga.

Marcando encontro, marcando hora

Quedamos el/en (…). / Nos vemos el/en (…).

Atendendo o telefone

¡Diga! / ¡Dígame! / ¿Sí…?

Aceitando algo

Vale. / Venga. / De acuerdo. / Conforme.

Recusando algo

Lo siento, pero (no) (…). / Lo lamento, pero (…). / ¡Lástima!

Verificando o dinheiro

¿Cuánto dinero tienes? Tengo 2.000 pesos.
Es bastante/suficiente/poco.

(No) tengo pelas/tengo pasta. / Estoy sin blanca. / (No) tengo un duro. / No tengo cambio/suelto.

Pedindo uma bebida em um bar

Un(o) (café) solo. / Uno com leche. / Un(o) cortado (*café com um pouco de leite*). / Una caña (*chope*). / Un cubata (*gim/rum com Coca-Cola*).

XIII

EXPRIMINDO SENTIMENTOS E GOSTOS

Expressando entusiasmo
Me gusta. / Me encanta. / *Me chifla.* / ¡Estupendo! / ¡Fenomenal!

Expressando admiração física
¡Qué guapo/a es! / *Qué bien estás!*

Expressando alívio
¡Menos mal! / ¡Por fin! / ¡Ya era hora! / ¡Ya está bien! / ¡Uf!

Expressando surpresa
¡No me digas! / ¿Qué me dices? / ¡Ahí va! / ¿De veras? / ¡Caramba! / ¡Ostras!

Expressando desejo
¡Ojalá! / ¡Qué más quisiera! / ¡Dios quiera que (…)!

Expressando indiferença
¡Qué más da! / ¿Y a mí qué? / ¿Por mí, como si… (+ indicativo)! / ¡Allá tú! / ¡Me trae sin cuidado! / Yo paso. / ¡A mí plin! / Ni fu ni fa.

Expressando resignação
¡Qué remedio! / ¡Qué le vamos a hacer! / ¡Qué se le va a hacer!

Queixando-se
Protesto. / No hay derecho. / ¡Ni hablar!

Lamentando-se
¡Dios mío! / ¡Vaya, hombre! / ¡Vaya (por Dios)! / ¡Qué lástima! / ¡Hay que ver (…)!

Expressando incredulidade
¡Hala! ¡Ahí va! / ¡Venga, venga! / ¡Venga ya! / ¡Anda, anda! / ¡Venga, hombre!

Expressando aborrecimento
¡Qué rollo! / ¡Qué lata! / Estoy harto(a).

Expressando insegurança
¡Yo qué sé! / Y qué sé yo! / Ni idea. / ¡Vete tú a saber! / ¡Cualquiera sabe (…)! / ¡Ya veremos!

Expressando pessimismo
(Estoy) fatal. / Me deprime. / Tengo la moral… baja / por los suelos.

Expressando repulsa, asco
¡Qué asco!

Expressando irritação por algo
¡Se acabó! / Basta ya! / ¡Lo que faltaba!

Expressando desagrado
¡Vaya lata! / Qué rollo! / ¡Qué mala pata! / ¡Pues vaya! / ¡Ya empezamos!

Expressando surpresa, fastio ou enfado
¡Mecachis!

Rechaçando, rejeitando alguém
¡Lárgate! / ¡Déjame en paz! / ¡Vete a paseo / a la porra!

COMUNICANDO-SE

Atraindo a atenção
¡Por favor (…)! / ¡Fíjate! / ¡Oye, mira! / ¡Oiga, oiga! / ¡Mira, mira!

Iniciando uma conversação
Bueno, pues (…). / Pues mira (…). / Vamos a ver (…).

Reatando a conversação
A lo que iba (…). / ¡(Vamos) al grano (…)!

Expressando reserva
¡Sí, sí! / ¡Ya, ya! / ¡Je, je! / ¡Qué te crees tú eso! / ¡Anda, anda!

Ganhando tempo para pensar
Hombre, pues, (…). / El caso es que (…). / La verdad es que (…).

Afirmando algo
¡Que sí, hombre, qué sí! / ¡Y qué lo digas! / ¡Por supuesto! / ¡Claro, hombre, claro! / ¿Cómo no?

Respondendo afirmativamente
Sí (…). / Ya (…).

Negando algo
No. / En absoluto. / ¡Ni hablar! / ¡Y un jamón!

Expressando aprovação

Vale. / Conforme. / ¡Eso, eso! / *Vale, tío.* / Vale, vale. / De acuerdo.

Expressando desaprovação

De eso, nada. / Eso sí que no. / *¡No me da la grana!* / ¡Ni hablar!

Contradizendo alguém

De eso, nada. / ¡Qué va! / *¡Quita, quita!* / *¡Ni hablar!* / ¡Calla, hombre, calla! / ¡Claro que no! / Pero, ¡qué dices!

Aconselhando

Yo que tú (…). / Si yo fuera tú (…). / En tu caso, yo (…). / En tu lugar (…).

Estando obrigado a fazer algo

¡Qué remedio! / ¡Qué se le va a hacer!

Expressando possibilidade

¡A que (…)! / ¡A que sí!

Pretendendo fazer algo

Por mí, (…). / Por mi parte, (…).

Recusando-se a fazer algo

¡No me da la grana! / *¡Ni hablar!* / ¡Ni pensarlo! / ¡Ah, eso sí que no! / *¡Ah, eso ni hablar!* / ¡Y unas narices!

Recordando algo

Me suena. / *¡Ahora caigo!* / ¡Sí, ya!

Prevenindo, avisando de algo

¡Atención! / ¡Cuidado! / *¡(Mucho) ojo!*

Animando alguém

¡Ánimo! / ¡Andando! / ¡Adelante! / ¡Venga, venga!

Repetindo de outra maneira, resumindo

En resumen (…). / O sea (…). / Total (…). / Mejor dicho (…).